1ère partie

AV ROY.

SIRE,

Ces Bergers oyans racóter tant de merueilles de voſtre grádeur, n'euſſent jamais eu la hardieſſe de ſe preſenter deuant Voſtre Majeſté ſi ie ne les euſſe aſſeurez que ces grands Roys dont l'antiquité ſe vante le plus, ont eſté Paſteurs qui ont porté la houlette & le Sceptre d'vne meſme main. Ceſte conſideration, & la connoiſſance que depuis ils ont euë que les plus grandes gloires de ces bons Roys ont esté celles de la paix & de la justice, auec lesquelles ils ont heureusement conserué leurs peuples, leur a fait esperer que comme vous les imitiez & surpassiez en ce soin paternel, vous ne mepriseriez non plus ces houlettes, & ces trouppeaux qu'ils vous viennent presenter comme à leur Roy & Pasteur Souuerain. Et moy (SIRE) voyant que nos Peres pour nommer leur Roy, auec plus d'honneur & de respect ont emprunté des Perses le mot de SIRE, qui signifie Dieu, pour faire entendre aux autres nations combien naturellement le François ayme, honore, & reuere son Prince : I'ay pensé que ne leur cedant point en ceste naturelle deuotion, puis que les Anciens offroient à leurs Dieux en action de graces, les choses que les mesmes Dieux auoyent inuentées ou produittes pour la conseruation de l'estre ou du bié-estre des hommes : j'estois obligé pour les imiter d'offrir ASTREE, à ce grand Roy, la valeur & la prudence duquel la rappellé du Ciel en terre pour le bon heur des hómes. Receuez la donc (SIRE) non pas comme vne simple Bergere : mais comme vne œuure de vos mains, car veritablement on vous en peut dire l'Autheur : puis que c'est vn enfant que la paix a fait naistre, & que c'est à V. M. à qui toute l'Europe doit son repos & sa tranquillité. Puissiez vous à longues années jouir du bien que vous donnés à chacun. Vostre regne soit à iamais aussi heureux que vous l'auez rendu admirable: Et Dieu vous remplisse d'autant de contentements & de gloire, que par vostre bonté vous obligez tous les peuples qui sont à vous, de vous benir, aymer & seruir. Ce sont (SIRE) les souhaits que ie fais pour vostre M. attendant que par l'honneur de vos commandemens ie vous puisse rendre quelque meilleur seruice, au prix de mon sang & de ma vie, ainsi que la nature & la volonté m'y obligent, & le tiltre qu'en toute humilité ie prends,

SIRE,

De tres-humble, tres-affectionné, & tres-fidele sujet & seruiteur de V.M.

HONORE' D'VRFE'.

L'AVTHEVR
A LA BERGERE
ASTREE.

IL n'y à donc rien, ma Bergere, qui te puisse plus longuement arrester pres de moy; Il te fasche, dis tu, de demeurer plus long temps prisonniere dans les recoins d'vn solitaire Cabinet, & de passer ainsi ton aage inutilement. Il ne sied pas bien, mon cher enfant, à vne fille bien née de courre de ceste sorte, & seroit plus à propos que te renfermant ou parmy des chastes Vestales & Druydes, ou dans les murs priuez des affaires domestiques tu lais-

ã iiij

saſſes doucement couler le reſte de ta vie ; car entre les filles celle-là doit eſtre la plus eſtimée dont l'on parle le moins. Si tu ſçauois quelles ſont les peines & difficultez qui ſe rencontrent le long du chemin que tu entreprens, quels monſtres horribles y vont attendans les paſſants pour les deuorer, & combien il y en a eu peu qui ayent rapporté du contentement de ſemblable voyage, peut eſtre t'arreſterois-tu ſagement, où tu as eſté ſi longuement & doucement cherie, Mais ta ieuneſſe imprudente & qui n'a point d'experience de ce que ie te dis, te figure peut eſtre des gloires & des vanitez qui produiſent en toy. Ie voy bien qu'elle te dit que tu n'és pas ſi deſagreable, n'y d'vn viſage ſi eſtrange, que tu ne puiſſes te faire aymer à ceux qui te verront. Et que tu ne ſeras pas plus mal receuë du general que tu l'as eſté des particuliers qui t'ont deſia veuë Ie le ſouhaitterois, ma Bergere, & auec autant de deſir que toy:

mais bien souuent l'amour de nous mesme nous deçoit & nous opposant ce verre deuant les yeux, nous fait voir à trauers tout ce qui est en nous beaucoup plus auantageux qu'il n'est pas. Toutesfois, puis que ta resolution est telle, & que si ie m'y oppose tu me menasses d'vne prompte desobeissance, ressouuiens toy pour le moins que ce n'est point par volonté : mais par souffrance que ie te le permets. Et pour te laisser à ton despart quelques arres de l'affection paternelle que ie te porte, mets bien en ta memoire ce que ie te vay dire. Si tu tombes entre les mains de ceux qui ne voyent rien d'autruy que pour y trouuer suiet de s'y desplaire, & qu'ils te reprochent que tes Bergers sont ennuyeux : responds leur qu'il est à leur choix de les voir ou ne les voir point : car encor que ie n'aye peu leur oster toute l'inciuilité du village, si ont ils ceste consideration de ne se presenter iamais deuant personne qui ne les appelle. Si tu te trouues parmy ceux qui font profession d'interpreter les songes, & découurir les pensées plus secrettes d'autruy, & qu'ils asseurent que Celadon est vn tel homme, & Astrée vne telle femme, & ne leur responds rien, car ils sçauent assez qu'ils ne sçauent pas ce qu'ils disent : mais supplie ceux qui pourroient estre abusez de leurs fictions de considerer que si ces choses ne m'importent point, ie n'eusse pas pris la peine de les cacher si diligemment, & si elles m'importent, i'aurois eu bien peu d'esprit de les auoir voulu dissimuler & ne l'auoir sceu faire. Que si en ce qu'ils diront il ny a guere d'apparence, il ne les faut pas croire, & s'il y en a beaucoup, il faut penser que pour couurir la chose que ie voulois tenir cachee & enseuelie, ie l'eusse autrement déguisée. Que s'ils y trouuent en effect des accidents semblables à ceux qu'ils s'imaginent, qu'ils regardent les parallelles, & comparaisons que Plutarque à faittes en ses *Vies des hommes illustres.* Que si quelqu'vn me blasme de t'auoir choisi vn Theatre, peu renommé en l'Europe t'ayant esleu le Forest, petite contree & peu connuë parmy les Gaules, responds leurs, ma Bergere, que c'est le lieu de ta naissance, que ce nom de Forests sonne ie ne sçay quoy de champestre, & que le pays est tellement composé, & mesme le long de riuiere de la Lignon, qu'il semble qu'il conuie chacun à y vouloir passer vne vie semblable. Mais qu'outre toutes ces considerations encor j'ay iugé qu'il valoit mieux que j'honorasse ce pays ou ceux dont ie suis descendu, depuis leur sortie de Suobe, ont vescu si honorablement par tant de siecles : que non point vne Arcadie comme le Sannazare. Car n'eust esté Hesiode, Homere, Pindare & ces autres grands personnages de la Grece, le mont de Parnasse, ny l'eau d'Hypocrene ne seroient pas plus estimez maintenant que nostre Mont d'Isoure, ou l'onde de Lignon. Nous deuons cela au lieu de noſtre naiſſance & de noſtre demeure, de le rendre le plus honoré & renommé qu'il nous eſt poſsible. Que ſi l'on te reproche que tu ne parles pas ce langage des villageois, & que toy ny ta trouppe ne ſenteZ gueres les brebis ny les cheures: reſpons leur, ma Bergere, que pour peu qu'ils ayent connoiſſance de toy, ils ſçauront que tu n'es pas, ny celles auſsi qui te ſuiuent de ces Bergeres neceſsiteuſes qui pour gaigner leur vie conduiſent les trouppeaux aux paſturages, mais que vous n'aueZ toutes pris ceſte condition que pour viure plus doucement & ſans contrainte. Que ſi vos conceptions & parolles eſtoient veritablement telles que celles des Bergers ordinaires, ils auroient auſsi peu de plaiſir de vous eſcouter, que vous aurieZ beaucoup de honte à les redire. Et qu'outre cela, la plus part de la trouppe eſt remplie d'Amour, qui dans l'Aminthe faict bien paroiſtre qu'il change & le langage &

les conceptions, quand il dit,

Queste seule hoggi raggionar d'Amore
Sudranno in noua guisa, è ben parrassi
Che la mia deità sia qui presente
In se medesma, non ne suo i ministri
Spirerò nobil senzy à rozi perri
Radolcirò de le lor lingue il suono.

Mais ce qui ma fortifié d'auantage en l'opinion que i'ay que mes Bergers & Bergeres pouuoient parler de ceste façon sans sortir de la bien-seance des Bergers ç'à esté que i'ay veu ceux qui en representent sur les Theatres ne leur faire pas porter des habits de bureau, des sabots ny des accoustremens mal-faits, comme les gens de village les portent ordinairement : au contraire, s'ils leur donnent vne houlette en la main, elle est peinte & dorée, leurs iuppes sont de taffetas, leur pannetiere bien retroussee, & quelques fois faite de toile d'or ou d'argent, & se contentent pourueu que l'on puisse reconnoistre que la forme de l'habit à quelque chose de Berger. Car s'il est permis de déguiser ainsi ces personnages, à ceux qui particulierement font profession de representer chaque chose le plus au naturel, que faire se peut, pourquoy ne m'en sera t'il permis autant, puis que ie ne represente rien à l'œil : mais à l'oüye seulement, qui n'est pas vn sens qui touche si viuement l'ame.

Voila ma Bergere, dequoy ie te veux aduertir pour ce coup, afin que s'il est possible tu rapportes quelque contentement de ton voyage. Le Ciel te le rende heureux, & te donne vn si bon Genie, que tu me suruiues autant de siecles, que le suiet qui ta fait naistre me suruiura en m'accompagnant au cercueil.

Extraict du Priuilege du Roy.

PAr lettres patentes de sa Majesté dattées du 25. May 1616. & signees par le Roy en son Conseil Perrochel. Il est permis à Oliuier de Varennes & Toussainct du Bray marchands Libraires à Paris, d'imprimer ou faire imprimer vendre & distribuer le liure intitulé *l'Astree en trois parties*, en telle marge & grandeur qu'ils verrōt bō estre, soit le tout ensemble auec figures ou sans figures, tant de la premiere & seconde que la troisiesme partie, ou chacun d'icelle separément, ainsi qu'ils verront estre meilleur pour le bien du public, pēdant le temps & terme de dix ans prochains & consecutifs, à compter du iour & datte que ledit liure en trois parties sera paracheué, auec tres-expresses deffenses à toutes personnes de quelque estat & qualité qu'ils soyent d'icelui liure de *l'Astree en trois parties*, soit ensemble ou separément, vēdre & distribuer en ce Royaume, d'autre impression que de ceux qui auront esté imprimez par lesdits de Varennes & du Bray, sur peine aux contreuenās de trois mil liures d'amende, applicable moitié au Roy, & l'autre moitié audit de Varennes & du Bray, & de confiscation desdits liures & de tous despens dommages & interests, ainsi que plus à plain est contenu esdites lettres de Priuilege, voulāt en outre qu'en mettāt par bref contenu de priuilege au commencement ou à la fin desdits liures, que cela soit tenu de tous pour bien & deuëment signifié à qui il appartiendra.

L'ASTREE
DE MESSIRE HONORE' D'VRFE'.
PREMIERE PARTIE.
LIVRE PREMIER.

AVPRES de l'ancienne ville de Lyon, du costé du Soleil couchāt, il y a vn pays nommé FORESTS, qui en sa petitesse contient ce qui est de plus rare au reste des Gaules: Car estant diuisé en plaines & en mōtagnes, les vnes & les autres sont si fertiles, & scituées en vn air si temperé, que la terre y est capable de tout ce que peut desirer le Laboureur. Au cœur du païs est le plus beau de la plaine, ceinte cōme d'vn forte muraille des monts assez voisins, & arrousée du fleuue de Loire, qui prenant sa source assez pres de là, passe presque par le milieu, non point encore trop enflé ny orgueilleux, mais doux & paisible. Plusieurs autres ruisseaux en diuers lieux la vont baignant de

A

leurs claires ondes : mais l'vn des plus beaux est Lignon, qui vagabond en son cours, aussi bien que douteux en sa source ; va serpentant par ceste plaine depuis les hautes montaignes de Ceruieres & de Chalmasel, iusques à Feurs, où Loire le receuant, & luy faisant perdre son nom propre, l'emporte pour tribut à l'Ocean.

Or sur les bords de ces delectables riuieres on a veu de tout temps quantité de Bergers, qui pour la bonté de l'air, la fertilité du riuage, & leur doceur naturelle, viuent auec autant de bonne fortune, qu'ils recognoissent peu la fortune. Et croy qu'ils n'eussent deu enuier le contentement du premier siecle, si Amour leur eust aussi bien permis de conseruer leur felicité, que le Ciel leur en auoit esté veritablement prodigue. Mais endormis en leur repos ils se sousmirent à ce flatteur, qui tost apres changea son authorité en tyrannie. Celadon fut vn de ceux qui plus viuement la ressentirent, tellement espris des perfections d'Astree, que la haine de leurs parents ne pût l'empescher de se perdre entierement en elle. Il est vray que si en la perte de soy-mesme on peut faire quelque acquisition, dont on se doiue contenter, il se peut dire heureux de s'estre perdu si à propos pour gaigner la bonne volonté de la belle Astree, qui asseurée de son amitié, ne voulut que l'ingratitude en fust le payement, mais plustost vne reciproque affection, auec laquelle

elle receuoit son amitié & ses seruices. De sorte que si l'on veit depuis quelque changement entr'eux, il faut croire, que le Ciel le permit seulement pour faire paroistre que rien n'est constant que l'inconstance, durable mesme en son changement. Car ayant vescu bien-heureux l'espace de trois ans, lors que moins ils craignoient le fascheux accident qui leur arriua, ils se virét poussez par les trahisons de Semyre, aux plus profondes infortunes de l'Amour: d'autant que Celadon desireux de cacher son affection, pour deceuoir l'importunité de leurs parents, qui d'vne haine entr'eux vieillie, interrompoient par toutes sortes d'artifices leurs desseins amoureux, s'esforçoit de monstrer que la recherche qu'il faisoit de ceste Bergere estoit plustost commune que particuliere. Ruze vrayement assez bonne, si Semyre ne l'eust point malicieusment déguisee, fondant sur cette dissimulation la trahison dont il deçeut Astree, & qu'elle paya depuis auec tant d'ennuis, de regrets, & de larmes.

De fortune, ce iour l'Amoureux Berger s'estant leué fort matin pour entretenir ses pésees, laissant paistre l'herbe moins foulee à ses troupeaux, s'alla asseoir sur le bord de la tortueuse riuiere de Lignon, attendant la venuë de sa belle Bergere, qui ne tarda gueres apres luy: car esueillee d'vn soupçon trop cuisant, elle n'auoit peu clorre l'œil de toute la nuict. A peine

A ij

le Soleil commeçoit de dorer le haut des montagnes d'Isoure & de Marcilly, quand le Berger aperçeut de loing vn troupeau qu'il recogneut bien tost pour celuy d'Astree. Car outre que Melampe, chien tant aimé de sa Bergere, aussi tost qu'il le vit, le vint follastrement caresser: encore remarqua-t'il la brebis plus cherie de sa maistresse, quoy qu'elle ne portast ce matin les rubans de diuerses couleurs, qu'elle souloit auoir à la teste en façon de guirlande, par ce que la Bergere atteinte de trop de déplaisir, ne s'estoit pas donné le loisir de l'agencer comme de coustume. Elle venoit apres assez lentement, & comme on pouuoit iuger à ses façons, elle auoit quelque chose en l'ame qui l'affligeoit beaucoup, & la rauissoit tellement en ses pensées, que fust par mégarde ou autremēt, passant assez pres du Berger, elle ne tourna pas seulement les yeux vers le lieu où il estoit, & s'alla asseoir assez loing de là sur le bord de la riuiere. Celadon sans y prendre garde, croyant qu'elle ne l'eust pas veu, & qu'elle l'allast chercher où il auoit accoustumé de l'attendre, r'assemblant ses brebis auec sa houlette, les chassa apres elle, qui desia s'estant assise contre vn vieux tronc, le coude appuyé sur le genoüil, la ioüe sur la main, se soustenoit la teste, & demeuroit tellement pensiue, que si Celadon n'eust esté plus qu'aueugle en son mal-heur, il eut bien aisement veu que ceste tristesse ne luy pouuoit proceder que

LIVRE PREMIER.

de l'opinion du changement de son amitié, tout autre déplaisir n'ayāt pas assez de pouuoir pour luy causer de si tristes & profonds pensers Mais d'autant qu'vn mal-heur inesperé est beaucoup plus mal-aisé à suporter, ie croy que la fortune, pour luy oster toute sorte de resistance, le voulut ainsi assaillir inopinément.

Ignorant donc son prochain mal-heur, apres auoir choisi pour ses brebis le lieu plus cōmode pres de celles de sa Bergere, il luy vint donner le bon-iour, plein de contentement de l'auoir rencontree, à quoy elle respondit & de visage & de parole si froidemēt, que l'hyuer ne porte point tant de froideurs & de glaçons. Le Berger qui n'auoit pas accoustumé de la voir telle, se trouua d'abord fort estonné, & quoy qu'il ne se figurast pas la grādeur de sa disgrace telle qu'il l'esprouua peu apres, si est-ce que la doute d'auoir offensé ce qu'il aimoit, le rēplit de si grands ennuis, que le moindre estoit capable de luy oster la vie. Si la Bergere eust daigné le regarder, ou que sō ialoux soupçon luy eut permis de considerer quel soudain changemēt la froideur de sa réponce auoit causé en son visage, pour certain la cognoissance de tel effet luy eust fait perdre entierement ses méfiances. Mais il ne falloit pas que Celadon fust le Phœnix du bonheur, cōme il l'estoit de l'Amour, ny que la fortune luy fist plus de faueur qu'au reste des hommes, qu'elle ne laisse iamais asseurez en leur contentement. Ayant donc ainsi demeuré longuement pensif, il reuint à soy, & tournant la veuë sur sa Bergere, rencontra par hazard qu'elle le regardoit : mais d'vn œil si triste, qu'il ne laissa aucune sorte de ioye en son ame, si la doute où il estoit, y en auoit oubliée quelqu'vne. Ils estoient si proches de Lignon, que le Berger y pouuoit aisément atteindre du bout de sa houlette, & le dégel auoit si fort grossi son cours, que tout glorieux & chargé des dépoüilles de ses bords, il descendoit impetueusement dans Loire. Le lieu où ils estoient assis, estoit vn tertre vn peu releué, contre lequel la fureur de l'onde en vain s'alloit rompant, soustenu par en bas d'vn rocher tout nud, couuert au dessus seulement d'vn peu de mousse. De ce lieu le Berger frappoit dans la riuiere du bout de sa houlette, dont il ne touchoit point tãt de gouttes d'eau, que de diuers pensers le venoient assaillir, qui flottãs comme l'onde, n'estoiẽt point si tost arriuez qu'ils en estoient chassez par d'autres plus violents. Il n'y auoit vne seule action de sa vie, ny vne seule de ses pensees, qu'il ne r'appellast en son ame, pour entrer en conte auec elles, & sçauoir en quoy il auoit offensé : mais n'en pouuant condamner vne seule, son amitié le contraignit de luy demander l'occasion de sa colere. Elle qui ne voyoit point ses actions, ou qui les voyant, les iugeoit toutes au desauantage du Berger, alloit r'allumant son cœur d'vn plus ardant dépit, si bien que quand il voulut ouurir la bouche, elle ne luy donna pas mesme le loisir de proferer les premieres paroles, sans l'interrompre, en disant. Ce ne vous est donc pas assez, perfide & déloyal Berger, d'estre trompeur & meschant enuers la personne qui le meritoit le moins, si continuant vos infidelitez, vous ne taschiez d'abuser celle qui vous a obligé à toute sorte de franchise? Donc vous auez bien la hardiesse de soustenir ma veuë apres m'auoir tant offensée? Donc vous m'osez presenter, sans rougir, ce visage dissimulé, qui couure vne ame si double, & si pariure? Ah! va va tromper vn autre, va perfide, & t'adresse à quelqu'vn de qui tes perfidies ne soiët point encores recogneuës, & ne pense plus de te pouuoir déguiser à moy qui ne recognois que trop, à mes dépens, les effets de tes infidelitez & trahisons. Quel deuint alors ce fidelle Berger, celuy qui a bien aimé le peut iuger, si iamais telle reproche luy a esté faitte iniustement. Il tombe à ses genoux pasle & transi, plus que n'est pas vne personne morte. Est-ce, belle Bergere, luy dit-il, pour m'esprouuer, ou pour me desesperer? Ce n'est, dit-elle, ny pour l'vn ny pour l'autre : mais pour la verité, n'estant plus de besoin d'essayer vne chose si recogneuë. Ah! dit le Berger, pourquoy n'ay-ie osté ce iour mal-heureux de ma vie? Il eust esté à propos pour tous deux, dit-elle, que non point vn iour

A iiij

mais tous les iours que ie t'ay veu, eussent esté ostez de la tienne & de la mienne ; il est vray que tes actions ont fait, que ie me treuue dechargée d'vne chose, qui ayant effet, m'eust depleu d'auantage que ton infidelité: Que si le ressouuenir de ce qui s'est passé entre nous, (que ie desire toutesfois estre effacé) m'a encore laissé quelque pouuoir, va t'en déloyal, & garde toy bien de te faire iamais voir à moy que ie ne te le commande. Celadon voulut repliquer, mais Amour qui oyt si clairemēt, à ce coup luy boucha pour son mal-heur les aureilles; & par ce qu'elle s'en vouloit aller, il fut contrainct de la retenir par sa robbe, luy disāt; Ie ne vous retiens pas, pour vous demander pardon de l'erreur qui m'est incogneuë, mais seulement pour vous faire voir qu'elle est la fin que j'eslis pour oster du monde celuy que vous faites paroistre d'auoir tant en horreur. Mais elle que la colere transportoit, sans tourner seulement les yeux vers luy, se debattit de telle furie qu'elle échappa & ne luy laissa autre chose qu'vn ruban sur lequel par hazard il auoit mis la main. Elle le souloit porter au deuāt de sa robbe pour agencer son colet, & y attachoit quelquefois des fleurs quand la saison le luy permettoit ; à ce coup elle y auoit vne bague, que son pere luy auoit donnee. Le triste Berger la voyant partir auec tant de colere, demeura quelque temps immobile, sans presque sçauoir ce qu'il tenoit en la main, bien qu'il y eust les yeux dessus : En fin auec vn grād souspir, reuenāt de ceste pēsee, & recognoissant ce ruban; Soy tesmoin, dit-il, ô cher cordon, que plustost que de rompre vn seul des nœuds de mon affection, i'ay mieux aymé perdre la vie, afin que quād ie seray mort & que ceste cruelle te verra peut-estre sur moy, tu l'asseures qu'il n'ya riē au mōde, qui puisse estre plus aimé que ie l'aime, ny Aimant plus mal recogneu que ie suis. Et lors se l'attachant au bras, & baisant la bague : Et toy, dit-il, symbole d'vne entiere & parfaite amitié, soy content de ne me point esloigner en ma mort; afin que ce gage pour le moins me demeure, de celle qui m'auoit tant promis d'affectiō. A peine eust-il finy ces mots, que tournant les yeux du costé d'Astree, il se jetta les bras croisez dans la riuiere.

En ce lieu, Lignon estoit tref-profond & tres-impetueux, car c'estoit vn amas de l'eau, & vn regorgement que le rocher luy faisoit faire contremont, si bien que le Berger demeura longuement deuant qu'aller à fonds, & plus encore à reuenir: & lors qu'il parut, ce fut vn genoüil premier, & puis vn bras : & soudain enueloppé du tournoyement de l'onde, il fut emporté bien loing de là dessous l'eau.

Des-ja Astree estoit accouruë sur le bord, & voyant ce qu'elle auoit tant aymé, & qu'elle ne pouuoit encor hayr, estre à son occasion si pres de la mort, se trouua si surprise de frayeur, que au lieu de luy donner secours elle tomba esuanoüye, & si pres du bord, qu'au premier mouuement qu'elle fist lors qu'elle reuint à soy, qui fut long-temps apres, elle tomba dans l'eau, en si grand danger, que tout ce que peurent faire quelques Bergers qui se treuuerent pres de là, fut de la sauuer, & auec l'ayde encores de sa robe, qui la soustenant sur l'eau, leur donna loisir de la tirer à bord, mais tant hors d'elle-mesme, que sans qu'elle les sentit, ils la porterent en la cabane plus proche, qui se trouua estre de Phillis, où quelques vnes de ses compagnes luy changerent ses habits moüillez, sans qu'elle peut parler, tant elle estoit estonnee, & pour le hazard qu'elle auoit couru, & pour la perte de Celadon, qui cependant fut emporté de l'eau auec tant de furie, que de luy mesme il alla donner sur le sec, fort loing de l'autre costé de la riuiere, entre quelques petits arbres: mais auec fort peu de signe de vie.

Aussi tost que Phillis (qui pour lors n'estoit point chez elle) sceut l'accidét arriué à sa compagne, elle se mist à courir de toute sa force: & n'eust esté que Lycidas la rencontra, elle ne se fust arrestée pour quelque autre que ç'eust esté. Encor luy dit-elle fort briefuement le danger qu'Astree auoit couru, sans luy parler de Celadon: aussi n'en sçauoit-elle rié. Ce Berger estoit frere de Celadon, à qui le Ciel l'auoit lié d'vn nœud d'amitié beaucoup plus estroit que celuy du parentage : d'autre costé Astree, & Phillis, outre qu'elles estoient germaines, s'aymoient d'vne si estroitte amitié, qu'elle meritoit bien d'estre comparee à celle des deux freres. Que si Celadon eut de la sympathie auec Astree, Lycidas n'eut pas moins d'inclination à seruir Phillis: ny Phillis à aymer Lycidas.

De fortune, au mesme temps qu'ils arriuerent, Astree ouurit les yeux, & certes bien changez de ce qu'ils souloient estre, quand Amour victorieux s'y monstroit triomphant de tout ce qui les voyoit, & qu'ils voyoient. Leurs regards estoient lents & abatus, leurs paupieres pesantes & endormies, & leurs esclairs changez en larmes : larmes toutesfois qui tenants de ce cœur tout enflammé d'où elles venoient, & de ces yeux bruslants par où elles passoient, brusloient & d'amour & de pitié tous ceux qui estoient à l'entour d'elle. Quand elle apperceut sa compagne Phillis, ce fut bien lors qu'elle receut vn grand élancement : & plus encor quãd elle vit Lycidas : & quoy qu'elle ne voulut que ceux qui estoient pres d'elle, recogneussent le principal sujet de son mal, si fut-elle contrainte de luy dire, que son frere s'estoit noyé en luy voulant ayder. Ce Berger à ces nouuelles fut si estonné, que sans s'arrester d'auantage il courut sur le lieu mal-heureux auec tous ces Bergers, laissant Astree & Phillis seules, qui peu apres se mirét à les suiure mais si tristement que bien qu'elles eussent beaucoup à dire, elles ne se pouuoient parler. Cependant les Bergers arriuerent sur le bord, & jettāt l'œil d'vn costé & d'autre ne trouuerent aucune marque de ce qu'ils cherchoient, sinon ceux qui coururent plus bas, qui trouuerēt fort loing son chappeau, que le courant de l'eau auoit emporté ; & qui par hazard s'estoit arresté entre quelques arbres que la riuiere auoit desracinez & abatus. Ce furent là toutes les nouuelles qu'ils peurent auoir de ce qu'ils cherchoient: car pour luy il estoit desia bien estoigné, & en lieu où il leur estoit impossible de le retrouuer. Par ce qu'auāt qu'Astree fust reuenuë de son esuanouissemēt, Celadon comme j'ay dit, poussé de l'eau, donna de l'autre costé entre quelques arbres, où difficilement pouuoit il estre veu.

Et lors qu'il estoit entre la mort & la vie, il arriua sur le mesme lieu trois belles Nymphes, dont les cheueux espars, alloient ondoyans sur les espaules, couuerts d'vne guirlande de diuerses perles; elles auoiēt le sein découuert, & les manches de la robe retroussees iusques sur le coude, d'où sortoit vn linomple deslié, qui froncé venoit finir aupres de la main, où deux gros bracelets de perles sembloient le tenir attaché: Chacune auoit au costé le carquois remply de fléches, & portoit en la main vn arc d'yuoire; le bas de leur robe par le deuant estoit retroussé sur la hanche, qui laissoit paroistre leurs brodequins dorez iusques à mi-jambe. Il sembloit qu'elles fussent venuës en ce lieu auec quelque dessein: car l'vne disoit ainsi. C'est bien icy le lieu, voicy biē le reply de la riuiere: voyez comme elle va impetueusement la haut, outrageant le bord de l'autre costé, qui se rompt & tourne tout court en ça. Considerez cette touffe d'arbres, c'est sans doute celle qui nous a esté representee dans le miroir. Il est vray, disoit la premiere, mais il n'y a encor' gueres d'apparence en tout le reste: & me semble que voicy vn lieu assez écarté pour trouuer ce que nous y venons chercher. La troisiesme, qui n'auoit point encore parlé; Si y a t'il bien, dit-elle, quelque apparence en ce qu'il vous a dit, puis qu'il vous a si bien representé ce lieu, que ie ne croy point qu'il y ait icy vn arbre que vous n'ayez veu dās le miroir: Auec semblables mots, elles approcherent si pres de Celadō que quelques fueilles seulement le leur cachoient. Et parce qu'ayant remarqué toute chose particulierement, elles recogneurent que c'estoit là sans doute le lieu qui leur auoit esté monstré, elles s'y assirent, en deliberatiō de voir si la fin seroit aussi veritable que le commancement: mais elles ne se furēt si tost baissées, pour s'asseoir, que la principale d'entr'elles apperceut Celadō; & parce qu'elle croyoit que ce fust vn Berger endormy, elle estendit les mains de chaque costé sur ses compagnes, puis sans dire mot, mettant le doigt sur la bouche, leur monstra de l'autre main entre ces petits arbres, ce qu'elle voyoit, & se leua le plus doucement qu'elle peut pour ne l'esueiller, mais le voyāt de plus pres elle le creut mort: car il auoit encor les jambes en l'eau, le bras droit mollement estendu par dessus la teste, le gauche à demy tourné par derriere, & comme engagé sous le corps; le col faisoit vn ply en a-uant pour la pesanteur de la teste, qui se laissoit aller en arriere: la bouche à demy entre-ouuerte, & presque pleine de sablon, degoutoit encore de tous costez; le visage en quelques lieux esgratigné & souillé, les yeux à moitié clos: & les cheueux, qu'il portoit assez longs, si mouillez que l'eau en couloit comme de deux sources le long de ses jouës, dont la viue couleur estoit si effacee qu'vn mort ne l'a point d'autre sorte: le milieu des reins estoit tellement auancé, qu'il sembloit rompu, & cela faisoit paroistre le ventre plus enflé, quoy que remply de tāt d'eau il le fust assez de luymesme. Ces Nymphes le voyant en cest estat en eurent pitié, & Leonide qui auoit parlé la premiere, comme plus pitoyable & plus officieuse, fut la premiere qui le prit sous le corps pour le tirer à la riue. A mesme instant l'eau qu'il auoit aualee, ressortit en telle abondance que la Nymphe le trouuant encor chaud, eut opinion qu'on le pourroit sauuer. Lors Galathee, qui estoit la principale, se tournant vers la derniere qui les regardoit sans leur ayder : Et vous, Siluie, luy dit-elle, que veut dire, ma mignonne, que vous estes si faineante? mettez la main à l'œuure, si ce n'est pour soulager vostre compagne, pour la pitié au moins de ce pauure Berger? Ie m'amusois, dit-elle, Madame, à considerer que quoy qu'il soit bien changé, il me semble que ie le recognois. Et lors se baissant elle le prit de l'autre costé, & le regardant de plus pres, pour certain, dit elle, ie ne me trompe pas, c'est celuy que ie veux dire,& certes il merite bien que vous le secouriez : car outre qu'il est d'vne des principales familles de cette contree, encor a-til tant de merites que la peine y sera bien employee. Cependant l'eau sortoit en telle abondance que le Berger estant fort allegé, commença à respirer, non toutesfois qu'il ouurit les yeux, ny qu'il reuint entierement. Et par ce que Galathee eut opinion que c'estoit cestuy-cy dont le Druide luy auoit parlé, elle mesme commença d'ayder à ses compagnes, disant qu'il le faloit porter en son Palais d'Isoure, où elles le pourroiét mieux faire secourir: Et ainsi, non point sans peine elles le porterent iusques où le petit Meril gardoit leur Chariot, sur lequel mõtant toutes trois, Leonide fut celle qui les guida, & pour n'estre veuës auec cette proye par les gardes du Palais, elles allerent descédre à vne porte secrette.

Au mesme temps, qu'elles furent parties: Astree reuenant de son éuanoüissement tomba dans l'eau, comme nous auons dit; si bien que Lycidas, ny ceux qui vindrent chercher Celadon, n'en eurêt autres nouuelles que celles que i'ay dites. Par lesquelles Lycidas, n'estant que trop asseuré de la perte de son frere, s'en reuenoit pour se plaindre auec Astree de leur commun desastre. Elle ne faisoit que d'arriuer sur le bord de la riuiere où côtrainte du déplaisir elle s'estoit assise autát pleine d'ennuy & d'estonement, qu'auoit peu auparauant estre d'inconsideration, & de jalousie. Elle estoit seule, car Phillis voyant reuenir Lycidas, est'oit allée chercher des nouuelles côme les autres. Ce Berger arriuât, & de lassitude, & de desir de sçauoir côme ce malheur estoit aduenu, s'assit pres d'elle, & la prenant par la main luy dit. Mon Dieu, belle Bergere, quel malheur est le nostre! Ie dis le nostre : car si i'ay perdu vn frere, vous auez aussi perdu vne personne qui n'estoit point tant à soy-mesme qu'à vous. Ou qu'Astree fut entétiue ailleurs, ou que ce discours luy ennuyast, elle n'y fit point de respôce, dont Lycidas estonné comme par reproche côtinua: est-il possible, Astree, que la perte de ce miserable fils, car telle nommoit-elle, ne vous touche l'ame assez viuement, pour vous faire accompagner sa mort au moins de quelque larmes? S'il ne vous auoit point aymee, ou que cette amitié vous fut incogneüe, ce seroit chose suportable de vous voir si peu ressentir son mal-heur, mais puis que

que vous ne pouuez ignorer qu'il ne vous ait aymée plus que luy-mesme, c'eſt choſe cruelle, Aſtrée, croyez-moy, de vous voir auſſi peu eſmüe que ſi vous ne le cognoiſſiez point.

La Bergere tourna alors le regard triſtement vers luy, & apres l'auoir quelque temps conſideré, elle luy reſpondit. Berger, il me déplaiſt de la mort de voſtre frere, nõ pour aucune amitié qu'il m'ait portée, mais d'autant qu'il auoit des conditions d'ailleurs, qui peuuent bié rendre ſa perte regretable : car quant à l'amitié dõt vous parlez, elle a eſté ſi commune aux autres Bergeres mes compagnes, qu'elles en doiuent (pour le moins) auoir autant de regret que moy. Ah ingrate Bergere (s'eſcria incotinent Lycidas) ie tiendray le Ciel pour eſtre de vos complices, s'il ne punit ceſte injuſtice en vous! Vous auez peu croire celuy inconſtant, à qui le courroux d'vn pere, les inimitiez des parens, les cruautez de voſtre rigueur, n'ont peu diminuer la moindre partie de l'extréme affection, que vous ne ſçauriez feindre de n'auoir mille & mille fois recogneüe en luy trop clairement? Vrayement celle-cy eſt bien vne mécognoiſſance, qui ſurpaſſe toutes les plus grandes ingratitudes, puis que ſes actions & ſes ſeruices n'ont peu vous rendre aſſeuree d'vne choſe dont perſonne que vous ne doute plus : Auſſi, reſpondit Aſtree, n'y auoit-il perſonne à qui elle touchaſt comme à moy. Elle le deuoit

B

certes (repliqua le Berger) puis qu'il estoit tant à vous, que ie ne sçay, & si fay, ie le sçay, qu'il eust plustost des-obey aux grands Dieux qu'à la moindre de vos volontez. Alors la Bergere en colere luy respondit: Laissons ce discours, Lycidas, croyez-moy qu'il n'est point à l'auantage de vostre frere: mais s'il m'a trompee, & laissee auec ce deplaisir de n'auoir plustost sçeu recognoistre ses tromperies, & ses finesses, il s'en est allé, certes auec vne belle despoüille, & de belles marques de sa perfidie. Vous me rendez (repliqua Lycidas) le plus estonné du monde: En quoy auez vous recogneu ce que vous luy reprochez? Berger, adiousta Astree, l'histoire en seroit trop longue & trop ennuyeuse : contentez-vous, que si vous ne le sçauez, vous estes seul en ceste ignorance, & qu'en toute ceste riuiere de Lignó, il n'y a Berger qui ne vous die que Celadon aymoit en mille lieux: & sans aller plus loin, hyer j'ouys de mes oreilles mesmes, les discours d'amour qu'il tenoit à son Aminthe, car ainsi la nommoit il, ausquels ie me fusse arrestee plus long-temps, n'eust esté que sa honte me desplaisoit, & que pour dire le vray, j'auois d'autres affaires ailleurs qui me pressoient d'auantage. Lycidas alors comme transporté s'escria, ie ne demande plus la cause de la mort de mon frere, c'est vostre jalousie, Astree, & jalousie fondee sur beaucoup de raisós pour estre cause d'vn si grand mal-heur. Helas Celadon, que je voy bien reüssir à ceste heure les propheties de tes soupçons, quand tu disois que ceste feinte te donnoit tant de peine qu'elle te cousteroit la vie: mais encore ne cognoissois tu pas, de quel costé ce mal-heur te deuoit aduenir. Puis s'addressāt à la Bergere:Est-il croyable, dit-il, Astree, que ceste maladie ait esté si grande qu'elle vous ait fait oublier les commandemens que vous luy auez faits si souuent? Si seray-je bien tesmoin de cinq ou six fois pour le moins qu'il se mit à genoux deuant vous, pour vous supplier de les reuoquer: vous souuient-il point que quand il reuint d'Italie, ce fut vne de vos premieres ordonnances, & que dedans ce rocher, où depuis si souuent ie vous vis ensemble, il vous requist de luy ordonner de mourir, plustost que de feindre d'en aymer vne autre? Mon Astre, vous dit-il [ie me ressouuiédray toute ma vie des mesmes paroles] ce n'est point pour refuser: mais pour ne pouuoir obseruer ce commandement, que ie me jette à vos pieds, & vous supplie que pour tirer preuue de ce que vous pouuez sur moy, vous me commandiez de mourir, & non point de seruir cōme que ce soit autre qu'Astree. Et vous luy respondites: Mon fils, je veux ceste preuue de vostre amitié, & non point vostre mort qui ne peut estre sans la miēne: car outre que ie sçay que celle-cy vous est la plus difficile, encore nous r'apportera-t'elle vne commodité que nous deuons principale-

B ij

ment rechercher, qui est de clorre & les yeux
& la bouche aux plus curieux & aux plus médisans : S'il vous repliqua plusieurs fois, & s'il
en fit tous les refus que l'obeissance (à quoy son
affection l'obligeoit enuers vous) luy pouuoit
permettre, je m'en remets à vous mesme, si
vous voulez vous en ressouuenir : tant y a que
je ne croy point qu'il vous ait jamais desobeye,
que pour ce seul sujet ; & à la verité ce luy estoit
vne contrainte si grande, que toutes les fois
qu'il reuenoit du lieu, où il estoit forcé de
feindre, il faloit qu'il se mit sur vn lict, comme reuenant de faire vn tres-grand effort ; &
lors il s'arresta pour quelque temps, & puis il
reprit ainsi. Or sus Astree, mon frere est mort,
s'en est fait, quoy que vous en croyez, ou mécroyez, ne luy peut r'apporter bien ny mal, de
sorte que vous ne deuez plus penser que ie vous
en parle en sa consideration : mais pour la seule verité, toutefois ayez-en telle croyance qu'il
vous plaira, si vous jureray je qu'il n'y a point
deux jours que ie le trouuay grauant des vers
sur l'escorce de ces arbres, qui sont par delà la
grande riuiere, à main gauche du bié, & m'asseure que si vous y daignez tourner les yeux, vous
remaquerez que c'est luy qui les y a couppez :
car vous recognoissez trop bien ses caracteres,
si ce n'est qu'oublieuse de luy, & de ses seruices
passez, vous ayez de mesme perdu la memoire de tout ce qui le touche : mais je m'asseure

que les Dieux ne le permettront pour sa satisfaction, & pour voſtre punition les vers sõt tels.

MADRIGAL.

IE pourray bien deſſus moy-meſme,
Quoy que mon amour ſoit extreſme,
Obtenir encore ce poinct,
De dire que ie n'ayme point.
 Mais feindre d'en aymer vne autre,
Et d'en adorer l'œil vainqueur,
Comme en effect ie fay le voſtre,
Ie n'en ſçaurois auoir le cœur.
 Et s'il le faut, ou que ie meure,
Faictes-moy mourir de bonne heure.

Il peut y auoir ſept ou huict iours, qu'ayant eſté contraint de m'en aller pour quelque temps ſur les riues de Loire, pour reſponſe il m'eſcriuit vne lettre que ie veux que vous voyez, & ſi en la liſant vous ne cognoiſſez ſon innocence, ie veux croire qu'auec voſtre bonne volonté vous auez perdu pour luy toute eſpece de iugement : Et lors la prenant en ſa poche il la leut : Elle eſtoit telle.

RESPONCE DE CELADON A LYCIDAS.

NE t'enquiers plus de ce que ie fais, mais sçache que ie continuë tousiours en ma peine ordinaire. Aymer, & ne l'oser faire paroistre, n'aymer point, & iurer le contraire, cher frere, c'est tout l'exercice ou plustost le supplice de ton Celadon. On dit que deux contraires ne peuuent en mesme temps estre en mesme lieu, toutesfois la vraye & la feinte amitié, sont d'ordinaire en mes actions; mais ne t'en estonne point: car ie suis contraint à l'vn par la perfection, & à l'autre par le commandement de mon Astre. Que si ceste vie te semble estrange, ressouuiens-toy, que les miracles sont les œuures ordinaires des Dieux, & que veux-tu que ma Deesse ne fasse en moy que des miracles?

Il y auoit long temps qu'Astrée n'auoit rien respondu, parce que les paroles de Lycidas la mettoient presque hors d'elle-mesme. Si est-ce que la jalousie qui retenoit encore quelque force en son ame, luy fit prédre ce papier, comme estant en doute, que Celadon l'eust escrit.

Et quoy qu'elle recogneust, que vrayement c'estoit luy, si disputoit-elle le contraire en son ame, suiuant la coustume de plusieurs personnes qui veulent tousiours fortifier comme que ce soit leur opinion. Et presque au mesme temps plusieurs Bergers arriuerent de la queste de Celadon, où ils n'auoient trouué autre marque de luy que son chappeau, qui ne fut à la triste Astree qu'vn grand renouuellement d'ennuy. Et par ce qu'elle se ressouuint d'vne cachette qu'Amour leur auoit fait inuenter & qu'elle n'eust pas voulu estre recogneuë, elle fit signe à Phillis de le prédre, & lors chacun se mit sur les regrets, & sur les loüages du pauure Berger, & n'en y eut vn seul qui n'en racontast quelque vertueuse action; elle sans plus, qui le ressentoit dauantage, estoit contrainte de demeurer muette, & de le monstrer le moins, sçachant bien que la souueraine prudence en amour est de tenir son affectiõ cachee, ou pour le moins de n'en faire jamais rien paroistre inutilement. Et parce que la force qu'elle se faisoit en cela estoit tres-grande, & qu'elle ne pouuoit la supporter plus lõguement, elle s'approcha de Phillis, & la pria de ne la point suiure, afin que les autres en fissent de mesme, & luy prenant le chappeau qu'elle tenoit en sa main, elle partit seule & se mit à suiure le sentier où ses pas sans election la guidoiët. Il n'y auoit guere Berger en la trouppe qui ne sçeut l'affection de Celadon, parce que ses parens par leurs contrarietez, l'auoient découuert plus que ses actions; mais elle s'y estoit conduitte auec tant de discretion que hormis Semyre, Lycidas & Phillis, il n'en y auoit point qui fceut la bonne volunté qu'elle luy portoit, & encore que l'on cogneut bien que ceste perte l'affligeoit, si l'atribuoit on pluftoft à vn bon naturel, qu'à vn amour, tant profite la bonne opinion que l'on a d'vne personne; ce pandant elle continuoit son chemin, le long duquel mille pensees, ou pluftoft mille desplaifirs la talonnoiët pas à pas, de telle sorte que quelquesfois douteuse, d'autresfois asseureë de l'affection de Celadon, elle ne sçauoit si elle le deuoit plaindre, ou se plaindre de luy. Si elle se ressouuenoit de ce que Lycidas luy venoit de dire, elle le jugeoit innocent: que si les paroles qu'elle luy auoit ouy tenir aupres de la Bergere Aminthe, luy reuenoient en la memoire, elle le condamnoit comme coupable. En ce labyrinthe de diuerses pensees, elle alla longuement errant par ce bois, sans nulle élection de chemin, & par fortune, ou par le vouloir du Ciel qui ne pouuoit souffrir que l'innocence de Celadon demeuraft plus longuement douteuse en son ame, ses pas la conduisirent sans qu'elle y pensaft le long du petit ruisseau entre les mesmes arbres où Lycidas luy auoit dit que les vers de Celadon estoient grauez. Le desir de sçauoir, s'il auoit dit vray, euft bié eu assez de pouuoir en elle pour les luy faire chercher fort curieusement, encore qu'ils eussent esté fort cachez: mais la coupure qui

LIVRE PREMIER.

estoit encore toute fraische, les luy descouurit assez tost. O Dieu comme elle les recogneut pour estre de Celadon, & comme promptement elle y courut pour les lire! mais combien viuement luy toucherent-ils l'ame? Elle s'assit en terre, & mettant en son giron le chappeau & la lettre de Celadon, elle demeura quelque temps les mains iointes ensemble, & les doigts serrez l'vn dans l'autre, tenant les yeux sur ce qui luy restoit de son Berger; & voyant que le chappeau grossissoit à l'endroit où il auoit accoustumé de mettre ses lettres, quand il vouloit les luy donner secrettement, elle y porta curieusement la main, & passant les doigts dessous la doubleure, rencontra le feutre apiecé, duquel détachant la gance, elle en tira vn papier que ce iour mesme Celadon y auoit mis. Ceste finesse fut inuentee entr'eux, lors que la mal-vueillance de leurs peres les empeschoit de se pouuoir parler: car feignant de se ietter par ieu ce chappeau, ils pouuoient aisément receuoir & donner leurs lettres: toute tremblante elle sortit celle-cy hors de sa petite cachette, & toute hors de soy apres l'auoir dépliee, elle y ietta la veuë pour la lire: mais elle auoit tellement égaré les puissances de son ame, qu'elle fut contrainte de se frotter plusieurs fois les yeux auant que de le pouuoir faire. Enfin elle leut tels mots:

LETTRE DE CELADON A LA BERGERE ASTREE.

Mon Astre, si la dissimulation à quoy vous me contraignez, est pour me faire mourir de peine, vous le pouuez plus aysément d'vne seule parole : si c'est pour punir mon outrecuidance, vous estes iuge trop doux, de m'ordonner vn moindre supplice que la mort. Que si c'est pour esprouuer quelle puissance vous auez sur moy, pourquoy n'en recherchez-vous vn tesmoignage plus prompt que celuy-cy, de qui la longueur vous doit estre ennuyeuse ? car ie ne sçaurois penser que ce soit pour celer nostre dessein, comme vous dites, puis que ne pouuant viure en telle contrainte, ma mort sans doute en donnera vne assez prompte & déplorable cognoissance. Iugez donc, mon bel Astre, que c'est assez enduré, & qu'il est desormais temps que vous me permettiez de faire le personnage de Celadon, ayant si longuement, & auecque tant de peine, representé celuy de la personne du monde, qui luy est la plus contraire.

O quels cousteaux tranchans furent ces paroles en son ame, lors qu'elles luy remirent en memoire le commandement qu'elle luy auoit fait, & la resolution qu'ils auoient prise de cacher par ceste dissimulation leur amitié: mais voyez quels sont les enchantemens d'Amour: elle receuoit vn déplaisir extréme de la mort de Celadon, & toutesfois elle n'estoit point sans quelque contentement au milieu de tant d'ennuis, cognoissant que veritablement il ne luy auoit point esté infidelle, & dés qu'elle en fut certaine, & que tant de preuues eurent esclarcy les nuages de sa ialousie, toutes ces considerations se ioignirent ensemble, pour auoir plus de force à la tourmenter: de sorte que ne pouuant recourir à autre remede qu'aux larmes, tant pour plaindre Celadon, que pour pleurer sa perte propre, elle donna commencement à ses regrets, auec vn ruisseau de pleurs, & puis de cent pitoyables helas! interrompant le repos de son estomac, d'infinis sanglots le respirer de sa vie, & d'impitoyables mains outrageant ses belles mains mesmes, elle se rameteut la fidelle amitié qu'elle auoit auparauant recogneuë en ce Berger, l'extremité de son affection, le desespoir où l'auoit poussé si promptemét la rigueur de sa response: & puis se representant le temps heureux qu'il l'auoit seruie, les plaisirs & contentemens que l'honnesteté de sa recherche luy auoit rapportez, & quel commencement d'ennuy elle ressentoit desia par sa perte, encore qu'elle le trouuast tres-grand, si ne le iugeoit-elle égal à son imprudence, puis que le terme de tant d'années luy deuoit donner assez d'asseurance de sa fidelité.

D'autre costé Lycidas qui estoit si mal satisfait d'Astree, qu'il n'en pouuoit presque auec patience souffrir la pensee, se leua d'auprès de Phillis, pour ne rien dire contre sa compagne qui luy depleust, & partit l'estomach si enflé, les yeux si couuerts de larmes, & le visage si changé, que sa Bergere le voyant en tel estat, & donnant à ce coup quelque chose à son amitié, le suiuit sans craindre ce qu'on pourroit dire d'elle. Il alloit les bras croisez sur l'estomach: la teste baissee, le chappeau enfoncé, mais l'ame encor plus plongee dans la tristesse. Et parce que la pitié de son mal obligeoit les Bergers qui l'aymoient à participer à ses ennuis; ils alloient suiuans, & plaignans apres luy, mais ce pitoyable office ne luy estoit qu'vn rengregement de douleur. Car l'extréme ennuy a cela, que la solitude doit estre son premier appareil, parce qu'en compagnie l'ame n'ose librement pousser dehors les venins de son mal, & iusques à ce qu'elle s'en soit déchargee, elle n'est capable des remedes de la consolation. Estant en ceste peine, de fortune ils rencontrerent vn ieune Berger couché de son long sur l'herbe, & deux Bergeres auprès de luy. L'vne luy tenāt la teste en son giron, & l'autre ioüant d'vne harpe, cependant qu'il alloit souspirant tels vers, les yeux tendus contre le Ciel, les mains

iointes sur son estomach, & le visage tout couuert de larmes.

STANCES
SVR LA MORT DE CLEON.

1 LA beauté que la mort en cendre a fait resoudre,
La despoüillant si tost de son humanité,
Passa comme vn esclair, & brusla comme vn
foudre,
Tant elle eust peu de vie, & beaucoup de
beauté.

2 Ces yeux iadis auteurs des douces entreprises
Des plus cheres Amours, sont à iamais fermez:
Beaux yeux qui furent pleins de tant de mi-
gnardises,
Qu'on ne les vid iamais sans qu'ils fussent
aimez.

3 S'il est vray, la beauté d'entre nous est rauie,
Amour pleure vaincu qui fut tousiours vain-
cueur;
Et celle qui donnoit à mille cœurs la vie,
Est morte, si ce n'est qu'elle viue en mon cœur.

4 Et quel bien desormais peut estre desirable,
Puis que le plus parfaict est le plustost rauy?
Et qu'ainsi que du corps l'ombre est insepa-
rable,

Il faut qu'vn bien touſiours ſoit d'vn mal-
heur ſuiuy.
5 Il ſemble, ma Cleon, que voſtre deſtinee,
Ayt dés ſon Orient voſtre iour acheué,
Et que voſtre beauté morte auſſi toſt que nee,
Au lieu de ſon berceau ſon cercueil ait trouué.
6 Non, vous ne mourez pas, mais c'eſt pluſtoſt
moy-meſme,
Puis que viuant ie fus de vous ſeule animé,
Et ſi l'Amant a vie en la choſe qu'il aymè,
Vous reuiuez en moy m'ayāt touſiours aymé.
7 Que ſi ie vis, Amour veut dōner cognoiſſāce,
Que meſme ſur la mort il a commādement,
Ou comme eſtant vn Dieu pour monſtrer ſa
puiſſance,
Que ſans ame & ſans cœur il fait viure vn
Amant.
8 Mais, Cleon, ſi du Ciel l'ordonnance fatale
D'vn treſpas inhumain vous fait ſentir l'ef-
fort,
Amour à vos deſtins rend ma fortune égale,
Vous mourez par mon dueil, & moy par
voſtre mort.
9 Ie regrettois ainſi mes douleurs immortelles,
Sans que par mes regrets la mort peuſt s'at-
tendrir,
Et mes deux yeux changez en ſources eter-
nelles,
Qui pleurerent mon mal, ne ſceurent l'a-
moindrir:

10 *Quãd Amour auec moy d'vne si belle morte,*
Ayant plaint le malheur qui cause nos tra-
uaux,
Sechons, dit-il, nos yeux, plaignons d'vne
autre sorte,
Aussi bien tous les pleurs sont moindres que
nos maux.

LYCIDAS & Phillis eussent bien eu assez de curiosité pour s'enquerir de l'ennuy de ce Berger, si le leur propre le leur eust permis, mais voyant qu'il auoit autant de besoin de consolation qu'eux, ils ne voulurent adiouster le mal d'autruy au leur, & ainsi laissant les autres Bergers attentifs à l'escouter, ils continuerent leur chemin sans estre suiuis de personne, pour le desir que chacun auoit de sçauoir qui estoit ceste trouppe incogneuë. A peine Lycidas estoit party qu'ils oüyrẽt d'assez loing vne autre voix qui sembloit s'approcher d'eux, & la voulant escouter, ils en furent empeschez par la Bergere qui tenoit la teste du Berger dans son giron, auec telles plaintes. Et bien cruel? Et bien, Berger sans pitié? iusques à quand ce courage obstiné s'endurcira-t'il à mes prieres? iusques à quand as-tu ordonné que ie sois dédaignee pour vne chose qui n'est plus? & que pour vne morte ie sois priuee de ce qui luy est inutile? Regarde, Tyrcis, regarde, Idolatre des morts, & ennemy des viuans, quelle est la perfection de mon amitié; & apprens quelquesfois, apprens à aymer les personnes qui viuent, & non pas celles qui sont mortes, qu'il faut laisser en repos apres le dernier Adieu, & non pas en troubler les cendres bien-heureuses par des larmes inutiles, & prens bien garde, si tu continuës, de n'attirer sur toy la vengeance de ta cruauté, & de ton iniustice.

Le Berger alors, sans tourner les yeux vers elle, luy respondit froidement : Pleust à Dieu, belle Bergere, qu'il me fust permis de vous pouuoir satisfaire par ma mort : car pour vous oster, & moy aussi, de la peine où nous sommes, ie la cherirois plus que ma vie : mais puis que, comme si souuent vous m'auez dit, ce ne seroit que rengreger vostre mal ; ie vous supplie, Laonice, rentrez en vous-mesmes, & considerez cóbien vous auez peu de raison, de vouloir deux fois faire mourir ma chere Cleon. Il suffit bien (puis que mon malheur l'a ainsi voulu) qu'elle ait vne fois payé le tribut de son humanité; que si apres sa mort elle est venuë reuiure en moy par la force de mon amitié: pourquoy cruelle, la voulez-vous faire remourir par l'oubly qu'vne nouuelle amour causeroit en mon ame ? Non, non Bergere; Vos reproches n'auront iamais tant de force en moy, que de me faire consentir à vn si mauuais conseil; d'autant que ce que vous nommez cruauté, ie l'appelle fidelité, & ce que vous croyez digne
de

de punition, ie l'eſtime meriter vne extréme
loüange. Ie vous ay dit, qu'en mon cercueil la
memoire de ma Cleon viura parmy mes os : ce
que ie vous ay dit, ie l'ay mille fois iuré aux
Dieux immortels, & à ceſte belle ame qui eſt
auecques eux : & croiriez-vous qu'ils laiſſaſſent
impuny Tyrcis, ſi oublieux de ſes ſermens il
deuenoit infidelle ? Ah ! que ie voye pluſtoſt le
Ciel pleuuoir des foudres ſur mon chef que iamais
i'offenſe ny mon ſerment, ny ma chere
Cleon. Elle vouloit repliquer, lors que le Berger
qui alloit chantant les interrompit, pour
eſtre deſia trop pres d'eux, auec tels vers :

CHANSON DE L'INCONSTANT HYLAS.

SI l'on me dédaigne, ie laiſſe
La cruelle auec ſon dédain,
Sans que i'attende au lendemain,
De faire nouuelle maiſtreſſe :
C'eſt erreur de ſe conſumer
A ſe faire par force aymer.

Le plus ſouuent ces tant diſcrettes
Qui vont nos amours meſpriſant,
Ont au cœur vn feu plus cuiſant :
Mais les flames en ſont ſecrettes
Que pour d'autres nous allumons,
Cependant que nous les aymons.

C

Le trop fidelle opiniastre
Qui déceu de sa loyauté,
Aime vne cruelle beauté :
Ne semble-t'il point l'idolatre,
Qui de quelque idole impuissant,
Iamais le secours ne ressent ?

On dit bien que qui ne se lasse
De longuement importuner,
Par force en fin se fait donner :
Mais c'est auoir mauuaise grace,
Quoy qu'on puisse auoir de quelqu'vn,
Que d'estre tousiours importun.

Voyez-les, ces Amans fidelles,
Ils sont tousiours pleins de douleurs,
Les soupirs, les regrets, les pleurs,
Sont leurs contenances plus belles,
Et semble que pour estre Amant,
Il faille plaindre seulement.

Celuy doit-il s'appeller homme,
Qui l'honneur de l'homme étouffant,
Pleure tout ainsi qu'vn enfant,
Pour la perte de quelque pomme,
Ne faut-il plustost le nommer,
Vn fol qui croist de bien aymer ?

Moy qui veux fuir ces sottises,
Qui ne donnent que de l'ennuy,

Sage par le mal-heur d'autruy,
I'vse tousiours de mes franchises,
Et ne puis estre mécontant,
Que l'on m'en appelle inconstant.

A ces derniers vers ce Berger se trouua si proche de Tyrcis, qu'il pût voir les larmes de Laonice: & parce qu'encores qu'estrangers, ils ne laissoient de se cognoistre, & de s'estre desia pratiquez quelque temps par les chemins: Ce Berger sçachant quel estoit l'ennuy de Laonice & de Tyrcis, s'adressa d'abord à luy de ceste sorte: O Berger desolé (car à cause de sa triste vie, c'estoit le nom que chacun luy donnoit) si i'estois comme vous, que ie m'estimerois mal-heureux! Tyrcis l'oyant parler, se releua pour luy respondre: Et moy, luy dit-il, Hylas, si i'estois en vostre place, que ie me dirois infortuné! S'il me falloit plaindre, adiousta cestuy-cy, autant que vous pour toutes les Maistresses que i'ay perduës, i'aurois à plaindre plus longuement que ie ne sçaurois viure. Si vous faisiez comme moy, respondit Tyrcis, vous n'en auriez à plaindre qu'vne seule. Et si vous faisiez comme moy, repliqua Hylas, vous n'en plaindriez point du tout. C'est en quoy, dit le desolé, ie vous estime miserable, car si rien ne peut estre le prix d'Amour que l'Amour mesme, vous ne fustes iamais aymé de personne, puis que vous n'aymastes iamais, & ainsi

C ij

vous pouuez bien marchander plusieurs amitiez, mais non pas les acheter, n'ayant pas la monnoye dont telle marchandise se paye. Et à quoy cognoissez-vous, respondit Hylas, que ie n'ayme point? Ie le cognois, dit Tyrcis, à vostre perpetuel changement. Nous sommes, dit-il, d'vne bien differente opinion, car i'ay tousiours creu que l'ouurier se rendoit plus parfaict, plus il exerçoit souuent le mestier dōt il faisoit profession. Cela est vray, respondit Tyrcis, quand on suit les regles de l'art, mais quand on fait autrement, il aduient comme à ceux qui s'estans fouruoyez, plus ils marchent, & plus ils s'esloignent de leur chemin. Et c'est pourquoy tout ainsi que la pierre qui roulle cōtinuellemēt, ne se reuestit iamais de mousse, mais plustost d'ordure & de salleté; de mesme vostre legereté se peut bien acquerir de la hôte, mais non iamais de l'Amour. Il faut que vous "sçachiez, Hylas, que les blessures d'Amour "sont de telle qualité, que iamais elles ne guerissent. Dieu me garde, dit Hylas, d'vn tel blesseur. Vous auez raison, repliqua Tyrcis, car si à chaque fois que vous auez esté blessé d'vne nouuelle beauté, vous auiez receu vne playe incurable, ie ne sçay si en tout vostre corps il y auroit vne place saine : mais aussi vous estes priué de ces douceurs, & de ces felicitez, qu'Amour dōne aux vrays Amans, & cela miraculeusement (comme toutes ses autres actions) par la mesme blessure qu'il leur à faicte : que si la lägue pouuoit bien exprimer ce que le cœur ne peut entierement gouster, & qu'il vous fust permis d'oüyr les secrets de ce Dieu, ie ne croy pas que vous ne vouluffiez renöcer à vostre infidelité. Hylas alors en sous-riant : Sans mentir, dit-il, vous auez raison, Tyrcis, de vous mettre du nombre de ceux qu'Amour traitte bien. Quant à moy, s'il traitte tous les autres comme vous, ie vous en quitte de bon cœur ma part, & vous pouuez garder tout seul vos felicitez, & vos contentemens, sans craindre que ie les vous enuie. Il y a plus d'vn mois que nous sommes presque d'ordinaire ensemble : mais marquezmoy le iour, l'heure ou le momét, où i'ay peu voir vos yeux sans l'agreable compagnie de vos larmes; & au contraire dites auec verité, le iour, l'heure, & le momét où vous m'auez seulement oüy souspirer pour mes Amours : tout homme qui n'aura point le goust peruerty cöme vous le sens, ne trouuera-t'il pas les douceurs de ma vie plus agreables & aymables, que les amertumes ordinaires de la vostre? Et se tournant vers la Bergere qui s'estoit plainte de Tyrcis. Et vous, insensible Bergere, ne prédrez vous iamais assez de courage pour vous deliurer de la tyrannie où ce dénaturé Berger vous fait viure? Voulez-vous par vostre patience vous rendre complice de sa faute? Ne cognoissez-vous pas qu'il fait gloire de vos larmes, que vos

C iij

supplications l'esleuent à telle arrogance, qu'il luy semble que vous luy estes trop obligée, quand il les escoute auec mespris? La Bergere auec vn grand helas! luy respondit: Il est fort aysé, Hylas, à celuy qui est sain de conseiller le malade, mais si tu estois en ma place tu recognoistrois que c'est en vain que tu me donnes ce conseil, & que la douleur me peut bien oster l'ame du corps, mais non pas la raison chasser de mon ame ceste trop forte passion. Que si cét aimé Berger vse enuers moy de tyrannie, il me peut encores traitter auec beaucoup plus absoluë puissance, quand il luy plaira, ne pouuant vouloir dauantage sur moy que son authorité ne s'estende beaucoup plus outre. Laissons donc là tes conseils, Hylas, & cesse tes reproches, qui ne peuuent que rengreger mon mal sans espoir d'allegeance : car ie suis tellement toute à Tyrcis, que ie n'ay pas mesme ma volonté. Comment, dit le Berger, vostre volonté n'est pas vostre ? & que sert-il donc de vous aymer & seruir ? cela mesme, respondit Laonice, que me sert l'amitié & le seruice que ie rends à ce Berger ? C'est à dire, repliqua Hylas, que ie perds mon temps & ma peine, & que vous racontant mon affection, ce n'est qu'éueiller en vous les paroles dont apres vous vous seruez en parlant à Tyrcis. Que veux-tu, Hylas, luy dit-elle en souspirant, que ie te responde là dessus, sinon qu'il

LIVRE PREMIER. 39

y a long-temps que ie vay pleurāt ce mal-heur, mais beaucoup plus en ma consideration qu'en la tienne. Ie n'en doute point, dit Hylas, mais puis que vous estes de ceste humeur, & que ie puis plus sur moy que vous ne pouuez sur vous, touchez-là, Bergere, dit-il, luy tendant la main, ou donnez-moy congé, ou receuez-le de moy, & croyez qu'aussi bien, si vous ne le faites, ie ne laisseray pas de me retirer, ayant trop de honte de seruir vne si pauure Maistresse. Elle luy respondit assez froidement; ny toy, ny moy, n'y ferons pas grande perte, pour le moins ie t'asseure bien que celle-là ne me fera iamais oublier le mauuais traictement que ie reçois de ce Berger. Si vous auiez, luy respondit-il, autant de cognoissance de ce que vous perdez en me perdant que vous monstrez peu de raison en la poursuitte que vous faites, vous me plaindriez plus que vous ne souhaitez l'affection de Tyrcis: mais le regret que vous aurez de moy sera bien petit, s'il n'égale celuy que i'ay pour vous, & lors il chanta tels vers en s'en allant:

SONNET.

Puis qu'il faut arracher la profonde racine,
Qu'Amour en vous voyant me planta
dans le cœur;
Et que tant de desirs auec tant de longueur,
Ont si soigneusement nourrie en ma poitrine.

C iiij

*Puis qu'il faut que le temps qui vid son ori-
  gine,
Triomphe de sa fin, & s'en nomme vainqueur,
Faisons vn beau dessein, & sans viure en lan-
  gueur,
Ostons-en tout d'vn coup, & la fleur & l'espine.
  Chassons tous ces desirs, esteignons tous ces
  feux,
Rompōs tous ces liens, serrez de tant de nœuds,
Et prenons de nous mesme vn congé volontaire.
  Nous le vaincrons ainsi, cet Amour in-
  dompté,
Et ferons sagement de nostre volonté,
Ce que le temps enfin nous forceroit de faire.*

Si ce Berger fut venu en ce pays, en vne saison moins fascheuse, il y eut trouué sans doute plus d'amis: mais l'ennuy de Celadon, dont
la perte estoit encore si nouuelle, rendoit si tristes tous ceux de ce riuage, qu'ils ne se pouuoiēt
arrester à telles gaillardises; c'est pourquoy ils
le laisserent aller, sans auoir curiosité de luy
demāder, ny à Tyrcis aussi, quel estoit le sujet
qui les conduisoit; & quelques-vns retournerent en leurs cabanes, & quelques autres continuant de rechercher Celadon, passerent qui
deça, qui delà, la riuiere sans laisser iusques à
Loire, ny arbres, ny buisson, dont ils ne des-
couurissent les cachettes. Toutesfois ce fut en
vain, car ils ne sceurēt iamais en trouuer d'au-

tres nouuelles. Seulement Siluandre rencõtra Polemas tout seul, non point trop loin du lieu où peu auparauāt Galathee & les autres Nymphes auoient pris Celadon; & parce qu'il commandoit à toute la contree, sous l'authorité de la Nymphe Amasis, le Berger qui l'auoit plusieurs fois veu à Marsilly, luy rendit en le saluant, tout l'honneur qu'il luy fut possible; & d'autant qu'il s'enquit de ce qu'il alloit cherchant le long du riuage, il luy dit la perte de Celadon, dequoy Polemas fut marry, ayant tousiours aymé ceux de sa famille.

D'autre costé Lycidas qui se promenoit auec Phillis, apres auoir quelque temps demeuré muet, en fin se tournāt vers elle: Et bien, belle Bergere, luy dit-il, que vous semble de l'humeur de vostre compagne? Elle qui ne sçauoit encore la ialousie d'Astree, luy respondit, que c'estoit le moindre déplaisir; qu'elle en deuoit auoir, & qu'en vn si grand enuuy il luy deuoit bien estre permis d'éloigner, & fuyr toute compagnie: car Phillis pensoit qu'il se plaignoit, de ce qu'elle s'en estoit allee seule. Ouy certes, repliqua Lycidas, c'est le moindre, mais aussi crois-je, qu'en verité c'est le plus grand, & faut dire que c'est bien la plus ingrate du monde, & la plus indigne d'estre aymee. Voyez, pour Dieu, quelle humeur est la sienne: mon frere n'a iamais eu dessein, tant s'en faut, n'a iamais eu pouuoir d'aymer qu'elle seule; elle le sçait, la cruelle qu'elle est; car les preuues qu'il luy en a renduës ne laissent rien en doute; le temps a esté vaincu, les difficultez, voire les impossibilitez dédaignees, les absences surmontees, les courroux paternels méprisez, ses rigueurs, ses cruautez, ses dédains mesmes supportez, par vne si grande longueur de temps, que ie ne sçay autre qui l'eust pû faire que Celadon : & auec tout cela, ne voila pas ceste volage, qui, comme ie croy, ayant ingratement changé de volonté, s'ennuyoit de voir plus longuement viure, celuy qu'autre-fois elle n'auoit peu faire mourir par ses rigueurs : & qu'à ceste heure, elle sçauoit auoir si indignement offensé. Ne voila pas, dis-ie, ceste volage, qui se feint de nouueaux pretextes de haine & de ialousie : luy commande vn eternel exil, & le desespere iusques à luy faire rechercher la mort? Mon Dieu! dit Phillis toute étonnée, que me dites-vous Lycidas? est-il possible qu'Astrée ait fait vne telle faute? Il est vrayement tres-certain, respondit le Berger, elle m'en a dit vne partie, & le reste ie l'ay aisément iugé par ses discours : mais bien qu'elle triomphe de la vie de mon frere & que sa perfidie & son ingratitude luy déguisent ceste faute, comme elle aimera le mieux, si vous say-je serment que iamais Amant n'eut tant d'affection ny de fidelité, que luy : non point que ie vueille qu'elle le sçache, si ce n'est que cela luy rapporte; par la cognoissance qu'il luy pourroit donner de son erreur, quelque extréme déplaisir : car desormais ie luy suis autant mortel ennemy, que mon frere luy a esté fidelle seruiteur, & elle indigne d'en estre aymée. Ainsi alloient discourant Lycidas & Phillis, luy infiniment fasché de la mort de son frere, & infinimét offensé contre Astrée : Et elle marrie de Celadon, faschée de l'ennuy de Lycidas, & estonnée de la ialousie de sa compagne : toutesfois voyant que la playe en estoit encor trop sensible, elle ne voulut y ioindre les extrémes remedes, mais seulement quelque legers preparatifs pour adoucir, & non point pour resoudre : car en toute façon elle ne vouloit pas que la perte de Celadon luy coustast Lycidas, & elle consideroit bien que si la haine continuoit entre luy & Astrée, il falloit qu'elle rompit auec l'vn des deux ; toutesfois l'Amour ne vouloit point ceder à l'amitié, ny l'amitié à l'Amour, & si l'vn ne vouloit consentir à la mort de l'autre. D'autre costé Astrée remplie de tant d'occasions d'ennuis, comme ie vous ay dit, lascha si bien la bonde à ses pleurs, & s'assoupit tellement en sa douleur, que pour n'auoir assez de larmes pour lauer son erreur, ny assez de paroles pour declarer son regret, ses yeux & sa bouche remirent leur office à son imagination, si longuement, qu'abbattuë de trop d'ennuy elle s'endormit sur telles pensées.

LE DEVXIESME LIVRE
DE LA PREMIERE
Partie d'Astree.

CEPENDANT que ces choses se passoient de ceste sorte entre ces Bergers & Bergeres, Celadon receut des trois belles Nymphes, dans le Palais d'Isoure, tous les meilleurs aliegemens qui leur furent possibles; mais le trauail, que l'eau luy auoit donné, auoit esté si grand, que quelque remede qu'elles luy fissent, il ne pût ouurir les yeux, ny donner autre signe de vie que par le battement du cœur : passant ainsi le reste du iour, & vne bonne partie de la nuict deuant qu'il reuint à soy, & lors qu'il ouurit les yeux, ce ne fut pas auec peu d'estonnement de se trouuer où il estoit, car il se ressouuenoit fort bien de ce qui luy estoit aduenu sur le bord de Lignon, & comme le desespoir l'auoit fait ietter dans l'eau, mais il ne sçauoit comme il estoit venu en ce lieu, & apres auoir demeuré quelque temps confus en ceste pensée, il se demandoit s'il estoit vif ou mort. Si ie vis, disoit-il, comment est-il possible que la cruauté d'Astrée ne me face mourir? Et si ie suis mort, qu'est-ce, ô Amour, que tu viens chercher entre ces tenebres? ne te contentes-tu point d'auoir eu ma vie? ou bien veux-tu dans mes cendres r'allumer encores tes anciennes flammes? Et parce que le cuisant soucy qu'Astrée luy auoit laissé, ne l'ayāt point abandonné, appelloit tousiours à luy toutes ses pensées, il continua: Et vous trop cruel souuenir de mon bon-heur passé, pourquoy me representez-vous le déplaisir qu'elle eust eu autresfois de ma perte, afin de rengreger mon mal veritable par le sien imaginé, au lieu que pour m'alleger vous deuriez pluftost me dire le contentement qu'elle en a pour la hayne qu'elle me porte? Auecque mille semblables imaginations, ce pauure Berger se r'endormit d'vn si long sommeil, que les Nymphes eurent loisir de venir voir comme il se portoit, & le trouuant endormy, elles ouurirent doucement les fenestres & les rideaux, & s'assirent autour de luy pour mieux le contempler. Galathée, apres l'auoir quelque temps consideré, fut la premiere qui d'vne voix basse, pour ne l'esueiller; Que ce Berger est changé de ce qu'il estoit hier, & comme la viue couleur du visage luy est reuenuë en peu de temps! quant à moy ie ne plains point la peine du voyage, puis que nous luy aurons sauué la vie: car à ce que vous dites, ma mignonne (dit-elle, s'addreſſant à Siluie) il eſt des principaux de ceſte contrée. Madame, reſpondit la Nymphe, il eſt tres-certain, car ſon pere eſt Alcippe, & ſa mere Amarillis. Comment, dit-elle, cet Alcippe de qui i'ay tant ouy parler, & qui pour ſauuer ſon amy, força à Vſſum les priſons des Viſigotz? C'eſt celuy-là meſme (dit Siluie) ie le vis il y a cinq ou ſix mois à vne feſte que l'on chommoit en ces hameaux, qui ſont le long des riues de Lignon: & parce que ſur tous les autres, Alcippe me ſembla digne d'eſtre regardé, ie tins ſur luy longuement les yeux: car l'authorité de ſa barbe chenuë & de ſa venerable vieilleſſe, le fait honorer & reſpecter de chacun. Mais quant à Celadon, il me ſouuient que de tous les ieunes Bergers, il n'y eut que luy & Siluandre qui m'oſaſſent approcher: Par Siluandre ie ſçeu qui eſtoit Celadon, & par Celadon, qui eſtoit Siluandre: car l'vn & l'autre auoient en ſes façons & en ſes diſcours, quelque choſe de plus genereux que le nom de Berger ne porte. Cependant que Siluie parloit, Amour, pour ſe mocquer des fineſſes de Climante & de Polemas, qui eſtoient cauſe que Galathée s'eſtoit trouuée le iour auparauant ſur le lieu où elle auoit pris Celadon, commençoit de faire reſſentir à la Nymphe les effects d'vne nouuelle amour; car tant que Siluie parla, Galathée eut touſiours les yeux ſur le Berger, &

les loüanges qu'elle luy donnoit, furent cause qu'en mesme temps sa beauté & sa vertu, l'vne par sa veuë, & l'autre par l'oüye, firent vn mesme coup dans son ame, & cela d'autant plus aisément qu'elle s'y trouua preparée par la tromperie de Climante, qui feignant le Deuin, luy auoit predit que celuy qu'elle rencontreroit, où elle trouua Celadon, deuoit estre son mary, si elle ne vouloit estre la plus mal-heureuse personne du monde, ayant auparauant fait dessein que Polemas, comme par mégarde, s'y en iroit à l'heure qu'il luy auoit dite, afin que deceuë par ceste ruze elle prit volonté de l'espouser, ce qu'autrement ne luy pouuoit permettre l'affection qu'elle portoit à Lindamor; mais la fortune & l'Amour, qui se mocquent de la prudence, y firent trouuer Celadon par le hazard que ie vous ay raconté; si bien que Galathée voulant en toute sorte aymer ce Berger, s'alloit à dessein representant toutes choses, en luy beaucoup plus aimables: Et voyant qu'il ne s'esueilloit point, pour le laisser reposer à son ayse, elle sortit le plus doucement qu'elle pût & s'en alla entretenir ses nouuelles pensées.

Il y auoit aupres de sa chambre vn escalier desrobé, qui descendoit en vne gallerie basse, par où auec vn pont-leuis on entroit dans le iardin agencé de toutes les raretez que le lieu pouuoit permettre, fut en fontaines, & en parterres,

parterres, fut en allées ou en ombrages, n'y ayant rien oublié de tout ce que l'artifice y pouuoit adiouster. Au sortir de ce lieu on entroit dans vn grand bois de diuerses sortes d'arbres, dont vn quarré estoit de coudriers, qui tous ensemble faisoient vn si graciçux Dedale, qu'encore que les chemins par leurs diuers destours se perdissent confusément l'vn dans l'autre, si ne laissoient-ils pour leurs ombrages d'estre fort agreables: Assez pres de là dans vn autre quarré, estoit la fontaine de la verité d'Amour, source à la verité merueilleuse: car par la force des enchantemens, l'Amant qui s'y regardoit, voyoit celle qu'il aymoit: que s'il estoit aymé d'elle, il s'y voyoit auprés; que si de fortune elle en aymoit vn autre, l'autre y estoit representé & non pas luy, & parce qu'elle découroit les tromperies des Amants, on la nommoit la verité d'Amour. A l'autre des quarrez estoit la cauerne de Damon, & de Fortune: & au dernier l'antre de la vielle Mandrague, plein de tant de raretez & de tant de sortileges, que d'heure à autre, il y arriuoit tousiours quelque chose de nouueau: outre que par tout le reste du bois, il y auoit plusieurs autres diuerses grottes, si bien contrefaictes au naturel, que l'œil trompoit bien souuent le iugement. Or çe fut dans ce iardin que la Nymphe se vint promener attendant le réueil du Berger: & parce que ces nou-

D

ueaux desirs, ne pouuoient luy permettre de s'en taire, elle feignit d'auoir oublié quelque chose qu'elle commenda à Siluie d'aller querir, d'autant qu'elle se fioit moins en elle pour sa ieunesse qu'en Leonide qui auoit vn aage plus meur, quoy que ces deux Nymphes fussent ses plus secrettes confidentes : Et se voyant seule auec Leonide, elle luy dit ; Que vous en semble, Leonide ? Ce Druyde n'a-t'il pas vne grande cognoissance des choses ? Et les Dieux ne se communiquent-ils pas bien librement auec luy ? puis que ce qui est futur à chacun, luy est mieux cogneu qu'à nous le present. Sans mentir, respondit la Nymphe, il vous fit bien voir dans le miroir le lieu mesme où vous auez trouué ce Berger, & vous dit bien le temps aussi, que vous l'y auez rencontré : mais ses paroles estoient si douteuses, que mal-aysément puis-je croire que luy-mesme se peust bien entendre. Et comment dites-vous cela, respondit Galathée, puis qu'il me dit si particulierement tout ce que i'y ay trouué, que ie ne sçaurois à ceste heure en dire plus que luy ? Si me semble-t'il, respondit Leonide, qu'il vous dict seulement, que vous trouueriez en ce lieu-là vne chose de valeur inestimable, quoy que par le passé elle eust esté desdaignée. Galathée alors se mocquant d'elle, luy dit : Quoy donc, Leonide, vous n'en sçauez autre chose ? Il faut que vous entendiez, que particulierement il me dit: Madame, vous auez deux influences bien contraires: L'vne, la plus infortunée qui soit sous le Ciel: L'autre, la plus heureuse que l'on puisse desirer, & il dépend de vostre election de prendre celle que vous voudrez, & afin que vous ne vous y trompiez, sçachez que vous estes, & serez, seruie de plusieurs grands Cheualiers, dont les vertus & les merites peuuent bien diuersement vous esmouuoir: mais si vous mesurez vostre affection, ou à leurs merites, ou au iugement que vous ferez de leur Amour, & non point de ce que ie vous en diray de la part des grands Dieux, ie vous predis, que vous serez la plus miserable qui viue; & afin que vous ne soyez deceuë en vostre ellection, ressouuenez-vous qu'vn tel iour vous verrez à Marcilly vn Cheualier, vestu de telle couleur, qui recherche ou recherchera de vous espouser: car si vous le permettez, dés icy ie plains vostre mal-heur, & ne puis assez vous menacer des incroyables desastres qui vous attendent, par ainsi ie vous conseille de fuyr tel homme, que vous deuez plustost appeller vostre mal-heur que vostre Amant, & au contraire, regardez bien le lieu qui est representé dans ce miroir, afin que vous le sçachiez retrouuer le long des riues de Lygnon: car vn tel iour, à telle heure, vous y rencontrerez vn homme, en l'amitié duquel

D ij

le Ciel a mis toute voſtre felicité : ſi vous faictes en ſorte qu'il vous ayme, ne croyez point les Dieux veritables ſi vous pouuez ſouhaitter plus de contentement que vous en auez : mais prenez-bien garde que le premier de vous deux qui verra l'autre, ſera celuy qui aymera le premier. Vous ſemble-t'il que ce ne ſoit pas me parler fort clairement, & meſme que deſia ie reſſens veritables ſes predictions qu'il m'a faictes : car ayant veu ce Berger la premiere, il ne faut point que i'en mente, il me ſemble recognoiſtre en moy quelque eſtincelle de bonne volonté pour luy. Comment, Madame, luy dit Leonide, voudriez-vous bien aymer vn Berger ? Ne vous reſſouuenez-vous pas qui vous eſtes ? Si fais, Leonide, ie m'en reſſouuiens, dit-elle, mais il faut auſſi que vous ſçachiez que les Bergers ſont hommes auſſi bien que les Druydes & les Cheualiers, & que leur nobleſſe eſt auſſi grande que celle des autres, eſtans tous venus d'ancienneté de meſme tige, que l'exercice auquel on s'adonne ne peut pas nous rendre autres que nous ne ſommes de noſtre naiſſance : de ſorte que ſi ce Berger eſt bien nay, pourquoy ne le croiray-je auſſi digne de moy que tout autre ? En fin, Madame, dit-elle, c'eſt vn Berger comme que vous le vueillez déguiſer. En fin, dit Galathée, c'eſt vn honneſte homme comme que vous le puiſſiez qualifier. Mais, Madame, respondit Leonide, vous estes si grande Nymphe, Dame apres Amasis de toutes ces belles contrées, aurez-vous le courage si abbattu que d'aymer vn homme nay du milieu du peuple? vn rustique? vn Berger? vn homme de rien? M'amie, repliqua Galathée, laissons ces iniures, & vous ressouuenez qu'Enone se fit bien Bergere pour Paris, & que l'ayant perdu elle le regretta & pleura à chaudes larmes. Madame, dit Leonide, celuy-là estoit fils de Roy, & puis l'erreur d'autruy ne doit vous faire tomber en vne semblable faute : Si c'est faute, respondit-elle, ie m'en remets aux Dieux, qui me la conseillent par l'Oracle de leur Druyde: mais que Celadon ne soit nay d'aussi bon sang que Paris, m'amie, vous n'auez point d'esprit si vous le dites : car ne sont-ils pas venus tous deux d'vne mesme origine? & puis n'auez-vous ouy ce que Siluie a dit de luy & de son pere? Il faut que vous sçachiez qu'ils ne sont pas Bergers, pour n'auoir dequoy viure autrement : mais pour s'achetter par ceste douce vie vn honneste repos. Et quoy, Madame, adiousta Leonide, vous oublierez par ainsi l'affection & les seruices du gentil Lindamor? Ie ne voudrois pas, dit Galathée, qu'vn oubly fut la recompense de ses seruices : mais ie ne voudrois pas aussi, que l'amitié que ie luy pourrois rendre, fust l'entiere ruyne de tous mes contentemens. Ah! Madame (dit Leonide) reſſouuenez-vous combien il a eſté fidelle: Ah! m'amie (dit Galathée) conſiderez que c'eſt, que d'eſtre eternellement malheureuſe. Quant à moy, reſpondit Leonide, ie plie les eſpaules à ces iugemens d'Amour, & ne ſçay que dire, ſinon qu'vne extréme affection, vne entiere fidelité, l'employ de tout vn aage, & vn continuel ſeruice, ne deuoient point ſi longuement eſtre receus, ou qu'ils meritoient d'eſtre payez d'autre monnoye que d'vn change. Pour Dieu, Madame, conſiderez combien ſont trompeurs ceux qui dient la fortune d'autruy, puis que le plus ſouuent ce ne ſont que legeres imaginations que leurs ſonges leur rapportent: combien meteurs, puis que de cent accidents qu'ils prediſent, à peine y en a t'il vn qui aduienne? Combien ignorants, puis que ſe meſlant de cognoiſtre le bon-heur d'autruy, ils ne ſçauent trouuer le leur propre? & ne vueillez pour les fantaſtiques diſcours de cét homme, rendre ſi miſerable vne perſonne, qui eſt tant à vous; remettez-vous deuant les yeux combien il vous ayme, à quels hazards il s'eſt mis pour vous, quel combat fut celuy de Polemas, & quel deſeſpoir fut alors le ſien, quelles douleurs vous luy preparez à ceſte heure, & quelles morts vous le contraindrez d'inuenter pour ſe deffaire, s'il en a

LIVRE DEVXIESME.

la cognoissance. Galathée en branslant la teste, luy respondit: Voyez-vous, Leonide, il ne s'agit pas icy de l'eslection de Lindamor, ou de Polemas, comme autresfois: mais de celle de tout mon bien, ou de tout mon mal. Les considerations que vous auez sont tres-bonnes pour vous, à qui mon mal-heur ne toucheroit que par la compassion: mais pour moy elles sont trop dangereuses, puis que ce n'est pas pour vn iour, mais pour tousiours que ce mal-heur me menace. Si i'estois en vostre place & vous en la mienne, peut-estre vous conseilleroy-je cela mesme que vous me conseillez: mais certes vne eternelle infortune m'espouuante, quant aux mensonges de ces personnes que vous dites, ie veux bien croire pour l'amour de vous, que peut-estre il n'aduiendra pas, mais peut-estre aussi aduiendra-t'il: & dites-moy, ie vous supplie, croiriez-vous vne personne prudente, qui pour le contentement d'autruy, laisseroit balancer sur vn peut-estre tout son bien, ou tout son mal? Si vous m'aymez, ne me tenez iamais ce discours, ou autrement ie croiray que vous cherissez plus le contentement de Lindamor que le mien. Et quant à luy, ne doutez pas qu'il ne s'en console bien par autre moyen que par la mort, car la raison & le temps l'emportent tousiours sur ceste fureur: & de fait combien en auez-vous veu de ces tant desef-

D iiij

perez pour semblables occasions, qui peu de temps apres ne se soient repentis de leurs desespoirs.

Ces belles Nymphes discouroient ainsi, quand de loin elles virent retourner Siluie, de laquelle, pour estre trop ieune, Galathée s'alloit cachant, ainsi que i'ay dit. Cela fut cause qu'elle trencha son discours assez court: toutefois elle ne laissa de dire à Leonide, si vous m'auez aymée quelquesfois, vous me le ferez paroistre à ceste heure, que non seulement il y va de mon contentement, mais de toute ma felicité. Leonide ne luy peut respondre, parce que Siluie s'en trouua si proche qu'elle eust ouy leurs discours. Estant arriuée, Galathée sçeut que Celadon estoit esueillé, car de la porte elle l'auoit ouy plaindre & souspirer. Et il estoit vray, d'autant que quelque temps apres qu'elles furent ressorties de sa chambre, il s'esueilla en sursaut: & parce que le Soleil par les vitres donnoit à plein sur son lict, à l'ouuerture de ses yeux, il demeura tellement éblouy, que confus en vne clairté si grande, il ne sçauoit où il estoit ; le trauail du iour passé l'auoit estourdy, mais à l'heure il ne luy en restoit plus aucune douleur, si bien que se ressouuenant de sa cheute dans Lignon, & de l'opinion qu'il auoit euë peu auparauant d'estre mort, se voyant maintenant dans ceste confuse lumiere, il ne sçauoit que iuger, sinon qu'Amour

LIVRE DEVXIESME. 57

l'euft rauy au Ciel, pour recompenfe de fa fidelité: Et ce qui l'abufa dauantage en cefte opinion, fut que quand fa veuë commença de fe renforcer, il ne vid autour de luy que des enrichiffeures d'or, & des peintures efclatantes, dont la chambre eftoit toute parée, & que fon œil foible encore, ne pouuoit recognoiftre pour contrefaictes.

D'vn cofté il voyoit Saturne appuyé fur fa faux, auec les cheueux longs, le front ridé, les yeux chaffieux, le nez aquilin, & la bouche degoûtante de fang, & pleine encore d'vn morceau de fes enfans, dont il en auoit vn demy mangé en la main gauche, auquel par l'ouuerture qu'il luy auoit faicte au cofté auec les dents, on voyoit comme pantheler les poulmons, & trembler le cœur, veuë à la verité pleine de cruauté: car ce petit enfant auoit la tefte renuerfee fur les efpaules, les bras penchants pardeuant, & les iambes eflargies d'vn cofté & d'autre, toutes rougiffantes du fang qui fortoit de la bleffure que ce vieillard luy auoit faicte, de qui la barbe longue & chenuë en maints lieux fe voyoit tachée des gouttes du fang qui tomboit du morceau qu'il tafchoit d'aualler. Ses bras, & iambes nerueufes & craffeufes, eftoient en diuers endroits couuertes de poil, auffi bien que fes cuiffes maigres & décharnées. Deffous fes pieds s'efleuoyent de grands morceaux d'offements, dont les vns blanchiſſoient de vieilleſſe, les autres ne commençoient que d'eſtre deſcharnez, & d'autres ioincts auec vn peu de peau & de chair demy gaſtée, monſtroient n'eſtre que depuis peu mis en ce lieu. Autour de luy on ne voyoit que des Sceptres en pieces, des Couronnes rompuës, de grands edifices ruynez, & cela de telle ſorte, qu'à peine reſtoit-il quelque legere reſſemblance de ce que ç'auoit eſté. Vn peu plus loing on voyoit les Coribantes auec leurs cimbales & hautbois, cacher le petit Iupiter dans vne cauerne, des dents deuoreuſes de ce pere. Puis aſſez prés de là on le voyoit grand, auec vn viſage enflammé, mais graue & plein de Majeſté, les yeux benins, mais redoutables, la Couronne ſur la teſte, en la main gauche le Sceptre qu'il appuyoit ſur la cuiſſe, où l'on voyoit encor la cicatrice de la playe qu'il s'eſtoit faicte, quand pour l'imprudence de la Nymphe Semele, afin de ſauuer le petit Bacchus, il fut contraint de s'ouurir cét endroit, & de l'y porter iuſques à la fin du terme. De l'autre main il auoit le fouldre à trois poinctes, qui eſtoit ſi bien repreſenté, qu'il ſembloit meſme voler dès-jà par l'Air. Il auoit les pieds ſur vn grand Monde, & pres de luy on voyoit vn grand Aigle, qui portoit en ſon bec crochu vn fouldre, & l'approchoit leuant la teſte contre luy au plus pres de ſon genoüil. Sur le dos de cét oyſeau eſtoit le petit Ganimede, veſtu à la façon des habitans du Mont-Ida, graſſet, potelet, blanc, les cheueux dorez & friſez, qui d'vne main careſſoit la teſte de cét oyſeau, & de l'autre taſchoit de prendre le fouldre de celle de Iupiter, qui du coude & non point autrement repouſſoit nonchalemment ſon foible bras. Vn peu à coſté on voyoit la couppe, & l'eſguiere, dont ce petit eſchançon verſoit le Nectar à ſon Maiſtre, ſi bien repreſentées, que d'autant que ce petit importun, s'efforçant d'atteindre à la main de Iupiter, l'auoit touchée d'vn pied, il ſembloit qu'elle chancellaſt pour tomber, & que le petit euſt expreſſément tourné la teſte pour voir ce qui en aduiendroit. De chaque coſté des pieds de ce Dieu on voyoit vn grand tonneau: à coſté droit eſtoit celuy du mal, & à l'entour les vœux, les prieres, & les ſacrifices, eſtoient diuerſément figurez. Car les ſacrifices eſtoient repreſentez par des fumées entre-meſlées de feu, & au dedans les vœux & ſupplications paroiſſoient comme legeres Idées, & à peine marquées, en ſorte que l'œil les peut recognoiſtre. Ce ſeroit vn trop long diſcours de raconter toutes ces peintures particulierement: tant y a que le tour de la chambre en eſtoit tout plein. Meſme Venus dans ſa conque Marine, entre autres choſes regardoit encores la bleſſure que le Grec luy fit en la guerre Troyenne: & l'on voyoit tout contre le petit Cupidon qui la careffoit auec la bleffure fur l'efpaule, de la lampe de la curieufe Pfiché: Et cela fi bien reprefenté, que le Berger ne le pouuoit difcerner pour contrefait. Et lors qu'il eftoit plus auant en cefte penfée, les trois Nymphes entrerent dans fa chambre, la beauté & la majefté defquelles le rauirent encore plus en admiration. Mais ce qui luy perfuada beaucoup mieux l'opinion qu'il auoit d'eftre mort, fuft que voyant ces Nymphes il les prit pour les trois Graces: & mefmes voyant entrer auec elles le petit Meril, de qui la hauteur, la ieuneffe, la beauté, les cheueux frifez, & la iolie façon, luy firent iuger que c'eftoit Amour. Et quoy qu'il fuft confus en luy mefme, fi eft-ce que ce courage, qu'il euft toufiours plus grand que ne requeroit pas le nom de Berger, luy donna l'affeurance apres les auoir faluées, de demander en quel lieu il eftoit. A quoy Galathée refpondit: Celadon vous eftes en lieu où l'on faict deffein de vous guerir entierement, nous fommes celles qui vous trouuant dans l'eau vous auons porté icy, où vous auez toute puiffance. Alors Siluie s'auança: Et quoy Celadon, dit-elle, eft-il poffible que vous ne me cognoiffiez point? vous reffouuient-il pas de m'auoir veuë en voftre hameau? Ie ne fçay (refpondit Celadon) belle Nymphe, fi l'eftat où ie suis pourra excuser la foiblesse de ma memoire : Comment, dit la Nymphe, ne vous ressouuenez-vous plus que la Nymphe Siluie & deux de ses compagnes allerent voir vos sacrifices & vos ieux, le iour que vous chommiez à la Deesse Venus ? L'accident qui vous est arriué vous a t'il fait oublier qu'apres que vous eustes gagné à la course tous vos compagnons, Siluie fut celle qui vous donna pour prix vn chappeau de fleurs qu'incontinent vous mistes sur la teste à la Bergere Astrée ? Ie ne sçay pas si toutes ces choses sont effacées de vostre memoire, si sçay-je bien que quand vous portastes ma guirlande sur les beaux cheueux d'Astrée, chacun s'en estonna, à cause de l'inimitié qu'il y auoit entre vos deux familles, & particulierement entre Alcippe vostre pere, & Alcé pere d'Astrée : & lors mesmes i'en voulus sçauoir l'occasion : mais on me l'embroüilla de sorte, que ie ne peu sçauoir autre chose, sinon qu'Amarillis ayant esté aymée de ces deux Bergers, & qu'entre les riuaux il y a tousiours peu d'amitié, ils vindrent plusieurs fois aux mains ; iusques à ce qu'Amarillis eust espousé vostre pere, & qu'alors Alcé, & la sage Hypolite, que depuis il espousa, espouserent ensemble vne si cruelle haine contre eux, qu'elle ne leur permit iamais d'auoir pratiqué ensemble. Or voyez, Celadon, si ie ne vous cognois pas bien, & si ie ne vous donne de bonnes enseignes de ce que ie dis. Le Berger oyant ces paroles, s'alla peu à peu remettant en memoire ce qu'elle disoit, & toutesfois il estoit si estonné, qu'il ne sçauoit luy respondre: car ne cognoissant Siluie que pour Nymphe d'Amasis, & à cause de sa vie champestre, n'ayant point de familiarité auec elle, ny auec ses compagnes, il ne pouuoit iuger pourquoy, ny comment il estoit à ceste heure parmy elles. En fin il respondit: Ce que vous me dites, belle Nymphe, est fort vray, & me ressouuiens que le iour de Venus, trois Nymphes donnerent les trois prix, desquels i'eu celuy de la course. Lycidas, mon frere, celuy de sauter, qu'il donna à Philis; & Syluandre celuy de chanter, qu'il presenta à la fille de la sage Bellinde: mais de me ressouuenir des noms qu'elles auoient, ie ne le sçaurois, d'autant que nous estions tant empeschez en nos ieux, que nous nous contentasmes de sçauoir que c'estoient des Nymphes d'Amasis, & de Galathée: car quant à nous, de mesme que nos corps ne sortent des pasturages, & des bois, aussi ne sont nos esprits peu curieux. Et depuis, repliqua Galathée, n'en auez-vous rien sçeu dauantage? Ce qui m'en a donné plus de cognoissance, respondit le Berger, ça esté le discours que mon pere m'a fait bien souuent de ses fortunes, parmy lesquelles ie luy ay plusieurs fois ouy faire mention d'Amasis: mais non point d'aucune particularité qui la touche, quoy que ie l'aye bien desiré. Ce desir, reprit Galathée, est trop loüable pour ne luy satisfaire: c'est pourquoy ie vous veux dire particulierement, & qui est Amasis, & qui nous sommes.

Sçachez-donc, gentil Berger, que de toute ancienneté ceste contrée que l'on nomme à ceste heure Forets, fut couuerte de grands abysmes d'eau, & qu'il n'y auoit que les hautes montagnes que vous voyez à l'entour, qui fussent découuertes hormis quelques pointes dans le milieu de la plaine, comme l'escueil du bois d'Isoure, & Mont-verdun; de sorte que les habitans demeuroient tous sur le haut des montagnes. Et c'est pourquoy encores les anciennes familles de ceste contrée, ont les bastimens de leurs noms sur les lieux plus releuez, & dans les plus hautes montagnes, & pour preuue de ce que ie dis, vous voyez encores aux coupeaux d'Isoure, de Mont-verdun, & autour du Chasteau de Marcilly, de gros anneaux de fer plantez dans le rocher où les vaisseaux s'attachoient, n'y ayant pas apparence qu'ils peussent seruir à autre chose. Mais il peut y auoir quatorze où quinze siecles, qu'vn estranger Romain, qui en dix ans conquit toutes les Gaules, fit rompre quelques montagnes par lesquelles ces eaux s'escoulerent, & peu apres se découurit le sein de nos plaines, qui luy semblerent si agreables & fertiles, qu'il delibera de les faire habiter, & en ce dessein fist descendre tous ceux qui viuoient aux montagnes & dans les forests, & voulut que le premier bastiment qui y fut faict, portast le nom de Iulius comme luy; & parce que la plaine humide & limoneuse, ietta grande quantité d'arbres, quelques vns ont dit que le pays s'appelloit Forets, & les peuples Foresiens, au lieu qu'auparauant ils estoient nommez Segusiens: mais ceux-là sont fort deceus, car le nom de Forets vient de Forum, qui est Feurs, petite ville que les Romains firent bastir, & qu'ils nomerent Forum Segusianorum, comme s'ils eussent voulu dire, la place ou le marché des Segusiens, qui proprement n'estoit que le lieu où ils tenoient leurs armées durant le temps qu'ils mirent ordre aux contrées voisines.

Voila, Celadon, ce que l'on tient pour asseuré de l'antiquité de ceste prouince: mais il y a deux opinions contraires de ce que ie vous vay dire. Les Romains disent, que du temps que nostre plaine estoit encores couuerte d'eau, la chaste Deesse Diane l'eust tant agreable qu'elle y demeuroit presque ordinairement, car ses Driades & Amadriades, viuoient & chassoient dans ces grands bois & hautes montagnes qui ceignoient ceste grande quantité d'eaux, & parce qu'elle n'estoit que

de

de sources de fontaines, elle y venoit bien souuent se baigner auec ses Nayades qui y demeuroient ordinairement. Mais lors que les eaux s'escoulerent, les Nayades furent contraintes de les suiure, & d'aller auec elles dans le sein de l'Ocean: si bien que la Deesse se trouua tout à coup amoindrie de la moitié de ses Nymphes, & cela fut cause que ne pouuant auec vn chœur si petit, continuer ses ordinaires passe-temps, elle esleut quelques fi les des principaux Druydes & Cheualiers, qu'elle ioignit auec les Nymphes qui luy estoient restées, ausquelles elle donna aussi le nom de Nymphe. Mais il aduint, comme enfin l'abus peruertit tout ordre, que plusieurs d'entr'elles qui auoient de ieunesse esté nourries en leurs maisons, les vnes entre les commoditez d'vne amiable mere, les autres entre les allechemens des souspirs, & des seruices des Amans, ne pouuant continuer les peines de la chasse ny bannir de leur memoire les honnestes affections de ceux qui autresfois les auoient recherchées : se voulurent retirer en leurs maisons, & se marier; quelques autres, à qui la Deesse en refusa le congé, manquerent à leurs promesses & à leur honnesteté, dequoy elle fut tant irritée, qu'elle resolut d'éloigner ce pays, prophané, ce luy sembloit, de ce vice qu'elle abhorroit si fort. Mais pour ne punir la vertu des vnes auec l'erreur des autres,

E

auant que de partir, elle chaſſa ignominieuſement, & bannit à iamais hors du pays toutes celles qui auoient failly, & eſleut vne des autres, à laquelle elle donna la meſme authorité qu'elle auoit ſur toute la contrée, & voulut qu'à iamais la race de celle-là y eut toute puiſſance: & dés lors leur permit de ſe marier, auec deffences toutesfois tres-expreſſes, que les hommes n'y ſuccedaſſent iamais. Depuis ce temps il n'y a point eu d'abus entre nous: & nos loix ont touſiours eſté inuiolablement obſeruées. Mais nos Druydes parlent bien d'autre ſorte: car ils diſent que noſtre grande Princeſſe Galathée, fille du Roy Celtes, femme du grand Hercule, & mere de Galathée, qui donna ſon nom aux Gaulois, qui auparauant eſtoient appellez Celtes, pleine d'amour pour ſon mary, le ſuiuoit par tout où ſon courage & ſa vertu le portoient contre les monſtres, & contre les Geants. Et de fortune en ce temps là ces monts qui nous ſeparent de l'Auuergne, & ceux qui ſont plus en là à la main gauche, qui ſe nomment Cemene, & Gebenne, ſeruoient de retraite à quelques Geants, qui par leur force ſe rendoient redoutables à chacun: Hercule en eſtant aduerty y vint, & parce qu'il aymoit tendrement ſa chere Galathée, il la laiſſa en ceſte contrée, qui eſtoit la plus voiſine, & où elle prenoit beaucoup de plaiſir, fut en la chaſſe, fut en la compagnie des filles de la contrée: Et patce qu'elle estoit Royne de toutes les Gaules, lors qu'Hercule eust vaincu les Geants, & que la necessité de ses affaires le contraignit d'aller ailleurs, deuant que partir, pour laisser vne memoire eternelle du plaisir qu'elle auoit eu en ceste contrée, elle ordonna ce que les Romains disent que la Deesse Diane auoit faict. Mais que ce soit Galathée, où Diane, tant y a que par vn priuilege surnaturel, nous auons esté particulierement maintenuës en nos franchises, puis que de tant de peuples, qui comme torrens sont fondus dessus la Gaule, il n'y en a point eu qui nous ait troublé en nostre repos: mesme Alaric, Roy des Visigotz, lors qu'il conquit auec l'Aquitaine toutes les Prouinces de deça Loyre, ayant sçeu nos statuts, en reconfirma les priuileges, & sans vsurper aucune authorité sur nous, nous laissa en nos anciennes franchises. Vous trouuerez peut-estre estrange, que ie vous parle ainsi particulierement des choses qui sont outre la capacité de celle de mon aage: Mais il faut que vous sçachiez, que Pimandre, qui estoit mon pere, a esté curieux de rechercher les antiquitez de ceste côtrée, de sorte que les plus sçauans Druydes luy en discouroient d'ordinaire durant le repas, & moy qui estois presque tousiours à ces costez, en retenois ce qui me plaisoit le plus, Et ainsi ie sçeus que d'vne ligne continuée, Amasis ma mere, estoit descenduë de celle que la Deesse Diane ou Gala-

E ij

thée auoit esleuë. Et c'est pourquoy estát Dame de toutes ces contrées, & ayant encore vn fils nommé Clidaman, elle nourrit auec nous quantité de filles, & de ieunes fils des Druydes, & des Cheualiers, qui pour estre en si bonne eschole, apprennent toutes les vertus que leur aage peut permettre. Les filles vont vestuës comme vous nous voyez, qui est vne sorte d'habit que Diane ou Galathée auoit accoustumé de porter, & que nous auons tousiours maintenuë pour memoire d'elle. Voila, Celadon, ce que vous vouliez sçauoir de nostre estat, & m'asseure auant que vous nous esloignez (car ie veux que vous nous voyez toutes ensemble) que vous direz nostre assemblée ne ceder à nulle autre, n'y en vertu ny en beauté.

Alors Celadon cognoissant qui estoient ces belles Nymphes, recogneut aussi quel respect il leur deuoit: & quoy qu'il n'eust pas accoustumé de se trouuer ailleurs qu'entre des Bergers, ses semblables, si est-ce que la bonne naissance qu'il auoit luy apprenoit assez ce qu'il deuoit à telles personnes. Donc apres leur auoir rendu l'honneur auquel il croyoit estre obligé: Mais, dit-il en continuant, encor ne puis-je assez m'estonner de me voir entre tant de grandes Nymphes, moy qui ne suis qu'vn simple Berger, & de receuoir d'elles tant de faueurs. Celadon, respondit Galathée, en quelque lieu que la vertu se trouue, elle merite d'estre aymée & honorée; aussi bien sous les habits des Bergers, que sous la glorieuse pourpre des Roys: & pour vostre particulier vous n'estes point enuers nous en moindre consideration que le plus grand des Druydes, ou des Cheualiers de nostre Cour: car vous ne deuez leur ceder en faueur: puis que vous ne le faites pas en merite. Et quant à ce que vous vous voyez entre nous, sçachez que ce n'est point sans vn grand mystere de nos Dieux, qui nous l'ont ainsi ordonné, comme vous le pourrez sçauoir à loisir, soit qu'ils ne vueillent plus que tant de vertus demeurent sauuages entre les forests, & les lieux champestres, soit qu'ils facent dessein, en vous faisant plus grand que vous n'estes, de rendre par vous bien-heureuse vne personne qui vous ayme: viuez seulement en repos, & vous guerissez, car il n'y a rien que vous puissiez desirer en l'estat où vous estes, que la santé. Madame, respondit le Berger, qui n'entendoit pas bien ces paroles; si ie dois desirer la santé, le principal sujet est pour vous pouuoir rendre quelque seruice en eschange de tant de graces qu'il vous plaist de me faire: il est vray que tel que ie suis, il ne faut point parler que ie sorte des bois, ny de nos pasturages, autrement le vœu solemnel que nos peres ont fait aux Dieux nous accuseroit enuers eux, d'estre in-

E iij

dignes enfans de tels peres. Et quel est ce serment, respondit la Nymphe? L'histoire, repliqua Celadon, en seroit trop longue: si mesme il me faloit redire le sujet, que mon pere Alcippe a eu de le continuer; tant y a, Madame, qu'il y a plusieurs années, que d'vn accord general, tous ceux qui estoient le long des riues de Loire, de Furan, d'Argent, & de toutes ces autres riuieres, apres auoir bien recogneu les incommoditez que l'ambition d'vn peuple, nommé Romain, faisoit ressentir à leurs voisins pour le desir de dominer; s'assemblerent dans ceste grande plaine, qui est autour de Mont-verdun, & d'vn mutuel consentement iurerent tous de fuir à iamais toute sorte d'ambition, puis qu'elle seule estoit cause de tant de peines, & de viure, eux & les leurs, auec le paisible habit de Bergers, & depuis a esté remarqué (tant les Dieux ont eu agreable ce vœu) que nul de ceux qui l'ont faict, ou de leurs successeurs, n'a eu que trauaux & peines incroyables, s'il ne l'a obserué: & entre tous, mon pere en est l'exemple le plus remarquable & le plus nouueau: de sorte qu'ayāt cogneu que la volonté du Ciel estoit de nous retenir en repos ce que nous auons à viure, nous auons de nouueau ratifié ce vœu auec tant de sermens, que celuy qui le romproit seroit trop detestable. Vrayement, respondit la Nymphe, ie suis tres-aise d'ouyr ce que vous me dites: car il y fort long-temps que i'en ay ouy parler, & n'ay encore peu sçauoir pourquoy tant de bonnes & anciennes familles, comme i'oyois dire qu'il y en auoit entre vous, s'amu-soient hors des villes, à passer leur aage entre les bois & les lieux solitaires: Mais, Celadon si l'estat où vous estes, le vous peut permettre, dittes moy, ie vous prie, quelle a esté la fortune de vostre pere Alcippe, pour luy faire reprendre la sorte de vie qu'il auoit si long-temps laissée: car ie m'asseure que le discours merite d'estre sçeu. Alors, quoy que le Berger se sentit encore mal de l'eau qu'il auoit aualée, si est-ce qu'il se contraignit pour luy obeyr, & commença de ceste sorte:

HISTOIRE D'ALCIPPE.

VOus me commandez, Madame, de vous dire la fortune la plus trauersée, & la plus diuerse d'homme du monde, & en laquelle on peut bien apprendre, que celuy qui veut donner de la peine à autruy, s'en prepare la plus grande partie. Toutesfois puis que vous le voulez ainsi, pour ne vous desobeyr, ie vous en diray briefuemēt ce que i'en ay appris par les ordinaires discours de celuy mesme à qui toutes ces choses sont aduenuës: car pour vous faire entendre combien nous estions heureux de viure en repos d'esprit, mon pere nous a raconté bien souuent ses fortunes estranges. Sçachez donc, Madame, qu'Alcippe ayant esté nourry par son pere auec la simplicité de Berger, eust tousiours vn esprit si esloigné de sa nourriture, que toute autre chose luy plaisoit plus que ce qui sentoit le village. Si bien que ieune enfant, pour presage de ce qu'il reüssiroit, & à quoy estant en aage il s'addonneroit, il n'auoit plaisir si grand que de faire des assemblées d'autres enfants, ausquels il apprenoit de se mettre en ordre : & les armoit, les vns de frondes, les autres d'arcs, & de flèches, desquels il leur monstroit à tirer iustement, sans que les menaces des vieux & sages Bergers, l'en peussent destourner. Les anciens de nos hameaux qui voyoient ses actions, predisoient de grands troubles par ces contrées, & sur tout qu'Alcippe seroit vn esprit turbulent, qui iamais ne s'arresteroit dans les termes du Berger. Lors qu'il commençoit d'atteindre vn demy siecle de son aage; de fortune il deuint amoureux de la Bergere Amarillis, qui pour lors estoit recherchée secrettement d'vn autre Berger son voisin, nommé Alcé. Et parce qu'Alcippe auoit vne si bonne opinion de soy-mesme, qu'il luy sembloit n'y auoir Bergere qui ne receut aussi librement son affection, comme il la luy offriroit, il se resolut de n'vser pas de beaucoup d'artifice pour la luy declarer; de sorte que la rencôtrant à vn des sacrifices de Pan, ainsi qu'elle retournoit en son hameau, il luy dit: Ie n'eusse iamais creu auoir si peu de force, que de ne pouuoir resister aux coups d'vn ennemy, qui me blesse sans y penser. Elle luy respondit: Celuy qui blesse par mégarde, ne doit pas auoir le nom d'ennemy. Non pas, respondit-il, en ceux qui ne s'arrestêt pas aux effects, mais aux paroles seulement: mais quant à moy, ie trouue que celuy qui offense comme que ce soit, est ennemy, & c'est pourquoy ie vous puis bien dôner ce nom. A moy, repliqua-t'elle? Ie n'en voudrois auoir, ny l'effect, ny la pensee: car ie fais trop d'estat de vostre merite. Voila, adiousta le Berger, vn des coups dont vous m'offensez le plus en me disant vne chose pour vne autre; que si veritablement vous recognoissiez en moy ce que vous dites, autant que ie m'estime outragé de vous, autant m'en dirois-ie fauorisé: Mais ie voy bien qu'il vous suffit de porter l'Amour aux yeux, & en la bouche, sans luy donner place dans le cœur. La Bergere alors se trouuant surprise, comme n'ayant point entendu parler d'Amour, luy respondit, Ie fais estat, Alcippe, de vostre vertu ainsi que ie dois, & non point oûtre mon deuoir: & quant à ce que vous parlez d'Amour, croyez que ie n'en veux auoir, ny dans les yeux, ny dans le cœur pour personne, & moins pour ses esprits abbaissez, qui viuent comme sauuages dans les bois. Ie cognois bien, repliqua le Berger, que ce n'est point élection d'Amour, mais ma destinée qui me fait vostre, puis que si l'Amour doit naistre de ressemblance d'humeur, il seroit bien mal-aysé qu'Alcippe n'en eust pour vous qui dés le berceau a eu en haine ceste vie champestre, que vous méprisez si fort; & vous proteste, s'il ne faut que châger de condition pour auoir part en vos bônes graces, que dés icy ie quitte la houlette, & les troupeaux, & veux viure entre les hommes; & non point entre les sauuages. Vous pouuez bien, respondit Amarillis, changer de condition, mais non pas m'en faire changer, estant resoluë de n'estre iamais moins à moy, que ie suis pour donner place à quelque plus forte affection: si vous voulez donc que nous continuions de viure, comme nous auons fait par le passé, changez ces discours d'affection & d'Amour, en ceux que vous souliez me tenir autrefois, ou bien ne trouuez point estrange que ie me bannisse de vostre presence, estant impossible qu'Amour & l'honnesteté d'Amarillis puissent demeurer ensemble. Alcippe qui n'auoit point attendu vne telle responfe, se voyant si éloigné de sa pensée, fut tellement confus en soy-mesme, qu'il demeura quelque temps sans luy pouuoir respondre: en fin estant reuenu, il tascha de se persuader, que la honte de son age & de son sexe, & non pas faute de bonne volonté enuers luy, luy auoit fait tenir tels propos. C'est pourquoy il luy respondit: Quelle que vous me puissiez estre, ie ne seray iamais autre que vostre seruiteur, & si le commandement que vous me faictes n'estoit incompatible auec mon affection, vous deuez croire qu'il n'y a rien au monde qui m'y peust faire contreuenir: vous m'en excuserez donc, & me permettrez que ie continuë ce dessein, qui n'est qu'vn tesmoignage de vostre merite, & auquel, vueillez-vous ou non, ie suis entierement resolu. La Bergere tournant doucement l'œil vers luy: Ie ne sçay Alcippe, luy dit-elle, si c'est par gageure ou par opiniastreté que vous parlez de ceste sorte. C'est, respondit-il, par tous les deux: car i'ay fait gageure auec mes desirs de vous vaincre ou de mourir, & ceste resolution s'est changée en opiniastreté, n'y ayant rien qui me puisse diuertir du serment que i'en ay fait. Ie serois bien ayse, repliqua Amarillis, que vous eussiez pris quelqu'autre pour butte de telles importunitez. Vous nommerez, luy dit le Berger, mes affections comme il vous plaira, cela ne peut toutesfois me faire chãger de dessein. Ne trouuez donc point mauuais, repliqua Amarillis, si ie suis aussi ferme en mon opiniastreté, que vous en vostre importunité. Le Berger voulut repliquer, mais il fut interrompu par plusieurs

Bergeres qui suruindrent: de sorte qu'Amarillis, pour conclusion, luy dit assez bas: Vous me ferez déplaisir, Alcippe, si vostre déliberation est cogneuë: car ie me contente de sçauoir vos folies, & aurois trop de déplaisir que quelqu'autre les entendist. Ainsi finirent les premiers discours de mon pere, & d'Amarillis, qui ne firent que luy augmenter le desir qu'il auoit de la seruir. Car rien ne donne tant d'Amour que l'honnesteté. Et de fortune le long du chemin, ceste trouppe rencontra Celion, & Bellinde, qui s'estoient arrestez à contempler deux tourterelles qui sembloient se caresser, & se faire l'Amour l'vne à l'autre, sans se soucier de voir à l'entour d'elles tant de personnes. Alors Alcippe se ressouuenant du commandement qu'Amarillis venoit de luy faire, ne peut s'empescher de souspirer tels vers. Et parce qu'il auoit la voix assez bonne, chacun se teut pour l'escouter.

SONNET,

Sur les contraintes de l'honneur.

CHERS *oyseaux de Venus, aimables*
    tourterelles,
  Qui redoublez sans fin vos baisers amoureux,

Et laissez à l'enuy renouuellez par eux,
Ores vos douces paix, or vos douces querelles.

Quand ie vous voy languir, & tremousser des
 aisles,
Cōme rauis de l'aise ou vous estes tous deux:
Mon Dieu, qu'à nostre égard ie vous estime
 heureux,
De iouyr librement de vos Amours fidelles!

Vous estes fortunez de pouuoir franchement
 Monstrer ce qu'il nous faut cacher si finement
 Par les iniustes loix que cet honneur nous
 donne:

Honneur feint qui nous rend de nous mesme
 ennemis:
Car le cruel qu'il est, sans raison il ordonne
Qu'en Amour seulement le larcin soit permis.

Depuis ce temps, Alcippe se laissa tellement transporter à son affection, qu'il n'y auoit plus de borne qu'il n'outrepassast, & elle au contraire se monstroit tousiours plus froide, & plus gelee enuers luy: & sur ce suject, vn iour qu'il fut prié de chanter, il dit tels vers.

MADRIGAL

Sur la froideur d'Amarillis.

ELLE a le cœur de glace, & les yeux tout
　　de flame,
　Et moy tout au rebours
　Ie gele par dehors, & ie porte tousiours
　Le feu dedans mon ame.
Helas! c'est que l'Amour,
　A choisi pour seiour,
　Et mon cœur & les yeux de ma belle Bergere
　Dieu, changera-t'il point quelquefois de
　　dessein,
　Et que ie l'aye aux yeux, & qu'elle l'ayt au
　　sein?

En ce temps là, comme ie vous ay dit, Alcé recherchoit Amarillis, & parce que c'estoit vn tres-honneste Berger, & qui estoit tenu pour fort sage, le pere d'Amarillis panchoit plus à la luy bailler, que non point à Alcippe, à cause de son courage turbulent: & au contraire la Bergere aymoit d'auantage mon pere, parce que son humeur estoit plus approchante de la sienne: ce que recognoissant bien le sage pere, & ne voulant vser de violence ny d'authorité absoluë enuers elle, il eut opinion que l'éloignement la pourroit diuertir de ceste volonté : & ainsi resolut de l'enuoyer pour quelque temps vers Artemis, sœur d'Alcé, qui se tenoit sur les riues de la riuiere d'Allier. Lors qu'Amarillis sçeut la deliberation de son pere, comme tousiours on s'efforce contre les choses defenduës, elle prit resolution de ne partir point sans asseurer Alcippe de sa bonne volonté, en ce dessein elle luy escriuit tels mots :

LETTRE D'AMARILLIS A ALCIPPE.

VOSTRE *opiniastreté a surpassé la mienne ; mais la mienne aussi surmontera celle qui me contraint de vous aduertir, que demain ie parts, & qu'auiourd'huy si vous vous trouuez sur le chemin, où nous nous rencontrasmes auant-hier, & que vostre Amour se puisse contenter de parole, elle aura occasion de l'estre, & Adieu.*

Il seroit trop long, Madame, de vous dire tout ce qui se passa particulierement entr'eux, outre que l'estat où ie me trouue, m'empesche de le pouuoir faire. Ce me sera donc assez en abregeant, de vous dire qu'ils se rencõtrerẽt au mesme endroit, & que ce fut là le premier lieu où mon pere eut asseurance d'estre aymé d'Amarillis, & qu'elle luy conseilla de laisser la vie champestre où il auoit esté nourry, parce qu'elle la méprisoit comme indigne d'vn noble courage, luy promettant qu'il n'y auoit rien d'assez fort pour la diuertir de sa resolution. Apres qu'ils furent separez, Alcippe graua tels vers sur vn arbre, le long du bois:

SONNET,

D'Alcippe sur la constance de son amitié.

AMARILLIS toute pleine de grace,
Alloit ces bors de ces fleurs despoüillant,
Mais sous la main qui les alloit cueillant,
D'autres soudains renaissoient en leur place.
Ces beaux cheueux, ou l'Amour s'entrelasse,
Amour alloit d'vn doux air éueillant,
Et s'il en void quelqu'vn s'éparpillant,
Tout curieux soudain il le ramasse.
Telle Lignon pour la voir s'arresta,
Et pour miroir ses eaux luy presenta.
Et puis luy dit; Vne si belle image
A ton depart mon onde éloignera:
Mais de mon cœur iamais ne partira
Le traict fatal, Nymphe, de ton visage.

Lors

Lors qu'elle fut partie, & qu'il commença à bon escient de ressentir les déplaisirs de son absence, allant bien souuent sur le mesme lieu où il auoit pris congé de sa Bergere, il y souspira plusieurs fois tels vers:

SONNET,

Sur l'Absence.

RIVIERE de Lignon dont la course eter-
nelle
Du gratieux FORETS va le sein arrousant,
Et qui flot dessus flot ne te vas reposant,
Que tu ne sois r'entrée en l'onde paternelle:

Ne vois-tu point Allier qui rauissant ta belle,
Vse comme outrageux des loix du plus puissāt:
Et l'honneur de tes bords loing de toy rauissant,
T'oblige d'entreprendre vne iuste querelle?

Contre ce rauisseur appelle à ton secours,
Ceux qui pour son départ répandent tous les
iours
Les larmes que tu vois inonder ton riuage:

Ose-le seulement, car nos yeux & nos cœurs
Verseront pour t'ayder mille fleuues de pleurs,
Qui ne se tariront qu'en vengeant ton outrage.

F

Mais ne pouuant viure sans la voir au mesme lieu, où il auoit tant accoustumé le bien de sa veuë, Il se resolut comme que ce fust, de partir de là, & lors qu'il en cherchoit l'occasion, il s'en presenta vne toute telle qu'il l'eust sçeu desirer. Peu auparauant la mere d'Amasis estoit morte, & on se preparoit dans la grande ville de Marcilly de la receuoir, comme nouuelle Dame, auec beaucoup de triomphe : Et parce que les preparatifs que l'on y faisoit y attiroient par curiosité presque tout le pays; mon pere fit en sorte qu'il obtint congé d'y aller: Et c'est de là d'où vint le commencement de tous ses trauaux. Il auoit vn demy siecle, & quelques Lunes, le visage beau entre tous ceux de ceste contrée, les cheueux blonds, annelez & crespez naturellement, qu'il portoit assez longs : Et bref, Madame, il estoit tel que l'Amour en voulut faire, peut-estre, quelque secrette vengeance. Et voicy comment : Il fut veü de quelque Dame, & si secrettement aymé d'elle, que iamais nous n'en auons peu sçauoir le nom. Au commencement qu'il arriua à Marcilly; il estoit venu en Berger, mais assez proprement: car son pere le cherissoit fort, & afin qu'il ne fist quelque folie, comme il auoit accoustumé en son hameau, il luy mit deux ou trois Bergers aupres, qui en auoient le soing, principalement vn nommé Cleante, homme à qui l'humeur de mon pere plaisoit; de sorte qu'il l'aymoit comme s'il eust esté son fils. Ce Cleante en auoit vn nommé Clindor, de l'aage de mon pere, qui sembloit auoir eu de nature la mesme inclination à aymer Alcippe. Alcippe, qui d'autre costé recognoissoit ceste affection, l'ayma plus que tout autre: ce qui estoit si agreable à Cleante, qu'il n'auoit rien qu'il peust refuser à mon pere: cela fut cause qu'apres auoir veu quelques iours, comme les ieunes Cheualiers qui estoient à ces festes, alloient vestus, comme ils s'armoient & combattoient à la barriere, & ayant declaré son dessein à son amy Clindor; tous deux ensemble requirent Cleante de leur vouloir donner les moyens de se faire paroistre entre ces Cheualiers. Et comment, leur dit Cleante, auez-vous bien le courage de vous égaler à eux? Et pourquoy non, dit Alcippe, n'ay-ie pas autant de bras & de iambes qu'eux? Mais, dit Cleante, vous n'auez pas appris les ciuilitez des villes. Nous ne les auons pas apprises, dit-il, mais elles ne sont point si difficiles qu'elles nous doiuent oster l'esperance de les apprendre bien tost, & puis il me semble qu'il n'y a pas tant de difference de celles-cy aux nostres que nous ne les changions bien ayséement. Vous n'auez pas, dit-il, l'adresse aux armes. Nous auons, repliqua-t'il, assez de courage pour suppléer à ce defaut. Et

F ij

quoy, adiousta Cleante, voudriez-vous laisser la vie champestre ? Et qu'ont affaire, respondit Alcippe, les bois auec les hommes ? & que peuuent apprendre les hommes en la pratique des bestes? Mais, respondit Cleante, ce vous sera bien du desplaisir, de vous voir desdaigner par ces glorieux courtisans, qui à tous coups vous reprocheront que vous estes des Bergers. Si c'est honte, dit Alcippe, d'estre Berger, il ne le faut plus estre ; si ce n'est pas honte, la reproche n'en peut estre mauuaise. Que s'ils me méprisent pour ce nom, ie tascheray par mes actions de me faire estimer. En fin Cleante les voyant si resolus à faire autre vie que celle de leurs peres : Or bien, dit-il, mes enfans, puis que vous auez pris ceste resolution, ie vous diray, que quoy que vous soyez tenus pour Bergers, vostre naissance toutesfois vient des plus anciennes tiges de ceste contrée; & d'où il est sorty autant de braues Cheualiers, que de quelque autre qui soit en Gaule ; mais vne consideration contraire à celle que vous auez leur fit eslire ceste vie retirée : par ainsi ne craignez point que vous ne soyez bien receus entre ces Cheualiers, dont les principaux sont mesmes de vostre sang. Ces paroles ne seruirent qu'à rendre leur desir plus ardant : car ceste cognoissance leur donna plus d'enuie de mettre en effect leur resolution, sans con-

LIVRE DEVXIESME. 85

siderer ce qui leur pourroit aduenir, fut par les incommoditez que telle vie rapporte, fut par le desplaisir, que le pere d'Alcippe & ses parents en receuroient. Dés l'heure Cleante fit la despence de tout ce qui leur estoit necessaire : Ils estoient tous deux si bien nays, qu'ils s'acquirent bien tost la cognoissance & l'amitié de tous les principaux. Et Alcippe en mesme temps s'adonna de telle sorte aux armes qu'il reüssit vn des bons Cheualiers de son temps.

Durant ces festes qui continuerent deux lunes, mon pere fut veu, comme ie vous ay dit, d'vne Dame, de qui ie n'ay iamais peu sçauoir le nom, & par ce qu'il ne luy defailloit aucune de ces choses qui peuuent faire aymer, elle en fut de sorte esprise, qu'elle inuenta vne ruze assez bonne pour venir à bout de son intention. Vn jour que mon pere assistoit dans vn Temple aux Sacrifices, qui se faisoient pour Amasis, vne assez vieille femme se vint mettre pres de luy, & feignant de faire ses oraisons, elle luy dit deux ou trois fois : Alcippe, Alcippe, sans le regarder : luy qui s'ouyt nommer, luy voulut demander ce qu'elle luy vouloit : Mais luy voyant les yeux tournez ailleurs, il creut qu'elle parloit à vn autre : elle qui s'apperceut qu'il l'escoutoit, continua : Alcippe, c'est à vous à qui ie parle, encor que ie ne

F iij

vous regarde point: si vous desirez d'auoir la plus belle fortune que iamais Cheualier ayt euë en ceste Cour, trouuez-vous entre iour & nuict au carrefour qui conduit à la place de Pallas, & là vous sçaurez de moy le reste. Alcippe voyant qu'elle luy parloit de ceste sorte, sans la regarder aussi, luy respondit qu'il s'y trouueroit. A quoy il ne faillit point: car le soir approchant, il s'en alla au lieu assigné, où il ne tarda guere que ceste femme aagee ne vint à luy, presque couuerte d'vn taffetas qu'elle auoit sur la teste, & l'ayant tiré à part, luy dit: Ieune homme, tu es le plus heureux qui viue, estant aymé de la plus belle, & plus aymable Dame de ceste Cour, & de laquelle (si tu veux me promettre ce que ie te demanderay) dés à ceste heure ie m'oblige à te faire auoir toute sorte de contentement. Le ieune Alcippe oyant ceste proposition, demanda qui estoit la Dame. Voila, dit-elle, la premiere chose que ie veux que tu me promettes, qui est de ne t'enquerir point de son nom, & de tenir ceste fortune secrette: l'autre que tu permettes que ie te bousche les yeux, quand ie te conduiray où elle est. Alcippe luy dit, pour ne m'enquerir de son nom, & tenir ceste affaire secrette, cela feray-ie fort volontiers: mais de me bouscher les yeux, iamais ie ne le permettray. Et qu'est-ce que tu veux craindre ?" dit-elle. Ie ne crains rien, respondit Alcippe, mais ie veux auoir les yeux en liberté. O ieune homme, dit la vieille, que tu es encore apprentif ! pourquoy veux-tu faire déplaisir à vne personne qui t'ayme tant? & n'est-ce pas luy déplaire que de vouloir sçauoir d'elle plus qu'elle ne veut? Croy moy, ne fais point de difficulté, ne doute de rien, quel danger y peut-il auoir pour toy? où est ce courage que ta presence promet à l'abord? est-il possible qu'vn peril imaginé te fasse laisser vn bien asseuré? & voyant qu'il ne s'en esmouuoit point : Que maudite soit la mere, dit-elle, qui te fit si beau, & si peu hardy : sans doute & ton visage, & ton courage, sont plus de femme que de ce que tu es. Le ieune Alcippe ne pouuoit ouyr sans rire les paroles de ceste vieille en colere : En fin apres auoir quelque temps pensé en luy-mesme quel ennemy il pouuoit auoir, & trouuant qu'il n'en auoit point ; il se resolut d'y aller, pourueu qu'elle luy permit de porter son espée, & ainsi se laissa boucher les yeux? & la prenant par la robbe, la suiuit où elle le voulut conduire. Ie serois trop long, si ie vous racontois, Madame, toutes les particularitez de ceste nuict : tant y a qu'apres plusieurs détours, & ayant, peut-estre, plusieurs fois passé sur vn mesme chemin, il se trouua en vne chambre, où les yeux bandez il fut deshabillé par ceste mesme femme,

F iiij

& mis dans vn lict, peu apres arriua la Dame, qui l'auoit enuoyé chercher, & se mettant aupres de luy, luy déboucha les yeux, parce qu'il n'y auoit point de lumiere dans la chambre: mais quelque peine qu'il y prit, il ne sçeut iamais tirer vne seule parole d'elle. De sorte qu'il se leua le matin sans sçauoir qui elle estoit, seulement la iugea-t'il belle & ieune: & vne heure auant iour, celle qui l'auoit amenée, le vint reprendre, & le reconduisit auec les mesmes ceremonies: depuis ce iour ils resolurent ensemble que toutes les fois qu'il y deuroit retourner, il troueroit vne pierre à vn certain carrefour dés le matin.

Cependant que ces choses se passoient ainsi, le pere d'Alcippe vint à mourir: De sorte qu'il demeura plus maistre de soy-mesme qu'il ne souloit estre, & n'eust esté le commandement d'Amarillis, & son intention particuliére qui l'y retenoit, l'amour qu'il portoit à sa Bergere l'eust, peut-estre, rappellé dans les bois: car les faueurs de ceste Dame incogneuë ne pouuoient en rien luy en oster le souuenir. Que si les grands dons qu'il receuoit d'elle ordinairement, ne l'eussent retenu en ceste pratique, passé les deux ou trois premiers voyages il s'en fust retiré, quoy qu'il sembla que depuis ce temps-là il entra en faueur aupres de Pimandre, & d'Amasis. Mais parce qu'vn ieune cœur peut mal-ayfément tenir long-temps quelque chofe de caché, il aduint que Clindor fon cher amy le voyant defpenfer plus que de couftume, luy demanda d'où luy en venoyent les moyens. A quoy du premier coup, refpondant fort diuerfement, enfin il luy defcouurit toute cefte fortune, & puis luy dit, que quelque artifice qu'il y euft fçeu mettre, il n'auoit iamais peu fçauoir qui elle eftoit. Clindor trop curieux, luy confeilla de coupper demy pied de la frange du lict, & que le lendemin il fuiuit les meilleures maifons dont il fe pourroit douter, & qu'il la recognoiftroit, ou à la couleur, ou à la piéce : ce qu'il fift, & par cét artifice, mon pere euft cognoiffance de celle qui le fauorifoit : toutesfois il en a tellement tenu le nom fecret, que ny Clindor, ny nul de fes enfans n'en a iamais rien peu fçauoir. Mais la premiere fois que par apres il y retourna, lors qu'il eftoit preft à fe leuer le matin, il la coniura de ne fe vouloir plus cacher à luy, qu'auffi bien c'eftoit peine perduë, puis qu'il fçauoit affeurément qu'elle eftoit vne telle : Elle s'oyant nommer fut fur le point de parler, toutesfois elle fe teut, & attendit que la vieille fuft venuë, à laquelle quand Alcippe fut forty du lict, elle fift tant de menaces, croyant que ce fuft elle qui l'euft defcouuerte, que cefte pauure femme s'en vint toute tremblante, iurer à mon pere qu'il se trompoit. Luy alors en sousriant, luy raconta la finesse dont il auoit vsé, & que ç'auoit esté de l'inuention de Clindor: elle bien aise de ce qu'il luy auoit descouuert, apres mille sermens du contraire, r'entra le dire à ceste Dame, qui mesme s'estoit leuée pour oüyr les discours: & quand elle sçeut que Clindor en auoit esté l'inuenteur, elle tourna toute sa colere contre luy, pardonnant aysément à Alcippe qu'elle ne pouuoit hayr, toutesfois depuis ce iour elle ne l'enuoya plus querir. Et parce qu'vn esprit offensé n'a rien de si doux que la vengeance, ceste femme tourna de tant de costez qu'elle fist vne querelle à Clindor, pour laquelle il fut contraint de se battre contre vn cousin de Pimandre, qu'il tua: & quoy qu'il fust poursuiuy, si se sauua-t'il en Auuergne auec l'ayde d'Alcippe. Mais Amasis fist en sorte, qu'Alaric Roy des Visigotz, estant pour lors à Thoulouse, le fist mettre prisonnier à Vsson, auec commandement à ses officiers, de le remettre entre les mains de Pimandre, qui n'attendoit pour le faire mourir que d'auoir la commodité de l'enuoyer querir. Alcippe ne laissa rien d'intenté pour obtenir son pardon: Mais ce fut en vain, car il auoit trop forte partie. C'est pourquoy voyant la perte asseurée de son amy, il delibera à quelque hazard que ce fut de le sauuer. Il estoit pour lors à Vsson, comme ie vous ay dit, place si forte qu'il eust semblé à tout autre vne folie de vouloir entreprendre de l'en sortir. Son amitié toutesfois, qui ne trouuoit rien de plus mal-aisé que de viure sans Clindor, le fit resoudre de deuancer ceux qui y alloiët de la part de Pimandre. Ainsi feignant de se retirer chez soy mal-content, il part luy douziesme, & vn iour de marché se presentent à la porte du Chasteau, tous vestus en villageois, & portans sous leurs iuppes de courtes espées, & au bras des panniers, comme personnes qui alloient vendre: Ie luy ay ouy dire qu'il y auoit trois forteresses l'vne dans l'autre. Ces resolus paysans vindrent iusques à la derniere, où peu de Visigotz estoient restez : car la pluspart estoient descendus en la basse ville pour voir le marché, & pour se pourueoir de ce qui estoit necessaire pour leur garnison. Estans là ils offroient à si bon prix leurs denrées, que presque tous ceux qui estoient dedans sortirent pour en achepter. Lors mon pere voyant l'occasion bonne, saisisant au collet celuy qui gardoit la porte, luy mit l'espée dans le corps, & chacun de ses compagnons comme luy se deffit en mesme instant du sien, & entrant dedans, mirent le reste au fil de l'espée : & soudain ferrant la porte coururent aux prisons, où ils trouuerent Clindor dans vn cachot;

& tant d'autres, qu'ils se jugerent estans armez, suffisans de faire le reste de la garnison. Pour abreger, ie vous diray, Madame, qu'encore que pour l'alarme les portes de la ville fussent fermées, si les forcerent-ils sans perdre vn seul homme, quoy que le gouuerneur, qui en fin y fut tué, y fist toute la resistance qu'il peust. Ainsi voila Clindor sauué, & Alaric aduerty que c'estoit mon pere qui auoit faict ceste entreprise: dequoy il se sentit tant offensé, qu'il en demanda iustice à Amasis, & elle qui ne vouloit perdre son amitié, s'affectionna beaucoup pour le contenter, enuoya incontinent pour se saisir de mon pere: mais ses amys l'en aduertirent si à propos, que ayant donné ordre à ses affaires, il sortit hors de ceste contrée, & piqué contre Alaric plus qu'il n'est pas croyable, s'alla mettre auec vne nation, qui depuis peu estoit entrée en nos Gaules, & qui pour estre belliqueuse, s'estoit saisie des deux bords du Rosne & de l'Arar, & d'vne partie des Allobroges. Et parce que desireux d'aggrandir leurs terres, ils faisoient continuellement la guerre aux Visigots, Ostrogots, & Romains, il y fut tresbien receu auec tous ceux qu'il y voulut conduire, & estant cogneu pour homme de valeur, fut incontinent honoré de diuerses charges. Mais quelques années estant escoulées, Gondioch, Roy de ceste nation, venant à mourir, Gondebaut son fils succeda à la Couronne de Bourgongne, & desirant d'asseurer ses affaires dés le commencement, fit la paix auec ses voisins, mariant son fils Sigismond auec vne des filles de Théodoric, Roy des Ostrogotz: & pour complaire à Alaric, qui estoit infiniment offensé contre Alcippe, luy promit de ne le tenir plus aupres de luy. De sorte qu'auec son congé, il se retira auec vn autre peuple, qui du costé de Renes s'estoit saisi d'vne partie de la Gaule, en dépit des Gaulois & des Romains. Mais, Madame, ce discours vous seroit ennuyeux, si particulierement ie vous racontois tous ses voyages : car de ceux-cy il fut contraint de s'en aller à Londres vers le grand Roy Artus, qui en ce mesme temps, comme depuis ie luy ay oüy raconter plusieurs fois, institua l'Ordre des Cheualiers de la table ronde. De là il fut contraint de se retirer au Royaume qui porte le nom du port des Gaulois. Et en fin estant recherché par Alaric, il se resolut de passer la Mer, & aller à Bisance, où l'Empereur luy donna la charge de ses galeres. Mais d'autant que le desir de reuenir en la patrie, est le plus fort de tous les autres, mon pere, quoy que tres-grand auec ces grands Empereurs, n'auoit toutesfois rien plus à cœur, que de reuoir fumer ses foüiers, où si souuent il auoit esté emmaillotté, & sembla

que la fortune luy en presenta le moyen, lors
« que moins il l'attendoit. Mais i'ay ouy dire
« quelquesfois à nos Druydes, que la fortune
« se plaist de tourner le plus souuent sa rouë
du costé où l'on attend moins son tour.
Alaric vint à mourir, & Thierry son fils,
luy succeda, qui pour auoir plusieurs freres
eust bien assez affaire à maintenir ses estats,
sans penser aux inimitiez de son pere : Et ainsi
se voulant rendre aymable à chacun (car la
« bonté & la liberalité sont les deux aymants, qui
« attirent le plus l'amitié de chacun) dés le com-
« mencement de son reigne, il publia vne abo-
lition generale de toutes les offenses faictes en
son Royaume. Voila vn grand commencement pour moyenner le retour d'Alcippe : si
ne pouuoit-il encore reuenir, d'autant que
Pimandre n'auoit point oublié l'iniure receuë; toutesfois, ainsi que les Visigotz furent cause de son bannissement, de mesme
la fortune s'en voulut seruir pour instrument
de r'appel. Quelque temps auparauant,
comme ie vous ay dit, Artus Roy de la
grande Bretaigne auoit institué les Cheualiers
de la table ronde, qui estoit vn certain nombre de ieunes hommes vertueux, obligez d'aller chercher les aduentures, punir les meschans, faire iustice aux oppressez, & maintenir l'honneur des Dames. Or les Visigotz
d'Espagne, qui alors demeuroient dans Pam-

pelune, à l'imitation de cestuy-cy esleurent des Cheualiers, qui alloient en diuers lieux monstrans leur force & adresse, il aduint qu'en ce temps vn de ces Visigotz apres auoir couru plusieurs contrées s'en vint à Marcilly, où ayant faict son deffi accoustumé, il vainquit plusieurs des Cheualiers de Pimandre, ausquels il couppoit la teste, & d'vne cruauté extréme, pour tesmoignage de sa valeur, les enuoyoit à vne Dame qu'il seruoit en Espagne. Entre les autres, Amarillis y perdit vn oncle, qui comme mon pere, ne voulant demeurer dans le repos de la vie champestre, auoit suiuy le mestier des armes. Et parce que durant cét esloignement, elle auoit esté assez curieuse pour auoir d'ordinaire de ses nouuelles, par la voye de certains ieunes garçons qu'elle & luy auoient dressez à cela, aussi tost que ce mal-heur luy fust auenu elle luy escriuit, non pas en opinion qu'il deust s'en retourner : mais comme luy faisant part de son déplaisir. Amour qui n'est iamais dans vne belle ame sans la remplir de mille desseins genereux, ne permit pas à mõ pere de sçauoir le desplaisir d'Amarillis estre causé par vn homme, sans incontinent faire resolution de chastier cét outrecuidé. Et ainsi auec le congé de l'Empereur, s'en vint desguisé en la maison de Cleante, qui sçachant sa deliberation, rascha plusieurs fois de l'en diuertir: mais Amour auoit des plus fortes perſuaſions que luy. Et vn matin que Pimandre ſortoit pour aller au Temple, Alcippe ſe preſenta deuant luy, armé de toute pieces, & quoy qu'il euſt la viſiere hauſſée, ſi ne fut-il point recogneu pour la barbe qui luy eſtoit venuë depuis ſon depart. Lors que Pimandre ſçeut ſa reſolution, il en fiſt beaucoup d'eſtat, pour la hayne qu'il portoit à cét eſtranger à cauſe de ſon arrogance & de ſa cruauté, & dés l'heure meſme fiſt aduertir le Viſigoth par vn Heraut d'armes. Pour abreger, mon pere le vainquit, & en preſenta l'eſpée à Pimander, & ſans ſe faire cognoiſtre à perſonne, ſinon à Amarillis, qui le vid en la maiſon de Cleante, il s'en retourna à Biſance, ou il fut receu comme de couſtume. Cependant Cleante, qui n'auoit nul plus grand deſir que de le reuoir libre en Foreſtz, le deſcouurit à Pimandre, qui eſtoit fort deſireux de ſçauoir le nom de celuy qui auoit combattu l'eſtranger. Luy au commencement eſtonné, enfin eſmeu de la vertu de ceſt homme, demanda s'il eſtoit poſſible qu'il fut encor en vie. A quoy Cleante reſpondit, en racontant toutes ſes fortunes, & tous ſes longs voyages, & enfin quel il eſtoit paruenu aupres de tous les Roys qu'il auoit ſeruis. Sans mentir, dit alors Pimandre, la vertu de cét homme merite d'eſtre recherchée

chée & non pas bannie, outre l'extreme plaisir qu'il m'a faict, qu'il reuienne donc, & qu'il s'asseure que ie le cheriray & aymeray comme il merite : & que dés icy ie luy pardonne tout ce qu'il a faict contre moy. Ainsi mon pere apres auoir demeuré dix-sept ans en Grece, reuint en sa patrie, honoré de Pimandre & d'Amasis qui luy donnerent la plus belle charge qui fut pres de leur personne. Mais voyez que c'est que de « nous ! On se saoule de toute chose par l'a- « bondance, & le desir assouuy demeure sans force. Aussi-tost que mon pere eust les faueurs de la fortune telles qu'il eust sçeu desirer, le voila qu'il en perd le goust & les mesprise. Et lors vn bon demon qui le voulut retirer de ce goulphe, où il auoit si souuent failly de faire naufrage, luy representa, à ce que ie luy ay ouy dire, semblables considerations. Viens-ça, Alcippe, quel « est ton dessein ? N'est-ce pas assez de viure « heureux autant que Cloton filera tes iours ? « si cela est, ou pense-tu trouuer ce bien, sinon au repos ? Le repos, où peut-il estre que hors des affaires ? Les affaires, com- « ment peuuent-elles esloigner l'ambition de « la Cour, puis que la mesme felicité de l'am- « bition gist en la pluralité des affaires ? N'as- « tu point encor assez esprouué l'inconstance «

G

dont elles sont pleines ? Aye pour le moins
"ceste consideration en toy. L'ambition est de
"commander à plusieurs : chacun de ceux-la
"a mesme dessein que toy. Ces desseins leur
"proposerent les mesmes chemins : allant par
"mesme chemin ne peuuent-ils paruenir-là,
"mesme où tu es? & y paruenant, puis que
"l'ambition est vn lieu si estroit qu'il n'est pas
"capable que d'vn seul, il faut que tu te des-
"fendes de mille qui t'attaqueront, ou que tu
"leur cedes. Si tu te deffends, quel peut estre
"ton repos, puis que tu as à te garder des
amis & des ennemis, & que iour & nuict
leurs fers sont aiguisez contre toy? Si tu leurs
cedes, est-il rien de si miserable qu'vn Courtisan descheu? Doncques, Alcippe, r'entre en
toy-mesme, & te ressouuiens que tes peres &
ayeuls, ont esté plus sages que toy, ne vueille
point estre plus auisé, mais plante vn cloud
de diamant à la rouë de ceste fortune, que tu
as si souuent trouuée si muable, reuiens au lieu
de ta naissance, laisse-là ceste pourpre & la
change en tes premiers habits, que ceste lance soit changée en houlette, & ceste espée en
coultre pour ouurir la terre, & non pas le
flanc des hommes? Là tu trouueras chez toy le
repos qu'en tant d'années tu n'as iamais peu
trouuer ailleurs? Voila, Madame, les considerations qui r'amenerent mon pere à sa pre-

miere profession. Et ainsi, au grand estonnement de tous, mais auec beaucoup de loüanges des plus seurs, il reuint à son premier estat, où il fist renouueller nos anciens statuts, auec tant de contentement de chacun, qu'il se pouuoit dire estre au comble de l'ambition, quoy qu'il s'en fut despouillé : puis qu'il estoit tant aimé, & honoré de ses voisins, qu'ils le tenoient pour vn oracle; & toutesfois ce ne fut pas encor la fin de ses peines : car s'estant apres la mort de Pimandre retiré chez luy, il ne fut plustost en nos riuages, qu'Amour ne luy renouuellast sa première playe, n'y ayant de toutes les fleches d'Amour, nulle plus acerée que celle de la conuersation. Ainsi donc voyla Amarillis si auant en sa pensée, qu'elle luy donnoit plus de peine que tous ses premiers trauaux. Ce fut en ce temps qu'il reprit la deuise qu'il auoit portée durant tous ses voyages, d'vne penne de Geay, voulant signifier PEINE I'AY. De cét Amour vint vne tres-grande inimitié: Car Alcé, pere d'Astrée, estoit infiniment amoureux de ceste Amarillis, & Amarillis durant l'exil de mon pere, auoit permis ceste recherche par le commandement de ses parents: & à ceste heure ne s'en pouuoit distraire sans luy donner tant d'ennuy, que c'estoit le desesperer : D'autre costé Alcippe, qui dépouillant

G ij

l'habit de Chevalier: n'en auoit pas laissé le courage, ne pouuant souffrir vn riual, vint aux mains plusieurs fois auec Alcé, qui n'estoit pas sans courage, & croit-on que n'eust esté les parents d'Amarillis, qui se resolurent de la donner à Alcippe, il fut arriué beaucoup de mal-heur entre-eux: mais encor que par ce mariage on couppast les racines des querelles, celles toutesfois de la haine demeurerent si viues, que depuis elles creurent si hautes, qu'il n'y a iamais eu familiarité entre Alcé & Alcippe. Et c'est cela, dict Celadon, s'addressant à Siluie, belle Nymphe, que vous ouystes dire estant en nostre hameau: car ie suis fils d'Alcippe & d'Amarillis, & Astrée est fille d'Alcé & d'Hyppolite. Vous trouuerez peut-estre estrange, que ie sçache tant de particularitez des contrées voisines: Mais, Madame, tout ce que i'en ay appris, n'a esté que de mon pere, qui me racontant sa vie, a esté contraint de me dire ensemble les choses que vous auez ouyes.

Ainsi Celadon finit son discours, & certes non point sans peine: car le parler luy en donnoit beaucoup, pour auoir encore l'estomach mal disposé: & cela fut cause qu'il raconta ceste histoire le plus brief-

LIVRE DEVXIESME.

uement qu'il peut : Galathée toutesfois en demeura plus satisfaicte qu'il ne se peut croire, pour auoir sçeu de quels ayeuls estoit descendu ce Berger, qu'elle aymoit tant.

LE TROISIEME LIVRE
DE LA PREMIERE
Partie d'Astrée.

TANT que le iour dura, ces belles Nymphes tindrent si bonne compagnie à Celadon, que s'il n'eust eu le cuisant desplaisir du changement d'Astrée, il n'eust point eu occasion de s'ennuyer: car elles estoient & belles, & remplies de beaucoup de iugement: toutesfois en l'estat où il se trouuoit, cela ne le peust empescher de se desirer seul: & parce qu'il preuoyoit bien que ce ne pouuoit estre que par le moyen de la nuict, qui les contraindroit de se retirer, il la souhaitoit à toute heure. Mais lors qu'il se croyoit plus seul, il se trouua le mieux accompagné: car la nuict estant venuë, & ces Nymphes retirées en leurs chambres, ses pensers luy vindrent tenir compagnie, auec de si cruels ressouuenirs, qu'ils luy firent bien autant ressentir leur abord qu'il l'auoit desiré.

Quels desespoirs alors ne se presenterent point à luy? nul de tous ceux que l'Amour peut produire, voire l'Amour le plus desesperé: Car si à l'iniuste sentence de sa Maistresse il opposoit son innocence, soudain l'execution de cest arrest luy reuenoit deuant les yeux. Et comme d'vn penser on tombe en vn autre, il rencontra de fortune auec la main le ruban où estoit la bague d'Astrée, qu'il s'estoit mis au bras. O que de mortelles memoires luy remit-il en l'esprit! Il se representa tous les courroux qu'en cét instant-là elle auoit peins au visage, toutes les cruautez que son ame faisoit paroistre, & par ses paroles, & par ses actions, & tous les dédains auec lesquels elle auoit proferé les ordonnances de son bannissement. S'estant quelque temps arresté sur ce dernier mal-heur, il s'alla ressouuenir du changement de sa fortune: combien il s'estoit veu heureux, combien elle l'auoit fauorisé, & combien tel heur auoit continué. De là il vint à ce qu'elle auoit fait pour luy, combien en sa consideration elle auoit desdaigné d'honnestes Bergers; combien elle auoit peu estimé la volonté de son pere, le courroux de sa mere, & les difficultez qui s'opposoient à leur amitié: puis il s'alloit representant combien les fortunes d'Amour estoient peu asseurées aussi bien que toutes les autres: & combien peu de chose luy restoit de

LIVRE TROISIESME. 105

rant de faueurs, qui en fin estoient sans plus vn bracelet de cheueux qu'il auoit au bras, & vn pourtrait qu'il portoit au col, duquel il baisa la boite plusieurs fois: pour la bague qu'il auoit à l'autre bras, il croyoit que ce fust plustost la force que sa bonne volonté qui la luy eust donnée. Mais tout à coup il se ressouuint des lettres qu'elle luy auoit escrites, durant le bonheur de sa fortune, & qu'il portoit d'ordinaire auec luy dans vn petit sac de senteur. O quel tressaut fut le sien! car il eut peur que ces Nymphes foüillant ses habits ne l'eussent trouué. En ce doute il appella fort haut le petit Meril; car pour le seruir il estoit couché à vne garderobbe fort proche. Le ieune garçon s'oyant appeller coup sur coup deux ou trois fois, vint sçauoir ce qu'il luy vouloit: Mon petit amy, dit Celadon, ne sçay-tu point que sont deuenus mes habits: car il y a quelque chose dedãs qu'il m'ennuyeroit fort de perdre: vos habits, dit-il, ne sont pas loing d'icy, mais il n'y a rien dedans, car ie les ay cherchez. Ah! dit le Berger, tu te trompes, Meril, i'y auois chose que i'aymerois mieux auoir conseruee que la vie: & lors se tournant de l'autre costé du lict, il se mit à plaindre & tourmenter fort long temps. Meril qui l'escoutoit: d'vn costé estoit marry de son déplaisir, & de l'autre estoit en doute s'il luy deuoit dire ce qu'il en sçauoit. En fin ne pouuant supporter de le voir plus longuement en ceste peine, il luy dit, qu'il ne se deuoit point tant ennuyer; & que la Nymphe Galathée l'aymoit trop pour ne luy rendre vne chose qu'il mõstroit d'auoir si chere. Alors Celadon se tourna vers luy: & comment, dit-il, la Nymphe a-t'elle ce que ie te demande? Ie croy, respondit-il, que c'est cela mesme: pour le moins ie n'y ay trouué qu'vn petit sac plein de papier: & ainsi que ie le vous apportois, vn peu deuant que vous ayez voulu dormir, elle l'a veu, & me l'a osté. O Dieu, dit alors le Berger, aillent toutes choses au pis qu'elles pourront: & se tournant de l'autre costé, ne voulut luy parler dauantage. Cependant Galathée lisoit les lettres de Celadon: car il estoit fort vray qu'elle les auoit ostées à Meril, suiuant la curiosité ordinaire de ceux qui aymét: mais elle luy auoit fort defendu de n'en rien dire, parce qu'elle auoit intention de les rendre, sans qu'il sçeust qu'elle les eust veuës. Pour lors Syluie luy portoit vn flambeau deuant, & Leonide estoit ailleurs, si bien qu'à ce coup il fallut qu'elle fust du secret. Nous verrons, disoit Syluie, s'il est vray que ce Berger soit si grossier comme il se feint, & s'il n'est point amoureux: car ie m'asseure que ces papiers en diront quelque chose, & lors elle s'appuya vn peu sur sa table. Cependant Galathée déuoüoit le cordon, qui serroit si bien, que l'eau n'y auoit guere fait de mal, toutesfois il y auoit quelques papiers moüillez, qu'elle tira dehors le plus doucement qu'elle peut, pour ne les rompre: & les ayant espanchez sur la table, le premier sur qui elle mit la main, fut vne telle lettre.

LETTRE D'ASTREE A CELADON.

Qv'est-ce que vous entreprenez, Celadon? en quelle confusion vous allez vous mettre? croyez-moy, qui vous conseille en amie, laissez ce dessein de me seruir; il est trop plein d'incommoditez: quel contentement y esperés-vous? ie suis tant insupportable que ce n'est guere moins entreprendre que l'impossible; il faudra seruir, souffrir & n'auoir des yeux, ny de l'Amour que pour moy, car ne croyés point que ie vueille auoir à partager auec quelqu'autre, ny que ie reçoiue vne volonté à moitié mienne: ie suis soupçonneuse, ie suis ialouse, ie suis difficile à gagner, & facile à perdre, & plus aysée à offenser, & tres-mal aysée à rapaiser, le moindre doute est en moy vne asseurance: il faut que mes volontés soient des destinées, mes opinions des raisons, & mes commandemens des loix inuiolables. Croyés-moy, encor vn coup, retirez-vous, Berger, de ce dangereux labyrinthe, & fuyez vn dessein si ruineux. Ie me recognois mieux que vous: ne vous figurez pas de pouuoir à la fin changer mon naturel, ie rompray pluſtoſt que de plier, & ne vous plaignez à l'auenir de moy, ſi à ceſte heure vous ne croyez ce que ie vous en dis.

Ne me tenez iamais pour ce que ie ſuis, dit Galathée, ſi ce Berger n'eſt amoureux, car en voicy vn commencement qui n'eſt pas petit. Il n'en faut point douter, dit Siluie, eſtant ſi honneſte homme. Et comment, repliqua Galathée, auez-vous opinion qu'il faille neceſſairement aymer pour eſtre tel? Ouy, Madame, dit-elle, à ce que i'ay ouy dire: parce que l'Amant ne deſire rien dauantage, que d'eſtre aymé, pour eſtre aymé, il faut qu'il ſe rende aymable, & ce qui rend aymable eſt cela meſme qui rend honneſte homme. A ce mot Galathée luy donna vne lettre qui eſtoit vn peu moüillée pour la ſeicher au feu, & cependant elle en prit vn autre qui eſtoit telle:

LETTRE D'ASTREE A CELADON.

VOus ne voulez pas croire que ie vous ayme, & vous deſirez que ie croye que vous m'aymez: ſi ie ne vous ayme point, que vous profitera la creance que i'auray de voſtre affection? à faire, peut-eſtre, que ceſte opinion m'y oblige? A peine, Celadon, le pourra ceste foible consideration, si vos merites, & les seruices que i'ay receus de vous, ne l'ont peu encores. Or voyez en quel estat sont vos affaires: ie ne veux pas seulement que vous sçachiez que ie croy que vous m'aymez: mais ie veux de plus, que vous soyez asseuré que ie vous ayme, & entre tant d'autres vne chose seule, vous en doit rendre certain: si ie ne vous aymois point, qui me feroit mépriser le contentement de mes parens? Si vous considerez combien ie leur doy, vous cognoistrez en quelque sorte la qualité de mon amitié, puis que non seulement elle contrepese, mais emporte de tant, vn si grand poids: & Adieu: ne soyez plus incredule.

En mesme temps Syluie rapporta la lettre, & Galathée luy dit auec beaucoup de déplaisir, qu'il aymoit, & que de plus il estoit infiniment aymé, & luy releut la lettre, qui luy touchoit fort au cœur, voyant qu'elle auoit à forcer vne place, où vn si fort ennemy estoit desia victorieux: car par ces lettres, elle iugea que l'humeur de ceste Bergere n'estoit pas d'estre à moitié Maistresse, mais de commander auec vne tres-absoluë puissance à ceux qu'elle daignoit receuoir pour siens: elle fortifia beaucoup ce iugement, quand elle leut la lettre qui auoit esté seichée: elle estoit telle:

LETTRE D'ASTREE A CELADON.

LYCIDAS a dit à ma Phillis que vous estiez auiourd'huy de mauuaise humeur, en suis-ie cause, ou vous? Si c'est moy, c'est sans occasion; car ne veux-ie pas tousiours vous aymer, & estre aymée de vous? & ne m'auez-vous pas mille fois iuré, que vous ne desiriez que cela pour estre content? Si c'est vous, vous me faictes tort, de disposer sans que ie le sçache, de ce qui est à moy: car par la donation que vous m'auez faicte, & que i'ay receuë, & vous & tout ce qui est de vous m'appartient. Aduertissez-m'en donc, & ie verray si ie vous en doy donner permission, & cependant ie vous le defends.

Auec quel empire, dit alors Galathée, traitte ceste Bergere? Elle ne luy fait point de tort, respondit Syluie, puis qu'elle l'en a bien aduerty dés le commencement. Et sans mentir, si c'est celle que ie pense, elle a quelque raison, estant l'vne des plus belles, & des plus accomplies personnes, que ie vy iamais. Elle s'appelle Astrée, & ce qui me le fait iuger ainsi, c'est ce mot de Phillis, sçachant que ces deux Bergeres sont amies iurées. Et encor, comme ie vous dis, que sa beauté soit extreme, toutesfois c'est ce qui est en elle de moins aimable, car elle a tant d'autres perfections, que celle-là est la moins apparente. Ces discours ne seruoient qu'à la reblesser dauantage, puis qu'ils ne luy descouuroient que de plus grandes difficultez en son dessein: & parce qu'elle ne vouloit que Syluie pour lors en sçeut dauantage, elle resserra ces papiers, & se mit au lict, non sans vne grande compagnie de diuerses pensées, entre lesquelles le sommeil se glissa peu à peu.

A peine estoit-il iour que le petit Meril sortit de la chambre du Berger, qui auoit plaint toute la nuict, & que le trauail & le mal n'auoient peu assoupir qu'à la venuë de l'aurore: & parce que Galathée luy auoit commandé de remarquer particulierement tout ce que feroit Celadon, & le luy rapporter, il alloit luy dire ce qu'il auoit appris. A l'heure mesme Galathée s'estant esueillée, parloit si haut auec Leonide, que Meril les oyant heurta à la porte, & se fist ouurir. Madame, dit-il, de toute ceste nuict ie n'ay dormy: car le pauure Celadon a failly à mourir, à cause des papiers que vous me pristes hier:& parce que ie le vy si fort desesperé, ie fus contraint pour le remettre vn peu, de luy dire que vous les auiez. Comment? reprit la Nymphe, il sçait donc que ie les ay? Ouy certes, Madame, respōd Meril, & m'asseure qu'il vous suppliera de les luy rendre, car il les tient trop chers:& si vous l'eussiez ouy cōme moy, ie ne croy point qu'il ne vous eust fait pitié. Hé! dy-moy, Meril, adiousta la Nymphe, entre autres choses, que disoit-il? Madame, repliqua-t'il, apres qu'il se fut enquis si ie n'auois point veu ses papiers, & qu'en fin il eust sçeu que vous les auiez, il se tourna comme transporté de l'autre costé, & dit: Or sus, aillent toutes choses au pis qu'elles pourront: & apres auoir demeuré muet quelque temps, & qu'il pensa que ie me fusse remis dans le lict, ie l'oüys souspirer assez haut, & puis dire telles paroles: Astrée! Astrée! ce bannissement deuoit-il estre la recompense de mes seruices? si vostre amitié est changée, pourquoy me blasmez-vous pour vous excuser? si i'ay failly, que ne me dites-vous ma faute? n'y a-t'il point de iustice au Ciel, non plus que de pitié en vostre ame? helas! s'il y en a, que n'en ressentie quelque faueur; afin que n'ayant peu mourir, comme vouloit mon desespoir, ie le fasse pour le moins, comme le commáde la rigueur d'Astrée. Ah! rigoureux pour ne dire cruel commandement; qui eust peu en vn tel accident prendre autre resolution que celle de la mort? n'eust-il pas donné signe de peu d'Amour, plustost que de beaucoup de courage? Et il s'arresta vn peu, puis il reprit ainsi: Mais à quoy, mes traistres espoirs, m'allez-vous flattant? est-il possible que vous m'osiez approcher encores? dites-vous pas qu'elle changera?

consi-

LIVRE TROISIESME. 113

considerez ennemis de mon repos, quelle apparence il y a que tant de temps escoulé, tant de seruices, & d'affections recogneuës, tant de desdains supportez, & d'impossibilitez vaincuës, ne l'ayent peu, & qu'vne absence le puisse. Esperons, esperons plustost vn fauorable cercueil de la mort, qu'vn fauorable repentir d'elle. Apres plusieurs semblables discours, il se teut assez long temps : mais estant retourné au lict, ie l'ouys peu apres recommencer ses regrets, qu'il a continuez iusques au iour: & tout ce que i'en ay peu remarquer, n'a esté que des plaintes qu'il fait contre vne Astrée, qu'il accuse de changement, & de cruauté. Si Galathée auoit sçeu vn peu des affaires de Celadon, par les lettres d'Astrée, elle en apprit tant par le rapport de Meril, que pour son repos il eust esté bon qu'elle en eust esté plus ignorante. Toutesfois en se flattant elle se figuroit, que le mépris d'Astrée pourroit luy ouurir plus aisément le chemin à ce qu'elle desiroit: Escholiere d'Amour; qui ne sçauoit" pas qu'Amour ne meurt iamais en vn cœur" genereux, que la racine n'en soit entierement" arrachée. En ceste esperance elle escriuit vn billet qu'elle plia sans le cacheter, & le mit entre ceux d'Astrée: Puis donnant le sac à Meril; Tien, luy dit-elle, Meril, rends ce sac à Celadon, & luy dy que ie voudrois luy pouuoir rendre aussi bien tout le contentement qui luy defaut.

H

Que s'il se porte bien, & qu'il me vueille voir, dy luy que ie me trouue mal ce matin: elle disoit cela afin qu'il eust loisir de visiter ses papiers, & de lire celuy qu'elle luy escriuoit. Meril s'en alla: & parce que Leonide estoit dans vn autre lict, elle ne peut voir le sac, ny ouyr la commission qu'elle luy auoit donée, mais soudain qu'il fut dehors elle l'appella, & la fit mettre dans le lict auec elle: & apres quelques autres propos, elle luy parla de ceste sorte: Vous sçauez, Leonide, ce que ie vous dy hier de ce Berger, & combien il m'importe qu'il m'aime, ou qu'il ne m'aime pas: depuis ce temps-là, i'ay sçeu de ses nouuelles plus que ie n'eusse voulu: vous auez ouy ce que Meril m'a rapporté, & ce que Siluie m'a dit des perfections d'Astrée, si bien, continua-t'elle, que puis que la place est prise, ie voy naistre vne double difficulté à nostre entreprise: toutesfois ceste heu-
"reuse Bergere l'a fort offensé: & vn cœur gene-
"reux souffre mal-aisément vn mépris sans s'en
"ressentir. Madame, luy respondit Leonide, d'vn costé ie voudrois que vous fussiez contente, & de l'autre ie suis presque bien aise de ces incommoditez: car vous vous faictes tant de tort, si vous continuez, que ie ne sçay si vous l'effacerez iamais. Pensez-vous, encor que vous croyez estre icy bien secrette, que l'on ne vienne à sçauoir ceste vie? & que sera-ce de vous, si elle se descouure? Le iugement ne vous man-

qu'à jamais au reste de vos actions, est-il possible qu'en cét accident il vous deffaille? Que iugeriez-vous d'vne autre qui meneroit telle vie? Vous respõdrez que vous ne faictes point de mal. Ah! Madame, il ne suffit pas à vne personne de vostre qualité, d'estre exempte du crime, il faut l'estre aussi du blasme; Si c'estoit vn homme qui fust digne de vous, ie le patienterois: mais encor que Celadon soit des premiers de ceste contrée, c'est toutesfois vn Berger, & qui n'est recogneu pour autre. Et ceste vaine opinion de bon-heur, ou de mal-heur, pourra-t'elle tant sur vous, qu'elle vous abatte de sorte le courage que vous vueillez égaler ces gardeurs de brebis, ces rustiques, & ces demy-sauuages à vous? Pour Dieu, Madame, reuenez en vous mesme, & cõsiderez l'intẽtion dont ie profere ces paroles. Elle eust continué, n'eust esté que Galathée toute en colere l'interrompit ainsi. Ie vous ay dit que ie ne voulois point que vous me tinssiez ces discours, ie sçay à quoy i'en suis resoluë; quand ie vous en demanderay aduis, donnez-le moy, & vne fois pour toutes, ne m'en parlez plus, si vous ne voulez me déplaire. A ce mot elle se tourna de l'autre costé, en telle furie, que Leonide cogneut bien qu'elle l'auoit fort offensée. Aussi n'y a-t'il rien qui touche plus viuement qu'opposer l'honneur à l'Amour: car toutes les raisons d'Amour demeurent vaincuës, & l'Amour toutesfois de-

H ij

,,meure tousiours en la volonté le plus fort.
,,Peu apres Galathée se tourna, & luy dit: Ie n'ay point creu iusques icy, que vous eussiez opinion d'estre ma gouuernante, mais à ceste heure ie commence d'auoir quelque creance, que vous le vous figurez. Madame, respondit-elle, ie ne me mécognoistray iamais tant, que ie ne recognoisse tousiours ce que ie vous doy: mais puis que vous trouuez si mauuais ce que mon deuoir m'a fait dire, ie proteste dés icy, que ie ne vous donneray iamais occasion d'entrer pour ce suiect en colere contre moy. C'est vne estrange chose, repliqua Galathée, qu'il faille que vous ayez tousiours raison en vos opinions. Quelle apparence y a-t'il, que l'on puisse sçauoir que Celadon soit icy? il n'y a ceans que nous trois, Meril, & ma nourrice sa mere: pour Meril, il ne sort point, & outre cela, il a assez de discretion pour son aage: Pour ma nourrice, sa fidelité m'est assez cogneuë, & puis ç'a esté en partie par son dessein, que le tout s'est conduit de ceste sorte: Car luy ayant raconté ce que le Druyde m'auoit predit, elle qui m'aime plus tendrement que si i'estois son enfant propre, me conseilla de ne dédaigner cét aduertissement, & parce que ie luy proposay la difficulté du grand abord des personnes qui viennent ceans quand i'y suis, elle mesme m'auertit de feindre que ie me voulois purger. Et quel est vostre dessein? dit Leoni-

de. De faire en sorte, respondit-elle, que ce Berger me vueille du bien, & iusques à ce que cela soit, de ne le point laisser sortir de ceans: que si vne fois il vient à m'aimer, ie laisseray conduire le reste à la fortune. Madame, dit Leonide, Dieu vous en donne tout le contentement que vous desirez: mais permettez-moy de vous dire encor pour ce coup, que vous vous ruinez de reputation. Quel temps faut-il pour déraciner l'affection si bien prise qu'il porte à Astrée, la beauté & la vertu de laquelle on dit estre sans seconde? Mais interrompit incontinent la Nymphe, elle le desdaigne, elle l'offense, elle le chasse: pensez-vous qu'il n'ait pas assez de courage pour la laisser? O Madame, rayez cela de vostre esperance, dit Leonide, s'il n'a point de courage, il ne le ressentira pas, & s'il en a, vn homme genereux ne se diuertit iamais d'vne entreprise pour les difficultez. Ressouuenez-vous pour exemple, de combien de desdains vous auez vsé contre Lindamor, & combien vous l'auez traitté cruellement, & combien il a peu fait de cas de tels desdains, ny de telles cruautez. Mais qu'il soit ainsi, que Celadon, pour estre en fin vn Berger, n'ait pas tant de courage que Lindamor, & qu'il flechisse aux coups d'Astrée, qu'esperez-vous de bon pour cela? pensez-vous qu'vn esprit trompé soit aisé à retromper vne secõde fois en vn mesme sujet? Non, non, Madame,

H iij

quoy qu'il soit, & de naissance, & de conuersation entre des hommes grossiers, si ne le peut-il estre tant, qu'il ne craigne de se rebrusler à ce feu, dont la douleur luy cuit encore en l'ame. Il faut (& c'est ce que vous pouuez esperer de plus aduantageux) que le temps le guerisse entierement de ceste bruslure, deuant qu'il puisse tourner les yeux sur vn autre sujet semblable: & quelle longueur y faudra-t'il? & cependant sera-t'il possible d'empescher si long temps, que les gardes qui ne sont qu'en ceste basse cour, ne viennent à le sçauoir? ou en le voyant (car encor ne le pouuez-vous pas tenir tousiours en vne chambre) ou par le rapport de Meril qui (encor qu'assez discret pour son aage) est en fin vn enfant. Leonide, luy dit-elle, cessez de vous trauailler pour ce sujet, ma resolution est celle que ie vous ay dite : que si vous voulez me faire croire que vous m'aimez, fauorisez mon dessein en ce que vous pourrez,& du reste laissez-m'en le soucy. Ce matin, si le mal de Celadon le permet (il me sembla que hier il se portoit bien) vous pourrez le conduire au iardin ; car pour auiourd'huy ie me trouue vn peu mal,& difficilement sortiray-ie du lict, que sur le soir. Leonide toute triste ne luy respondit, sinon qu'elle rapparteroit tousiours tout ce qu'elle pourroit à son contentement.

Cependant qu'elles discouroient ainsi, Meril fit son message,& ayāt trouué le Berger éueillé luy dõna le bon iour de la part de la Nymphe, & luy presenta ses papiers. O cõbien promptement se releua-t'il sur le lict ; il fit ouurir les rideaux & les fenestres, n'ayant le loisir de se leuer ; tant il auoit de haste de voir ce qui luy auoit cousté tant de regrets. Il ouure le petit sac, & apres l'auoir baisé plusieurs fois : O secretaire, dit-il, de ma vie plus heureuse ? comment t'es-tu trouué entre ces mains estrangeres ? A ce mot il sert toutes les lettres sur le lict, & pour voir s'il en manquoit quelqu'vne, il les remit en leur rang, selon le temps qu'il les auoit receuës, & voyant qu'il restoit vn billet, il l'ouure, & leut tels mots :

CELADON *ie veux que vous sçachiez que Galathée vous aime, & que le Ciel a permis le desdain d'Astrée pour ne vouloir que plus long temps vne bergere possedast ce qu'vne Nymphe desire : recognoissez ce bon-heur, & ne le refusez.*

L'estonnement du Berger fut tres-grand : toutesfois voyant que le petit Meril consideroit ses actions, i n'en vouluit faire semblant. Les resserrant donc toutes ensemble, & se remettant au lict, il luy demanda qui les luy auoit baillées : ie les ay prises, dit-il, dans la toilette de Madame, & n'eust esté que ie desirois de vous oster de la peine où ie vous voyois, ie n'eusse osé y aller : car elle se trouue vn peu mal. Et qui est auec elle? demanda Celadon. Les deux Nymphes, dit-il, que vous vistes icy hier, dont l'vne est Leonide, niepce d'Adamas, l'autre est Syluie, fille de Deante le glorieux: certes elle n'est pas sa fille sans raison: car c'est bien la plus altiere en ses façons que l'on puisse voir. Ainsi receut Celadon le premier aduertissement de la bonne volonté de Galathée: car encor qu'il n'y eust ny chiffre ny signature au billet qu'il auoit receu, si iugea-t'il bien que cela n'auoit point esté fait sans qu'elle le sçeut. Et dés lors il preuit que ce luy seroit vne sur-charge à ses ennuis, & qu'il s'y falloit resoudre. Voyant donc que la moitié du iour estoit presque passée, & se trouuant assez bien il ne voulut demeurer plus long temps au lict, croyant que plustost il en sortiroit, plustost aussi pourroit-il prendre congé de ces belles Nymphes. S'estant leué en ceste deliberation, ainsi qu'il sortoit pour s'aller promener, il rencôtra Leonide & Siluie, que Galathée n'osant se leuer, ny se monstrer encor à luy, de honte du billet qu'elle luy auoit escrit, luy enuoyoit pour l'entretenir. Ils descendirent dans le iardin: & parce que Celadon leur vouloit cacher son ennuy, il se monstroit auec le visage le plus riant qu'il pouuoit, & feignant d'estre curieux de sçauoir tout ce qu'il voyoit. Belles Nymphes, leur dit-il, n'est-ce pas pres d'icy, où se trouue la fôtaine de la verité d'Amour? Ie voudrois bien, s'il estoit possible, que nous la vissions. C'est bien pres d'icy, respondit la Nymphe, car il ne faut que descendre dans ce grand bois: mais de la veoir il est impossible, & il en faut remercier ceste belle qui en est cause, dit-elle, en monstrant Siluie. Ie ne sçay, repliqua t'elle, pouquoy vous m'en accusez: car quant à moy ie n'oüys iamais blasmer l'espée si elle couppe l'imprudent qui met le doigt dessus. Il est vray, respondit Leonide: mais si ay bien moy celuy qui en blesse: & vostre beauté n'est pas de celles qui se laissent voir sans homicide. Telle quelle est, respondit Siluie, auec vn peu de rougeur, elle a bien d'assez forts liens, pour ne lascher iamais ce qu'elle estraint vne fois. Elle disoit cecy, en luy reprochant l'infidelité d'Agis, qui l'ayant quelque temps aymée, pour vne ialousie, ou pour vne absence de deux moys, s'estoit entierement changé, & pour Polemas qu'vne autre beauté luy auoit desrobé: ce qu'elle entendit fort bien. Aussi luy repliqua-t'elle: i'auoüe, ma sœur, que mes liens sont aysez à délier: mais c'est dautant que ie n'ay iamais voulu prendre la peine de les noüer. Celadon oyoit auec beaucoup de plaisir, leurs petites disputes, & afin qu'elles ne finissent sitost, il dit à Siluie: Belle Nymphe, puis que c'est de vous d'où procede la difficulté de voir ceste admirable fontaine, nous ne vous aurions pas peu d'obligation, si par vous mesmes nous apprenions comme cela est aduenu. Celadon, respondit la Nymphe en sousriant, vous auez bien assez d'affaire chez vous, sans aller chercher celles d'autruy. Toutesfois si la curiosité peut encor trouuer place auec vostre amour, ceste parleuse de Leonide, si vous l'en priez, vous en dira bien la fin: puis que sans en estre requise, elle vous a si bien dit le cōmencemēt. Ma sœur, respōdit Leonide, vostre beauté fait bien mieux parler tous ceux de qui elle est veuë, & puis que vous me donnez permission d'en dire vn effet, ie vous aime tant que ie ne laisseray iamais vos victoires incognuës, & mesmes celles que vous desirez si fort que l'on sçache: Toutesfois pour n'ennuyer ce Berger, i'abbregeray pour ce coup le plus qu'il me sera possible. Non point pour cela, interrompit le Berger: mais pour donner loisir à ceste belle Nymphe de vous rendre la pareille. N'en doutez nullement, repliqua Siluie: mais selon qu'elle me traictera, ie verray ce que i'auray à faire. Ainsi de l'vne & de l'autre, par leur bouche mesme, Celadon apprenoit leur vie plus particuliere: & afin qu'en ce promenant il les peust mieux ouyr, elles le mirent entre elles, & marchant au petit pas, Leonide commença de ceste sorte:

HISTOIRE DE SILVIE.

Eux qui dient que pour eſtre aymé, il ne faut qu'aymer, n'ont pas eſprouué ny les yeux, ny le courage de ceſte Nymphe: autrement ils euſſent cogneu que tout ainſi que l'eau de la fontaine fuyt inceſſamment de ſa ſource: de meſme l'Amour qui naiſt de ceſte belle, s'eſloigne d'elle le plus qu'il peut. Si oyant le diſcours que ie vay vous faire, vous n'aduoüez ce que ie dis, ie veux bien que vous m'accuſiez de peu de iugement.

Amaſis, mere de Galathée, a vn fils nommé Clidaman, accompagné de toutes les aymables vertus qu'vne perſonne de ſon aage & de ſa qualité peut auoir: car il ſemble eſtre nay à tout ce qui eſt des armes & des Dames. Il peut y auoir trois ans, que pour donner quelque cognoiſſance de ſon gentil naturel, auec la permiſſion d'Amaſis, il fit vn ſeruiteur à toutes les Nymphes, & cela non point par élection mais par ſort: parce qu'ayant mis tous les noms des Nymphes dans vn vaſe, & tous ceux des ieunes Cheualiers dans l'autre, deuant toute l'aſſemblée, il prit la plus ieune d'entre nous, & le plus ieune d'entr'eux, au fils il donna le vaſe des Nymphes, & à la fille celuy des Cheualiers, & lors apres pluſieurs ſons de trompettes, le ieune garçon tira, & le premier nom qui sortit fut Siluie, soudain on en fist faire de mesme à la ieune Nymphe, qui tira celuy de Clidaman. Grand certes fut l'applaudissement de chacun : mais plus grande la gentillesse de Clidaman, qui apres auoir receu le billet vint, vn genoüil en terre, baiser les mains à ceste belle Nymphe, qui toute honteuse ne l'eust point permis, sans le commandement d'Amasis, qui dit que c'estoit le moindre hommage qu'elle deust receuoir au nom d'vn si grand Dieu que l'Amour. Apres elle, toutes les autres furent appellées : aux vnes il rencontra selon leur desir, aux autres non : tant y a que Galathée en eust vn tres-accomply, nommé Lindamor, qui pour lors ne faisoit que reuenir de l'armée de Merouée. Quant au mien, il s'appelloit Agis, le plus inconstant & trompeur qui fut iamais. Or de ceux qui furent ainsi donnez, les vns seruirent par apparence, les autres par leur volonté ratifierent à ces belles la donation que le hazard leur auoit fait d'eux : & ceux qui s'en deffendirent le mieux, furent ceux qui auparauant auoient desia conçeu quelque affection. Entre autres le ieune Ligdamon en fut vn ; cestuy-cy escheut à Silere, Nymphe à la verité bien-aymable : mais non pour luy qui auoit desia disposé ailleurs de ses volontez. Et certes ce fut vne grande fortune pour luy d'estre alors absent :

car il n'eust iamais fait à Silere le feint hommage qu'Amasis commandoit, & cela luy eust peut-estre causé quelque disgrace. Car il faut, gentil Berger, que vous sçachiez, qu'il auoit esté nourry si ieune parmy nous, qu'il n'auoit point encor dix ans quand il y fut mis : au reste si beau & si adroit en tout ce qu'il faisoit, qu'il n'y auoit celle qui n'en fist cas, & plus que toutes Siluie, estant presque de mesme aage. Au commencement leur ordinaire conuersation engendra vne amitié de frere à sœur, telle que leur cognoissance estoit capable de receuoir : Mais à mesure que Ligdamon prenoit plus d'aage, il prenoit aussi plus d'affection : si bien que l'enfance se changeant en quelque chose de plus rassis, il commença sur les quatorze ou quinze ans, de changer en desirs ses volontez, & peu à peu ses desirs en passions. Toutesfois il vescut auec tant de discretion, que Siluie n'en eust iamais cognoissance qu'elle mesme ne l'y forçast. Depuis qu'il fut attaint à bon escient, & qu'il recogneut son mal, il iugea bien incontinent le peu d'espoir qu'il y auoit de guerison, vne seule des humeurs de Siluie ne luy pouuant estre cachée. Si bien que la ioye & la gaillardise qui estoient en son visage, & en toutes ses actions, se changerent en tristesse, & sa tristesse en vne si pesante melancolie, qu'il n'y auoit celuy qui ne recogneut ce changement. Siluie ne fut pas des dernieres à luy en demander la cause: mais elle n'en peust tirer que des responses interrompuës. En fin voyant qu'il continuoit en ceste façon de viure, vn iour qu'elle commençoit desia à se plaindre de son peu d'amitié, & à luy reprocher qu'elle l'obligeoit à ne luy rien celer, elle ouyt qu'il ne peut si bien se contraindre, qu'vn tres-ardent souspir ne luy eschapast au lieu de response. Ce qui la fit entrer en opinion qu'Amour peut-estre estoit la cause de son mal. Et voyez si le pauure Ligdamon conduisoit discrettement ses actions, puis qu'elle ne se peust iamais imaginer d'en estre la cause. Ie croy bien que l'humeur de la Nymphe, qui ne penchoit point du tout à ce dessein en pouuoit estre en partie l'occasion. Car mal-aisément pensons-nous à vne chose esloignée de nostre intention: mais encor falloit-il qu'en cela sa prudence fust grande, & sa froideur aussi, puis qu'elle couuroit du tout l'ardeur de son affection. Elle donc plus qu'auparauant le presse: que si c'est Amour, elle luy promet toute l'assistance & tous les bons offices qui se peuuent esperer de son amitié. Plus il luy en fait de refus & plus elle desire de le sçauoir: enfin ne pouuant se deffendre dauantage, il luy aduoüa que c'estoit Amour, mais qu'il auoit faict serment de n'en dire iamais le subiect: Car, disoit-il, de l'aymer, mon outrecuidance certes est grande: mais forcée par tant de beau-

LIVRE TROISIESME. 127

tez, qu'elle est excusable en cela : de l'oser nommer, quelle excuse couuriroit l'ouuerture que ie ferois de ma temerité? Celle respondit incontinent Siluie, de l'amitié que vous me portez. Vrayement, repliqua Ligdamon, i'auray donc celle-la, & celle de vostre commandement, que ie vous supplie auoir ensemble deuant les yeux pour ma descharge, & ce miroir qui vous fera voir ce que vous desirez sçauoir. A ce mot il prend celuy qu'elle portoit à sa ceinture, & le luy mit deuant les yeux. Pensez quelle fut sa surprise, recognoissant incontinent ce qu'il vouloit dire : & elle m'a depuis iuré qu'elle croyoit au commencement que ce fust de Galathée de qui il vouloit parler. Cependant qu'il demeuroit rauy à la considerer, elle demeura rauie à se considerer en sa simplicité : en colere contre luy, mais beaucoup plus contre elle-mesme, voyant bien qu'elle luy auoit tiré par force ceste declaration. Toutesfois son courage altier ne permit pas qu'elle fist longue deffence, pour la iustice de Ligdamon : car tout à coup elle se leua, & sans parler à luy, partit pleine de despit que quelqu'vn l'osast aimer. Orgueilleuse beauté qui ne iuge rien digne de soy ! Le fidelle Ligdamon demeura : mais sans ame, & comme vne statué insensible. En fin reuenant à soy il se conduisist le mieux qu'il peust en son logis, d'où il ne partit de long-temps, parce que la cognoissance qu'il eust du peu d'amitié de Siluie, le toucha si viuement qu'il en tomba malade: de sorte que personne ne luy esperoit plus de vie, quand il se resolut de luy escrire vne telle lettre:

LETTRE DE LIGDAMON A SILVIE.

LA perte de ma vie n'eust eu assez de force pour vous découurir la temerité de vostre seruiteur, sans vostre expres commandement: si toutesfois vous iugez que ie denois mourir, & me taire, dictes aussi que vos yeux deuoient auoir vne moins absolüe puissance sur moy: Car si à la premiere semonce, que leur beauté m'en fit, ie ne peux me defendre de leur donner mon ame; comment en ayant esté si souuent requis, eusse-ie refusé la recognoissance de ce don? Que si toutesfois i'ay offensé en offrant mon cœur à vostre beauté, ie veux bien pour la faute que i'ay commise de presenter à tant de merites chose de si peu de valeur, vous sacrifier encore ma vie, sans regretter la perte de l'vn, ny de l'autre, que d'autant qu'ils ne vous sont agreables.

Ceste lettre fut portée à Siluie, lors qu'elle estoit seule dans sa chambre; il est vray que i'y arriuay en mesme temps, & certes à la bonne heure

heure pour Ligdamon: car voyez quelle est l'humeur de ceste belle Nymphe: elle auoit pris vn si grand despit contre luy, depuis qu'il luy auoit découuert son affection, que seulement elle n'effaça pas le souuenir de son amitié passée: mais en perdit tellement la volonté, que Ligdamon luy estoit comme chose indifferente: si bien que quand elle oyoit que chacun desesperoit de sa guarison, elle ne s'en esmouuoit non plus, que si elle ne l'eust iamais veu. Moy qui plus particulierement y prenois garde, ie ne sçauois qu'en iuger, sinon que sa ieunesse luy faisoit ainsi aisément perdre l'amitié des personnes absentes: mais à ceste fois que ie luy vy refuser ce qu'on luy donnoit de sa part, ie cogneu bien qu'il y deuoit auoir entre eux du mauuais mesnage. Cela fut cause que ie pris la lettre qu'elle auoit refusée, & que le ieune garçon qui l'auoit apportée par le commandement de son maistre, auoit laissée sur la table. Elle alors moins fine qu'elle ne vouloit pas estre, me courut apres, & me pria de ne la point lire. Ie la veux voir, dis-ie, quand ce ne seroit que pour la deffense que vous m'en faictes. Elle rougit alors, & me dit: non, ne la lisez point, ma sœur, obligez-moy de cela, ie vous en coniure par nostre amitié: Et quelle doit-elle estre, luy respondis-ie, si elle peut souffrir que vous me cachiez quelque chose? Croyez, Siluie, que

I

si elle vous laisse assez de dissimulation pour vous couurir à moy, elle me donne bien assez de curiosité pour vous découurir. Et quoy, dit-elle, il n'y a donc plus d'esperance en vostre discretion? non plus, luy dis-ie, que de sincerité en vostre amitié. Elle demeura vn peu muette en me regardant, & s'approchant de moy, me dit : Au moins promettez moy que vous ne la verrez point, que ie ne vous aye fait le discours de tout ce qui s'est passé. Ie le veux bien, dis-ie, pourueu que vous ne soyez point mensongere. Apres m'auoir iuré qu'elle me diroit veritablement tout, & m'auoir adiuré que ie n'en fisse iamais semblant : elle me raconta ce que ie vous ay dit de Ligdamon, & à ceste heure, continua-t'elle, il vient de m'enuoyer ceste lettre, & i'ay bien affaire de ses plaintes, ou plustost de ses feintes. Mais, luy respondis-ie, si elles estoient veritables? Et quand elles le seroient, pourquoy, dit-elle, me dois-ie mesler de ses folies? Pour cela mesme, adioustay-ie, que celuy est obligé d'ayder au miserable, qu'il a fait tomber dans vn precipice. Et que puis-ie mais de son mal? repliqua-t'elle. Pouuois-ie moins faire que de viure, puis que i'estois au monde? Pourquoy auoit-il des yeux? Pourquoy s'est-il trouué où i'estois? Vouliez-vous que ie m'en fuisse? Toutes ces excuses, luy dis-ie, ne sont pas valables : car sans doute vous estes complice de son mal. Si vous eussiez esté moins pleine de perfection, si vous vous fussiez rendüe moins aimable, croyez-vous qu'il eust esté reduit à ceste extremité? Et vrayement, me dit-elle en sousriant, vous estes bien iolie, de me charger de ceste faute, quelle vouliez-vous que ie fusse, si ie n'eusse esté celle que ie suis? Et quoy, Siluie, luy respondis-ie, ne sçauez-vous point, que celuy qui aiguise vn fer entre les mains d'vn furieux, est en partie coupable du mal qu'il en fait? & pourquoy ne le serez-vous pas puis que ceste beauté, que le Ciel à vostre naissance vous a donnée, a esté par vous curieusement aiguisée auec tant de vertus & d'aimables perfections, qu'il n'y a œil, qui sans estre blessé les puisse voir? & vous ne serez pas blasmée des meurtres que vostre cruauté en fera? Voyez-vous, Siluie, il ne falloit pas que vous fussiez moins belle, ny moins remplie de perfections : mais vous deuiez vous estudier autant à vous faire bonne, que vous estiez belle, & à mettre autant de douceur en vostre ame, que le Ciel vous en auoit mis au visage: mais le mal est que vos yeux pour mieux blesser l'ont toute prise; & n'ont laissé en elle que rigueur & que cruauté.

Or, gentil Berger, ce qui me faisoit tant affectionner la deffence de Ligdamon, estoit, que outre que nous estions vn peu alliez, encor estoit-il fort aimé de toutes celles qui le cognoiſſoient : & i'auois ſçeu qu'il eſtoit reduit à fort mauuais terme. Doncques apres quelques ſemblables propos i'ouuris la letttre & la leus tout haut, afin qu'elle l'entendiſt : mais elle n'en fit iamais vn ſeul clin d'œil : ce que ie trouuay fort eſtrange, & preuy bien que ſi ie n'vſois de tres-grande force, à peine tirerois-ie iamais d'elle quelque bon remede pour mon malade : ce qui me fiſt reſoudre de luy dire du premier coup qu'en toute façon ie ne voulois point que Ligdamon ſe perdiſt. Et bien, ma ſœur, me dit-elle, puis que vous eſtes ſi pitoyable, gueriſſez-le. Ce n'eſt pas de moy, reſpondis-ie, dont ſa guariſon depend : mais ie vous aſſeure bien, ſi vous continuez enuers luy, comme vous auez fait par le paſſé, que ie vous en feray auoir du deplaiſir : car ie feray qu'Amaſis le ſçaura, & n'y aura vne ſeule de nos compagnes à qui ie ne le die. Vous ſeriez bien aſſez folle, repliqua-t'elle. N'en doutez nullement, reſpondis-ie, car pour concluſion i'aime Ligdamon, & ne veux point voir ſa perte tant que ie la pourray empeſcher. Vous dites fort bien, Leonide (me dit-elle alors en colere) ce ſont des offices que i'ay touſiours attendus de voſtre amitié. Mon amitié, luy reſpondis-ie, feroit toute telle enuers vous contre luy, s'il auoit le tort. En ce point nous demeuraſmes quelque temps ſans parler : en fin ie luy demanday quelle estoit sa resolution. Telle que vous voudrez, me dit-elle, pourueu que vous ne me fassiez point ce desplaisir de publier les folies de Ligdamon: car encor que ie n'en puisse estre taxée, il me fascheroit toutesfois qu'on les sçeust. Voyez, m'escriay-ie alors, quelle humeur est la vostre, Siluie, vous craignez que l'on sçache qu'vn homme vous ait aimée, & vous ne craignez pas de faire sçauoir que vous luy ayez donné la mort. Parce, respondit-elle, qu'on peut soupçonner le premier estre produit auec quelque consentement de mon costé, mais non point le dernier. Laissons cela, repliquay-ie, & vous resoluez, que ie veux que Ligdamon soit à l'aduenir traité d'autre sorte: & puis ie continuay qu'elle s'asseurast que ie ne permettrois point qu'il mourust, & que ie voulois qu'elle luy escriuist en façon, qu'il ne se desesperast plus: que quand il seroit guery, ie me contenterois qu'elle en vsast comme elle voudroit, pourueu qu'elle luy laissast la vie. I'eus de la peine a obtenir ceste grace d'elle, toutesfois ie la menaçois à tous coups de le dire : ainsi apres vn long débat, & l'auoir fait recommencer deux ou trois fois, en fin elle luy escriuit de ceste sorte :

I iij

RESPONSE DE SILVIE,

A LIGDAMON.

S'Il y quelque chose en vous qui me plaise, c'est moins vostre mort que toute autre : la recognoissance de vostre faute m'a satisfaite, & ne veux point d'autre vengeance de vostre temerité, que la peine que vous en aurez : Recognoissez-vous à l'aduenir, & me recognoissez. Adieu, & viuez.

Ie luy escriuis ces mots au bas de la lettre afin qu'il esperast mieux ayant vn si bon second.

BILLET DE LEONIDE A LIGDAMON, DANS LA responſe de Siluie.

Leonide a mis la plume en la main à ceste Nymphe : Amour le vouloit, vostre iustice l'y conuioit, son deuoir le luy commandoit : mais son opiniastreté auoit vne grande deffense. I uis que ceste faueur est la premiere que i'ay obtenuë pour vous, guerissez, & esperez.

Ces billets luy furent portez si à propos qu'ayant encor assez de force pour les lire, il vid le commandement que Siluie luy faisoit de viure, & parce que iusques alors il n'auoit voulu vser d'aucune sorte de remede, depuis, pour ne desobeir à ceste Nymphe, il se gouuerna de façon qu'en peu de temps il se porta mieux ; ou fut que sa maladie ayant fait tout son effort, estoit sur son déclin, ou que veritablement le contentement de l'ame soit vn bon remede pour les douleurs du corps: tant y a que depuis son mal alla tousiours diminuant. Mais cela esmeut si peu ceste cruelle beauté, qu'elle ne se changea iamais enuers luy, & quand il fust guery, la plus fauorable responce qu'il peust auoir, fut : Ie ne vous aime point, ie ne vous hay point aussi : contentez-vous, que de tous ceux qui me pratiquent, vous estes celuy qui me déplaist le moins. Que si luy, ou moy la recherchions de plus grande declaration, elle nous disoit des paroles si cruelles, qu'autre que son courage ne les pouuoit imaginer, ny autre affection les supporter, que celle de Ligdamon.

Mais pour ne tirer ce discours en longueur, Ligdamon l'aima, & seruit tousiours depuis sans nulle autre apperence d'espoir, que celle que ie vous ay ditte : iusques à ce que Clidaman fut esleu par la fortune pour la seruir alors certes il faillit bien à perdre toute resolution, &

I iiij

n'eust esté qu'il sçeust par moy qu'il n'estoit pas mieux traicté, ie ne sçay quel il fust deuenu. Toutesfois, encor que cela le consolast vn peu, la grandeur de son riual luy donnoit plus de ialousie. Il me souuient qu'vne fois il me fit vne telle responce, sur ce que ie luy disois, qu'il ne deuoit se monstrer tant en peine pour Clidaman. Belle Nymphe, me respondit-il, ie vous diray librement d'où mon soucy procede, & puis iugez si i'ay tort. Il y a desia si long-temps que i'espreuue Siluie ne pouuoir estre esmeuë, ny par fidelité d'affection, ny par extremité d'Amour, que c'est sans doute qu'elle ne peut estre blessée de ce costé-là. Toutesfois, comme i'ay appris du sage Adamas vostre oncle, toute personne est suiette à vne certaine force, dont elle ne peut esuiter l'attrait, quand vne fois elle en est touchée. Et quelle puis-ie penser, que puisse estre celle de ceste Belle, si ce n'est la grandeur, & la puissance? & ainsi si ie crains, c'est la fortune & non les merites de Clidaman; sa grandeur, & non point son affection. Mais certes en cela il auoit tort: car ny l'Amour de Ligdamon, ny la grandeur de Clidaman n'esmeurent iamais vne seule estincelle de bonne volonté en Siluie. Et ne croy point qu'Amour ne la garde pour exemple aux autres, la voulant punir de tant de desdains, par quelque moyen inaccoustumé. Or en ce mesme temps il aduint vn grand tesmoignage de sa beauté, ou pour le moins de la force qu'elle a à se faire aimer.

C'estoit le iour tant celebre, que tous les ans nous chommons le sixiesme de la Lune de Iuillet, & qu'Amasis a accoustumé de faire ce solennel sacrifice, tant à cause de la feste, que pour estre le iour de la natiuité de Galathée. Lors qu'estant desia bien auant au sacrifice, il arriua dans le Temple quantité de personnes vestuës de dueil: au milieu desquelles venoit vn Cheualier plein de tant de majesté entre les autres, qu'il estoit aisé à iuger qu'il estoit leur maistre. Il estoit si triste & melancolique, qu'il faisoit bien paroistre d'auoir quelque chose en l'ame qui l'affligeoit beaucoup. Son habit noir en façon de mante, luy trainoit iusques en terre, qui empeschoit de cognoistre la beauté de sa taille, mais le visage qu'il auoit découuert, & la teste nuë, dont le poil blond & crespé faisoit honte au Soleil, attiroient les yeux de chacun sur luy. Il vint au petit pas iusques où estoit Amasis, & apres auoir baisé sa robbe, il se retira, attendant que le sacrifice fut acheué, & par fortune bonne ou mauuaise pour luy, ie ne sçay, il se trouua vis à vis de Siluie. Estrange effect d'Amour! Il n'eust pas si tost ietté les yeux sur elle, qu'il la recogneust, bien qu'auparauant il ne l'eust iamais veuë: & pour en estre plus asseuré, le demāda à l'vn des siens qui nous cognoissoit toutes: sa responce fut suiuie d'vn profond souspir par cét estranger, & depuis, tant que les ceremonies durerent, il n'osta les yeux de dessus. En fin le sacrifice estant paracheué, Amasis s'en retourna en son Palais, où luy ayant donné audience, il luy parla deuant tous de ceste sorte:

Madame, encore que le dueil que vous voyez en mes habits soit beaucoup plus noir en mon amé, si ne peut-il égaler la cause que i'en ay. Et toutesfois, encores que ma perte soit extreme, ie ne pense pas estre le seul qui y ait perdu: car vous y estes particulierement amoindrie entre vos fidelles seruiteurs, d'vn qui, peut-estre, n'estoit point ny le moins affectionné, ny le plus inutile à vostre seruice. Ceste cõsideration m'auoit fait esperer de pouuoir obtenir de vous quelque vengeance de sa mort contre son homicide: mais dés que ie suis entré dans ce Temple i'en ay perdu toute esperance, iugeant que si le desir de vengeance mouroit en moy, qui suis le frere de l'offensé, à plus forte raison se perdroit-il en vous, Madame, en qui la compassion du Mort, & le seruice qu'il vous auoit voüé, en peuuent sans plus faire naistre quelque volonté. Toutesfois, parce que ie voy les armes de l'homicide de mon frere, preparées desia contre moy, non point pour fuïr telle mort, mais pour en aduertir les autres, ie vous diray le plus briefuement qu'il me sera possible, la fortune de celuy que ie regrette. Encore, Madame, que ie n'aye l'honneur d'eſtre cogneu de vous, ie m'aſſeure toutesfois qu'au nom de mon frere, qui n'a iamais veſcu qu'à voſtre ſeruice, vous me recognoiſtrez pour voſtre tres-humble ſeruiteur. Il s'appelloit Ariſtandre, & ſommes tous deux fils de ce grand Cleomir, qui pour voſtre ſeruice, viſita ſi ſouuent le Tybre, le Rhin, & le Danube; & d'autant que i'eſtoy le plus ieune, il peut y auoir neuf ans, qu'auſſi toſt qu'il me vid capable de porter les armes, il m'ennoya en l'armée de ce grand Meroüée, la delice des hommes, & le plus agreable Prince qui vint iamais en Gaule. De dire pourquoy mon pere m'enuoya pluſtoſt vers Meroüée, que vers Thierry le Roy des Viſigots, ou vers celuy des Bourguignons, il me ſeroit mal-aiſé: toutesfois i'ay opinion que ce fut, pour ne me faire ſeruir vn Prince ſi proche de vos Eſtats, que la fortune pourroit rendre voſtre ennemy. Tant y'a que la rencontre pour moy fut telle, que Childeric ſon fils, Prince belliqueux, & de grande eſperance, me voyant preſque de ſon aage, me voulut plus particulierement fauoriſer de ſon amitié que tout autre. Quand i'arriuay pres de luy, c'eſtoit ſur le poinct que ce grand & prudent Ætius traittoit vn accord auec Meroüée & ſes Francs (car tels nomme-t'il tous ceux qui le ſuiuent) pour reſiſter à ce fleau de Dieu Attila

Roy des Huns, qui ayant ramaſſé par les deſerts de l'Aſie, vn nombre incroyable de gens, iuſques à cinq cens mille combattans, deſcendit comme vn deluge, rauageant furieuſement tous les pays par où il paſſoit: & encore que cét Ætius, Lieutenant general en Gaule de Valentinian, fut venu en deliberation de faire la guerre à Meroüée, qui durant le gouuernement de Caſtinus, s'eſtoit ſaiſi d'vne partie de la Gaule ; ſi luy ſembla-t'il meilleur de ſe le rendre amy, & les Viſigots, & les Bourguignons auſſi, que d'eſtre défait par Attila, qui deſia ayant trauerſé la Germanie, eſtoit ſur les bords du Rhin, où il ne demeura pas long temps ſans s'auancer tellement en Gaule, qu'il aſſiegea la ville d'Orleans, d'où la ſuruenuë de Thierry Roy des Viſigots, luy fit leuer le ſiege, & prendre autre chemin. Mais atteint par Meroüée, & Ætius auec leurs confederez, aux champs Cathalauniques, il fut défait, plus par la vaillance des Francs, & la prudence de Meroüée, que de toute autre force. Depuis Ætius ayant eſté tué, peut-eſtre, par le commandement de ſon maiſtre, pour quelque mécontentement, Meroüée fut receu à Paris, Orleans, Sens, & aux villes voiſines, pour Seigneur & pour Roy : & tout ce peuple luy a depuis porté tant d'affection, que non ſeulement il veut eſtre à luy, mais ſe fait nommer du nom des Francs, pour luy eſtre plus agreable, & leur pays au lieu de Gaule prend le nom de France. Cependant que i'eſtois ainſi entre les armes des Francs, des Gaulois, des Romains, des Bourguignons, des Viſigots, & des Huns, mon frere eſtoit entre celles d'Amour. Armes d'autant plus offenſiues, qu'elles n'adreſſent toutes leurs playes qu'au cœur! ſon deſaſtre fut tel (ſi toutesfois à ceſte heure il m'eſt permis de le nommer ainſi) qu'eſtant nourry auec Clideman, il vid la belle Siluie : mais la voyant il vid ſa mort auſſi, n'ayant depuis veſcu que comme ſe trainant au cercueil! D'en dire la cauſe: ie ne ſçaurois: car eſtat auec Childeric, ie ne ſçeu autre choſe, ſinon que mon frere eſtoit à l'extremité. Encor que i'euſſe tous les contentemens qui ſe peuuent, comme eſtât bien venu de mon maiſtre, aimé de mes compagnons, chery & honoré generalement de tous, pour vne certaine bône opinion que l'on auoit conceuë de moy aux affaires qui s'eſtoient preſentées, qui, peut-eſtre, n'auoit plus rapporté entre eux d'authorité & de credit, que mon aage & ma capacité ne meritoient: ſi ne peus-ie, ſçachant la maladie de mon frere, m'arreſter plus long temps pres de Childeric; au contraire prenant congé de luy, & luy promettant de retourner bien toſt, ie m'en reuins auec la haſte que requeroit mon amitié: ſoudain que ie fus arriué chez luy, pluſieurs luy coururent dire que Guyemants estoit venu, car c'est ainsi que l'on m'appelle : son amitié luy donna assez de force pour se releuer sur le lict, & m'embrasser de la plus entiere affection que iamais vn frere serra l'autre entre ses bras.

Il ne seruiroit, Madame, que de vous ennuyer, & me reblesser encor plus viuement de vous raconter les choses que nostre amitié fit entre nous : tant y a que deux ou trois iours apres, mon frere fut reduit à telle extremité, qu'à peine auoit-il la force de respirer, & toutesfois ce cruel Amour s'adonnoit tousiours plustost aux souspirs, qu'à la necessité qu'il en auoit pour respirer, & parmy ses plus cuisans regrets, on n'oyoit que le nom de Siluie. Moy à qui le déplaisir de sa mort estoit si violét, que rien n'estoit assez fort pour me le faire dissimuler, ie voulois tant de mal à ceste Siluie incogneuë, que ie ne pouuois m'empescher de la maudire : ce que mon frere oyant, & son affection estant encore plus forte que son mal, il s'efforça de me parler ainsi : Mon frere, si vous ne voulez estre mon plus grád ennemy, cessez, ie vous prie, ces imprecations, qui ne peuuent que m'estre plus desagreables, que mon mal mesme. I'esliroy plustost de n'estre point, que si elles auoient effect, & estant inutiles, que profitez-vous, sinon de me témoigner cóbien vous haissez ce que i'aime ? Ie sçay bien que ma perte vous ennuye, & en cela ie ressens plus nostre separation que ma fin. Mais puis que tout hôme est nay pour mourir, pourquoy auec moy ne remerciez-vous le Ciel, qui m'a esleu la plus belle mort, & la plus belle meurtriere qu'autre ait iamais euë? L'extremité de mon affection, & l'extremité de la vertu de Siluie, sont les armes desquelles sa beauté s'est seruie, pour me mettre au cercueil, & pourquoy me plaignez-vous, & voulez-vous mal à celle à qui ie veux plus de bien qu'à mon ame? Ie croy qu'il en vouloit dire dauantage, mais la force luy manqua, & moy plus baigné de pleurs de pitié, que contre Attilla ie n'auois iamais esté mouillé de sueur sous mes armes, ny mes armes n'auoient esté teintes de sang sur moy; Ie luy respondis, mon frere, celle qui vous rauit aux vostres, est la plus iniuste qui fut iamais: Et si elle est belle, les Dieux mesmes ont vsé d'iniustice en elle, car ils luy deuoient changer le visage, ou le cœur. Alors Aristandre ayant repris dauantage de force, me repliqua: Pour Dieu, Guyemants, ne blasphemez plus de ceste sorte: & croyez que Siluie a le cœur si respondant au visage, que comme l'vn est plein de beauté, l'autre aussi l'est de vertu. Que si pour l'aimer ie meurs, ne vous en estonnez pas, pource que si l'œil ne peut sans éblouyssement soustenir les esclairs d'vn Soleil sans nuage, comment mon ame ne seroit-elle demeurée éblouye aux rayons de tant de Soleils qui esclairent en cefte belle? Que fi ie n'ay peu goufter tant de diuinitez fans mourir, que i'aye au-moins le contentement de celle qui mourut pour voir Iupiter en fa diuinité. Ie veux dire que comme fa mere rendit tefmoignage que nulle autre n'auoit iamais veu tant de diuinitez qu'elle, vous auoüyez auffi que nul n'aima iamais tant de beauté, ny tant de vertu que moy. Moy qui venois d'vn exercice qui me faifoit croire n'y auoir point d'Amour forcé, mais volontaire, auec lequel on s'alloit flattant en l'oifiueté, ie luy dis : Eft-il poffible qu'vne feule beauté foit la caufe de voftre mort? Mon frere, me refpondit-il, ie fuis en telle extremité, que ie ne penfe pas vous pouuoir fatisfaire, en ce que vous me demandez. Mais, continua-t'il, en me prenant la main, par l'amitié fraternelle, & par la noftre particuliere, qui nous lie encor plus, ie vous adiure de me promettre vn don. Ie le fis. Lors il cõtinua : Portez de ma part ce baifer à Siluie, & lors il me baifa la main, & obferuez ce que vous trouuerez de ma derniere volonté; & quand vous verrez cefte Nymphe, vous fçaurez ce que vous m'auez demandé. A ce mot, auec le foufle s'enuola fon ame, & fon corps me demeura froid entre les bras.

L'affliction que ie reffentis de cefte perte, comme elle ne peut eftre imaginée, que par celuy qui l'a faicte, auffi ne peut-elle eftre comprife que par le cœur qui l'a foufferte : & mal-
aifément

aisément paruiendra la parole, où la pensée ne peut atteindre: si bien que sans m'arrester dauantage à pleurer ce desastre, ie vous diray, Madame, qu'aussi tost que ma douleur me l'a voulu permettre, ie me suis mis en chemin, tant pour vous rendre l'hommage que ie vous doy, & vous demander iustice de la mort d'Aristandre, que pour obseruer la promesse que ie luy ay faicte enuers son homicide, & luy presenter ce que dans sa derniere volonté il a laissé par escrit, afin que ie me puisse dire aussi iuste obseruateur de ma parole, que son affection a esté inuiolable. Mais soudain que ie me suis presenté deuant vous, & que i'ay voulu ouurir la bouche pour accuser ceste meurtriere, i'ay recogneu si veritables les paroles de mon frere, que non seulement i'excuse sa mort, mais encore i'en desire, & requiers vne semblable. Ce sera donc, Madame, auec vostre permission, que ie paracheueray: & lors faisant vne grande reuerence à Amasis, il choisit entre nous Siluie, & mettant vn genouil en terre, il luy dit: Belle meurtriere, encor que sur ce beau sein il tombast vne larme de pitié à la nouuelle de la mort d'vne personne qui vous estoit tant acquise, vous ne laisseriez pas d'en auoir aussi entiere & honorable victoire: toutesfois si vous iugez qu'à tant de flames que vous auiez allumées en luy, si peu d'eau ne seroit pas grand allegement, receuez pour le

K

moins l'ardant baiser qu'il vous enuoye, ou plustost son ame changée en ce baiser, qu'il remet en ceste belle main; riche à la verité des depoüilles de plusieurs autres libertez, mais de nulle plus entiere que la sienne. A ce mot il luy baisa la main, & puis continua ainsi apres s'estre releué. Entre les papiers où Aristandre auoit mis sa derniere volōté, nous auons trouué cestuy-cy, & parce qu'il est cacheté de la façon que vous voyez, & qu'il s'adresse à vous, ie le vous apporte auec la protestation que par son testament il me commande de vous faire, auant que vous l'ouuriez. Que si vostre volonté n'est de luy accorder la requeste qu'il vous y fait, il vous supplie de ne la lire point, afin qu'en sa mort, comme en sa vie, il ne ressente les traits de vostre cruauté: lors il luy presenta vne lettre que Siluie troublée de cét accident eust refusée sans le commandemēt qu'Amasis luy en fin. Et puis Guyemants reprit la parole ainsi: I'ay iusques icy satisfait à la derniere volonté d'Aristandre, il reste que ie poursuiue sur son homicide sa cruelle mort: mais si autrefois l'offense m'auoit fait ce commandement, l'Amour à ceste heure m'ordonne, que ma plus belle vengeance soit le sacrifice de ma liberté, sur le mesme autel qui fume encores de celle de mon frere, qui m'estant rauie lors que ie ne respirois contre vous que sang & que mort, rendra témoignage que iustement tout œil qui vous void, vous doit son cœur pour tribut, & qu'iniustement tout homme vit, qui ne vit en vostre seruice. Siluie confuse vn peu de ceste rencontre, demeura assez long temps à respõ-dre : de sorte qu'Amasis prit le papier qu'elle auoit en la main, & ayant dit à Guyemants que Siluie luy feroit responfe, elle se tira à part auec quelques-vnes de nous, & rompant le cachet leut telles paroles:

LETTRE D'ARISTANDRE A SILVIE.

SI mon affection ne vous a peu rendre mon seruice agreable, ny mon seruice mon affection : que pour le moins, ou ceste affection vous rende ma mort pleine de pitié, ou ma mort vous asseure de la fidelité de mon affection : & que comme nul n'ayma iamais tant de perfections, que nul aussi n'ayma iamais auec tant de passion. Le dernier tesmoignage que ie vous en rendray, sera le don de ce que i'ay le plus cher apres vous, qui est mon frere : car ie sçay bien que ie vous le donne, puis que ie luy ordonne de vous voir, sçachant assez par experience qu'il est impossible que cela soit sans qu'il vous ayme. Ne vueillez pas, ma belle meurtriere, qu'il soit heritier de ma fortune, mais ouy bien de celle que t'eusse peu iustement

K ij

meriter enuers toute autre que vous. Celuy qui vous escrit, c'est vn seruiteur, qui pour auoir eu plus d'Amour qu'vn cœur n'estoit capable d'en conceuoir, voulut mourir plustost que d'en diminuer.

Amasis appellant alors Siluie, luy demanda de quelle si grande cruauté elle auoit peu vser contre Aristandre qui l'eut conduit à ceste extremité. La Nymphe rougissant luy respondit, qu'elle ne sçauoit dequoy il se pouuoit plaindre. Ie veux, luy dit-elle, que vous receuiez Guyemants en sa place: alors l'appellant deuant tous elle luy demanda s'il vouloit obseruer l'intention de son frere. Il respondit qu'ouy, pourueu qu'elle ne fust point contraire à son affection. Il prie ceste Nymphe, dit alors Amasis, de vous receuoir en sa place, & que vous ayez meilleure fortune que luy. De vous receuoir, ie le luy commande: pour la fortune dont il parle, ce n'est iamais la priere ny le commandement d'autruy, qui la peut faire, mais le propre merite, ou la fortune mesme. Guyemants apres auoir baisé la robbe à Amasis, en vint faire de mesme à la main de Siluie, en signe de seruitude: mais elle estoit si piquée contre luy, des reproches qu'il luy auoit faictes, & de la declaration de son affection, que sans le commandement d'Amasis, elle ne l'eust iamais permis.

LIVRE TROISIESME. 149

On commençoit à se retirer, quand Clidaman qui reuenoit de la chasse, fut aduerty de ce nouueau seruiteur de sa Maistresse: dequoy il fit ses plaintes si haut, qu'Amasis & Guyemants les ouyrent, parce qu'il ne sçauoit d'où cela procedoit, elle le luy declara: & à peine auoit-elle paracheué que Clidaman reprenant la parole, se plaignit qu'elle eust permis vne chose tant à son desaduantage, que c'estoit reuoquer ses ordonnãces, que le destin la luy auoit esleuë, que nul ne la luy sçauroit rauir sans la vie. Paroles qu'il proferoit auec affection & vehemence, parce qu'à bon escient il aimoit Siluie: mais Guyemants qui outre sa nouuelle Amour auoit si bõne opinion de soy-mesme, qu'il n'eust voulu ceder à personne du monde, respondit, addressant sa parole à Amasis: Madame, on veut que ie ne sois point seruiteur de la belle Siluie, ceux qui le requierent sçauent peu d'Amour, autrement ils ne penseroient pas que vostre ordonnance, ny celle de tous les Dieux ensemble, fust assez forte pour diuertir le cours d'vne affection: c'est pourquoy ie declare ouuertement, que si on me defend ce qui m'a desia esté permis, ie seray desobeïssant & rebelle, & n'y a deuoir ny consideration qui me fasse changer: & lors se tournant vers Clidaman: Ie sçay le respect que ie vous doy, mais ie ressens aussi le pouuoir qu'Amour a sur moy. Si le destin vous a donné à Siluie,

K iij

sa beauté est celle qui m'a acquis: iugez lequel de ces dons luy doit estre plus agreable. Clidaman vouloit respondre, quand Amasis luy dit: Mon fils vous auriez raison de vous plaindre, si on alteroit nos ordonnaces, mais on ne les interesse nullement: il vous a esté commãdé de seruir Siluie, & non pas defendu aux autres: les senteurs rendent plus d'odeur, estant esmeuës. Vn Amant aussi ayant vn riual, rend plus de tesmoignages de ses merites. Ainsi ordonna Amasis: & voila Siluie bien seruie: car Guyemants n'oublioit chose que son affection luy commandast, & Clidaman à l'enuy s'estudioit de paroistre encores plus soigneux. Mais sur tout Ligdamon la seruoit auec tant de discretion & de respect, que le plus souuent il ne l'osoit aborder, pour ne donner cognoissance aux autres de son affection : & à mon gré son seruice estoit bien autant aimable que de nul des autres: Mais certes vne fois il faillit de perdre patience. Il aduint qu'Amasis se trouua entre les mains vne égui le faicte en façon d'espée, dont Siluie auoit accoustumé de se releuer, & accommoder le poil, & voyant Clidaman assez pres d'elle, elle la luy donna pour la porter à sa Maistresse : mais il la garda tout le iour, afin de mettre Guyemants en peine. Il ne se doutoit point de Ligdamon:& voyez comme bien souuent on blesse l'vn pour l'autre, car le poison qui fut preparé pour Guyemants toucha tant au cœur à Ligdamon, que ne pouuant le dissimuler, afin de n'en donner cognoissance, il se retira en son logis, où apres auoir quelque temps enuenimé son mal par ses pensers, il prit la plume & m'escriuit tels vers:

MADRIGAL
SVR L'ESPEE DE SILVIE
entre les mains de Clidaman.

AMOVR *en trahison*
D'vne meurtriere espée,
Mais non pas sans raison,
   De mon bon-heur l'esperance a coupée:
Car ne pouuant payer,
Ma grande seruitude,
Par vn digne loyer,
   Qui l'excusast de son ingratitude,
   Il veut me traitter finement,
Plustost en soldat qu'en Amant.

ET AV BAS DE CES
vers il adiousta ces paroles:

IL faut aduoüer, belle Leonide, que Siluie fait comme le Soleil, qui iette indifferemment ses rayons sur les choses plus viles, aussi bien que sur les plus nobles.

K iiij

Luy-mésme m'apporta ce papier, & ne peus, quoy que ie m'y estudiasse, y rien entendre, ny tirer de luy autre chose, sinon que Siluie luy auoit donné vn grand coup d'espée, & me laissant s'en alla le plus perdu homme de la terre. Voyez comme Amour est artificieux blesseur, qui auec de si petites armes fait de si grands coups: Il me fascha de le voir en cét estat, & pour sçauoir s'il y auoit quelque chose de nouueau, i'allay trouuer Siluie: mais elle me iura qu'elle ne sçauoit que ce pouuoit estre ; en fin ayant demeuré quelque temps à re.ire ces vers, tout à coup elle porta la main à ses cheueux, & n'y trouuant plus son poinçon elle se mit à soufrire, & dit que son poinçon estoit perdu, que quelqu'vn l'auoit trouué, & qu'il falloit que Ligdamon le luy eust recogneu. A peine m'auoit-elle dit cela que Clidaman entra dans la sale auec ceste meurtriere espée en la main. Ie la suppliay de ne la luy laisser plus. Ie verray, dit-elle, sa discretion, puis i'vseray du pouuoir que ie dois auoir sur luy. Elle ne faillit pas à son dessein : car d'abord elle luy dit : Voila vne espée qui est à moy. Il respondit : Aussi est bien celuy qui la porte. Ie la veux auoir, dit-elle. Ie voudrois, respondit-il, que vous voulussiez de mesme tout ce qui est à vous. Ne me la voulez-vous pas rendre? dit la Nymphe. Comment, repliqua-t'il, pourrois-ie vouloir quelque chose, puis que ie n'ay point de volonté? Et luy dit-elle, qu'auez-vous fait de celle que vous auiez? Vous me l'auez rauïe, dit-il, & à ceste heure elle est changée en la vostre. Puis donc, continua-t'elle, que vostre volonté n'est que la mienne, vous me rendrez ce poinçon, parce que ie le veux. Puis, dit-il, que ie veux cela mesme que vous voulez, & que vous voulez auoir ce poinçon, il faut par necessité que ie le vueille auoir aussi. Siluie souffrit vn peu: mais enfin dit-elle, ie veux que vous me le donniez. Et moy aussi, dit-il, ie veux que vous me le donniez. Alors la Nymphe estendit la main & le prit. Ie ne vous refuseray iamais, dit-il, quoy que vous vueillez m'oster, & fut-ce le cœur encores vne fois. Ainsi Siluie receut son espée, & i'escriuis ce billet à Ligdamon.

BILLET DE LEONIDE, à Ligdamon.

LE bien, que sans le sçauoir on auoit fait à vostre riual, le sçachant luy a esté rauy: iugez en quel terme sont ses affaires, puis que les faueurs qu'il a procedent d'ignorance: & les desfaueurs de deliberation.

Ainsi Ligdamon fust guery, non pas de la

mesme main: mais du mesme fer qui l'auoit blessé. Cependant l'affection de Guyements vint à telle extremité, que peut-estre ne deuoit-elle rien à celle d'Aristandre: d'autre costé Clidaman, sous la couuerture de la courtoisie auoit laissé couler en son ame vne tres-ardante & tres-veritable Amour. Apres auoir entre eux plusieurs fois essayé à l'enuy, qui seroit plus agreable à Siluie, & cogneu qu'elle les fauorisoit & defauorisoit esgalement: Ils se resolurent vn iour, parce que d'ailleurs ils s'entre-aimoyent fort, de sçauoir qui des deux estoit le plus aimé, & vindrent pour cét effet à Siluie, de laquelle ils eurent de si froides responses qu'ils n'y peurent asseoir de iugement. Alors par le conseil d'vn Druyde, qui peut-estre se faschoit de voir deux telles personnes perdre si inutilement le temps, qu'ils pouuoient bien mieux employer pour la deffense des Gaules, que tant de Barbares alloient inondant: ils vindrent à la fontaine de la verité d'Amour. Vous sçauez quelle est la proprieté de ceste eau, & comme elle declare par force les pensées plus secrettes des Amants: car celuy qui y regarde dedans y voit sa maistresse, & s'il est aimé il se voit aupres, & si elle en aime quelque autre, c'est la figure de celuy-là qui s'y voit. Or Clidaman fut le premier qui s'y presenta, il mit le genoüil en terre, baisa le bord de la fontaine, & apres auoir supplié le Demon du lieu de luy

LIVRE TROISIESME. 155

estre plus fauorable qu'à Damon, il se panche vn peu en dedans: incontinent Siluie s'y presente si belle & admirable, que l'Amant transporté se baissa pour luy baiser la main: mais son contentement fut bien changé quand il ne vid personne pres d'elle. Il se retira fort troublé, apres y auoir demeuré quelque temps, & sans en vouloir dire autre chose, fist signe à Guyemants, qu'il y esprouuast sa fortune. Luy auec toutes les ceremonies requises, ayant faict sa requeste, ietta l'œil sur la fontaine: mais il fust traitté comme Clidaman; parce que Siluie seule se presenta bruslant presque auec ses beaux yeux, l'onde qui sembloit rire autour d'elle. Tous deux estonnez de ceste rencontre, en demanderent la cause à ce Druyde, qui estoit tres-grand magicien. Il respondit que c'estoit d'autant que Siluie n'aimoit encore personne, comme n'estant point capable de pouuoir estre bruslée, mais de brusler seulement. Eux qui ne se pouuoient croire tant défauorisez, parce qu'ils s'y estoient presentez separez, y retournerent tous deux ensemble: & quoy que l'vn & l'autre se panchast de diuers costez: si est-ce que la Nymphe y parut seule. Le Druyde en sousriant les vint retirer, leur disant qu'ils creussent pour certain n'estre point aimez, & que se pancher d'vn costé & d'autre ne pouuoit representer leur figure dans ceste eau: car il faut, disoit-il,

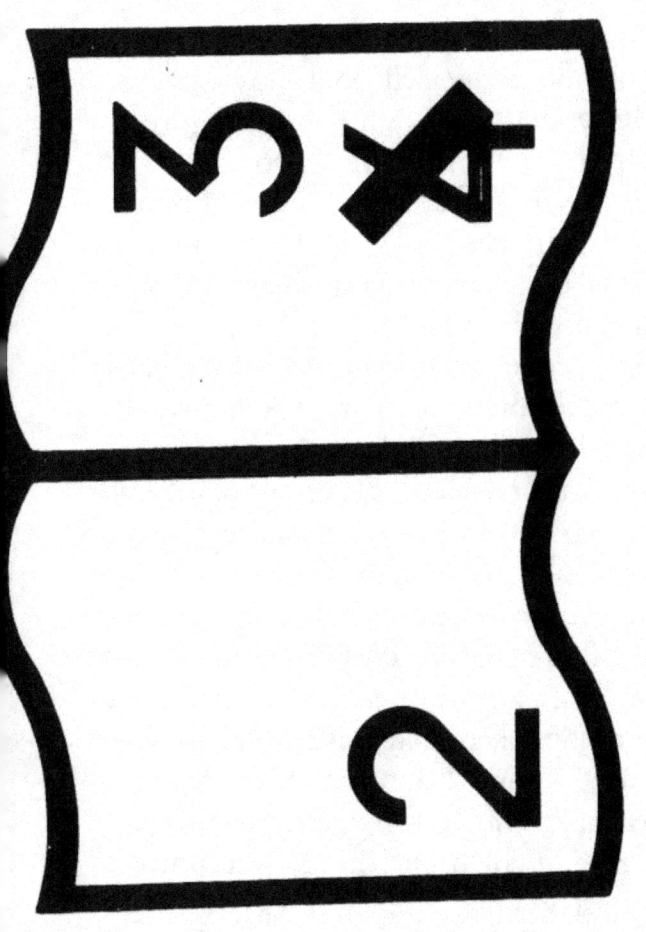

Pagination incorrecte — date incorrecte

NF Z 43-120-12

que vous sçachiez que tout ainsi que les autres eaux representent les corps qui luy sont deuant, celle-cy represente les esprits.

Or l'esprit qui n'est que la volonté, la memoire & le iugement, lors qu'il aime, se transforme en la chose aimée : & c'est pourquoy lors que " vous vous presentez icy, elle reçoit la figure de " vostre esprit, & non pas de vostre corps : & " vostre esprit estant changé en Siluie, il repre-" sente Siluie, non pas vous. Que si Siluie vous " aimoit, elle seroit changée aussi bien en vous, que vous en elle : & ainsi representant vostre esprit vous verriez Siluie, & voyât Siluie changée, comme ie vous ay dit, par cét Amour, vous vous y verriez aussi. Clidaman estoit demeuré fort attentif à ce discours, & considerant que la conclusion estoit vne asseurance de ce qu'il craignoit le plus, de colere mettant l'espée à la main, en frappa deux ou trois coups de toute sa force sur le marbre de la fontaine, mais son espée ayant au commencement resisté, en fin se rompit par le milieu, sans laisser presque marque de ses coups : & parce qu'il estoit resolu en toute façon de rompre la pierre, imitant en cela le chien en colere, qui mord le caillou que l'on luy a ietté ; le Druyde luy fit entendre qu'il se trauailloit en vain, d'autant que cét enchantement ne pouuoit prendre fin par force : mais par extremité d'Amour : que toutesfois s'il vouloit le rendre inutile, il en

LIVRE TROISIESME. 159

sçauoit le moyen. Clidaman nourrissoit pour rareté dans de grandes cages de fer deux Lions & deux Lycornes, qu'il faisoit bien souuent combattre contre diuerses sortes d'animaux. Or ce Druyde les luy demanda pour gardes de ceste fontaine, & les enchanta de sorte, qu'encor qu'ils fussent mis en liberté, ils ne pouuoient abandonner l'entrée de la grotte, sinon quand ils alloient chercher à viure: car en ce temps-là, il n'y en demeuroit que deux, & depuis ils n'ont fait mal à personne qu'à ceux qui ont voulu essayer la fontaine: mais ils assaillent ceux-là auec tant de furie, qu'il n'y a point d'apparence que l'on s'y hazarde: car les Lions sont si grands & affreux, ont les ongles si longs & si tranchans, sont si legers & adroits, & si animez à ceste deffense qu'ils font des effets incroyables. D'autre costé les Lycornes ont la corne si pointuë & si forte, qu'elles perceroient vn rocher, & hurtent auec tant de force & de vitesse, qu'il n'y a personne qui les puisse euiter. Aussi tost que ceste garde fut ainsi disposée, Clidaman & Guyemants partirent si secrettement, qu'Amasis ny Siluie n'en sçeurent rien qu'ils ne fussent desja bien loing. Ils allerent trouuer Meroüée & Childeric: car on nous a dit depuis que se voyans égallement traitez de l'Amour, ils voulurent essayer si les armes leur seroient égalemet fauorables. Ainsi, gentil Berger, nous auons perdu la commodité de ceste fontaine qui découuroit si bien les cachettes des penses trompeuses, que si tous eussent esté comme Ligdamon, ils ne nous l'eussent pas fait perdre : car lors que ie sçeus que Clidaman & Guyemants s'y en alloient, ie luy conseillay d'estre le tiers, m'asseurant qu'il seroit le plus favorisé : mais il me fit vne telle responce. Belle Leonide, ie conseilleray tousiours à ceux qui sont en doute de leur bien ou de leur mal, qu'ils hazardent quelquesfois d'en sçauoir la verité : mais ne seroit-ce folie à celuy qui n'a iamais peu conceuoir aucune esperance de ce qu'il desire, de rechercher vne plus seure cognoissance de son astre ? Quant à moy ie ne suis point en doute si la belle Siluie m'aime, ou non, ie n'en suis que trop asseuré ; & quand ie voudray en sçauoir dauantage, ie ne le demanderay iamais qu'à ses yeux & à ses actions. Depuis ce temps-là son affection est allé croissant, tout ainsi que le feu où l'on met du bois : car c'est le propre de la practique, de rendre ce qui plaist plus agreable, & ce qui ennuye plus ennuyeux : Et Dieu sçait comme ceste cruelle l'a tousiours traicté. Le moment est à venir auquel elle l'a iamais voulu voir sans desdain ou cruauté ; & ne sçay quant à moy, comme vn homme genereux ait eu tant de patience, puis qu'en verité les offenses qu'elle luy a faites, tiennent pluftost de l'outrage que de la rigueur.

Vn iour qu'il la rencontra qu'elle s'alloit

promener seule auec moy, parce qu'il a la voix fort agreable, & que ie le priay de chanter, il dit tels vers:

CHANSON

SVR VN DESIR.

Qvel est ce mal qui me trauaille,
Et ne veut me donner loisir
De trouuer remede qui vaille?
Helas! c'est vn ardent desir,
Qui comme vn feu tousiours aspire
Au lieu plus haut & mal-aisé:
Car le bien que plus ie desire,
C'est celuy qui m'est refusé.

Ce desir eust dés sa naissance,
Et pour sa mere, & pour sa sœur,
Vne temeraire esperance,
Qui presque le fist possesseur:
Mais comme le cœur d'vne femme,
N'est pas en Amour arresté,
Le desir me demeure en l'ame,
Bien que l'espoir m'en soit osté.

Mais si l'esperance est esteinte,
Pourquoy Desir t'efforces-tu
De faire vne plus grande atteinte?

C'est que tu nays de la vertu,
Et comme elle est tousiours plus forte,
Et sans faueurs & sans appas,
Quoy que l'esperance soit morte,
Desir pourtant tu ne meurs pas.

Il n'eust point si tost acheué, que Siluie reprit ainsi. Hé! dites-moy, Ligdamon, puis que ie ne suis pas cause de vostre mal, pourquoy vous en prenez-vous à moy? C'est vostre desir que vous deuez accuser: car c'est luy qui vous trauaille vainement. Le passionné Ligdamon respondit: Le desir est celuy certes qui me tourmente: mais ce n'est pas luy qui en doit estre blasmé, c'est ce qui le fait naistre, ce sont les vertus & les perfections de Siluie. Si les desirs, repliqua-t'elle, ne sont desreiglez, ils ne tourmentent point, & s'ils sont desreglez, & qu'ils transportent au delà de la raison, ils doiuent naistre d'autre obiet que de la vertu, & ne sont point vrais enfans d'vn tel pere, puis qu'ils ne luy ressemblent point. Iusques icy, respondit Ligdamon, ie n'ay point ouy dire que l'on desaduoüast vn enfant pour ne ressembler à son pere: & toutesfois les extremes desirs ne sont point contre la raison: car n'est-il pas raisonnable de desirer toutes choses bonnes, selon le degré de leur bonté? & par ainsi vne extréme beauté sera raisonnablement aymée en extremité: que s'il les faut en quelque chose

chose blasmer, on ne sçauroit dire qu'ils soient contre raison: mais outre la raison. Cela suffit, repliqua ceste cruelle, ie ne suis point plus raisonnable que la raison: C'est pourquoy ie ne veux aduoüer pour mien ce qui l'outrepasse. A ce mot, pour ne luy laisser le moyen de luy respondre, elle alla rencontrer quelques-vnes de ses compagnes qui nous auoient suiuies.

Vne fois qu'Amasis reuenoit de ce petit lieu de Mont-brison, où la beauté des iardins, & la solitude l'auoient plus long-temps arrestée qu'elle ne pensoit, la nuit la surprit en reuenant à Marcilly. Et parce que le soir estoit assez fraiz, ie luy allois demandant par les chemins, expressement pour le faire parler deuant sa Maistresse, s'il ne sentoit point la fraicheur & l'humidité du serain. A quoy il me respondit qu'il y auoit long-temps que le froid, ny le chaud exterieur ne luy pouuoit guere faire de mal, & luy demandant pourquoy, & quelle estoit sa recepte. A l'vn, me respondit-il, i'oppose mes desirs ardans, & à l'autre mon espoir gelé. Si cela est, luy repliquay-ie soudain d'où viens que ie vous oys si souuent dire que vous bruslez, & d'autresfois que vous gelez? Ah! me respondit-il, auec vn grand souspir, courtoise Nymphe, le mal dont ie me plains ne me tourmente pas par dehors, c'est au dedans, & encores si profondement que ie n'ay cachette en l'ame si reculée, ou ie n'en ressente la douleur:

L

Car il faut que vous sçachiez, qu'en tout autre, le feu & le froid sont incompatibles ensemble : mais moy i'ay dans le cœur continuellement le feu allumé & la froide glace, & en ressens sans soulagement la seule incommodité.

Siluie ne tarda plus longuement à luy faire ressentir ses cruautez accoustumées, que iusqu'à la fin de ceste parole : Encores crois-ie qu'elle ne luy donna pas mesme du tout le loisir de la proferer, tant elle auoit d'enuie de luy faire esprouuer ses pointures, veu que se tournant vers moy, comme souffrant, elle dit en panchant desdaigneusement la teste de son costé : O que Ligdamon est heureux, d'auoir & le chaud, & le froid quand il veut ! Pour le moins il n'a pas dequoy se plaindre, ny de ressentir beaucoup d'incommodité, car si la froideur de son espoir le gele, qu'il se reschauffe en l'ardeur de ses desirs : que si ses desirs trop ardents le bruslent, qu'il se refroidisse aux glaçons de ses espoirs. Il est bien necessaire, belle Siluie, respondit Ligdamon, que i'vse de ce remede pour me maintenir, autrement il y a long-temps que ie ne serois plus, mais c'est bien peu de soulagement à vn si grand feu. Tant s'en faut, la cognoissance de ces choses m'est vne nouuelle blessure qui m'offence, d'autant plus qu'en la grandeur de mes desirs, ie cognoy leur impuissance, & en leur impuissance leur grandeur. Vous figurerez, repliqua la Nymphe, vostre mal tel que vous voudrez, si ne croiray-ie iamais que le froid, estant si pres du chaud, & le chaud si pres du froid, l'vn ny l'autre permette à son voisin d'offenser beaucoup. A la verité, respondit Ligdamon, me faire brusler & geler en mesme temps n'est pas vne des moindres merueilles qui procedent de vous: mais celle-cy est bien plus grande, que c'est de vostre glace que procede ma chaleur, & de ma chaleur vostre glace. Mais il est encor plus merueilleux de voir qu'vn homme puisse auoir de semblables imaginations, adiousta la Nymphe: car elles conçoiuent des choses tant impossibles, que celuy qui les croiroit, pourroit estre autant taxé de peu de iugement, que vous en les disant de peu de verité. I'aduoüe, respondit-il, que mes imaginations conçoiuent des choses du tout impossibles: mais cela procede de mon trop d'affection & de vostre trop de cruauté: & comme cela n'est vn de vos moindres effects, aussi ce que vous me reprochez n'est vn de mes moindres tourmens. Ie croy, adiousta t'elle, que vos tourmens & mes effects sont en leur plus grande force en vos discours. Mal-aisément, respondit Ligdamon, peurroit-on bien dire ce qui ne se peut bien ressentir. Mal-aisément, repliqua la Nymphe, peuuent auoir cognoissance les sentimens des vaines idées d'vne malade imagination. Si la

L ij

verité, adiousta Ligdamon, n'accompagnoit ceste imagination, à peine aurois-ie tant de besoing de vostre compassion. Les hommes, respondit la Nymphe, font leurs trophées de nostre honte. Ne fissiez-vous point mieux respondit-il, les vostres de nostre perte. Ie ne vis iamais, repliqua Siluie, des personnes tant perduës qui se trouuassent si bien que vous faites tous.

Plus ie vous raconte des cruautez de ceste Nymphe & des patiences de Ligdamon, & plus il m'en reuient en la memoire. Quand Clidaman s'en fust allé, comme ie vous ay dit, Amasis voulut luy enuoyer apres, la pluspart des ieunes Cheualiers de ceste contrée, sous la charge de Lindamor, afin qu'il fut tenu de Meroüée pour tel qu'il estoit. Entre autres Ligdamon cóme tres-gentil Cheualier, n'y fut point oublié: mais ceste cruelle ne voulut iamais luy dire adieu, feignant de se trouuer mal: luy toutesfois qui ne s'en vouloit point aller sans qu'elle le sçeust en quelque sorte, m'escriuit tels vers:

SVR VN DEPART.

Amour pourquoy, puis que tu veux
Que ie brusle de tant de feux,
Faut-il que i'esloigne Madame?

LIVRE TROISIESME. 165

Ie luy respondis:

Pour faire en elle quelque effait.
Ne sçais-tu qu'en la cendre naist
Le Phœnix qui meurt en la flame?

Il eust esté trop heureux de ceste response: mais ceste cruelle m'ayant trouué que i'escriuois, & ne voulant ny luy faire du bien, ny permettre qu'autre luy en fist, me rauit la plume à toute force de la main, me disant que les flateries que ie faisois a Ligdamon, estoient cause de la continuation de ses folies, & qu'il auoit plus à se plaindre de moy que d'elle. Pour la fin elle luy escriuit.

RESPONSE DE SILVIE.

LE Phœnix de la cendre sort,
Parce qu'en la flame il est mort.
L'absence en l'Amour est mortelle,
Si la presence n'a rien peu,
Iamais par le froid n'est rompu
Le glaçon qu'vn feu ne degelle.

Vous pouuez penser auec quel contentement il partit. Il fut fort à propos pour luy d'auoir accoustumé de longue main semblables coups, &

L iij

qu'il se ressouuint, que les défaueurs qui partent de celles que l'on sert, doiuent le plus souuent tenir lieu de faueurs. Et me souuient que sur ce discours, il se disoit le plus heureux Amant du monde : puis que les ordinaires défaueurs qu'il receuoit de Siluie, ne pouuoient le remettre en doute, qu'elle n'eust beaucoup de memoire de luy, & qu'elle ne le recogneust pour son seruiteur, & que puis qu'elle ne traittoit point de ceste sorte auec les autres, qui ne luy estoient point particulierement affectionnez, il falloit croire que ceste monnoye estoit celle dont elle payoit ceux qui estoient à elle, & que telle quelle estoit, il la falloit cherir, puis qu'elle auoit ceste marque : & sur ce sujet il m'enuoya ces vers deuant que partir :

SONNET.

ELLE le veut ainsi ceste beauté supréme,
Que ce soit l'impossible et non ce que ie puis,
Qui luy fasse l'essay de ce que ie luy suis ?
Et bien, elle le veut, & ie le veux de mesme.

Enfin elle verra que mon amour extréme,
En la source ressemble à la source du puis,
Car plus elle voudra m'espuiser mes ennuis,
Et plus elle verra qu'infiniment ie l'aime.

La source qui produit ma belle affection,
Est celle-là sans plus de sa perfection,

Eternelle en effect, comme elle est eternelle:
Dont essais rigoureux de mon cruel destin,
Puisez incessamment ; mon amour est sans fin,
Et plus vous puiserez, plus elle sera belle.

Leonide eut continué son discours, n'eust esté que de loing elle vid venir Galathée, qui apres auoir demeuré longuement seule, & ne pouuāt plus long-temps se priuer de la veuë du Berger, s'estoit habillée le mieux à son aduantage que son miroüer luy auoit sçeu conseiller, & s'en venoit sans autre compagnie que du petit Meril. Elle estoit belle & bien digne d'estre aimée d'vn cœur qui n'eust point eu d'autre affection. En ce mesme temps, pour la cōfusion que l'eau auoit mise en l'estomach de Celadon, il se trouua fort mal: De sorte qu'à l'abord de la Nymphe, ils furent contraints de se retirer, & le Berger peu apres se mist au lict, où il demeura plusieurs iours tombant & se releuant de ce mal, sans pouuoir estre ny bien malade, ny bien guery.

L iiij

LE QVATRIESME LIVRE DE LA PREMIERE PARTIE D'ASTREE.

GALATHEE, qui eſtoit atteinte à bon eſcient, tant que la maladie de Celadon dura, ne bougea preſque d'ordinaire d'auprés de ſon lict, & quand elle eſtoit contrainte de s'en éloigner, pour repoſer, ou pour quelqu'autre affaire, elle y laiſſoit le plus ſouuent Leonide, à qui elle auoit donné charge de ne perdre vne ſeule occaſion de faire entendre au Berger ſa bonne volonté, croyant que par ce moyen elle luy feroit en fin eſperer ce que ſa condition luy defendoit. Et certes Leonide ne la trompoit nullement: car encore qu'elle euſt bien voulu que Lindamor euſt eſté ſatisfait, toutesfois elle qui attendoit tout ſon auancement de Galathée, n'auoit nul plus grand deſſein que de luy complaire. Mais Amour, qui ſe ioüe

ordinairement de la prudence des Amans, &
se plaist à conduire ses effects au rebours de
leurs intentions, rendit par la conuersation du
Berger, Leonide plus necessiteuse d'vn qui
parlast pour elle, qu'autre qui fust en la trou-
pe: car l'ordinaire veuë de ce Berger, qui n'a-
uoit faute de nulle de ces choses qui peuuent
faire aimer, luy fit recognoistre que la beauté a
,, de trop secrettes intelligéces auec nostre ame,
,, pour la laisser si librement approcher de ses
,, puissances, sans soupçon de trahison. Le Berger s'en apperceut assez tost, mais l'affection
qu'il portoit à Astrée, encore qu'outragé si indignement, ne vouloit luy permettre de souffrir ceste amitié naissante auec patience. Cela
fut cause qu'il se resolut de prendre congé de
Galathée, dés qu'il commenceroit de se trouuer vn peu moins mal: mais aussi tost qu'il
luy en ouurit la bouche: Comment, luy dit-
elle, Celadon, receuez-vous vn si mauuais traittement de moy, que vous vüeillez partir de
ceans deuant qu'estre bien guery? Et lors qu'il
luy respondit, que c'estoit de crainte de l'incommoder, & qu'aussi pour ses affaires, il estoit
contraint de retourner en son hameau, asseurer ses parens & ses amis de sa santé: Elle l'interrompit, disant: Non Celadon, n'entrez
point en doute que ie sois incommodée, pourueu que ie vous voye accommodé? & quant à
vos affaires, & à vos amis, sans moy, de qui il

LIVRE QVATRIESME. 171

semble que la compagnie vous déplaise si fort, vous ne seriez pas en ceste peine, puis que desia vous ne seriez plus. Et me semble que la plus grande affaire que vous ayez, c'est de satisfaire a l'obligation que vous m'auez; & que l'ingratitude ne sera pas petite, qui me refusera quelques momens de ceste vie que vous tenez toute de moy. Et puis il ne faut plus desormais que vous tourniez les yeux sur chose si basse que vostre vie passée: il faut que vous laissiez vos hameaux & vos troupeaux, pour ceux qui n'ont pas les merites que vous auez, & qu'à l'aduenir vous leuiez les yeux à moy, qui puis, & veux faire pour vous, si vos actions ne m'en ostent la volonté. Quoy que le Berger fist semblant de n'entendre ce discours, si le comprint-il aisément, & dés lors il éuita le plus qu'il luy fut possible, de parler à elle particulierement. Mais le déplaisir que ceste vie luy rapportoit, estoit tel, que perdant presque patience, vn iour que Leonide l'oyant souspirer, luy en demanda l'occasion, puis qu'il estoit en lieu où l'on ne desiroit rien que son contentement. Il luy respondit; Belle Nymphe, entre tous les plus miserables, ie me puis dire le plus rigoureusement traitté de la fortune: car pour le moins ceux qui ont du mal, ont aussi permission de s'en douloir, & ont ce soulagement d'estre plaints, mais moy ie ne l'ose faire, d'autant

Pagination incorrecte — date incorrecte

NF Z 43-120-12

que mon mal-heur vient couuert du masque de son contraire: & cela est cause qu'au lieu d'estre plaint, ie suis plustost blasmé pour homme de peu de iugement: que si vous & Galathée sçauiez quels sont les amers absinthes dont ie suis nourry en ce lieu, heureux à la verité pour tout autre que pour moy, ie m'asseure que vous auriez pitié de ma vie. Et que faut-il, dit-elle, pour vous soulager? Pour ceste heure, luy dit-il, il ne me faut que la permission de m'en aller. Voulez-vous, repliqua la Nymphe, que i'en parle à Galathée? Ie vous en requiers, respondit-il, par tout ce que vous aymez le plus. Ce sera donc par vous, dit la Nymphe, en rougissant: & sans tourner la teste vers luy, elle sortit de la chambre pour aller où estoit Galathée, qu'elle trouua toute seule dans le iardin, & qui desia commençoit de soupçonner qu'il y eust de l'Amour du costé de Leonide, luy semblant qu'elle n'auançoit rien en la charge qu'elle luy auoit donnée, quoy qu'elle ne bougeast presque de tout le iour d'auprès de luy, parce que sçachant combien les armes de la beauté du Berger estoient trenchantes, elle iugeoit bien qu'il en pouuoit blesser aussi bien deux, comme vne: toutesfois estant contrainte de passer par ses mains, elle taschoit de se détromper le plus qui luy estoit possible. Et ainsi continuoit tousiours enuers la Nymphe, le mesme visage qu'elle auoit accoustumé, & lors qu'elle la vid venir à elle, elle s'auança pour s'enquerir comme se portoit le Berger: & ayant sçeu qu'il estoit au mesme estat qu'elle l'auoit laissé, elle se remit au promenoir: & apres auoir fait quelques pas sans parler, elle se tourna vers la Nymphe, & luy dit: Mais, dites-moy, Leonide, fut-il iamais vn homme plus insensible que Celadon, puis que ny mes actions, ny vos persuasions ne luy peuuent donner ressentiment de ce qu'il me doit rendre? Quant à moy, respondit Leonide, ie l'accuse plustost de peu d'esprit, & de faute de courage, que non point de ressentiment, car i'ay opinion qu'il n'a pas le iugement de recognoistre à quoy tendent vos actions: que s'il recognoist mes paroles, il n'a pas le courage de pretendre si haut: & ainsi autant que l'Aymant de vos perfections, & de vos faueurs, le peut éleuer à vous, autant la pesanteur de son peu de merite, & de sa condition, le rabaisse: mais il ne faut point trouuer cela estrange, puisque les pommiers portent des pommes, & les chesnes des glands : car chaque chose produit son naturel. Aussi que pouuez-vous esperer que produise le courage d'vn villageois, que des desseins d'vne ame vile & rabaissée? Ie croy bien, respondit Galathée, que la grande difference de nos conditions luy pouuoit donner beaucoup de respect: mais ie ne puis penser s'il recognoist ceste dif-

ference, qu'il n'ait assez d'esprit, pour iuger à quelle fin ie le traitte auec tant de douceurs, si ce n'est qu'il soit desia tant engagé enuers ceste Astrée, qu'il ne s'en puisse plus retirer. Asseurez-vous, Madame, repliqua Leonide, que ce n'est point respect, mais sottise, qui le rend ainsi mécognoissant : car ie veux bien aduoüer, comme vous sçauez, qu'asseurément il est vray qu'il aime Astrée, mais s'il auoit du iugement, ne la mépriseroit-il pas pour vous, qui meritez sans comparaison beaucoup dauantage? & toutesfois, il est si mal aduisé, qu'à tous les coups que ie luy parle de vous, il ne me répond qu'auec les regrets de l'esloignement de son Astrée qu'il represente auec tant de déplaisirs, que l'on iugeroit que le seiour qu'il fait ceans luy est infiniment ennuyeux. Et ce matin mesme l'oyant souspirer, ie luy en ay demandé la cause, il m'a fait des responses qui émouueroient des pierres à pitié ; & enfin la conclusion a esté, que ie vous requisse qu'il s'en peust aller. Ouy ? repliqua Galathée, rouge de colere, & ne pouuant dissimuler sa ialousie, confessez verité, Leonide, il vous a émeuë ? Il est vray, Madame, il m'a émeuë de pitié, & me semble, puis qu'il a tant d'enuie de s'en aller, que vous ne deuez point le retenir par force : car l'Amour n'entre iamais dans vn ,,cœur à coups de foüets. Ie n'entends pas, re-
,,pliqua Galathée, qu'il vous ait émeuë de pitié,

mais n'en parlons plus, peut-estre quand il sera bien sain, ressentira-t'il aussi tost les effects du dépit qu'il a fait naistre en moy, que ceux de l'Amour qu'il a produits en vous : cependant pour parler franchement, qu'il se resolue de ne partir point d'icy à sa volonté, mais à la mienne. Leonide voulut respondre : mais la Nymphe l'interrompit. Or sus, Leonide, luy dit-elle, c'est assez, contentez-vous, que ie n'en dis pas dauantage, allez seulement, ma resolution est celle-là. Ainsi Leonide fut contrainte de se taire, & de s'en aller, ressentant de telle sorte ceste iniure, qu'elle resolut dés lors de se retirer chez Adamas, son oncle, & ne receuoir iamais plus le soucy des secrets de Galathée, qui en mesme temps appella Siluie qui se promenoit en vne autre allée, toute seule, à qui contre son dessein, elle ne peut s'empescher, en se plaignant de Leonide, de faire sçauoir ce que iusques alors elle luy auoit caché : mais Siluie, encore que ieune, toutesfois pleine de beaucoup de iugement, pour r'accommoder toutes choses, tascha d'excuser Leonide au mieux qu'il luy fut possible, iugeant bien que si sa compagne se dépitoit, & que ces choses vinssent à estre sceuës, elles ne pourroiét que rapporter beaucoup de honte à sa Maistresse. Et c'est pourquoy elle luy dit apres plusieurs autres propos : Vous sçauez bien, Madame, que iamais vous ne m'auez rien découuert de cét affaire, & toutesfois ie vous en diray de telles particularitez, que vous ne m'en iugerez pas tant ignorante, comme ie le vous ay fait paroistre, mais mon humeur n'est pas de m'entremettre aux choses où ie ne suis point appellée. Il y a desia quelque temps que voyant ma compagne si assidue auprés de Celadon, ie soupçonnois que l'Amour en fust cause, & non pas la compassion de son mal, & parce que c'est chose qui nous touche à toutes, ie me resolus auant que de luy en parler, d'en estre bien asseurée, & dés lors i'espiay ses actiós de plus pres que de coustume, & fis tant qu'auant hier ie me mis en la ruelle du lict du Berger, cependant qu'il dormoit, & peu aprés Leonide entra, qui en poussant la porte, l'éueilla sans y penser : & apres plusieurs discours communs, elle vint à parler de l'amitié qu'il auoit portée à la Bergere Astrée, & Astrée à luy. Mais, dit-elle, croyez-moy, Berger, que ce n'est rien, au prix de l'affection que Galathée vous porte. A moy ? dit-il. Ouy, à vous, repliqua Leonide, & n'en faictes point tant l'estonné, vous sçauez combien de fois ie le vous ay dit, encore est-elle plus grande que mes paroles. Belle Nymphe, respondit le Berger, ie ne merite, ny ne croy tant de bon-heur ; aussi quel seroit son dessein enuers moy, qui suis né Berger, & qui veux viure & mourir tel ? Vostre naissance, reprit ma compagne, ne peut estre

que

LIVRE QVATRIESME. 177

que grande, puis qu'elle a donné commencement a tant de perfections. O Leonide, répondit alors ce Berger, vos paroles sont pleines de mocquerie : mais quand elles seroient veritables, auez-vous opinion que ie ne sçache qui est Galathée, & qui ie suis ? Si fais, certes, belle Nymphe : & sçay fort bien mesurer ma petitesse & sa grandeur à l'aune du deuoir. Voire, respondit Leonide, pensez-vous qu'Amour se serue des mesmes mesures, que les hommes ? cela est bon pour ceux qui veulent vendre & pour acheter : mais ne sçauez-vous pas que les dons ne se mesurent point, & Amour n'estant rien qu'vn don, pourquoy le voudriez-vous reduire à l'aune du deuoir ? Ne doutez plus de ce que ie vous dis, & pour ne manquer à vostre deuoir, rendez-luy autant & d'amour & d'affection, qu'elle vous en donne. Ie vous iure, Madame, que iusques alors, ie m'estois figurée que Leonide parloit pour elle-mesme: & ne faut point que i'en mente, du commencement ce discours m'estona, mais depuis voyant auec cōbien de discretion vos actions estoient conduites, ie loüay beaucoup la puissance que vous auiez sur elles, sçachant bien qu'il est plus difficile de commander absolument à soy-mesme, qu'à tout autre. Ma mignonne, répondit Galathée, si vous sçauiez l'occasion que i'ay de rechercher l'amitié de Celadon, vous loüeriez & me conseilleriez ce mesme dessein:

M

car vous souuient-il de ce Druide qui nous predit nostre fortune? I'en ay bonne memoire, respondit-elle, il n'y a pas fort long temps. Vous sçauez, continua Galathée, combien de choses veritables il vous a predites, & à Leonide aussi: Or sçachez que de mesme il m'a asseurée, que si i'épousois iamais autre que Celadon, ie serois la plus mal-heureuse personne de la terre: vous semble-t'il qu'ayant tant de preuue de la verité de ses perfections, ie doiue mépriser celle-cy qui me touche si fort? Et c'est pourquoy ie trouuois si mauuais que Leonide eust esté si mal-aduisée, que de marcher sur mes pas, luy en ayant fait ceste mesme declaration. Madame, respondit Siluie, n'entrez nullement en ceste doute: car en verité, ie ne vous ments point, & me semble que vous ne deuez pas la dépiter dauantage, de peur qu'en se plaignant elle ne découure ce dessein à quelque autre. M'amie, respondit Galathée, en l'embrassant, ie ne doute point de ce dont vous m'auez asseurée, & vous promets que ie me conduiray enuers Leonide ainsi que vous m'auez conseillée.

Cependant qu'elles discouroient ainsi, Leonide alla retrouuer Celadon, auquel elle raconta de mot à mot les propos que Galathée & elle auoient eus sur son suject, & qu'il oouuoit se resoudre, que le lieu où il estoit, auoit apparence d'vne libre demeure, mais que veritablement c'estoit vne prison. Ce qui le toucha si viuement, qu'au lieu que son mal n'alloit que trainant, il deuint si violent que le soir mesme la fiévre le reprit, si ardante, que Galathée l'estant allé voir, & le trouuant si fort empiré, entra fort en doute de sa vie: & plus encore, quand le lendemain son mal se rendant tousiours plus grand, il leur éuanoüyt deux ou trois fois entre les bras. Et quoy que ces Nymphes ne l'éloignassent iamais de plus loing, que l'vne au cheuet, & l'autre aux pieds de son lict: sans prendre autre repos que celuy, que par des sommeils interrompus, le sommeil extreme leur alloit quelquefois dérobant, si est-ce qu'il estoit tres-mal secouru, n'y ayant en ce lieu aucune commodité pour vn malade: & n'osant en faire venir d'ailleurs, de peur d'estre découuertes. Si bien que le Berger courut vne grande fortune de sa vie, & telle, qu'vn soir il se trouua en si grande extremité, que les Nymphes le tindrent pour mort: mais en fin il reuint à soy, & peu apres fit vne tres-grande perte de sang, qui l'affoiblist de sorte, qu'il voulut reposer. Cela fut cause que les Nymphes le laisserẽt seul auec Meril, & s'estans retirées, Siluie toute effrayée de cét accidẽt, s'adressant à Galathée, luy dit: Il me semble, Madame, que vous estes pour entrer en vne grãde confusion, si vous n'y mettez quelque ordre:

M ij

iugez en quelle peine vous seriez, si ce Berger se perdoit entre vos mains, à faute de secours. Helas! dit la Nymphe, dés l'accroissement de son mal, i'ay bien consideré ce que vous dites, mais quel remede y a-t'il? Nous sommes icy entierement depourueuës de ce qui luy est necessaire, & d'en auoir d'ailleurs, quand il y iroit de ma vie, ie ne le voudrois pas faire, pour la crainte que i'ay que l'on le sçache ceans. Leonide, que l'affection faisoit parler plus resolument que Siluie, luy dit: Madame, ces craintes sont fort bonnes, en ce qui ne touche point la vie de personne: mais où il y en va, il ne faut point estre tant considerée, ou bien preuoir les autres inconueniens qui en peuuent naistre: Si ce Berger meurt, auez-vous opinion que sa mort demeure sans estre sceuë? quand ce ne seroit que pour punition, il faut que vous croyez que le Ciel mesme la découuriroit: mais prenõs toutes choses au pis, & qu'on sçache que ce Berger est ceans. Et quoy pour cela, ne pourrez-vous pas couurir vostre dessein de celuy de la compassion à laquelle nostre naturel nous incline toutes? & toutesfois s'il vous plaist de vous reposer de ceste affaire sur moy, ie m'asseure de la conduire si discrettement que personne n'en découurira rien: car, Madame, i'ay, comme vous sçauez, mon oncle Adamas, Prince des Druides de ceste contrée: à qui nul des secrets de nature, ny des vertus des herbes, ne peut estre caché: il est homme plein de discretion & iugement, & ie sçay qu'il a particuliere inclination à vous faire seruice, si vous l'employez en ceste occasion, ie tiens pour certain que le tout reüssira à vostre contentement. Galathée demeura quelque temps sans respondre: mais Siluie, qui voyoit que c'estoit le meilleur expedient, & preuoyoit que par le moyen du sage Adamas, elle diuertiroit Galathée de ceste honteuse vie, respondit assez promptement, que ceste voye luy sembloit la plus asseuree. A quoy Galathée consentit, n'en pouuant estre vne meilleure. Il reste, reprit Leonide, de sçauoir, Madame, afin que ie n'outrepasse vostre commandement, que c'est que vous voulez que ie die ou que ie taise à Adamas. Il n'y a rien, respondit Siluie, voyant que Galathée demeuroit interdite, qui oblige tant à se taire, que de faire paroistre vne entiere fiance; ny rien au contraire qui dispense plus à parler que la méfiance recogneuë. De sorte qu'il me semble pour rendre Adamas secret, qu'il luy faut dire auant qu'il vienne, tout ce qu'il pourra descouurir quand il sera icy. Ie suis, respondit Galathée, tant hors de moy, qu'à peine sçay-ie ce que ie dis. C'est pourquoy ie remets toute chose à vostre discretion. Ainsi partit Leonide auec dessein, quoy que la nuict fust au commencement fort obscure, de ne s'arrester point qu'elle ne fust chez son oncle, de qui la demeure estoit sur le panchant de la môtagne de Marcilly, assez pres des Vestales & Druides de Laignieu: mais son voyage fut beaucoup plus long qu'elle ne pensoit: car arriuát sur la pointe du iour, elle sçeut qu'il estoit à Feurs, & qu'il n'en reuiendroit de deux ou trois iours, qui fut cause que sans s'y arrester beaucoup, elle en prit le chemin, tant lasse toutesfois, que n'eust esté le desir de la guerison du Berger, qui ne luy donnoit nul repos, sans doute elle eust attendu Adamas chez luy, où elle ne fit que se reposer enuiron vne demie heure, parce que n'estant pas accoustumée à ce trauail, elle le trouuoit fort difficile: & lors qu'il luy sembla de s'estre assez rafraischie, elle partit seule comme elle y estoit venue: Mais à peine auoit-elle fait vne lieuë, qu'elle vid venir de loing, par le mesme chemin qu'elle auoit fait, vne Nymphe toute seule, que peu apres elle cogneut pour estre Siluie: ceste rencontre ne luy donna pas vn petit sursaut, croyant qu'elle luy vint annoncer la mort de Celadon, mais ce fut tout au contraire: car elle sçeut par elle, que depuis son depart il auoit fort bien reposé, & qu'à son réueil il s'estoit trouué sans fiévre: qu'à ceste occasion Galathée l'auoit fait incontinent partir pour la r'atraper, afin de l'en aduertir, & de luy dire que le Berger estant en si bon estat, il n'estoit pas de besoin d'amener Adamas, ny de luy découurir leurs affaires. Il seroit bien mal-aisé de representer quel fut le contentement de Leonide, oyant la guerison du Berger qu'elle aimoit: Et apres en auoir loüé Dieu, elle dit à sa cōpagne: Puis, ma sœur, que ie recognois, suiuant les discours que vous me tenez, que Galathée ne vous a point celé le dessein qu'elle a touchant ce Berger, il faut que ie vous en parle franchement, & que ie vous die, que ceste sorte de vie me déplaist infiniment, & que ie la trouue fort honteuse, & pour elle & pour nous: car elle en est tellement passionnée, que quelque mépris que ce Berger fasse d'elle, elle ne s'en peut distraire: & a tellement deuant les yeux les predictions d'vn certain Druide, qu'elle croit tout son bon-heur dependre de cét Amour: & c'est le bon, que suiuant l'humeur des Amans, elle iuge Celadon tant aimable, qu'elle croit chacun le deuoir aimer autant qu'elle: cōme si tous le voyoient de ses mesmes yeux, & c'est là mon grief, car elle est deuenuë si ialouse de moy, qu'à peine me peust-elle souffrir aupres de luy. Or, ma sœur, si ceste vie vient à se sçauoir, comme il n'en faut point douter, puis qu'il n'y a rien de si secret qui ne se découure, iugez que c'est qu'on dira de nous, & quelle opinion nous aurions de quelque autre à qui semblable chose fut arriuée: i'ay fait tout ce qui m'a esté possible pour l'en distraire,

M ij

mais ç'a esté sans effect: C'est pourquoy ie suis resolue de la laisser aimer, puis qu'elle veut aimer, pourueu que ce ne soit point à nos despés. Ie vous fais tout ce discours pour vous dire, qu'il me sembleroit tres à propos d'y chercher quelque bon remede, & que ie ne voy point vn moyen plus aisé, que par l'entremise de mon oncle, qui en viendra bien à bout par son conseil, & par sa prudence. Ma sœur, respondit Siluie, ie loüe infiniment vostre dessein, & pour vous donner commodité de conduire Adamas vers elle, ie m'en retourneray d'icy, & diray que i'ay esté chez Adamas, & que ie n'ay trouué ny vous ny luy. Il sera donc à propos, respondit Leonide, que nous allions nous reposer dans quelque buisson, afin qu'il semble que vous m'ayez cherchée plus lõg temps, aussi bien suis-ie si lasse qu'il faut que ie dorme vn peu, si ie veux acheuer mon voyage. Allons, ma sœur, repliqua Siluie, & croyez que vous ne faictes pas peu pour vous, d'oster Celadon d'entre nous: car ie preuoy bien à l'humeur de Galathée, qu'auec le temps il vous rapporteroit beaucoup de déplaisir. A ce mot elles se prirent par la main, & regardant où elles pourroient passer vne partie du iour, elles virent vn lieu de l'autre costé de Lignon, qui leur sembla si à propos, que passant sur le pont de la Boteresse, & laissant Bonlieu, seiour des Druides & Vestales, à main gauche, & descendant le long de la riuiere, elles vindrent se mettre dedans vn gros buisson qui estoit tout ioignant le grand chemin, & de qui l'espaisseur rendoit en tout temps vn agreable seiour, où apres auoir choisi l'endroit le plus couuert, elles s'endormirent l'vne aupres de l'autre.

Et cependant qu'elles reposoient, Astrée, Diane, & Phillis vindrent de fortune conduire leurs troupeaux en ce mesme lieu: & sans voir les Nymphes, s'assirent aupres d'elles, & parce que les amitiez qui naissent en la mauuaise fortune, sont bien plus estroittes & serrées que celles qui se conçoiuent dans le bon-heur, Diane qui s'estoit liée d'amitié auec Astrée, & Phillis, depuis le desastre de Celadon, leur portoit tant de bonne volonté, & elles à elle, que presque de tout le iour, elles ne s'abandonnoient: & certes Astrée auoit bien besoin de consolation, puis que presque au mesme temps elle perdit Alcé & Hypolite ses pere & mere: Hypolite pour la frayeur qu'elle eust de la perte d'Astrée, lors qu'elle tomba dans l'eau, & Alcé pour le déplaisir de la perte de sa chere compagne, qui toutesfois ne fut à Astrée vn foible soulagement, pouuant plaindre la perte de Celadon sous la couuerture de celle de son pere & de sa mere: & comme ie vous ay dit, Diane, fille de la sage Bellinde pour ne mäquer au deuoir de voisinage, l'allant plusieurs fois visiter, trouua son humeur si agreable & Astrée la sienne, & Phillis celle de toutes deux, qu'elles se iurerent ensemble vne si estroitte amitié, que iamais depuis elles ne se separerent : & ce iour auoit esté le premier qu'Astrée estoit sortie de sa cabane. De sorte que ses deux fidelles compagnes se trouuerent auec elle : mais elle ne fust pas plustost assise, qu'elle apperceut de loing Semire, qui la venoit trouuer. Ce Berger auoit esté long-temps amoureux d'Astrée, & ayant recogneu qu'elle aimoit Celadon, il auoit esté cause de leur mauuais mesnage, s'estant persuadé qu'ayant chassé Celadon, il obtiendroit aisément son lieu : il s'en venoit la treuuer afin de commencer son dessein, mais il fut fort deçeu : Car Astrée ayant recogneu sa finesse, conceut vne haine si grande contre luy, qu'aussi-tost qu'elle l'apperceut, se mettant la main sur les yeux pour ne le voir, elle pria Phillis de luy dire de sa part qu'il ne se presentast iamais a elle : & ses paroles furent proferées auec vn certain changement de visage, & d'vne si grande vehemence, que ses compagnes y recogneurēt bien vne tres grande animosité, qui fist auancer plus promptement Phillis vers le Berger. Quand il ouyt ce message, il demeura tellement confus en sa pensée : qu'il sembloit estre immobile. Enfin, vaincu & contraint par la cognoissance de son erreur, il luy dit : Discrette Phillis, i'aduoüe que le Ciel est iuste, de me donner plus d'ennuy qu'vn cœur n'est capable de supporter: puis qu'encor ne peut-il esgaller son chastiment à mon offense, ayant esté cause de faire rompre la plus belle & la plus entiere amitié qui ait iamais esté. Mais afin que les Dieux ne me punissent point plus rigoureusement, dittes à ceste belle Bergere, que ie demande pardon, & à elle, & aux cendres de Celadon, l'asseurant que l'extréme affection que ie luy ay porté, a esté la seule cause de ceste faute, que loing d'elle & de ses yeux, à bon droit courroucez, i'iray plaignant toute ma vie. A ce mot il s'en alla tant desolé, que son repentir toucha Phillis de quelque pitié: Et estant reuenuë vers ses compagnes, leur redit ce que le Berger auoit respondu. Helas! ma sœur, dit Astrée, i'ay plus d'ocsion de fuyr ce meschant, que ie n'ay pas de pleurer: iugez par la si ie le dois faire: c'est luy seul qui est cause de tout mon ennuy. Comment, ma sœur, dit-elle, Semire est cause de vostre ennuy? A t'il tant de puissance sur vous? Si i'osois vous raconter sa meschanceté, dit Astrée, & mon imprudence, vous diriez qu'il a vsé du plus grand artifice que l'esprit le plus cauteleux sçauroit iamais inuenter. Diane qui recogneut que c'estoit à son occasion, qu'elle n'en parloit pas plus clairement à Phillis, pour n'y auoir encore que huict ou dix iours qu'elles se hantoient si familierement, leur dit, que ce n'estoit pas son dessein de leur rapporter de la contrainte. Et vous, belle Bergere, dit-elle se tournant vers la triste Astrée, me donnerez-vous occasion de croire que vous ne m'aimez pas, si vous vsez moins librement enuers moy qu'enuers Phillis, puis qu'encore qu'il n'y ait pas si long-temps que i'ay le bien de vostre cõuersation, si ne deuez-vous moins estre asseurée de mon affection que de la sienne ? Phillis alors luy respondit: Ie m'asseure qu'Astrée parlera tousiours deuant vous aussi franchement que deuant elle mesme, son humeur n'estant pas d'estre amie à moitié, & depuis qu'elle s'est iurée telle, il n'y a plus de cachette en son ame. Il est certain, continua Astrée, & ce qui m'empesche d'en parler dauantage, c'est seulement que remettre le fer dans vne playe ne sert qu'à l'enuenimer. Si est-ce, repliqua Diane, qu'il faut bien souuent vser du fer pour les guerir: & quant à moy, il me semble que de dire librement son mal à vne amie, c'est luy en remettre vne partie : & si i'osois vous en prier, ce me seroit vne tres-grande satisfaction de sçauoir quelle a esté vostre vie, tout ainsi que ie ne feray iamais difficulté de vous raconter la mienne, quand vous en aurez la curiosité. Puis que vous le voulez ainsi, respondit Astrée, & que vous auez agreable de participer à mes ennuis, ie veux donc que par aprés vous me fassiez part de vos contentemens, & que cependant vous me permettiez d'vser de briefueté en ce discours, que vous desirez sçauoir de moy: aussi bien vne histoire si mal-heureuse que la mienne, ne peut plaire que pour estre courte; & s'estant toutes trois assises en rond, elle reprit la parole de ceste sorte.

HISTOIRE D'ASTREE

ET PHILLIS.

CEux qui pensent que les amitiez & les haines passent de pere en fils, s'ils sçauoiét quelle a esté la fortune de Celadon & de moy, aduoüeroient sans doute qu'ils se sont bien fort trompez. Car, belle Diane, ie croy que vous auez souuent ouy dire la vieille inimitié d'entre Alcé & Hypolite mes pere & mere, & Alcippe & Amarillis pere & mere de Celadon, leur hayne les ayant accompagnez iusques au cercueil: qui a esté cause de tant de troubles entre les Bergers de ceste contrée, que ie m'asseure qu'il n'y a personne qui l'ignore le long des riues du cruel & diffamé Lignon: & toutesfois il sembla qu'Amour pour montrer sa puissance, voulut expressément de personnes tant ennemyes en vnir deux si estroittement, que rien n'en peut rompre les liens que la mort : car à peine Celadon auoit atteint l'aage de quatorze ou quinze ans, & moy de douze ou treize, qu'en vne assemblée qui se faisoit au Temple de Venus, qui est sur le haut de ce Mont, releué dans la plaine, vis à vis de Mont-suc, à vne lieuë du Chasteau de Mont-brison, ce ieune Berger me vid, & comme il ma raconté depuis, il en auoit conceu le desir long-temps auparauant par le rapport que l'on luy auoit fait de moy : Mais l'empeschement que ie vous ay dit de nos peres, luy en auoit osté les moyens, & faut que i'aduoüe, que ie ne croy pas qu'il en eust plus de volonté que moy. Car ie ne sçay pourquoy lors que i'oyois parler de luy, le cœur me tressailloit en l'estomac : si ce n'est que ce fust vn presage des troubles, qui depuis me sont arriuez à son occasion. Or soudain qu'il me vid, ie ne sçay comment il trouua suiet d'Amour en moy, tant y a que depuis ce temps il se resolut de m'aimer & de me seruir, & sembla qu'à ceste premiere veuë nous fussions l'vn & l'autre sur le poinct qu'il nous falle aymer, puis qu'aussi tost qu'on me dit que c'estoit le fils d'Alcippe, ie ressentis vn certain changement en moy qui n'estoit pas ordinaire, & dés lors toutes ses actions commencerent à me plaire, & à me sembler beaucoup plus agreables que de tous ces autres ieunes Bergers de son aage : & par ce qu'il n'ofoit encores s'approcher de moy, & que la parole luy eſtoit interdite, ſes regards par leurs allées & venuës, me parlerent ſi ſouuent, qu'enfin ie recogneus qu'il auoit enuie de m'en dire dauantage: & d'effet en vn bal qui ſe tenoit au pied de la montagne, ſous des vieux ormes qui rendent vn agreable ombrage: il vſa de tant d'artifice, que ſans m'en prendre garde & monſtrant que c'eſtoit par meſgarde, il ſe trouua au deſſous de ma main. Quant à moy, ie ne fis point ſemblant de le cognoiſtre, & traittois auec luy, comme auec tous les autres: Luy au contraire en me prenant la main, baiſſa la teſte, de ſorte que faiſant ſemblant de baiſer ſa main, ie ſentis ſur la mienne ſa bouche: cét acte me fit monter la rougeur au viſage, & feignant de n'y prendre garde ie tournay la teſte de l'autre coſté, comme attentiue au branle que nous danſions. Cela fut cauſe qu'il demeura quelque temps ſans parler à moy, ne ſçachant, comme ie croy, par où il deuoit commencer: enfin ne voulant pas perdre ceſte occaſion qu'il auoit ſi long-temps recherchée, il s'aduança deuant moy, & parla à l'oreille de Corilas, qui me conduiſoit à ce bal, ſi haut (feignant toutesfois de le dire bas) que i'ouys tels mots: Pleuſt à Dieu, Corilas, que la querelle des peres de ceſte Bergere & de moy, euſt à ſe demeſler entre nous deux: & lors il ſe retira en ſa place, & Corilas luy reſpondit aſſez haut: Ne faites

point ce souhait, Celadon, car peut-estre ne souhaiterez-vous iamais rien de si dangereux. Quelque hazard qu'il y ait, respondit Celadon, tout haut, ie ne me desdiray iamais de ce que ie vous ay dit, en deusse-ie donner le cœur pour gage. En semblables promesses, repliqua Corilas, on n'offre iamais vne moindre asseurance que celle-là, & toutesfois il y en a fort peu, qui quelque temps apres ne s'en dedient. Quiconque, adiousta le Berger, fera difficulté de courir la fortune dont vous me menacez, ie le croiray pour homme de peu de courage. C'est vertu, respondit Corilas, d'estre courageux: mais c'est vne folie aussi d'estre temeraire. A la preuue, repliqua Celadon, on cognoistra quel ie suis, & cependant ie vous promets encore vn coup, que ie ne m'en dediray iamais. Et parce que ie faisois semblant de ne prendre garde à leur discours, adressant sa parole à moy, il me dit: Et vous, belle Bergere, quelle opinion en auiez vous? Ie ne sçay, luy respondis-ie, dequoy vous parlez. Il m'a dit, reprit Corilas, que pour tirer vn grand bien d'vn grand mal, il voudroit que la haine de vos peres fut changée en amour entre les enfans. Comment, respondis-ie, faisant semblant de ne le cognoistre pas, estes-vous fils d'Alcippe? & m'ayant respondu qu'ouy, & de plus mon seruiteur: Il me semble, luy dis-ie, qu'il eust esté plus a propos que vous vous fussiez mis auprés de
quel-

quelque autre qui euſt eu plus d'occaſion de l'auoir agreable que moy. I'ay bien ouy dire, repliqua Celadon, que les Dieux puniſſent les erreurs des peres ſur les enfans: mais entre les hommes cela n'a iamais eſté accouſtumé: ce n'eſt pas qu'il ne doiue eſtre permis à voſtre beauté qui eſt diuine, d'vſer des meſmes priuileges des Dieux: mais ſi cela eſt, vous deuez auſſi comme eux le pardon, quand on le vous demande. Eſt-ce ainſi, Berger, interrompit Corilas, que vous commencez voſtre combat en criant mercy? En tel combat, reſpondit-il, eſtre vaincu c'eſt vne eſpece de victoire, & quant à moy ie le veux bien eſtre, pourueu qu'elle en vueille la deſpoüille. Ie croy qu'ils euſſent plus longuement continué leurs diſcours, ſi le branſle eut duré dauantage: mais ſa fin nous ſepara, & chacun retourna en ſa place.

Quelque temps apres on commença de propoſer les prix auec diuers exercices qu'on auoit accouſtumé de faire, comme de luiter, de courre, de ſauter & de ietter la barre, auſquels Celadon pour eſtre trop ieune, ne fut receu qu'à celuy de la courſe, dont il eut le prix, qui eſtoit vne Guirlande de diuerſes fleurs, qui luy fut miſe ſur la teſte par toute l'aſſemblée, auec beaucoup de loüange, qu'eſtant ſi ieune il euſt vaincu tant d'autres Bergers. Luy ſans beaucoup ſonger en ſoy-meſme, ſe l'oſtant, me la vint

N

poser sur les cheueux, me disant assez bas: Voicy qui reconfirme ce que ie vous ay dit. Ie fus si surprise que ie ne peus luy respondre, & n'eust esté Artemis, vostre mere Phillis, ie la luy eusse renduë, non pas que venant de sa main elle ne me fust fort aggreable: mais parce que ie craignois qu'Alcé & Hyppolite le trouuassent mauuais. Toutesfois Artemis, qui desiroit plustost d'assoupir que de r'allumer ces vieilles inimitiez, me commanda de la receuoir & de l'en remercier: ce que ie fis si froidement que chacun iugea bien que ce n'auoit esté que par l'ordonnance de ma tente. Tout ce iour se passa de ceste sorte, & le lendemain aussi, sans que le ieune Berger perdist vne seule commodité de me faire paroistre son affection. Et parce que le troisiesme iour on a accustumé de representer en l'honneur de Venus le iugement que Paris donna des trois Deesses, Celadon resolut de se mesler parmy les filles sous habit de Bergere. Vous sçauez bien que le troisiesme iour, sur la fin du repas le grand Druide a de coustume de ietter entre les filles vne pomme d'or, sur laquelle sont escrits les noms des trois Bergeres qui luy semblent les plus belles de la trouppe, auec ce mot (Soit donnée à la plus belle des trois) & qu'apres on tire au sort celle qui doit faire le personnage de Paris, qui auec les trois Bergeres entre dans le Temple de la Beauté dedié à Venus: où les portes estant bien fermées, elle fait iugement de la beauté de toutes trois, les voyant nuës, hormis vn foible linge qui les couure des la ceinture iusques auprés du genoüil ; & parce que autresfois il y a eu de l'abus, & que quelques Bergers se sont meslez parmy les Bergeres, il fut ordonné par edict public, que celuy qui commettroit semblable faute, seroit sans remission lapidé par les filles à la porte du Temple. Or il aduint que ce ieune enfant, sans consideration de ce danger extréme, ce iour s'habilla en Bergere, & se mettant dans nostre trouppe fut receu pour fille, & comme si la fortune l'eust voulu fauoriser, mon nom fut escrit sur la pomme, & celuy de Malthée & de Stelle, & lors qu'on vint à tirer le nom de celle qui feroit le personnage de Paris, i'oüys nommer Orithie, qui estoit le nom que Celadon auoit pris, Dieu sçait si en son ame il ne receut toute la ioye dont il pouuoit estre capable, voyant son dessein si bien reüssir. Enfin nous fusmes menées dans le Temple, où le iuge estant assis en son siege, les portes closes, & nous trois demeurées toutes seules dedans auec luy, nous commençasmes, selon l'ordonnance, à nous deshabiller, & parce qu'il falloit que chacune à part allast parler à luy, & faire offre tout ainsi que les trois Deesses auoient fait autresfois à Paris; Stelle qui fut la plus diligente à se deshabiller, s'alla la premiere presenter à luy, qu'il contempla quelque temps, & apres auoir ouy ce qu'elle luy vouloit dire, il la fist retirer pour donner place à Malthée, qui m'auoit deuancée, parce que me faschant fort de me montrer nuë, i'allois retardant le plus que ie pouuois de me despoüiller. Celadon à qui le temps sembloit trop long, & apres auoir fort peu entretenu Malthée, voyant que ie n'y allois point : m'appella paresseuse. Enfin ne pouuant plus dilayer i'y fus contrainte : mais mon Dieu, quand ie m'en souuiens, ie meurs encor de honte, i'auois les cheueux espars, qui me couuroient presque toute, sur lesquels pour tout ornement ie n'auois que la Guirlande que le iour auparauant il m'auoit donnée. Quand les autres furent retirées, & qu'il me vid en cét estat aupres de luy, ie pris bien garde qu'il changea deux ou trois fois de couleur : mais, ie n'en eusse iamais soupçonné la cause, de mon costé la honte m'auoit teint la iouë d'vne si viue couleur, qu'il m'a iuré depuis ne m'auoir iamais veuë si belle, & eust bien voulu qu'il luy eust esté permis de demeurer tout le iour en ceste contemplation : mais craignant d'estre découuert, il fust contraint d'abreger son contentement, & voyant que ie ne luy disois rien : car la honte me tenoit la langue liée. Et quoy, Astrée, me dit-il, croyez-vous vostre cause tant aduantageuse, que vous n'ayez besoin comme les autres, de vous rendre vostre iuge affeétionné? Ie ne doute point, Orithie, luy refpondis-ie, que ie n'aye plus de besoin de seduire mon iuge par mes paroles, que Stelle, ny Malthée: mais ie sçay bien aussi que ie leur cede autant en la persuasion qu'en la beauté. De sorte que n'eust esté la contrainte à quoy la coustume m'a obligée, ie ne fusse iamais venuë deuant vous pour esperance de gaigner le prix. Et si vous l'emportez, respondit le Berger, qu'est-ce que vous ferez pour moy? Ie vous en auray, luy dis-ie, d'autant plus d'obligation, que ie croy le meriter moins. Et quoy, me repliqua-t'il, vous ne me faites point d'autre offre? Il faut, luy dis-ie, que la demande vienne de vous: Car ie ne vous en sçaurois faire qui meritast d'estre receuë. Iurez-moy, me dit le Berger, que vous me donnerez ce que ie vous demanderay, & mon iugement sera à vostre auantage: apres que ie luy eus promis, il me demanda de mes cheueux pour faire vn bracelet, ce que ie fis, & apres les auoir serrez dedans vn papier il me dit: Or Astrée, ie retiendray ces cheueux pour gage du sermēt que vous me faites, afin que si vous y contreuenez iamais, ie les puisse offrir à la Deesse Venus, & luy en demāder vengeance. Cela, luy respondis-ie, est superflu, puis que ie suis resoluë de n'y manquer iamais. Alors, auec vn visage riant, il me dit, Dieu soit loüé, belle Astrée, de ce que mon dessein a reüssi si heureusement: car sçachez que ce que

N iij

vous m'auez promis, c'est de m'aimer plus que personne du monde, & me receuoir pour vostre fidele seruiteur, qui suis Celadon & non pas Orithie, comme vous pensez : Ie dis ce Celadon, par qui amour a voulu rendre preuue que la haine n'est assez forte pour destourner ses effets, puis qu'entre les inimitiez de nos peres, il m'a fait estre tellement à vous, que ie n'ay point redouté de mourir à la porte de ce Temple, pour vous rendre tesmoignage de mon affection. Iugez, sage Diane, quelle ie deuins lors : car Amour me deffendoit de vanger ma pudicité, & toutesfois la honte m'animoit contre l'Amour : enfin apres vne confuse dispute, il me fut impossible de consentir à moy-mesme de le faire mourir, puis que l'offense qu'il m'auoit faite n'estoit procedée que de m'aimer trop : toutesfois le recognoissant estre Berger, ie ne peux plus longuement demeurer nuë deuát ses yeux, & sans luy faire autre responce, ie m'encourus vers mes compagnes, que ie trouuay desia presque reuestuës : Et reprenant mes habits sans sçauoir presque ce que ie faisois, ie m'habillay le plus promptement qu'il me fust possible : Mais pour abreger, lors que nous fusmes toutes prestes, la dissimulée Orithie se mit sur le sueil de la porte, & nous ayant toutes trois auprés d'elle : I'ordonne, dit-il, que le prix de la beauté soit donné à Astrée, en tesmoignage dequoy ie luy presente la pomme d'or, & ne faut que personne doute de mon iugemēt, puis que ie l'ay veuë, & qu'encores que fille i'en ay resfenty la force. En proferant ces mots, il me presenta la pomme, que ie reçeus toute troublée, & plus encores quād tout bas il me dit, receuez ceste pomme pour gage de mon affection, qui est toute infinie, comme elle est toute ronde. Ie luy respondis: contente-toy temeraire que ie la reçois pour sauuer ta vie, & qu'autrement ie la refuserois venant de ta main. Il ne pût me repliquer de peur d'estre ouy & recogneu: & parce que c'estoit la coustume, que celle qui receuoit la pomme, baisoit le iuge pour remerciement, ie fus contrainte de le baiser: mais ie vous asseure que quand iusques alors ie ne l'eusse point recogneu, i'eusse bien découuert que c'estoit vn Berger: car ce n'estoit point vn baiser de fille. Incontinent la foule, & l'applaudissement de la trouppe nous separa, parce que le Druyde m'ayant couronnée, me fist porter dans vne chaire iusques où estoit l'assemblée, auec tant d'honneur, que chacun s'estonnoit que ie ne m'en resiouyssois dauantage: mais i'estois tellement interditte, & si fort combatuë d'Amour, & de despit, qu'à peine sçauois-ie ce que ie faisois. Quant à Celadon, aussi-tost qu'il eut paracheué les ceremonies, il se perdit entre les autres Bergers, & peu à peu sans qu'on y prist garde, se retira de la trouppe, & laissa ses habits empruntez, pour reprendre les siens naturels auec lesquels il nous vint retrouuer ayant vn visage si asseuré, que personne ne s'en fust iamais douté: quant à moy lors que ie le reuy, ie n'osois presque tourner les yeux sur luy, pleine de honte & de colere: mais luy qui s'en prenoit garde sans en faire semblant, trouua le moyen de m'accoster, & me dit assez haut: le iuge qui vous a donné le prix de la beauté, a monstré d'auoir beaucoup de iugement, & me semble que quoy que la iustice de vostre cause meritast bien vne aussi fauorable sentence, vous ne laissez toutesfois de luy auoir quelque obligation. Ie croy, Berger, luy respondis-ie assez bas, qu'il m'est plus obligé que moy à luy, puis que s'il m'a donné vne pomme, qui en quelque sorte m'estoit deüe, ie luy ay donné la vie, que pour sa temerité il meritoit de perdre. Aussi m'a-t-il dit, respondit incontinent Celadon, qu'il ne la veut conseruer que pour vostre seruice. Si ie n'eusse eu plus d'esgard, repliquay-ie, à moy mesme qu'à luy, ie n'eusse pas laissé sans chastiment vne si grande outrecuidance: mais Celadon c'est assez, coupons là ce discours, & contentez-vous, que si ie ne vous ay fait punir comme vous meritez, ce n'a seulement esté que pour ne vouloir donner occasion à chacun de penser quelque chose de plus mal à propos de moy, & non point pour faute de volonté que i'eusse de vous en voir chastié. S'il n'y a eu, dit-il, que ceste occasion qui ait retardé ma mort, dites-moy de quelle façon vous voulez que ie meure, & vous verrez que ie n'ay moins de courage pour vous satisfaire, que i'ay eu d'amour pour vous offenser. Ce discours seroit trop long, si ie voulois particulierement vous redire tous nos propos. Tant y a qu'apres plusieurs repliques d'vn costé & d'autre, par lesquelles il m'estoit impossible de douter de son affection, si pour le moins les diuers changemens de visage en peuuent donner quelque cognoissance, ie luy dis, feignant d'estre en colere: Ressouuiens-toy, Bergere, de l'inimitié de nos peres, & croy que celle que ie te porteray ne leur cedera en rien, si tu m'importunes iamais plus de tes folies, ausquelles ta ieunesse & mon honneur font pardonner pour ceste fois. Ie luy dis ces derniers mots, afin de luy donner vn peu de courage: car il est tout vray que sa beauté, son courage, & son affection me plaisoient, & afin qu'il ne peust me respondre, ie me tournay pour parler à Stelle qui estoit assez pres de moy. Luy tout estonné de ceste responce, se retira de l'assemblée, si triste, qu'en peu de iours il deuint presque mécognoissable, & si particulier, qu'il ne hantoit plus que les lieux plus retirez & sauuages de nos bois. Dequoy estant aduertie par quelques-vnes de mes compagnes, qui m'en parloient sans penser que i'en fusse la cause: ie commençay d'en ressentir de la peine, & resolus en moy-mesme de chercher quelque moyen de luy donner vn peu plus de satisfaction, & parce, comme ie vous ay dit, qu'il s'esloignoit de toute sorte de compagnie, ie fus contrainte pour le rencōtrer de conduire mes troupeaux du costé où ie sçeus qu'il se retiroit le plus souuent, & apres y auoir esté en vain deux ou trois fois, en fin vn iour, ainsi que ie l'allois cherchant, il me sembla d'entr'ouyr sa voix entre quelques arbres, & ie ne fus point trompée, car m'approchant doucemēt ie le vis couché en terre de son long, & les yeux tous moites de larmes si tendus cōtre le Ciel, qu'ils sembloient immobiles. La veuë que i'en eus, me trouuant toute disposée, m'esmeut tellement à pitié, que ie me resolus de ne le laisser plus en semblable peine. C'est pourquoy apres l'auoir quelque temps consideré, & ne voulant point luy faire paroistre que ie le voulusse rechercher, ie me retiray assez loing de là, où faisant semblant de ne prendre garde à luy, ie me mis à chanter si haut, que ma voix paruint iusques à ses aureilles. Aussi tost qu'il m'ouyt, ie veis qu'il se releua en sursaut, & tournant les yeux du costé où i'estois, il demeura comme rauy à m'escouter, à quoy ayant pris garde, afin de luy donner commodité de m'approcher, ie fis semblant de dormir, & toutesfois ie tenois les yeux entr'ouuerts pous voir ce qu'il deuiendroit, & certes il ne manqua point de faire ce

ce que i'auois pensé, car s'approchant doucement de moy, il se vint mettre à genoux le plus
pres qu'il peust, & apres auoir demeuré long
temps en cét estat, lors que ie faisois semblant
d'estre plus assoupie, pour luy donner plus de
hardiesse ie sentis qu'apres plusieurs souspirs il
se baissa doucement contre ma bouche, & me
baisa. Alors me semblant qu'il auoit bien assez
pris de courage, i'ouuris les yeux, cōme m'estāt
éueillée, quand il m'auoit touchée, & me releuant, ie luy dis, feignant d'estre en colere : Mal
appris Berger, qui vous a rendu si outrecuidé,
que de venir interrompre mon sommeil de
ceste sorte? Luy alors tout tremblant, & sans leuer les genoux. C'est vous, belle Bergere, dit-il,
qui m'y auez contraint, & si i'ay failly, vous en
deuez punir vos perfections qui en sont cause.
Ce sont tousiours là, luy dis-ie, les excuses de
vos outrecuidances, mais si vous continuez à
m'offenser ainsi, croyez, Berger, que ie ne le
supporteray pas. Si vous appellez offense, me
répōdit-il, d'estre aimée & adorée, commencez
de bonne heure à chercher le chastiment que
vous me voulez dōner : car dés icy ie vous iure
que ie vous offenseray de ceste sorte toute ma
vie, & qu'il n'y a ny rigueur de vostre cruauté,
ny inimitié de nos peres, ny empeschement de
l'vniuers ensemble, qui me puisse diuertir de
ce dessein. Mais, belle Diane, il faut que i'abrege ces agreables discours, estant si peu conue-

nables en la saison desastrée où ie suis, & vous diray seulement, qu'en fin estant vaincuë, ie luy dis : Mais quoy, Berger, quelle fin aura dessein, puis que ceux qui vous peuuent rendre tel qu'il leur plaist, le desapprouuent ? Comment, me repliqua-t'il incontinent, rendre tel qu'il leur plaist, tant s'en faut qu'Alcippe ait ceste puissance sur ma volonté, que ie ne l'ay par moy-mesme. Vous pouuez, luy respondis-ie, vous dispenser de vous à vostre gré, mais non pas de l'obeissance que vous deuez à vostre pere, sans faire vne grande faute. L'obeissance, adiousta-t'il, que ie luy en dois, ne peut passer au delà de ce que ie puis sur moy : Car ce n'est pas faillir, de ne point faire ce que l'on ne peut : mais soit ainsi que ie le doiue ; puis que de deux maux on doit fuïr le plus grand ; ie choisiray plustost de faillir enuers luy, qui n'est qu'vn homme qu'enuers vostre beauté qui est diuine. Nos discours en fin continuerent si auant qu'il fallut que ie luy permisse d'estre mon seruiteur, & d'autant que nous estions si ieunes & l'vn & l'autre, que nous n'auions pas encore beaucoup d'artifice pour couurir nos desseins, Alcippe s'en prit incontinent garde, & ne voulant point que ceste amitié passast plus outre, il resolut auec le bon vieillard Cleante son ancien amy, de luy faire entreprendre vn voyage si long, que l'absence effaçast ceste ieune impression d'Amour: mais cét esloignement y profita aussi peu que tous les autres artifices dont depuis il se seruit: Car Celadon quoy que ieune enfant, a tousiours eu vne telle resolution à vaincre toutes difficultez, qu'au lieu que quelqu'autre eust pris ces contrarietez pour peine, il les receuoit pour preuues de soy-mesme, & les nommoit les pierres de touche de sa fidelité: & d'autant qu'il sçeut que son voyage deuoit estre long, il me pria de luy donner commodité de me dire Adieu. Ie le fis, belle Diane, mais si vous eussiez veu l'affection dont il me supplioit de l'aimer, les sermens dont il m'asseuroit de ne point changer, & les coniurations dont il m'obligeoit à n'en aimer point d'autre, vous eussiez, sans doute, iugé que toutes choses plus impossibles pouuoient arriuer plustost que la perte de ceste amitié. En fin ne pouuant plus retarder, il me dit: Mon Astrée, (car tel estoit le nom dont plus communément en particulier il me nommoit) ie vous laisse mon frere Lycidas, à qui ie ne celay iamais vn seul de mes desseins: Il sçait quel seruice ie vous ay voüé, promettez-moy, si vous voulez que ie parte auec quelque contentement, que vous receurez comme venant de moy, tous les seruices qu'il vous fera, & par sa presence vous renouuellerez la memoire de Celadon: & certes il auoit raison de me feire priere: car Lycidas durant son esloignement, se monstra si curieux d'obseruer ce que son frere luy auoit recommandé qu'il y en eust plusieurs qui creurent qu'il auoit succedé à l'affection que son frere me portoit: cela fut cause qu'Alcippe apres l'auoir tenu trois ans hors de ceste contrée, le r'appella auec opinion qu'vn si long terme auroit aisément effacé la legere impression qu'Amour auoit peu faire en vne ame si ieune, & que deuenu plus sage, il distrairoit mesme Lycidas de mon affection, mais son retour ne me fut qu'vne extreme asseurance de sa fidelité: car deux fois ne peut en rien diminuer le feu de son Amour, ny les admirables beautez de ces Romaines le diuertir tant soit peu de ce qu'il m'auoit promis. O Dieu! auec quel contentement me vint il vint retrouuer! il me supplia par son frere, que ie luy donnasse commodité de me parler, ie croy auoir encore ses lettres. Helas! i'ay plus cherement conserué ce qui venoit de luy, que luy-mesme, & lors elle tira de sa poche vn petit sac, semblable à celuy que Celadon portoit, où à son imitation elle conseruoit curieusement les lettres qu'elle receuoit de luy, & tirant la premiere, car elles estoient toutes d'ordre, apres s'estre essuyé les yeux, elle leut tels mots:

LETTRE DE CELADON
à la Bergere Astrée.

BELLE *Astrée*, mon exil a esté vaincu de ma patience; fasse le Ciel qu'il l'ait aussi esté de vostre amitié: ie suis party auec tant de regret, & reuenu auec tant de contentement, que n'estant mort ny en allant ny en reuenant, ie tesmoigneray tousiours qu'on ne peut mourir de trop de plaisir, ny de trop de déplaisir. Permettez-moy donc que ie vous voye, afin que ie puisse raconter ma fortune à celle qui est ma seule fortune.

Belle Diane, il est impossible que ie me ressouuienne des discours que nous eusmes alors, sans me reblesser de sorte que la moindre playe m'en est aussi douloureuse que la mort. Pendant l'absence de Celadon Artemis ma tante, & mere de Phillis, vint visiter ses parens, & mena auec elle ceste belle Bergere, dit-elle, monstrant Phillis, & parce que nostre façon de viure luy sembla plus agreable que celle des Bergers d'Allier, elle resolut de demeurer auec nous, qui ne me fut pas peu de contentement, car par ce moyen nous vinsmes à nous pratiquer, & quoy que l'amitié ne fust pas si estroite qu'elle a esté depuis, toutesfois son humeur me plaisoit de sorte, que ie passois assez agreablement plusieurs heures fascheuses auec elle, & lors que Celadon fut de retour, & qu'il l'eut quelque temps hantée, il en fit vn si bon iugement, que ie puis dire auec verité, qu'il est cause de l'estroitte affection qui depuis a esté entre elle & moy. Ce fut à ceste fois que luy ayant atteint l'aage de dix-sept ou dix-huict ans, & moy de quinze ou seize, nous commençasmes de nous conduire auec plus de prudence: De sorte que pour celer nostre amitié: ie le priay, ou plustost ie le contraignis de faire cas de toutes les Bergeres qui auroient quelque apparence de beauté, afin que la recherche qu'il faisoit de moy, fust plustost iugée commune que particuliere: ie dis que ie l'y contraignis, parce que ie n'ay pas opinion que sans son frere Lycidas il y eust iamais voulu consentir: car apres s'estre plusieurs fois ietté à genoux deuant moy, pour reuoquer le commandement que ie luy en faisois: en fin son frere luy dit, qu'il estoit necessaire pour mon contentement d'en vser ainsi, & que, s'il n'y sçauoit point d'autre remede, il falloit qu'en cela il se seruist de l'imagination, & que parlant aux autres, il se figurast que c'estoit à moy. Helas! le pauure Berger auoit bien raison d'en faire tant de difficulté: car il preuoyoit trop veritablement que de là procederoit la cause de sa mort. Excusez, sage Diane, si mes pleurs

inter-

interrompt mon discours, puis que i'en ay tant de suject que ce seroit impieté de me les interdire, & apres s'estre essuyée les yeux, elle reprit son discours ainsi:

Et parce que Phillis estoit d'ordinaire auec moy, ce fut à elle qu'il s'adressa premierement, mais auec tant de contrainte, que ie ne pouuois quelquefois m'empescher d'en rire, & d'autant que Phillis croyoit que ce fust à bon escient, & qu'elle traittoit enuers luy, comme on a de coustume d'vser enuers ceux qui commencent vne recherche: ie me souuiens que s'en voyant assez rudement traitté, il chantoit fort souuent ceste chanson, qu'il auoit faicte sur ce suject.

CHANSON.

Dessus *les bords d'vne fontaine,*
D'humide mousse reuestus,
Dont l'onde a mains replis tortus,
S'alloit égarant par la plaine;
Vn Berger se mirant en l'eau,
Chantoit ces vers au Chalumeau:
Cessez vn iour, cessez la belle,
Auant ma mort d'estre cruelle.

Se peut-il qu'vn si grand supplice,
Que pour vous ie souffre en aymant,

Si les Dieux sont Dieux de iustice,
Soit enfin souffert vainement?
Peut-il estre qu'vne amitié
N'esmeuue iamais à pitié,
Mesme quand l'Amour est extréme,
Comme est celle dont ie vous ayme?

Ces yeux de qui les mignardises
M'ont souuent contraint d'esperer,
Encores que pleins de feintises,
Veulent-ils bien se pariurer?
Ils m'ont dit souuent que son cœur
Quitteroit enfin sa rigueur,
Accordant à ce faux langage
Le reste de son beau visage.

Mais quoy? les beaux yeux des Bergeres,
Se trouueront aussi trompeurs,
Que des Cours les attraits pipeurs?
Doncques ces beautez bocageres,
Quoy que sans fard dessus le front,
Dedans le cœur se farderont,
Et n'apprendront en leurs escoles,
Qu'à ne donner que des paroles?

C'est assez, il est temps, la Belle,
De finir ceste cruauté,
Et croyez que toute beauté,
Qui n'a la douceur auec elle,
C'est vn œil qui n'a point de iour:

Et qu'vne Belle sans Amour,
Comme indigne de ceste flame,
Ressemble vn corps qui n'a point d'ame.

Ma sœur, interrompit Phillis, ie me ressouuiens fort bien de ce que vous dites, & faut que ie vous fasse rire, de la façon dont il parloit a moy: car le plus souuent ce n'estoient que des mots tant interrompus, qu'il eust fallu deuiner pour les entendre, & d'ordinaire quand il me vouloit nommer, il auoit tant accoustumé de parler à vous, qu'il m'appelloit Astrée. Mais voyez que c'est de nostre inclination. Ie reconnoissois bien que la nature auoit en quelque sorte aduantagé Celadon par dessus Lycidas, toutesfois sans en pouuoir dire la raison, Lycidas m'estoit beaucoup plus agreable. Helas! ma sœur, dit Astrée, vous me remettez en memoire vn propos qu'il me tint en ce temps-là de vous, & de ceste belle Bergere, dit-elle, se tournant vers Diane: Belle Bergere, me disoit-il, la sage Bellinde, & vostre tante Artemis, sont infiniment heureuses d'auoir de telles filles, & nostre Lignon leur est fort obligé, puis que par leur moyen, il a le bonheur de voir sur ses riues, ces deux belles & sages Bergeres; Et croyez que si ie m'y connois, elles seules meritent l'amitié d'Astrée, c'est pourquoy ie vous conseille de les aymer: car ie preuoy, pour le peu de connoissance que i'ay

O ij

eu d'elles, que vous receurez beaucoup de contentement de leur familiarité : pleuſt à Dieu que l'vne d'elles daignaſt regarder mon frere Lycidas, auec quelle affection m'y porterois-ie : Et d'autant que i'auois encor fort peu de cognoiſſance de vous, belle Diane, ie luy répondis, que ie deſirerois pluſtoſt qu'il feruiſt Phillis, & il aduint ainſi que ie le ſouhaittois, car l'ordinaire conuerſation qu'il eut auec elle à mon occaſion, produiſit au commencement de la familiarité entr'eux, & en fin de l'Amour à bon eſcient, Vn iour qu'il la trouua à commodité, il reſolut de luy declarer ſon affection auec le plus d'Amour, & le moins de paroles qu'il pourroit : Belle Bergere, luy dit-il, vous auez aſſez de connoiſſance de vous-meſmes, pour croire que ceux qui vous aiment ne vous peuuent aimer qu'infiniment, il ne peut eſtre que mes actions ne vous ayent donné quelque connoiſſance de mon affection, pour peu que vous en ayez recogneu ; puis qu'on ne peut vous aimer qu'à l'extreme, vous deuez aduoüer que mon Amour eſt tres-grande : & toutesfois eſtant telle, ie ne demande en vous, pour encore, qu'vn commencement de bonne volonté. Nous nous trouuaſmes ſi pres, Celadon, & moy : que nous peuſmes ouyr ceſte declaration, & la réponſe auſſi que Phillis luy fit, qui, à la verité, fut plus rude que ie ne l'euſſe pas attendu d'el-

LIVRE QVATRIESME. 213
le : car dés long-temps auparauant elle & moy
auons fort peu reconneu aux yeux & aux
actions de Lycidas qu'il l'aimoit, & en auions
souuent discouru, & ie l'auois plustost trouuée
de bonne volonté enuers luy qu'autrement,
toutesfois à ce coup elle luy répondit auec tant
d'aigreur, que Lycidas s'en alla côme desesperé : & Celadon qui aimoit son frere plus que
l'ordinaire, ne pouuant souffrir de le voir traitter de ceste sorte, & ne sçachât à qui s'en prendre, s'en faschoit presque contre moy, dont au
commencement ie ne peus m'empescher de
sous-rire, & en fin ie luy dis : Ne vous ennuyez
point, Celadon, de ceste responsa : car nous y
sommes presques obligées, puis que les Bergers
de ce temps, pour la plus-part se plaisent beaucoup plus de faire croire à chacun qu'ils ont
plusieurs bonnes fortunes, que presque de les
auoir vrayement, ayant opinion que la gloire
d'vn Berger s'augmente par la diminution de
nostre honneur : & afin que vous sçachiez que
ie connois bien l'humeur de Phillis, ie prends
la charge de mettre Lycidas en ses bonnes graces, pourueu qu'il continuë, & qu'il ait vn peu
de patience. Mais il faut aduoüer que quand
i'en parlay la premiere fois à ceste Bergere, elle
me renuoya si loing, que ie ne sçauois presque
qu'en esperer, si bien que ie me resolus de la
gagner auec le temps : mais Lycidas qui n'a-
uoit point de patience, fit dessein plusieurs fois

O iij

de ne l'aimer plus, & en ce temps il alloit chantant d'ordinaire tels vers?

STANCES,

Sur vne resolution de ne plus aimer.

Qvand ie vy ces beaux yeux nos superbes vainqueurs,
Soudain ie m'y soufmis comme aux Roys de nos cœurs,
Pensant que la rigueur en deust estre bannie :
Mais depuis esprouuant leur dure cruauté,
Ie creus qu'eternifer en nous leur Tyrannie,
Ce n'estoit pas Amour, mais plustost lascheté.

Il est vray que c'est d'eux dont naissent tous les iours,
Aux moindres de leurs traits, quelques nouueaux Amours ;
Mais à quoy sert cela comme si de sa source
L'eau soudain qu'elle y naist incontinent s'enfuit ?
De mesme aussi l'Amour d'vne soudaine course,
S'enfuit loing de ces yeux, quoy qu'il en soit produit.

A son exēple aussi fuyons-les ces beaux yeux,
Fuyons-les, & croyons que c'est pour nostre mieux,

Et quand ils nous voudroient faire quelque
  pourfuitte,
N'attendons point leurs coups n'y pouuans
  refifter:
Car il vaut beaucoup mieux fe fauuer à la
  fuitte,
Que d'attendre la mort qu'on peut bien euiter.

Ie croy que Lycidas n'euft pas fi promptement mis fin à la cruauté dont Phillis refufoit fon affection, fi de fortune vn iour, qu'elle & moy, felon noftre couftume, nous allions promener le long de Lignon, nous n'euffions rencontré ce Berger dans vne Ifle de la riuiere, en lieu fort efcarté, & où il n'y auoit pas apparence de feinte. Nous le vifmes d'vn des coftez de la riuiere, qui eftoit bien affez large & profonde pour nous empefcher d'aller où il eftoit, mais non pas d'ouyr les vers qu'il alloit plaignant, en traçant, à ce qu'il fembloit, quelques chiffres fur le fable auec le bout de fa houlette, que nous ne pouuions reconnoiftre, pour la diftance qu'il y auoit de luy à nous : mais les vers eftoient tels :

MADRIGAL.

QV'IL NE DOIT POINT esperer d'estre aymé.

PEnsons-nous en l'aymant,
   Que nostre Amour fidelle,
Puisse ietter en elle
Quelque seur fondement?
Helas, c'est vainement.
   Car plustost pour ma peine
Ce que ie vay tracer
Sur l'inconstante areine
Ferme se doit penser;
Que pour mon aduantage,
En son ame volage,
Ie iette onc en l'aymant
Quelque seur fondement.

   Peu apres nous ouysmes que s'estans teu pour quelque temps, il reprenoit ainsi la parole auec vn grand Helas! & leuant les yeux au Ciel: O Dieu! si vous estes en colere contre moy, parce que i'adore auec plus de deuotion l'œuure de vos mains que vous-mesmes: pourquoy n'auez-vous compassion de l'erreur que vous me faictes faire? que si vous n'auiez agreable que Phillis fust adorée, ou vous

LIVRE QVATRIESME. 217

deuiez mettre moins de perfections en elle, ou en moy moins de cognoissance de ses perfections : car n'est-ce profaner vne chose de tant de merite, que de luy offrir moins d'affection ? Ie croy que ce Berger continua assez longuement semblables discours : mais ie ne les pûs ouyr, parce que Phillis me prenant par force sous le bras m'emmena auec elle : & lors que nous fusmes vn peu esloignées, ie luy dis : Mauuaise Phillis, pourquoy n'auez-vous pitié de ce Berger que vous voyez mourir à vostre occasion ? Ma sœur, me respondit-elle, les Bergers de ceste contrée sont si dissimulez, que le plus souuent leur cœur nie ce que leur bouche promet, que si sans passion nous voulons regarder les actions de cestuy-cy, nous cognoistrons qu'il n'y a rien qu'artifice : & pour les paroles que nous venons d'ouyr, ie iuge quant à moy, que nous ayant veuës de loing, il s'est expressement mis sur nostre chemin, afin que nous ouyssions ses plaintes dissimulées : autrement n'eussent-elles pas esté aussi bonnes dittes à nous mesmes qu'à ces bois & à ces riues sauuages ? Mais, ma sœur, luy respondis-ie, vous le luy auez deffendu. Voila, me repliqua-t'elle, vne grande connoissance de son peu d'amitié, y a t'il quelque commandement assez fort pour arrester vne violente affection ? Croyez, ma sœur, que l'amitié qui peut flechir, n'est pas forte :

pensez-vous que s'il eust desobey à mes commandemens, ie ne l'eusse pas tenu pour m'aimer dauantage? Mais, ma sœur, en fin luy dis-ie, il vous a obey. Et bien, me replicqua-t'elle, il m'a obey, & en cela ie le tiens pour fort obeyssant, mais en ce qu'il à du tout laissé ma recherche, ie le tiens pour fort peu passionné: Et quoy? estoit-il point d'aduis, qu'à la premiere ouuerture qu'il m'a fait de sa bonne volonté, i'en prisse des tesmoins, afin qu'il ne s'en pûst plus dédire? Si ie ne l'eusse interrompuë, ie croy qu'elle eust cōtinué encore long temps ce discours, mais parce que ie desirois que Lycidas fust traité d'autre sorte, pour la peine que Celadon en souffroit, ie luy dis: Que ces façons de parler estoient à propos auec Lycidas, mais non pas auec moy, qui sçauois bien que nous sommes obligées de monstrer plus de mécōtentémēt quand on nous parle d'Amour, que nous n'en ressentons, afin d'esprouuer par là quelle intention ont ceux qui parlent à nous: Que ie la loüerois si elle vsoit de ces termes enuers Lycidas: mais que c'estoit trop de mesfiance enuers moy, qui ne luy auois celé ce que i'auois de plus secret dans l'ame, & que pour conclusion, puis qu'il estoit impossible qu'elle éuitast d'estre aymée de quelque vn, qu'il valoit beaucoup mieux que ce fust de Lycidas que de tout autre: puis qu'elle deuoit desia estre asseurée de son affection. A quoy elle me respondit, qu'elle n'auoit iamais pensé de dissimuler enuers moy, & qu'elle seroit trop marrie que i'eusse ceste opinion d'elle, & que pour m'en rendre plus de preuue, puis que ie voulois qu'elle receust Lycidas, qu'elle m'obeyroit lors qu'elle reconnoistroit qu'il l'aymeroit ainsi que ie disois: Cela fut cause que Celadon la trouuât quelque temps apres auec moy, luy donna vne lettre que son frere luy escriuoit par mon conseil.

LETTRE DE LYCIDAS, A PHILLIS.

SI ie ne vous ay tousiours aimée, que iamais ne sois-ie aimé de personne; & si mon affection a iamais changé, que iamais le mal-heur où ie suis ne se change. Il est vray que depuis quelque temps, i'ay plus caché d'Amour dans le cœur, que ie n'en ay laissé paroistre en mes yeux, ny en mes paroles. Si i'ay failly en cela, accusez-en le respect que ie vous porte, qui m'a ordonné d'en vser ainsi. Que si vous ne croyez le serment que ie vous en fay, tirez-en telle preuue que vous voudrez de moy, & vous connoistrez que vous m'auez mieux acquis, que ie ne sçay vous en asseurer par mes veritables, mais trop impuissantes paroles.

Enfin, sage Diane, apres plusieurs repliques d'vn costé & d'autre, nous fismes en sorte que Lycidas fut receu: & dés lors nous commençasmes tous quatre vne vie qui n'estoit point desagreable, nous fauorisant l'vn l'autre auec le plus de discretion qu'il nous estoit possible, & afin de mieux couurir nostre dessein, nous inuentasmes plusieurs moyens, fut de nous parler, fut de nous escrire secrettement. Vous aurez peut-estre bien pris garde à ce rocher, qui est sur le grand chemin allant à la Roche: Il faut que vous sçachiez qu'il y a vn peu de peine à monter au dessus: mais y estant le lieu est enfoncé, de sorte que l'on s'y peut tenir debout sans estre veu par dehors, & parce qu'il est sur le grand chemin, nous le chosismes pour nous y assembler, sans que personne nous vist: que si quelqu'vn nous rencontroit en y allant, nous feignions de passer chemin, & afin que l'vn ny l'autre n'y allast point vainement, nous mettions dés le matin quelque brisée au pied, pour marque que nous auions à nous dire quelque chose: il est vray que pour estre trop pres du chemin pour peu que nostre voix haussast, nous pouuions estre ouys de ceux qui alloient & venoient: cela estoit cause que d'ordinaire nous laissions ou Phillis, ou Lycidas en garde, qui d'aussi loing qu'ils voyoient approcher quelqu'vn, toussoient pour nous en aduertir: &

parce que nous auions couftume de nous efcrire tous les iours pour eftre quelquesfois empefchez, & ne pouuoir venir en ce lieu, nous auions choifi le long de ce petit ruiffeau qui coftoye la grand' allée, vn vieux faule mymangé de vieilleffe, dans le creux duquel nous mettiõs tous les iours des lettres,& afin de pouuoir plus aifément faire refponfe, nous y laiffions ordinairement vne efcritoire. Bref, fage Diane, nous nous tournions de tous les coftez qu'il nous eftoit poffible pour nous tenir cachez : Et mefme nous auions pris vne telle couftume de ne nous parler point Celadon & moy, ny Lycidas & Phillis, qu'il y en euft plufieurs qui creurent que Celadon euft changé de volonté: & parce qu'au contraire auffitoft qu'il voyoit Phillis il l'alloit entretenir, & elle luy faifoit toute la bonne chere qu'il luy eftoit poffible,& moy de mefme,toutes les fois que Lycidas arriuoit, ie rompois compagnie à tout autre pour parler à luy. Il aduint que par fucceffion de temps, Celadon mefme euft opinion que i'aymois Lycidas, & moy ie creus qu'il aimoit Phillis, & Phillis penfa que Lycidas m'aimoit, & Lycidas euft opinion que Phillis aimoit Celadon. De forte que nous nous trouuafmes, fans y penfer, tellement embroüillez de ces opinions, que la ialoufie nous fift bien paroiftre qu'il faut peu d'apparence pour le faire naiftre dans vn cœur qui ayme bien. A la verité, interrompit Phillis, nous estions bien escolieres d'Amour en ce temps-la : car à quoy nous seruoit pour cacher ce que vrayment nous aimions, de faire croire à chacun vn'Amour qui n'estoit pas : puis que vous deuiez bien autant craindre que l'on crust que vous voulussiez du bien à Lycidas comme à Celadon ? Ma sœur, ma sœur, repliqua Astree, luy frappant de la main sur l'espaule nous ne craignons guere qu'on pense de nous ce qui n'est pas, & au contraire le moindre soupçon de ce qui est vray ne nous laisse aucun repos. Cette ialousie, continua-t'elle se tournant vers Diane, nous attaignit tellement tous quatre, que ie ne crois pas que la vie nous eust longuement duré, si quelque bon demon ne nous eust fait resoudre de nous en esclaircir en presence des vns des autres. Des-ja sept ou huict iours s'estoient escoulez, que nous ne nous voyons plus dans le rocher, & que les lettres que Celadon & moy mettions au pied du saule, estoient si differentes de celles que nous auions accoustumé, qu'il sembloit que ce fussent differentes personnes. En fin, comme ie vous dis : quelque bon demon ayant soucy de nous, nous fist par hazard rencontrer tous quatre en ce mesme lieu sans nulle autre compagnie : Et l'amitié de Celadon (d'autant plus forte que toutes les autres, qu'elle le contraignit le premier de parler) luy mit ces paroles dans la bouche. Belle Astrée, si ie pensois que le temps peut remedier au mal que ie ressens, ie m'en remettrois au remede qu'il me pourroit r'apporter: mais puis que plus il va vieillissant, plus aussi va t'il augmentant, ie suis contraint de luy en rechercher vn meilleur par la plainte que ie vous veux faire du tort que ie reçoy: & d'autant plus aisement m'y suis-ie resolu que ie suis pour faire ma plainte & deuant mes iuges, & deuant mes parties. Et lors qu'il vouloit continuer, Lycidas l'interrompit, disant, qu'il estoit en vne peine qui n'estoit en grandeur guere differente de la sienne. En grandeur? dit Celadon, il est impossible, car la mienne est extréme. Et la mienne, repliqua Lycidas, est sans comparaison. Cependant que nos Bergers parloient ensemble, ie me tournay vers Phillis, & luy dis: Vous verrez, ma sœur, que ces Bergers se veulent plaindre de nous. A quoy elle me respondit, que nous auions bien plus d'occasion de nous plaindre d'eux. Mais encore, luy dis-ie, que i'en aye beaucoup de me douloir de Celadon, toutesfois i'en ay encor dauantage de vous, qui sous tiltre de l'amitié que vous feignez de me porter, l'auez distrait de celle qu'il me faisoit paroistre: De sorte que ie puis dire, que vous me l'auez desrobé: & parce que Phillis demeura si confuse de mes propos, qu'elle ne sçauoit que me respódre, Celadon s'addressant à moy, me dit : Ah! belle Bergere, mais volage comme belle, est-ce ainsi que vous auez perdu la memoire des seruices de Celadon & de vos serments ? Ie ne me plains pas tant de Lycidas, encor qu'il ait manqué au deuoir de la proximité & de l'amitié qui est entre nous, comme ie me dueil de vous à vous mesme, sçachant bien que le desir que vos perfections produisent dans vn cœur, peut bien faire oublier toute sorte de deuoir : mais est-il impossible qu'vn si long seruice que le mien, vne si absoluë puissance que celle que vous auez tousiours euë sur moy, & vne si entiere affection que la mienne, n'ait peu arrester l'inconstance de vostre ame ? ou bien si encore tout ce qui vient de moy, est trop peu pour le pouuoir, comment est-ce que vostre foy si souuent iurée, & les Dieux si souuent pris pour tesmoins, ne vous ont peu empescher de faire deuant mes yeux vne nouuelle election ? En mesme temps Lycidas prenant la belle main de Phillis auec vn grand souspir, luy dit : Belle main, en qui i'ay entierement remis ma volonté, puis-ie viure & sçauoir, que tu te plaises à la despoüille d'vn autre cœur que du mien ? Du mien, dis-ie, qui auoit merité tant de fortune, si quelqu'vn eust peu en estre digne par la plus grande, par la plus sincere, & par la plus fidelle amitié qui ait iamais esté ? Ie ne pus escouter les autres paroles que Lycidas continua : car ie fus contrainte

trainte de respondre à Celadon : Berger, Berger, luy dis-ie, tous ces mots de fidelité, & d'amitié sont plus en vostre bouche qu'en vostre cœur : & i'ay plus d'occasion de me plaindre de vous que de vous escouter : mais parce que ie ne fay plus d'estat de rien qui vienne de vous, ie ne daignerois m'en douloir : vous en deuriez faire de mesme, si vos dissimulations le vous permettoiét : mais puis que nos affaires sont en ce terme, continuez Celadon, aimez bien Phillis & la seruez bien, ses vertus le meritent, que si en parlant à vous ie rougis, c'est de dépit d'auoir aimé ce qui en estoit tant indigne, & de m'y estre si lourdement deceuë. L'estonnement de Celadon fut si grand, oyant les reproches que ie luy faisois, qu'il demeura longuement sans pouuoir parler, ce qui me donna commodité d'ouyr ce que Phillis respondoit à Lycidas : Lycidas, Lycidas, luy dit-elle, celuy qui me voit me demande. Vous me nommez volage : & vous sçauez bien que c'est le nom le plus conuenable à vos actions : mais vous pensez en vous plaignant le premier, effacer le tort que vous me faites, à moy ? non, ie faux, mais à vous mesme, car ce vous est plus de honte de changer, que ie ne fais de perte en vostre changemét : mais ce qui m'offense, c'est que vous vueillez m'accuser de vostre faute : & feindre quelque bonne occasion de vostre infidelité : il est vray toutesfois que celuy qui de-

P

„ çoit vn frere, peut bien tromper celle qui ne
„ luy est rien. Et lors se tournant vers moy,
„ elle me dit: Et vous, Astrée, croyez que le
gain que vous auez fait le diuertissant de mon
amitié, ne peut estre de plus longue durée, que
iusques à ce qu'il se presente vn autre obiect:
encor que ie sçache bien que vos perfections
ont tant de puissance, que si ce n'estoit vn
cœur tout de plume, vous le pourriez arrester.
Phillis, luy repliquay-ie, la preuue rend tesmoignage
que vous estes vne flatteuse, quand
vous parlez ainsi des perfections qui sont en
moy, puis que m'ayant desrobbé Celadon, il
faut qu'elles soient bien foibles, ne l'ayant peu
retenir apres l'auoir pris. Celadon se iettant
à genoüil deuant moy : Ce n'est pas, me dit-il,
pour mespriser les merites de Phillis: mais ie
proteste bien deuant tous les Dieux, qu'elle
n'alluma iamais la moindre esteincelle d'Amour
dans mon ame, & que ie supporteray
auec moins de desespoir l'offense que vous
feriez contre moy en changeant, que non
point celle que vous faites contre mon affection
en me blasmant d'inconstance. Il ne sert
à rien, sage Diane, de particulariser tous nos
discours, car ils seroient trop longs, & vous
pourroient ennuyer : Tant y a qu'auant que
nous separer nous fusmes tellement remis en
nostre bon sens, ainsi le faut-il dire, que nous
reconnusmes le peu de raison qu'il y auoit de

nous soupçonner les vns les autres, & toutesfois nous auions bien à loüer le Ciel, que nous nous fissions ceste declaration tous quatre ensemble, puis que ie ne crois pas qu'autrement il eust esté possible de desraciner cet erreur de nostre ame, & quant à moy ie vous asseure bien que rien n'eust peu me faire entendre raison, si Celadon ne m'eust parlé de ceste sorte deuant Phillis mesme.

Or depuis ce temps nous allasmes vn peu plus retenus que de coustume, mais au sortir de ce trauail, ie rentray en vne autre qui n'estoit guere moindre : car nous ne peusmes si bien dissimuler, qu'Alcippe, qui y prenoit garde, ne reconneust que l'affection de son fils enuers moy n'estoit pas du tout esteinte, & pour s'en asseurer, il veilla si bien ses actions, que remarquant auec quelle curiosité il alloit tous les iours à ce vieil saule, où nous mettions nos lettres, vn matin il s'y en alla le premier, apres auoir longuement cherché, prenant garde à la foulure que nous auions faite sur l'herbe pour y estre allez si souuent, il se laissa conduire, & le trac le mena droit au pied de l'arbre, où il trouua vne lettre que i'y auois mise le soir ; elle estoit telle :

P ij

LETTRE D'ASTREE
A CELADON.

HIER nous allasmes au Temple, où nous fusmes assemblez pour asister aux honneurs qu'on fait à Pan & à Siringue en leur chommant ce iour; i'eusse dit festoyant si vous y eusiez esté : mais l'amitié que ie vous porte est telle, que ni mesmes les choses diuines, s'il m'est permis de le dire ainsi, sans vous ne me peuuent plaire. Ie me trouue tant incommodée de nos communs importuns, que sans la promesse que i'ay faicte de vous escrire tous les iours, ie ne sçai si auiourd'hui vous eusiez eu de mes nouuelles : receués-les donc pour ce coup de ma promesse.

Quand Alcippe eust leu ceste lettre, il la remit au mesme lieu, & se cachant pour voir la response, son fils ne tarda pas d'y venir, & ne se trouuant point de papier rescriuit sur le dos de ma lettre, & m'a dit depuis que la sienne estoit telle :

LETTRE DE CELADON
A LA BERGERE ASTREE.

VOVS m'obligez & desobligez en mesme temps; pardon si ce mot vous offense: Quand vous me dites que vous m'aimez, puis-ie auoir quelque plus grande obligation à tous les Dieux? Mais l'offense n'est pas petite quand ceste fois vous ne m'escriuez que pour me l'auoir promis: car ie dois ce bien à vostre promesse & non pas à vostre amitié. Ressouuenez-vous ie vous supplie, que ie ne suis pas à vous parce que ie le vous ay promis, mais parce que veritablement ie suis vostre, & que de mesme ie ne veux pas des lettres pour les conditions qui sont entre nous: mais pour le seul tesmoignage de vostre bonne volonté, ne les cherissant pas pour estre marchandées, mais pour m'estre enuoyées d'vne entiere & parfaicte affection.

Alcippe n'auoit peu reconnoistre qui estoit la Bergere à qui ceste lettre s'addressoit: car il n'y auoit personne de nommé. Mais voyez que c'est d'vn esprit qui veut contrarier, il ne plaignit pas sa peine d'attendre en ce mesme lieu plus de cinq ou six heures, pour voir que seroit celle qui la viendroit querir : S'asseurant bien que le iour ne s'escouleroit pas que quelqu'vne ne la vint prendre. Il estoit desia fort tard quand ie m'y en allay : mais soudain qu'il m'apperceut, de peur que ie ne la prisse il se leua, & fist semblant de s'estre endormy-là : & moy pour ne luy point donner de soupçon tournant mes pas, ie feignis de prendre vne autre voye : luy au contraire fort satisfait de sa peine, aussi tost que ie fus partie prit la lettre, & se retira chez soy, d'où il fist incontinent dessein d'enuoyer son fils, parce qu'il ne vouloit on sorte quelconque qu'il y eust alliance entre-nous, à cause de l'extréme inimitié qu'il y auoit entré Alcé & luy, & au contraire auoit intention de le marier auec Malthée fille de Forelle, pour quelque commodité qu'il pretédoit de leur voisinage. Les paroles qui furent dittes entre nous à son départ, n'ont esté que trop diuulguées par vne des Nymphes de Bèllinde : car ie ne sçay comment ce iour-là Lycidas qui estoit au pied du Rocher, s'endormit, & ceste Nymphe en passant nous ouyt, & escriuit dans des tablettes tous nos discours. Et quoy, interrompit Diane, sont-ce les vers que i'ay ouy chanter à vne des Nymphes de ma mere, sur le départ d'vn Berger ? Ce les sont, respondit Astrée, & parce que ie n'ay iamais voulu faire semblant qu'il y eust quelque chose qui me touchast, ie ne les ay osé demander. Ne vous en mettez point en peine, repliqua Diane : car demain ie vous en donneray vne copie. Et apres qu'Astrée l'en eust remerciée, elle continua.

Or durant cét esloignement, Olimpe, fille du Berger Lupeandre, demeurant sur les confins de Forests, du costé de la riuiere de Furan, vint auec sa mere en nostre hameau : & parce que ceste bonne vieille aimoit fort Amarillis, comme ayant de ieunesse esté nourrie ensemble, elle la vint visiter. Ceste ieune Bergere n'estoit pas si belle qu'elle estoit affettée, & auoit si bonne opinion d'elle mesme, qu'il luy sembloit que tous les Bergers qui la regardoient, en estoient amoureux ; qui est vne reigle infallible pour toutes celles qui s'affectionnent aisément. Cela fut cause qu'aussi tost qu'elle fust arriuée dans la maison d'Alcippe, elle commença de s'embesoigner de Lycidas, ayant opinion que la ciuilité dont il vsoit enuers elle, procedast d'Amour : soudain que le Berger s'en apperçeust, il nous le vint dire pour sçauoir comme il auoit à s'y conduire : nous fusmes d'aduis, afin de mieux couurir l'affection qu'il portoit à Phillis, qu'il maintint Olimpe en ceste opinion. Et peu apres il aduint par mal-heur qu'Artemis eust quelque affaire sur les riues d'Allier, où elle emmena auec elle Phillis, quelque artifice que nous sceussions inuenter pour la retenir.

P. iiij

Pagination incorrecte — date incorrecte

NF Z 43-120-12

Durant cét esloignement, qui peut estre de six ou sept Lunes, la mere d'Olimpe s'en retourna, & laissa sa fille entre les mains d'Amarillis, intention que Lycidas l'espouseroit, iugeant selon ce qu'elle en voyoit, qu'il l'aimoit desia beaucoup: Et parce que c'estoit vn party aduantageux pour elle, elle fut conseillée par sa mere de le rendre le plus amoureux qu'il luy seroit possible: Et vous asseure, belle Diane, qu'elle ne s'y feignit point: car depuis ce temps-là elle estoit plustost celle qui recherchoit, que la recherchée. Si bien que vn iour qu'elle le trouua à propos, ce luy sembloit, dans le plus retiré du bois de Bon-lieu, où de fortune il estoit allé chercher vne brebis qui s'estoit esgarée, apres quelques propos communs, elle luy ietta vn bras au col, & apres l'auoir baisé, luy dit, Gentil Berger, ie ne sçay qu'il y peust auoir en moy de si desagreable, que ie ne puisse par tant de demonstrations de bonne volonté trouuer lieu en vos bonnes graces. C'est peut-estre, respondit le Berger en sousriant, parce que ie n'en ay point. Celuy qui diroit comme vous, replique la Bergere, deuroit estre estimé autant aueugle que vous l'estes, si vous ne voyez point l'offre que ie vous fais de mon amitié: Iusques à quand, Berger, ordonnez-vous que i'aime sans estre aimée, & que ie recherche sans que l'on m'en sçache gré? Si me semble-t'il que les autres Bergeres de qui vous faites tant de cas, ne sont point plus aimables que moy, n'y n'ont aucun auantage dessus moy, sinon en la possession de vos bonnes graces. Olimpe proferoit ces paroles auec tant d'affection, que Lycidas en fut esmeu: Belle Diane, toutes les autresfois que ie me suis ressouuenuë de l'accident qui arriua lors à ce Berger, ie n'ay peu m'empescher d'en rire: mais ores mon mal-heur me le deffend, & toutesfois il me semble, qu'il n'y a pas dequoy s'ennuyer, sinon pour Phillis, qui luy auoit tant commandé de feindre de l'aimer: car la feinte en fin fut à bon escient, & ainsi ceste miserable Olimpe pensant, par ses faueurs, se faire aimer dauantage, se rendit depuis ce temps-là si mesprisée, que Lycidas (ayant eu d'elle tout ce qu'il en pouuoit auoir) la desdaigna, de sorte qu'il ne la pouuoit souffrir aupres de luy. Incontinent que ceste fortune luy fut arriuée, il me la vint raconter auec tant d'apparence de desplaisir, que i'eus opinion qu'il se repentoit de sa faute, & toutesfois il n'auint pas ainsi: car ceste Bergere fit tant la folle, qu'elle en deuint enceinte; & lors qu'elle commençoit de s'en ressentir, Phillis reuint de son voyage, & si ie l'auois attenduë auec beaucoup de peine, aussi la receus-ie auec beaucoup de contentement: mais comme on s'enquiert ordinairement le plustost de ce qui touche au cœur, Phillis apres les deux ou trois premieres paroles, ne manqua de demander comme Lycidas se portoit, & comme il se gouuernoit auec Olimpe. Fort bien, luy respõdis-ie, & m'asseure qu'il ne tardera guere à vous en venir dire des nouuelles: ie luy en tranchois le propos si court, de peur de luy dire quelque chose qui offensast Lycidas, qui de son costé n'estoit pas sans peine, ne sçachant comme aborder sa Bergere; en fin il se resolut de souffrir toutes choses plustost que d'estre banny de sa veuë, & s'en vint la trouuer en son logis, où il sçauoit que i'estois soudain que Phillis le vid, elle courut à luy les bras ouuerts pour le salüer: mais s'estant vn peu reculé, il luy dit: Belle Phillis, ie n'ay point assez de hardiesse pour m'approcher de vous, si vous ne me pardonnez la faute que ie vous ay faicte. La Bergere (ayant opinion qu'il s'excusoit de ne luy estre venu au deuant comme il auoit accoustumé) luy respondit: il n'y a rien qui me puisse retarder de salüer Lycidas, & quand il m'auroit offensée beaucoup d'auantage, ie luy pardonne toutes choses. A ce mot elle s'auança, & le salüa auec beaucoup d'affection: mais il y eut du plaisir quand elle l'eust ramené à moy, & qu'il me pria de declarer son erreur à sa Maistresse, afin de sçauoir promptement à quoy elle le condamneroit. Non pas, dit-il, que le regret de l'auoir offensée ne m'accompagne au cercueil: mais pour le desir que i'ay de sçauoir ce qu'elle ordonnera de moy. Ce mot fit monter la couleur au visage de Phillis, se doutant bien que son pardon auoit esté plus grand que son intention. A quoy Lycidas prenant garde: Ie n'ay point assez de courage, me dit-il, pour ouyr la declaration que vous luy en ferez. Pardonnez-moy donc, belle Maistresse, (se tournant vers Phillis) si ie vous romps si tost compagnie, & si ma vie vous a despleu, & que ma mort vous puisse satisfaire, ne soyez point auare de mon sang. A ce mot, quoy que Phillis le r'appellast, il ne voulut reuenir, au contraire poussant la porte il nous laissa seules. Vous pouuez croire que Phillis ne fut paresseuse de s'enquerir s'il y auoit quelque chose de nouueau, d'où venoit vne si grand crainte. Sans l'arrester d'vn long discours, ie luy dis ce qui en estoit, & ensemble mis toute la faute dessus nous, qui auions esté si mal auisé de ne preuoir, que sa ieunesse ne pouuoit faire plus de resistance aux recherches de ceste folle: & que son desplaisir en estoit si grand, que son erreur en estoit pardonnable. Du premier coup ie n'obtins pas d'elle ce que ie desirois: mais peu de iours apres Lycidas par mon conseil se vint ietter à ses genoux, & parce que pour ne le voir point elle s'en courut en vn autre chambre, & de celle-là en vne autre, fuyant Lycidas qui l'alloit poursuiuant, & qui estoit resolu, ainsi qu'il disoit, de ne la laisser qu'il n'eust le pardon, ou la mort ; en fin ne sçachant plus où fuir, elle s'arresta en vn cabinet, où Lycidas entrant & fermant les portes, se remit à genoux deuant elle, & sans luy dire autre chose attendoit l'arrest de sa volonté. Ceste affectionnée opiniastreté eut plus de force sur elle, que mes persuasions, & ainsi apres auoir demeuré quelque temps sans luy rien dire : Va, luy dit-elle, importun, c'est à ton opiniastreté, & non à toy que ie pardonne. A ce mot il luy baisa la main, & me vint ouurir la porte, pour me montrer qu'il en auoit eu la victoire : & lors voyant ses affaires en si bon estat, ie ne les laissay point separer que toutes offensés ne fussent entierement remises, & Phillis pardonna tellement à son Berger, que depuis le voyant en vne peine extreme de celer le ventre d'Olimpe, qui grossissoit à veuë d'œil, elle s'offrit de luy aider & assister en tout ce qu'il luy seroit possible. Pour certain, interrompit alors Diane, voila vne estrange preuue de bonne volonté : car pardonner vne telle offense, est entierement contre l'amitié, & de plus empescher, que celle qui en est cause, n'en ait du desplaisir : sans mentir, Phillis, c'est trop, & pour moy i'aduoüe que mon courage ne le sçauroit souffrir. Si fit donc bien mon amitié, respondit Phillis, & par là vous pouuez iuger de quelle qualité elle est. Laissons ceste consideration à part, repliqua Diane, car elle seroit fort desaduantageuse pour vous, puis que de ne ressentir les offenses qui se font contre l'amitié, c'est plustost signe de defaut que de surabondance d'Amour: quant à moy si i'eusse esté des amies de Lycidas, i'eusse expliqué cét offre au desaduantage de vostre bonne volonté. Ah! Diane, dit Phillis, si vous sçauiez que c'est que d'aimer, comme de vous faire aimer, vous iugeriez qu'au besoin se connoit l'amy, mais le Ciel s'est contenté de vous auoir faicte pour estre aimée, & non pas pour aimer. Si cela est, respondit Diane, ie luy suis plus obligée d'vn tel bien que de la vie : mais si suis-ie capable sans aimer de iuger de l'amitié : Il ne se peut, interrompit Phillis. J'aime donc mieux m'en taire, respondit Diane, que d'en parler auec vne si chere permission, toutesfois si vous me voulez faire autant de grace qu'au Medecin qui parle & iuge indifferemment de toutes sortes de maladies sans les auoir euës, ie diray, que s'il y a quelque chose en l'amitié, dont l'on doiue faire estat, ce doit estre sans plus l'amitié mesme : car toute autre chose qui nous en plaist, ce n'est que pour estre iointe auec elle : & par ainsi il n'y a rien qui puisse plus offenser celuy qui aime, que de remarquer quelque defaut d'Amour, & ne point ressentir telles offenses, c'est veritablement auoir l'esprit ladre pour ceste passion. Et voulez-vous que ie vous die ce qu'il me semble de l'amitié? C'est vne musique à plusieurs voix, qui bien vnies, rendent vne tres-douce harmonie: mais si l'vne desaccorde, elle ne déplaist pas seulemēt, mais fait oublier tout le plaisir qu'elles ont donné auparauant. Par ainsi, dit Phillis, mauuaise Diane, vous voulez dire, que si on vous auoit seruie longuement, la premiere offense effaceroit toute la memoire du passé. Cela mesme, dit Diane, ou peu moins. O Dieu, s'escria Phillis, que celuy qui vous aimera n'aura pas œuure faicte. Celuy qui m'aimera, repliqua Diane, s'il veut que ie l'aime, prendra garde de n'offenser mon amitié: & croyez-moy Phillis, qu'à ce coup vous auez plus fait d'iniure à Lycidas, qu'il ne vous auoit auparauant offensée. Donc, dit Phillis en sousriant, autres-fois ie disois que c'estoit l'amitié qui me l'auoit fait faire, mais à ceste heure, ie diray que c'estoit la vengeance; & aux plus curieux i'en diray la raison que vous m'auez apprise. Ils iugeront, adiousta Diane, qu'autres-fois vous auez sçeu aimer, & qu'à ceste heure vous sçauez que c'est d'aimer. Quoy que c'en soit, respondit Phillis, s'il y eust de la faute, elle proceda d'ignorance, & non point de defaut d'Amour: car ie pensois y estre obligée, mais s'il y retourne iamais, ie me garderay bien d'y retomber. Et vous estes trop longuement muette, dites-nous donc

LIVRE QVATRIESME. 239
comme i'assistay à faire cét enfant? Alors
Astrée reprit ainsi:

Soudain que ceste Bergere se fut ouuerte,
Lycidas l'accepta fort effrontément; dés lors il
enuoya vn ieune Berger à Moin, pour luy amener la sage femme de ce lieu, les yeux clos, afin
qu'elle ne sçeut discerner où elle alloit. Diane
alors, comme toute estonnée mit le doigt sur la
bouche, & dit: Belle Bergere, cecy n'a pas esté
si secret que vous pensez, ie me ressouuiens
d'en auoir ouy parler. Ie vous supplie, dit Phillis, racontez-nous comme vous l'auez ouy dire,
pour sçauoir s'il a esté redit à la verité. Ie ne
sçay, adiousta Diane, si ie m'en pourray bien
ressouuenir: le pauure Phillandre fut celuy qui
m'en fit le conte, & m'asseura qu'il l'auoit apris
de Lucine la sage femme, à qui mesme il estoit
arriué, qu'elle n'en eust iamais parlé, si on se
fust fié en elle. Vn iour qu'elle se promenoit
dans le parc qui est entre Mont-brison &
Moin, auec plusieurs autres ses compagnes, elle
vid venir à elle vn ieune homme qu'elle ne
connoissoit point, & qui à son abord luy fit des
recommandations de quelques-vnes de ses parentes, qui estoient à Feurs, & puis luy en dit
quelques particularitez, afin de la separer vn
peu des autres femmes qui estoient auec elles:
& lors qu'il la vid seule, il luy fit entendre
qu'vne meilleure occasion le conduisoit vers
elle: car c'est celuy, dit-il, pour vous coniurer

par toute la pitié que vous eustes iamais de vouloir secourir vne honneste femme, qui est en danger si vous luy refusez vostre aide : la bonne femme fut vn peu surprise d'ouyr changer tout à coup ce discours, mais le ieune homme la pria de celer mieux son estonnement, & qu'il esliroit pluftost la mort, que si on venoit à soupçonner cét affaire : & Lucine s'estant r'asseurée, & ayant promis qu'elle seroit secrette, & qu'il luy dit seulement en quel temps elle se deuoit tenir preste : Ne faictes donc point de voyage de deux mois, luy dit le ieune homme, & afin que vous ne perdiez rien, voila l'argent que vous pourriez gaigner ailleurs durant ce temps-là. A ce mot il luy donna quelques pieces d'or dans vn papier, & s'en retourna sans passer à la ville : apres toutesfois auoir sçeu d'elle, si elle ne marcheroit pas la nuict, & qu'elle luy eust respondu voyant le gain si grand, que nul temps ne la pourroit arrester. Dans quinze ou seize iours apres, ainsi qu'elle sortoit de Moin, sur les cinq ou six heures du soir, elle le vid reuenir auec le visage tout changé, & s'approchant d'elle, luy dit : Ma mere, le temps nous a deceu, il faut partir, les cheuaux nous attendent, & la necessité nous presse, elle voulut rentrer en la maison pour donner ordre a ses affaires, mais il ne voulut le luy permettre, craignant qu'elle n'en parlast à quelqu'vn : ainsi estant paruenu dans vn valon fort

retiré

retiré du grand chemin du costé de la Garde, elle trouua deux cheuaux auec vn homme de belle taille, & vestu de noir, qui les gardoit: aussi tost qu'il vid Lucine, il s'en vint à elle auec vn visage fort ouuert, & apres plusieurs remercimens, la fit mettre en trousse derriere celuy qui l'estoit allé querir, puis montant sur l'autre cheual, s'en allerent au grand trot à trauers les champs, & lors qu'ils furent vn peu éloignez de la ville, & que la nuict commençoit à s'obscurcir, ce ieune homme sortant vn mouchoir de sa poche, banda les yeux à Lucine, quelque difficulté qu'elle en sçeut faire; & apres firent faire deux ou trois tours au cheual sur lequel elle estoit, pour luy oster toute connoissance du chemin qu'ils vouloient tenir; & puis reprenant le trot, marcherent vne bonne partie de la nuict, sans qu'elle sçeust où elle alloit, sinon qu'ils luy firent passer vne riuiere, comme elle croit, deux ou trois fois, & puis la mettant à terre, la firent marcher quelque temps à pied, & ainsi qu'elle pouuoit iuger c'estoit par vn bois, où en fin elle entreuit vn peu de lumiere à trauers le mouchoir, que tost apres ils luy osterent, & lors elle se trouua sous vne tente de tapisserie, accommodée de telle façon que le vent n'y pouuoit entrer: d'vn costé elle vid vne ieune femme dans vn lict de camp, qui se plaignoit fort, & qui estoit masquée: au pied du lict elle apperceut vne femme

Q

qui auoit aussi le visage couuert, & qui à ses habits, monstroit d'estre aagée, elle tenoit les mains iointes, & auoit les larmes aux yeux: de l'autre costé il y auoit vne ieune fille de chambre masquée, auec vn flambeau en la main: au cheuet du lict estoit panché cét honneste homme qu'elle auoit trouué auec les cheuaux, qui faisoit paroistre de ressentir infiniment le mal de ceste femme, qui estoit appuyée contre son estomac, & le ieune homme qui l'auoit portée en trousse alloit d'vn costé & d'autre pour donner ce qui estoit necessaire, y ayant sur vne table au milieu de ceste tente, deux grands flambeaux allumez. Il est aisé à croire que Lucine fut fort estonnée de se treuuer en tel lieu, toutesfois elle n'eut le loisir de demeurer long temps en cét estonnement: car on eust iugé que ceste petite creature n'attendoit que l'arriuée de ceste femme pour venir au monde, tant la mere prit tost les douleurs de l'accouchement, qui ne luy durerent pas vne demie heure sans deliurer d'vne fille: mais ce fut vne diligence encore plus grande que celle dont on vsa à debagager incôtinent, & à mettre l'accouchée, & l'enfant dans vne littiere, & à renuoyer Lucine apres l'auoir bien contentée, les yeux clos toutesfois ainsi qu'elle estoit venuë: que si on se fust fié en elle, elle iure que iamais elle n'en eust parlé, mais qu'il luy sembloit que leur messiance luy en donnoit congé: & voila tout ce que i'en ay sçeu par Phillandre, Astrée & Phillis qui auoient esté fort attentiues à son discours, & se regarderent entr'elles fort estonnées, & Phillis ne peust s'empescher de sous-rire, & Diane luy en demandant la raison: C'est parce, dit-elle, que vous nous auez dit vne histoire que nous ne sçauions pas, & pour moy ie ne sçaurois m'imaginer que ce peut estre: Car pour Olimpe, elle ne se fust point tant hazardée: & faut par necessité que ce soit autre qu'vne Bergere, y ayant vn si grand appareil. En verité, respondit Diane; ie prenois cét honneste homme pour Lycidas: la vieille, pour la mere de Celadon: & la fille de chambre, pour vous: & iugeois que vous vous fussiez ainsi déguisées pour n'estre recogneuës. Si vous asseureray-ie, reprit Astrée, que ce n'est point Olimpe, car Phillis n'y vsa d'autre artifice que de la faire venir en sa maison: & de fortune sa mere Artemis, estoit pour lors allée sur les riues d'Allier: & parce qu'Olimpe estoit entre les mains d'Amarillis, il fallut qu'elle feignit d'estre malade, ce qui luy fut fort aisé, à cause du mal qu'elle auoit desia, & apres auoir trainé quelque temps, elle fit entendre elle-mesme à la mere de Celadon, que le changement d'air luy rapporteroit, peut-estre, du soulegement, & qu'elle s'asseuroit que Phillis seroit bien aise de la retirer chez elle. Amarillis qui se sentoit chargée de sa maladie, fut bien aise de ceste resolution, & ainsi Phillis la vint querir : & lors que le terme approcha, Lycidas alla prendre la sage femme, & luy banda les yeux, afin qu'elle ne reconneust point le chemin : mais quand elle fut arriuée, il les luy débanda, sçachant bien qu'elle ne connoistroit pas Olimpe, comme ne l'ayant iamais veuë auparauant. Voila tout l'artifice qui y fut fait : & soudain qu'elle fut bien remise, elle s'en alla chez elle, & nous a-t'on dit depuis qu'elle vsa d'vn bien plaisant artifice pour faire nourrir sa fille : car aussi tost qu'elle fut arriuée, elle aposta vne folle femme, qui feignant de l'auoir fait, la vint donner a vn Berger qui auoit accoustumé de seruir chez sa mere, disant qu'elle l'auoit euë de luy : Et parce que ce pauure Berger s'en sentoit fort innocent, il la refusa & la rebroüa, de sorte qu'elle qui estoit faicte au badinage, le poursuiuit iusques dans la chambre de Lupeandre mesme : & là, quoy que le Berger la refusast, elle mit l'enfant au milieu de la chambre, & s'en alla. On nous a dit que Lupeandre se courrouça fort, & Olimpe aussi à ce Berger, mais la conclusion fut, qu'Olimpe se tournant vers sa mere : Encor ne faut-il pas, luy dit-elle, que ceste petite creature demeure sans estre nourrie ? elle ne peut-mais de la faute d'autruy, & ce sera vne œuure agreable aux Dieux de la faire esleuer. La mere qui estoit bonne &

charitable, s'y accorda, & ainſi Olimpe retira
ſa fille auprés d'elle. Cependāt Celadon eſtoit
chez Forelle, où l'on luy faiſoit toute la bonne
chere qu'il ſe pouuoit, & meſme Malthéee
auoit eu commandement de ſon pere de luy
faire toutes les hôneſtes careſſes qu'elle pourroit: mais Celadon auoit tant de deſplaiſir de
noſtre ſeparation, que toutes leurs honneſte-
tez luy tenoient lieux de ſupplice: & viuoit
ainſi auec tant de triſteſſe, que Forelle ne pouuant ſouffrir le meſpris qu'il faiſoit de ſa fille,
en aduertit Alcippe, afin qu'il ne s'attendiſt
plus à ceſte alliance, qui ayant ſçeu la reſolution de ſon fils, eſmeu, comme ie croy, de pitié, fit deſſein d'vſer encor vne fois de quelque
artifice: & apres cela ne le tourmenter point
d'auantage. Or pendant le ſeiour que Celadon
fit pres de Malthée, mon oncle Phocion fit en
ſorte que Corebe tres-riche & honneſte Berger, me vint rechercher, & parce qu'il auoit
toutes les bônes parties qu'on euſt ſceu deſirer,
pluſieurs en parloient deſia, comme ſi le mariage euſt eſté reſolu. Dequoy Alcippe ſe voulant ſeruir, fit la ruſe que ie vous diray. Il y a
vn Berger nommé Squilindre demeurant ſur
les liſieres de Foreſts, en vn hameau appellé
Argental, homme fin, & ſans foy, & qui entre
ſes autres induſtries ſçait ſi bien contrefaire
toutes ſortes de lettres, que celuy meſme
de qui il les veut imiter, eſt bien empeſché de

Q iij

reconnoistre la fausseté: ce fut à cét homme à qui Alcippe monstra celle qu'il auoit trouuée de moy au pied de l'arbre, ainsi que ie vous ay dit, & luy en fit escrire vne autre à Celadon en mon nom, qui estoit telle:

LETTRE CONTREFAITE d'Astrée à Celadon.

CELADON, puis que ie suis contrainte par le commandement de mon pere, vous ne trouuerez point estrange que ie vous prie de finir cét Amour qu'autres-fois ie vous ay coniuré de rendre eternel; Alcé m'a donnée à Corebe: & quoy que le party me soit auantageux, si est-ce que ie ne laisse de ressentir beaucoup la separation de nostre amitié. Toutesfois puis que c'est folie de contrarier à ce qui ne peut arriuer autrement, ie vous conseille de vous armer de resolution, & d'oublier tellement tout ce qui s'est passé entre nous, que Celadon n'ait plus de memoire d'Astrée; comme Astrée est contrainte d'ores en là, de perdre pour son deuoir tous les souuenirs de Celadon.

Ceste lettre fut portée assez finement à Celadon par vn ieune Berger incogneu. Dieux! quel deuint-il d'abord, & quel fut le déplaisir qui luy serra le cœur? Donc, dit-il, Astrée, il est bien vray qu'il n'y a rien de durable au monde, puis que ceste ferme resolution que vous m'auez si souuent iurée, s'est changée si promptement: Donc vous voulez que ie sois tesmoin, que quelque perfection qu'vne femme puisse auoir, elle ne peut se despoüiller de son inconstance naturelle? Donc le Ciel a consenty, que pour vn plus grand supplice, la vie me restast, apres la perte de vostre amitié, afin que seulement ie vesquisse pour ressentir dauantage mon desastre? Et là tombant éuanoüy il ne reuint point plustost en soy-mesme, que les plaintes en sa bouche; & ce qui luy persuadoit plus aisément ce change, c'estoit que la lettre ne faisoit qu'approuuer le bruit commun du mariage de Corebe, & de moy. Il demeura tout le iour sur vn lict, sans vouloir parler à personne, & la nuict estant venuë, il se destroba de ses compagnons, & se mit dans les bois les plus épais, & les plus reculez, fuyant la rencontre des hommes, comme vne beste sauuage: resolu de mourir loing de la compagnie des hommes, puis qu'ils estoient la cause de son ennuy.

En ceste resolution il courut toutes les montagnes de Forests, du costé de Ceruieres, où en fin il choisit vn lieu qui luy sembla le moins frequenté, auec dessein d'y paracheuer le reste de ses tristes iours. Le lieu s'appelloit Lapan, d'où sourdoit l'vne des sources du desastreux

Lignon: car l'autre vient des montagnes de de Chamasel.

Or sur les bords de ceste fontaine, il bastit vne petite cabane, où il vesquit retiré plus de six mois, durant lesquels, sa plus ordinaire nourriture estoient les pleurs & les plaintes. Ce fut en ce temps qu'il fit ceste chanson.

CHANSON
De Celadon sur le changement d'Astrée.

IL faudroit bien que la constance
M'eust dérobé le sentiment,
Si ie ne ressentois l'offense
Que m'a fait vostre changement,
Et la ressentant si soudain,
Ie ne recourois au dédain.

Vous m'auez dedaigné pariure,
Pour vn que vous n'auez point veu,
Parce qu'il eut parauenture,
Plus de bien que ie n'ay pas eu:
Infidelle, osez-vous encor
Sacrifier à ce veau d'or?

Où sont les sermens que nous fismes?
Où sont tant de pleurs espandus,
Et ces Adieu, quand nous partismes?
Le Ciel les a bien entendus:

LIVRE QVATRIESME. 249

Quand vostre cœur les oublioit,
Vostre bouche les publioit.

Yeux pariurez, flame infidelle,
Qui n'aimez sinon en changeant,
Fasse Amour qu'vne beauté telle
Que la vostre m'aille vengeant;
Qu'elle faigne de vous aimer,
Seulement pour vous enflamer.

Ainsi pressé de sa tristesse,
Vn Amant trahy se plaignoit,
Quand on luy dit que sa Maistresse
Pour vn autre le dedaignoit;
Et le Ciel tonnant par pitié,
Promit venger son amitié.

Il estoit couché, miserable,
Pres de Lignon, & s'en alloit,
Du doigt marquant dessus le sable
Leurs chiffres ainsi qu'il souloit.
Ce chiffre, dit-il, trop heureux,
Helas! n'est plus propre à nous deux.

Lors le pleur, enfant de la peine,
Qu'vne iuste douleur poussoit,
Tombant à grands flots sur l'arene,
Ces doubles chiffres effaçoit:
Efface, dit-il, o mon pleur,
Non pas ceux cy, mais ceux du cœur,

Amant qui plein de coüardise,
T'en vas plaignant si longuement
Vne ame toute de faintise :
Lors que tu sçeus son changement,
Ou tu deuois soudain mourir,
Ou bien incontinent guerir.

La solitude de Celadon eust esté beaucoup plus longue sans le commandemēt qu'Alcippe fit à Lycidas de chercher son frere, ayant en soy-mesme fait dessein (puis qu'aussi biē voyoit il que sa peine luy estoit inutile) de ne contrarier plus à ceste amitié : mais Lycidas eust longuement cherché, sans vne rencontre qui nous aduint ce iour-la mesme.

I'estois sur le bord de Lignon, & tenois les yeux sur son cours, resuant pour lors à la perte de Celadon : & Phillis & Lycidas parloient ensemble vn peu plus loing, quand nous vismes des petites balottes qui alloient nageant sur l'eau. La premiere qui s'en prit garde fut Phillis, qui nous les monstra, mais nous ne pusmes deuiner ce que ce pouuoit estre. Et parce que Lycidas recogneut la curiosité de sa Maistresse, pour luy satisfaire, il s'auança le plus auant qu'il peut en l'eau, & fit tant auec vne longue branche qu'il en prit vne : Mais voyant que ce n'estoit que cire, parce qu'il s'estoit moüillé, & qu'il se faschoit d'auoir pris tant de peine pour chose qui valoit si peu, il la ietta de dépit en

LIVRE QVATRIESME. 251

terre, & si à propos, que frappât contre vn gros caillou, elle se mit toute en pieces, & n'en resta qu'vn papier qui auoit esté mis dedans, que Phillis courut incontinent prendre, & l'ayant ouuert, nous y leusmes tels mots:

VA t'en papier, plus heureux que celuy qui t'enuoye, renoir les bords tant aimez où ma Bergere demeure; & si accōpagné des pleurs dont ie vay großissant ceste riuiere, il t'auient de baiser le sablon où ses pas sont imprimez, arrestes y ton cours, & demeure bien fortuné où mon mal-heur m'empesche d'estre; que si tu paruiens en ses mains, qui m'ont rauy le cœur, & qu'elle te demande ce que ie fais, dy luy, O fidelle papier, que iour & nuict ie me change en pleurs pour lauer son infidelité; & si touchée du repentir, elle te mouille de quelques larmes, dy luy que pour detendre l'arc elle ne guerit pas la playe qu'elle a faite à sa foy & à mon amitié: & que mes ennuis seront tesmoins & deuant les hommes, & deuant les Dieux, que comme elle est la plus belle & la plus infidelle du monde: que ie suis aussi le plus fidelle & plus affectionné qui viue, auec asseurance toutesfois de n'auoir iamais contentement que par la mort.

Nous n'eusmes pas si tost ietté les yeux sur ceste escriture, que nous la reconneusmes tous trois pour estre de Celadon: qui fut cause que Lycidas courut pour retirer les autres qui nageoient sur l'eau, mais le courant les auoit emportées si loin qu'il ne les peust atteindre: toutesfois nous iugeasmes bié par celle-cy, qu'il deuoit estre auprés de la source de Lignon, qui fut cause que Lycidas le lendemain partit de bonne heure pour le chercher, & vsa de telle diligence, que trois iours aprés il le trouua en sa solitude, si changé de ce qu'il souloit estre, qu'il n'estoit pas presque reconnoissable: mais quád il luy dit, qu'il falloit s'en reuenir vers moy, & que ie le luy commandois ainsi, il ne pouuoit a peine se persuader que son frere ne le voulust tromper. Enfin la lettre qu'il luy porta de moy, luy donna tant de contentement, que dans fort peu de iours il reprit son bon visage & nous reuint trouuer: non toutesfois si tost qu'Alcippe ne mourut auant son retour, & que peu de iours aprés Amarillis ne le suiuist. Et lors nous eusmes bien opinion que la fortune auoit fait tous ses plus grands efforts contre nous, puis que ces deux personnes estoient mortes, qui nous y contrarioient le plus: Mais n'auint-il pas par mal-heur que la recherche de Corebe alla continuant, si auant qu'Alcé, Hippolite, & Phocion, ne me laissoient point de repos, & toutesfois ce ne fut pas de leur costé dont nostre mal-heur proceda, quoy que Corebe en partie en fut cause: car lors qu'il me vint rechercher, parce qu'il estoit fort riche, il amena auec luy plusieurs Bergers, entre lesquels estoit Semire, Berger, à la verité plein de plusieurs bonnes qualitez, s'il n'eust esté le plus perfide & le plus cauteleux homme qui fut iamais: aussi tost qu'il ietta les yeux sur moy, il fist dessein de me seruir, sans se soucier de l'amitié que Corebe luy portoit: & parce que Celadon & moy, pour cacher nostre amitié, auions fait dessein, comme ie vous ay desia dit, de feindre, luy d'aimer toutes les Bergeres, & moy de patienter indifferemment la recherche de toute sorte de Bergers, il creut au commencemēt que la bonne reception que ie luy faisois, estoit la naissance de quelque plus grande affection, & n'eust si tost reconneu celle qui estoit entre Celadon & moy, si de mal-heur il n'eust trouué de mes lettres. Car encor que pour sa derniere perte on conneust biē qu'il m'aimoit, si y en auoit-il fort peu qui creussent que ie l'aimasse, tant ie m'y estois conduite froidemēt, depuis que Celadon estoit retourné: & parce que les lettres qu'Alcippe auoit trouuées au pied de l'arbre, nous auoient coustées si cher, nous ne voulusmes plus y fier celles que nous nous escriuions, mais inuentasmes vn autre artifice qui nous sembla plus asseuré. Celadon auoit apiecé au droit du cordon de son chappeau, par le dedans, vn peu de feutre si proprement, qu'à peine se voyoit-il, & cela se serroit auec vne gance à vn bouton, par dehors, où il faignoit de retrouffer l'aile du chapeau: il mettoit la dedans fa lettre, & puis faifant femblant de fe iouer, ou il me iettoit fon chapeau, ou ie le luy iettois, ou il le laiffoit tomber, ou faignoit pour mieux courre, ou fauter, de le mettre en terre; & ainfi i'y prenois ou mettois la lettre. Ie ne fçay comme par mal-heur, vn iour que i'en auois vne entre les mains pour l'y mettre, en courant apres quelque loup, qui eftoit venu paffer aupres de nos troupeaux, ie la laiffay tomber fi mal-heureufement pour moy, que Semire qui venoit apres la releua, & vit qu'elle eftoit telle:

LETTRE D'ASTRÉE A CELADON.

MOn cher Celadon i'ay receu voftre lettre, qui m'a efté autant agreable, que ie fçay que les miennes le vous font; & n'y ay rien trouué qui ne me fatisface, hormis les remerciemens que vous me faites, qui ne me femblent à propos, ny pour mon amitié, ny pour ce Celadon qui des long temps s'eft defia tout donné à moy : car s'ils ne font point voftres, ne fçauez-vous pas que ce qui n'a point ce tiltre, ne fçauroit me plaire? Que s'ils font à vous, pourquoy me donnez vous feparé ce qu'vne fois i'ay receu, quand vous vous donnaftes tout à moy? N'en vfez donc *plus*, *ie vous supplie*, *si vous ne me voulez faire croire*, *que vous auez plus de ciuilité que d'Amour.*

Depuis qu'il eust trouué ceste lettre, il fist dessein de ne me parler plus d'Amour, qu'il ne m'eust mise mal auec Celadon, & commença de ceste sorte. En premier lieu il me supplia de luy pardonner s'il auoit esté si temeraire que d'auoir osé hausser les yeux à moy, que ma beauté l'y auoit contraint : mais qu'il reconnoissoit bien son peu de merite, & qu'à ceste occasion il me protestoit qu'il ne s'y mesprendroit iamais plus : & que seulement il me supplioit d'oublier son outre-cuidance. Et puis il se rendit tellement amy & familier de Celadon, qu'il sembloit qu'il ne peust rien aimer dauantage : & pour m'abuser mieux, il ne me rencontroit iamais sans trouuer quelque occasion de parler à l'auantage de mon Berger, couurant si finement son intention, que personne n'eust pensé qu'il l'eust fait à dessein. Ces loüanges de la personne que i'aimois, comme ie vous ay dit, me déceurent si bien que ie prenois vn plaisir extréme de l'entretenir : & ainsi deux ou trois lunes s'écoulerent fort heureusement pour Celadon & pour moy : mais ce fut comme ie croy, pour me faire ressentir dauantage ce que depuis ie n'ay cessé, ny ne cesseray de pleurer. A ce mot, au lieu de ses paroles, ses larmes representerent ses desplaisirs à ses compagnes, auec telle abondance que ny l'vne ny l'autre, n'oserent ouurir la bouche, craignant d'augmenter dauantage ses pleurs: car plus par raison on veut seicher les larmes, & plus on va augmentant sa source. Enfin elle reprit ainsi: Helas! sage Diane, comment me puis-ie souuenir de cét accident sans mourir? Desia Semire estoit si familier, & auec Celadon & auec moy, que le plus souuent nous estions ensemble. Et lors qu'il creust d'auoir acquis assez de croyance en mon endroit pour me persuader ce qu'il vouloit entreprendre: vn iour qu'il me trouua seule apres que nous eusmes longuemét parlé des diuerses trahisons que les Bergers faisoiét aux Bergeres qu'ils feignoient d'aimer: Mais ie m'estonne, dit-il, qu'il y ait si peu de Bergeres qui prennent garde à ces tromperies, quoy que d'ailleurs elles soient fort auisées. C'est, luy respondis-ie, que l'Amour leur clost les yeux. Sans mentir, me repliqua-t'il, ie le croy ainsi: car autrement il ne seroit pas possible que vous ne reconneussiez celle que l'on vous veut faire. Et lors se taisant, il monstroit de se preparer à m'en dire dauantage: mais comme s'il se fust repenty de m'en auoir tant dit, il se reprit ainsi: Semire, Semire, que pense-tu faire? Ne voy-tu pas qu'elle se plaist en ceste tromperie? pourquoy la veux-tu mettre en peine? Et lors s'addressant à moy, il continua:

LIVRE QVATRIESME. 257
tinua: Ie voy bien, belle Astrée, que mes discours vous ont rapporté du déplaisir: mais pardonnez-le moy, qui n'y ay esté poussé que par l'affection que i'ay à vostre seruice. Semire, luy dis-ie, ie vous suis obligée de ceste bonne volonté, mais ie le serois encor dauantage, si vous paracheuiez ce que vous auez commencé. Ah! Bergere, me respondit-il, si ne vous en ay-ie que trop dit: mais peut-estre le recognoistrez vous mieux auec le temps, & lors vous iugerez que veritablement Semire est vostre seruiteur. Ah! le malicieux, combien fut-il veritable en ses mauuaises promesses? car depuis ie n'en ay que trop recogneu pour me laisser le seul desir de viure. Si est-ce que pour lors il ne voulut m'en dire dauantage, afin de m'en donner plus de volonté: & quand il eust opinion que i'en auois assez, vn iour, que selon ma coustume ie le pressois de me faire sçauoir la fin de mon contentement, & que ie l'eus coniuré par le pouuoir que i'auois eu autresfois sur luy, de me dire entierement ce qu'il auoit commencé, il me respondit: Belle Bergere, vous me coniurez tellement que ie croirois faire vne trop grande faute de vous desobeyr: Si voudrois-ie ne vous en auoir iamais commencé le propos pour le desplaisir que ie preuoy que la fin vous raportera: & apres que ie l'eus asseuré du contraire, il me sçeut si bien persuader que Celadon aimoit Aminthe, fille du fils de

R

Cleante, que la ialousie, coustumiere compagne des ames qui aiment bien, comença de me faire iuger que cela pouuoit estre vray, & ce fut bien vn mal-heur extréme, qu'alors ie ne me ressouuiens point du commandement que ie luy auois fait de feindre d'aimer les autres Bergeres. Toutesfois voulant faire la fine, pour dissimuler mon desplaisir, ie respondis à Semire, que ie n'auois iamais, ny creu, ny voulu, que Celadon me particularisast plus que les autres; que s'il sembloit que nous eussions quelque familiarité, ce n'estoit que pour la longuë connoissance que nous auions euë ensemble: mais quant à ses recherches, elles m'estoient indifferentes. Or me respondit lors ce cauteleux, ie loüe Dieu que vostre humeur soit telle: mais puis qu'il est ainsi, il ne peut-estre que vous ne preniez plaisir d'ouyr les passionnez discours qu'il tient à son Aminthe. Il faut que i'auouë, sage Diane, que quand i'ouys nómer Aminthe sienne, i'en changeay de couleur, & parce qu'il m'offroit de me faire ouyr leurs paroles, il me sembla que ie ne deuois fuïr de reconnoistre la la perfidie de Celadon, helas plus fidelle que moy bien auisée! & ainsi i'acceptay cét offre:& certes il ne faillit pas à sa promesse: car peu apres il s'en reuint courant m'asseurer qu'il les auoit laissez assez pres de là, & que Celadon auoit la teste dans le giron d'Aminthe, qui des mains luy alloit releuant le poil: me racontant

LIVRE QVATRIESME.

ces particularitez pour me picquer dauantage. Ie le suiuis, mais tant hors de moy, que ie ne me ressouuiens, ny du chemin que ie fis, ny comme il me fist approcher si pres d'eux, sans qu'ils m'apperceussent, depuis i'ay iugé que ne se souciant point d'estre ouys, ils ne prenoiẽt garde à ceux qui les escoutoient: tant y a que ie m'en trouuay si prés, que i'ouys Celadon qui luy respondoit: Croyez-moy, belle Bergere, qu'il n'y a beauté qui soit plus viuement emprainte en vne ame, que celle qui est dans la mienne. Mais Celadon, respondit Aminthe, cõment est-il possible qu'vn cœur si ieune que le vostre puisse auoir assez de dureté pour retenir longuement ce que l'amour y peut grauer? Mauuaise Bergere, repliqua mon Celadon, laissons ces raisons à part, ne me mesurez ny à l'aulne, ny au poids de nul autre, honorez-moy de vos bõnes graces, & vous verrez si ie ne les conserueray aussi cheres en mõ ame, & aussi lõguement que ma vie. Celadon, Celadon, adiousta Aminthe, vous seriez bien puny, si vos feintes deuenoiẽt veritables, & si le Ciel pour me venger vous faisoit aimer ceste Aminthe dõt vous vous mocquez. Iusques icy il n'y auoit rien qui en quelque sorte ne fust supportable: mais, ô Dieu, pour feindre, quelle fut la responsẽ qu'il luy fit? Ie prie Amour, luy dit-il, belle Bergere, si ie me mocque qu'il fasse tõber la mocquerie sur moy, & si i'ay merité d'obtenir quelque gra-

R ij

ce de luy, qu'il me donne la punition dont vous me menacez. Aminthe ne pouuant iuger l'intention de ses discours, ne luy respondit qu'auec vn sousris, & auec vne façon de la main, la luy passant & repassant deuant les yeux, que i'interpretois en mon langage, qu'elle ne le refuseroit pas si elle croyoit ses paroles veritables: mais ce qui me toucha bien viuement, fut que Celadon apres auoir esté quelque temps sans parler, ietta vn grand souspir, qu'elle accompagna incontinent d'vn autre. Et lors que le Berger se releua pour luy parler, elle se mit la main sur les yeux, & rougit comme presque ayant honte que ce soupir luy fust eschappé: qui fut cause que Celadon se remettant en sa premiere place, peu apres chanta ces vers :

SONNET.

QV'IL CONNOIST QV'ON FEINT DE L'AIMER.

ELLE *feint de m'aimer pleine de mignardise,*
Souspirant apres moy, me voyant souspirer,
Et par de feintes pleurs tesmoigne d'endurer
L'ardeur que dans mon ame elle connoist esprise.

Le plus accort Amant, lors qu'elle se desguise

LIVRE QVATRIESME.

De ses trompeurs attraits, ne se peut retirer;
Il faut estre sans cœur pour ne point desirer
D'estre si doucement deceu par sa feintise.

Ie me trõpe moy-mesme au faux biẽ que ie voy,
Et mes contentemens conspirent contre moy,
Traistres miroirs du cœur, lumieres infidelles:

Ie vous reconnois bien & vos trõpeurs appas:
Mais que me sert cela, puis qu' Amour ne veut
pas;
Voyant vos trahisons, que ie me garde d'elles?

Apres s'estre teu quelque temps, Aminthe luy dit: Et quoy, Celadon, vous ennuyez-vous si tost? Ie crains plustost, dit-il, d'ennuyer celle à qui en toute façon ie ne veux que plaire. Et qui peut-ç'estre, dit-elle, puis que nous sommes seuls? Ah! qu'elle se trompoit bien, & que i'y estois bien pour ma part, & aussi cherement qu'autre qui fust de la trouppe. Ce n'est aussi que vous, respondit Celadon, que ie crains d'importuner: mais si vous me le commandez ie continueray. Ie n'oserois, repliqua la Bergere, vser de commandement, où mesme la priere est trop indiscrette. Vous vserez, reprit le Berger, des termes qu'il vous plaira: mais en fin ie ne suis que vostre seruiteur; & lors il recommença de ceste sorte:

R iij

MADRIGAL
SVR LA RESSEMBLANCE DE SA DAME ET DE LVY.

Ie puis bien dire que nos cœurs
Sont tous deux faits de roche dure,
Le mien resistant aux rigueurs,
Et le vostre, puis qu'il endure,
Les coups d'amour & de mes pleurs:
Mais considerant les douleurs,
Dont i'eternise ma souffrance,
Ie dis en ceste extremité,
Ie suis vn rocher en constance,
Et vous l'estes en cruauté.

Belle Diane, il fut hors de mon pouuoir d'arrester dauantage en ce lieu, & ainsi m'esloignāt doucement d'eux, ie m'en retournay à mon troupeau, si triste que de ce iour ie ne peus ouurir la bouche; & parce qu'il estoit desia assez tard, ie retiray mes brebis en leur parc, & passay vne nuict telle que vous pouuez penser. Helas! que tout cela estoit peu de chose, si ie n'y eusse adiousté la folie, que ie pleureray aussi long-temps que i'auray des larmes! aussi ie ne sçay qui m'auoit tant aueuglée: car si i'eusse eu en-

LIVRE QVATRIESME. 263

cor quelque reste de iugement parmy ceste nouuelle ialousie, pour le moins ie me fusse enquise de Celadon quel estoit son dessein, & quoy qu'il eust voulu dissimuler, i'eusse assez aisément reconneu sa feinte : mais sans autre consideration le lendemain qu'il me vint trouuer aupres de mon trouppeau, ie luy parlay auec tant de mespris, que desesperé il se precipita dans ce goulphe, où se noyant il noya d'vn coup tous mes contentemens. A ce mot elle deuint pasle comme la mort, & n'eust esté que Phillis la reueilla, la tirant par le bras, elle estoit en danger d'esuanoüyr.

LE CINQVIESME LIVRE
DE LA PREMIERE PARTIE D'ASTREE.

LE BRVIT que ces Bergeres firent lors qu'Astrée faillit d'éuanoüyr, fut si grand, que Léonide s'en éueilla: & les oyant parler auprés d'elle, la curiosité luy donna volonté de sçauoir qui elles estoient: & parce qu'apres estre vn peu remise, ces trois Bergeres se leuerent pour s'en aller, tout ce qu'elle peust faire, ce fut d'éueiller Siluie pour les luy montrer: aussi tost qu'elle les apperceut elle reconnust Astrée, quoy qu'elle fust fort changee, pour le desplaisir qu'elle auoit de la perte de Celadon. Et les autres deux, dit Leonide, qui sont-elles? L'vne, dit-elle, qui est à main gauche, c'est Phillis sa chere compagne, & l'autre c'est Diane fille de la sage Bellinde, & de Celion, & suis bien marrie que nous ayons si longuement dormy: car je m'asseure que nous eussions bien appris de leurs nouuelles, y ayant apparence que l'occasion qui les a esloignées des autres, n'a esté que pour parler plus librement. Vrayement, respondit Leonide, j'auoüe n'auoir iamais rien veu de plus beau qu'Astrée, & faisant cōparaison d'elle à toutes les autres, ie la trouue du tout aduantagée. Considerez, repliqua Siluie, quelle esperance doit auoir Galathée de diuertir l'affection du Berger: Cette consideration toucha bien aussi viuement Leonide pour son suject propre, que pour celuy de Galathée: toutesfois Amour qui ne vit iamais aux despens de personne, sans luy donner pour payement quelque espece ,,d'esperance, ne voulut point traitter ceste ,,Nymphe plus auarement que les autres: & ,,ainsi, quoy qu'il n'y eust pas grand' apparence, ,,ne laissa de luy promettre que peut-estre l'absence d'Astrée, & l'amitié qu'elle luy feroit paroistre, luy pourroient faire changer de volonté: & apres quelques autres semblables discours, ces Nmphes se separerent, Leonide prenant le chemin de Feurs, & Siluie celuy d'Isoure: cependant que les trois belles Bergeres, ayant ramassé leurs troupeaux, s'alloient peu à peu retirant dans leurs cabanes.

A peine auoient-elles mis le pied dans le grand pré, où sur le tard on auoit accoustumé de s'assembler, qu'elles apperceurent Lycidas parlant auec Siluandre: mais auſſi toſt que le Berger reconnut Aſtrée, il deuint paſle, & ſi changé que pour n'en donner connoiſſance à Siluandre, il luy rompit compagnie, auec quelque mauuaiſe excuſe: mais voulant euiter leur rencontre, Phillis luy alla couper chemin auec Diane, aprés auoir dit à Aſtrée la mauuaiſe ſatisfaction que ce Berger auoit d'elle: & parce que Phillis ne vouloit point le perdre, l'ayant iuſques là trop cherement conſerué, quoy qu'il eſſayaſt de l'outre-paſſer promptemét, ſi l'atteignit-elle, & luy dit en ſouſ-riant: Si vous fuyez de ceſte ſorte vos amies, que ferez-vous, vos ennemies? Il reſpódit: La compagnie que vous cheriſſez tant, ne vous permet pas de retenir ce nom. Celle, repliqua la Bergere, de qui vous vous plaignez, ſouffre plus de peine de vous auoir offenſé que vous-meſmes. Ce n'eſt pas, reſpódit le Berger, guerir la bleſſure que de rompre le glaiue qui l'a faicte. En meſme temps Aſtrée arriua, qui s'adreſſant à Lycidas, luy dit: tant s'en faut Berger, que ie die la haine que vous me portez eſtre iniuſte, que i'aüoüe que vous ne me ſçauriez autant haïr que vous en auez d'occaſion: toutesfois ſi la memoire de celuy qui eſt cauſe de ceſte mauuaiſe ſatisfaction, vous eſt encor auſſi viue en l'ame qu'elle ſera à iamais en la mienne: vous vous reſſouuiendrez que ie ſuis la choſe du monde qu'il a plus aimée, & qu'il vous ſieroit mal de me haïr, puis qu'encore il n'y a rien qu'il aime dauātage que moy. Lycidas vouloit respondre, & peut-estre, selon sa passion trop aigrement: mais Diane luy mettant la main deuant la bouche, luy dit: Lycidas, Lycidas, si vous ne receuez ceste satisfaction, autant que iusques icy vous auez eu de raison, autant serez-vous blasmé pour estre déraisonnable. Astrée sans s'arrester à ce que Diane disoit, luy osta la main du visage, & luy dit: Non, non, sage Bergere, ne contraignez point Lycidas, laissez-luy vser de toutes les rigoureuses paroles qu'il luy plaira: ie sçay que ce sont des effects de sa iuste douleur: toutesfois ie sçay bien aussi qu'en cela il n'a pas fait plus de perte que moy. Lycidas oyant ces paroles, & la façon dont Astrée les proferoit, donna tesmoignage auec ses larmes qu'elle l'auoit attendry, & ne pouuant se commander si promptement, quelque defense que Phillis & Diane fissent, il se deffit de leurs mains, & s'en alla d'vn autre costé: dequoy Phillis s'apperceuant, afin d'en auoir entiere victoire le suiuit; & luy sçeut si bien representer le déplaisir d'Astrée & la meschanceté de Semire, qu'en fin elle le remit bien auec sa compagne.

Mais cependant Leonide suiuoit son chemin à Feurs, & quoy qu'elle se hastast, elle ne peust outre-passer Ponsins, parce qu'elle auoit dormy trop long temps: cela fut cause qu'elle s'éueilla beaucoup auant le iour, desireuse de retourner de bonne heure, afin de pouuoir demeurer quelque temps à son retour, auec les Bergeres qu'elle venoit de laisser, toutesfois elle n'osa partir auant que la clarté luy monstra le chemin, de peur de se perdre, quoy qu'il luy fust impossible de fermer l'œil le reste de la nuict: cependant qu'elle alloit entretenant ses pensées, & qu'elle y estoit le plus attentiue, elle ouyt que quelqu'vn parloit assez pres d'elle, car il n'y auoit qu'vn entre-deux d'aix fort delié, qui separoit vne chambre en deux, d'autant que le maistre du logis estoit vn fort honeste pasteur, qui par courtoisie, & pour les loix de l'hospitalité receuoit librement ceux qui faisoient chemin, sans s'enquerir quels ils estoiét: & parce que son logis estoit assez estroit, il auoit esté contraint de faire des entre-deux d'aix pour auoir plus de chambres. Or quand la Nymphe y arriua, il y auoit deux estrangers logez: mais parce qu'il estoit fort tard, ils estoient desia retirez & endormis; & de fortune la chambre où la Nymphe fut logée estoit faicte de ceste sorte, & tout aupres de la leur, sans qu'en s'y couchant elle s'en prist garde. Oyant donc murmurer quelqu'vn aupres de son lict ; car le cheuet estoit tourné de ce costé-là, afin de les mieux entendre, elle approcha l'oreille à la fente d'vne aix, & par hazard l'vn d'eux releuant la voix vn peu plus, elle ouyt qu'il respõdit ainsi à l'autre: Que voulez-vous que ie vous die dauantage, sinon qu'Amour vous rend ainsi impatient? & bien elle se sera trouuée lasse, ou malade, ou incommodée de quelque suruenant qui l'aura fait retarder, & faut-il se desesperer pour cela? Leonide pensoit bien reconnoistre ceste voix : mais elle ne pouuoit s'en ressouuenir entierement, si fit bien de l'autre aussi tost qu'il respõdit : Mais voyez-vous, Climanthe, ce n'est pas cela qui me met en peine : car l'attente ne m'ennuyera iamais tant que i'espereray quelque bonne issue de nostre entreprise, ce que ie crains, & qui me met sur les espines où vous me voyez, c'est que vous ne luy ayez pas bien fait entendre ce que nous auions deliberé, ou qu'elle n'ait pas adiousté foy à vos paroles. Leonide oyant ce discours, & reconnoissant fort bien celuy qui parloit, estonnée, & desireuse d'en sçauoir dauantage, s'approcha si pres des aix, qu'elle n'en perdoit vne seule parole, & lors elle ouyt que Climanthe respondoit : Dieu me soit en ayde auec cét homme. Ie vous ay desia dit plusieurs fois que cela estoit impossible. Ouy bien, dit l'autre, à vostre iugemēt. Vrayement, respondit Climanthe, pour le vous faire auoüer, & pour vous faire sortir de ceste peine, ie vous veux encor vne fois redire le tout par le menu.

HISTOIRE DE LA TROMPERIE DE CLIMANTHE.

APRES que nous nous fusmes separez, & que vous m'eustes fait connoistre Galathée, Siluie, Leonide, & les autres Nymphes d'Amasis: aussi bien de veue que ie les connoissois desia par les discours que vous m'en auiez tenus, ie creus qu'vne des principales choses qui pouuoient seruir à nostre dessein, estoit de sçauoir comme seroit vestu Lindamor le iour de son depart: car vous sçauez que Clidaman & Guyemants s'en estans allez trouuer Meroüée, Amasis commanda à Lindamor de le suiure auec tous les ieunes Cheualiers de ceste contrée, afin que Clidaman fust reconneu de Meroüée, pour celuy qu'il estoit: & par malheur, il sembloit que Lindamor eust dauātage de dessein de faire tenir sa liurée secrette, qu'il n'auoit iamais eu. Si est-ce que i'allay si bien épiant l'occasion, qu'vn soir qu'il estoit au milieu de la ruë, i'oüys qu'il commanda à vn de ses gens d'aller chez le maistre qui luy faisoit ses habits, pour luy apporter le hoqueton qu'il auoit fait faire pour le iour de la monstre: parce qu'il le vouloit essayer: & d'autant qu'il auoit expressément defendu ne le laisser voir à personne, il luy donna vne bague pour contre-signe : ie suiuis d'assez loing cét homme, pour reconnoistre le logis, & le lendemain à bonne heure, sçachant le nom du maistre, i'entray effrontément en sa maison, & luy dis que ie venois de la part de Lindamor, parce qu'Amasis le pressoit de partir, & qu'il craignoit que ses habits ne fussent pas faits à temps, & que ie ne m'en fiasse point à ce qu'il m'en diroit, mais que ie les visse moy-mesme pour luy en rapporter la verité : Et puis continuant, ie luy dis : Il m'eust donné la bague que vous sçauez, pour contre-signe, mais il m'a dit, qu'il suffisoit que ie vous disse, que hier au soir il auoit enuoyé querir le hocqueton, & que celuy qui le vint demander, vous l'auoit apporté : ainsi ie trompay le maistre, & remarquay ses habits le mieux qu'il me fust possible, & lors que ie fis semblant de le haster, il me respondit qu'il auoit assez de temps, puis que ce iour là mesme il auoit veu vne lettre d'Amasis, dans l'assemblée de la ville, par laquelle elle leur ordonnoit de se tenir armez dans cinq semaines, parce qu'au iour qu'elle leur marquoit, elle vouloit faire son assemblée dans leur ville, à cause de la monstre generale, que Lindamor & ses troupes faisoient pour aller trouuer Clidaman ; & que le lendemain elle vouloit que vous fussiez receu pour general de ceste contrée en son absence : par ce moyen ie sçeus le iour du depart de Lindamor,

mor, & de plus, que vous demeuriez en ce pays, qui fut vn accident qui vint tres à propos pour paracheuer noſtre deſſein, quoy que vous en euſſiez eſté deſia bien aduerty. Suiuant cela, ie m'en allay retirer dans ce grand bois de Sauignieu, où ſur le bord de la petite riuiere qui paſſe au trauers, ie fis vne cabane de fueilles, mais ſi cachée que pluſieurs euſſent paſſé aupres ſans la voir, & cela afin que l'on creuſt que i'y auois demeuré longuement: car comme vous ſçauez, perſonne ne me connoiſſoit en ceſte contrée: & pour mieux montrer qu'il y auoit long-temps que i'y demeurois, les fueilles dont ie couuris cette loge eſtoient deſia toutes ſeiches, & puis ie pris le grand miroir que i'auois fait faire, que ie mis ſur vn autel, que i'entournay de houx & d'eſpines, y mettāt parmy quelques herbes, comme Verueine, Fougere, & autres ſemblables. Sur vn des coſtez ie mis du Guy, que ie diſois eſtre de Cheſne: de l'autre la Serpe d'or dont ie feignois l'auoir couppé le ſixieſme de la premiere Lune, & au milieu le linceul où ie l'auois cueilly: & au deſſus de tout cela i'attachay le miroir au lieu le plus obſcur, afin que men artifice fuſt moins apperceu, & vis à vis par le deſſus i'y accōmoday le papier peint, où i'auois tiré ſi au naturel le lieu que ie voulois mōtrer à Galathée, qu'il n'y auoit perſonne qui ne le reconneut; & afin que ceux qui ſeroient en bas, s'ils tournoient les yeux en

S

haut, ne le vissent du costé où l'on entroit, i'entrelassay des branches & des fueilles de telle sorte ensemble, qu'il estoit impossible; & parce que si l'on eust approché l'autre, se tournant de l'autre costé, on eust sans doute veu mon artifice, ie fis à l'entour vn assez grand cerne, où ie mis les encensoirs de rang, & defendois a chacun de ne les outre-passer point. Au deuant du miroir, il y auoit vne aiz, sur laquelle Hecathe estoit peinte, ceste aiz auoit tout le bas ferré d'vn fusil, & comme vous sçauez, elle ne tenoit qu'à quelques poils de cheual, si deliez, qu'auec l'obscurité du lieu, il n'y auoit personne qui les peust apperceuoir: aussi tost que l'on les tiroit, l'aiz tomboit, & de sa pesanteur frappoit du fusil sur vne pierre si à propos, qu'elle ne manquoit presque iamais de faire feu. I'auois mis au mesme lieu vne mixtion de soulphre, & de salpestre qui se prend de sorte au feu qui le touche, qu'il s'en esleue vne flamme, auec vne si grande promptitude, qu'il n'y a celuy qui n'en demeure en quelque sorte estoné; ce que i'auois inuenté pour faire croire que c'estoit vne espece, ou de diuinité, ou d'enchantement: tant y a que ie trouuay le tout si bien disposé, qu'il me sembloit qu'il n'y auoit rien à redire. Apres toutes ces choses, ie commençay quelques-fois à me laisser voir, mais rarement, & soudain que ie prenois garde que l'on m'auoit apperceu, ie me retirois en m

LIVRE CINQVIESME. 275

logé; où ie faisois semblant de ne me nourrir que de racines, parce que la nuict i'allois acheter à trois & quatre lieuës de là, auec d'autres habits, tout ce qui m'estoit necessaire. Dans peu de iours plusieurs se prirent garde de moy, & le bruit de ma vie fut si grand, qu'il paruint iusques aux oreilles d'Amasis, qui se venoit bien souuent promener dans ces grands iardins de Mont-brison: & entre autres, vne fois qu'elle y estoit, Silaire, Siluie, Leonide, & plusieurs autres de leurs compagnes, vindrent se pourmener le long de mon petit ruisseau, où pour lors ie faisois semblāt d'amasser quelques herbes; aussi tost que ie reconneus qu'elles m'auoient apperceu, ie me retiray au grand pas en ma cabane: elles qui estoient curieuses de me voir, & de parler à moy, me suiuirent à trauers ces grands arbres. Ie m'estois desia mis à genoux, mais quand ie les ouys approcher, ie m'en vins sur la porte, où la premiere que ie rencontray, fut Leonide: & parce qu'elle estoit preste d'entrer, la repoussant vn peu, ie luy dis assez rudement: Leonide, la diuinité que ie sers, vous commande de ne profaner ses autels. A ces mots elle se recula, vn peu surprise: car mon habit de Druide me faisoit rendre de l'honneur, & le nom de la diuinité donnoit de la crainte: & apres s'estre r'asseurée, elle me dit; les autels de vostre Dieu, quel qu'il soit, ne peuuent estre profanez de receuoir

S ij

mes vœux: puis que ie ne viens que pour luy rendre l'honneur que le Ciel demāde de nous. Le Ciel, luy respondis-ie, demande à la verité les vœux & l'honneur, mais non point differents de ce qu'il les ordōne: par ainsi si le zele de la diuinité que ie sers, vous ameine icy, il faut que vous obseruiez ce qu'elle commande. Et quel est son commandement? adiousta Siluie. Siluie, luy dis-ie, si vous auez la mesme intention que vostre compagne, faictes toutes deux ce que ie vous diray, & puis vos vœux luy seront agreables. Auant que la Lune commence à décroistre, lauez-vous auant iour la iambe droitte iusques au genoüil, & le bras iusques au coude dans ce ruisseau qui passe deuant ceste saincte cauerne, & puis la iambe, & le bras nud, venez icy auec vn chappeau de Veruaine, & vne ceinture de Fougere: apres ie vous diray ce que vous aurez à faire pour participer aux sacrez mysteres de ce lieu, que ie vous ouuriray, & declareray. Et lors luy prenant la main, ie luy dis: Voulez-vous pour tesmoignage des graces dont la diuinité que ie sers me fauorise, que ie vous die vne partie de vostre vie, & de ce qui vous aduiendra? Non pas moy, dit-elle, car ie n'ay point tant de curiosité: mais vous, ma compagne, dit-elle, s'adressant à Leonide, ie vous ay veuë autres-fois desireuse de le sçauoir, passez-en à ceste heure vostre enuie. Ie vous en supplie, me dit Leonide, en me

presentant la main. Alors me ressouuenant de
ce que vous m'auiez dit de ces Nymphes en
particulier, ie luy pris la main, & luy demāday
si elle estoit née de iour ou de nuict, & sçachant
que c'estoit de nuict,ie prins la main gauche, &
apres l'auoir quelque temps considerée ie luy
dis: Leonide, ceste ligne de vie, nette, bien mar-
quée, & longue, vous montre que vous deuez
viure, pour les maladies du corps assez saine,
mais ceste petite croix, qui est sur la mesme
ligne, presque au plus haut de l'angle qui
a deux petites lignes au dessus, & trois au
dessous, & des trois aussi qui sont à la fin de
celle de la vie, vers la restrainte, montrent en
vous des maladies que l'Amour vous donnera, qui vous empescherōt d'estre aussi saine de
l'esprit, que du corps ; & ces cinq ou six poincts,
qui comme petits grains, sont semez çà & là de
ceste mesme ligne, me font iuger que vous ne
haïrez iamais ceux qui vous aimerōt, mais plustost que vous vous plairez d'estre aimée, &
d'estre seruie : Or regardez ceste autre ligne, qui
prend de la racine de celle dont nous auons
desia parlé, & passant par le milieu de la main,
s'esleue vers le mont de la Lune, elle s'appelle
moyenne naturelle ; ces coupures que vous y
voyez, qui paroissent peu, signifient que vous
vous courroucez facilement, & mesme contre
ceux sur qui l'Amour vous donne authorité; &
ceste petite estoille, qui tourne contre l'enfleure

S iij

du poulce, montre que vous estes pleine de bonté & de douceur, & que facilement vous perdez vos coleres: Mais voyez-vous ceste ligne que nous nommons Mensale, qui se ioint auec la moyenne naturelle, en sorte que les deux font vn angle? cela montre que vous aurez diuers troubles en l'entendemẽt pour l'Amour, qui vous rendrõt quelques-fois la vie desagreable; ce que ie iuge encor mieux, cõsiderant que peu apres la moyenne defaut, & celle-cy s'assemble auec celle de la vie, si bien qu'elles font l'angle de la Mensale, & de l'autre: car cela m'apprend que tard ou iamais aurez-vous la conclusion de vos desirs: ie voulois continuer, quand elle retira la main, & me dit: que ce n'estoit pas ce qu'elle me demãdoit, car ie parlois trop en general, mais qu'elle vouloit clairement sçauoir, ce qui auiendroit du dessein qu'elle auoit. Alors ie luy respõdis: Les Numes celestes sçauent eux seuls ce qui est de l'auenir, sinon entant que par leur bonté, ils en dõnent connoissance à leurs seruiteurs; & cela quelquefois pour le bien public, quelquefois pour satisfaire aux ardantes supplications de ceux,
„ qui plusieurs fois en importunent leurs autels,
„ & bien souuent pour faire paroistre que rien ne
„ leur est caché, & toutesfois c'est apres au prudẽt
„ Interprete de ce Dieu, de n'en dire qu'autant
„ qu'il connoist estre necessaire, parce que les se-
„ crets des Dieux ne veulent point estre diuul-

guez sans occasion. Ie vous dy cecy, afin que voftre curiofité se côtente de ce que ie vous en ay difcouru vn peu moins clairement que vous ne defirez: car il n'eft pas neceffaire que ie le vous die autrement; & afin que vous connoiffiez que le Dieu ne m'eft point chiche de ses graces, & qu'il me parle familierement, ie vous veux dire des chofes qui vous font aduenuës, par lefquelles vous iugerez combien ie fçay.

En premier lieu, belles Nymphes, vous fçauez bien que ie ne vous vy iamais, & toutesfois à l'abord, ie vous ay toutes nômées par vos noms: ce que i'ay fait, parce que ie veux bien que vous me croyez plus fçauant que le cômun: non pas afin que la gloire m'en reuienne, ce feroit trop de prefomption, mais à la diuinité que ie fers en ce lieu. Or il faut que vous croyez que tout ce que ie vous diray, ie l'ay appris du mefme Maiftre, & certes en cela ie ne mentois pas, car c'eftoit vous, Polemas, qui me l'auiez dit : mais parce, continuay-ie, que les particularitez rendront, peut-eftre, mon difcours plus long, il ne feroit point hors de propos que nous nous miffions fous ces arbres voifins. A ce mot nous y allafmes ; & lors ie recommençay ainfi: Vrayemêt, interrompit Polemas, vous ne pouuiez conduire auec plus d'artifice ce commêcement. Vous iugerez, refpondit Climanthe, que la côtinuation ne fut point auec moins de prudence. Ie pris donc la parole de cette forte:

S iiij

Belle Nymphe, il peut y auoir trois ans que le gétil Agis en pleine assemblée, vous fut donné pour seruiteur, à ce commencemēt vous vous fustes indifferents: car iusques alors la ieunesse de l'vn & de l'autre, estoit cause que vos cœurs n'estoient capables des passions que l'Amour conçoit, mais depuis ce temps vostre beauté en luy, & sa recherche en vous, commencerent d'éueiller peu à peu ces feux, dont nature met les premieres estincelles en nous, dés l'heure que nous naissons, de sorte que ce qui vous estoit indifferent, deuint particulier en tous deux, & l'Amour en fin se forma, & nasquit en son ame, auec toutes les passions qui ont accoustumé de l'accompagner, & en vous vne bonne volonté, qui vous faisoit agréer dauantage son affection, & ses seruices que de tout autre.

La premiere fois qu'à bon escient il vous en fit ouuerture, fut quand Amasis s'allant promener dans ses beaux iardins de Mont-brison, il vous prit sous les bras, & apres auoir demeuré quelque temps sans parler, il vous dit tout à coup: En fin, belle Nymphe, il ne sert de rien que ie dispute en moy-mesme, si ie dois, ou si ie ne dois pas vous declarer ce que i'ay dans l'ame, car le dissimuler est peut-estre receuable en ce qui quelques-fois peut estre changé: mais ce qui me contraint de parler à cét heure m'accompagnera iusques au delà du tombeau. Icy ie m'arrestay, & luy dis : Voulez-vous, Leonide, que ie redie les mesmes parolles que vous luy respondites? Sans mentir, luy dit alors Polemas, vous vous mettriez en vn grand hazard d'estre découuert. Nullement, respondit Climanthe : & pour vous rendre preuue de la perfection de ma memoire, ie vous diray les mesmes paroles. Mais, repliqua Polemas, si moy-mesme m'estois oublié à vous les dire ? O, adiousta Climanthe, ie ne doute pas que cela ne soit : mais tant y a que le suiet des paroles estoit celuy que vous m'auez dit, & elle mesme ne sçauroit se ressouuenir des mesmes mots, de sorte qu'auec l'opinion que ce soit vn Dieu qui me les ait dits, sans doute elle eust creu, que c'estoient ceux-là mesmes; que si vous n'eussiez esté si familier auec elle, comme vostre secrette affection vous auoit rendu, ie ne l'eusse pas si aisément entrepris : mais me ressouuenant que vous m'auiez dit, que vous l'auiez scruie fort longuement, & que ce seruice auoit esté tousiours bien receu, iusques à ce que vous auiez changé d'affection, & que vous estiez deuenu seruiteur de Galathée, & mesmes que cela estoit cause que pour vous faire desplaisir elle tenoit le party de Lindamor contre vous : Ie parlerois plus hardiment de tout ce qui s'estoit passé en ce temps-là, sçachant bien que l'Amour ne permet pas que l'on puisse celer quelque chose à la personne que l'on aime, mais pour reuenir à noſtre propos, elle me reſpondit: Ie veux bien que vous m'en diſiez ce qu'il vous plaira: mais nous en croirons ce que nous voudrons: ce qu'elle diſoit comme eſtant vn peu picquée de ce qu'elle le vouloit peut-eſtre celer à ſes compagnes. Ie ne laiſſay de continuer. Or bien, Leonide, vous en croirez ce qu'il vous plaira: car ie m'aſſeure que ie ne vous diray rien qu'en voſtre ame vous n'aüoüyez pour vray. Vous luy reſpondites, comme feignant de n'entendre pas ce qu'il vouloit dire: Vous auez raiſon Agis, de ne point taire par diſſimulation ce qui vous doit accompagner auſſi longuement que vous viurez, autrement ne pouuant eſtre qu'il ne ſe découure, vous ſeriez tenu pour perſonne double, nom qui n'eſt honorable à nulle ſorte de gens: mais moins à ceux qui font la profeſſion que vous faites. Ce conſeil donc, reſpondit-il, & ma paſſion me contraindront de vous dire, belle Nymphe, que ny l'inégalité de vos merites à moy, ny le peu de bonne volonté que i'ay reconneu en vous, n'ont peu empeſcher mon affection, ny ma temerité qu'elles ne m'ayent eſleué iuſques à vous; que ſi toutesfois, non point la qualité du don, mais de la volonté doit eſtre receuable, ie puis dire auec aſſeurance que l'on ne vous ſçauroit offrir vn plus grand ſacrifice: car ce cœur que ie vous donne, ie le donne auec toutes les affections & auec toutes les puissances de mon ame, & tellement tout, que ce qui apres cette donation ne se trouuera vostre en moy, ie le desauoüeray & renonceray comme ne m'appertenant pas : la conclusion fut, que vous luy respondites, Agis ie croiray ces paroles quand le temps & vos seruices me les auront dites aussi bien que vostre bouche. Voila la premiere declaration d'amitié que vous eustes de luy, de laquelle il vous rendit par apres assez de preuue tant par la recherche qu'il fit pour vous espouser, que par querelles qu'il prit contre plusieurs, desquels il estoit ialoux : ce fut en ce temps que voulant vous friser les cheueux, vous vous bruslates la iouë, surquoy il fit tels vers :

CHANSON

D'AGIS, SVR LA BRVSLVRE DE LA IOVE DE LEONIDE.

C Ependant que l'Amour se ioue,
Dedans l'or de vos beaux cheueux,
Vne estincelle de ses feux,
Par malheur vous touche la ioue.

Par là iugez, Nymphe cruelle,
Combien en est le feu cuisant,
Puis que ceste seule estincelle

Tant de douleur va produisant.

*Cependant que vostre œil eslance
Encores qu'il en fut vainqueur,
Tant de flames contre mon cœur,
L'vne la ioue vous offense.*

*Par là, iugez Nymphe cruelle,
Combien en est le feu cuisant,
Puis que ceste seule estincelle,
Tant de douleur va produisant.*

*Cependant que mon cœur enflame
Voulant son ardeur vous lancer,
Son feu qui ne peust y passer,
Brusla la ioue au lieu de l'ame.*

*Par là iugez, Nymphe cruelle,
Combien en est le feu cuisant,
Puis que ceste seule estincelle,
Tant de douleur va produisant.*

Et pour vous faire paroistre que veritablement ie sçay ces choses, par vne diuinité qui ne peut mentir, & de qui la veuë & l'ouye penetrent iusques dans le profond des cœurs; ie vous veux dire vne chose sur ce suiet, que personne ne peut sçauoir que vous & Agis. Elle eust peur que ie ne découurisse quelque secret qui la peust fascher, aussi estoit-ce mon dessein de luy donner ceste apprehension: cela fut cause qu'elle me dit toute troublée, Homme de Dieu, encor que ie ne craigne pas que vous ou autre puissiez dire chose sur ce suiet qui me doiue importer: toutesfois ce discours est si sensible, qu'il est bien mal-aisé d'y toucher d'vne main si douce, que la blessure n'en cuise, c'est pourquoy ie vous supplie de le finir. Elle profera ces paroles auec vn tel changement de visage & d'vne voix interdite, que pour la r'asseurer, ie fus contraint de luy dire : Vous ne deuez me croire auec si peu de consideration, que ie ne sçache celer ce qui pourroit vous offenser, ny que i'ignore que les moindres blessures sont bien fort sensibles en la partie où ie vous touche, car c'est au cœur à qui toutes ces playes s'addressent: mais puis que vous ne voulez pas en sçauoir dauantage, ie m'en tairay, aussi bien il est temps que ie r'entre vers la diuinité que ie me r'appelle : & en cét instant, ie me leuay, & leur donnay le bon iour, puis apres auoir fait quelque apparence de ceremonies sur la riuiere, ie dy assez haut : O souueraine Deité, qui presides en ce lieu, voicy que dans ceste eau ie me netoye & despoüille de tout le profane que la pratique des hommes me peut auoir laissé depuis que ie suis sorty hors de ton sainct Temple. A ce mot ie donnay trois fois des mains dans l'eau, & puis en puisant au creux de l'vne, i'en pris trois fois dans la bouche, & les yeux & les mains tournées au Ciel, i'entray en ma cabane sans parler à elle, & parce que ie me doutay biē qu'elles auroient assez de curiosité pour venir voir ce que ie ferois, ie m'en allay deuant l'autel, où faisant semblant de me mettre en terre, ie tiray les poils de cheual, qui faisant leur effet laisserent tomber la petite aiz ferrée qui estoit deuant le miroir, qui donna si à propos sur le caillou, qu'il fit feu, & en mesme temps se prit à la composition, qui estoit au dessous, si bien que la flamme en sortit auec tant de promptitude, que ces Nymphes qui estoient à la porte, voyāt au commencement éclairer le miroir, puis tout à coup le feu si prompt & violent, prirent vne telle frayeur, qu'elles s'en retournerent auec beaucoup d'opinion, & de ma saincteté, & du respect enuers la Diuinité que ie seruois. Ce commencement pouuoit-il estre mieux conduit que cela? Non certes, respondit Polemas, & ie iuge bien quant à moy que toute personne qui n'en eut point esté aduertie, s'y fut aisément trompée.

Cependant que Climanthe parloit ainsi, Leonide l'escoutoit si rauie hors d'elle mesme, qu'elle ne sçauoit si elle dormoit ou veilloit: car elle voyoit bien que tout ce qu'il racontoit estoit tres-veritable, & toutesfois elle ne pouuoit bonnement croire que cela fut ainsi: & cependant qu'elle disputoit en elle mesme, elle ouyt que Climanthe recommençoit. Or ces Nymphes s'en allerent, & ne puis sçauoir asseurément quel rapport elles firent de moy, si est-ce que par coniecture, il y a apparence qu'elles dirent à chacun les choses admirables qu'elles auoient veuës, & comme la renommée augmente tousiours, la Cour n'estoit pleine que de moy:& certes en ce temps-là i'eus de la peine à continuer mon entreprise, car vne infinité de personnes vindrent me voir, les vnes par curiosité, les autres pour estre instruites, & plusieurs, pour sçauoir si ce que l'on disoit de moy n'estoit point controuué, & fallut que i'vsasse de grandes ruses: quelquesfois pour eschapper, ie disois que ce iour là estoit vn iour muët pour la Deité que ie seruois, vne autresfois que quelqu'vn l'auoit offensée, & qu'elle ne vouloit point respondre, que ie ne l'eusse appaisée par ieusnes: d'autresfois ie mettois des conditions aux ceremonies que ie leur faisois faire,qu'ils ne pouuoient paracheuer qu'auec beaucoup de temps & quelques-fois quand le tout estoit finy, i'y trouuois à dire, ou qu'ils n'auoient pas bien obserué tout, ou qu'ils en auoient trop ou trop peu fait: & par ainsi ie les faisois recommencer, & allois gagnant le temps. Pour le regard de ceux dont quelque chose m'estoit conneuë: ie les despeschois assez promptement, & cela estoit cause que les autres desireux d'en

sçauoir autant que les premiers, se soufmet-
toient à tout ce que ie voulois. Or durant ce
temps Amasis me vint voir, & auec elle Galathée: apres que i'eus satisfait à Amasis sur ce
qu'elle me demandoit, qui fut en somme sçauoir quel seroit le voyage que Clidaman auoit
entrepris, & que ie luy eus dit qu'il courroit
beaucoup de fortune, qu'il seroit blessé, &
qu'il se trouueroit en trois batailles, auec le
Prince des Francs: mais qu'enfin il s'en reuiendroit auec toute sorte d'honneur & de gloire,
elle se retira de moy fort contente, & me pria
que ie recommandasse son fils à la Deité, que
ie seruois. Mais Galathée, beaucoup plus curieuse que sa mere, me tirant à part, me dit:
Mon pere, obligez-moy de me dire ce que
vous sçauez de ma fortune. Alors ie luy dis
qu'elle me montrast la main, ie la regarday
quelque temps, ie la fis cracher trois fois en
terre, & ayant mis le pied gauche dessus, ie
la tournay du costé du Soleil Leuant, & la fis
regarder quelque temps en haut; Ie luy pris la
mesure du visage, & de la main, puis la grosseur
du col, & auec ceste mesure ie mesuray depuis
la ceinture en haut, & enfin luy regardant encore vn coup les deux mains, ie luy dis: Galathée, vous estes heureuse si vous sçauez prendre vostre heur, & tres-mal-heureuse, si vous le
laissez eschapper, ou par nonchallance, ou par
Amour, ou par faute de courage. Mais à la
verité

verité: si vous ne vous rendez incapable du bien, à quoy le Ciel vous a destinée, vous ne sçauriez pas attaindre à plus de felicité, & tout ce bien, ou tout ce mal, vous est preparé par l'Amour; Aduisez donc de prendre vne belle & ferme resolution en vous mesme, de ne vous laisser ébranler à persuasion d'Amour, ny a conseil d'amie, ny à commandemens de parents: que si vous ne le faites, ie ne croy point qu'il y ait sous le Ciel rien de plus miserable que vous serez. Mon Dieu, dit alors Galathée, vous m'estonnez! Ne vous en estonnez point, luy dis-ie: car ce que ie vous en dis, n'est que pour vostre bien, & afin que vous vous y puissiez conduire auec toute prudence, ie vous en veux descouurir tout ce que la diuinité qui me l'a appris me permet: mais ressouuenez-vous de le tenir si secret, que vous ne le disiez à personne. Apres qu'elle me l'eust promis, ie le continuay de ceste sorte. Ma fille, car l'office auquel les Dieux m'ont appellé me permet de vous nommer ainsi, vous estes & serez seruie de plusieurs grãds Cheualiers, dont les vertus & les merites peuuent diuersement vous esmouuoir: mais si vous mesurez vostre affection, ou à leurs merites, ou au iugement que vous ferez de leur Amour, & non point à ce que ie vous en diray, vous vous rendrez autant pleine de mal-heur qu'vne personne hors de la grace

T

des Dieux le sçauroit estre : car moy qui suis l'interprete de leur volonté, en la vous disant ie vous oste toute excuse de l'ignorer : si bien que d'or-en-là vous serez desobeyssante enuers enuers eux si vous y contreuenez, & vous sçauez que le Ciel demande plus l'obeissance & la sousmission que tout autre sacrifice : par ainsi ressouuenez-vous bien de ce que ie vous vay dire. Le iour que les Baccanales vont par les ruës heurlant & tempestant pleines de l'enthousiasme de leur Dieu, vous serez en la grand' ville de Marcilly, où plusieurs Cheualiers vous verront : mais prenez bien garde à celuy qui se sera vestu de toile d'or verte, & de qui toute la suitte portera la mesme couleur, si vous l'aimez, ie plains dés icy vostre mal-heur, & ne puis assez vous dire, que vous serez la butte de tous desastres, & de toutes infortunes ! car vous en ressentirez plus encores, que ie ne vous en puis dire. Mon pere, me respondit-elle, vn peu estonnée, à cela ie sçay vn bon remede, qui est de ne rien aimer du tout. Mon enfant, luy repliquay-ie, ce remede est fort dangereux d'autant que non seulement vous pouuez offenser les Dieux, en faisant ce qu'ils ne veulent pas : mais aussi en ne faisant pas ce qu'ils veulent : par ainsi prenez garde à vous. Et comment, adiousta-t'elle, faut-il que ie m'y conduise ? Ie vous ay desia dit, luy respondis-ie, ce que vous ne deuez pas

LIVRE CINQVIESME. 291

faire, à ceste heure ie vous diray ce qu'il faut que vous fassiez.

Il faut en premier lieu, que vous sçachiez que toutes les choses corporelles ou spirituelles ont chacune leurs contraires & leurs simpathisantes, des plus petites nous pourrions venir à la preuue des plus grandes ; mais pour la connoissance qu'il faut que vous ayez, ce discours seroit inutile : aussi ce que ie vous en dis, n'est que pour vous faire entendre, que tout ainsi que vous auez ce mal-heur contraire à vostre bon-heur, aussi auez-vous vn destin si capable de vous rendre heureuse, que vostre heur ne se peut representer, & en cela les Dieux ont voulu recompenser celuy auquel ils vous ont soufmise. Puis qu'il est ainsi, me respondit-elle, ie vous coniure, mon pere, par la Diuinité que vous seruez, de me dire quel il est. C'est, luy dis-ie, vne autre personne, que si vous l'espousez, vous viuerez auec toute la felicité qu'vne personne peut auoir. Et qui est-il ? respondit incontinēt Galathée. Belle Nymphe, luy dis-ie, ce que ie vous dy ne viēt pas de moy, c'est d'Hecathe que ie sers : De sorte que si ie ne vous en dy dauantage, ne croyez pas que ce soit faute de volonté: mais c'est qu'elle ne me l'a point encor découuert, & cela d'autant que ie n'en ay pas eu la curiosité: mais si vous en auez enuie, obseruez les choses que ie vous diray, & vous en sçaurez tout ce qui sera necessaire : car

T ij

„ encor que liberalement les Dieux faſſent les
„ biens aux hommes qu'ils leur plaiſt, ſi veulent-
„ ils eſtre reconnus pour Dieux, & les ſacrifices
„ des mortels leur agreent, comme connoiſſan-
„ ces qu'ils donnent de n'eſtre point ingrats des
„ biens receus. Apres quelques autres propos,
ceſte Nymphe fort interdite, me dit qu'elle ne
deſiroit rien dauantage, & qu'elle obſerueroit
tout ce que i'ordonnerois. Il eſt temps à cette
heure, luy dis-ie, car la Lune eſt en ſon plein,
ou peu s'en faut, & ſi vous la laiſſez décroiſtre,
vous ne le pourrez plus: & puis ie luy fis le
meſme commandement que i'auois fait à Siluie & à Leonide, de ſe lauer auant iour dans
le ruiſſeau voiſin, la iambe & le bras, & venir
de cette ſorte auec vn chappeau de Verueine,
& vne ceinture de Fougere deuant cette cauerne, & que i'y tiendrois preparé ce qui ſeroit
neceſſaire pour le ſacrifice: mais qu'il ne falloit
pas que ceux qui y aſſiſteroient fuſſent en autre eſtat qu'elle. Et bien, me dit-elle, i'y
viendray auec deux de mes Nymphes, & ſi
ſecrettement que perſonne n'en ſçaura rien:
mais aduiſez à ne me parler deuant-elles en
ſorte qu'elles ſçachent aſſeurément cét affaire: car elles taſcheroient de m'en diuertir. Ie
fus extrémement aiſe de cét aduertiſſement,
ayant moy-meſme cette meſme crainte, outre
que la voyant auec cette preuoyance, ie iugeay qu'elle faiſoit deſſein de ſuiure mon

aduis, autrement elle ne s'en fuſt pas ſouciée: ainſi donc elle s'en alla auec aſſeurance de reuenir le troiſieſme iour d'apres. Or ce qui m'auoit fait dire qu'il falloit que ce fut auant que la Lune deſcreuſt, fut afin que ſi quelqu'autre me venoit importuner de ſemblable choſe, ie peuſſe trouuer excuſe ſur le deffaut de la Lune, & auſſi i'auois dit qu'il falloit que ce fut auant iour, afin d'y auoir moins de perſonnes. Et quant au iour des Baccanales, i'auois conté que c'eſtoit ce iour-là que Lyndamor deuoit prendre congé d'Amaſis à Marcilly, & d'elle par conſequent, & auſſi qu'il ſeroit habillé de vert.

Or toutes ces choſes ainſi reſoluës & preparées, ie donnay ordre à trouuer ce qu'il falloit, pour le ſacrifice que nous auions à faire le troiſieſme iour: car encore que ie ne ſçeuſſe guere bien ce meſtier, falloit-il que ie me monſtraſſe expert en cela, afin qu'elles, qui y eſtoiẽt accouſtumées, n'y trouuaſſent rien à redire. Vous ſçauez que dés le commencement nous auions donné ordre pour recouurer tout ce qui eſtoit neceſſaire.

Le matin venu, à peine le iour commençoit à poindre, que ie la trouuay en l'eſtat que ie luy auois ordonné auec Siluie & Leonide, & ſans mentir ie deſiray alors que vous y fuſſiez, pour auoir le contentement de voir cette belle, dont les cheueux au gré du vent s'alloient recreſpans

T iij

en ondes n'estans couuerts que d'vn chappeau de Verueine, vous eussiez veu ce bras nud, & ceste iambe blanche comme albastre, le tout gras & poly, en sorte qu'il n'y auoit point d'apparence d'os, la greue longue & droicte, & le pied petit & mignard, qui faisoit honte à ceux de Tetis.

Il faut que i'aduouë la verité, ie voulus vn peu passer le temps, & voir dauantage des beautez, que ie leur dis qu'il falloit qu'elles se parfumassent tout le corps d'encens masle, & de souffre, afin que les visions des Deitez de Stix ne les peussent offenser. Et leur montray à cét effect vn lieu vn peu plus reculé, où elles ne pouuoient estre veuës que mal-aisément.

Sur le penchant du vallon voisin, duquel ce petit ruisseau arrouse le pied, il s'esleue vn boccage espaissi branche sur branche de diuerses fueilles, dont les cheueux n'ayant iamais esté tondus par le fer, à cause que le bois est dedié à Diane, s'entre-ombrageoient espandus l'vn sur l'autre, de sorte que mal-aisément pouuoient-ils estre percez du Soleil ny a son leuer, ny a son coucher, & par ainsi au plus haut du midy mesme, vne chiche lumiere d'vn iour blafard y paillissoit d'ordinaire : ce lieu ainsi commode leur donna courage : mais plus encore la curiosité de sçauoir ce qu'elles desiroiét. Là donc apres auoir pris les parfums necessaires, elles vont se deshabiller toutes trois, & moy qui sçauois quel estoit le lieu, m'esgarant à trauers les halliers ie reuins par vn autre costé où elles estoient, & eus commodité de les voir nuës, sans mentir, ie ne vy de ma vie rien de si beau : mais sur toutes ie trouuay Leonide admirable, fut en la proportion de son corps, fut en la blancheur de la peau, fut en l'embonpoinct, elle les surpassoit de beaucoup: si bien qu'alors ie vous condamnay pour homme peu expert aux beautez cachées, puis que vous l'auiez quittée pour Galathée, qui à la verité a bien quelque chose de beau au visage: mais le reste si peu accompagnant ce qu'il se voit, qu'il se peut auec raison nommer vn abuseur. Mon Dieu, Climanthe, dit alors Polemas, qui ne pouuoit ouyr parler de cette sorte de ce qu'il aimoit, si vous me voulez plaire laissez ces termes, & continuez vostre discours : car il y a bien de la comparaison du visage de Leonide à celuy de Galathée. En cela, respondit Climanthe, vous pourriez auoir quelque raison : mais croyez-moy, qui le sçay pour l'auoir veu, le visage de Leonide est ce qui est de moins beau en son corps. Or ie luy conseille donc, dit Polemas tout en colere, qu'elle cache le visage, & qu'elle montre ce qu'elle a de plus beau ; mais voyez-vous, vous auiez les yeux troublez, tant pour l'obscurité du lieu, que pour auoir tout l'enten-

T iiij

dement à voſtre entrepriſe, de ſorte qu'en ce temps-là mal-aiſément en pouuiez-vous faire quelque bon iugement: mais laiſſons cela à part, & continuez voſtre diſcours ie vous ſupplie. Leonide, qui eſcoutoit tous ces propos, voyant auec quel meſpris Polemas parloit d'elle, ſe reſſentit de ſorte offenſée contre luy, que iamais depuis elle ne luy peuſt pardonner: & au contraire quoy qu'elle vouluſt mal à la ruſe de Climanthe, ſi l'aimoit-elle en quelque ſorte s'oyant loüer: car il n'y a rien qui chatoüille dauantage vne fille que la loüange de ſa beauté, & meſme quand elle eſt hors de ſoupçon de flatterie. Cependant qu'elle eſtoit en ces penſers, elle ouyt qu'il continuoit ainſi. Or ces trois belles Nymphes s'en reuindrent vers moy, & me trouuerent au deuant de ma cauerne, où ie faiſois vne foſſe pour le ſacrifice, d'autant que ſoudain qu'elles auoient commencé de ſe r'habiller, ie m'en eſtois reuenu, & auois eu le loiſir d'en faire vne partie. Ie la creuſay d'vne coudée & de quatre pieds en rond, puis i'allumay trois feux à l'entour, d'encens, d'ache, & de pauot, & auec vn encenſoir ie parfumay le lieu trois fois en rond, & autant en ma cabane, & puis ie leur entournay le corps de Verueine, & leur fis à chacune vne coûronne de pauot, & mis dans leur bouche du ſel, que ie leur fis macher,

LIVRE CINQVIESME. 297

Apres ie pris trois genices noires, & les plus belles que i'eusse peu choisir, & neuf brebis qui n'auoient point esté conneuës du bellier, dont la leine noire & longue ressembloit à de la soye, tant elle estoit douce & deliée, ie conduisis ces animaux sans les frapper sur la fosse, où m'estant tourné du costé de l'Occident, ie les poussay sur le bord, de la main gauche, & de l'autre ie pris le poil qui estoit entre les cornes, & le iettay dedans le creux, y respandant ensemble du laict, de la farine, du vin, & du miel, & apres auoir appellé quatre fois Hecathe, ie mis le cousteau dans le cœur des animaux, l'vn apres l'autre, & en receus le sang dans vne tasse, & puis r'appellant encore Hecathe, ie le laissay tomber peu à peu dedans. Lors me semblant qu'il ne restoit plus rien à faire, ie me releuay sur le bout des pieds, & faisant comme le trãsporté, ie dis aux Nymphes: voicy le Dieu, il est temps: & prenant Galathée par la main, nous entrasmes tous quatre dedans. Ie m'estois rendu farouche, i'auois les yeux ouuerts, & roüans dans la teste, la bouche entr'ouuerte, l'estomach pantelant, & le corps cõme tremoussant par le sainct enthousiasme. Estant pres de l'autel, ie dis: O saincte Deité, qui presides en ce lieu, dõne-moy que ie puisse respondre à cette Nymphe, auec verité, sur ce qu'elle m'a demandé: le lieu estoit fort obscur, & n'y auoit clarté que celle que deux petits flambeaux donnoient, qui eſtoient allumez ſur l'autel, & le iour qui eſtoit des-ja aſſez grād, donnoit vn peu de clarté à l'endroit où eſtoit le papier peint, afin qu'il ſe peuſt mieux repreſenter dans le miroir. Apres auoir dit ces mots, ie me laiſſay choir en terre, & ayant tenu quelque temps la teſte en bas, ie me releuay, & m'adreſſant à Galathée, ie luy dis: Nymphe aimée du Ciel, tes vœux & tes ſacrifices ont eſté receus, la Deïté que nous auons reclamée, veut que par la veuë, & non ſeulement par l'oüye, tu ſçaches où tu dois trouuer ton bien : Approche-toy de cét autel, & dy apres moy : O grande Hecathe, qui preſide au Palus Stigieux, ainſi iamais le chien à trois teſtes ne t'aboye quand tu y deſcendras: ainſi tes autels fument touſiours d'agreables ſacrifices, comme ie te promets tous les ans de les charger d'vn ſemblable à ceſtuy-cy; pourueu, grande Deeſſe, que par toy ie voye ce que ie te requiers. A cette derniere parole, ie touchay les poils de cheual auſquels la petite aiz eſtoit ſouſpenduë, qui eſtant laſchée tomba, & ſans manquer donnant ſur le caillou, fit le feu accouſtumé, auec vne flame ſi prompte, que Galathée fut ſurpriſe de frayeur : mais ie la retins, & luy dis: Nymphe, n'ayez peur, c'eſt Hecathe qui vous montre ce que vous demandez: lors la fumée peu à peu ſe perdant, le miroir ſe vid : mais vn peu trouble de la fumée de ce feu, qui fut cause que prenant vne esponge moüillée, que ie tenois expressément au bout d'vne cane, ie passay deux ou trois fois sur la glace qui la rendit fort claire, & de fortune le Soleil leua en mesme temps, donnant si à propos sur le papier peint, qu'il paroissoit si bien dans le miroir, que ie ne l'eusse sçeu desirer mieux. Apres qu'elles y eurét regardé quelque temps, ie dis à Galathée, ressouuiens-toy, Nymphe, qu'Hecathe te fait sçauoir par moy, qu'en ce lieu que tu vois representé dans ce miroir, tu trouueras vn diamant à demy perdu qu'vne belle & trop desdaigneuse a mesprisé, croyant qu'il fust faux: & toutesfois il est d'inestimable valeur, prens-le & le conserue curieusement : Or cette riuiere, c'est Lignon, cette Saulaye qui est deça, c'est le costé de Montverdun au dessous de ceste colline, où il semble qu'autre-fois la riuiere ayt eu son cours, remarque bien le lieu, & t'en ressouuiens. Puis tirant la Nymphe à part, ie luy dis: mon enfant vous auez, comme ie vous ay dit, vne influence infiniment mauuaise, & vne autre la plus heureuse qu'on puisse desirer : La mauuaise ie la vous ay ditte, gardez-vous-en si vous aimez vostre contentement: La bonne, c'est celle-cy que vous voyez dans ce miroir: Remarquez donc bien le lieu que ie vous y ay fait voir, & afin de vous en mieux ressouuenir, apres que i'auray parlé à vous, retournez le voir, & le remarquez bien : car le iour que la Lune sera au mesme estat qu'elle est auiourd'huy, enuiron cette mesme heure, vn peu plus tost, ou vn peu plus tard, vous trouuerez celuy que vous deuez aimer, s'il vous void auant que vous luy, il vous aimera : mais difficilement le pourrez-vous aimer ; au contraire si vous le voyez la premiere, il aura de la peine à vous aimer, & vous l'aimerez incontinent : si faut-il comme que ce soit que par vostre prudence vous surmontiez cette contrarieté, resoluez-vous donc, & de vous vaincre, & de le vaincre, s'il est de besoin : car sans doute auec le temps vous y paruiendrez : que si vous ne le rencontrez la premiere fois, retournez-y la Lune d'apres au mesme iour, & enuiron cette mesme heure, & continuez ainsi iusques à la troisiesme : si à la seconde vous ne l'y rencontrez : Hecathe ne veut pas bien m'asseurer du ”iour : Les Dieux se plaisent de mettre de la ”peine en ce qu'ils veulent nous donner, afin ”que l'obeïssance qu'en cela nous leur rendons, ”soit tesmoignage combien nous les estimons. Lors prenant vne petite houssine ie m'approchay du miroir, & luy montray auec le bout tous les lieux. Voyez-vous, luy disois-ie, voila la montagne d'Isoure, voila Mont-verdun, voila la riuiere de Lignon : Or voyez-vous là Cala à ce bord de deça, & vn peu plus bas la Pra, allans à la chasse vous y auez passé souuent, vous pouuez bien le recognoiſtre. Or Nymphe, Hecathe te mande encor par moy, que ſi tu n'obſerues ce qu'elle t'a declaré, & ce que tu luy as promis, elle augmentera le malheur dont le deſtin te menaſſe: & puis changeant vn peu de voix, ie luy dis: Et ie ſuis tres-aiſe qu'auant mon depart i'aye eſté ſi heureux que de vous auoir donné cét aduis: car encor que ie ne ſois point de ceſte contrée, ſi eſt-ce que voſtre vertu & voſtre pieté enuers les Dieux m'obligent à vous aimer, & à prier Hecathe qu'elle vous conſerue & rende heureuſe, & par là vous voyez que ie ſuis du tout à ceſte Deeſſe, puiſque m'ayant commandé de partir dans demain, ſans luy contredire ie m'y reſous, & vous dis Adieu. A ce mot ie les mis hors de la cabane, & leur oſtant les herbes que ie leur auois mis autour, ie les bruſlay dans le feu qui eſtoit encor allumé, & puis ie me retiray,

Ie vous veux dire à cette heure, pourquoy ie luy dis que ce fut à la pleine Lune: car vous vous eſtes faſché que ie luy ay donné ſi long terme, ie l'ay fait afin que Lindamor fuſt party auant qu'elle y allaſt, n'y ayant pas apparence qu'Amaſis le luy euſt permis auparauant: & puis encor falloit-il que vous, qui deuiez prendre la charge de toute la Prouince, euſſiez vn peu de loiſir de demeurer pres d'Amaſis apres le depart de tous ces Cheualiers, pour y commencer à donner quelque ordre: puis que d'aller si promptement à la chasse, chacun en eust murmuré, d'autant que vous sçauez combien vne personne qui se mesle de l'Estat, est sujette aux enuies & calomnies. Ie luy donnay les trois Lunes apres, afin que si vous y failliez vn iour, vous y puissiez estre l'autre. Ie luy dy, que si elle vous voyoit la premiere, qu'elle vous aimeroit facilement, que si c'estoit vous, ce seroit au contraire, & cela seulement pource que ie sçauois fort bien que vous seriez le premier à la voir: si bien qu'elle trouueroit veritable en elle-mesme cette difficulté d'Amour: car comme vous sçauez, elle aime Lindamor. Ie luy dis que ie deuois partir le lendemain, afin qu'elle ne trouuast pas estrange mon depart, si de fortune elle reuenoit me chercher pour quelque autre curiosité: car ayant fait enuers elle ce que nous auions resolu, ma plus grande haste estoit de m'en aller pour n'estre reconneu de quelque Druide qui m'eust fait chastier, & vous sçauez bien que ç'a tousiours esté là toute ma crainte: vous semble-t'il que i'y aye oublié quelque chose? Non certes, dit alors Polemas: mais que peut-estre ce qui l'a des-ja retardée si long temps? Quant à moy, dit Climanthe, ie ne le puis sçauoir, si ce n'est qu'elle n'ait pas bien conté les iours de la Lune: mais puis que rien ne vous presse, & que vous pouuez encor vous retrouuer icy au temps que ie luy ay donné, ie suis d'aduis que vous le fassiez, & que tous les matins deux iours auant & apres vous ne manquiez point d'aller là à bonne heure : car il est tout vray, que le premier iour nous y fusmes vn peu trop tard. Et que voulez-vous, respondit Polemas, que i'y fasse ? ce fut la perte de ce Berger qui se noya qui en fut cause, & vous sçauez bien que le bord de la riuiere estoit si plein de personnes, que ie n'eusse peu demeurer là seul sans soupçon : mais si ne retardasmes-nous pas beaucoup, & n'y a pas apparence qu'elle y fust ce iour-là : car ie m'asseure que la mesme occasion qui m'en empescha, l'aura aussi fait retarder, pour n'estre point veuë. Ne vous persuadez point cela, repliqua Climanthe, elle estoit trop desireuse d'obseruer ce que ie luy auois ordonné : Mais il me semble qu'il seroit temps de se leuer, afin que vous partissiez, & lors ouurant les fenestres il vid poindre le iour. Sans doute, luy dit-il, auant que vous soyez au lieu où vous deuez estre, l'heure sera passée ; hastez-vous : car il vaut mieux en toutes choses auoir plusieurs heures de reste qu'vn moment de moins. Et voulez-vous, luy dit Polemas, que nous y allions encore ? pensez-vous qu'elle y vienne, y ayant plus de quinze iours que le teps est passé ? Peut-estre, respondit-il, aura-t'elle mal conté, ne laissons pas de nous y trouuer.

Leonide qui craignoit d'estre veuë ou par Polemas, ou par Climanthe, n'osa se leuer qu'ils ne fussent partis, & afin de reconnoistre le visage de Climanthe, lors qu'il fut iour, elle le considera de sorte, qu'il luy sembla impossible qu'il se peust dissimuler à elle: & soudain qu'elle les vid sortir hors de la maison, elle dépescha de s'habiller: & apres auoir pris congé de son hoste, continua son voyage, si confuse en elle-mesme du malicieux artifice de ces deux personnes, qu'il luy sembloit que tout autre y eust esté deçeu aussi bien qu'elle: si est-ce que le mespris que Polemas auoit fait de sa beauté, la piquoit si viuement, qu'elle resolut de remedier par sa prudence à sa malice, & de faire en sorte que Lindamor en son absence ne ressentist les effects de cette trahison, ce qu'elle iugea ne se pouuoir faire mieux que par le moyen de son oncle Adamas, auquel elle fit dessein de declarer tout ce qu'elle en sçauoit. Et en cette resolution, elle se hastoit pour aller à Feurs, où elle pensoit le trouuer; mais elle y arriua trop tard: car dés le matin il estoit party pour s'en retourner chez luy, ayant le iour auparauant paracheué ce qui estoit du sacrifice: & des-ja le Soleil commençoit à eschauffer bien fort, quand il se trouua dans la grande plaine de Mont-verdun: & parce qu'à main gauche il remarqua vne touffe d'arbres qui faisoient, ce luy sembloit, vn assez gracieux

LIVRE CINQVIESME. 305

cieux ombrage, il y tourna ses pas en volonté de s'y reposer quelque temps. A peine y estoit-il arriué, qu'il vid venir d'assez loing vn Berger, qui sembloit chercher ce mesme lieu, pour la mesme occasion qui l'y auoit conduit: & parce qu'il montroit d'estre fort pensif en soy-mesme, lors qu'il arriua, Adamas pour ne le distraire de ses pensées, ne le voulut point saluer: mais sans se faire voir à luy, voulut écouter ce qu'il alloit disant: & peu apres qu'il se fut assis de l'autre costé du buisson, il ouyt qu'il reprit la parole ainsi. Et pourquoy aime-rois-ie cette volage? En premier lieu sa beauté ne m'y peut contraindre, car elle n'en a pas assez pour auoir le nom de belle: & puis ses merites ne sont point tels, que s'ils ne sont ai-dez d'autres considerations, ils puissent rete-nir vn honneste homme à son seruice, & en fin son amitié qui estoit tout ce qui m'obligeoit à elle, est si muable, que s'il y a quelque impres-sion d'Amour en son cœur, ie croy qu'il est non seulement de cire, mais de cire presque fonduë, tant il reçoit aisément les figures de toutes nouueautez, & qu'il ressemble à ces yeux qui reçoiuent les figures de tout ce qu'on leur presente, mais aussi qui les perdent aussi tost que l'objet n'en est plus deuant eux: que si ie l'ay aimée, il faut que i'auoüe que c'est parce que ie pensois qu'elle m'aimast: mais si cela n'estoit pas, ie l'excuse: car ie sçay bien

V

qu'elle mesme pensoit de m'aimer. Ce Berger eust continué dauantage, n'eust esté qu'vne Bergere, de fortune y suruint, qui sembloit l'auoir suiuy de loing : & quoy qu'elle eust ouy quelques paroles des siennes, si n'en fit-elle semblant, & au contraire s'asseant aupres de luy, elle luy dit : Et bien, Corilas, quel nouueau soucy est celuy qui vous retient si pensif ? Le Berger luy respondit le plus dédaigneusement qu'il peust, & sans tourner la teste de son costé : C'est celuy qui me fait rechercher auec quelle nouuelle tromperie vous laisserez ceux qu'à cette heure vous commencez d'aimer. Et quoy, dit la Bergere, pourriez-vous croire que i'affectionne autre que vous ? Et vous, dit le Berger, pourriez-vous croire que ie pense que vous m'affectionnez ? Que croyez-vous donc de moy ? dit-elle. Tout le pire, respondit Corilas, que vous pouuez croire d'vne personne que vous haïssez. Vous auez, adiousta-t'elle, d'estranges opinions de moy ; Et vous, dit Corilas, d'estranges effets en vous. O Dieux ! dit la Bergere, quel homme ay-ie trouué en vous ? C'est moy, respondit le Berger, qui puis dire auec beaucoup plus de raison, en vous rencontrant, Stelle, Que le femme ay-ie trouuée ? car y a-t'il rien qui soit plus incapable d'amitié que vous ? vous, dis-ie, qui ne vous plaisez qu'à tromper ceux qui se fient en vous, & qui imitez le chasseur, qui poursuit auec tant de soing la beste dont apres il donne curée à ses chiens. Vous auez, dit-elle, si peu de raison en ce que vous dittes, que celuy en auroit encore moins, qui s'arresteroit a vous respondre. Pleust à Dieu, dit le Berger, que i'en eusse tousiours eu autant en mon ame, qu'à cette heure i'en ay en mes paroles, ie n'aurois pas le regret qui m'afflige. Et apres s'estre l'vn & l'autre teus pour quelque temps, elle releua sa voix, & chantant luy parla de cette sorte : & luy de mesme, pour ne demeurer sans réponse, luy alloit repliquant :

DIALOGVE
DE STELLE ET CORILAS.

STEL.

VOVDRIEZ-VOVS *estre, mon Berger,*
 A faute d'Amour, infidelle?

COR.
Pour suiure vostre esprit leger,
 Il faut plustost vne bonne ayle,
 Que non pas vn courage haut,
 Mais vous suiure c'est vn defaut.

STEL.
Vous n'auez pas tousiours pensé
 Que m'aimer fust erreur si grande.

V ij

Cor.

Ne parlons plus du temps passé,
Celuy vit mal qui ne s'amende :
Le passé ne peut reuenir,
Ny moy non plus m'en souuenir.

Stel.

Que c'est de ne sçauoir aymer,
Et se figurer le contraire ?

Cor.

Pourquoy me voulez-vous blasmer
De ce que vous ne sçauez faire ?
Vous aymez par opinion,
Et non pas par élection.

Stel.

Ie vous ayme & aymeray,
Quoy que vostre Amour soit changée.

Cor.

Moy, iamais ie ne changeray,
Celle où mon ame est engagée :
Ne croyez point qu'à chaque iour,
Ie change comme vous d'Amour.

Stel.

Vous vous estes donc resolu
De suiure vne amitié nouuelle ?

Cor.

Si quelquefois vous m'auez plu,
Ie vous iugeois estre plus belle,

J'ay depuis veu la verité,
Vous auez trop peu de beauté.

STEL.

Infidelle! vous destruisez
Vne amitié qui fut si grande?

COR.

De vostre erreur vous m'accusez,
Le battu paye ainsi l'amende:
Mais dittes ce qu'il vous plaira,
Ce qui fut iamais ne sera.

STEL.

Mais quoy? vous m'aymiez en effect,
Qui vous feit estre si volage?

COR.

Quand on void l'erreur qu'on a fait,
Changer d'aduis, c'est estre sage:
Il vaut mieux tard se repentir,
Que iamais d'erreur ne sortir.

STEL.

Le change oste donc d'entre nous
Ceste amitié que ie desire.

COR.

Le change m'a fait estre à vous,
De vous le change me retire;
Mais si ie plains changeant ainsi,
C'est d'auoir tardé iusqu'icy.

STEL.

Et quoy l'honneur ny le deuoir,
Ne sçauroient vaincre vne humeur télle?

COR.

Qu'est-ce qu'en vous ie puis plus voir,
Qui cette amitié renouuelle,
Dont vos feintes m'auoient épris,
Puis qu'en son lieu i'ay le mépris?

STEL.

Ie vous verray pour me venger,
Sans estre aimé, seruir quelqu'autre.

COR.

Bien tost d'vn tel mal le changer
Me guerira comme du vostre :
Et si ie fais onc autrement,
I'auray perdu l'entendement.

STEL.

Et n'aurez-vous point de regret
D'vne infidelité si grande?

COR.

I'en ay prononcé le decret,
Celuy me doit qui me demande :
Mais demandez, & plaignez-vous,
Toute Amour est morte entre nous.

LIVRE CINQVIESME.

La Bergere voyant bien qu'il ne demeureroit iamais sans replique à ses demãdes, laissant le chanter, luy dit: Et quoy, Corilas, il n'y a donc plus d'esperáce en vous? Non plus, dit-il, qu'en vous de fidelité, & ne croyez point que vos feintes, ny vos belles paroles, me puissent faire changer de resolution, ie suis trop affermy en ceste opiniastreté, de sorte que c'est en vain que vous essayez vos armes contre moy, elles sont trop foibles, ie n'en crains plus les coups, ie vous cõseille de les esprouuer contre d'autres, à qui leur connoissance ne les fasse pas mépriser comme à moy: il ne peut estre que vous n'en trouuiez à qui le Ciel pour punir quelque secrette faute, ordonne de vous aimer, & ils vous seront d'autant plus agreables, que la nouueauté vous plaist sur toute chose. A ce coup la Bergere fut à bon escient piquée, toutesfois feignãt de tourner cette offense en risée, elle luy dit en s'en allant. Que ie me mocque de vous Corilas, & de vostre colere? nous vous reuerrons bien tost en vostre bonne humeur. Cependant contẽtez-vous que ie patiente vostre faute sans que vous la reiettiez sur moy. Ie sçay, repliqua le Berger, que c'est vostre coustume de vous moquer de ceux qui vous aiment, mais si l'humeur que i'ay me dure, ie vous asseure que vous pourrez lõg-temps vous moquer de moy, auãt que ce soit d'vne personne qui vous aime. Ainsi se separerent ces deux ennemis: & Ada-

V iiij

mas qui les auoit escoutez, ayant cognoissance par leurs noms de la famille dont ils estoient, eut enuie de sçauoir dauantage de leurs affaires, & appellant Corilas par son nom le fit venir à luy, & parce que le Berger se monstroit estonné de cette surprise, pour le respect qu'on portoit à l'habit & à la qualité de Druide, afin de le r'asseurer, il le fit asseoir aupres de luy, & puis luy parla ainsi : Mon enfant (car tel ie vous puis nommer, pour l'amitié que i'ay tousiours portée à ceux de vostre famille) il ne faut que vous soyez marry d'auoir parlé si franchement à Stelle deuant moy. Ie suis tresaise d'auoir sçeu vostre prudence : mais ie desirerois d'en sçauoir dauātage, afin de vous conseiller si bien en cét affaire que vous n'y fissiez point d'erreur : & pour moy, ie ne croy pas y auoir peu de difficulté, puis que les loix de la ciuilité & de la courtoisie obligent peut-estre dauantage qu'on ne pense pas. Aussi tost que Corilas auoit veu le Druide, il l'auoit bien reconneu pour l'auoir veu plusieurs fois en diuers sacrifices : mais n'ayant iamais parlé à luy, il n'auoit la hardiesse de luy racōter par le menu ce qui s'estoit passé entre Stelle & luy, quoy qu'il desiraft fort que chacun sceust la iustice de sa cause, & la perfidie de la Bergere : dequoy s'apperceuant Adamas, afin de luy en donner courage, il luy fit entendre qu'il en sçauoit des-ja vne partie, & que plusieurs racontoient à son desauantage, ce qu'il oyoit auec déplaisir, pour l'amitié qu'il auoit tousiours portée aux siens. Ie crains, respondit Corilas, que ce vous soit importunité d'ouyr les particularitez de nos villages. Tant s'en faut, repliqua-t'il, ce me sera beaucoup de satisfaction, de sçauoir que vous n'auez point de tort, aussi bien veux-ie passer icy vne partie de la chaleur, & ce sera autant de temps employé.

HISTOIRE DE STELLE

ET CORILAS.

PVis que vous le commandez ainsi, dit le Berger, il faut que ie prenne ce discours d'vn peu plus haut. Il y a fort long-temps que Stelle demeura veufue d'vn mary que le Ciel luy auoit donné, plustost pour en auoir le nom que l'effect : car outre qu'il estoit maladif, sa vieillesse, qui approchoit de soxante & quinze ans, luy diminua tellement les forces, qu'elle le contraignit de laisser ceste ieune veufue auant presque qu'elle fust vrayement mariée : L'amitié qu'elle luy portoit, ne luy fist pas beaucoup ressentir cette perte, ny son humeur aussi, qui n'a iamais esté de prendre fort à cœur les accidents qui luy suruiennent. Demeurant donc fort satisfaite en soy-mesme, de se voir deliurée tout à coup de deux si pesants fardeaux, à sçauoir de l'importunité d'vn fascheux mary, & de l'authorité que ses parents auoient accoustumé d'auoir sur elle; incontinent elle se mit à bon escient au monde, & quoy que sa beauté, ainsi que vous auez veu, ne sont pas de celles qui peuuent contraindre à se faire aimer, si est-ce que ces affetteries ne déplaisoient point à la plus-part de ceux qui la voyoient. Elle pouuoit auoir dix-sept ou dix-huict ans, aage tout propre à commettre beaucoup d'imprudences quand on a la liberté. Cela fut cause que Saliam, son frere, tres-honneste, & tres-aduisé Berger, & des plus grands amis que i'eusse, ne pouuant supporter ses libres & coustumieres recherches afin de luy en oster les commoditez en quelque sorte, se resolut de l'esloigner de son hameau, & la mettre en telle compagnie qu'elle peut passer son aage plus dangereux sans reproche. Pour cét effect, il pria Cleanthe de trouuer bon qu'elle fit compagnie à sa petite fille Aminthe, parce qu'elles estoient presque d'vn aage ; encore que Stelle en eust quelque peu dauantage : & d'autant que Cleanthe le trouua bon, elles commencerent ensemble vne vie si priuée & si familiere, que iamais ces deux Bergeres n'estoient l'vne sans l'autre, plusieurs s'estonnoient qu'estant si differentes d'humeurs, elles peussent se lier si estroitement: mais la douce pratique d'Aminthe, & le souple naturel de Stelle en furent cause, & ainsi iamais Aminthe ne déduisoit les deliberations de sa compagne, & Stelle ne trouuoit iamais rien de mauuais de tout ce qu'Aminthe vouloit. De ceste sorte elles vesquirent si priuément, qu'il n'y auoit rien de caché entre elles. Mais enfin Lysis, fils du Berger Genetian, laissant les valons gelez de Mont-Lune, descendit en nostre plaine, où ayant veu Stelle en vne assemblée generalle qui se faisoit au Temple de Venus, vis à vis de Mont-Suc, lors mesme qu'Astrée eut le prix de la beauté. Il en deuint de sorte amoureux, que ie ne croy pas qu'il ne le soit encores au tombeau: & elle le trouua tant à son gré, qu'apres plusieurs voyages, & plusieurs messages, ses affections passerent si auant que Lysis fit parler de mariage, à quoy elle fit toute responfe que il eust sçeu desirer. En ce temps-là Saliam fut contraint de faire vn voyage si lointain qu'il ne sçeust rien de tout ce traitté, outre qu'elle s'estoit desia prise vne si grande authorité sur soy-mesme, qu'elle ne luy communiquoit pas beaucoup de ses affaires: d'autre costé, Aminthe la voyant si tost resoluë à ce mariage, plusieurs fois luy demanda si c'estoit à bon escient, & qu'il luy sembloit qu'en chose de si grande importance il falloit bien regarder. Ne vous en mettez point en peine, luy dit-elle, ie sortiray aisément de cét affaire. Sur cela, Lysis, qui poursuiuoit fort viuement, prit iour assigné pour faire l'assemblée, & se met aux dépenses accoustumées en semblable occasion, tenant son mariage pour asseuré. Mais l'humeur coustumiere de plusieurs femmes, de ne faire personne maistre de leur liberté, l'empescha de continuer son premier dessein, qu'elle tascha de rompre par les demandes tant déraisonnables, qu'elle croyoit que les parents de Lysis n'y consentiroient iamais: mais l'Amour qu'il luy portoit, estant plus fort que toutes ces difficultez, elle fut enfin contrainte de le rompre sans autre couuerture que de son peu de bonne volonté. Si Lysis fut offensé, vous le pouuez iuger, receuant vn si grand outrage, toutesfois il ne peust chasser cét Amour qu'il ne fust encor vainqueur, & me souuient que sur ce discours il fit ces vers, que depuis lors que nous fusmes amis, il me donna.

SONNET

Sur vn dépit d'Amour.

DESPIT, foible guerrier, parrain audacieux,
Qui me conduis au camp sous de si foibles armes,
Contre vn Amour armé de fléches & de charmes,
Amour si coustumier d'estre victorieux:

Si le vent de son aisle aux premieres alarmes
Fait fondre tes glaçons, qui coulent de mes yeux;
Et que feront les feux, qui consument les Dieux,
Et qui vont s'irritant par les torrens de larmes?

Ie viens crier mercy, vaincu ie tens la main,
Fléchissant sous le ioug du vainqueur inhumain,
Qui de ta resistance augmentera ta gloire:

Ie veux pour mon salut faire armer la pitié,
Et si de la Bergere elle esmeut l'amitié,
Mon sang soit mon triomphe, & ma mort ma victoire.

Ce qui fut cause de ce changement en Stelle,

fut vne nouuelle affection, que la recherche d'vn Berger nommé Semire, fit naistre dans son ame, dequoy Lysis s'apperceut le dernier, par ce qu'elle se cachoit plus de luy que de tout autre. Ce Berger est entre tous ceux que ie vis iamais, le plus dissimulé & cauteleux, au reste tres-honneste homme, & personne qui a beaucoup d'aimables parties: qui donnerent occasion à la Bergere de refuser, contre sa promesse, l'alliance de Lysis, mettant ce refus en ligne de faueur à son nouuel Amant, qui toutesfois ne triompha pas longuement de cette victoire: car il aduint que Lupeandre faisant vne assemblée pour le mariage de sa fille Olimpe, Lysis & Stelle y furent appellées, & parce que nous sommes fort proches parents Olimpe & moy, ie ne voulus faillir de m'y trouuer: ie ne sçay si ce fut vengeance d'Amour, ou que le naturel inconstant de la Bergere par son branfle incertain, la rapportast d'où elle estoit partie, tant y a qu'elle ne reuit pas si tost Lysis, qu'il luy reprit fantasie de le r'appeller, & pour cét effet n'oublia nulles de ses affetteries, dont la nature luy a esté imprudemment prodigue: mais le courage offensé du Berger, luy donnoit d'assez bonnes armes, non pas pour ne l'aimer, mais pour cacher seulement son affection. En fin sur le soir, que chacun estoit attentif, qui a dancer, & qui à entretenir la personne plus à son gré, elle le poursuiuit de sorte, que le serrant contre vne freneſtre, d'où il ne pouuoit honneſtement eſchapper, il fut contraint de ſouſtenir les efforts de ſon ennemie. D'autre coſté Semire, qui auoit touſiours l'œil ſur elle, ayant remarqué les pourſuittes qu'elle auoit faites tout le ſoir à ce Berger, ſuiuant le naturel de tout Amant, commença à laiſſer naiſtre quelque ialouſie en ſon ame, ſçachant bien que la meſche nouuellement eſtainte ſe r'allume fort aiſément : & voyant qu'elle auoit ſerré Lyſis contre la feneſtre, afin d'ouyr ce qu'elle luy diſoit, feignant de parler à quelqu'autre, il ſe mit ſi prés d'eux, qu'il ouyt qu'elle luy demandoit pourquoy il la fuyoit ſi fort. Vrayement, reſpondit Lyſis, c'eſt me pourſuiure à outrance, & auec trop d'effronterie. Mais encore, reprit Stelle, que ie ſçache d'où procedent ces iniures, peut-eſtre que m'ayant oüy, & iugeant ſans paſſion, tout le mal ne ſera du coſté de celuy que vous penſez. Pour Dieu, reſpondit Lyſis, Bergere, laiſſez moy en paix, & qu'il vous ſuffiſe que ces iniures procedent de la haine que ie vous porte, & l'occaſion de ma haine de voſtre legereté, qui la rend ſi iuſte, que pleuſt au Ciel que celuy qui en a tout le tort, en reſſentiſt auſſi tout le déplaiſir : mais mettons toutes ces choſes ſous les pieds, & en perdez auſſi bien la memoire que i'ay perdu toute volonté de vous aimer. I'entens, reſpondit Stelle, d'où procede vostre courroux, & certes vous auez bien raison de vous en formaliser de cette sorte, voyez ie vous supplie le grand tort qu'on luy a fait de ne l'auoir receu pour mary aussi-tost qu'il s'est presenté? N'est-ce pas la coustume de ne le faire iamais demander deux fois? A la verité, si ie ne vous ay pris au mot, ie vous ay fait vne offense: mais quelle apparence y a-t'il aussi de refuser vne personne si constante, qui m'a aimée presque trois mois? Lysis voyant deuant luy celle que son courage ne luy permettoit d'aimer, & que son amitié ne souffroit qu'il haïst, ne sçauoit auec quels mots luy respondre; toutesfois pour interrompre ce torrent de paroles, il luy dit: Stelle, c'est assez, nous auons esprouué il y a long-temps que vous sçauez mieux dire que faire, & que les paroles vous croissent en la bouche dauantage quand la raison vous deffaut le plus: mais tenez ce que ie vous vay dire pour inuiolable: autant que ie vous ay autresfois aimée, autant vous hay-ie à ceste heure, & ne sera iour de ma vie, que ie ne vous publie pour la plus ingratte, & plus trompeuse femme qui soit sous le Ciel. A ce mot, forceant son affection, & le bras de Stelle, qu'elle appuyoit à la muraille pour le clorre contre la fenestre, il la laissa seule, & s'en alla entre les autres Bergeres, qui pour l'heure le garantirent de cette ennemie. Semire, qui comme ie vous ay dit,

escoutoit

LIVRE CINQVIESME.

escoutoit tous ces discours, demeura si estonné & si mal satisfait d'elle, que dés lors il se resolut de ne faire iamais estat d'vn esprit si volage: & ce qui luy en donna encore plus de volonté, fut que par hazard, ayant longuement recherché l'occasion de parler à elle, & voyant que Lysis l'auoit laissée seule, ie m'en allay l'accoster: car il faut que i'aduoüe que ses attraits & mignardises auoient plus eu de force sur mon ame, que les outrages qu'elles auoient fait à Lysis ne m'auoient peu donner de connoissance de l'imperfection de son esprit : & comme chacun va tousiours flattant son desir, ie m'allois figurant que ce que les merites de Lysis n'auoient peu obtenir sur elle, ma bonne fortune me le pourroit acquerir. Tant y a que tant que sa recherche dura, ie ne voulus point faire paroistre mon affection, car outre le parentage qui estoit entre luy & moy, encore y auoit-il vne tres-estroitte amitié: mais lors que ie vis qu'il s'en départoit, croyant que la place fut vacante (ie n'auois pris garde à la recherche de Semire) ie creus qu'il estoit plus à propos de luy en découurir quelque chose, que non pas d'attendre qu'elle eust quelque autre dessein. Ainsi donc m'adressant à elle, & la voyant toute pensiue: ie luy dis, qu'il falloit bien que ce fust quelque grande occasion qui la rendoit ainsi changée: car ceste tristesse n'estoit pas coustumiere à sa belle humeur.

X

C'est ce fascheux Lysis, me respondit-elle, qui se ressouuient tousiours du passé : & me va reprochant le refus que i'ay fait de luy. Et cela, luy dis-ie, vous ennuye-t'il ? Il ne peut estre autrement, me respondit-elle : car on ne despoüille pas vne affection comme vne chemise, & il prit si mal mon retardement qu'il la tousiours nommé vn congé. Vrayement, luy dis-ie, Lysis ne meritoit pas l'honneur de vos bonnes graces, puis que ne les pouuant acheter par ses merites, il deuoit pour le moins essayer de le faire par ses longs seruices, accompagnez d'vne forte patience : mais son humeur boüillante, & peut-estre son peu d'amitié ne le luy permirent pas. Si ce bon heur me fut arriué comme à luy, auec quelle affection l'eusse-ie receu, & auec quelle patience l'eusse-ie attendu ? Vous trouuerez peut-estre estrange, mon pere, de m'ouyr dire le prompt changement de cette Bergere, & toutesfois ie vous iure que elle receut l'ouuerture de mon amitié, aussi tost que ie la luy fis, & de telle sorte, qu'auant que nous separer, elle eust agreable l'offre du seruice que ie luy fis, & me permit de me dire son seruiteur. Vous pouuez croire que Semire, qui estoit aux escoutes, ne demeura guere plus satisfaict de moy, qu'il l'auoit esté de Lysis : & de faict, depuis ce temps il se departit de cette recherche, si discrettement toutesfois, que plusieurs creurent que

Stelle par ses refus en auoit esté la cause: car elle ne montra pas de s'en soucier beaucoup, parce que la place de son amitié estoit occupée du nouueau dessein qu'elle auoit en moy: qui estoit cause que ie receuois plus de faueur d'elle que ie n'eusse pas faict, dequoy Lysis s'apperceut bien tost: mais Amour qui veut tousiours triompher de l'amitié, m'empeschoit de luy en parler, craignant de déplaire à la Bergere: & quoy qu'il s'offençast bien fort de ce que ie me cachois de luy, si ne luy en eusse-ie iamais parlé sans la permission de Stelle, qui mesme me fist paroistre de desirer que cét affaire passast par ses mains: & depuis, comme i'ay remarqué, elle le faisoit à dessein de le remarquer encor vne fois auec elle: mais moy qui pour lors ne prenois pas garde à toutes ses ruzes, & qui ne cherchois que le moyen de la côtenter, vne nuit que Lysis & moy estions couchez ensemble, ie luy tins vn tel langage. Il faut que ie vous aduoüe, Lysis, qu'en fin Amour s'est mocqué de moy, & de plus qu'il n'y a point de delay à ma mort, s'il ne vient de vous. De moy, respondit Lysis, vous deuez estre asseuré que ie ne falliray iamais à nostre amitié, encore que vostre mesfiance vous y fasse faire de si grandes fautes, & ne croyez pas que ie n'aye reconnu vostre Amour: mais vostre silence qui m'offençoit, m'a faict taire. Puis, repliquay-ie, que vous

X ij

l'auez conneu, & que vous ne m'en auez point
„ parlé, ie suis le plus offensé : car i'aduoüe bien
„ d'auoir failly en quelque chose contre nostre
„ amitié en me taisant, mais il faut considerer
qu'vn Amant n'est pas à soy-mesme, & que
de toutes ses erreurs il en faut accuser la violence de son mal : mais vous qui n'auez point
de passion, vous n'auez point d'excuse que le
deffaut d'amitié. Lysis se mit à sousrire, oyant
mes raisons, & me respondit : Vous estes plaisant, Corilas, de me payer en me demandant,
si ne veux-ie toutesfois vous contredire, &
puis que vous auez cette opinion, voyez en
quoy ie puis amender ceste faute. En faisant
pour moy, respondis-ie, ce que vous n'auez
peu faire pour vous : C'est (il faut enfin le dire)
que si ie ne paruiens à l'amitié de Stelle, il n'y
a plus d'espoir en moy. O Dieux ! s'escria
alors Lysis, à quel passage vous conduit vostre
desastre ? Fuyez, Corilas, ce dangereux riuage,
où en verité il n'y a que des rochers & des
bancs qui ne sont remarquez que par les naufrages de ceux qui ont pris cette mesme route :
Ie vous en parle comme experimenté, vous le
sçauez : ie croy bien qu'ailleurs vos merites vous
acquerront meilleure fortune qu'à moy : mais
auec cette perfide, c'est erreur que d'esperer
que la vertu ny la raison le puissent faire. Ie luy
respondis, ce ne m'est peu de contentement
de vous ouyr tenir ce langage : car iusques icy

i'ay esté en doute que vous n'en euſſiez encores quelque reſſentiment, & cela m'a fait aller plus retenu: mais puis que, Dieu mercy, cela n'eſt pas, ie veux en cét Amour tirer vne extréme preuue de voſtre amitié. Ie ſçay que la haine qui ſuccede à l'Amour, ſe meſure à la grandeur de ſon deuancier, & qu'ayant tant aimé cette belle Bergere, venant à la hayr, la haine en doit eſtre d'autant plus grande : toutesfois ayant ſceu par Stelle meſme, que ie ne puis paruenir à ce que ie deſire que par voſtre moyen, ie vous adiure par noſtre amitié de m'y vouloir ayder, ſoit en le luy conſeillant, ſoit en la priant, ou de quelque ſorte que ce puiſſe eſtre : & ie nomme celle-cy vne extréme preuue : car ie ne doute point que la hayſſant, il ne nous ennuye de parler à elle : mais c'eſt mon amitié qui veut faire paroiſtre qu'elle eſt plus forte que la haine. Lyſis fut bien ſurpris, attendant de moy toute autre priere que celle-cy, par laquelle, outre le deplaiſir qu'il auroit de parler à Stelle, encor ſe voyoit-il a iamais priué de la perſonne qu'il aimoit le plus. Toutesfois, il reſpondit, ie feray tout ce que vous voudrez, vous ne vous ſçauriez promettre dauantage de moy, que i'en ay de volonté : mais reſſouuenez-vous de ce qui s'eſt paſſé entre-nous, & que i'ay touſiours ouy dire, qu'aux meſſages d'Amour, il ſe faut ſeruir des perſonnes qui ne ſont point

X iij

haïes : Il est vray qu'il ne faut pour Stelle y regarder de si pres, puis que ie vous asseure que vous y ferez aussi bien vos affaires de cette sorte que d'vne autre. Voila donc le pauure Lysis au lieu d'Amant deuenu messager d'Amour, mestier que son amitié luy commanda de faire pour moy, non point par acquit, mais en intention de m'y seruir en amy, quoy que peut-estre depuis l'Amour lui fist en quelque sorte changer ce dessein, comme ie vous dirai : mais en cela il faut accuser la violence d'Amour, & le pouuoir trop absolu qu'il a sur les hommes, & admirer l'amitié qu'il me portoit, qui lui permit de consentir à se priuer à iamais de ce qu'il aimoit, pour me le faire posseder. Quelques iours apres recherchant la commodité de parler à elle, il la trouua si à propos chez elle, qu'il n'y auoit personne qui peust interrompre son discours, pour long qu'il le voulust faire, & lors renouuellant le souuenir de l'iniure qu'il en auoit eue, il s'arma tellement contre ses attraits, qu'Amour n'eust guere d'espoir pour ce coup de le pouuoir vaincre : ce ne fut pas que la Bergere ne mist autant d'estude pour le surmonter, que luy pour trouuer les seuretez pour sa liberté : mais parce que contre Amour il opposa le dépit & l'amitié : le premier armé de l'offense, & l'autre du deuoir, il demeura inuaincu en ce combat. Auant qu'il commençast de parler, elle le voyant approcher, lui alla au deuant, auec les paroles de la mesme affetterie: Quel nouueau bon-heur, dit-elle, est celui qui me rameine ce desiré Lysis? Quelle faueur inesperée est celle-cy? Ie retourne à bien esperer de moy, puis que vous reuenez: car ie puis auec verité, iurer que depuis que vous me laissastes ie n'ay iamais eu vn entier contentement. A quoy le Berger respondit: Plus affettée que fidelle Bergere, ie suis plus satisfait de la confession que vous faites, que ie n'ai esté offensé par vostre infidelité. Mais laissons ce discours, & oublions-le pour iamais, & respōdez-moy à ce que ie veux vous demander. Estes-vous encore resoluë de tromper tous ceux qui vous aimeront? Pour moy ie sçay bien qu'en croire, nulle de vos humeurs à mes despens ne m'estant inconnuë: Mais ce qui me conuie à les vous demander, c'est pour connoistre à vostre mine si lon en sera quitte à meilleur marché: car si vous dittes auec affection, serment, ou autre sorte d'asseurance, que nul ne sera deceu de vous, pour certain ils sont de mon rang. La Bergere n'attendoit pas ces reproches, toutesfois elle ne laissa de luy respondre. Si vous n'estes venu que pour m'iniurier, ie vous remercie de vostre visite: mais aussi vous auez bien occasion de vous plaindre de moy. Me plain-

X iiij

dire, respondit le Berger, ie vous prie laissons cela à part, ie ne me plains non plus que ie vous iniurie, & tant s'en faut que i'vse de plainte, que ie me loüe de vostre humeur: car si vous eussiez plus longuement fait paroistre de m'aimer, i'eusse plus long-temps vescu en tromperie; & pleust à Dieu que la perte de vostre amitié ne m'eust r'apporté plus de regret que de dommage; vous n'auriez pas occasion de dire que ie me plains, non plus que ie ne vous iniurie pas, puis que l'iniure & la verité ne peuuent non plus estre ensemble, que vous & la fidelité: mais il est tres-veritable que vous estes la plus trompeuse & la plus ingratte Bergere de Forests. Il me semble, luy respondit Stelle, peu courtois Berger, que ces discours seroient mieux en la bouche de quelqu'autre que de vous. Alors Lysis, changeant vn peu de façon: Iusques icy, dit-il, i'ay presté ma langue au iuste dépit de Lysis, à cette heure ie l'ay presté à vn qui a bien plus affaire de vous, c'est vn prudent Berger qui vous aime, & qui n'a rien de cher au prix de vos bonnes graces. Elle croyant qu'il se mocquast, luy respondit, Laissons ces discours, & qu'il vous suffise, Lysis, que vous m'auez aimée, sans à ceste heure vouloir renouueller le souuenir de vos erreurs. A la verité, repliqua soudain le Berger, c'estoient bien erreurs celles qui me poussoient à vous aimer:

LIVRE CINQVIESME.

mais vous n'errez pas moins si vous auez opinion que ie parle de moy : C'est du pauure Corilas, qui s'est tellement laissé surprendre à ce qui se void de vous, que pour chose que ie luy aye sçeu dire de vostre humeur, il m'a esté impossible de l'en tirer : ie luy ay dit ce que i'auois esprouué de vous, le peu d'amitié, & le peu d'asseurance qu'il y a en vostre ame, & en vos paroles : Ie luy ay iuré que vous le tromperiez, & ie sçay que vous m'empescherez d'estre parjure : mais le pauure miserable est tant aueuglé, qu'il a opinion que où ie n'ay peu atteindre, ses merites le feront paruenir, & toutesfois pour le détromper ie luy ay bien dit, que le plus grand empeschement d'obtenir quelque chose de vous, estoit le merite : & afin que vous en croyez ce que ie vous en dis, voicy vne lettre qu'il vous escrit : i'ay opinion que s'il a failly, vous luy en ferez bien faire la penitence. Et parce que Stelle ne vouloit lire ma lettre, Lysis l'ouurant la luy leut tout haut.

LETTRE DE CORILAS A STELLE.

IL est bien impossible de vous voir sans vous aymer, mais plus encore de vous aymer sans estre extreme en telle affection; que si pour ma deffense il vous plaist de considerer ceste verité, quand ce papier se presentera deuant vos yeux, ie m'asseure que la grandeur de mon mal obtiendra par pitié autant de pardon enuers vous, que l'outrecuidance qui m'éleue à tant de merites, pourroit meriter de iuste punition. Attendant le iugement que vous en ferez, permettez que ie baise mille & mille fois vos belles mains, sans pouuoir par tel nombre égaler celuy des morts, que le refus de cette supplication me donnera, ny des felicitez, qui m'accompagneront, si vous me receuez, comme veritablement ie suis, pour vostre tres-affectionné & fidelle seruiteur.

Soudain que Lysis eust acheué de lire, il continua : Et bien, Stelle, de quelle mort mourra-t'il? pour combien en sera-t'il quitte? Pour moy ie commence à le plaindre, & vous à penser par quel moyen vous l'entretiendrez en l'opinion où il est, & puis comme vous luy ferez trouuer vos refus plus amers. Ces discours touchoient à bon escient ceste Bergere, voyant combien il estoit esloigné de l'aimer, de sorte que pour l'interrompre elle fut contrainte de luy dire: Il me semble, Lysis, que si Corilas est en la volôté que ce papier fait paroistre, il a esté peu aduisé de vous y employer, puis que vos paroles sont plus capables d'acquerir de la haine que de l'amitié, & que vous semblez pluſtost messager de guerre, que de paix. Stelle, repliqua le Berger, tant s'en faut qu'il ait esté peu aduisé en ceste élection, que s'il auoit montré autant de iugement au reſte de ſes actions, il ne seroit pas tant necessiteux de voſtre secours. Il a esprouué vos affetteries, il sçait quels sont vos attraits, & de qui se fuſt-il pû seruir sans soupçon de se faire pluſtost vn competiteur qu'vn amy fauorable, sinon de moy, qui vous hay plus que la mort? Et toutesfois l'artifice dont ie me sers, n'eſt pas mauuais: car vous representant si naïfuement ce que vous eſtes, vous reconnoiſtrez mieux l'honneur qu'il vous fait de vous aimer: mais laiſſons ce propos, & me dittes à bon escient s'il eſt en vos bonnes graces, combien il y demeurera, puis qu'en verité ie n'oserois retourner à luy, sans luy en apporter quelque bonne responſe: Ie vous en conjure par son amitié, & par la noſtre paſſée. A ce propos le Berger en adiouſta quelques autres, auec tant de prieres, que la Bergere creut qu'il le difoit à bon efcient. Ce qu'elle mefme fe perfuada aifément felon fon naturel: car c'eft la couftume de celles qui s'affectionnent aifément de croire encore plus aifément d'eftre aimées, fi eft-ce que pour cefte fois Lyfis ne peuft obtenir d'elle, finon que l'amitié de fon coufin, au defaut de la fienne, ne luy eftoit point def-agreable: mais que le temps feroit fon confeil. Et depuis par diuerfes fois il la follicita de forte, qu'il en eut toute telle affeurance qu'il voulut, & parce qu'il fe reffouuint de fon humeur volage, il tafcha de l'obliger par vne promeffe efcrite de fa main, & la fçeut tourner de tant de coftez, qu'il en eut ce qu'il voulut. Il s'en reuint de cette forte vers moy, & me fit le difcours de tout ce qu'il auoit fait, horfmis de cefte promeffe: car connoiffant l'humeur de Stelle, il fe doutoit toufiours qu'elle le tromperoit, & que s'il me parloit de ce papier, ce feroit m'y embarquer dauantage, & puis plus de peine à me r'amener: tout cecy fut fans le fceu d'Aminthe, de laquelle plus que de nul autre Stelle fe cachoit. Lors que i'eus receu vne telle affeurance de ce que ie defirois le plus, apres en auoir remercié la Bergere, ie commençay auec fa permiffion de donner ordre aux nopces, & ne faifois plus difficulté d'en parler ouuertement, quoy que Lysis me predit touſiours bien qu'en fin ie ſerois trompé? Mais l'apparence du bien que nous deſirons, flatte de ſorte, que mal-aiſément preſtons-nous l'aureille à qui nous dit le contraire. Cependant que ce mariage s'alloit diuulguant, Semire, qui, comme ie vous ay dit, auoit quitté cette recherche à cauſe de Lyſis & de moy : eſtant piqué des diſcours qu'elle auoit tenus de luy, reſolut pour faire paroiſtre le contraire, à quelque prix que ce fuſt, de r'entrer en ſes bonnes graces, en deſſein de la quitter par apres, ſi effrontément qu'elle ne peuſt plus dire que cette ſeparation procedaſt d'elle : il ne fallut pas y apporter beaucoup d'artifice ; car ſon humeur changeante ſe laiſſa aiſément aller à ſon naturel, & ainſi à coup la voila reſoluë de me quitter pour Semire, comme peu auparauant elle auoit quitté Semire pour moy. Si n'eſtoit-elle pas ſans peine, à cauſe de la promeſſe qu'elle auoit eſcritte, ne ſçachant comme s'en deſdire. En fin le iour des nopces eſtant venu, où i'auois aſſemblé la pluſ-part de mes parens & amis, ie m'en tenois ſi aſſeuré, que i'en receuois la reſiouyſſance de tout le monde : mais elle qui penſoit bien ailleurs, lors que ie n'eſtois attentif qu'à faire bonne chere à ceux qui eſtoient venus, rompit tout à fait ce traitté, auec des excuſes encores plus malbasties que les premieres: dequoy ie me sentis tant offensé, que partant de chez elle sans luy dire Adieu, ie conceus vn si grand mespris de sa legereté, que iamais depuis elle n'a peu rapointer auec moy.

Or iugez, mon pere, si i'ay occasion de me douloir d'elle, & si ceux qui le racontent à mon des-aduantage, en ont esté bien informez. A la verité, respondit Adamas, voila vne femme indigne de ce nom, & m'estonne comme il est possible qu'ayant trompé tant de gens, il y en ait encor quelqu'vn qui se fie en elle. Encore ne vous ay-ie pas tout raconté, reprit Corilas, car apres que chacun s'en fust allé horsmis Lysis, elle fit en sorte que Semire l'arresta iusques sur le soir. Cependant, comme ie croy, qu'elle alloit cherchant quelque artifice pour r'auoir sa promesse, parce qu'elle voyoit bien qu'il estoit du tout offensé contre elle. En fin tout effrontément elle luy parla de cette sorte : Est-il possible, Lysis, que vous ayez tellement perdu l'affection que si souuent vous m'auez iurée, que vous n'ayez plus nulle volonté de me plaire? Moy, dit Lysis, le Ciel me fasse plustost mourir. A ce mot quelque empeschement qu'elle y sçeust mettre, il sortit de la maison pour s'en aller: mais elle l'atteignit assez pres de là, & luy prenant la main entre les siennes, la luy alloit serrant d'vne façon que chacun eust iugé qu'il y auoit bien de l'Amour ; & quoy qu'il fust tres-sçauant de son humeur & de ses tromperies, si ne se peust-il empescher de se plaire à ses flatteries, encore qu'il ne leur adioustast point de foy ; ce qu'il tesmoigna bien lors que considerant ses actions il luy dit : Mon Dieu, Stelle, que vous abusez des graces dont le Ciel vous a esté sans raison prodigue ! Si ce corps enfermoit vn esprit qui eust quelque ressemblance auec sa beauté, qui est-ce qui pourroit vous resister ? Elle qui reconnut quelle force auoient eu ses caresses, y adiousta tout l'artifice de ses yeux, toutes les menteries de sa bouche, & toutes les malices de ses inuentions, auec lesquelles elle le tourna de tant de costez, qu'elle le mit presque hors de luy-mesme ; & puis elle vsa de tels mots : Gentil Berger, s'il est vray que vous soyez ce Lysis, qui autres-fois m'a tant affectionnée, ie vous coniure par le souuenir d'vne saison si heureuse pour moy, de vouloir m'escouter en particulier, & croyez que si vous auez eu quelque occasion de vous plaindre, ie vous feray paroistre que ceste seconde faute ; ou pour le moins que vous estimez telle, n'a esté commise que pour remedier a la premiere. A ces paroles Lysis fut vaincu : toutesfois pour ne se montrer si foible, il luy respondit : Voyez-vous,

Stelle, combien vous estes esloignée de vostre opinion, tant s'en faut que ie voulusse faire quelque chose qu'il vous pleust, qu'il n'y a rien qui vous déplaise que ie ne tasche de faire. Puis qu'il n'y a point d'autre moyen, respondit la Bergere, reuenez donc dans la maison pour me déplaire. Auec cette intention, respondit-il, ie le veux. Ainsi donc ils rentrerent chez elle, & lors qu'ils furent pres du feu, elle reprit la parole de cette sorte : En fin, Berger, il est impossible que ie viue plus longuement auec vous, & que ie dissimule, il faut que i'oste du tout le masque à mes actions, & vous connoistrez que ceste pauure Stelle, que vous auez tant estimée volage, est plus constante que vous ne pensez pas, & veux seulement, quand vous le connoistrez ainsi, que pour satisfaction des outrages que vous m'auez faits, vous confessiez librement que vous m'auez outragée. Mais, dit-elle soudain, interrompant ce propos, qu'auez-vous fait de la promesse qu'autrefois vous auez euë de moy en faueur de Corilas ? car si vous la luy auez donnée, cela seul peut interrompre nos affaires. Qui est-ce qui en la place de Lysis n'eust creu qu'elle l'aimoit, & qui ne se fust laissé tromper comme luy ? aussi ce Berger ayant opinion qu'elle vouloit faire pour luy ce qu'elle m'auoit refusé, luy rendit sans difficulté cette promesse

qu'il

qu'il auoit toufiours tenuë & fort chere & fort fecrette : Soudain qu'elle l'eut, elle la déchira, & s'approchant du feu luy en fit vn facrifice : & puis fe tournant vers le Berger, elle luy dit en foufriant : il ne tiendra plus qu'à vous, gentil Berger, que vous nē pourfuiuiez voftre voyage : car il eft des-ja tard. O Dieux! s'écria Lyfis, connoiffant fa tromperie : Eft-il poffible que iufques à trois fois i'ay efté deçeu d'vne mefme perfonne? Et quelle occafion, luy dit Stelle, auez-vous, de dire que vous ayez efté trompé? Ah! perfide & defloyale, dit-il, ne venez vous pas de me dire que vous me feriez paroiftre que cette derniere faute n'a efte faite que pour reparer la premiere, & que pour me montrer que vous eftiez conftante, vous me découuririez au nud voftre cœur & vos intentions? Lyfis, dit-elle, vous venez toufiours aux iniures, fi ie ne vous ay iamais aimé, ne fuis-ie conftante à ne vous aimer point encores ; & ne vous fais-ie voir quel eft mon cœur, & à quoy tendent mes actions, puis qu'ayant eu ce que ie voulois de vous, ie vous laiffe en paix? croyez que toutes les paroles que vous m'auez fait perdre depuis vne heure en ça, n'eftoient que pour recouurer ce papier, & à cette heure que ie l'ay, ie prie Dieu qu'il vous donne le bon foir. Quel eftonnement penfez-vous que fut celuy du Berger? Il fut fi grand, que fans parler, ny

Y

temporiser dauantage, demy hors de soy, il s'en alla chez luy. Mais certes, il a bien eu depuis occasion d'estre vengé: car Semire, comme ie vous ay dit, qui auoit esté la cause de mon mal, ou plustost de mon bien, telle puis-ie nommer ceste separation d'amitié, se ressentant encor offensé du premier mépris qu'elle auoit fait de luy, voyant cette extreme legereté, & considerant que peut-estre luy en pourroit-elle faire encor de mesme resolut de la preuenir; & ainsi l'ayant abusée: comme nous l'auions esté Lysis & moy, il rompit le traitté du mariage au milieu de l'assemblée qui en auoit esté faite, qui fit dire à plusieurs, que par les mesmes armes dont l'on blesse on en reçoit bien souuent le supplice.

Corilas finit de ceste sorte: Et Adamas en soufriant, luy dit: Mon enfant, le meilleur conseil que ie vous puisse donner en cecy, c'est de fuïr la familiarité de ceste trompeuse, & pour vous defendre de ses artifices, & contenter vos parens, qui desirent auec tant d'impatience de vous voir marié; lors que quelque bon party se presentera receuez-le sans vous arrester à ces ieunesses d'Amour: car il n'y a rien qui vous puisse mieux guarantir des finesses & surprises de cette trompeuse, ny qui vous rende plus estimé parmy vos voisins, que de vous marier, non point par Amour, mais par raison. Celle-là estant vne des plus importantes actions que vous puissiez iamais faire, & de laquelle tout l'heur & tout le mal-heur d'vn homme peut dépendre. A ce mot ils se separent: car il commençoit à se faire tard, & chacun prit le chemin de son logis.

LE SIXIESME LIVRE DE LA PREMIERE PARTIE D'ASTREE.

'AVTRE costé Leonide n'ayant point trouué Adamas à Feurs, reprit le chemin par où elle estoit venuë, sans y sejourner que le temps qu'il fallut pour disner; & parce qu'elle auoit resolu de demeurer cette nuict auec les belles Bergeres qu'elle auoit veuës le iour auparauant, pour le desir qu'elle auoit de les connoistre plus particulierement, elle vint repasser au mesme lieu où elle les auoit rencontrées, puis estendant la veuë de tous costez, il luy sembla bien d'en voir quelques-vnes: mais ne les pouuant reconnoistre pour estre trop loing, auec vn grand tour, elle s'en approcha le plus qu'elle peut, & lors les voyant au visage elle connut que c'estoient les mesmes qu'elle cherchoit.

Y iij

Elle deuoit estimer beaucoup ceste rencontre: car de fortune elles estoient sorties de leur hameau, en deliberation de passer le reste du iour ensemble, & pour couler plus aisément le temps, faisoient dessein de n'estre qu'elles trois, afin de pouuoir plus librement parler de tout ce qu'elles auoient de plus secret, si bien que Leonide ne pouuoit venir plus à propos, pour satisfaire à sa curiosité, mesmes qu'elles ne faisoient qu'y arriuer. Estant doncques aux escoutes, elle ouyt qu'Astrée prenant Diane par la main, luy dit: C'est à ce coup, sage Bergere, que vous nous payerez ce que vous nous auez promis, puis que sur la parole que nous auons euë de vous Phillis & moy n'auons point fait de difficulté de dire tout ce que vous auez voulu sçauoir de nous.

Belle Astrée, respondit Diane, ma parole m'oblige sans doute à vous faire le discours de ma vie: mais beaucoup plus l'amitié qui est entre nous, sçachant bien que c'est estre coulpable d'vne trop grande faute, que d'auoir quelque cachette en l'ame, pour la personne que l'on aime. Que si i'ay tant retardé de satisfaire à ce que vous desirez de moy, croyez, Bergeres, que ç'a esté, que le loisir ne me l'a encore permis: car encor que ie sois tres-asseurée, que ie ne sçaurois vous raconter mes ieunesses sans rougir, si est-ce que ceste honte me sera aisée à vaincre, quand ie penseray que c'eſt pour vous complaire. Pourquoy rougiriez-vous, reſpondit Phillis, puis que ce n'eſt pas faute que d'aimer? Si ce ne l'eſt pas, repliqua Diane, c'eſt pour le moins vn pourtrait de la faute, & ſi reſſemblant, que bien ſouuent ils ſont pris l'vn pour l'autre. Ceux, adiouſta Phillis, qui s'y deçoiuent ainſi, ont bien la veuë mauuaiſe. Il eſt vray, reſpondit Diane, mais c'eſt noſtre mal-heur, qu'il y en a plus de cette ſorte, que non pas des bonnes. Vous nous offenſeriez, interrompit Aſtrée, ſi vous auiez cette opinion de nous. L'amitié que ie vous porte à toutes deux, reſpondit Diane, vous doit aſſez aſſeurer que ie n'en ſçaurois faire mauuais iugement: car il eſt impoſſible d'aimer ce que l'on n'eſtime pas. Auſſi ce qui me met en peine n'eſt pas l'opinion que mes amies peuuent auoir de moy: mais ouy bien le reſte du monde, d'autant qu'auec mes amies ie viuray touſiours, de ſorte que mes actions leur ſeront connuës, & par ce moyen l'opinion ne peut auoir force en elles: mais aux autres il m'eſt impoſſible: ſi bien qu'enuers elles les rapports peuuent beaucoup noircir vne perſonne, & c'eſt pour ce ſujet, puis que vous m'ordonnez de vous raconter vne partie de ma vie que ie vous coniure par noſtre amitié de n'en parler iamais: & le luy ayant iuré toutes deux, elle reprit ſon diſcours de cette ſorte:

Y iiij

HISTOIRE DE DIANE.

CE seroit chose estrange, si le discours que vous desirez sçauoir de moy, ne vous estoit ennuyeux, puis, belles & discrettes Bergeres, qu'il m'a tant fait endurer de desplaisir, que ie ne croy point y employer à cette heure plus de paroles à le redire, qu'il m'a cousté de larmes à le souffrir : & puis qu'en fin il vous plaist que ie renouuelle ces faschéux ressouuenirs, permettez-moy que i'abrege, pour n'amoindrir en quelque sorte le bon-heur où ie suis, par la memoire de mes ennuys passez. Ie m'asseure qu'encores que vous n'ayez iamais veu Celion, ny Bellinde, que toutesfois vous auez bien ouy dire, qu'ils estoient mes pere & mere, & peut-estre, aurez sçeu vne partie des trauerses qu'ils ont euës pour l'amour l'vn de l'autre, qui m'empeschera de les redire, quoy qu'elles ayent esté presage de celles que ie deuois receuoir? Et faut que vous sçachiez qu'apres que les soucis de l'Amour furent amortis par le mariage, afin qu'ils ne demeurassent oiseux, les affaires du mesnage commencerent à naistre, & en telle abondance, que s'ennuyans des procez, ils furent contraints d'en accorder plusieurs à l'amiable; entre-autres, vn de leur voisin nommé Phormion les trauailla de sorte que leurs amis furent enfin d'aduis, pour assoupir tous ces soucis, de faire quelques promesses d'alliance future entre-eux, & parce que l'vn ny l'autre n'auoient point encores d'enfans(n'y ayant pas long-temps qu'ils estoiët mariez) ils iurerët par Theutates sur l'autel de Belenus, que s'ils n'auoient tous deux qu'vn fils, & vne fille, ils les marieroiët ensemble, & promirët cette alliance auec tant de serments, que celuy qui l'eust rompuë eust esté le plus pariure homme du monde. Quelque temps apres mon pere eust vn fils qui se perdit lors que les Gotz & Ostrogotz rauagerent cette Prouince : peu apres ie naquis, mais si mal-heureusement pour moy, que iamais mon pere ne me veid, estant née apres sa mort. Cela fut cause que Phormion voyant mon pere mort, & mon frere perdu (car ces Barbares l'auoient enleué, & peut-estre tué, ou laissé mourir de necessité) & que mon oncle Diamis s'en estoit allé de déplaisir de cette perte, se resolut, s'il pouuoit auoir vn fils, de rechercher l'effet de leurs promesses. Il aduint que quelque temps apres sa femme accoucha, mais ce fut d'vne fille, & parce qu'elle estoit aagée, & qu'il craignoit de n'en auoir plus d'elle, il fit courre le bruit que c'estoit d'vn fils, & y vsa d'vne si grande finesse, que iamais personne ne s'en print garde : artifice qui luy fut assez aifé, parce que perfonne n'euft creu qu'il euft voulu vfer d'vne telle tromperie, & que iufques à vn certain aage, il eft bien mal-aifé de pouuoir par le vifage y reconnoiftre quelque chofe, & pour mieux deceuoir les plus fins, la fit appeller Filidas, & quand elle fut en aage luy fit apprendre les exercices propres aux ieunes Bergers, aufquels elle ne s'accommodoit point trop mal. Le deffein de Phormion eftoit me voyant fans pere & fans oncle, de fe rendre maiftre de mon bien, par ce feint mariage : & quand Filidas & moy ferions plus grandes, de me marier auec vn de fes neueux qu'il aimoit bien fort. Et veritablement il ne fut point deceu en fon premier deffein : car Bellinde eftoit trop religieufe enuers les Dieux, pour manquer à ce qu'elle fçauoit que fon mary s'eftoit obligé. Il eft vray que me voyant rauie d'entre fes mains (car foudain apres ce mariage diffimulé, ie fus remife entre celles de Phormion) elle en receut tant de deplaifir, que ne pouuant plus demeurer en cefte contrée, elle s'en alla fur le lac Leman, pour eftre maiftreffe des Veftalles & Druydes d'Euiens, ainfi que la vieille Cleontine luy fit fçauoir par fon Oracle. Cependant me voila entre les mains de Phormion, qui incontinant apres retira chez foy ce neueu, auquel il me vouloit donner, qui fe nommoit Amindor. Ce fut le commencement de mes peines, parce que fon

LIVRE SIXIESME. 347

oncle luy fit entendre, qu'à cause de nostre bas
aage, le mariage de Filidas & de moy n'estoit
pas tant asseuré, que si nous n'estions agreables l'vn à l'autre, il ne le peust bien rompre,
& que si cela aduenoit, il aimeroit mieux
qu'il m'espousast que tout autre, & qu'il fit son
profit de cét aduertissement, auec tant de discretion, que personne ne s'en peust prendre
garde, taschant cependant de m'obliger à son
amitié, en sorte que ie me donnasse à luy si ie
venois à estre libre. Ce ieune Berger se mist
si bien ce dessein dans l'opinion que tant que
ceste fantaisie luy dura, il ne se peut dire
combien i'auois d'occasion de me loüer de
luy. En mesme temps, Daphnis, tres-honneste & sage Bergere, reuint des riues de Furan
où elle auoit demeuré plusieurs années, & parce que nous estions voisines, la conuersation
que nous eusmes par hazard ensemble, nous
rendit tant amies, que ie commençay de ne
m'ennuyer plus tant que ie soulois : car il
faut que i'aduoüe que l'humeur de Filidas m'estoit de sorte insupportable, que ie ne pouuois
presque la souffrir, d'autant que la crainte
qu'elle auoit que ie ne deuinsse plus sçauante,
la rendoit si ialouse de moy, que ie ne pouuois presque parler à personne. Les choses
estant en ces termes, Phormion tout à coup
tomba malade, & le iour mesme fut si promptement estoufé d'vn catharre, qu'il ne peust

ny parler, ny donner aucun ordre à ses affaires, ny miennes. Filidas au commencement se trouua vn peu estonnée, enfin se voyant maistresse absoluë de soy-mesme & de moy, elle resolut de conseruer cette authorité, considerant que la liberté que le nom d'homme r'apporte, est beaucoup plus agreable que n'est pas la seruitude à laquelle nostre sexe est sousmis.

Outre qu'elle n'ignoroit pas que venant à se declarer fille, elle ne donneroit peu à parler à toute la contrée. Ces raisons luy firent continuer le nom qu'elle auoit durant la vie de son pere : & craignant plus que iamais, que quelqu'vn ne découurist ce qu'elle estoit, elle me tenoit de si pres, que mal-aisément estois-ie iamais sans elle. Mais, belles Bergeres, puis qu'il vous plaist de sçauoir mes ieunesses, c'est à ce coup qu'il faut qu'en les oyant vous les excusiez, & qu'ensemble vous ayez cette creance de moy, que i'ay eu tant & de si grãds ennuis pour aimer, que ie ne suis plus sensible de ce costé-là, m'y estant de sorte endurcie, que l'Amour n'a plus d'assez fortes armes, ny de pointe assez acerée pour me percer la peau. Helas ! c'est du Berger Filandre dont ie veux parler. Filandre, qui le premier a peu me dõner quelque ressentiment d'Amour, & qui n'estant plus, a emporté tout ce qui en pouuoit estre capable en moy. Vrayement, interrompit Astrée, ou l'amitié de

LIVRE SIXIESME. 349

Filandre a esté peu de chose, ou vous y auez vsé d'vne grande prudence; puis qu'en verité ie n'en ouy iamais parler: qui est chose bien rare, d'autant que la mesdisance ne pardonne pas mesme à ce qui n'est pas. Que l'on n'en ait point parlé, respondit Diane, i'en suis plus obligée à nostre bonne intention, qu'à nostre prudence, & pour l'affection du Berger, vous pourrez iuger quelle elle estoit, par le discours que ie vous en feray. Mais le Ciel qui a reconneu nos pures & nettes intentions, a voulu nous fauoriser de ce bon-heur. La premiere fois que ie le vy, ce fut le iour que nous chommons à Appollon & à Diane, qu'il vint aux ieux en compagnie d'vne sœur qui luy ressembloit si fort, qu'ils retenoient sur eux les yeux de la plus grande partie de l'assemblée. Et parce qu'elle estoit parente assez proche de ma chere Daphnis, aussi tost que ie la vy, ie l'embrassay & caressay auec vn visage si ouuert, que dés lors elle se iugea obligée à m'aimer: elle se nommoit Callirée, & estoit mariée sur les riues de Furan, à vn Berger nommé Gerestan, qu'elle n'auoit iamais veu que le iour qu'elle l'espousa, qui estoit cause du peu d'amitié qu'elle luy portoit. Les caresses que ie fis à la sœur, donnerent occasion au frere de demeurer pres de moy, tant que le sacrifice dura, & par fortune, ie ne sçay si ie dois dire bône ou mauuaise pour luy, ie m'estois ce iour agencée le mieux que i'auois peu, me semblant qu'à cause de mon nom, cette feste me touchoit bien plus particulierement que les autres. Et luy, qui venant d'vn long voyage n'auoit autre connoissance, ny des Bergers, ny des Bergeres, que celle que sa sœur luy donnoit, ne nous laissa guere de tout le iour: si bien qu'en quelque sorte me sentant obligée à l'entretenir, ie fis ce que ie peus pour luy plaire. Et ma peine ne fut point inutile : car dés lors ce pauure Berger donna naissance à vne affection qui ne finit iamais que par sa mort. Encores suis-ie tres-certaine, que si au cercueil on a quelque souuenir des viuants, il m'aime, & conserue parmy ses cendres la pure affection qu'il m'a iurée. Daphnis s'en prit garde dés le iour mesme, & de fait, le soir estant au lict (parce que Filidas s'estoit trouuée mal, & n'auoit peu venir à ces ieux) elle me le dit : mais ie reietteray cette opinion si loing, qu'elle me dit: Ie voy bien, Diane, que ce iour me coustera beaucoup de prieres, & à Filandre beaucoup de peine : mais quoy qu'il aduienne si n'en serez-vous pas du tout exempte. Elle auoit accoustumé de me faire souuent la guerre de semblables recherches, parce qu'elle voyoit que ie les craignois, cela fut cause que ie ne m'arrestay pas à luy respondre. Si est-ce que cét aduertissement fut cause, que le lendemain il me sembla de reconnoistre quelque apparence de ce qu'elle m'auoit dit. L'apres-disnée, nous auions accoustumé de nous assembler sous quelques arbres,& là dancer aux chansons, ou bien nous asseoir en rond, & nous entretenir des discours que nous iugions plus agreables, afin de ne nous ennuyer en cette assemblée, que le moins qu'il nous seroit possible : Il aduint que Filandre n'ayant connoissance que de Daphnis & de moy,se vint asseoir entre-elle & moy, & attendant de sçauoir à quoy toute la trouppe se resoudroit pour n'estre muette,ie l'enquerois de ce que ie pensois qu'il me pouuoit respondre, à quoy Amidor prenant garde, entra en si grande ialousie,que laissant la compagnie sans en dire le suiet,il s'en alla chantant ceste Vilanelle, ayant auparauant tourné l'œil sur moy,pour faire connoistre que c'estoit de moy dont il entendoit parler.

VILANELLE D'AMIDOR
REPROCHANT VNE
legereté.

A La fin celuy l'aura,
Qui dernier la seruira,
De ce cœur cent fois volage,
Plus que le vent animé,
Qui peut croire d'estre aimé,
Ne doit pas estre creu sage.

Car enfin celuy l'aura,
Qui dernier la seruira.

A tous vents la girouëtte,
Sur le feste d'vne tour:
Elle aussi vers toute Amour,
Tourne le cœur & la teste,
A la fin, &c.

Le Chasseur iamais ne prise,
Ce qu'à la fin il a pris,
L'inconstante fait bien pis,
Méprisant qui l'a tient prise,
Mais en fin, &c.

Ainsi qu'vn clou l'autre chasse,
Dedans son cœur le dernier,
De celuy qui fut premier,
Soudain vsurpe la place:
C'est pourquoy celuy l'aura,
Qui dernier la seruira.

I'eusse bien eu assez d'authorité sur moy pour m'empescher de donner connoissance du déplaisir que ceste chanson me rapportoit, n'eust esté que chacun me regarda: Et sans Daphnis ie ne sçay quelle ie fusse deuenuë: mais elle pleine de discretion, sans attendre la fin de cette Vilanelle, l'interrompit de cette sorte, s'adressant à moy.

MADRI-

Madrigal de Daphnis, sur l'amitié qu'elle portoit à Diane.

PVisqu'en naissant, belle Diane,
 Amour des cœurs vous fit l'aimant,
Pourquoy dit-on que ie profane,
Tant de beautez en vous aimant,
Si par destin ie vous adore?
 Que si l'Amour le plus parfait,
Comme on dit, de semblance naist,
Le nostre sera bien extreme
Puis que vous & moy ce n'est
Qu'vn sexe mesme.

Et afin de mieux couurir la rougeur de mon visage, & faire croire que ie n'auois point pris garde aux paroles d'Amidor, aussi-tost que Daphnis eust finy, ie luy respondis ainsi.

Madrigal, sur le mesme suiet.

POurquoy semble-t'il tant estrange,
 Que fille comme vous estant,
Toutesfois ie vous aime tant?
 Si l'Amant en l'aimé se change,
Ne puis-ie pas mieux me changer,

Estant Berger en vous Bergere,
Qu'estant Bergere en vn Berger?

Apres nous, chacun selon son rang, chanta quelques vers, & mesme Filandre qui auoit la voix tres-bonne, quand ce vint à son tour, dit cetuy-cy d'vne fort bonne grace.

STANCES

De Filandre, sur la naissance de son affection.

Qve ses desirs soient grands & ses attentes
    vaines,
Ses Amour pleins de feux, & plus encor de
    peines;
Qu'il aime, & que iamais il ne puisse estre aimé,
Ou bien s'il est aimé qu'on ne puisse luy plaire,
Sans deuoir esperer, toutesfois qu'il espere,
Mais seulement afin qu'il soit plus enflamé.

Ainsi sur mon berceau de la Parque ordonée,
Neuf fois se prononça la dure destinée,
Qui deuoit infaillible accompagner mes iours,
A main droitte le Ciel tonna plein de nuages,
Et depuis i'ay conneu que ces tristes presages,
Regardent mes desseins, & les suiuent tous-
    iours.

Ne vous estonnez donc, suiuant cette ordonnāce,
Si voyant vos beautez mon amitié commence;
Que si ie suis puny du dessein proposé,
Ce m'est allegement, qu'on en iuge coupable
La loy de mon destin, & ma faute louable,
En disant qu'vn cœur bas ne l'eust iamais osé.

Ainsi quād le soucy d'vne Amour inseconde,
Se consomme aux rayōs du grād Astre du mōde,
Il semble en le suiuant qu'il die: O mon Soleil,
Brusle moy de tes rays, fay que par toy ie meure,
Pour le moins en mourāt ce plaisir me demeure,
Qu'autre feu ne pouuoit me brusler que ton œil.

Quand l'vnique Phœnix d'vn artifice rare,
Instruit par la nature ensemble se prepare,
Du reste de sa tombe à faire son berceau,
Il dit à ce beau feu, gardien de son ame :
Ie renaiz en la gloire en mourant en ta flame,
Et ie reprens la vie aux cendres du tombeau.

Il en dit bien encores quelques autres, mais ie les ay oubliez; tant y a qu'il me sembla que c'estoit à moy à qui ces paroles s'adressoient, & ne sçay si ce que Daphnis m'en auoit dit, me le faisoit paroistre ainsi, ou ses yeux qui parloient encor plus clairement que sa bouche. Mais si ces vers m'en donnerent connoissance, sa discretion me le tesmoigna bien mieux peu apres : car c'est vn des effets de la vraye affection que de seruir discrettement, & de ne donner connoissance de son mal, que par les effets sur lesquels on n'a point de puissance. Ce ieune Berger reconnut l'humeur d'Amidor, & d'autant que l'Amour rend tousiours curieux, s'estant enquis que c'estoit que de Filidas, il iugea que le meilleur artifice pour leur clorre les yeux à tous deux, estoit de faire amitié bien estroitte auec eux, sans donner aucune connoissance de celle qu'il me portoit, l'Amour le rendit bien si fin & prudent, que continuant son dessein, il ne déceut pas seulement Amidor, mais presque mes yeux aussi, parce que d'ordinaire il nous laissoit pour aller vers luy, & ne venoit iamais où nous estions, que luy tenant compagnie; il est vray que la malicieuse Daphnis le reconnut incontinent, parce, disoit-elle, qu'Amidor n'estoit pas tant aimable qu'il peust conuier vn si honneste Berger que Filandre, à vser de si soigneuse recherche; de sorte qu'il falloit que ce fust pour quelque plus digne suiet. Elle fut cause que ie commençay de m'en prendre garde, & faut que i'aduouë qu'alors sa discretion me pleut, & que si i'eusse peu souffrir d'estre aimée, c'eust esté de luy: mais l'heure n'estoit pas encore venuë que ie pouuois estre blessée de ce costé là: Toutesfois ie ne laissois de me plaire à ses actions, & d'approuuer son dessein en quelque sorte. Pour prendre congé de nous, il nous vint accompagner fort loing, & au partir ie n'ouys iamais tant d'asseurance d'amitié qu'il en dit à Amidor, ny tant d'offres de seruices pour Filidas : & ceste folle de Daphnis me disoit à l'oreille, figurez-vous que c'est à vous qu'il parle, & si vous ne luy respondez, vous luy faites trop de tort : & lors qu'Amidor vsoit de remerciement, elle me disoit, ô qu'il est sot, de croire que ces offrandes s'addressent à son autel! Mais il sçeut si bien dissimuler, qu'il s'acquit du tout Amidor, & gaigna tant sur la bonne volonté, qu'estant de retour, & redisant ce que Filandre l'auoit prié de dire de sa part à Filidas, y adiousta tant d'auantageuses loüanges, que cette fille prit enuie de le voir, & quelques iours apres sans m'en rien dire (par ce que quand ie parlois de luy, c'estoit auec vne certaine nonchallance, qu'il sembloit que ce fust par mespris) ils enuoyerent prier de les venir voir : Dieu sçait s'il s'en fit solliciter plus d'vne fois : car c'estoit tout ce qu'il desiroit le plus, luy semblant qu'il estoit impossible que son dessein eust meilleur commencement : Et de fortune le iour qu'il deuoit arriuer, Daphnis & moy nous promenions sous quelques arbres, qui sont de l'autre costé de ce pré, le plus pres d'icy. Et ne sçachant presque à quoy nous entretenir, cependant que nos trouppeaux paissoient, nous allions incertaines où nos pas sans élection nous guidoient, lors que nous entr'oüysmes vne voix d'assez loing: & qui d'abord nous sembla estrangere. Le desir de la connoistre nous fit tourner droit vers le lieu où la voix nous conduisoit, & parce que Daphnis alloit la premiere, elle reconnut Filandre auant que moy, & me fit signe d'aller doucement: & quand ie fus pres d'elle, s'approchant de mon aureille, elle me nomma Filandre, qui du dos appuyé contre vn arbre, entretenoit ses pensées, lassé (comme il y auoit apparence) de la longueur du chemin, & par hazard quand nous y arriuasmes, il recommença de cette sorte.

D'VN cœur outrecuidé,
Ie mesprisois Amour, ses ruses & ses charmes:
Lors que changeant ses armes,
Des vostres contre moy, le trompeur s'est aidé:
Et toutesfois auant que de m'en faire outrage
Il me tint ce langage:

Vn Dieu contre mes loix arrogant deuenu,
Pour auoir obtenu
D'vn Serpent la victoire,
Voulut nier ma gloire:

Mais quoy? d'vne Daphné ie le rendis Amant
Pour luy montrer ma force.

LIVRE SIXIESME. 359

Que si i'ay mis ses feux sous cette froide escorce,
Iuge quel chastiment,
Sera le tien Filandre?
Car le feu qui brusla ce Dieu si glorieux,
Ne vint que des beaux yeux, (aime:)
D'vne Nymphe qu'encor' toute insensible il
Mais ie veux que le tien
Plus ardant que le sien,
Vienne non d'vne Nymphe, ains de Diane mesme.

Quand ie m'ouys nommer, belles Bergeres, ie tressaillis, comme si sans y penser i'eusse mis le pied sur vn Serpent, & sans vouloir attendre dauantage, ie m'en allay le plus doucement que ie peus pour n'estre pas veuë, quoy que Daphnis pour m'y faire retourner, me laissast aller assez loing toute seule. Enfin voyant que ie continuois mon chemin, elle s'esloigna peu à peu de luy pour n'estre point ouye: & puis vint à toute course me r'atteindre, & auant presque qu'elle eust repris haleine, elle m'alloit criant mille reproches interrompus. Et quand elle peust parler, sans mentir, me dit-elle, si le Ciel ne vous punit, ie croiray qu'il est aussi iniuste que vous : & quelle cruauté est la vostre, de ne vouloir seulement escouter celuy qui se plaint ? Et à quoy me pouuoit seruir, luy dis-ie, de demeurer là plus longuement? Pour ouyr, me dit-elle, le mal que vous luy

Z iiij

faites. Moy, respondis-je, vous estes vne mocqueuse de dire que ie fasse du mal a vne personne en qui mesme ie ne pense pas. C'est en quoy, me repliqua-t'elle, vous le trauaillez plus : car si vous pensiez souuent en luy, il seroit impossible que vous n'en eussiez pitié. Ie rougis, à ce mot, & le changement de couleur fit bien connoistre à Daphnis que ces paroles m'offensoient. Cela fut cause qu'en sous-riant, elle me dit : Ie me mocque, Diane, c'est pour passe-temps ce que i'en dis, & ne croy pas qu'il y pense : & quant à ce qu'il chantoit où il a nommé vostre nom, c'est pour certain pour quelque autre qui a vn mesme nom, ou que pour se desennuyer il va chantant ces vers, qu'il a appris de quelque autre. Nous allasmes discourant de ce cette sorte, & si longuement, qu'ennuyées du promenoir nous riuinsmes par vn autre chemin, au mesme lieu où estoit Filandre. Quant à moy ce fut par mesgarde, il peut bien estre que Daphnis le fit a dessein, & nous trouuant si pres de luy, ie fus cōtrainte de le considerer, auparauant il estoit assis, & appuyé contre vn arbre : mais à ce coup nous le trouuasmes couché de son long en terre vn bras sous la teste, & sembloit qu'il veillast : car il auoit deuant luy vne lettre toute moüillée des pleurs qui luy couloient le long du visage : mais en effect il dormoit : y ayant apparence, que lisant ce papier le trauail du chemin auec ses profonds pensers l'eust peu à peu assoupi: nous en fusmes encores plus certaines, quand Daphnis plus asseurée que moy, se baissant lentement, m'apporta la lettre toute moüillée de larmes qui trouuoient passage sous sa paupiere mal close, cette veuë me toucha de pitié: mais beaucoup plus sa lettre qui estoit telle:

LETTRE DE FILANDRE A DIANE.

Ceux qui ont l'honneur de vous voir, courent vne dangereuse fortune. S'ils vous ayment, ils sont outrecuidez, & s'ils ne vous ayment point, ils sont sans iugement, vos perfections estant telles, qu'auec raison elles ne peuuent ny estre aimées, ny n'estre point aimées: & moy estant contraint de tomber en l'vne de ces deux erreurs, i'ay choisi celle qui a plus esté selon mon humeur, & dont aussi bien il m'estoit impossible de me retirer. Ne trouuez donc mauuais, belle Diane, puis qu'on ne vous peut voir sans vous aimer, que vous ayant veuë ie vous aime. Que si cette temerité merite chastiment, ressouuenez-vous que i'aime mieux vous aimer en mourant que viure sans vous aimer. Mais, que dis-ie, i'aime mieux? il n'est plus en mon choix: car il faut que par neceßité ie sois tant que ie viuray, ausi veritablement vostre seruiteur, que vous ne sçauriez estre telle que vous estes, sans estre la plus belle Bergere qui viue.

A peine peus-ie acheuer cette lettre que ie m'en retournay toute tremblante, & Daphnis la remit si doucement où elle l'auoit prise, qu'il ne s'en éueilla point, & s'en reuenant à moy qui l'attendois assez pres de là: Me permettrez-vous de parler? me dit-elle. Nostre amitié, luy respondis-ie, vous en donne toute puissance. En verité, continua-t'elle, ie plains Filandre, car il est tout vray qu'il vous aime, & m'asseure, qu'en vostre ame vous n'en doutez nullement. Daphnis, luy dis-ie, qui aura failly en fera la penitence. Si cela estoit, me repliqua-t'elle, Filandre n'en feroit point, car ie n'auoüeray iamais que ce soit faute de vous aimer, & croirois que ce seroit plustost offense, de ne le faire pas, puis que les choses belles n'ont esté faictes que pour estre aimées & cheries. Ie me remets à vostre iugement, luy dis-ie, si mon visage doit estre mis entre les choses qui sont nommées belles. Mais ie vous coniure seulement par nostre amitié de ne luy faire iamais sçauoir que i'aye quelque connoissance de son intention, & si vous l'aimez, conseillez-luy de ne m'en point parler: car vous estimant, & Callirée comme ie fais, ie serois marrie qu'il me le falut bannir de nostre compagnie, & vous sçauez bien que i'y serois contrainte, s'il prenoit la hardiesse de m'en parler: Et comment voulez-vous donc qu'il viue? me dit-elle. Comme il viuoit, luy dis-ie, auant qu'il m'eust veuë. Mais, me repliqua-t'elle, cela ne se peut plus, puis qu'alors il n'auoit point encor esté atteint de ce feu qui le brusle. Qu'il en cherche, luy dis-ie, luy-mesme les moyens, sans m'offenser, qu'il esteigne ce feu. Le feu, dit-elle, qui se peut esteindre n'est pas grand, & le vostre est extréme. Le feu, adioustay-ie, pour grand qu'il soit, ne brusle si on ne s'en approche: Encor, me dit-elle, que celuy qui s'est bruslé fuye ce feu, il ne laisse d'auoir la bruslure, & en fuyant d'en emporter la douleur. Pour conclusion, luy dis-ie, si cela est, i'ayme mieux estre le feu qui le brusle. Auec semblables discours nous reuinsmes vers nos troupeaux, & sur le soir les ramenasmes en nos hameaux, où nous trouuasmes Filandre, à qui Filidas faisoit tant de bonne chere, & Amidor aussi; que Daphnis croyoit qu'il les eust ensorcellez, n'estant pas leur humeur de traitter ainsi auec les autres. Il demeura quelques iours auec nous, durant lesquels il ne fit iamais semblant de moy, viuant auec vne si grande discretion, que n'eust esté ce que Daphnis & moy en auions veu, nous n'eussions iamais soupçonné son intention. En fin il fut contraint de partir, & ne sçachant à quoy se resoudre, s'en alla chez sa sœur, parce qu'il l'aimoit & se fioit en elle comme en soy-mesme. Ceste Bergere, comme ie vous ay dit, auoit esté mariée par authorité, & n'auoit autre contentemēt que celuy que l'amitié qu'elle portoit à ce frere, luy pouuoit donner: soudain qu'elle le vid, elle fut curieuse, apres les premieres salutations, de sçauoir quel auoit esté son voyage, & luy ayant respondu qu'il venoit de chez Filidas, elle luy demanda des nouuelles de Daphnis & de moy ; à quoy ayant satisfait, & l'oyant parler auec tant de loüanges de moy, elle luy dit à l'oreille : I'ay peur, mon frere, que vous l'aimiez plus que moy. Ie l'aime, respondit-il, comme son merite m'y oblige. Si cela est, repliqua-t'elle, i'ay bien deuiné: car il n'y a Bergere au monde qui ait plus de merite, & il faut que i'aduoüe que si i'estois homme, vouluft-elle, ou non, ie serois son seruiteur. Ie croy, ma sœur, luy respondit-il, que vous le dittes à bon escient ? Ie le vous iure, dit-elle, sur ce que i'ay de plus cher. Ie pense, repliqua-t'il, que si cela estoit, vous ne seriez pas sans affaire : car à ce que i'ay peu iuger, elle est d'vne humeur qui ne seroit pas aisée à flechir, outre que Filidas en meurt de ialousie, & Amidor la veille de sorte que iamais elle n'est sans l'vn des deux. O mon frere, s'écria-t'elle, tu es pris! puis que tu as remarqué ces particularitez, ne me le cele plus, & sans mentir, si c'est faute que d'aimer, celle-là est fort pardonnable : & sans le laisser, le pressa de sorte, qu'apres mille protestations & autant de supplications, de n'en faire iamais semblant, il le luy aduoüa, & auec des paroles si affectionnées, qu'elle eust bien esté incredule, si elle en eust douté : & lors qu'elle luy demanda comment i'auois receu ceste declaration. O Dieux! luy dit-il, si vous sçauiez quelle est son humeur, vous diriez que iamais personne n'entreprit vn dessein plus difficile. Tout ce que i'ay peu faire iusques icy, a esté de tromper Filidas & Amidor, leur faisant croire qu'il n'y a rien au monde qui soit plus à eux que moy, & i'y suis si bien paruenu, qu'ils m'enuoyerent prier de les voir : & lors il luy fit tout le discours de ce qui s'estoit passé entre eux. Mais, dit-il, continuant son propos, quoy que i'y fusse allé en dessein de découurir à Diane combien ie suis à elle, si n'ay-ie iamais osé, tant le respect a eu de force sur moy, qui me fait desesperer de le pouuoir iamais, si ce n'est qu'vne longue pratique m'en donne la hardiesse, mais cela ne peut estre sans que Filidas & Amidor s'en prennent garde, si bien, ma sœur, que pour vous dire l'estat où ie suis, c'est presque en vn desespoir. Callirée qui aymoit ce frere plus que toute autre chose, ressentit sa peine si viuement, qu'apres auoir quelque temps pensé, elle luy dit: Voulez-vous, mon frere, qu'en cette occasion ie vous rende vne preuue de ma bonne volonté? Ma sœur, luy respondit-il, quoy que ie n'en sois point en doute; si est-ce que ny en cét accident, ny en tout autre, ie n'en refuseray iamais de vous: car les tesmoignages de ce que nous desirons, ne laissent de nous estre agreables, encore que d'ailleurs nous en soyons asseurez. Or bien, mon frere, luy dit-elle, puis que vous le voulez ie vous rendray donc cestui-cy, qui ne sera pas petit, pour le hazard en quoy ie me mettray. Et puis elle continua: vous sçauez la ressemblance de nos visages, de nostre hauteur, & de nostre parole, & que si ce n'estoit l'habit, ceux mesmes qui sont d'ordinaire auec nous, nous prendroient l'vn pour l'autre: Puis que vous croyez que le seul moyen de paruenir à vostre dessein, est de pouuoir demeurer sans soupçon auprés de Diane, en pouuons-nous trouuer vn plus aisé ny plus secret que vous, estant pris pour fille? Filidas n'entrera iamais en mauuaise opinion, quelque sejour que vous fassiez prés de Diane, & moy, reuenant vers Gerestan auec vos habits, ie luy feray entendre que Daphnis & Diane vous auront retenu par force; & ne faut qu'inuenter quelque bonne excuse pour auoir congé de mon mary pour les aller voir, mais ie ne sçay quelle elle sera, puis que, comme vous sçauez, il est assez difficile.

Vrayement, ma sœur, respondit Filandre, ie n'ay iamais douté de vostre bon naturel, mais à cette heure il faut que i'auoüe qu'il n'y eust iamais vne meilleure sœur, & puis qu'il vous plaist de prendre cette peine, ie vous supplie si ie la reçois, d'accuser mon Amour qui m'y force, & de croire que c'est le seul moyen de conseruer la vie à ce frere que vous aimez : & lors il l'embrassa auec tant de reconnoissance de l'obligation qu'il luy auoit, qu'elle deuint plus desireuse de l'y seruir, qu'elle n'estoit auparauant. En fin elle luy dit: Mon frere, laissons toutes ces paroles pour d'autres qui s'aiment moins, & voyons seulement de mettre la main à l'œuure. Pour le congé, dit-il, nous l'obtiendrons aisément, feignant que toute la bonne chere qui m'a esté faicte chez Filidas, n'a esté que pour l'intention qu'Amidor a de rechercher la niepce de vostre mary : & parce que ceste charge luy ennuye, ie m'asseure qu'il sera bien aise que vous y alliez, luy faisant entendre que vous & Daphnis ensemble pourriez aisément traitter ce mariage: Mais quel ordre mettrons-nous en nos cheueux ? car les vostres trop longs, & les miens trop courts, nous rapporteront bien de l'incommodité. Ne vous souciez de cela, luy dit-elle, pour peu que vous laissiez croistre les vostres, ils serõt assez grands pour vous coiffer comme moy: & quant aux miens, ie les coupperay comme les vostres.

Mais luy dit-il, ma sœur, ne plaindrez-vous point voſtre poile? Mon frere, luy repliqua-t'elle, ne croyez point que i'aye rien de plus cher que voſtre contentement, outre que i'e-uiteray tant d'importunitez, cependant que vous porterez mes habits, ne couchant point aupres de Gereſtan, que s'il falloit auoir mon poile, ma peau encores, i e ne ferois point de difficulté de la coupper. A ce mot il l'embraſ-ſa, luy diſant, que Dieu quelquefois la de-liureroit de ce tourment, & Filandre pour ne perdre le temps, à la premiere occaſion qui luy ſembla à propos, en parla à Gereſtan, luy re-preſentant ceſte alliance ſi faiſable & ſi aduan-tageuſe, qu'il s'y laiſſa porter fort aiſément. Et parce que Filandre vouloit donner loiſir à ſes cheueux de croiſtre, il feignit d'aller donner quelque ordre à ſes affaires, & qu'il ſeroit bien toſt de retour. Mais Filidas ne ſceuſt pluſtoſt Filandre de retour qu'elle ne l'allaſt viſiter, accompagnée ſeulement d'Amidor, & n'en voulut partir ſans le r'amener vers nous, où il demeura ſept ou huict iours ſans auoir plus de hardieſſe de ſe declarer à moy que la premiere fois.

Durant ce temps, pour montrer combien il eſt mal aiſé de forcer longuement le naturel, quoy que Filidas côtrefiſt l'homme tant qu'el-le pouuoit, ſi fuſt-elle contrainte de reſſentir les paſſions de femme: car les recherches & les

merites

merites de Filandre firent l'effect en elle, qu'il desiroit qu'elles fissent en moy: Mais Amour qui se plaist à rendre les actions des plus aduisez toutes contraires à leurs desseins, luy fit faire coup sur ce qu'il visoit le moins.

Ainsi voila la pauure Filidas tant hors d'elle-mesme, qu'elle ne pouuoit viure sans Filandre, & luy faisoit des recherches si apparentes, qu'il en demeuroit tout estonné, & n'eust esté le desir qu'il auoit de pouuoir demeurer pres de moy, il n'eust iamais souffert ceste façon de viure. En fin quand il iugea que ses cheueux estoient assez longs pour se coiffer, il retourna chez Gerestan, & luy raconta qu'il auoit donné vn bon commencement à leur affaire, mais que Daphnis auoit iugé à propos auant qu'elle en parlast, qu'Amidor vist sa niepce en quelque lieu, afin de sçauoir si elle luy seroit agreable, & que le meilleur moyen estoit que Callirée l'y conduisit, qu'aussi bien ce seroit vn commencement d'amitié qui ne pouuoit que leur profiter.

Gerestan qui ne desiroit rien auec tant de passion que d'estre deschargé de cette niepce, trouua cette proposition fort bonne, & le commanda fort absolument à sa femme, qui pour luy en donner plus de volonté fit semblant de ne l'approuuer beaucoup, pour le commencement mettant quelque difficulté à son voyage, & montrant de partir d'auprés de luy à regret, disant qu'elle sçauoit bien que telles affaires ne se manient pas comme l'on veut, ny si promptement que l'on se les propose, & que cependant leurs affaires domestiques n'en iroient pas mieux. Mais Gerestan, qui ne vouloit qu'elle eust autre volonté que la sienne, s'y affectionna de sorte, que trois iours apres il la fit partir d'elle auec son frere & sa niepce. La premiere iournée elle alla coucher chez Filandre, où le matin ils changerent d'habits, qui estoient si bien faits l'vn pour l'autre, que ceux mesme qui les accompagnoient, n'y reconnurent rien: & faut que i'auoüe que i'y fus deceuë comme les autres, n'y ayant entre eux difference quelconque que ie peusse remarquer: Mais i'y pouuois estre bien aisément trompée, puis que Filidas le fut, quoy qu'il ne vist que par les yeux de l'Amour, qu'on dit estre plus penetrans que ceux d'vn lynx: car soudain qu'ils furent arriuez, elle nous laissa la feinte Callirée, ie veux dire Filandre, & emmena la vraye dans vn autre chambre pour se reposer: le long du chemin son frere l'auoit instruite de tout ce qu'elle auoit à luy respondre, & mesme l'auoit aduertie des recherches qu'elle luy faisoit, qui ressembloient, disoit-il, à celles que les personnes qui aiment ont accoustumé. Dequoy & l'vn & l'autre estoit fort scandalizé, & quoy que Callirée fut fort resoluë de supporter toutes ses importunitez

LIVRE SIXIESME. 371

pour le contentement de son frere, si est-ce qu'elle qui croyoit Filidas estre homme, en auoit tant d'horreur que ce n'estoit pas vne foible contrainte que celle qu'elle se faisoit de parler à elle.

Quant à nous, lors que nous fusmes retirées seules, Daphnis & moy, fismes à Filandre les caresses qu'entre femmes on a de coustume, ie veux dire entre celles où il y a de l'amitié, & de la priuauté, que ce Berger receuoit & rendoit auec tant de transport, qu'il m'a depuis iuré, qu'il estoit hors de soy-mesme : si ie n'eusse esté bien enfant, peut-estre que ses actions me l'eussent fait reconnoistre : & toutesfois Daphnis ne s'en douta point, tant il se sçauoit bien contrefaire. Et parce qu'il estoit des-ja tard apres le soupper, nous nous retirasmes à part cependant que Callirée & Filidas se promenoient le long de la chambre : Ie ne sçay, quant à moy quels furent leurs discours : Mais les nostres n'estoient que des asseurances d'amitié, que Filandre me faisoit d'vne si entiere affection, qu'il estoit aisé à iuger que si plustost & en vn autre habit il ne m'en auoit rien dit, il ne le falloit point blasmer de defaut de volonté, mais de hardiesse seulement.

Pour moy i'essayois de luy en faire paroistre de mesmes : car le croyant fille, ie pensois y estre obligée par sa bonne volonté, par son merite, & par la proximité d'elle & de Daphnis.

Aa ij

Dés lors Amidor, qui auparauant m'auoit voulu du bien, commença à changer ceste amitié, & à aimer la feinte Callirée, parce que Filandre qui craignoit que sa demeure ne despleust à ce ieune homme, faisoit tout ce qu'il pouuoit pour luy cõplaire. Le volage humeur d'Amidor, ne luy peut permettre de receuoir ces faueurs sans deuenir amoureux. Ce que ie ne treuuay pas estrange, d'autant que la beauté, le iugement & la curiosité du Berger, qui ne dementoient en rien les perfections d'vne fille, ne luy en donoient que trop de sujet.

Voyez combien Amour est folastre, & à quoy il passe son temps! à Filidas qui est fille, il fait aimer vne fille, & Amidor vn homme, & auec tant de passion, qu'estant en particulier, ce seul sujet estoit assez suffisant de nous entretenir. Dieu sçait si Filandre sçauoit faire la fille, & si Callirée contrefaisoit bien son frere, & s'ils auoient faute de prudence à conduire bien chacun son nouuel Amant.

La froideur dont Callirée vsoit enuers moy, estoit cause que Filidas n'en auoit point de soupçon, outre que son Amour l'en empeschoit assez: & faut que ie cõfesse que la voyant si fort se retirer à Filidas, Daphnis & moy eusmes opinion que Filandre eust changé de volonté, dont ie receurois vn contentement extréme, pour l'amitié que ie portois à sa sœur: sept ou huict iours s'écoulerent de ceste sorte, sans que personne en trouuast le temps trop long, parce que chacun auoit vn dessein particulier. Mais Callirée qui auoit peur que son mary ne s'ennuyast de ce seiour, sollicitoit son frere de me faire sçauoir son dessein, disant qu'il n'y auoit pas apparence que la familiarité qui estoit des-ja entre luy & moy, me peust permettre de refuser son seruice : mais luy qui m'alloit tastant de tous costez, n'eust iamais la hardiesse de se declarer ; & pour abuser Gerestan, il la pria d'aller vers son mary en l'habit où elle estoit, l'asseurant qu'il n'y connoistroit rien, & de luy faire entendre que par l'aduis de Daphnis, elle auoit laissé Callirée chez Filidas, afin de traitter auec plus de loisir le mariage d'Amidor & de sa niepce.

Au commencement sa sœur s'estonna : car son mary estoit assez fascheux. En fin voulant en tout contenter son frere, elle s'y resolut, & pour rendre cette excuse plus vray-semblable, ils parlerent à Daphnis du mariage d'Amidor, qu'elle reietta assez loing pour plusieurs considerations qu'elle leur mit en auant, mais sçachant qu'ils auoient pris ce sujet pour auoir congé de Gerestan, qu'autrement ils n'eussent peu auoir ; elle qui se plaisoit en leur compagnie, me le communiqua, & fusmes d'aduis qu'il estoit à propos de faire semblant que cette alliance fust faisable, & sur cette resolution elle en escriuit à Gerestan, luy conseillant

A a iij

de laisser sa femme pour quelque temps auec nous, afin que nostre amitié fust cause que l'alliance s'en fist auec moins de difficulté, & qu'elle croyoit que toutes choses y fussent bien disposées.

Auec ceste resolution Callirée ainsi reuestuë alla trouuer son mary, qui deçeu de l'habit la prit pour son frere, & receut les excuses du seiour de sa femme estant bien aise qu'elle y fust demeurée pour ce sujet. Iugez, belles Bergeres, si ie n'y pouuois pas bien estre trompée, puis que son mary ne la pût reconnoistre. Ce fut en ce temps que la bonne volonté qu'il me portoit, augmenta de sorte qu'il n'y eut plus moyen de la celer, quelque force qu'il se pût faire, la cõuersation ayant cela de propre qu'elle rend ce qui est aimé plus aimé, & plus hay ce que l'on trouue mauuais : Et reconnoissant son impuissance, il s'auisa de me persuader, qu'encor qu'il fust fille, il ne laissoit d'estre amoureux de moy, auec autant de passion, & plus encores que s'il eust esté homme, & le disoit si naïfuement, que Daphnis qui m'aimoit bien fort, disoit que iusques à cette heure elle ne l'auoit iamais reconnu : mais qu'il estoit vray qu'elle estoit aussi amoureuse : ce qu'il ne falloit pas trouuer estrange, puis que Filidas, qui estoit homme, aimoit de sorte Filandre, que ce n'estoit rien moins qu'Amour ; & la dissimulée Callirée iuroit qu'vne des plus fortes occasions qui auoient côtraint son frere à s'en aller, estoit la recherche qu'il luy faisoit: dequoy ils me sçeurent dire tant de raisons, que ie me laissay aisément persuader que cela estoit, me semblant mesme qu'il n'y auoit rien qui me peust importer. Ayant donc receu cette feinte, elle ne faisoit plus de difficulté de me parler librement de sa passion: mais toutesfois comme femme (& parce qu'elle me iuroit que les mesmes ressentimens, & les mesmes passions que les hommes ont pour l'Amour, estoient en elle, & que ce luy estoit vn grand soulagement de les dire) bien souuent estant seule, & n'ayant point cét entretien des-agreable, elle se mettoit à genoux deuant moy, & me representoit ses veritables affections, & Daphnis mesme qui s'y plaisoit, quelquefois l'y conuioit.

Douze ou quinze iours s'écoulerent ainsi, auec tant de plaisir pour Filandre qu'il m'a depuis iuré n'auoir iamais passé des iours plus heureux, quoy que ses desirs luy donnassent d'extremes impatiences, & cela fut cause que augmentant de iour à autre son affection, & se plaisant en ses pensers bien souuent il se retiroit seul pour les entretenir; & parce que le iour il ne vouloit nous esloigner, quelquefois la nuict, quand il pensoit que chacun dormoit, il sortoit de sa chambre, & s'en alloit dans vn iardin, où sous quelques arbres il passoit vne partie du temps en ses considerations : & d'autant que plusieurs fois il sortoit de ceste sorte, Daphnis s'en prit garde, qui couchoit en mesme chambre, & comme ordinairement on soupçonne pluftoft le mal que le bien, elle eut opinion de luy & d'Amidor, pour la recherche que ce ieune Berger luy faisoit : & pour s'en asseurer, elle veilla de façon (feignant de dormir) que voyant sortir la feinte Callirée du lict, elle le suiuit de si pres qu'elle fuft presque aussi toft que ce ieune Berger dans la basse cour, n'ayant mis sur elle qu'vne robbe à la hafte, & le suiuant pas à pas à la lueur de la Lune, elle le vid sortir de la maison, par vne porte mal fermée, & entrer dans vn iardin qui estoit sous les fenestres de ma chambre, & passant iusques au milieu, le vid asseoir sous quelques arbres, & tendant les yeux contre le Ciel, ouyt qu'il disoit fort haut :

Ainsi ma Diane surpasse,
En beauté les autres beautez
Comme de nuict la Lune efface
De clarté les autres clartez.

Quoy que Filandre euft dit ces paroles assez haut, si est-ce que Daphnis n'en entr' ouyt que quelques mots, pour estre trop esloignée : mais prenant le tour vn peu plus long, elle s'approcha de luy sans estre veuë, le plus doucement qu'elle peut, quoy qu'il fust si attentif à son imagination, que quand elle euſt eſté deuant luy, il ne l'euſt pas apperceuë, à ce que depuis il m'a iuré. A peine s'eſtoit-elle miſe en terre pres de luy, qu'elle l'ouyt fouſpirer fort haut, & puis peu apres d'vne voix ſi abbatuë dire: Et pourquoy ne veut ma fortune que ie ſois auſſi capable de la ſeruir, qu'elle eſt digne d'eſtre ſeruie; & qu'elle ne reçoiue auſſi bien les affections de ceux qui l'aiment, qu'elle leur donne d'extreſmes paſſions? Ah! Callirée, que voſtre ruſe a eſté pernicieuſe pour mon repos, & que ma hardieſſe eſt punie d'vn tres-iuſte ſupplice! Daphnis eſcoutoit fort attentiuement Filandre, & quoy qu'il parlaſt aſſez clairement, ſi ne pouuoit-elle comprendre ce qu'il vouloit dire, abuſée de l'opinion qu'il fut Callirée: cela fut cauſe que luy preſtant l'oreille, encores plus curieuſe, elle ouyt que peu apres rehauſſant la voix, il dit: Mais, outrecuidé Filandre, qui pourra iamais excuſer ta faute, ou quel aſſez grand chaſtiment eſgalera ton erreur? Tu aimes cette Bergere, & ne voy-tu pas qu'autant que ſa beauté luy commande, autant te le deffend ſon honneſteté? Combien de fois t'en ay-ie aduerty, & ſi tu ne m'as voulu croire, n'accuſe de ton mal que ton imprudence. A ce mot ſa langue ſe teut, mais ſes yeux & ſes ſouſpirs en ſon lieu commencerent à rendre teſmoignage quelle eſtoit la paſſion dont il n'auoit peu deſcouurir que ſi peu, &

pour se divertir de ses pensers, où plustost pour les continuer plus doucement, il se leua pour se promener comme de coustume, & si promptement, qu'elle apperçeut Daphnis, quoy que pour se cacher elle se mist à la fuitte : mais luy qui l'auoit veuë, pour la reconnoistre, la poursuiuit iusques à l'entrée d'vn bois de coudriers, où il l'atteignit, & pensant qu'elle eust découuert tout ce qu'il auoit tenu si caché, demy en colere, il luy dit : Et quelle curiosité, Daphnis, est celle-cy, de me venir espier de nuict en ce lieu ? C'est, respondit Daphnis en sousriant, pour apprendre de vous par finesse, ce que ie n'eusse sçeu autrement, & en cela elle pensoit parler à Callirée, n'ayant pas encore découuert qu'il fust Filandre. Et bien (reprit Filandre, pensant estre découuert) quelle si grande nouueauté auez-vous apprise ? Toute celle, dit Daphnis, que i'en voulois sçauoir.

-Vous voila donc, dit Filandre, bien satisfaite de vostre curiosité ? Aussi bien, respondit-elle, que vous l'estes, & le serez mal de vostre ruse : car tout ce sejour pres de Diane, & toute cette grande affection que vous luy faites paroistre, ne vous rapporteront enfin que de l'ennuy & du desplaisir. O Dieux, s'escria Filandre, est-il possible que ie sois découuert ? Ah ! discrette Daphnis, puis que vous sçauez ainsi le suiet de mon sejour, vous auez bien entre vos mains, & ma vie, & ma mort: mais si vous vous ressouuenez de ce que ie vous suis, & quels offices d'amitié vous auez receu de moy, quand l'occasion s'en est presentée, ie veux croire que vous aimerez mieux mon bien & mon contentement, que non pas mon desespoir ny ma ruine. Daphnis pensoit encores parler à Callirée, & auoit opinion que toute cette crainte fust à cause de Gerestan, qui eust trouué mauuais, s'il en eust esté aduerty, qu'elle fit cette office à son frere: & pour l'en asseurer, luy dit, tant s'en faut que vous ayez à redouter ce que ie sçay de vos affaires, que si vous m'en eussiez aduertie, i'y eusse contribué, & tout le conseil, & toute l'assistance que vous eussiez peu desirer de moy: mais racontez-moy d'vn bout à l'autre tout ce dessein, afin que vostre franchise m'oblige plus à vous y seruir, que la mesfiance que vous auez euë de moy, ne me peut auoir offensée. Ie le veux, dit-il, ô Daphnis, pourueu que vous me promettiez de n'en rien dire à Diane, que ie n'y consente. C'est vn discours, respondit la Bergere, qu'il ne luy faut pas faire mal à propos, son humeur estant peut-estre plus estrange que vous ne croiriez pas en cela. C'est la mon grief, dit Filandre, ayant dés le commencemét assez reconnu que i'entreprenois vn dessein presque impossible. Car d'abord que ma sœur & moy resolusmes de changer d'habit, elle prenát le mien, & moy le sien, ie preuy bien que tout ce qui m'en reüssiroit de plus aduantageux, seroit de pouuoir viure plus librement quelques iours aupres d'elle, ainsi desguisé que si elle me reconnoissoit pour Filandre. Comment, interrompit Daphnis toute surprise, comment pour Filandre ? N'estes-vous pas Callirée ? Le Berger qui pensoit qu'elle l'eust auparauant reconnu, fut bien marry de s'estre décounert si legerement: toutesfois voyant que la faute estoit faite, & qu'il ne pouuoit plus retirer la parole qu'il auoit proferée, pensa estre à propos de s'en preualoir, & luy dit: Voyez Daphnis, si vous auez occasion de vous douloir de moy, & de dire que ie ne me fie pas en vous : puis que si librement ie vous découure le secret de ma vie: car ce que ie viens de vous dire, m'est de telle importance, qu'aussi-tost qu'autre que vous le sçaura, il n'y a plus d'esperance de salut en moy : mais ie veux bien m'y fier, & me remetre tellement en vos mains que ie ne puisse viure que par vous. Sçachez donc, Bergere, que vous voyez deuant vous Filandre sous les habits de sa sœur, & qu'Amour en moy, & la compassion en elle, ont esté cause que nous nous soyons ainsi desguisez, & apres luy alla racontant son extréme affection, la recherche qu'il auoit faite d'Amidor & de Filidas, l'inuention de Callirée à changer d'habits, la resolution d'aller trouuer son mary vestuë en homme, bref tout ce qui s'estoit passé en cét affaire auec tant de demonstration d'Amour, qu'encores qu'au commencement Daphnis se fut estonnée de la hardiesse de luy & de sa sœur, si est-ce qu'elle perdist l'estonnemét, quand elle reconnut la grandeur de son affection, iugeant bien qu'elle les pouuoit porter à de plus grandes folies. Et encore que si elle eust esté appellée à leur conseil, lors qu'ils firent cette entreprise elle n'en eust iamais esté d'aduis: toutesfois voyant comme l'effect en auoit bien reüssi, elle resolut de luy ayder en tout ce qui luy seroit possible, & n'y espargner ny peine ny soing, artifice qu'elle iugeast dependre d'elle, & le luy ayant promis, auec plusieurs asseurances d'amitié, elle luy donna le meilleur aduis qu'elle pût, qui estoit de m'engager peu à peu en son amitié: Car disoit-elle, l'Amour enuers les femmes est vn de ces outrages dont la parole offense plus que le coup, c'est vn ouurage que nul n'a honte de faire, pourueu que le nom luy en soit caché.

De sorte que i'estime ceux-là bien auisez, qui se font aimer à leurs Bergeres auant que de leur parler d'Amour: D'autant qu'Amour est vn animal qui n'a rien de rude que le nom, estant d'ailleurs tant agreable, qu'il n'y a personne à qui il deplaise. Et par ainsi, pour estre receu de Diane, il faut que ce soit sans le luy nommer, ny mesme sans qu'elle le voye, & vser d'vne telle prudence qu'elle vous aime, aussi tost qu'elle pourra sçauoir que vous l'aimez d'Amour: car y estant embarquée, elle ne pourra par apres se retirer au port, encore qu'elle voye quelque apparence de tourmente autour d'elle. Il me semble que iusques icy vous vous y estes conduit auec vne assez grande prudence: mais il faut continuer. La fainte que vous auez faite d'estre amoureuse d'elle, encores que fille, est tres à propos, estant tres-certain que toute Amour qui est soufferte, enfin en produit vne reciproque. Mais il faut passer plus outre.

,, Nous faisons aisément plusieurs choses qui
,, nous sembleroient fort difficiles si la coustume
,, ne nous les rendoit aisées. C'est pourquoy ceux qui n'ont pas accoustumé vne viande, la treuuent au commencement d'vn goust fascheux qui peu à peu se rend agreable par l'vsage. Il faut que desia vous appreniez à rendre à Diane les discours amoureux plus aisez, & que par la coustume, ce qu'elle a si peu accoustumé, luy soit ordinaire, & pour mieux paruenir il faut trouuer quelque inuention pour luy rendre agreable vostre recherche, & que vous luy puissiez parler; encore que fille, aux mesmes termes que les Bergers.

,, Car tout ainsi que l'oreille qui a accoustumé
,, d'ouyr la Musique, est capable d'y plier mesme
,, la voix & la hausser, & baisser aux tons qui sont

harmonieux, encor que d'ailleurs on ne sçache
rien en cét art : De mesme, la Bergere qui oyt
souuent les discours d'vn Amant, y plie les
puissances de son ame, & encore qu'elle ne sçache point aimer, ne laisse à se porter insensiblement aux ressentimens de l'amour : Ie veux dire qu'elle aime la compagnie de cette personne, en ressent l'esloignement, a pitié de son mal,
& bref aime en effet sansy penser. Voyez-vous,
Filandre, ne faites pas vostre profit de ces in-
structions ailleurs, & ne croyez pas que si ie ne
vous aimois, & n'auois pitié de vous, ie vous
découurisse ces secrets de l'escolle: mais receuez
ce que ie vous dis pour arres de ce que ie desire
faire pour vous.

   Auec semblables paroles, voyant que le iour
approchoit, ils se retirerent dans le logis, non
pas sans se mocquer de l'Amour d'Amidor qui
le prenoit pour fille, & de rapporter vne partie
de ses discours pour en rire. Et s'estant sur le
matin endormis en cette resolution, ils demeurerent bien tard au lict, pour se recompenser
de la perte de la nuict; ce qui donna commodité au ieune Amidor de les y surprendre,
& n'eust esté que presque en mesme temps i'entray dans leur chambre, ie croy qu'il eust
peut-estre reconnu la tromperie : car s'estant
adressé au lict de la fainte Callirée, quoy qu'elle
iouast bien son personnage, luy parlant auec
toute la modestie qui luy estoit possible, &

luy montrant vn visage seuere pour luy oster la hardiesse de ne se point hazarder, si est-ce que son affection l'eust peut-estre licentié, & que ses mains indiscrettes eussent découuert son sein. Mais à son abord Daphnis me pria de l'en empescher, & de les separer, ce que ie fis auec beaucoup de contentement de Filandre, qui feignant de m'en remercier, me baisa la main auec tant d'affection, que si ie l'eusse tant soit peu soupçonné, i'eusse bien reconnu, que veritablement il y auoit de l'Amour. Apres leur ayant donné le bon iour, ie ramenay Amidor auec moy, afin qu'ils eussent le loisir de s'habiller.

Et parce qu'ils auoient dessein de paracheuer ce qu'ils auoient proposé, incontinent apres disner que nous fusmes retirez comme de coustume sous quelques arbres, pour iouyr du fraiz, encore qu'Amidor y fust, Daphnis iugea que l'occasion estoit bonne, estant bien aise que ce fust mesme en sa presence, pour luy en oster tout soupçon, & que si à l'aduenir il oyoit par mesgarde parler quelquesfois en homme, il ne le trouuast point estrange ; faisant donc signe à Filandre, afin qu'il aydast à son dessein, elle luy dit: Et qu'est-ce, Callirée, qui vous peut rendre muët en la presence de Diane ? C'est, respondit-il, que i'allois en moy-mesme faisant plusieurs souhaits, pour la volonté que i'ay de faire seruice à ma Maistresse, & entre autres vn, que

que ie n'eusse iamais pensé deuoir desirer. Et quel est-il? interrompit Amidor. C'est, continua Filandre, que ie voudrois estre homme pour rendre plus de seruice à Diane. Et comment, adiousta Daphnis, estes vous amoureuse d'elle? Plus, respondit Filandre, que ne le sçauroit estre tout le reste de l'vniuers. I'aime donc mieux, dit Amidor, que vous soyez fille, tant pour mon aduantage, que pour celuy de Filidas. La consideration de l'vn & de l'autre, repliqua Filandre, ne me fera pas changer de desir. Et quoy, adiousta Daphnis, auriez-vous opinion que Diane vous aimast dauantage? Ie le deurois ainsi esperer, dit Filandre, par les loix de nature, si ce n'est que comme en sa beauté elle en outrepasse les forces, qu'en son humeur elle en desdaigne les ordonnances. Vous me croirez telle qu'il vous plaira, luy dis-ie, si vous faisie serment veritable, qu'il n'y a homme au monde que i'aime plus que vous. Aussi, me repliqua-t'il, n'y a t'il personne qui vous ayt tant voüé de seruice : mais ce bon-heur ne me durera que iusques à ce que vous aurez reconnu mon peu de merite, ou que quelque meilleur suiet se presente. Me croyez-vous, luy repliquay-ie, si volage que vous me faites? Ce n'est pas, me respondit-il, que ie croye en vous les imperfections de l'inconstance : mais ie sçay bien que i'en ay les causes pour les deffauts qui sont en moy. Le deffaut, luy dis-ie, est

Bb

pluſtoſt de mon coſté, & à ce mot ie l'embraſ-
ſay, & le baiſay d'vne auſſi ſincere affection que
s'il euſt eſté ma ſœur. Dequoy Daphnis ſouſ-
rioit en ſoy-meſme, me voyant ſi bien abuſée:
Mais Amidor nous interrompant, ialoux (comme ie croy) de tous deux, ie penſe, dit-il, que
c'eſt à bon eſcient, & que Callirée ne ſe mocque point? Comment, dit-il, me mocquer?
que le Ciel me puniſſe plus rigoureuſement
qu'il ne chaſtia iamais pariure, s'il y euſt iamais
Amour plus violente ny plus paſſionnée que
celle que ie porte à Diane. Et ſi vous eſtiez homme, adiouſta Daphnis, ſçauriez-vous bien vſer
des paroles d'homme, pour declarer voſtre paſſion? Encore, reſpondit-il, que i'aye peu d'eſprit, ſi eſt-ce que mon extréme affection ne me
laiſſeroit iamais muëtte en ſemblable occaſion.
Et voyons, la Belle, dit Amidor, ſi ce ne vous
eſt peine, comme vous vous demeſleriez d'vne
telle entrepriſe. Si ma maiſtreſſe, dit Filandre,
me le permet, ie le feray, auec promeſſe toutesfois qu'elle m'accordera trois ſupplications que
ie luy feray. La premiere, qu'elle me reſpondra
à ce que ie luy diray; l'autre, qu'elle ne croira
point eſtre vne fainte, ce que ſous autre perſonne que de Callirée, ie luy repreſenteray: mais
les receura comme tres-ueritables, encores
qu'impuiſſantes paſſions: & pour la fin, qu'elle
ne permettra que iamais autre que moy la ſer-
ue en ceſte qualité. Moy, qui voyois que cha-

LIVRE SIXIESME. 387
cun y prenoit plaisir, & aussi que veritablement i'aimois Filandre sous les habits de sa sœur, luy respondis, que pour la seconde & derniere demande, elles luy estoient accordées, tout ainsi qu'elle les sçauoit desirer, que pour la premiere, i'estois si peu accoustumé à faire telles responses, que ie m'asseurois qu'elle y auroit peu de plaisir. Toutesfois que pour ne la desdire en rien, i'essayerois de m'en acquiter le mieux qu'il me seroit possible. A ce mot, se releuant sur vn genoüil, parce que nous estions assis en rond, me prenant vne main, il commença de cette sorte.

Ie n'eusse iamais creu, belle Maistresse, considerant en vous tant de perfections, qu'il peust estre permis à vn mortel de vous aimer, si ie n'eusse esprouué en moy-mesme, qu'il est impossible de vous voir & ne vous aimer point. Mais sçachant bien que le Ciel est trop iuste pour vous cōmander vne chose impossible, i'ay tenu pour certain qu'il vouloit que vous fussiez aimée, puis qu'il permettoit que vous fussiez veuë, & sur cette creance i'ay fortifié de raisons la hardiesse que i'auois euë de vous voir, & beny en mon cœur l'impuissance, qui m'a aussi tost soufmis à vous que mes yeux se sont tournez vers vous. Que si les loix ordonnent, que l'on donne à chacun ce qui est sien, ne trouuez mauuais belle Bergere, que ie vous donne mon cœur, puis qu'il vous est tellement acquis,

Bb ij

que si vous le refusez, ie le desaduoüe pour estre mien. A ce mot il se teut, pour ouyr ce que ie luy respondrois, mais auec vne façon, que s'il n'eust point eu l'habit qu'il portoit, mal-aisément eust on pû douter qu'il ne le dit à bon escient; & pour ne contreuenir à ce que ie luy auois promis, ie luy fis telle responce: Bergere, si les loüanges que vous me donnez, estoient veritables, ie croirois peut-estre ce que vous me dittes de vostre affection : mais sçachant bien que ce sont flatteries, ie ne puis croire que le reste ne soit dissimulatiō. C'est trop blesser vostre iugement, me dit-il, que de douter de la grandeur de vostre merite : mais c'est auec semblables excuses que vous auez accoustumée de refuser les choses que vous ne voulez pas ; si puis-ie auec verité iurer par Teutates, & vous sçauez bien que ie ne me pariure pas, que vous ne referez iamais rien qui vous soit donné de meilleur ny de plus entiere volonté. Ie sçay bien, luy respondis-ie, que les Bergers de cette contrée, ont accoustumé d'vser de plus de paroles, où il y a moins de verité, & qu'ils tiennent entre-eux pour chose tres-auerée, que les Dieux n'escoutent, ny ne punissent iamais les faux sermens des Amoureux. Si c'est vn vice particulier de vos Bergers, dit-il, ie m'en remets à vostre connoissance : mais moy qui suis estranger, ie ne dois participer à leur honte, non plus que ie ne fais à leur faute, & toutesfois par vos paroles mefmes plus cruelles, il faut que ie retire quelque fatisfaction pour moy: car encor que les Dieux ne puniffent le ferment des Amoureux, fi ie ne le fuis pas, comme il femble que vous en doutez, les Dieux ne laifferont de m'enuoyer le chaftiment de pariure,& s'ils ne le font, vous ferez contrainte d'aduoüer, que n'eftant point chaftié, ie ne fuis donc point menteur, & fi ie fuis menteur & ie ne fuis point chaftié, il faut que vous confeffiez que ie fuis Amant. Et par ainfi, de quelque cofté que voftre bel efprit le vüeille tourner, il ne fçauroit defaduoüer, qu'il n'y a point de beauté en la terre, ou Diane eft belle, & que iamais beauté n'a efté aimée ou la voftre l'eft de ce Berger, qui eft à vos genoux, & qui en cét eftat implore le fecours de toutes les graces pour en retirer vne de vous, qu'il croit meriter, fi vne parfaicte Amour à iamais eu du merite. Si ie fuis belle, repliquay-ie, ie m'en remets aux yeux qui me voyent fainement: mais vous ne fçauriez nier que vous ne foyez pariure & diffimulée, & il faut, Callirée, que ie die que l'affeurance dont vous me parlez en homme, me fait refoudre à ne croire iamais aux paroles, puis qu'eftant fille, vous le fçauez fi bien déguifer. Et pourquoy, Diane, dit-il lors en foufriant, interrompez-vous fi toft les difcours de voftre feruiteur? vous eftonnez-vous qu'eftant Callirée, ie vous parle auec tant d'affection? Ressouuenez-vous qu'il n'y a impuissance de condition qui m'en fasse iamais diminuer; tant s'en faut, ce sera plustost cette occasion qui la conseruera, & plus violente & eternelle; puis qu'il n'y a rien qui diminuë tant l'ardeur du desir, que la iouyssance de ce qu'on desire, & cela ne pouuant estre entre-nous, vous serez iusques à mon cercueil tousiours aimée, & moy tousiours Amante. Et toutesfois si Tirisias, apres auoir esté fille, deuint homme, pourquoy ne puis-ie esperer que les Dieux me pourroient bien autant fauoriser si vous l'auiez agreable? Croyez-moy, belle Diane, puis que les Dieux ne font iamais rien en vain, qu'il n'y a pas d'apparence qu'ils ayent mis en moy vne si parfaite affection, pour m'en laisser vainement trauailler, & que si la nature m'a fait naistre fille, mon amour extréme me peut bien rendre telle, que ce ne soit point inutilement. Daphnis qui voyoit que ce discours s'alloit fort esgarant, & qu'il estoit dangereux, que cét Amant se laissast transporter à dire chose qui le fit découurir par Amidor, l'interrompit, en luy disant: C'est sans doute, Callirée, que vostre Amour ne sera point éprise inutilement tant que vous seruirez cette belle Bergere, non plus que le flambeau ne se consume pas en vain, qui esclaire à ceux qui sont dans la maison: car tout le reste du monde n'estant que pour seruir cette belle, vous aurez fort bien employé vos iours, quand vous les aurez passez en son seruice. Mais changeons de discours, dit Amidor : Voicy venir Filidas, qui ne prendroit nullement plaisir à les ouyr, encore que vous soyez fille,& presque en mesme temps Filidas arriua,qui nous fit toutes leuer pour le saluer. Mais Amidor qui aimoit passionnémēt la feinte Callirée, lors que sa cousine arriua, prit le temps si à propos, que s'esloignant auec Filandre vn peu de la trouppe, & la prenant sous le bras,&voyāt que personne ne les pouuoit ouïr, commença de luy parler ainsi. Est-il possible, belle Bergere, que les paroles que vous venez de tenir à Diane soient veritables, ou bien si vous les auez dites seulement pour montrer la beauté de vostre esprit? Croyez Amidor, luy respondit-elle, que ie ne suis point mensongere, & que iamais ie ne dis rien plus veritablement, que l'asseurāce que ie luy ay faite de mon affection; que si en quelque chose i'ay manqué, à la verité ç'a esté pour en auoir dit le moins que i'en ressens: mais en cela ie dois estre excusée, puis qu'il n'y a point d'assez bonnes paroles pour le pouuoir dire comme ie le conçois. A quoy il respondit auec vn grand souspir: Puis que cela est, belle Callirée, mal-aisément puis-ie croire que vous ne reconnoissiez beaucoup mieux l'affection que l'on vous porte, puis que vous ressentez les mesmes coups dont vous blessez, que

Bb iiij

non point celles qui en sont du tout ignorantes, & cela sera cause que ie n'iray point recherchant d'autres paroles pour vous declarer ce que ie souffre pour vous, ny d'autres raisons pour excuser ma hardiesse, que celles dont vous auez vsé parlant à Diane, & seulement i'adiousteray cette consideration: afin que vous connoissiez la grandeur de mon affection. Que si le coup qui ne se voit, se doit iuger selon la force du bras qui le donne; la beauté de Diane, dont vous ressentez la blessure, estant beaucoup moindre que la vostre, doit bien auoir fait vn moindre effort en vous que la vostre en moy: Et toutesfois si vous l'aimez auec tant de violence, considerez comment Amidor doit estre traitté de Callirée, & quelle peut estre son affection: car il ne sçauroit la vous declarer que par la comparaison de la vostre. Berger, luy respondit-il, si la connoissance que vous auez euë de l'amitié que ie porte à Diane, vous a donné la hardiesse de me parler de cette sorte, il faut que ie supporte le supplice que mon inconsideration merite, ayant parlé si ouuertement deuant vous: mais aussi deuiez-vous auoir esgard, qu'estant fille ie ne pouuois par ces discours offenser son honnesteté, & si faites bien vous la mienne en me parlant ainsi, qui ay vn mary qui ne supporteroit pas auec patience cét outrage s'il en estoit aduerty. Mais outre cela, puis que vous parlez de Diane, à qui veritablement ie me suis entierement donnée: car encor faut-il que ie vous die, que si vous voulez que ie mesure vostre affection à la mienne, selon les causes que nous auons d'aimer, ie ne croiray pas que vous en ayez beaucoup, puis que ce que vous nommez beauté en moy, ne peut en sorte que ce soit, retenir ce nom aupres de la sienne. Belle Bergere, luy dit Amidor, ie n'ay iamais creu que l'on vous pûst offenser en vous aimant: mais puis que cela est, i'auoüe que ie merite chastiment, & que ie suis prest à le receuoir tout tel que vous me l'ordonnerez: il est vray que vous deuez ensemble vous resoudre à ioindre au mesme supplice, tout celuy que ie pourray meriter, en vous aimant le reste de ma vie: car il est impossible que ie viue sans vous aimer. Et ne croyez point que le mécontentement de Gerestan m'en puisse iamais diuertir; celuy qui ne craint ny les hazards, ny la mort mesme, ne redoutera iamais vn homme. Mais quant à ce qui vous touche, i'auoüe que i'ay failly en faisant quelque comparaison de vous à Diane, estant sans doute mal propoportionnée de son costé: il est vray que ce n'a pas esté comme de chose égale: mais comme du moindre au plus grand, & ayant eu opinion que ce que vous ressentiez, vous donneroit plus de connoissance de ma peine, i'ay commis cette erreur, en laquelle si vous me pardonnez, ie proteste de ne retomber iamais. Filandre qui m'aimoit à bon escient, & qui auoit eu opinion qu'Amidor en fist de mesme, eust mal-aisément supporté d'ouyr parler de moy auec tant de mépris, s'il n'eust eu dessein de découurir ce qui en estoit: mais desirant de s'en éclarcir, & luy semblant d'en auoir rencontré vne fort bonne occasion, il eust tant de puissance sur soy-mesme, que sans luy en faire semblant, il luy dit: Comment est-il impossible, Amidor, que vostre bouche profere des paroles que vostre cœur dément si fort ? Pensez-vous que ie ne sçache pas bien que vous dissimulez ? & dés long-temps vostre affection est toute pour Diane.

Mon affection ? repliqua-t'il, comme surpris, que iamais personne ne me puisse aimer, si i'aime autre Bergere que vous, ie ne dis pas qu'autrefois ie n'aye esté de ses amis, mais son humeur inégale tantost toute de feu, tantost toute de glace, m'en a tellement retiré, qu'à cette heure elle m'est indifferente. Et comment, dit Filandre, m'osez-vous parler ainsi, puis que ie sçay qu'en verité elle vous a aimé, & vous aime encore ? Ie ne veux pas nier, dit Amidor, qu'elle ne m'ait aimé. Et, continua-t'il en sousriant, ie ne iurerois pas qu'elle ne m'aime encores : mais si ferois bien qu'elle n'est tout le soucy. Ce qu'Amidor disoit en cela estoit bien selon son humeur: car c'estoit sa vanité ordinaire, de vouloir qu'on creust qu'il eust plusieurs bonnes fortunes, & à cette occasion il auoit accoustumé de se rendre à dessein si familier de celles qu'il hantoit, que quand il s'en retiroit, il pouuoit presque par ses sousris, & niant froidement, faire croire tout ce qu'il vouloit d'elles. A ce coup Filandre reconnut bien son artifice, & n'eust esté qu'il craignoit de se découurir, il se sentit tellement touché de mon offense, que ie crois qu'il l'eust repris de son mensonge, si ne peust-il s'empescher de luy respondre assez aigrement : Vrayement, Amidor, vous estes le plus indigne Berger qui viue parmy les bonnes compagnies. Vous auez le courage de parler de ceste sorte de Diane, à qui vous montrez tant d'amitié, & à qui vous auez tant d'obligation? & que pouuons-nous esperer, nous qui n'approchons en rien ses merites : puis que ny ses perfections, ny son amitié, ny vostre alliance ne vous peuuent attacher la langue? Quant à moy, i'auoüe que vous estes la plus dangereuse personne qui viue, & qui voudra auoir du repos, doit tascher de vous esloigner comme vne maladie tres-contagieuse. A ce mot il le quitta, & nous vint retrouuer, le visage tant enflammé de colere, que Daphnis connut bien qu'il estoit offensé d'Amidor, qui estoit demeuré si estonné de cette separation, qu'il ne sçauoit ce qu'il auoit à faire. Depuis le soir

Daphnis s'enquit de Filandre de leurs discours, & parce qu'elle m'aimoit, & iugeoit que cela ne pouuoit que beaucoup accroistre l'amitié que ie portois à la feinte Callirée, dés le matin elle me le raconta auec tant d'aspreté contre Amidor, & si auantageusement pour Filandre, qu'il faut auoüer que depuis ie ne me peus si aisément defendre de l'aimer, lors que ie le reconnus, me semblant que sa bonne volonté m'y obligeoit. Mais Daphnis qui sçauoit bien que si ie l'aimois alors, c'estoit pour le croire Callirée, luy conseilloit ordinairement de se découurir à moy, disant qu'elle croyoit bien qu'au commencement ie le reiettetois, & m'en fascherois: mais qu'en fin toutes choses se remettroient, & que de son costé elle y trauailleroit de sorte, qu'elle esperoit en venir à bout. Mais elle ne peut auoir d'assez fortes persuasions pour luy en donner courage, qui fit resoudre Daphnis de le faire elle-mesme sans qu'il le sçeust, preuoyant bien que Gerestan voudroit r'auoir sa femme, & que cette finesse auroit esté inutile.

En cette resolution vn iour qu'elle me trouua seule, apres quelques discours assez ordinaires: Mais que sera-ce en fin, dit-elle, de cette folle de Callirée, ie croy en verité que vous luy ferez perdre l'entendemēt: car elle vous aime si passionnément, que ie ne croy pas qu'elle puisse viure: Si Filidas va vn iour coucher hors de ceans, & que vous puissiez sortir vne nuict de vostre chambre, il faut que vous la voyez en l'estat où ie l'ay trouuée plusieurs fois: car presque toutes les nuicts qui sont vn peu claires, elle les passe dans le iardin, & se plaist de sorte en ses imaginations, que ie ne la puis retirer qu'à force de ses resueries. Ie voudrois bien, luy respondis-ie, luy pouuoir rapporter du soulagement: mais que veut-elle de moy ? ne luy rends-ie pas amitié pour amitié: ne luy en fais-ie assez paroistre par toutes mes actions? manque-ie à quelque sorte de courtoisie, ou de deuoirs enuers elle? Cela est vray: mais, me repliqua-t'elle, si vous auiez ouy ses discours: ie ne croy pas qu'elle ne vous fist compassion, & vous supplie que sans qu'elle le sçache, vous la veniez escouter vne nuict. Ie le luy promis fort librement, & luy dis que ce seroit bien tost: car Filidas m'auoit dit le soir-auparauant, qu'elle vouloit visiter Gerestan, & faire amitié auec luy.

Quelques iours apres, Filidas selon son dessein, emmenant Amidor auec luy, partit pour aller voir Gerestan, ayant resolu de ne reuenir de sept ou huict iours, afin de luy faire paroistre plus d'amitié; & ce seiour nous vint fort à propos, car s'il eust esté en la maison, mal-aisement luy eussions-nous peu cacher le trouble en quoy nous fusmes. Or le mesme iour du départ, Filandre suiuant sa coustume, ne manqua pas de descendre au iardin à moitié des-habillé, lors qu'il creut que chacun estoit endormy. Au contraire Daphnis qui s'estoit couchée la premiere, aussi tost qu'elle le vid sortir, se dépescha de me le venir dire, & me mettant hastiuemēt vne robbe dessus, ie la suiuis assez viste, iusques à ce que nous fusmes dans le iardin: Mais lors qu'elle eut remarqué où il estoit, elle me fit signe d'aller au petit pas apres elle. Et quand nous nous fusmes approchées, de sorte que nous le pouuions ouyr, nous nous assismes en terre, & incontinent apres, i'oüys qu'il disoit: Mais à quoy toute cette patience? à quoy tous ces dilayemens? ne faut-il pas que tu meures sans secours, ou que tu découures ta blessure au Chirurgien qui la peut guerir? Et là s'arrestant pour quelque temps, il reprenoit ainsi auec vn grād souspir: Ne dis-tu pas, ô fascheuse crainte, qu'elle nous bannira de sa presence? & qu'elle nous ordonnera vne mort desesperée? Et bien, si nous mourons, ne nous sera-ce pas beaucoup de soulagement d'abreger vne si miserable vie que la nostre, & mourant satisfaire à l'offense que nous aurons faite? Et quant au bannissement, s'il ne nous vient d'elle, le pouuons-nous euiter de Gerestan, de qui l'impatience ne nous laissera guere dauantage icy? Que si toutesfois nous obtenons vn plus long seiour de cét importun, & que la mort ne nous vienne du courroux de la belle Diane, helas! pourrons-nous euiter la violence de nostre affection? Que faut-il donc que ie fasse? Que ie luy die? Ah! ie ne l'offenseray iamais s'il m'est possible. Le luy tairay-ie? Et pourquoy le taire puis qu'aussi bien ma mort luy en donnera vne bien prompte conoissance? Quoy donc, ie l'offenseray? Ah! l'outrage & l'amitié ne vont iamais ensemble. Mourons donc pluftoft. Mais si ie cōsens à ma mort, ne luy fais-ie pas perdre le plus fidelle seruiteur qu'elle ait iamais? & puis il est impossible qu'en adorāt on puisse offenser? Ie le luy diray dōc, & en mesme temps luy découuriray l'estomach, afin que le fer plus aisément punisse mon erreur, si elle le veut. Voila, luy diray-ie, où demeure le cœur de cét infortuné Filandre, qui sous les habits de Callirée, au lieu d'acquerir vos bonnes graces, a rencontré voftre courroux, vengez-vous, & le punissez, & soyez certaine que si la vengeance vous satisfait, le supplice luy en sera tres-agreable.

Belles Bergeres, quand i'ouys parler Filandre de ceste sorte, ie ne sçay ce que ie deuins, tant ie fus surprise d'estonnement: Ie sçay bien que ie m'en voulus aller, afin de ne voir plus ce trompeur, tant pleine de despit que i'en tremblois toute: Mais Daphnis, pour acheuer entierement sa trahison, me retint par force, & parce, comme ie vous ay dit, que nous estions fort pres du Berger, au premier bruit que nous fismes, il tourna la teste, & croyant que ce ne fust que Daphnis, s'y en vint: mais quand il m'apperceut, & qu'il creut que ie l'auois oüy. O Dieux! dit-il, quel supplice effacera ma faute? Ah! Daphnis, ie n'eusse iamais attendu cette trahison de vous. Et à ce mot il s'en alla courant par le iardin comme vne personne insensée, quoy qu'elle l'appellast deux ou trois fois par le nom de Callirée: mais craignant d'estre oüye de quelqu'autre, & plus encore que le desespoir ne fit faire à Filandre quelque chose de mal à propos en sa personne, elle me laissa seule, & se mit à le suiure, me disant toute en colere en partant. Vous verrez, Diane, que si vous traittez mal Filandre, peut-estre vous ruinerez-vous de sorte, que vous en ressentirez le plus grand déplaisir. Si ie fus estonné de cét accident, iugez-le, belles Bergeres, puis que ie ne sçauois pas mesme m'en retourner. En fin apres auoir repris vn peu mes esprits, ie cherchay de tant de costez, que ie reuins en ma chambre, où m'estant remise au lict toute tremblante, ie ne pûs clorre l'œil de toute la nuict.

Quant à Daphnis, elle chercha tant Filandre qu'en fin elle le rencontra plus mort que vif, & apres l'auoir tancé de n'auoir sçeu se preualoir d'vne si fauorable occasion, & toutesfois l'auoir asseuré que ie n'estois point si estonnée de cét accident que luy, elle le remit vn peu, & le r'asseura en quelque sorte, non point toutesfois tellement que le lendemain il eust la hardiesse

dieſſe de ſortir de ſa chambre. Moy d'autre coſté infiniment offenſée contre tous deux, ie fus contrainte de tenir le lict, pour ne donner connoiſſance de mon déplaiſir à ceux qui eſtoient autour de nous, & particulierement à la niepce de Gereſtan: Mais de bonne fortune elle n'eſtoit pas plus ſpirituelle que de raiſon, de ſorte que nous luy cachaſmes aiſément ce mauuais meſnage, ce qui nous euſt eſté preſque impoſſible, & meſme à Filandre, autour duquel elle demeuroit ordinairement. Daphnis ne ſe trouua pas peu empeſchée en ceſte occaſion: car au commencement ie ne pouuois la receuoir en ſes excuſes. En fin elle me tourna de tant de coſtez, & me ſçeut tellement déguiſer cette affection, que ie luy promis d'oublier le déplaiſir qu'elle m'auoit fait: iurant toutesfois quant à Filandre que ie ne le verrois iamais. Et ie croy qu'il s'en fuſt allé ſans me voir, ne me pouuant ſupporter courroucée, n'euſt eſté le danger où il craignoit que Callirée tombaſt: car elle auoit affaire à vn mary qui eſtoit aſſez faſcheux. Ce fut ceſte conſideration qui le retint: mais ſans bouger du lict, feignant d'eſtre malade, cinq ou ſix iours ſe paſſerent ſans que ie le vouluſſe voir, quelque raiſon que Daphnis me peuſt alleguer pour luy, & n'euſt eſté que ie fus aduertie que Filidas reuenoit, & Callirée auſſi, ie ne l'euſſe veu de long-temps. Mais la crainte que i'eus que Filidas ne s'en priſt garde,

C c

& que ce qui estoit si secret, ne fust diuulgué par toute la contrée, me fit resoudre à le voir, auec condition qu'il ne me feroit point de semblant de ce qui s'estoit passé, n'ayant pas assez de force sur moy, pour m'empescher de ne donner quelque connoissance de mon déplaisir. Il le promit & le tint : car à peine osoit-il tourner les yeux vers moy, & quand il le faisoit, c'estoit auec vne certaine submission, qui ne m'asseuroit pas peu de son extreme Amour. Et de fortune, incontinent apres que i'y fus entrée, Filidas, Amidor, & le dissimulé Filandre, arriuerent dans la chambre, de qui les fenestres fermées nous donnerent assez bonne commodité de cacher nos visages.

Filandre auoit aduerty sa sœur de tout ce qui luy estoit aduenu, & cela auoit esté cause que le sejour de Filidas n'auoit pas esté si long qu'il en auoit fait dessein : car elle disant que sa sœur estoit malade, les contraignit de s'en retourner.

Mais ce discours seroit trop ennuyeux, si ie n'abregeois toutes nos petites querelles. Tant y a que Callirée ayant sçeu comme toutes choses s'estoient passées, quelquefois les tournant en gausserie, d'autrefois cherchant des apparences de raison, sçeut de sorte se seruir de son bien dire, estāt mesme aidée de Daphnis, qu'en fin ie consentis au sejour de Filandre, iusqu'à ce que les cheueux fussent reuenus à sa sœur, connoissant bien que ce seroit la ruiner, & moy aussi, si ie precipitois dauantage son retour. Et il aduint (comme elle auoit fort bien preueu) que durant le temps que ce poil demeura à croistre, l'ordinaire côuersation du Berger, qui en fin ne m'estoit point des-agreable, & la connoissance de la grâdeur de son affection, commencerent à me flatter de sorte, que de moy-mesme i'excusois sa tromperie, considerant de plus le respect & la prudence dont il s'y estoit conduit. Si bien qu'auant qu'il peust partir, il obtint ceste declaration qu'il auoit tant desirée, à sçauoir que i'oubliois sa tromperie, & que ne sortant point des termes de son deuoir, i'aimerois sa bonne volonté, & cherirois pour son merite ainsi que ie deurois. La connoissance qu'il me donna de son contentement, ayant cette asseurance de moy, me rendit bien aussi asseurée de son affection, que peu auparauant son déplaisir m'en auoit fait certaine: car il fut tel qu'à peine le pouuoit-il dissimuler. Cependant que nous estions en ces termes, Filidas de qui l'amour s'alloit tousiours augmentant, ne peut en couurir dauantage la grandeur, de sorte qu'il resolut de tenter tout à fait le dissimulé Filandre. Auec ce dessein la trouuant à propos vn iour qu'elles se promenoient ensemble dans vne touffe d'arbres, qui fait l'vn des quarrez du iardin, elle luy parla de cette sorte,

Cc ij

après auoir esté longuement interditte. Et bien, Filandre, sera-t'il vray que quelque amitié que ie vous puisse faire paroistre, ie ne sois point assez heureux pour estre aimé de vous? Callirée luy respõdit: Ie ne sçay, Filidas, quelle plus grande amitié vous me demandez, ny comment ie vous en puis rendre dauantage, si vous-mesmes ne m'en donnez les moyens. Ah! dit-elle, si vostre volonté estoit telle que la mienne la desire, ie le pourrois bien faire; Iusqu'à ce que vous m'ayez esprouué, dit Callirée, pourquoy voulez-vous douter de moy? Ne sçauez-vous pas, dit Filidas, que l'extreme desir est tousiours suiuy du doute? iurez-moy que vous ne me manquez point d'amitié, & ie vous declareray, peut-estre, chose dont vous serez bien estõnée. Callirée fut vn peu surprise ne sçachant ce qu'elle vouloit dire, toutesfois pour en sçauoir la conclusion, elle luy respondit: Ie vous iure, Filidas, tout ainsi que vous me le demandez, & de plus, que ie ne pourray iamais vous rendre tesmoignage de bonne volonté que ie ne le fasse. A ce mot pour remerciement, & presque par transport, Filidas la prenant par la teste, la baisa auec tant de vehemence que Callirée en rougit, & la repoussant toute en colere, luy demanda quelle façon estoit celle-là. Ie sçay, respondit alors Filidas, que ce Berger vous estonne, & que mes actions iusques icy vous auront, peut-estre, fait soupçonner quelque chose d'estrange de moy, mais si vous voulez auoir la patience de m'écouter, ie m'asseure que vous en aurez plustost pitié que mauuaise opinion. Et lors reprenant du commencement iusques au bout, elle luy fit entendre le procez qui auoit esté entre Phormion & Celion nos peres, l'accord qui fut fait pour l'assoupir, en fin l'artifice de son pere à la faire esleuer comme vn homme, encor qu'elle fust fille. Bref, nostre mariage, & tout ce que ie viens de vous raconter, & puis continua de ceste sorte : Or ce que ie veux de vous pour satisfaction de vostre promesse, c'est que recognoissant l'extreme affection que ie vous porte, vous me receuiez pour vostre femme, & ie feray espouser Diane à mon cousin Amidor, que mon pere auoit expressément esleué dans sa maison pour ce sujet. Et là dessus elle adiousta tant de paroles pour la persuader, que Callirée estonnée plus que ie ne vous sçaurois dire, eut le loisir de reuenir à soy, & luy respondre, que sans mentir elle luy auoit raconté de grandes choses, & telles que mal-aisément les pourroit-elle croire, si elle ne les asseuroit d'autre façon que par paroles. Et alors se déboutonnant se découurit le sein: L'honnesteté, luy dit-elle, me defend de vous en montrer dauantage: mais cela, ce me semble, vous doit suffire. Callirée alors pour auoir le loisir de se conseiller auec nous, fit

Cc iij

semblant d'en estre fort aise: mais qu'elle auoit des parens dont elle esperoit tout son auancement, & sans l'aduis desquels elle ne feroit iamais vne resolution de telle importance, & sur tout qu'elle la supplioit de tenir cette affaire secrete: car la diuulguant, ce ne seroit que donner sujet à plusieurs de parler, & qu'elle l'asseuroit dés lors, que quand il n'y resteroit que son consentement, elle luy donneroit connoissance de sa bonne volonté. Auec semblables propos elles finirent leur promenoir, & reuindrent au logis, où de tout le iour Callirée n'osa nous accoster, de peur que Filidas n'eust opinion qu'elle nous en parlast: mais le soir elle raconta à son frere tous ces discours, & puis tous deux allerent trouuer Daphnis, à laquelle ils le firent entendre. Iugez si l'estonnement fut grand: mais quel qu'il peust estre, le contentement de Filandre le surpassoit de beaucoup, luy semblant que le Ciel luy osteroit vn tresgrand acheminement à la conclusion de ses desirs. Le matin Daphnis me pria d'aller voir la feinte Callirée, & la vraye demeura aupres de Filidas, afin qu'elle ne s'en doutast. Dieu sçait quelle ie deuins quand ie sçeu tout ce discours! Ie vous iure que i'estois si estonnee, que ie ne sçauois si ce n'estoit point vn songe. Mais ce fut le bon que Daphnis se plaignoit infiniment de moy, que ie le luy eusse si longuement celé, & quelque serment que ie luy fisse, que ie n'en auois rien sçeu iusques à l'heure; elle ne me vouloit point croire si enfant, & lors que ie luy disois que ie pensois que tous les hommes fussent comme Filidas, elle se tuoit de rire de mon ignorance. En fin nous resolusmes, de peur que Bellinde ne vouluſt diſpoſer de moy à ſa volonté, ou que Filidas ne me fiſt quelque ſurpriſe pour Amidor, qu'il ne falloit rien faire à la volée, & ſans y bien penſer: car dés lors par la ſolicitation de Daphnis & Callirée, ie promis à Filandre de l'épouſer. Et cela fut cauſe que reprenant ſes habits, apres auoir aſſeuré Filidas, qu'il alloit pour en parler à ſes parens, il ſe retira auec ſa ſœur vers Gereſtan, qui ne prit iamais garde à cette ruze. Depuis ce temps il fut permis à Filandre de m'écrire: car enuoyant d'ordinaire de ſes nouuelles à Filidas, i'auois touſiours de ſes lettres, & ſi finement, que ny elle, ny Amidor, ne s'en apperceurent iamais.

Or, belles Bergeres, iuſques icy cette recherche ne m'auoit guere r'apporté d'amertume, mais, helas! c'eſt-ce qui s'en enſuiuit qui m'a tant fait aualer d'abſinthe, que iuſques au cercueil il ne faut pas que i'eſpere de gouſter quelque douceur. Il aduint pour mon malheur, qu'vn eſtranger paſſant par cette contrée me vid endormie à la fotaine des Sicomores, où la

C c iiij

fraischeur de l'ombrage & le doux gazoüillement de l'onde m'auoient sur le haut du iour assoupie. Luy, que la beauté du lieu auoit attiré pour passer l'ardeur du midy, n'eust plustost ietté l'œil sur moy, qu'il y remarqua quelque chose qui luy pleust. Dieux! quel homme, ou plustost quel monstre estoit-ce! Il auoit le visage reluisant de noirceur, les cheueux racourcis & meslez comme la laine de nos moutons, quand il n'y a qu'vn mois ou deux qu'on les a tondus, la barbe à petits bouquets clairement épanchée autour du menton, le nez aplaty entre les yeux, & rehaussé & large par le bout, la bouche grosse, les léures renuersées, & presque fenduës sous le nez : mais rien n'estoit si estrange que ses yeux : car en tout le visage il n'y paroissoit rien de blanc que ce qu'il en découuroit quand il les roüoit dans la teste. Ce bel Amant me fut destiné par le Ciel, pour m'oster à iamais toute volonté d'aimer : car estant rauy à me considerer, il ne pût s'empescher (transporté comme ie croy de ce nouueau desir) de s'approcher de moy pour me baiser. Mais parce qu'il estoit armé, & à cheual, le bruit qu'il fit m'éueilla, & si à propos, qu'ainsi qu'il estoit prest de se baisser pour satisfaire à sa volonté, i'ouuris les yeux, & voyant ce monstre si pres de moy, premierement ie fis vn grand cry, puis luy portât les mains au visage, ie l'heurtay de toute ma force; luy qui estoit

LIVRE SIXIESME. 409

à moitié panché, n'attendant pas cette defense, fut si surpris, que le coup le fit balancer, & de peur qu'il eut, comme ie pense, de choir sur moy, il aima mieux tomber de l'autre costé, si bien que i'eus loisir de me leuer, ie ne croy pas que s'il m'eust touchée, ie ne fusse morte de frayeur : car figurez-vous, que tout ce qui est de plus horrible, ne sçauroit en rien approcher l'horreur de son visage espouuantable. I'estois desia bien esloignée, quand il se releua, & voyāt qu'il ne me sçauroit atteindre, parce qu'il estoit armé assez pesamment, & que la peur m'attachoit des aisles aux pieds, il sauta promptemēt sur son cheual, & à toute course me suiuoit, lors qu'estant presque hors d'haléine, la pauure Filidas, qui assez pres de là entretenoit Filandre qui nous estoit venu voir, & qui s'estoit endormy en luy parlāt, ayant ouy ma voix, courut à moy, voyant que ce cruel me poursuiuoit auec l'épée nuë en la main : car la colere de sa cheute luy auoit effacé toute Amour ; elle s'opposa genereusement à sa furie, me faisant paroistre par ce dernier acte, qu'elle m'auoit autant aimée que son sexe le luy permettoit, & d'abord luy prit la bride du cheual : dont ce barbare offensé, sans nul égal de l'humanité, luy donna de l'espee sur le bras, de telle force qu'il le détacha du corps, & elle presque en mesme temps de douleur mourut tombant entre les pieds de son cheual, qui broncha si lourdement que son maistre eut assez d'affaire à s'en depestrer. Et parce que Filidas en mourant fit vn grand cry, nommant fort haut Filandre: luy qui estoit au pres l'oüit, & la voyant en si piteux estat, en eut si extréme deplaisir: mais plus encores quand il vid ce barbare, s'estant démeslé de son cheual, me courre apres l'espée en la main: & moy, comme ie vous disois, & de peur, & de la course que i'auois faite, tant hors d'haleine que ie ne pouuois presque mettre vn pied deuant l'autre. Que deuint ce pauure Berger? ie ne croy pas que iamais Lyonne à qui les petits ont esté dérobez, lors qu'elle voit ceux qui les emportent, s'eslançast plus legerement apres eux, que le courageux Filandre apres ce cruel. Et parce qu'il estoit chargé d'armes qui l'empeschoient de courre, il l'atteignit assez tost, & d'abord luy cria, cessez, Cheualier, cessez, d'outrager dauantage celle qui merite mieux d'estre adorée; & parce qu'il ne s'arrestoit point, ou fust que pour estre en furie il n'oyoit point sa voix, ou que pour estre estranger, il n'entendoit point son langage; Filandre mettant vne pierre dans sa fronde, la luy ietta d'vne si grande impetuosité, que le frappant à la teste, sans les armes qu'il y portoit, il n'y a point de doute qu'il l'eust tué de ce coup, qui fut tel que l'estranger s'en aboucha: mais se releuant incontinent, & oubliant la colere qu'il auoit contre moy, s'adressa tout en furie à Filandre, qui se trouua si pres qu'il ne pût éuiter le coup mal-heureux qu'il luy donna dans le corps, n'ayant en la main que sa houlette pour toute deffense. Toutesfois se voyant le glaiue de son ennemy si auant, sa naturelle generosité luy donna tant de force, & de courage, qu'au lieu de reculer, il s'auança, & s'enfonçant le fer dans l'estomach iusques aux gardes, il luy planta le bout ferré de sa houlette entre les deux yeux, si auant qu'il ne l'en pût plus retirer, qui fust cause que la luy laissant ainsi attachée, il le saisit à la gorge, & de mains & de dents, paracheua de le tuer. Mais helas! ce fut bien vne victoire cherement acheptée: car ainsi que ce barbare tomba mort d'vn costé, Filandre n'ayant plus de force, se laissa choir de l'autre; toutesfois si à propos que tombant à la renuerse, l'espée qu'il auoit au trauers du corps, heurta de la pointe contre vne pierre, & la pesanteur du corps la fit ressortir de la playe. Moy, qui de temps en temps tournois la teste pour voir si ce cruel m'atteignoit point encores, ie vis bien au commencement que Filandre le couroit, & dés lors vne extréme frayeur me saisit. Mais, helas! quand ie le vis blessé si dangereusement, oubliant toute sorte de crainte, ie m'arrestay: mais quand il tomba, la frayeur de la mort ne me peut empescher de courre vers luy, & aussi morte presque que luy, ie me mis en terre, l'appellant toute éplorée par son nom; il auoit desia perdu beaucoup de sang, & en perdoit à toute heure dauantage par les deux costez de sa playe: & voyez quelle force à vne amitié! moy qui ne sçaurois voir du sang sans m'esuanouyr, i'eus bien alors le courage de luy mettre mon mouchoir contre sa blessure pour empescher le cours du sang, & rompant mon voile, luy en mettre autant de l'autre costé. Ce petit soulagement luy seruit de quelque chose: car luy ayant mis la teste en mon giron, il ouurit les yeux & reprit le parole. Et me voyant toute couuerte de larmes, il s'efforça de me dire: Si iamais i'ay esperé vne fin plus fauorable que celle-cy, ie prie le Ciel, belle Bergere, qu'il n'ait point de pitié de moy. Ie voyois bien que mon peu de merite, ne me pourroit iamais faire atteindre au bon-heur desiré, & ie craignois que en fin le desespoir ne me contraignit à quelque furieuse resolution contre moy-mesme. Les Dieux qui sçauent mieux ce qu'il nous faut que nous ne le sçauons desirer, ont bien connu que n'ayant vescu depuis si long-temps que pour vous, il falloit aussi que ie mourusse pour vous. Et iugez quel est mon contentement, puis que ie meurs non seulement pour vous: mais encores pour vous conseruer la chose du monde que vous auez la plus chere, qui est vostre pudicité. Or ma maistresse, puis qu'il ne me reste plus rien pour mon contentement, qu'vn seul poinct par l'affection que vous auez recon-

nuë en Filandre, ie vous supplie de me le vouloir accorder, afin que cette ame heureuse entierement, puisse vous aller attendre aux
champs Elisiens, auec cette satisfaction de vous.
Il me dit ces paroles à mots interrompus, &
auec beaucoup de peine: & moy qui le voyois
en cét estat, pour luy donner tout le contentement qu'il pouuoit desirer, luy respondis: Amy,
les Dieux n'ont point fait naistre en nous vne si
belle & honneste affection, pour l'esteindre si
promptement, & pour ne nous en laisser que le
regret: I'espere qu'ils vous donneront encores
tant de vie, que ie pourray vous faire connoistre que ie ne vous cede point en amitié,
non plus que vous ne le faites à personne en
merite. Et pour preuue de ce que ie vous dy,
demandez seulement tout ce que vous voudrez
de moy, car il n'y a rien que ie vous puisse ny
vueille refuser. A ces derniers mots il me prit la
main, & se l'approchant de sa bouche, ie baise,
dit-il, cette main, pour remerciement de la grace que vous me faites ; & lors dressant les yeux
au Ciel, ô Dieux! dit-il, ie ne vous requers que
autant de vie qu'il m'en faut pour l'accomplis-
sement de la promesse que Diane me vient de
faire. Et puis addressant sa parole à moy, auec
tant de peine, qu'à peine pouuoit-il proferer
les mots, il me dit ainsi: Or ma belle Maistresse,
escoutez donc ce que ie veux de vous, puis que
ie ne ressens l'aigreur de la mort, que pour

vous : Ie vous coniure par mon affection, & par voſtre promeſſe, que i'emporte ce contentement hors de ce monde, que ie puiſſe dire que ie ſuis voſtre mary, & croyez ſi ie le reçois, que mon ame ira tres-contente en quelque lieu qu'il luy falle aller, ayant vn ſi grand teſmoignage de voſtre bonne volonté. Ie vous iure, belles Bergeres, que ces paroles me toucherent ſi viuement, que ie ne ſçay comme i'eus aſſez de force à me ſouſtenir, & croy, quant à moy que ce fut la ſeule volonté que i'auois de luy complaire, qui m'en donna le courage : cela fut cauſe qu'il n'euſt pas pluſtoſt finy ſa demande, que luy retendant la main, ie luy dis : Filandre, ie vous accorde ce dont vous me requerez, & vous iure deuant tous les Dieux, & particulierement deuant les diuinitez, qui ſont en ces lieux, que Diane ſe donne à vous & qu'elle vous reçoit & de cœur & d'ame pour ſon mary; & en diſant ces mots, ie le baiſay : Et moy, dit-il, ie me donne à vous, pour iamais tres-heureux & content, d'emporter ce glorieux nom de mary de Diane. Helas! ce mot de Diane fut le dernier qu'il profera : car m'ayant les bras au col, & me tirant à luy pour me baiſer, il expira, laiſſant ainſi ſon eſprit ſur mes léures. Quelle ie deuins, le voyant mort, iugez-le, belles Bergeres, puis que veritablement ie l'aimois. Ie tombay abouchée ſur luy, ſans poulx, & ſans ſentiment, & de telle ſorte eſuanoüie que ie fus emportée chez moy sans que ie reuinsse. O Dieux! que i'ay ressenty viuement cette perte, & reconnu plus que veritable ce que tant de fois il m'auoit predit, que ie l'aimerois dauātage apres sa mort, que durant sa vie. Car i'ay depuis conserué si viue sa memoire en mon ame, qu'il me semble qu'à toute heure ie l'ay deuant mes yeux, & que sans cesse il me dit, que pour n'estre ingrate, il faut que ie l'aime. Aussi fais-ie, ô belle ame! & auec la plus entiere affection qu'il se peut; & si où tu es, on a quelque connoissance de ce qui se fait ça-bas; reçoy, ô cher amy! cette volonté & ces larmes, que ie t'offre pour tesmoignage, que Diane aimera iusques au cercueil son cher Filandre.

LE SEPTIESME LIVRE DE LA PREMIERE PARTIE D'ASTREE.

ASTREE pour interrompre les tristes paroles de Diane: Mais, belle Bergere, luy dit-elle, qui estoit ce miserable qui fut cause d'vn si grand desastre? Helas, dit Diane, que voulez-vous que ie vous en die? C'estoit vn ennemy qui n'estoit au monde que pour estre cause de mes eternelles larmes. Mais encore, respondit Astrée, ne sçeut-on iamais quel homme c'estoit? On nous dit, repliqua-t'elle, quelque temps apres, qu'il venoit de certains pays barbares, outre vn détroit, ie ne sçay si ie le sçauray bien nommer, qui s'appelle les Colomnes d'Hercule, & le suiet qui le fit venir de si loing, pour mon mal-heur, estoit que deuenu amoureux en ces contrées-là, sa Dame luy auoit commandé de chercher toute l'Europe, pour sçauoir s'il y a quelque autre aussi belle qu'elle, & s'il venoit à rencontrer quelque Amant qui vouluſt maintenir la beauté de ſa Maistresse, il estoit obligé de combatre contre luy, & luy en enuoyer la teste, auec le pourtraict & le nom de la Dame. Helas, que pleust aux Dieux que i'euſſe eſté moins prompte à m'enfuyr, lors qu'il me pourſuiuoit pour me tuer, afin que par ma mort i'euſſe empeſché celle du pauure Filandre. A ces paroles elle ſe mit à pleurer, auec vne telle abondance de larmes, que Phillis pour la diuertir, changea de propos, & ſe leuant la premiere. Nous auons, dit-elle, trop demeuré longuement aſſiſes, il me ſemble qu'il feroit bon de ſe promener vn peu. A ce mot elles ſe leuerent toutes trois: & s'en allerent du coſté de leurs hameaux: car auſſi bien eſtoit-il tantoſt temps de diſner. Leonide qui eſtoit (comme ie vous ay dit) aux eſcoutes, ne perdoit pas vne ſeule parole de ces Bergeres, & plus elle oyoit de leurs nouuelles, & plus elle en eſtoit deſireuſe. Mais quand elle les vid partir ſans auoir parlé de Celadon, elle en fuſt fort faſchée? toutesfois ſous l'eſperance qu'elle euſt, que demeurant ce iour auec elles, elle en pourroit découurir quelque choſe, & auſſi que deſia elle en auoit fait le deſſein; lors qu'elle les vid vn peu eſloignées, elle ſortit de ce buiſſon; & faiſant vn peu de tour, ſe mit à les ſuiure: car elle ne vouloit pas qu'elles pensassent qu'elle les eust ouyes. De fortune Phillis se tournant du costé d'où elles venoient, l'apperçeut d'assez loing & la montra à ses compagnes, qui s'arresterent: mais voyant qu'elle venoit vers elles, pour luy rendre le deuoir que sa condition meritoit, elles retournerent en arriere, & la saluerent. Leonide toute pleine de courtoisie, apres leur auoir rendu leur salut, s'addressant à Diane, luy dit: Sage Diane, ie veux estre auiourd'huy vostre hostesse, pourueu qu'Astrée & Phillis soient de la trouppe, car ie suis partie ce matin de chez Adamas mon oncle, en dessein de passer tout ce iour auec vous, pour reconnoistre si ce que l'on m'a dit de vostre vertu Diane, de vostre beauté Astrée, de vostre merite Phillis, respond à la renommée qui est diuulguée de vous. Diane voyant que ses compagnes s'en remettoient à elle, luy respondit: Grande Nymphe, il seroit peut-estre meilleur pour nous que vous eussiez seulement nostre connoissance par le rapport de la renommée, puis qu'elle nous est tant aduentageuse: toutesfois puis qu'il vous plaist de nous faire cét honneur, nous le receurons, comme nous sommes obligées de receuoir auec reuerence les graces qu'il plaist au Ciel de nous faire. A ces dernieres paroles elles la mirent entre-elles, & la menerent au hameau de Diane, où elle fut receuë d'vn si bon visage, & auec tant de ciuilité,

Dd ij

qu'elle s'estonnoit comme il estoit possible qu'entre les bois & les pasturages, des personnes tant accomplies fussent esleuées. L'apres-disnée se passa entre-elles en plusieurs deuis & en des demandes que Leonide leur faisoit; & entre autres elle s'enqueroit qu'estoit deuenu vn Berger nommé Celadon, qui estoit fils d'Alcippe. Diane respondit, qu'il y auoit quelque temps qu'il s'estoit noyé dans Lignon. Et son frere Lycidas, dit-elle, est-il marié? Non point encor, dit Diane: & ne croy pas qu'il en ait beaucoup de haste: car le déplaisir de son frere, luy est encor trop vif en la memoire. Et par quel mal-heur, adiousta Leonide, se perdit-il? Il voulut, dit Diane, secourir cette Bergere qui y estoit tombée auant que luy: & lors elle montra Astrée.

La Nymphe, qui sans en faire semblant, prenoit garde aux actions d'Astrée, voyant qu'à cette memoire elle changeoit de visage, & que pour dissimuler cette rougeur, elle mettoit la main sur les yeux, connut bien qu'elle l'aimoit à bon escient, & pour en découurir dauantage, continua: Et n'en a t'on iamais retrouué le corps? Non, dit Diane, & seulement son chappeau fut reconnu, qui s'estoit arresté à quelques arbres que le courant de l'eau auoit deracinez. Phillis qui connut que si ce discours continuoit plus outre, il tireroit les larmes des yeux de sa compagne, qu'elle auoit desia beaucoup de peine à retenir, afin de l'interrompre : Mais, grande Nymphe, luy dit-elle, quelle bonne fortune pour nous a esté celle qui vous a conduitte en ce lieu? A mon abord, dit Leonide, ie la vous ay dite: ç'a seulement esté pour auoir le bien de vostre connoissance, pour faire amitié auec vous, desirant d'auoir le plaisir de vostre compagnie. Puis que cela est, reprit Phillis, si vous le trouuez bon, il seroit à propos de sortir comme de coustume à nos exercices accoustumez, & par ainsi vous auriez plus de connoissance de nostre façon de viure, & mesme si vous nous permettez d'vser deuant vous de la franchise de nos villages. C'est, dit Leonide, dequoy ie voulois vous requerir: car ie sçay que la contrainte n'est iamais agreable, & ie ne viens pas icy pour vous déplaire. De ceste sorte Leonide prenant Diane d'vne main & Astrée de l'autre, elles sortirent, & auec plusieurs discours paruindrent iusques à vn bois qui s'alloit estendant iusques sur le bord de Lignon, & là pour auoir plus d'humidité s'espaississoit dauantage & rendoit le lieu plus champestre. A peine furent-elles assises, qu'elles ouyrent chanter assez prés de là, & Diane fut la premiere qui en reconnut la voix, & se tournant vers Leonide: Grande Nymphe, luy dit-elle, prendrez-vous plaisir d'ouÿr discourir vn ieune

Dd iij

Berger, qui n'a rien de villageois que le nom & l'habit: car ayant tousiours esté nourry dans les grandes villes & parmy les personnes ciuilisées, il ressent moins nos bois que toute autre chose. Et qui est-il? respondit Leonide. C'est, repliqua Diane, le Berger Siluandre, qui n'est parmy nous que depuis vingt cinq ou trente Lunes. Et de quelle famille est-il? dit la Nymphe. Il seroit bien mal-aisé, adiousta Diane, de le vous pouuoir dire: car il ne sçait luy mesme qui est son pere & sa mere, & a seulement quelque legere connoissance qu'ils sont de Forets, & a cette occasion, lors qu'il a pû, il y est reuenu, auec resolution de n'en plus partir: & à la verité nostre Lignon y perdroit beaucoup s'il s'en alloit: car ie ne croy pas que de long-temps il y vienne Berger plus accomply. Vous le loüez trop, respondit la Nymphe, pour ne me donner point enuie de le voir, allons nous-en l'entretenir. S'il nous apperçoit, dit Diane, & qu'il ait opinion de ne vous estre ennuyeux, il ne faillira point de venir bien tost vers vous, & il auint comme elle disoit: car de fortune le Berger qui se promenoit, les apperceuant, tourna incontinent ses pas vers elles & les salüa: mais parce qu'il ne connoissoit point Leonide, il faisoit semblant de ne vouloir continuer son chemin, lors que Diane luy dit: Est-ce ainsi, Siluandre, que l'on vous a enseigné la ciuilité dans les villes, d'interrompre vne si bonne compagnie par vostre

LIVRE SEPTIESME. 423

venuë, & puis ne luy rien dire?

Le Berger luy respondit en sousriant: Puis que i'ay sailly en vous interrompant, moins ie continueray en cette faute, & moindre, ce me semble, sera mon erreur. Ce n'est pas, respondit Diane, ce qui vous faisoit si tost partir d'icy, mais plustost que vous n'y auez rien trouué qui merite de vous y arrester: toutesfois si vous tournez la veuë vers cette belle Nymphe, ie m'asseure que si vous auez des yeux, vous ne croirez pas d'en pouuoir trouuer dauantage ailleurs. Ce qui attire quelque chose, repliqua Siluandre, doit trouuer quelque sympathie auec elle : mais il ne vous doit point sembler estrange, n'y en ayant point entre tant de merites & mes imperfections, que ie n'aye point ressenty cét attrait que vous me reprochez.

Vostre modestie, interrompit Leonide, vous fait mettre cette dissemblance entre nous: mais la croyez-vous au corps ou en l'ame ? pour le corps vostre visage, & le reste qui se voit de vous, vous le deffend : Si c'est en l'ame, il me semble que si vous en auez vne raisonnable, elle n'est point differente des nostres. Siluandre connut bien qu'il n'auoit pas à parler auec des Bergeres, mais auec vne personne qui estoit bien plus releuée, qui luy fit resoudre de luy respondre auec des raisons plus fermes qu'il n'auoit pas accoustumé entre les Bergeres, &

Dd iiij

ainsi il luy dit: Le prix, belle Nymphe, qui est en toutes les choses de l'Vniuers, ne se doit pas prendre pour ce que nous en voyons: mais pour ce à quoy elles sont propres: Car autrement l'homme qui est le plus estimé, seroit le moindre, puis qu'il n'y a animal qui ne le surpasse en quelque chose particuliere, l'vn en force, l'autre en vistesse, l'autre en veuë, l'autre en ouye, & semblables priuileges du corps: mais quand on considere que les Dieux ont fait tous ces animaux pour seruir à l'homme, & l'homme pour seruir aux Dieux, il faut aduoüer que les Dieux l'ont iugé estre dauantage. Et par ceste raison, ie veux dire, que pour connoistre le prix de chacun, il faut regarder à quoy les Dieux s'en seruent: car il n'y a apparence qu'ils ne sçachent bien la valeur de chaque chose. Que si nous en faisons ainsi de vous & de moy, qui ne dira que les Dieux auroient vne grande mesconnoissance de nous, si estant esgaux en merite, ils se seruoient de vous pour Nymphe, & de moy pour Bergere. Leonide loüa en elle mesme beaucoup le gentil esprit du Berger, qui soustenoit si bien vne mauuaise cause, & pour luy donner suiet de continuer, elle luy dit: Quand cela seroit receuable pour mon regard: toutesfois, pourquoy est-ce que ces Bergeres ne vous eussent peu arrester, puis que selon ce que vous dites, elles doiuent auoir cette conformité auec vous?

Sage Nymphe, respondit Syluandre, la moindre cede tousiours à la plus grande partie: où vous estes, ces Bergeres en doiuent faire de mesme. Et quoy, adiousta Diane, dédaigneux Berger, nous estimez-vous si peu? Tant s'en faut, respondit Syluandre, c'est pour vous estimer beaucoup que i'en parle ainsi, car si i'auois mauuaise opinion de vous, ie ne dirois pas que vous fussiez vne partie de cette grande Nymphe, puis que par là ie ne vous rends point son inferieure, sinon qu'elle merite d'estre aimée & respectée pour sa beauté, pour ses merites, & pour sa condition: & vous pour vos beautez & merites. Vous vous loüez, Syluandre, respondit Diane, si veux-ie croire que i'en ay assez pour obtenir l'affection d'vn honneste Berger: elle parloit ainsi, parce qu'il estoit si esloigné de toute Amour, qu'entre elles il estoit nommé bien souuent l'insensible: & elle estoit bien aise de le faire parler. A quoy il respondit: Vostre creance sera telle qu'il vous plaira, si m'auoüerez-vous, que pour cét effect il vous defaut vne des principales parties. Et laquelle? dit Diane. La volonté, repliqua-t'il, car vostre volonté est si contraire à cét effect, que, dit Phillis en l'interrompant, iamais Syluandre ne le fut dauätage à l'Amour. Le Berger l'oyant parler se retira vers Astrée, disant que l'on luy faisoit supercherie, & que c'estoit l'outrager que de se mettre tant contre luy. L'outrage, dit Diane, s'adresse tout à moy, car ceste Bergere me voyant aux mains vn si fort ennemy, & faisant vn sinistre iugement de mon courage & de ma force, m'a voulu aider.

Ce n'est pas, dit-il, en cela, belle Bergere, qu'elle vous a offensée: car elle eust eu trop peu de iugement, si elle n'eust creu vostre victoire certaine, mais c'est que me voyant des-ja vaincu, elle a voulu vous en dérober l'honneur en essayant de me donner vn coup sur la fin du combat; mais ie ne sçay comme elle l'entend: car si vous ne vous en meslez plus, ie vous asseure qu'elle n'aura pas si aisément cette gloire qu'elle pense. Phillis qui de son naturel estoit gaye, & qui ce iour auoit resolu de faire passer le temps à Leonide, luy respondit, auec vn certain haussement de teste: Il est bon là, Siluandre, que vous ayez opinion que de vous vaincre soit quelque chose de desirable, ou d'honorable pour moy; moy, dis-ie, qui mettrois ceste victoire entre les moindres que i'obtins iamais. Si ne la deuez-vous pas tant mépriser, dit le Berger, quand ce ne seroit que pour estre la premiere qui m'auroit vaincu. Autant, repliqua Phillis, qu'il y a d'honneur d'estre la premiere en ce qui a du merite, autant y a-t'il de honte en ce qui est au contraire. Ah! Bergere, interrompit Diane, ne parlez point ainsi de Siluandre: car si tous les Bergers qui font moins que luy, deuoient estre méprisez, ie ne sçay qui seroit celuy de qui il faudroit faire cas. Voila, Diane, respondit Phillis, les premiers coups dont vous le surmontez, sans doute il est à vous.

C'est la coustume de ces esprits hagards & farouches, de se laisser surprendre aux premiers attraits, d'autant que n'ayant accoustumé telles faueurs, ils les reçoiuent auec tant de goust, qu'ils n'ont point de resistance contre elles. Phillis disoit ces paroles en se mocquant, si aduint-t'il toutesfois que ceste gracieuse defense de Diane fit croire au Berger qu'il estoit obligé à la seruir par les loix de la courtoisie. Et dés lors cette opinion, & les perfections de Diane eurent tant de pouuoir sur luy, qu'il conceut ce germe d'Amour, que le temps & la pratique accreurent, comme nous dirôs cy-apres. Cette dispute dura quelque temps entre ces Bergeres, auec beaucoup de contentement de Leonide, qui admiroit leur gentil esprit. Phillis en fin se tournant vers le Berger, luy dit: Mais à quoy seruent tant de paroles, s'il est vray que vous soyez tel, venons-en à la preuue, & me dittes quelle Bergere fait particulierement estat de vous? Celle, respondit le Berger, de qui vous me voyez faire estat particulierement. Vous voulez dire, adiousta Phillis, que vous n'en recherchez point, mais cela procede de faute de courage. Plustost, repliqua Siluandre, de faute de volonté, & puis continuant : Et vous qui me méprisez si fort, dittes-nous quel Berger est-ce qui vous aime si particulierement? Tous ceux qui ont de l'esprit & du courage, respondit Phillis: Car celuy qui void ce qui est aimable sans l'aimer, a faute d'esprit ou de courage.

Ceste raison, dit Syluandre, vous oblige donc à m'aimer, ou vous accuse de grands defauts: mais ne parlons point si generalement, & particularisez-nous quelqu'vn qui vous aime. Alors Phillis auec vn visage graue & seuere: Ie voudrois bien, dit-elle, qu'il y en eust d'assez temeraires pour l'entreprendre. C'est donc, adiousta Syluandre, faute de courage. Tant s'en faut, respondit Phillis, c'est faute de volonté. Et pourquoy, s'écria Syluandre, voulez-vous que l'on croye que ce soit plustost en vous faute de volonté qu'en moy? Il ne seroit pas mauuais, dit la Bergere, que les actions qui vous sont bien seantes me fussent permises: trouueriez-vous à propos que ie courusse, luitasse, ou sautasse comme vous faites? Mais c'est trop disputer sur vn mauuais sujet, il faut que Diane y mette la conclusion, & voyez si ie ne m'asseure bien fort de la iustice de ma cause, puis que ie prens vn iuge partial. Ie la seray tousiours, respondit Diane, pour la raison qui me sera connuë. Or bien, continua Phillis, quand les paroles ne peuuent verifier ce que

LIVRE SEPTIESME. 429
l'on souftient, n'eft-on pas obligé d'en venir
à la preuue? C'eft sans doute, respondit
Diane.

Condamnez donc ce Berger, reprit Phillis, à
rendre preuue du merite qu'il dit eftre en luy,
& qu'à cette occasion il entreprenne de seruir
& d'aimer vne Bergere de telle forte qu'il la
contraigne d'auoüer qu'il merite d'estre aimé;
que s'il ne le peut, qu'il confesse librement son
peu de valeur. Leonide & les Bergeres trouuerent cefte proposition fi agreable, que d'vne
commune voix il y fut condamné. Non pas,
dit Diane en souf-riant, qu'il soit contraint de
l'aimer: car en Amour la contrainte ne peut
rien, & faut que sa naiffance procede d'vne libre volonté : mais i'ordonne bien qu'il la fer-
ue & honore ainsi que vous dittes. Mon iuge,
respondit Syluandre, quoy que vous m'ayez
condamné fans m'ouyr, si ne veux-ie point
appeller de voftre fentence : mais ie requers
feulement, que celle qu'il me faudra feruir,
merite, & sçache reconnoistre mon seruice.
Syluandre, Syluandre, dit Phillis, parce que le
courage vous defaut, vous cherchez des écha-
patoires, mais fi vous en ofteray-ie bien tous
les moyens, par celle que ie vous proposeray:
car c'eft Diane, puis qu'il ne luy defaut, ny
efprit pour recognoistre voftre merite, ny merites pour vous donner volonté de la seruir.
Quant à moy, respondit Siluandre, i'y en

reconnois plus que vous ne sçauriez dire, pourueu que ce ne soit point profaner ces beautez de les seruir par gageure. Diane nous vouloit respondre, & se fust excusée de cette coruée, mais à la requeste de Leonide & d'Astrée, elle y consentit, auec condition toutesfois que cét essay ne dureroit que trois Lunes.

Cette recherche estant doncques ainsi arrestée, Siluandre se iettant à genoux baisa la main à sa nouuelle Maistresse, comme pour faire le serment de fidelité : & puis se releuant: A cette heure, dit-il, que i'ay receu vostre ordonnance, ne me permettez-vous pas, belle Maistresse, de vous proposer vn tort qui m'a esté fait ? Et Diane luy respondit qu'il en auoit toute liberté. Il reprit ainsi : Pour auoir parlé trop auantageusement de mes merites, contre vne personne qui me méprisoit, i'ay iustement esté condamné à en faire la preuue, pourquoy ceste glorieuse de Phillis, qui a beaucoup plus de vanité que moy, & qui mesme est cause de toute cette dispute, ne sera-t'elle condamnée à en rendre vn semblable tesmoignage ? Astrée, sans attendre ce que respondroit Diane, dit, qu'elle tenoit cette requeste pour si iuste, qu'elle s'asseuroit qu'elle luy seroit accordée, & Diane en ayant demandé l'aduis de la Nymphe, & voyant qu'elle estoit de mesme opinion, condamna la Bergere ainsi qu'il l'auoit requis. Ie n'attendois pas, dit Phillis, vne sentence plus fauorable ayant telles parties, mais bien, que faut-il que ie fasse? Que vous acqueriez, dit Siluandre, les bonnes graces de quelque Bergere. Cela, dit Diane, n'est pas raisonnable. Car iamais la raison ne contrarie au deuoir: mais i'ordonne qu'elle serue vne Bergere, & que tout ainsi que vous, elle soit obligée de s'en faire aimer, & que celuy de vous deux qui sera moins aimable, au gré de celles que vous seruirez, soit contraint de ceder à l'autre. Ie veux dõc, dit Phillis, seruir Astrée. Ma sœur, respondit-elle, il me semble que vous cherchez œuure faicte, mais il faut que ce soit cette belle Diane, non seulement pour les deux raisons que vous auez alleguée à Siluanpre, qui sont ses merites & son esprit: mais outre cela, parce qu'elle pourra plus equitablement iuger du seruice de l'vn & de l'autre, si c'est à elle seule que vous vous adressiez. Cette ordonnance sembla si equitable à chacun qu'ils l'obseruerent apres auoir tiré serment de Diane, que sans égard d'autre chose que de la verité, les trois mois estans finis, elle en feroit le iugement. Il y auoit du plaisir à voir cette nouuelle sorte d'Amour: car Phillis faisoit fort bien le seruiteur, & Siluandre en feignant le deuint à bon escient, ainsi que nous dirons cy-apres: Diane d'autre costé sçauoit si bien faire la Maistresse, qu'il n'y eust eu personne qui n'eust creu que c'estoit sans feinte. Lors qu'ils estoient sur ce discours, & que Leonide en ellemesme iugeoit ceste vie pour la plus heureuse de toutes, ils virent venir du costé du pré deux Bergeres, & trois Bergers, qui à leurs habits montroient estre estrangers, & lors qu'ils furent vn peu plus pres, Leonide qui estoit curieuse de connoistre les Bergers & Bergeres de Lignon par leur nom, demanda qui estoient ceux-cy. A quoy Phillis respondit, qu'ils estoient estrangers, & qu'il y auoit quelques mois qu'ils estoient venus de compagnie, que quant à elle, elle n'en auoit autre connoissance. Alors Siluandre adiousta qu'elle perdoit beaucoup de ne les connoistre pas plus particulierement, car entr'autres il y en auoit vn nommé Hylas, de la plus agreable humeur qu'il se peut dire, d'autant qu'il aime, disoit-il, tout ce qu'il void, mais il a cela de bon, que qui luy fait le mal, luy donne le remede; parce que si sa constance le fait aimer, son inconstance aussi le fait bien tost oublier, & il a de si extrauagantes raisons pour prouuer son humeur estre la meilleure, qu'il est impossible de l'ouyr sans rire. Vrayement, dit Leonide, sa compagnie doit estre agreable, & faut que nous le mettions en discours aussi tost qu'il sera icy.

Ce sera, respondit Siluandre, sans beaucoup de peine: car il veut tousiours parler: mais s'il est de cette humeur, il y en a vn autre auec luy, qui

qui en a bien vne toute contraire; parce qu'il ne fait que regretter vne Bergere morte qu'il a aimée. Celuy-la eſt homme raſſis, & montre d'auoir du iugement, mais il eſt ſi triſte, qu'il ne ſort iamais propos de ſa bouche, qui ne tienne de la melancolie de ſon ame. Et qu'eſt-ce, repliqua Leonide, qui les arreſte en cette contrée? Sans mentir, dit-il, belle Nymphe, ie n'ay pas encor eu cette curioſité mais ſi vous voulez ie le leur demanderay: car il me ſemble qu'ils viennent icy. A ce mot ils furent ſi pres, qu'ils ouyrent que Hylas venoit chantant tels vers:

VILLANELLE DE HYLAS
ſur ſon inconſtance.

La belle qui m'arreſtera,
Beaucoup plus d'honneur en aura.

I.

I'AYME à changer, c'eſt ma franchiſe,
Et mon humeur m'y va portant:
Mais quoy, ſi ie ſuis inconſtant,
Faut-il pourtant qu'on me mépriſe?
 Tant s'en faut, qui m'arreſtera
 Beaucoup plus d'honneur en aura.

E e

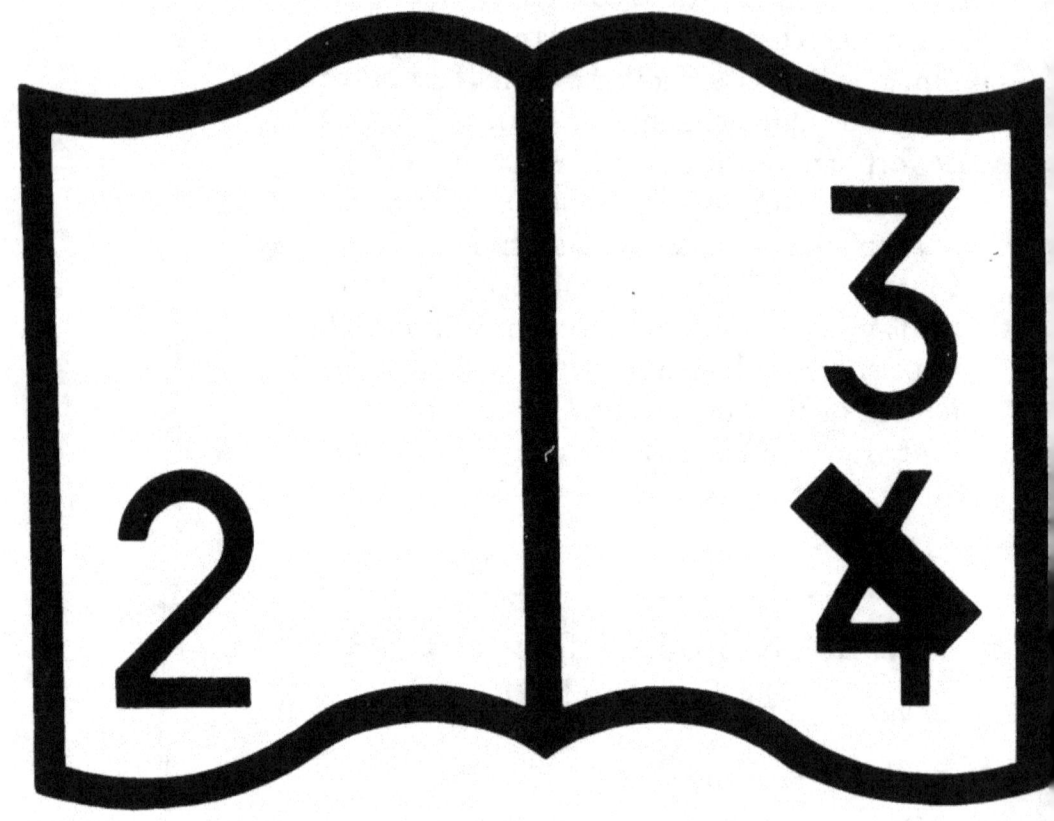

Pagination incorrecte — date incorrecte

NF Z 43-120-12

II.

Faire aymer vne ame barbare,
C'est signe de grande beauté;
Et rendre mon cœur arresté,
C'est vn effect encor plus rare:
  Si bien que qui m'arrestera
  Beaucoup plus d'honneur en aura.

III.

Arrester vn fais immobile,
Qui ne le peut faire aysément?
Mais arrester vn mouuement,
C'est chose bien plus difficile:
  C'est pourquoy qui m'arrestera
  Beaucoup plus d'honneur en aura.

IIII.

Et pourquoy trouuez-vous estrange
Que ie change pour auoir mieux?
Il faudroit bien estre sans yeux,
Qui ne voudroit ainsi le change:
  Mais celle qui m'arrestera
  Beaucoup plus d'honneur en aura.

V.

On dira bien que cette belle,
Qui rendra mon cœur arresté,
Surpassera toute beauté,
Me rendant constant & fidelle.
  Par ainsi qui m'arrestera
  Beaucoup plus d'honneur en aura.

VI.

Venez doncques, cheres Maiſtreſſes,
Qui de beauté voulez le prix,
Arreſter mes legers eſprits,
Par des faueurs & des careſſes:
Car celle qui m'arreſtera
Beaucoup plus d'honneur en aura.

Leonide en ſouſ-riant contre Siluandre, luy dit que ce Berger n'eſtoit pas de ces trompeurs qui diſſimulent leurs imperfections, puis qu'il les alloit chantant: C'eſt parce, reſpondit Siluandre, qu'il ne croit pas que ce ſoit vice, & qu'il en fait gloire. A ce mot ils arriuerent ſi pres, que pour leur rendre leur ſalut la Nymphe & le Berger furent contraints d'interrompre leurs propos, & parce que Siluandre auoit bône memoire de ce que la Nymphe luy auoit demandé de l'eſtat de ces Bergers, auſſi toſt que les premieres paroles de la ciuilité furent paracheuées: Mais Tircis, dit Siluandre, car tel eſtoit le nom du Berger, ſi ce ne vous eſt importunité, dittes-nous le ſujet qui vous a fait venir en ceſte contrée de Foreſts, & qui vous y retient. Tircis alors mettant le genoüil en terre, & leuant les yeux & les mains en haut: O bonté infinie! dit-il, qui par ta preuoyance gouuernes tout l'vniuers, ſois-tu loüée à iamais de celle qu'il t'a pleu auoir de moy, & puis ſe releuant, auec beaucoup d'eſtonnement

Ee ij

de la Nymphe, & de cette trouppe, il respondit à Siluandre : Gentil Berger, vous me demandez que c'est qui m'ameine & me retient en cette contrée ? sçachez que ce n'est autre que vous, & que c'est vous seul que i'ay si longuement cherché. Moy, respondit Siluandre, & comment peut-il estre, puis que ie n'ay point de connoissance de vous ? C'est en partie, respondit-il, pour cela que ie vous cherche. Et s'il est ainsi, repliqua Siluandre, il y a des-ja long-temps que vous estes parmy nous, que veut dire que vous ne m'en auez parlé ? Parce, respondit Tircis, que ie ne vous connoissois pas, & pour satisfaire à la demande que vous m'auez faicte, parce que le discours est long, s'il vous plaist ie le vous raconteray quand vous aurez repris vos places sous ces arbres comme vous estiez quand nous sommes arriuez. Siluandre alors se tournant vers Diane : Ma Maistresse, dit-il, vous plaist-il de vous r'asseoir ? C'est Leonide, respondit Diane, à qui vous le deuiez auoir demãdé. Ie sçay bien, respondit le Berger, que la ciuilité me le commandoit ainsi, mais Amour me l'a ordonné d'autre sorte. Leonide prenant Diane & Astrée par la main s'assit au milieu, disant que Siluandre auoit eu raison, parce que l'Amour qui a autre cõsideration que de soy-mesme, n'est pas vraye Amour, & apres elles les autres Bergeres & Bergers s'assirent en rond : & lors Tircis se tournant vers la Bergere qui estoit auec luy : Voicy le iour heureux, dit-il, Laonice, que nous auons tant desiré, & que depuis que nous sommes entrez en cette contrée, nous auons attendu auec tant d'impatience : il ne tiendra plus qu'à vous que nous ne sortions de cette peine, ainsi qu'a ordonné l'Oracle. Alors la Bergere, sans luy faire autre responsé, s'adressa à Siluandre, & luy parla de ceste sorte :

HISTOIRE DE TIRCIS ET DE LAONICE.

DE toutes les amitiez il n'y en a point, à ce que i'ay ouy dire, qui puissent estre plus affectionnées que celles qui naissent auec l'enfance, parce que la coustume que ce ieune aage prend, va peu à peu se changeant en nature : de laquelle s'il est mal-aisé de se dépoüiller, ceux le sçauent qui luy veulent contrarier. Ie dis cecy pour me seruir en quelque sorte d'excuse, lors, gentil Berger, que vous me verrez contrainte de vous dire que i'aime Tircis : car cette affection fut presque succée auec le laict, & ainsi mon ame s'esleuant auec telle nourriture, receut en elle-mesme comme propres, les accidens de ceste passion, & sembloit que toute chose à ma naissance s'y accordast, car nos demeures voisines, l'amitié qui estoit

Ee iij

entre nos peres, nos aages qui estoient fort égaux, & la gentillesse de l'enfance de Tircis, ne m'en donnoit que trop de commodité; mais le mal-heur voulust que presque en mesme temps nasquit Cleon dans nostre hameau, auec, peut-estre, plus de graces que moy, mais sans doute auec beaucoup plus de bonne fortune : car dés lors que cette fille commença d'ouurir les yeux, il sembla que Tircis en receut au cœur des flammes, puis que dans le berceau mesme il se plaisoit à la considerer. En ce temps-là ie pouuois auoir six ans, & luy dix, & voyez comme le Ciel dispose de nous sans nostre consentement. Dés l'heure que ie le vis, ie l'aimay, & dés l'heure qu'il vid Cleon, il l'aima: & quoy que ce fussent amitiez telles que l'aage pouuoit supporter, toutesfois elles n'estoient pas si petites, que l'on ne reconnut fort bien cette difference entre nous: puis venant à croistre, nostre amitié aussi creut à telle hauteur, que peut-estre, n'y en a-t'il iamais eu qui l'ait surpassée. En cette ieunesse vous pouuez croire que i'y allois sans prendre garde à ses actions; mais venant vn peu plus auant en aage, ie remarquay en elle tant de defaut de bonne volonté, que ie me resolus de m'en diuertir : resolution que plusieurs dépitez conçoiuent, mais point de vrais Amans ne peuuent executer, comme i'espreuuay long-temps apres: Toutesfois mon courage offensé

LIVRE SEPTIESME. 459

eut bien assez de pouuoir pour me faire dissimuler, & si ie ne pouuois en verité m'en retirer entierement, essayer pour le moins de prendre quelque espéce de congé. Ce qui m'en ostoit plus les moyens estoit, que ie ne voyois point que Tircis affectionnast autre Bergere: car tout ce qu'il faisoit auec Cleon, ne pouuoit donner soupçon, que ce ne fust enfance, puis que pour lors elle ne pouuoit auoir plus de neuf ans, & quand elle commença à croistre, & qu'elle pûst ressentir les traits d'Amour, elle se retira de sorte de luy, qu'il sembloit que cét esloignement estoit capable de la garantir de tant de blessures: Mais Amour plus fin qu'elle, sçeut en telle sorte approcher de son ame les merites, l'affection, & les seruices de Tircis, qu'en fin elle se trouua au milieu, & tellement entournée de toutes parts, que si de l'vne elle euitoit d'estre blessée, la playe qu'elle receuoit de l'autre, en estoit plus grande & plus profonde. Si bien qu'elle ne pûst recourre à nul meilleur remede qu'à la dissimulation, non pas pour ne receuoir les coups, mais seulement pour empescher que son ennemy ny autre les apperceut. Elle pûst bien toutesfois vser de cette feinte quand elle ne commença que d'auoir la peau égratignée : mais quand la blessure fut grande, il fallut se rendre, & s'auoüer vaincuë. Ainsi voila Tircis aimé de sa Cleon, le voila qui ioüyt de toutes

E e iiij

les honnestes douceurs d'vne amitié, quoy que du commencement il ne sçeust presque quel estoit son mal, ainsi que ces vers le tesmoignent, qu'il fit en ce temps-là.

SONNET.

MOn-Dieu, quel est le mal dont ie suis tourmenté?
Depuis que ie la vis, cette Cleon si belle,
I'ay senty dans le cœur vne douleur nouuelle,
Encores que son œil me l'ait soudain osté.

Depuis d'vn chaud desir ie me sens agité,
Si toutesfois desir tel monuement s'appelle,
De qui le iugement tellement s'ensorcelle,
Qu'il ioint à son dessein ma propre volonté.

De ce commencement mon mal a pris naissance,
Car depuis le desir accreut sa violence,
Et soudain ie perdis & repos & repas.

Au lieu de ce repos nasquit l'inquietude
Qui serue du desir battit ma seruitude:
C'est le mal que ie sens & que ie n'entens pas.

Depuis que Tircis eut reconnu la bonne volonté de l'heureuse Cleon, il la receut auec tant de contentement, que son cœur n'estant capable de la celer, fut contraint d'en faire part à ses yeux, qui soudain, Dieu sçait combien changez de ce qu'ils souloient estre, ne donnerent que trop de connoissance de leur ioye. La discretion de Cleon estoit bien telle, qu'elle ne donna aucun aduantage à Tircis sur son deuoir : si est-ce que ialouse de son honneur, elle le pria de feindre de m'aimer, afin que ceux qui remarqueroient ses actions s'arrestans à celles-cy toutes euidentes, n'allassent point recherchans celles qu'elle vouloit cacher. Elle fit eslection de moy plustost que de toute autre, s'estant apperceuë dés long-temps que ie l'aimois, sçachant combien il est mal-aisé d'estre aimée sans aimer, elle pensa que facillement chacun croiroit cette amitié, n'y en ayant gueres parmy nous, qui ne se fussent apperceuës de la bonne volonté que ie luy portois. Luy qui n'auoit dessein que celuy que Cleon approuuoit, tascha incontinent d'effectuer ce qu'elle luy auoit commandé. Dieux! quand il me souuient des douces paroles dont il vsoit enuers moy, ie ne puis, encores que mensongeres, m'empescher de les cherir, & de remercier Amour des heureux moments dont il m'a fait iouïr en ce temps-là, & souhaitter que ne pouuant estre plus heureuse, ie fusse pour le moins tousiours ainsi trompée : & certes Tircis n'eust pas beaucoup de peine à me persuader qu'il m'aimoit : Car outre que chacun croit facillement ce qu'il desire, encores me sembloit-il que cela estoit faisable, puis que ie ne me iugeois point tant desagreable, qu'vne si longue pratique que la nostre n'eust pû gagner quelque chose sur luy, & mesme auec le soin que i'auois eu de luy plaire: dequoy cette glorieuse de Cleon passoit bien souuent le temps auec luy: mais si Amour eust esté iuste, il deuoit faire tomber la mocquerie sur elle mesme, permettant que Tircis vint à m'aimer sans feinte : toutesfois il n'aduint pas comme cela, au contraire cette dissimulation luy estoit tant insupportable qu'il ne la pouuoit continuer, & n'eust esté que l'Amour ferme les yeux à ceux qui aiment, il n'eust pas esté possible que ie ne m'en fusse apperceuë, aussi bien que la plusparr de ceux qui nous voyoient ensemble, ausquels comme à mes ennemis plus declarez, ie n'adioustois point de foy : & parce que Cleon & moy estions fort familieres, cette fine Bergere eust peur que le temps, & la veuë que i'en auois, ne m'ostassent de l'erreur où i'estois: mais, gentil Berger, il eust fallu que i'eusse esté aussi aduisée qu'elle, toutesfois pour se mieux cacher encore, elle inuenta vne ruse, qui ne fut pas mauuaise. Son dessein, comme ie vous ay dit, estoit de cacher l'amitié que Tircis luy portoit, par celle qu'il me faisoit paroistre: & il aduint comme elle le proposa: car on commença d'en parler assez haut, & à mon desaduantage, & encor que ce ne fussent que ceux qui ne pren-

LIVRE SEPTIESME. 443

nent garde qu'aux apparences, ſi eſt-ce que ce nombre eſtant plus grand que l'autre, le bruit en courut incontinent, & le ſoupçon qu'on auoit auparauant de celles de Cleon, s'amortit tout à fait, ſi bien que ie pouuois dire qu'elle aimoit à mes deſpens : mais elle qui craignoit, ainſi que ie vous ay dit, que ie ne vinſſe à deſcouurir cét artifice, voulut le cacher ſous vn autre, & conſeilla Tircis de me faire entendre que chacun commençoit de reconnoiſtre noſtre amitié, & d'en faire des iugemens aſſez mauuais, qu'il eſtoit neceſſaire de faire ceſſer ce bruit par la prudence, & qu'il falloit qu'il fiſt ſemblant d'aimer Cleon, afin que par ce diuertiſſement ceux qui en parloient mal, ſe teuſſent. Et vous direz, luy diſoit-elle, que vous m'eſliſez pluſtoſt qu'vn autre, pour la commodité que vous aurez d'eſtre pres d'elle, & de luy parler. Moy qui eſtois toute bonne & ſans fineſſe, ie treuuay ce conſeil tres-bon ; ſi bien qu'auec ma permiſſion, depuis ce iour, quand nous nous trouuions tous trois enſemble, il ne faiſoit point de difficulté d'entretenir ſa Cleon, comme il auoit accouſtumé. Et certes il y auoit bien du plaiſir pour eux, & pour tout autre qui euſt ſçeu cette diſſimulation : car voyant la recherche qu'il faiſoit de Cleon, ie penſois qu'il ſe mocquaſt, & à peine me pouuoy-ie empeſcher d'en rire : d'au-

Pagination incorrecte — date incorrecte

NF Z 43-120-12

tre costé Cleon prenant garde à mes façons, &
sçachant la tromperie en quoy ie la pensois
estre, auoit vne peine extréme de n'en faire
point de semblant. Mesme que ce trompeur
luy faisoit quelquesfois des clins d'œil, qu'elle
ne pouuoit dissimuler, sinon trouuant excuse
de rire de quelque autre suiet, qui bien souuent estoit si hors de propos que i'en accusois
l'Amour qu'elle portoit au Berger, & le contentement que cette tromperie luy rapportoit:
& voyez si i'estois bonne, en mon ame qui
ressentois par pitié le desplaisir qu'elle receuoit,
quand elle sçauroit la verité : mais depuis ie
trouuay que ie me plaignois en sa personne :
toutesfois ie m'excuse, car qui n'y eust esté
deceuë, puis que l'Amour aussi tost qu'il se
saisit entierement d'vne ame, la despoüille
incontinent de toute deffiance enuers la personne aimée ? & ce dissimulé Berger ioüoit
de telle sorte son personnage, que si i'eusse
esté en la place de Cleon, i'eusse peut-estre
douté que sa feintise n'eust esté veritable.
Estant quelquesfois au milieu de nous deux,
s'il se relaschoit à faire trop de demonstration
de son amitié à Cleon, aussi tost il se tournoit
vers moy, & me demandoit à l'oreille s'il ne
faisoit pas bien : mais sa plus grande finesse
ne s'arresta pas à si peu de chose, oyez ie vous
supplie iusques où elle passa. En particulier il
parloit à Cleon plus souuent qu'à moy, luy

baisoit la main, demeuroit vne & deux heures à genoux deuant elle, & ne se cachoit point de moy, pour les causes que ie vous ay dites: mais en general iamais il ne bougeoit d'aupres de moy, me recherchoit auec tant de dissimulation, que la pluspart continuoit l'opinion que l'on auoit euë de nos Amours; ce qu'il faisoit à dessein, voulant que seule ie visse la recherche qu'il luy faisoit, parce qu'il sçauoit bien que ie ne la croirois pas, mais ne vouloit en sorte que ce fust, que ceux qui la pourroient penser veritable, en eussent tant soit peu de connoissance. Et quand ie luy disois, que nous ne pouuions oster l'opinion aux personnes de nostre amitié, & que nul ne pouuoit croire à ce que l'on m'en disoit qu'il aimast Cleon. Et comment, me respondit-il, voulez vous qu'ils croyent vne chose qui n'est pas? Tant y a que nostre finesse en dépit des plus mal-pensans, sera creuë du general: mais luy qui estoit fort aduisé, voyant qu'il se presentoit occasion de passer encor plus outre, me dit, que sur tout il falloit tromper Cleon, & que celle-là estant bien deceuë, c'estoit auoir presque paracheué nostre dessein: Qu'à cette occasion il falloit que ie luy parlasse pour luy, & que ie fusse comme confidente. Elle, me disoit-il, qui a desia cette opinion, receura de bon cœur les messages que vous luy ferez, & ainsi nous viurons en asseurance! O quelle miserable fortune nous courons bien souuent! quant à moy ie pensois que si quelquesfois Cleon auoit creu que i'eusse aimé ce Berger, ie luy en ferois perdre l'opinion en la priant de l'aimer, & comme confidente luy parlant pour luy: mais Cleon ayant sçeu les discours que i'auois tenus au Berger, & voyant la contrainte auec quoy elle viuoit, iugea que par mon moyen elle en pourroit auoir des messages, & mesmes des lettres. Cela fut cause qu'elle receut fort bien la proposition que ie luy en fis, & que depuis ce temps elle traita auec luy, comme auec celuy qui l'aimoit, & moy ie ne seruois qu'à porter les billets de l'vn à l'autre. O Amour, quel mestier est celuy que tu me fis faire alors! Ie m'en plains toutesfois, puis que i'ay ouy dire, que ie n'ay pas esté la premiere qui a faict semblables offices pour autruy, les pensant faire pour soy-mesme. En ce temps, parce que les Francs, les Romains, les Gots, & les Bourguignons, se faisoient vne tres-cruelle guerre, nous fusmes contraints de nous retirer en la ville, qui porte le nom du Pasteur iuge des trois Deesses: car nos demeures n'estoient point trop esloignées de là, le long des bords du grand fleuue de Seine. Et d'autant qu'à cause du grand abord des gens, qui de tous costez s'y venoient retirer, & qui ne pouuoient auoir les commoditez telles qu'ils auoient accoustumez aux champs, les maladies contagieuses commencerent de prendre vn si grand cours par toute la ville, que mesmes les plus grands ne s'en pouuoient deffendre : Il aduint que la mere de Cleon en fut atteinte. Et quoy que ce mal soit si espouuentable, qu'il n'y a le plus souuent ny parentage, ny obligation d'amitié qui puisse retenir les sains aupres de ceux qui en sont touchez, si est-ce que le bon naturel de Cleon eust tant de pouuoir sur elle, qu'elle ne voulut iamais esloigner sa mere, quelque remonstrance qu'elle luy fist ; au contraire lors qu'aucuns de ses plus familiers l'en voulurent retirer, luy representant le danger où elle se mettoit, & que c'estoit offenser les Dieux que de les tenter de cette sorte : Si vous m'aimez, leur disoit-elle, ne me tenez iamais ce discours; car ne dois-ie pas la vie à celle qui me l'a donnée, & les Dieux peuuent-ils estre offensez que ie serue celle qui m'a appris à les adorer ? En cette resolution elle ne voulut iamais abandonner sa mere, & s'enfermant auec elle, la seruit tousiours aussi franchement que si ce ne n'eust point esté vne maladie contagieuse. Tircis estoit tout le iour à leur porte, bruslant de desir d'entrer dans leur logis, mais la deffense de Cleon l'en empeschoit, qui ne luy voulut permettre, de peur que les mal pensans ne iugeassent cette assistance au desauantage de sa pudicité. Luy qui ne

vouloit luy deplaire, n'y osant entrer, leur faisoit apporter tout ce qui estoit necessaire, auec vn soing si grand, qu'elles n'eurent iamais faute de rien. Toutesfois ainsi le voulut le Ciel, cette heureuse Cleon ne laissa d'estre atteinte du mal de sa mere, quelques preseruatifs que Tircis luy peust apporter. Quand ce Berger le sçeut, il ne fut plus possible de le retenir qu'il n'entrast dans leur logis, luy semblant qu'il n'estoit plus saison de feindre, ny de redouter les morsures du medisant. Il met donc ordre à toutes ses affaires, dispose de son bien, & declare sa derniere volonté, puis ayant laissé charge à quelques vns de ses amis de le secourir, il se renferme auec la mere & la fille, resolu de courre la mesme fortune que Cleon. Il ne sert de rien que d'alonger ce discours, de vous redire quels furent les bons offices, quels les seruices qu'il rendit à la mere pour la consideration de la fille: car il ne s'en peut imaginer dauantage, que ceux que son affection luy faisoit produire. Mais quand il la vid morte, & qu'il ne luy restoit plus que sa Maistresse de qui le mal encores alloit empirant, ie ne crois pas que ce pauure Berger reposast vn moment. Continuellement il la tenoit en ses bras, ou bien il luy pensoit son mal: elle d'autre costé qui l'auoit tousiours tant aimé, reconnoissoit tant d'Amour en cette derniere action, que la sienne estoit de beaucoup augmentée, de sorte qu'vn
de

de ses plus grands ennuis, estoit le danger en quoy elle le voyoit à son occasion. Luy au contraire auoit tant de satisfaction, que la fortune, encores qu'ennemye, luy eust offert ce moyen de luy tesmoigner sa bonne volonté, qu'il ne pouuoit luy rendre assez de remerciement. Il aduint que le mal de la Bergere estant en estat d'estre percé, il n'y eust point de Chirurgien qui voulust pour la crainte du danger, se hazarder de la toucher. Tircis, à qui l'affection ne faisoit rien trouuer de difficile, s'estant fait apprendre comme il falloit faire, prit la lancette, & luy leuant le bras la luy perça, & la pensa sans crainte. Bref, gentil Berger, toutes les choses plus dangereuses & plus mal-aisées luy estoient douces & trop faciles: si est-ce que le mal augmentant d'heure à autre reduisit enfin cette tant aimée Cleon en tel estat, qu'il ne luy resta plus que la force de luy dire ces paroles: Ie suis bien marrie, Tircis, que les Dieux n'ayent voulu estendre dauantage le filet de ma vie, non point que i'aye volonté de viure plus long-temps: car ce desir ne me le fera iamais souhaitter, ayant trop esprouué quelles sont les incommoditez qui suiuent les humains: mais seulement pour en quelque sorte ne mourir point tant vostre obligée, & en auoir le loisir de vous rendre tesmoignage, que ie ne suis point atteinte ny d'ingratitude, ny de mescognoissance. Il est

Ff

vray que quand ie confidere quelles font les obligations que ie vous ay, ie iuge bien que le Ciel eft tres-iufte de m'ofter de ce monde, puis qu'auffi bien quand i'y viurois autant de fiecles que i'ay de iours, ie ne fçaurois fatisfaire à la moindre du nombre infiny que voftre affection m'a produite. Receuez donc pour tout ce que ie vous dois, non pas vn bien efgal, mais ouy bien tout celuy que ie puis, qui eft vn ferment que ie vous fay, que la mort ne m'effacera iamais la memoire de voftre amitié, ny le defir que i'ay de vous en rendre toute la reconnoiffance, qu'vne perfonne qui aime bien, peut donner a celle à qui elle eft obligée. Ces mots furent proferez auec beaucoup de peine: mais l'amitié qu'elle portoit au Berger, luy donna la force de les pouuoir dire, aufquels Tircis refpondit: Ma belle Maiftreffe, mal-aifément pourrois-ie croire de vous auoir obligée, ny de le pouuoir iamais faire, puis que ce que i'ay fait iufques icy, ne m'a pas encores fatisfait. Et quand vous me dites que vous m'auez de l'obligation, ie voy bien que vous ne connoiffez la grandeur de l'Amour de Tircis, autrement vous ne penferiez pas, que fi peu de chofe fuft capable de payer le tribut d'vn fi grand deuoir. Croyez, belle Cleon, que la faueur que vous m'auez faite d'auoir eu agreables les feruices que vous dites que ie vous ay rendus, me charge d'vn grand faix, que mille vies & mille semblables occasions, ne sçauroient m'en descharger. Le Ciel, qui ne m'a fait naistre que pour vous, m'accuseroit de méconnoissance si ie ne viuois à vous,& si i'auois quelque dessein d'employer vn seul moment de cette vie, ailleurs qu'à vostre seruice. Il vouloit continuer lors que la Bergere atteinte de trop de mal, l'interrompit. Cesse, amy, & me laisse parler, afin que le peu de vie qui me reste, soit employé à t'asseurer que tu ne sçaurois estre aimé dauantage, que tu l'es de moy, qui me sentant pressée de partir, te dis l'eternel adieu, & te supplie de trois choses : d'aimer tousiours ta Cleon, de me faire enterrer pres des os de ma mere, & d'ordonner que quand tu payeras le deuoir de l'humanité, ton corps soit mis aupres du mien, afin que ie meure auec ce contentement, que ne t'ayant pû estre vnie en la vie, ie le sois pour le moins en la mort. Il luy respondit : Les Dieux seroient iniustes, si ayant donné commencement à vne si belle amitié que la nostre, ils la separoient si promptement : l'espere qu'ils vous conserueront, ou que pour le moins ils me prendront auant que vous, s'ils ont quelque compassion d'vn affligé : mais s'ils ne veulent, ie les requers seulement de me donner assez de vie pour satisfaire aux commandemens que vous me faites, & puis me permettre de vous suiure, que

Ff ij

s'ils ne tranchent ma fusée, & que la main me demeure libre, soyez certaine, ô ma belle Maistresse, que vous ne serez pas longuement sans moy. Amy, luy respondit-elle, ie t'ordonne outre cela de viure autant que les Dieux le voudront: car en la longueur de ta vie, ils se montreront enuers nous tres-pitoyables, puis que par ce moyen, cependant que ie raconteray aux champs Elysiens nostre parfaite amitié, tu la publieras aux viuans: & ainsi les morts & les hommes honoreront nostre memoire. Mais amy, ie sens que le mal me contraint de te laisser: Adieu le plus aimable & le plus aimé d'entre les hommes. A ces derniers mots elle mourut, demeurant la teste appuyée sur le sein de son Berger. De redire icy le déplaisir qu'il en eust, & les regrets qu'il en fist, ce ne seroit que remettre le fer plus auant en sa playe: outre que ses blessures sont encores si ouuertes, que chacun en les voyant, pourra iuger quels en ont esté les coups. O mort, s'escria Tircis, qui m'as desrobé le meilleur de moy: ou rends moy ce que tu m'as osté, ou emporte le reste. Et lors pour donner lieu aux larmes & aux sanglots, que ce ressouuenir luy arrachoit du cœur, il se teut pour quelque temps: quand Siluandre luy representa qu'il deuoit s'y resoudre, puis qu'il n'y auoit point de remede, & qu'aux choses aduenuës, & qui ne pouuoient plus estre, les plaintes n'estoient que tesmoignages de foiblesse. Tant s'en fait, dit Tircis, c'est en quoy ie trouue plus d'occasion de plainte: car s'il y auoit quelque remede, le plaindre ne seroit pas d'homme aduisé ny de courage. Mais il doit bien estre permis de plaindre ce à quoy on ne peut trouuer aucun autre allegement. Lors Laonice reprenant la parole, continua de cette sorte: Enfin cette heureuse Bergere estant morte, & Tircis luy ayant rendu les derniers offices d'amitié, il ordonna qu'elle fust enterrée auprés de sa mere: mais la nonchallance de ceux à qui il donna cette charge, fut telle, qu'ils la mirent ailleurs: car quant à luy, il estoit tellement affligé, qu'il ne bougeoit de dessus vn lict, sans que rien luy conseruast la vie, que le commandement qu'elle luy en auoit fait. Quelques iours apres, s'enquerant de ceux qui le venoient voir, en quel lieu ce corps tant aimé auoit esté mis, il sçeut qu'il n'estoit point auec celuy de la mere, dont il receut tant de deplaisir, que conuenant d'vne grande somme auec ceux qui auoient acoustumé de les enterrer, ils luy promirent de l'oster de là où il estoit, & le remettre auec sa mere. Et de fait ils s'y en allerent, & ayant découuert la terre, ils le prindrent entre trois ou quatre qu'ils estoient: mais l'ayant porté quelque pas, l'infection en estoit si grande qu'ils furent contraints de le laisser à my chemin, resolus de mourir plustost que

Ff iij

de le le porter plus outre ; dont Tircis aduerty, apres leur auoir fait de plus grandes offres encores, & voyant qu'ils n'y vouloient point entendre : Et quoy, dit-il tout haut, as-tu donc esperé que l'affection du gain pûst dauantage en eux, que la tienne en toy ? Ah, Tircis ! c'est trop offenser la grandeur de ton amitié. Il dit, & comme transporté s'encourut sur le lieu où estoit le corps, & quoy qu'il eust demeuré trois iours enterré, & que la puanteur en fust extréme, si le print-il entre ses bras, & l'emporta iusques en la tombe de la mere, qui auoit desia esté couuerte. Et apres vn si bel acte, & vn si grand tesmoignage de son affection, se retirant hors la ville, il demeura quarente nuits separé de chacun. Or toutes ces choses me furent inconnuës : car vne de mes tantes ayant esté malade d'vn semblable mal, presque en mesme temps, nous n'auions point de frequentation auec personne, & le iour mesme qu'il reuint, i'estois aussi reuenuë, & ayant seulement entendu la mort de Cleon, ie m'en allay chez luy pour en sçauoir les particularitez : mais arriuant à la porte de sa chambre, ie mis l'œil à l'ouuerture de la serrure, parce qu'en m'en approchant, il me sembla de l'auoir ouy souspirer, & ie n'estois point trompée : car ie le vis sur le lict, les yeux tournez contre le Ciel, les mains iointes, & le visage tout couuert de larmes. Si ie fus estonnée, gentil Berger,

LIVRE SEPTIESME.

iugez-le: car ie ne penfois point qu'il l'ai maſt, & venois en partie pour me reſiouïr auec luy. Enfin apres l'auoir confideré quelque temps, auec vn fouſpir qui fembloit luy mepartir l'eſtomach, ie luy ouys proferer telles paroles:

STANCES

Sur la mort de Cleon.

Pourquoy cacher nos pleurs? il n'eſt plus
 temps de feindre,
Vn amour que ſa mort découure par mon dueil,
Qui ceſſe d'eſperer il doit ceſſer de craindre,
Et l'eſpoir de ma vie eſt dedans le cercueil.

 Elle viuoit en moy, ie viuois tout en elle,
Nos eſprits l'vn à l'autre eſtraints de mille
 nœuds
S'vniſſoient tellement qu'en leur Amour fidelle,
Tous les deux n'eſtoient qu'vn, & chacun eſtoit
 deux.

 Mais ſur le poinct qu'Amour d'vn fondement
 plus ferme
Aſſeuroit mes plaiſirs, i'ay veu tout renuerſer,
C'eſt d'autāt que mon heur auoit touché le terme
Qu'il eſt permis d'atteindre & non d'outrepaſſer.

Ce fut dedans Paris, que les belles pensées,
Qu'Amour esprit en moy, finirent par la mort,
Au mesme temps qu'on vit les Gaules oppressées,
Aux effors estrangers opposer leur effort.

Et falloit-il aussi que tombe moins celebre
Que Paris enfermast ce que i'ay peu cherir?
Ou que mō mal aduint en saison moins funebre,
Que quand toute l'Europe estoit preste à perir?

Mais ie me trompe, O Dieux! ma Cleon n'est
point morte,
Son cœur pourviure en moy ne viuoit plus en soy,
Le corps seul en est mort, & de contraire sorte
Mon esprit meurt en elle, & le sien vit en moy.

Dieux! quelle deuins-ie quand ie l'ouys parler ainsi! mon estonnement fut tel, que sans y penser, estant appuyée contre la porte, ie l'entr'ouuris presque à moitié, à quoy il tourna la teste, & me voyant n'en fit autre semblant, sinon que me tendant la main il me prie de m'asseoir sur le lict pres de luy, & lors sans s'essuyer les yeux (car aussi bien y eust-il fallu tousiours le mouchoir) il me parla de cette sorte: Et bien Laonice, la pauure Cleon est morte, & nous sommes demeurez pour plaindre ce rauissement; & parce que la peine où i'estois, ne me laissoit la force de pouuoir luy respondre, il continua : Ie sçay bien, Bergere, que me voyant en cét estat pour Cleon, vous demeurez estonnée que la feinte amitié que ie luy ay portée, me puisse donner de si grands ressentimens: Mais helas! sortez d'erreur, ie vous supplie, aussi bien me sembleroit-il commettre vne trop grande faute contre Amour, si sans occasion ie continuois la feinte, que mon affection m'a iusques icy commandée. Sçachez donc, Laonice, que i'ay aimé Cleon, & que toute autre recherche n'a esté que pour couuerture de celle-cy; par ainsi si vous m'auez eu de l'amitié, pour Dieu Laonice, plaignez-moy en ce desastre qui a d'vn mesme coup mis tous mes espoirs dans son cercueil: Et si vous estes en quelque sorte offensée, pardonnez à Tircis l'erreur qu'il a fait enuers vous pour ne faillir en ce qu'il deuoit à Cleon. A ces paroles transportée de colere ie partis si hors de moy, qu'à peine pûs-ie retrouuer mon logis, d'où ie ne sortis de long-temps, mais apres auoir contrarié mille fois à l'Amour, si fallut-il s'y sousmettre & auoüer que le despit est vne foible defense quand il luy plaist. Par ainsi me voila autant à Tircis que ie l'auois iamais esté, i'excuse en moy-mesme les trahisons qu'il m'auoit faictes, & luy pardonne les torts & les feintes auec lesquelles il m'auoit offensée, les nommant pour leur pardonner, non pas feintes, ny trahisons, mais violences d'Amour: Et ie fus d'autant plus aisément portée à ce pardon, qu'Amour qui se disoit complice de sa faute, m'alloit flattant d'vn certain espoir de succeder à la place de Cleon. Lors que j'estois en cette pensee, ne voila pas vne de mes sœurs qui me vint aduertir que Tircis s'estoit perdu, en sorte qu'on ne le voyoit plus, & que personne ne sçauoit où il estoit. Cette recharge de douleur me surprit si fort, que tout ce que ie pûs, fut de luy dire, que cette tristesse estant passée, il reüiendroit comme il s'en estoit allé: mais dés lors ie fis dessein de le suiure, & afin de n'estre empeschée de personne, ie partis si secrettement sur le commencement de la nuict, qu'auant le iour ie me trouuay fort esloignée ; si ie fus estonnée au commencement me voyant seule dans ces obscuritez, le Ciel le sçait, à qui mes plaintes estoient adressées : Mais Amour qui m'accompagnoit secrettement, me donna assez de courage pour parachever mon dessein. Ainsi donc ie poursuy mon voyage, suiuant sans plus la route que mes pas rencontroient, car ie ne sçauois où Tircis alloit, ny moy aussi. De sorte que ie fus vagabonde plus de quatre mois sans en auoir nouuelle. En fin passant le Mont-d'or, ie rencontray cette Bergere, dit-elle, montrant Madonthe, & auec elle ce Berger nommé Thersandre, assis à l'ombre d'vn rocher, attendant que la chaleur du midy s'abatist : & parce que ma coustume estoit de demäder des nouuelles de Tircis à tous ceux que ie rencõtrois, ie m'adreſſay où ie le vis, & ſçeus que mon Berger, aux marques qu'ils m'en donnerent, eſtoit en ces deſerts, & qu'il alloit touſiours regrettant ſa Cleon. Alors ie leur racontay ce que ie viens de vous dire, & les adiuray de m'en dire les plus aſſeurées nouuelles qu'ils pourroient : A quoy Madonthe émeuë de pitié me reſpondit auec tant de douceur, que ie la iugeay atteinte du meſme mal que le mien, & mon opinion ne fuſt mauuaiſe, car ie ſçeus depuis d'elle la longue hiſtoire de ſes ennuis, pour laquelle ie conneus qu'Amour bleſſe auſſi bien dans les cours que dans nos bois : & parce que nos fortunes auoient quelque ſympathie entre elles, elle me pria de vouloir demeurer & parachever nos voyages enſemble, puis que toutes deux faiſions vne meſme queſte. Moy qui me vis ſeule, ie receus les bras ouuerts cette commodité, depuis nous ne nous ſommes point eſloignées. Mais que ſert ce diſcours à mon propos, que ie ne veux ſeulement que raconter ce qui eſt de Tircis & de moy ? Gentil Berger, ce me ſera aſſez de vous dire, qu'apres auoir demeuré plus de trois mois en ces pays-là, en fin nous ſçeuſmes qu'il eſtoit venu icy, où nous n'arriuaſmes ſi toſt, que ie le rencontray, & tant à l'impourueu pour luy, qu'il en demeura ſurpris : pour le commencement il me receut auec vn assez bon visage : mais en fin sçachant l'occasion de mon voyage, il me declara tout au long l'affection extreme qu'il auoit portée à Cleon, & combien il estoit hors de son pouuoir de m'aimer. Amour, s'il y a quelque iustice en toy, ie te demande, & non à cét ingrat, quelque reconnoissance de tant de trauaux passez.

Ainsi paracheua Laonice, & montrant quelle n'auoit rien dauantage à dire en s'essuyant les yeux, elle les tourna pitoyablement contre Siluandre, comme luy demandant faueur en la iustice de sa cause. Lors Tircis parla de cette sorte :

Sage Berger, quoy que l'histoire de mes malheurs soit telle que cette Bergere vient de vous raconter, si est-ce que celle de mes douleurs est bien plus pitoyable, de laquelle toutesfois ie ne vous veux point entretenir dauantage, de crainte de vous ennuyer, & cette compagnie : seulement i'adjousteray à ce qu'elle vient de dire, que ne pouuans supporter ses plaintes ordinaires : d'vn commun consentement nous allasmes à l'Oracle, pour sçauoir ce qu'il ordonneroit de nous, & nous eusmes vne responsse par la bouche d'Arontine :

ORACLE.

Sur les bords où Lignon paisiblement ser-
pente,
Amans vous trouuerez vn curieux Berger,
Qui premier s'enquerra du mal qui vous tour-
mente,
Croyez-le, car le Ciel l'élit pour vous iuger.

Et quoy qu'il y ait des-ja long temps que nous sommes icy, si est-ce que vous estes le premier qui nous auez demandé l'estat de nostre fortune : C'est pourquoy nous nous iettons entre vos bras, & vous requerons d'ordonner ce que nous auons à faire; & afin que rien ne se fist que par la volonté du Dieu, la vieille qui nous rendit cét Oracle, nous dit, que vous ayant rencontré nous eussions à ietter au sort qui seroit celuy qui maintiendroit la cause de l'vn & de l'autre, & que pour cét effect tous ceux qui s'y rencontreroient, eussent à mettre vn gage entre vos mains d'vn chapeau. Le premier qui en sortiroit, seroit celuy qui parleroit pour Laonice, & le dernier de tous pour moy. A ce mot il les pria tous de le vouloir : à quoy chacun ayant consenty, de fortune celuy de Hylas fut le premier, & celuy de Phillis le dernier. Dequoy Hylas se sous-riant : Autrefois, dit-il, que i'eſtois ſeruiteur de Laonice, i'euſſe mal-aiſément voulu perſuader à Tircis de l'aimer: mais à cette heure que ie ne ſuis que pour Madonthe, ie veux bien obeïr à ce que le Dieu me commande. Berger, reſpondit Leonide, vous deuez connoiſtre par là, quelle eſt la prouidence de cette diuinité, puis que pour émouuoir quelqu'vn à changer d'affection, il en donne la charge à l'inconſtant Hylas, comme à celuy qui par l'vſage en doit bien ſçauoir les moyens, & pour continuer vne fidelle amitié il en donne la perſuaſion à vne Bergere conſtante en toutes ſes actions: & que pour iuger de l'vn & de l'autre, il a eſleu vne perſonne qui ne peut eſtre partiale: car Siluandre n'eſt conſtant ny inconſtant, puis qu'il n'a iamais rien aimé. Alors Siluandre prenant la parole: Puis donc que vous voulez, ô Tircis, & vous Laonice que ie ſois iuge de vos differens, iurez entre mes mains tous deux, que vous l'obſeruerez inuiolablement, autrement ce ne ſeroit qu'irriter dauantage les Dieux, & prendre de la peine en vain. Ce qu'ils firent, & lors Hylas commença de cette ſorte:

HARANGVE DE HYLAS
POVR LAONICE.

SI i'auois à souſtenir la cauſe de Laonice deuant quelque perſonne deſnaturée, ie craindrois, peut-eſtre, que le defaut de ma capacité n'amoindriſt en quelque ſorte la iuſtice qui eſt en elle: Mais puis que c'eſt deuant vous gentil Berger, qui auez vn cœur d'homme, (ie veux dire, qui ſçauez quels ſont les deuoirs d'vn homme bien né) non ſeulement ie ne me deffie point d'vn fauorable iugemēt: mais tiens pour certain, que ſi vous eſtiez en la place de Tircis, vous auriez honte que telle erreur vous pûſt eſtre reprochée. Ie ne m'arreſteray donc point à chercher pluſieurs raiſons ſur ce ſujet, qui de luy-meſme eſt ſi clair, que toute autre lumiere ne luy peuſt ſeruir que d'ombrage, & diray ſeulement que le nom qu'il porte d'homme, l'oblige au contraire de ce qu'il a fait, & que les loix & ordonnances du Ciel & de la nature, luy commandent de ne point diſputer dauantage en cette cauſe. Les deuoirs de la courtoiſie ne luy ordonnent-ils pas de rendre les biens-faits receus ? Le Ciel ne commande-t'il pas qu'à tout ſeruice quelque loyer ſoit rendu? & la nature ne le contraint-elle d'aimer vne belle femme qui l'aime, & d'abhorrer pluftoft que de cherir vne perfonne morte? Mais ceftui-cy tout au rebours, aux faueurs receuës de Laonice rend des difcourtoifies, & au lieu des feruices qu'il auoüe luy-mefme qu'elle luy a faits, luy feruant fi longuement de couuerture en l'amitié de Cleon, il la paye d'ingratitude, & pour l'affection qu'elle luy a portée dés le berceau, il ne luy fait paroiftre que du mépris. Si es-tu bien homme, Tircis, fi montres-tu de connoiftre les Dieux, & fi me femble-t'il bien que cette Bergere eft telle, que fi ce n'eftoit que fon influence la foufmet à ce malheur, elle eft plus propre à faire reffentir, que de reffentir elle-mefme les outrages dont elle fe plaint. Que fi tu es homme, ne fçais-tu pas que c'eft le propre de l'homme d'aimer les viuans, & non pas les morts? que fi tu connois les Dieux, ne fçais-tu pas qu'ils puniffent ceux qui contreuiennent à leurs ordonnances? & que,

„ *Amour iamais l'aimer à l'aimé ne pardonne?*

Que fi tu auoües que dés le berceau elle t'a feruy & aimé, Dieux! feroit-il poffible qu'vne fi longue affection, & vn fi agreable feruice deuft en fin eftre payé du mépris?

Mais foit ainfi que cette affection & ce feruice eftans volontaires en Laonice, & non pas
recher-

LIVRE SEPTIESME. 465

recherchez de Tircis puissent peu meriter, enuers vne ame ingrate, encores ne puis-je croire que vous n'ordonniez, ô iuste Siluandre, qu'vn trompeur ne doiue faire satisfaction à celuy qu'il a deceu, & que par ainsi Tircis, qui par ses dissimulations a si long temps trompé ceste belle Bergere, ne soit obligé à reparer cette iniure enuers elle, auec autant de veritable affection, qu'il luy en a fait receuoir de mensongeres & de fausses: que si chacun doit aimer son semblable, n'ordonnerez-vous pas, nostre iuge, que Tircis aime vne personne viuante, & non pas vne morte, & mette son amitié en ce qui peut aimer, & non point entre les cendres froides d'vn cercueil? Mais, Tircis, dy moy quel peut estre ton dessein? Apres que tu auras noyé d'vn fleuue de larmes les tristes reliques de la pauure Cleon, crois-tu de la pouuoir ressusciter par tes souspirs & par tes pleurs? Helas! ce n'est qu'vne fois que l'on paye Charon, on n'entre iamais qu'vne fois dans sa nacelle, on a beau le r'appeller de là, il est sourd à tels cris, & ne reçoit iamais personne qui vienne de ce bord. C'est impieté, Tircis, que d'aller tourmentant le repos de ceux que les Dieux appellent: L'amitié est ordonnée pour les viuans, & le cercueil pour ceux qui sont morts: ne vueille

Gg

confondre de telles fortes leurs ordonnances, qu'à vne Cleon morte, tu donnes vne affection viuante, & à vne Laonice viue le cercueil. Et en cela ne t'arme point du nom de conſtance: car elle n'y a nul intereſt: trouuerois-tu à propos qu'vne perſonne allaſt nuë, parce qu'elle auroit gaſté ſes premiers habits? Croy moy qu'il eſt auſſi digne de riſée, de t'ouyr dire que parce que Cleon eſt paracheuée, tu ne veux plus rien aimer. Rentre, rentre en toy-meſme, reconnois ton erreur, iette-toy aux pieds de cette belle, auoüe-luy ta faute, & tu euiteras par ainſi la contrainte, à quoy noſtre iuſte iuge par ſa ſentence te ſouſmettra. Hylas acheua de cette ſorte, auec beaucoup de contentement de chacun, ſinon de Tircis, de qui les larmes donnoient connoiſſance de ſa douleur, lors que Phillis apres auoir receu le commandement de Siluandre, leuant les yeux au Ciel, reſpondit ainſi à Hylas:

RESPONSE DE PHILLIS
POVR TIRCIS.

O BELLE CLEON, qui entends du Ciel l'iniure que l'on propose de te faire, inspire-moy de ta diuinité: car telle te veux-ie estimer, si les vertus ont iamais pû rendre diuine vne personne humaine : & fais en sorte que mon ignorance n'affoiblisse les raisons que Tircis a de n'aimer iamais que tes perfections. Et vous, sage Berger, qui sçauez mieux ce que ie deurois dire pour sa defense, que ie ne sçaurois le conceuoir, satisfaictes aux defauts qui seront en moy, par l'abondance des raisons qui sont en ma cause, & pour commencer: Ie diray, Hylas, que toutes les raisons que tu allégues pour preuue qu'estant aimé on doit aimer, quoy qu'elles soient fausses, te sont toutesfois accordées pour bonnes: mais pourquoy veux-tu conclure par là que Tircis doit trahir l'amitié de Cleon, pour en commencer vne nouuelle auec Laonice? Tu demandes des choses impossibles & contrariantes: impossibles, d'autant que nul n'est obligé à plus qu'il ne peut ; & comment veux-tu que mon Berger aime, s'il n'a point de volonté? Tu ris, Hylas, quand tu m'oys dire qu'il n'en a point. Il eſt vray, interrompit Hylas, car qu'auroit-il fait de la ſienne? Celuy, reſpondit Phillis, qui aime, donne ſon ame meſme à la perſonne aimée, & la volonté n'en eſt qu'vne puiſſance. Mais, repliqua Hylas, cette Cleon à qui vous voulez qu'il l'ait remiſe, eſtant morte n'a plus rien de perſonne, & ainſi Tircis doit auoir repris ce qui eſtoit à ſoy. Ah! Hylas, Hylas, reſpondit Phillis, tu parles bien en nouice d'Amour! car les donations qui ſont faictes par ſon authorité, ſont à iamais irreuocables. Et que ſeroit donc deuenuë, adiouſta Hylas, cette volonté depuis la mort de Cleon? Cette petite perte, reprit Phillis, a ſuiuy l'extreme qu'il a faicte en la perdant, que ſi le plaiſir eſt l'objet de la volonté, puis qu'il ne peut plus auoir de plaiſir qu'a-t'il affaire de volonté? & ainſi elle a ſuiuy Cleon: que ſi Cleon n'eſt plus, ny auſſi ſa volonté, car il n'en a iamais eu que pour elle: mais ſi Cleon eſt encore en quelque lieu, comme nos Druides nous enſeignent, cette volonté eſt entre ſes mains ſi contente en tel lieu, que ſi elle-meſme la vouloir chaſſer, elle ne tourneroit pas vers Tircis, comme ſçachant bien qu'elle y ſeroit inutilement, mais iroit dans le cercueil repoſer auec ſes os bien-aymez: & cela eſtant, pourquoy accuſes-tu d'ingratitude le fidelle Tircis, s'il n'est pas en son pouuoir d'aimer ailleurs? Et voila comment tu demandes non seulement vne chose impossible, mais contraire à soy-mesme: car si chacun doit aimer ce qu'il aime, pourquoy veux-tu qu'il n'aime pas Cleon, qui n'a iamais manqué enuers luy d'amitié? & quant à la recompense que tu demandes pour les seruices & pour les lettres que Laonice portoit de l'vn à l'autre: qu'elle se ressouuienne du contentement qu'elle y receuoit, & combien durant ceste tromperie elle a passé de iours heureux, qu'autrement elle eust trainez miserablement; qu'elle balance ses seruices auec ce payement; & ie m'asseure qu'elle se trouuera leur redeuable. Tu dis, Hylas, que Tircis l'a trompée: ce n'a point esté tromperie: mais iuste chastiment d'Amour, qui a fait retomber les coups sur elle-mesme, puis que son intention n'estoit pas de seruir, mais de deceuoir la prudente Cleon: que si elle a à se plaindre de quelque chose, c'est que de deux trompeuses elle a esté la moins fine. Voila Siluandre, comme briefuement il m'a semblé de respondre aux fausses raisons de ce Berger, & ne me reste plus que de faire auoüer à Laonice, qu'elle a tort de poursuiure vne telle iniustice: Ce que ie feray aisément, s'il luy plaist de me respondre. Belle Bergere, dittes-moy, aimez-vous

Gg iij

bien Tircis ? Bergere, dit-elle, toute personne qui me connoiſtra, n'en doutera iamais. Et s'il eſtoit contraint, repliqua Phillis, de s'eſloigner pour long temps, & quelque autre vinſt cependant à vous rechercher, changeriez-vous cette amitié ? Nullement, dit-elle, car i'aurois touſiours eſperance qu'il reuiendroit. Et, adiouſta Phillis, ſi vous ſçauiez qu'il ne deuſt iamais reuenir, laiſſeriez-vous de l'aimer? Non certes, reſpondit-elle. Or, belle Laonice, continua Phillis, ne trouuez donc eſtrange que Tircis, qui ſçait que ſa Cleon pour ſes merites eſt eſleuée au Ciel, qui ſçait que de là haut elle void toutes ſes actions, & qu'elle ſe reſiouyt de ſa fidelité, ne vueille changer l'affection qu'il luy a portée, ny permettre que cette diſtance des lieux ſepare leurs affections; puis que toutes les incommoditez de la vie ne l'ont iamais pû faire. Ne penſez pas, comme Hylas a dit, que iamais nul ne repaſſe deça le fleuue d'Acheron, pluſieurs qui ont eſté aimez des Dieux, ſont allez & reuenus, & qui le ſçauroit eſtre dauantage que la belle Cleon, de qui la naiſſance a eſté veuë par la deſtinée d'vn œil ſi doux & fauorable, qu'elle n'a iamais rien aimé, dont elle n'ait obtenu l'Amour? O Laonice, s'il eſtoit permis à vos yeux de voir la diuinité, vous verriez cette Cleon, qui ſans doute, eſt à cette heure en ce lieu, pour defendre sa cause, qui est à mon aureille pour me dire les mesmes paroles qu'il faut que ie profere. Et lors vous iugeriez que Hylas a eu tort de dire, que Tircis n'aime qu'vne froide cendre. Il me semble de la voir là au milieu de nous reuestuë d'immortalité au lieu d'vn corps fragile, & sujet à tous accidens, qui reproche à Hylas les blasphemes dont il a vsé contre elle.

Et que respondrois-tu, Hylas, si l'heureuse Cleon te disoit: tu veux, inconstant, noircir mon Tircis de ta mesme infidelité: si autrefois il m'a aimée, crois-tu que ç'ait esté mon corps? si tu me dis qu'oüy, ie respondray qu'il doit estre condamné, (puis que nul Amant ne doit iamais se retirer d'vne Amour commencée,) d'aimer les cendres que ie luy ay laissées dans mon cercueil, autant qu'elles dureront. Que s'il auoüe d'auoir aimé mon esprit, qui est ma principale partie, & pourquoy, inconstant, changera-t'il cette volonté, à cette heure qu'elle est plus parfaicte qu'elle n'a iamais esté? Autrefois (ainsi le veut la misere des viuans) ie pouuois estre ialouse, ie pouuois estre importune, il me falloit seruir, i'estois veuë de plusieurs comme de luy: mais à cette heure affranchie de toute imperfection, ie ne suis plus capable de luy rapporter ces déplaisirs. Et toy, Hylas, tu veux auec tes sacrileges intentions, diuertir de moy celuy

Gg iiij

en qui seule ie vis en terre, & par vne cruauté plus barbare, qu'inoüye, essayes de me redonner vne autrefois la mort. Sage Siluandre, les paroles que ie viens de proferer sonnent si viuement à mes aureilles, que ie ne puis croire que vous ne les ayez oüyes, & ressenties iusques au cœur; cela est cause que pour laisser parler cette diuinité en vostre ame, ie me tairay, apres vous auoir dit seulement, qu'Amour est si iuste, que vous en deuez craindre en vous-mesmes les supplices, si la pitié de Laonice plustost que la raison de Cleon, vous émeuuent & vous emportent.

A ce mot Phillis s'estant leuée auec vne courtoise reuerence fit signe qu'elle ne vouloit rien dire de plus pour Tircis. De sorte que Laonice vouloit respondre, quand Siluandre le luy defendit, luy disant qu'il n'estoit plus temps de se defendre, mais d'ouyr seulement l'arrest que les Dieux prononceroient par sa bouche, & apres auoir quelque temps consideré en soy-mesme, les raisons des vns & des autres, il prononça vne telle sentence.

IVGEMENT DE
SILVANDRE.

DEs causes debatuës deuant nous, le poinct principal est, de sçauoir si Amour peut mourir par la mort de la chose aimée; sur quoy nous disons, qu'vne Amour perissable n'est pas vray Amour : car il doit suiure le suiet qui luy a donné naissance: C'est « pourquoy ceux qui ont aimé le corps seule- « ment, doiuent enclore toutes les Amours « du corps dans le mesme tombeau où il s'enferre : mais ceux qui outre cela ont aimé l'esprit, doiuent auec leur Amour voler aprés cét esprit aimé iusques au plus haut Ciel, sans que les distances les puissent separer. Doncques toutes ces choses bien considerées, nous ordonnons que Tircis aime tousiours sa Cleon, & que des deux Amours qui peuuent estre en nous, l'vne suiue le corps de Cleon au tombeau, & l'autre l'esprit dans les Cieux. Et par ainsi, il soit d'or-en-là deffendu aux recherches de Laonice, de tourmenter dauantage le repos de Cleon : car telle est la volonté du Dieu qui parle en moy.

Ayant dit ainsi, sans attendre les plaintes & les reproches qu'il preuoyoit en Laonice & en

Hylas, il fit vne grande reuerence à Leonide, & au reste de la trouppe, & s'en alla sans autre compagnie que celle de Phillis, qui ne voulut non plus s'y arrester, pour n'ouyr les regrets de cette Bergere: & parce qu'il estoit tard Leonide se retira dans le hameau de Diane pour cette nuict, & les Bergers & Bergeres, ainsi qu'ils auoient accoustumé, sinon Laonice, qui infiniment offensée de Siluandre & de Phillis, iura de ne partir de cette contrée, qu'elle ne leur eust rapporté vn desplaisir remarquable. Il sembla que la fortune la conduisit ainsi qu'elle eust sçeu desirer: car ayant laissé la compagnie, & s'estant mise dans le plus espais du bois pour se plaindre en toute liberté, enfin son bon demon luy remit deuant les yeux le mespris insupportable de Tircis, combien il estoit veritablement indigne d'estre aimé d'elle, & luy fit vne telle honte de sa faute, que mille fois elle iura de le hayr, & à son occasion Siluandre & Phillis. Il aduint que cependant que ces choses luy passoient par le souuenir, Lycidas, qui depuis quelques iours commençoit d'estre mal satisfait de Phillis, à cause de quelque froideur, qu'il luy sembloit de reconnoistre en elle, apperçeut Siluandre qui la venoit entretenant: & il estoit vray que la Bergere vsoit de plus de froideur enuers luy, ou plustost de nonchallance, qu'elle ne faisoit auparauant la frequentation de Diane: parce

LIVRE SEPTIESME. 475

que cette nouuelle amitié, & le plaisir que Astrée, Diane, & elle prenoient ensemble, l'occupoit de sorte qu'elle ne se soucioit plus de ses petites mignardises, dont l'affection de Lycidas estoit nourrie: & luy qui sçauoit fort bien qu'vne Amour ne se peut bastir que de la ruyne d'vne precedente, eut opinion que ce qui la rendoit plus nonchalante enuers luy, & moins soucieuse de l'entretenir, estoit quelque nouuelle amitié, qui la diuertissoit: & ne pouuant encores reconnoistre qui en estoit le subiect, il s'alloit tout seul rongeant par ces pensées, & se retiroit dans les lieux plus cachez, afin de se plaindre auec plus de franchise: & par mal-heur, lors qu'il s'en vouloit retourner il vid, comme ie vous ay dit, Siluandre & Phillis de loing; veuë qui ne luy rapporta pas peu de soupçon: car sçachant le merite du Berger & de la Bergere, il creut aisément que Siluandre n'ayant iamais rien aimé s'estoit donné à elle, & qu'elle, suiuant l'humeur de celles de son sexe, eust assez volontiers receu cette donnation.

Toutes ces considerations luy donnerent beaucoup de soupçon, mais plus encore quand passant pres de luy, sans le voir, il oüit où il luy sembla d'oüir des paroles d'Amour, & cela pouuoit bien estre, à cause de la sentéce que Siluandre venoit de donner. Mais pour le faire sortir du tout de patience, il aduint que les ayãt laiſſé paſſer, il ſortit du lieu où il eſtoit, & pour ne les ſuiure, prit le chemin d'où ils venoient, & la fortune voulut qu'il s'alla raſſeoir aupres du lieu où eſtoit Laonice, ſans la voir, où apres auoir quelque temps reſué à ſon deſplaiſir, tranſporté de trop d'ennuy, il s'eſcria aſſez haut: ô Amour! eſt-il poſſible que tu ſouffres vne ſi grande iniuſtice ſans la punir? Eſt-il poſſible qu'en ton regne les outrages & les ſeruices ſoient eſgalement recompenſez? Et puis ſe taiſant pour quelque temps, enfin les yeux tendus au Ciel, & les bras croiſez, ſe laiſſant aller à la renuerſe, il reprit ainſi.

Pour la fin il te plaiſt, Amour, que ie rende teſmoignage qu'il n'y a point de conſtance en nulle femme, & que Phillis pour eſtre de ce ſexe, quoy que remplie de toute autre perfection, eſt ſuiette aux meſmes loix de cette inconſtance naturelle: Ie dis cette Phillis de qui l'amitié m'a eſté autresfois plus aſſeurée que ma volonté meſme. Mais quoy, ô ma Bergere! ne ſuis-ie pas ce meſme Lycidas, de qui vous auez montré de cherir ſi fort l'affection? Ce que vous auez autresfois iugé de recommandable en moy, eſt-il tellement changé que vous trouuiez plus agreable vn Siluandre inconnu, vn vagabond, vn homme que toute terre meſpriſe & ne daigne aduoüer pour sien? Laonice qui escoutoit ce Berger, oyant nommer Phillis & Siluandre, desireuse d'en sçauoir dauantage, commença de luy prester l'aureille à bon escient, & si à propos pour elle, qu'elle apprit auant que de partir de là tout ce qu'elle eust pû desirer des plus secrettes pensées de Phillis, & de là prenant occasion de luy déplaire ou à Siluandre, elle resolut de mettre ce Berger encor plus auant en cette opinion, s'asseurant que si elle aimoit Lycidas, elle le rendroit ialoux, & si c'estoit Siluandre, elle en diuulgueroit l'Amour de telle sorte que chacun la sçauroit: Et ainsi lors que ce Berger fust party, car son mal ne luy permettoit de demeurer longuement en vn mesme lieu, elle sortit aussi de ce lieu, & se mettant apres luy, l'atteignit assez pres de là, parlant auec Corilas qui l'auoit rencontré en chemin, & feignant de leur demander des nouuelles du Berger desolé, ils luy respondirent qu'ils ne le connoissoient point. C'est, leur dit-elle, vn Berger qui va plaignant vne Bergere morte, & que l'on m'a dit auoir demeuré presque toute l'apres-disnée en la compagnie de la belle Bergere Phillis & de son seruiteur: Et qui est celuy-là, respondit incontinent Lycidas? Ie ne sçay pas, continua la Bergere, si ie sçauray bien dire son nom, il me semble qu'il s'appelle Silandre ou Siluandre, vn Berger de moyenne taille, le visage vn peu long, & d'assez agreable humeur quand il luy plaift. Et qui vous a dit, repliqua Lycidas, qu'il eſtoit ſon ſeruiteur? Les actions de l'vn & de l'autre, reſpondit-elle: car i'ay paſſé autresfois par de ſemblables detroicts, & ie me ſouuiens encor de quel pied on y marche: mais dites-moy ſi vous ſçauez quelque nouuelle de celuy que ie cherche, car il ſe fait nuict, & ie ne ſçay où le trouuer. Lycidas ne luy pût reſpondre tant il ſe trouua ſurpris: mais Corilas luy dit, qu'elle ſuiuiſt ce ſentier, & qu'auſſi toſt qu'elle ſeroit ſortie de ce bois, elle verroit vn grand pré, où ſans doute elle en apprendroit des nouuelles; car c'eſtoit là où tous les ſoirs chacun s'aſſembloit auant que de ſe retirer, & que de peur qu'elle ne s'eſgaraſt il luy feroit compagnie, ſi elle l'auoit agreable. Elle qui eſtoit bien aiſe de diſſimuler encores dauantage (feignant de ne ſçauoir pas le chemin) receut auec beaucoup de courtoiſie l'offre qu'il luy auoit faite, & donnant le bon ſoir à Lycidas, prit le chemin qui luy auoit eſté montré, le laiſſant ſi hors de ſoy, qu'il demeura fort longuement immobile au meſme lieu: enfin reuenant comme d'vn long eſuanouïſſement, il s'alloit rediſant les meſmes paroles de la Bergere, auſquelles il luy eſtoit impoſſible de n'adiouſter beaucoup de foy, ne la pouuant ſoupçonner de menterie. Il ſeroit trop long de redire icy les regrets qu'il fit, & les outrages qu'il dit à la fidelle Phillis; tant y a que de toute la nuict il ne fit qu'aller

LIVRE SEPTIESME. 479

tournoyant dans le plus retiré du bois, où sur le matin, trauaillé d'ennuy, du trop long marcher, il fut contraint de se coucher sous quelques arbres, où tout mouetté de pleurs enfin son extréme deplaisir le contraignit de s'endormir.

LE

LE HVICTIESME LIVRE DE LA PREMIERE PARTIE D'ASTREE.

SOVDAIN que le iour parut, Diane, Astrée & Phillis se treuuerent ensemble, afin d'estre au leuer de Leonide, qui ne pouuant assez estimer leur honnesteté & courtoisie s'estoit habillée dés que la premiere clarté auoit donné dans sa chambre, pour ne perdre vn seul moment du temps qu'elle pourroit demeurer auec elles: de sorte que ces Bergeres furent estonnées de la voir si diligente, lors qu'elles ouurirent la porte, & toutes ensemble se prenant par la main, sortirent du hameau pour commencer le mesme exercice du iour precedent. A peine auoient-elles passé entierement les dernieres maisons, qu'elles apperceurent Siluandre, qui sous la feinte recherche de Diane, commençoit à ressentir vne Amour nais-

Hh

sante & veritable: car picqué de ce nouueau soucy, de toute la nuict il n'auoit pû clorre l'œil, tant son penser luy estoit allé representant tous les discours & toutes les actions qu'il auoit veuës de Diane le iour auparauant: si bien que ne pouuant attendre la venuë de l'aurore dans le lict, il l'auoit deuancée, & auoit desja esté long temps pres de ce hameau, pour voir quand sa nouuelle Maistresse sortiroit, & aussi-tost qu'il l'auoit apperceuë s'en estoit venu à elle chantant ces vers:

STANCES

Des desirs trop esleuez.

ESPOIRS *Ixions en audace,*
Ou Ciel dédaignant la menace,
Vous aspirez plus qu'il ne faut:
Au Ciel comme Icare pretendre,
C'est bien pour tomber d'un grand saut:
Mais ne laissez de l'entreprendre.

Ainsi que iadis Promethée
En sa poitrine becquetée
Ses tourments immortalisa,
Ayant rauy le feu celeste
Il dit; au moins ce bien me reste
D'auoir pû, ce que nul n'osa.

LIVRE HVICTIESME.

Mon cœur sur vn roc de constance
Tout deuoré par ma souffrance,
Dira ; Les plus hautains esprits
N'ont osé desrober sa flame,
Et i'ay cette gloire en mon ame
D'auoir plus que nul entrepris.

Echo, pour l'Amour de Narcisse,
Contant aux rochers son supplice,
Se consoloit en son esmoy :
Et leur disoit toute enflamee,
Si d'elle ie ne suis aimée,
Nul autre ne l'est plus que moy.

Phillis, qui estoit d'vne humeur fort gaye, & qui se vouloit bien acquiter de l'essay à quoy elle auoit esté condamnée, se tournant vers Diane : Ma Maistresse, luy dit-elle, fiez-vous à l'aduenir aux paroles de ce Berger. Hier il ne vous aimoit point, & à cest'heure il meurt d'Amour : pour le moins, puis qu'il en vouloit tant dire, il deuoit commencer de meilleure heure à vous seruir, ou attendre encore quelque temps auant que de proferer telles parolles. Siluandre estoit si pres qu'il pût oüir Phillis qui le fit escrier de loing : O ma Maistresse, bouchez vos oreilles aux mauuaises parolles de mon ennemie. Et puis estant arriué : Ah ! mauuaise Phillis, luy dit-il, est-ce ainsi que de la ruyne de mon contentement, vous taschez de bastir le voſtre ? Il eſt bon là, reſpondit Phillis, de parler de voſtre contentement, n'auez-vous point auec les autres encor cette perfection de la pluſpart des Bergers, qui par vanité ſe dient infiniment contents & fauoriſez de leur Maiſtreſſe, quoy qu'au contraire ils en ſoient mal traittez ? Vous parlez de contentement ? vous Siluandre, vous auez la hardieſſe d'vſer de ces paroles, en la preſence meſme de Diane ? & que direz-vous ailleurs, puis que vous auez l'outrecuidence de parler ainſi deuant elle ? Elle euſt continué n'euſt eſté que le Berger, apres auoir ſaluë la Nymphe & les Bergeres, l'interrompit ainſi: Vous voulez que ma Maiſtreſſe trouue mauuais que i'aye parlé du contentement que i'ay en la ſeruant, & pourquoy ne voulez-vous pas que ie le die, s'il eſt vray ? Il eſt vray, reſpondit Phillis, voyez quelle vanité ? direz-vous pas encore qu'elle vous aime, & qu'elle ne peut viure ſans vous ? Ie ne diray pas, repliqua le Berger, que cela ſoit, mais ie vous reſpondray bien, que ie voudrois qu'il fuſt ainſi : mais vous montrez de trouuer ſi eſtrange que ie die auoir du contentement au ſeruice que ie rends à ma Maiſtreſſe, que ie ſuis contraint de vous demander ſi vous n'y en auez point. Pour le moins, dit-elle, ſi i'y en ay, ie ne m'en vante pas. C'eſt ingratitude, reprit le Berger, de receuoir du bien de quelqu'vn ſans l'en remercier, & comment eſt-il poſſible d'aimer la meſme perfonne enuers qui on est ingrat? Par là, interrompit Leonide, ie iugerois que Phillis n'aime point Diane. Il y a peu de persones qui ne fisēt ce mesme iugement, respondit Siluandre, & ie croy qu'elle mesme le pense ainsi. Si vous auiez de bonnes raisons, vous me le pourriez persuader, repliqua Phillis. S'il ne faut que des raisons pour le prouuer, dit Siluandre, ie n'en ay desia plus affaire : car quoy que ie preuue ou nie vne chose, cela ne la fait pas estre autre que ce qu'elle est : si bien que puis qu'il ne me manque que des raisons pour prouuer vostre peu d'amitié, qu'ay-ie affaire de vous en conuaincre? Tant y a que pour faire que vous n'aimiez point Diane, il ne tient qu'à vous de le prouuer. Phillis demeura vn peu empeschée à respondre, & Astrée luy dit: il semble, ma sœur, que vous approuuiez ce que dit ce Berger. Ie ne l'approuue pas, respondit-elle, mais ie suis bien empeschée à le reprouuer. Si cela est, adiousta Diane, vous ne m'aimez point, car puis que Siluandre a trouué les raisons que vous demandiez, & ausquelles vous ne pouuez resister, il faut adouër que ce qu'il dit est vray. A ce mot le Berger s'approcha de Diane, & luy dit: Belle & iuste Maistresse, est-il possible que cette ennemie Bergere ait encores la hardiesse de ne me vouloir permettre de dire que le seruice que ie vous rends, me rapporte du contentement, quand ce ne seroit

Hh iij

que pour la response que vous venez de faire, tant à mon aduantage? En disant, respondit Astrée, que Phillis ne l'aime point, elle ne dit pas pour cela que vous l'aimiez, où qu'elle vous aime. Si i'oyois, respondit-il, ces paroles, ie vous aime ou vous m'aimez de la bouche de ma Maistresse, ce ne seroit pas vn contentement, mais vn transport qui me rauiroit hors de moy, de trop de satisfaction : & toutesfois si celuy qui se taist, montre de consentir à ce qu'il oyt, pourquoy ne puis-ie dire que ma belle Maistresse auouë que ie l'aime, puis que sans y contredire elle oyt ce que ie dis? Si l'Amour, repliqua Phillis, consiste en paroles, vous en auez plus que le reste des hommes ensemble : car ie ne croy pas que pour mauuaise cause que vous ayez, elles vous deffaillent iamais. Leonide prenoit vn plaisir extréme aux discours de ces Bergeres, & n'eust esté la peine en quoy le mal de Celadon la tenoit, elle eust demeuré plusieurs iours auec elles : mais quoy qu'elle sçeust qu'il estoit hors de fiéure, si ne laissoit-elle de craindre qu'il ne retombast : cela fut cause qu'elle les pria de prendre auec elle le chemin de Laignieu, iusques à la riuiere, pource qu'elle iouyroit plus long-temps de leur entretien; elles le luy accorderent librement : car outre que la courtoisie le leur commandoit, encores se plaisoient-elles fort en sa compagnie.

Ainsi donc prenant Diane d'vn costé, & Astrée de l'autre, elle s'achemina vers la Bouteresse: mais Siluandre fut bien trompé, qui de fortune s'estoit trouué plus esloigné de Diane que Phillis, de sorte qu'elle auoit pris la place qu'il desiroit; dequoy Phillis toute glorieuse s'alloit mocquant du Berger, disant que sa Maistresse pouuoit aisément iuger qui estoit plus soigneux de la seruir. Elle doit donner cela, respondit-il, à vostre importunité, & non pas à vostre affection: car si vous l'aimiez, vous me laisseriez la place que vous auez. Ce seroit plustost signe du contraire, dit Phillis, si i'en laissois approcher quelqu'autre plus que moy: car si la personne qui aime, desire presque se transformer en la chose aimée, plus on s'en peut approcher, & plus on est pres de la perfection de ses desirs. L'Amant, respondit Siluandre, qui a plus d'esgard à son contentement particulier qu'à celuy de la personne aimée, ne merite pas ce tiltre. De sorte que vous qui regardez dauantage au plaisir que vous auez d'estre si pres de vostre Maistresse, que non point à sa commodité, ne deuez pas dire que vous l'aimiez: mais vous mesmes seulement: car si i'estois au lieu où vous estes, ie l'ayderois à marcher, & vous ne faites que l'empescher. Si ma Maistresse, repliqua Phillis, me rudoyoit autant que vous, ie ne sçay si ie l'aimerois. Ie sçay donc bien asseurément, adiousta le Berger, que fi i'eſtois au lieu de voſtre Maiſtreſſe, ie ne vous aimerois point. Comment? auoir la hardieſſe de la menacer de cette ſorte? Ah! Phillis, vne des principales loix d'Amour, c'eſt que celuy qui peut s'imaginer de pouuoir quelquesfois n'aimer point, n'eſt des-ja plus Amant.

Ma Maiſtreſſe, ie vous demande iuſtice, & vous requiers de la part d'Amour, que vous puniſſiez ce crime de leze Maieſté, & que l'oſtant de ce lieu trop honorable pour elle qui n'aime point, vous m'y mettiez, moy qui ne veux viure que pour aimer. Ma Maiſtreſſe, interrompit Phillis, ie voy bien que cét enuieux de mon bien, ne me laiſſera point en repos, que ie ne luy quitte cette place; & ie crains qu'auec ſon langage il ne vous y faſſe conſentir: c'eſt pourquoy ie deſire ſi vous le trouuez bon de le preuenir, & la luy laiſſer auec condition qu'il vous declarera vne choſe que ie luy propoſeray. Siluandre alors ſans attendre la reſponſe de Diane, dit à Phillis: Oſtez-vous ſeulement, Bergere: car ie ne refuſeray iamais ceſte condition, puis que ſans cela ie ne luy celeray iamais choſe qu'elle vueille ſçauoir de moy. A ce mot il ſe mit en ſa place, & lors Phillis luy dit: Enuieux Berger, quoy que le lieu où vous eſtes ne ſe puiſſe acheter, ſi eſt-ce que vous auez promis dauantage que vous ne penſez: car vous eſtes obligé de nous dire qui vous eſtes, & quelle

LIVRE HVICTIESME. 489
occasion vous a conduit en ceste contrée, puis qu'il y a des-ja si long temps que vous estes icy, & nous n'auons pû en sçauoir encore que fort peu.

Leonide qui auoit ceste mesme volonté, prenant la parole: Sans mentir, dit-elle, Phillis, vous n'auez point encor montré plus de prudence qu'en cette proposition, car en mesme temps vous auez mis Diane & moy hors d'vne grande peine, Diane pour l'incommodité que vous luy donniez, empeschant que Siluandre ne l'aidast à marcher, & moy pour le desir que i'auois de le connoistre plus particulierement. Ie voudrois bien, respondit le Berger en souspirant, vous pouuoir bien satisfaire en cette curiosité: mais ma fortune me le refuse tellemēt, que ie puis dire, que i'en suis & plus desireux, & presque autant ignorant que vous: car il luy plaist de m'auoir fait naistre, & me faire sçauoir que ie vis, en me cachant toute autre connoissance de moy: & afin que vous ne croyez que ie ne vueille satisfaire à ma promesse, ie vous iure par Thautates, & par les beautez de Diane, dit-il, se tournant vers Phillis, que ie vous diray veritablement tout ce que i'en sçay.

HISTOIRE DE SYLVANDRE.

LORS qu'Ætius fut fait Lieutenant General en Gaule de l'Empereur Valentinian, il trouua fort dangereux pour les Romains, que Gondioch, premier Roy des Bourguignons, en possedast la plus grande partie & se resolut de l'en chasser, & renuoyer delà le Rhin, d'où il estoit venu vn peu auparauant, lors que Stilico, pour le bon seruice qu'il auoit fait aux Romains, contre le Goth Radagryse, luy donna les anciennes Prouinces des Authunois, des Sequanois, & des Allobroges, que dés lors de leur nom, ils nommerent Bourgongne, & sans le commandement de Valentinian, il est aisé à croire qu'il l'eust fait, pour auoir toutes les forces de l'Empire entre ses mains: mais l'Empereur se voyant vn grand nombre d'ennemis sur les bras, comme Gots, Huns, Vvandales, & Francs, qui tous l'attaquoient en diuers lieux, commanda à Ætius de les laisser en paix: ce qui ne fut pas si tost, que des-ja les Bourguignons n'eussent receu de grandes routes, & telles que toutes leurs Prouinces, & celles qui leur estoient voisines, s'en ressentirent ayant leurs ennemis fait le dégast auec tant de cruauté, que tout ce qu'ils trouuoient, ils l'emmenoient.

LIVRE HVICTIESME. 491

Or moy pour lors, qui pouuois auoir cinq ou six ans, comme plusieurs autres, fus emmené en la derniere ville des Allobroges par quelques Bourguignons, qui pour se venger, estans entrez dans les pays confederez à leurs ennemis, y firent les mesmes desordres qu'ils receuoient: de pouuoir dire quelle estoit l'intention de ceux qui me prindrent, ie ne le sçaurois, si ce n'estoit pour en auoir quelque somme d'argent: tant y a que la fortune fut si bonne apres m'auoir esté tant ennemie, que ie tombay entre les mains d'vn Heluetien, qui auoit vn pere fort vieux, & tres-homme de bien, & qui prenant quelque bonne opinion de moy, tant pour ma physionomie, que pour quelque agreable respose qu'en cét aage ie luy auois renduë, me retira pres de luy, en intention de me faire estudier: & de faict, quoy que son fils y contrariast en tout ce qu'il luy estoit possible, si ne laissa-t'il de suiure son premier dessein, & ainsi n'espargna rien pour me faire instruire en toute sorte de doctrine, m'enuoyant aux Vniuersitez des Massiliens en la Prouince des Romains.

Si bien que ie pouuois dire auec beaucoup de raison, que i'estois perdu, si ie n'eusse esté perdu. Toutesfois, quoy que selon mon Genie, il n'y eut rien qui me fust plus agreable que les lettres, si est-ce que ce m'estoit vn continuel supplice, de penser que ie ne sçauois d'où, ny qui i'eſtois, me ſemblant que iamais ce malheur n'eſtoit aduenu à nul autre. Et comme i'eſtois en ce ſoucy, vn de mes amis me conſeilla d'enquerir quelque Oracle pour ſçauoir la verité: car quant à moy pour eſtre trop ieune ie n'auois aucune memoire, non plus que ie n'en ay encore, du lieu où i'auois eſté pris, ny de ma naiſſance; & celuy qui me le conſeilloit, me diſoit, qu'il n'y auoit pas apparence que le Ciel ayant eu tant de ſoin de moy, que i'en auois réconnu depuis ma perte, il ne me vouluſt fauoriſer de quelque choſe dauantage: cét amy me ſçeut ſi bien perſuader, que tous deux enſemble nous y allaſmes: & la reſponſe que nous euſmes fut telle:

ORACLE.

Tv naſquis dans la terre où fut iadis Neptune,
Iamais tu ne ſçauras celuy dont tu es né,
Que Siluandre ne meure, & à telle fortune
Tu fus par les deſtins au berceau deſtiné.

Iugez, belle Diane, quelle ſatisfaction nous euſmes de cette reſponſe: quant à moy, ſans m'y arreſter dauantage, ie me reſolus de ne m'en enquerir iamais, puis qu'il eſtoit impoſſible que ie le ſçeuſſe ſans mourir, & veſquis par apres auec beaucoup plus de repos d'esprit, m'en remettant à la cõduitte du Ciel, & m'employant seulement à mes estudes, ausquelles ie fis vn tel progrez, que le vieillard Abariel (car tel estoit le nom dû pere de celuy qui m'auoit enleué) eut enuie de me reuoir auauant que de mourir, presageant presque sa fin prochaine: estant donc arriué pres de luy, & en ayant receu tout le plus doux traittement que i'eusse sçeu desirer: vn iour que i'estois seul dans sa chambre, il me parla de cette sorte:

Mon fils (car comme tel ie vous ay tousiours aimé depuis que la rigueur de la guerre vous remit en mes mains) ie ne vous croy point si méconnoissant de ce que i'ay fait pour vous, que vous puissiez douter de ma bonne volonté: toutesfois si le soin que i'ay eu de faire instruire vostre ieünesse, ne vous en a donné assez de connoissance, ie veux que vous l'ayez, parce que ie desire de faire pour vous: Vous sçauez que mon fils Azahyde, qui fut celuy qui vous prit, & amena chez moy, a vne fille que i'aime autant que moy-mesme, & parce que ie fais estat de passer le peu de iours qui me restent, en repos & en tranquillité, ie fay dessein de vous marier auec elle, & vous donner si bonne part de mon bien, que ie puisse viure auec vous, autant qu'il plaira aux Dieux. Et ne croyez point que i'aye fait ce dessein à la volée, car il y a long temps que i'y prepare toute chofe: En premier lieu, i'ay voulu reconnoiftre quelle eftoit voftre humeur, cependant que vous eftiez enfant, pour iuger ſi vous pourriez compatir auec moy, d'autant qu'en vn tel aage on n'a point encore d'artifice, & ainſi on void à nud toutes les affections d'vne ame : & vous trouuant tel que i'euſſe voulu qu'Azahide euſt efté, ie penſay d'establir le repos de mès derniers iours ſur vous, & pour cét effect, ie vous enuoyay aux eftudes, ſçachant bien qu'il n'y a rien qui rende vne ame plus capable de la raifon, que la connoiſſance des chofes : & cependant que vous auez efté loing de ma prefence, i'ay tellement difpoſé ma petite fille à vous époufer, que pour me complaire, elle le confent & defire prefque autant que moy.

Il eft vray qu'elle voudroit bien ſçauoir qui, & d'où vous eftes, & pour luy fatisfaire ie me fuis enquis d'Azahide pluſieurs fois en quel lieu il vous prit, mais il m'a touſiours dit qu'il n'en ſçauoit autre chofe, ſinon que c'eftoit de là le fleuue du Rofne, hors la Prouince Viennoife : & que vous luy fuftes donné par celuy qui vous auoit enleué a plus de deux iournées ença, en échange de quelques armes. Mais que peut-eftre vous en pouuez vous mieux reſſouuenir, car vous pouuiez auoir cinq ou ſix ans , & luy ayant demandé ſi les habits que vous auiez lors, ne pouuoient point donner quelque connoissance de quels parens vous estiez issu, il m'a respondu que non, d'autant que vous estiez si ieune encore, que malaisément pouuoit-on iuger à vos habits de quelle condition vous estiez. De sorte, mon fils, que si vostre memoire ne vous sert en cela, il n'y a personne qui nous puisse oster de cette peine.

Ainsi se teut le bon vieillard Abariel, & me prenant par la main, me pria encore de luy en dire tout ce que i'en sçauois: auquel apres tous les remerciemens que ie sçeus luy faire, tant de la bonne opinion qu'il auoit de moy, que de la nourriture qu'il m'auoit donnée, & du mariage qu'il me proposoit, ie luy respondis, qu'en verité i'estois si ieune quand ie fus pris, que ie n'auois aucune souuenance ny de mes parens, ny de ma condition. Cela, reprit le bon vieillard, est bien fascheux; toutesfois nous ne laisserons pas de passer outre, pourueu que vous l'ayez agreable, n'ayant attendu d'en parler à Azahide, que pour sçauoir vostre volonté: & luy ayant respondu que ie serois trop ingrat, si ie n'obeïssois entierement à ce qu'il me commanderoit.

Dés l'heure mesme, me faisant retirer, il enuoya querir son fils, & luy declara son dessein, que depuis mon retour il auoit sçeu de sa fille: & que la crainte de perdre le bien que Abariel nous donneroit, luy faisoit de sorte des-appreuuer, que quand son pere luy en parla, il le rejetta si loing, & auec tant de raisons, qu'en fin le bon homme ne pouuant l'y faire consentir, luy dit franchement :

Azahide, si tu ne veux donner ta fille à qui ie voudray, ie donneray mon bien à qui tu ne voudras pas, & pour ce resous-toy de l'accorder à Siluandre, ou ie luy en choisiray vne qui sera mon heritiere. Azahide, qui estoit infiniment auare, & qui craignoit de perdre ce bien, voyant son pere en tels termes, reuint vn peu à soy, & le supplia de luy donner quelques iours de terme pour s'y resoudre; ce que le pere qui estoit bon, luy accorda aisément, desirant de faire toute chose auec la douceur, & puis m'en aduertir: mais il n'estoit pas de besoin : car ie le connoissois assez aux yeux, & aux discours du fils, qui commença de me rudoyer & traitter si mal, qu'à peine le pouuois-ie souffrir. Or durant le temps qu'il auoit pris, il commanda à sa fille, qui auoit l'ame meilleure que luy, sur peine qu'il la feroit mourir (car c'estoit vn homme tout de sang & de meurtre) de faire semblant au bon vieillard, qu'elle estoit marrie que son pere ne voulust faire sa volôté, & qu'elle ne pouuoit pas mais de sa desobeissance; que tant s'en faut elle estoit preste à m'épouser secrettement, & quand il seroit fait, le temps y feroit consentir son pere, & cela estoit en dessein de me faire mourir.

La

LIVRE HVICTIESME. 497

La pauure fille fut bien empeschée, car d'vn costé les menaces ordinaires de son pere, de qui elle sçauoit le meschant naturel, la poussoient à iouër ce personnage, d'autre costé l'amitié que dés l'enfance elle me portoit, l'en empeschoit; si est-ce qu'en fin son aage tendre, (car elle n'auoit point encore passé vn demy siecle) ne luy laissa pas assez de resolution pour s'en defendre : & ainsi toute tremblante elle vint faire la harangue au bon-homme, qui la receut auec tant de confiance, qu'apres l'auoir baisée au front deux ou trois fois : en fin il se resolut d'en vser, comme elle luy auoit dit, & me le commanda si absolument, que quelque doute que i'eusse de cét affaire, si n'osay-ie luy contredire.

Or la resolution fut prise de cette sorte, que ie monterois par vne fenestre dedans sa chambre, où ie l'épouserois secrettement. Cette ville est assise sur l'extremité des Allobroges du costé des Helueces, & est sur le bord du grand Lac de Leman, de telle sorte que les ondes frappent contre les maisons, & puis se dégorgent auec le Rosne, qui luy passe au milieu. Le dessein d'Azahide estoit, parce que leur logis estoit de ce costé-là, de me faire tirer auec vne corde iusques à la moitié de la muraille, & puis me laisser aller dans le Lac, où me noyant on n'auroit iamais nouuelle de moy, parce que le Rosne auec son impetuosité m'eust emporté

Ii

bien loing de là, où entre les rochers estroits, ie me fusse tellement brisé, que personne ne m'eust peu reconnoistre : Et sans doute son dessein eust reussi ; car i'estois resolu d'obeïr au bon Abariel, n'eust esté que le iour auant que cela deust estre, la pauure fille, à qui on auoit commandé de me faire bonne chere, afin de m'abuser mieux, émeuë de compassion & d'horreur d'estre cause de ma mort, ne pût s'empescher, toute tremblante, de me le découurir, me disant puis apres : voyez-vous, Siluandre, en vous sauuant la vie ie me donne la mort, car ie sçay bien qu'Azahide ne me le pardonnera iamais : mais i'aime mieux mourir innocente, que si ie viuois coupable de vostre mort. Apres l'auoir remerciée, ie luy dis, qu'elle ne craignist point la fureur d'Azahide, & que i'y pouruoirois en sorte qu'elle n'en auroit iamais déplaisir, que de son costé elle fist seulement ce que son pere luy auoit dit, & que ie remedierois bien à son salut & au mien : mais que sur tout elle fust secrette. Et dés le soir ie retiray tout l'argent que ie pouuois auoir à moy, & ie donnay si bon ordre à tout ce qu'il me falloit faire, sans qu'Abariel s'en prist garde, que l'heure estant venuë qu'il falloit aller au lieu destiné, apres auoir pris congé du bon vieillard, qui vint auec moy iusques sur la riue, ie montay dans la petite barque, que luy-mesme auoit apprestée.

Et puis allant doucement sous la fenestre, ie fis semblant de m'y attacher, mais ce ne furent que mes habits remplis de sable; soudain me retirant vn peu à costé, pour voir qu'il en aduiendroit, ie les oüys tout à coup retomber dans le Lac, où auec la rame, ie battis doucement l'eau, afin qu'ils creussent, oyant ce bruit, que ce fust moy qui me debattois: mais ie fus bien tost contraint de m'oster de là, parce qu'ils ietterent tant de pierres, qu'à peine me pûs-ie sauuer, & peu apres ie vis mettre vne lumiere à la fenestre, de laquelle ayant peur d'estre découuert, ie me cachay dans le batteau m'y couchant de mon long, cela fut cause que la nuict estant fort obscure, & moy vn peu esloigné, & la chandelle leur ostant encore dauantage la veuë, ils ne me virent point, & creurent que le batteau s'estoit ainsi acculé de luy-mesme.

Or quand chacun se fut retiré de la fenestre i'oüys vn grand tumulte au bord où i'auois laissé Abariel, & comme ie pûs iuger, il me sembla d'oüyr ses exclamations, que ie pensay estre à cause du bruit qu'il auoit oüy dans l'eau, craignant que ie fusse noyé; tant y a que ie me resolus de ne retourner plus chez luy, non pas que ie n'eusse beaucoup de regret de ne le pouuoir seruir sur ses vieux iours, pour les extremes obligations que ie luy auois, mais pour la trop grande asseurance de la mauuaise volonté d'Azahide: ie sçauois bien que si ce n'estoit à ce coup, ce seroit à vn autre, qu'il paracheueroit son pernicieux dessein ; ainsi donc estant venu aux chaines qui ferment le port, ie fus contraint de laisser mon batteau pour passer à nage de l'autre costé, où estant paruenu auec quelque danger, à cause de l'obscurité de la nuict, ie m'en allay sur le bord, où i'auois caché d'autres habits, & tout ce que i'auois de meilleur, prenant le chemin d'Agaune, ie paruins sur la pointe du iour à Euians, & vous asseure que i'estois si las d'auoir marché assez hastiuement, que ie fus contraint de me reposer tout ce iour là, où de fortune n'estant point connu, ie voulus aller prendre conseil, ainsi que plusieurs faisoient en leurs affaires plus vrgentes, de la sage Bellinde, qui est Maistresse des Vestales qui sont le long de ce Lac, & que depuis i'ay sçeu estre mere de ma belle Maistresse: tant y a que luy ayant fait entendre tous mes desastres, elle consulta l'Oracle, & le lendemain elle me dit que le Dieu me commandoit de ne m'estonner de tant d'aduersitez, & qu'il estoit necessaire si ie voulois en sortir, de me voir dans la fontaine de la verité d'Amour, parce qu'en son eau estoit mon seul remede; & que aussi tost que ie me serois veu, ie reconnoistrois, & mon pere, & mon pays. Et luy ayant demandé en quel lieu estoit cette fontaine, elle

LIVRE HVICTIESME. 501

me fit entendre qu'elle estoit en cette contrée de Forests, & puis m'en declara la proprieté & l'enchantement, auec tant de courtoisie, que ie luy en demeuray infiniment obligé.

Dés l'heure mesme ie me resolus d'y venir, & prenant mon chemin par la ville de Plancus, ie m'en vins icy il y a quelques Lunes, où le premier que ie rencontray fut Celadon, qui pour lors reuenoit d'vn voyage assez loingtain, duquel i'appris en quel lieu estoit cette admirable fontaine, mais lors que ie voulus y aller, ie tombay tellement malade, que ie demeuray six mois sans sortir du logis: & quelque temps apres que ie me sentois assez fort, ainsi que ie me mettois en chemin, ie sceu par ceux d'alentour qu'vn Magicien à cause de Clidaman l'auoit mise sous la garde de deux Lyons, & de deux Licornes, qu'il y auoit enchantées, & que le sortilege ne pouuoit se rompre qu'auec le sang & la mort du plus fidelle Amant, & de la plus Amante, qui fut oncques en cette contrée.

Dieu sçait si cette nouuelle me r'apporta de l'ennuy me voyant presque hors d'esperance de ce que ie desirois: Toutesfois considerant que c'estoit ce pays que le Ciel auoit destiné pour me faire reconnoistre mes parens, ie pensay qu'il estoit a propos d'y demeurer, & que peut-estre, ces fidelles en Amour se

Ii iij

pourroient en fin trouuer: mais certes, c'est vne marchandise si rare, que ie ne l'ose presque plus esperer. Auec ce dessein ie me resolus de m'habiller en Berger, afin de pouuoir viure plus librement parmy tant de bonnes compagnies, qui sont le long de ces riues de Lignon, & pour n'y estre point inutilement ie mis toüt le reste de l'argent que i'auois en bestail, & vne petite cabane, où ie më suis depuis retiré.

Voila, belle Leonide, ce que vous auez desiré sçauoir de moy, & voila le payement de Phillis, pour la place qu'elle m'a venduë: que d'oresnauant doncques, ô ma belle Maistresse, elle n'ait plus la hardiesse de la prendre, puis qu'elle l'a donnée à si bón prix. Ie suis tresaise, respondit Leonide, de vous auoir oüy raconter cette fortune, & vous diray que vous deuez bien esperer de vous, puis que les Dieux par leurs Oracles, vous font paroistre d'en auoir soing, quant à moy ie les en prie de tout mon cœur.

Et moy non, reprit Phillis en gaussant: car s'il estoit conneu, peut-estre que le merite de son pere luy feroit auoir nostre Maistresse, estát tout certain que les biens & l'alliance peuuent "plus aux mariages, que le merite propre ny "l'Amour. Or regardez comme vous l'entendez, reprit Siluandre, tant s'en faut que vous me vueillez tant de mal, que i'espere par vostre moyen de paruenir à cette connoissance que ie desiré. Par mon moyen, respondit-elle, toute estonnée, & comment cela? Par vostre moyen, continua le Berger: car puis qu'il faut que les Lyons meurent par le sang d'vn Amant & d'vne Amante fidelle, pourquoy ne dois-ie croire que ie suis cét Amant, & vous l'Amante? Fidelle suis-ie bien, respódit Phillis, mais vaillante ne suis-ie pas: de sorte que pour bien aimer ma Maistresse, ie ne le cederay à personne: mais pour mon sang & ma vie n'en parlons point, car quel seruice luy pourrois-ie faire estant morte? Ie vous asseure, respódit Diane, que ie veux vostre vie de tous deux, & non pas vostre mort, & que i'aimerois mieux estre en danger moy-mesme, que de vous y voir à mon occasion.

Cependant qu'ils discouroient de cette sorte, & qu'ils alloient approchant du pont de la Bouteresse, ils virent de loing vn homme qui venoit assez viste, & qui estant plus proche, fut reconneu bien tost par Leonide: car c'estoit Paris, fils du grand Druide Adamas, qui estant reuenu de Feurs, & ayant sçeu que sa niepce l'estoit venu chercher, & voyant qu'elle ne reuenoit point, luy enuoyoit son fils, pour l'aduertir qu'il estoit de retour: & pour sçauoir quelle occasion la conduisoit ainsi seule, d'autant que ce n'estoit pas leur coustume d'aller sans compagnie.

D'aussi loing que la Nymphe le reconnut, elle le nomma à ces belles Bergeres, & elles pour ne faillir au deuoir de la ciuilité, quand il fut pres d'elles, le saluerent auec tant de courtoisie, que la beauté & l'agreable façon de Diane luy pleurerent de sorte qu'il en demeura presque rauy, & n'eust esté que les caresses de Leonide le diuertirent vn peu, il eust esté d'abord bien empesché à cacher cette surprise, toutesfois apres les premieres salutations, apres luy auoir dit ce qui le conduisoit vers elle : Mais ma sœur, luy dit-il, (car Adamas vouloit qu'ils se nommassent frere & sœur) où auez-vous trouué cette belle compagnie ? Mon frere, luy respondit-elle, il y a deux iours que nous sommes ensemble, & si ie vous asseure que nous ne sommes point ennuyées : Celle-cy, luy montrant Astrée, est la belle Bergere dont vous auez tant oüy parler pour sa beauté, car c'est Astrée : Et celle-cy, luy montrant Diane, c'est la fille de Bellinde & de Celion, & l'autre c'est Phillis, & ce Berger, c'est l'Inconnu Siluandre, de qui toutesfois les merites sont si connus, qu'il n'y a celuy en cette contrée qui ne les aime. Sens mentir, dit Paris, mon pere auoit tort d'auoir peur que vous fussiez mal accompagnée, & s'il eust sçeu que vous l'eussiez esté si bien, il n'en eut pas tant esté en inquietude.

LIVRE HVICTIESME. 505

Gentil Paris, dit Siluandre, vne personne qui a tant de vertus qu'a cette belle Nymphe, ne peut iamais estre mal accompagnée. Et moins encores, respondit-il, quand elle est entre tant de sages & belles Bergeres, Et en disant ce mot, il tourna les yeux sur Diane, qui presque se sentant semondre, respondit: Il est impossible, courtois Paris, que l'on puisse adiouster quelque chose à ce qui est accomply. Si est-ce, repliqua Paris, que selon mon iugement, i'aimerois mieux estre auec elle tant que vous y seriez que quand elle sera seule. C'est vostre courtoisie, respondit-elle, qui vous fait vser de ces termes à l'auantage des estrangers. Vous ne sçauriez, respondit Paris, vous nommer estrangeres enuers moy, que vous ne me disiez estranger enuers vous, qui m'est vn reproche dont i'ay beaucoup de honte, parce que ie ne puis qu'estre blasmé, d'estre si voisin de tant de beautez, & de tant de merites, & que toutesfois ie leur sois presque inconnu: mais pour amender cette erreur, ie me resous de faire mieux à l'aduenir, & de vous pratiquer autant que i'en ay esté sans raison trop esloigné par le passé: & en disant ces dernieres paroles, il se tourna vers la Nymphe: Et vous, ma sœur, encor que ie sois venu pour vous chercher, toutesfois vous ne laisserez, dit-il, de vous en aller seule, aussi bien n'y-t'il guere loing d'icy chez Adamas: car quant à moy, ie veux demeurer iusques à la nuict auec cette compagnie. Ie voudrois bien, dit-elle, en pouuoir faire de mesme: mais pour cette heure ie suis côtrainte d'acheuer mon voyage: bien suis-ie resolüe de donner tellement ordre à mes affaires, que ie pourray aussi bien que vous viure parmy elles: car ie ne croy point qu'il y ait vie plus heureuse que la leur. Auec quelques autres semblables propos, elle prit congé de ces belles Bergeres, & apres les auoir embrassées fort estroittement, leur promit encores de nouueau de les venir reuoir bien tost, & puis partit si contente & satisfaite d'elles, qu'elle resolut de changer les vanitez de la Cour à la simplicité de cette vie: mais ce qui l'y portoit dauantage, estoit qu'elle auoit dessein de faire sortir Celadon hors des mains de Galathée, & croyoit qu'il reuiendroit incontinent en ce hameau, où elle faisoit deliberation de le pratiquer sous l'ombre de ces Bergeres.

Voila quel fut le voyage de Leonide, qui vid naistre deux Amours tres-grandes, celle de Siluandre, sous la feinte gageure, ainsi que nous auons dit, & celle de Paris, ainsi que nous dirons, enuers Diane: car depuis ce iour il en deuint tellement amoureux, que pour estre plus familierement aupres d'elle, il quitta la vie qu'il auoit accoustumé, & s'habilla en Berger, & voulut estre nommé tel entr'elles, afin de se rendre plus aimable à sa Maistresse, qui de son costé l'honoroit comme son merite & sa bonne volonté l'y obligeoient: mais par ce qu'en la suite de nostre discours nous en parlerons bien souuent, nous n'en dirons pas pour ce coup dauantage. S'en retournant donc tout ensemble en leurs hameaux, ainsi qu'ils approchoient du grand pré, où la pluspart des trouppeaux paissoient d'ordinaire, ils virent venir de loing Tircis, Hylas, & Lycidas, dont les deux premiers sembloient de disputer à bon escient, car l'action des bras & du reste du corps de Hylas le faisoit paroistre: Quant à Lycidas, il estoit tout en soy mesme, & le chappeau enfoncé, & les mains contre le dos, alloit regardant le bout de ses pieds, montrant bien qu'il auoit quelque chose en l'ame qui l'affligeoit beaucoup, & lors qu'ils furent assez pres pour se reconnoistre, & que Hylas apperceut Phillis entre ces Bergers, d'autant que depuis le iour auparauant il commençoit de l'aimer:

Laissant Tircis il s'en vint à elle, & sans saluer le reste de la compagnie la prit sous les bras, & auec son humeur accoustumée, sans autre deguisement de paroles, luy dit la volonté qu'il auoit de la seruir. Phillis qui commençoit de le reconnoistre, & qui estoit bien aise de passer son temps, luy dit: Ie ne sçay, Hylas, d'où vous peut naistre cette volonté: car il n'y a rien en moy qui vous y puisse conuier. Si vous croyez, dit-il, ce que vous dites, vous m'en aurez tant plus d'obligation, & si vous ne le croyez pas, vous me iugerez homme d'esprit, de sçauoir reconnoistre ce qui merite d'estre seruy, & ainsi vous m'en estimerez tant plus. Ne doutez point, respondit-elle, que comme que ce soit, ie ne vous estime, & que ie ne reçoiue vostre amitié comme elle merite: & quand ce ne seroit pour autre consideration, pource au moins que vous estes le premier qui m'a aimée.

De fortune, au mesme temps qu'ils parloient ainsi, Lycidas suruint, de qui la ialousie estoit tellement accreuë qu'elle surpassoit desia son affection: & pour son mal-heur il arriua si mal à propos, qu'il pût oüir la responfe que Hylas fit à Phillis, qui fut telle: Ie ne sçay pas, belle Bergere, si vous continuerez comme vous auez commencé auec moy: mais si cela est, vous serez peu veritable; car ie sçay bien pour le moins que Siluandre m'aydera à vous dementir, & s'il ne le veut faire pour ne vous déplaire, ie m'asseure que tous ceux qui vous virent hier ensemble, tesmoigneront que Siluandre estoit vostre seruiteur. Ie ne sçay pas s'il a laissé son amitié dessous le cheuet: tant y a que si cela n'est, vous estes sa Maistresse.

Siluandre qui ne pensoit point aux Amours de Lycidas, croyant qu'il luy seroit honteux de desaduoüer Hylas, & qu'outre cela il offenseroit Phillis, de dire autrement deuant elle, respondit: Il ne faut point, Berger, que vous cherchiez autre tesmoing que moy pour ce subiet, & ne deuez croire que les Bergers de Lygnon se puissent vestir & deuestir si promptement de leurs affections: car ils sont grossiers, & pour ce tardifs & lents en tout ce qu'ils font: mais tout ainsi que plus vn clou est gros & plus il supporte de pesanteur, & est plus difficile à arracher; aussi plus nous sommes difficiles & grossiers en nos affections, plus aussi durent-elles en nos ames.

De sorte que si vous m'auez veu seruiteur de cette belle Bergere, vous me voyez encor tel: car nous ne changeons pas à toutes les fois que nous dormons: que si cela vous aduient à vous, dis-ie, qui auez le cerueau chaud, ainsi que vostre teste chauue & vostre poil ardant le montrent, il ne faut que vous fassiez mesme iugement de nous. Hylas oyant parler ce Berger si franchement, & si au vray de son humeur, pensa ou que Tircis luy en eust dit quelque chose, ou qu'il le deuoit auoir connu ailleurs, & pour ce tout estonné: Berger, luy dit-il, m'auez-vous veu autresfois, ou qui vous a appris ce que vous dites de moy? Ie ne vous vy iamais, dit Siluandre: mais vostre phisionomie & vos discours me font iuger ce que ie dis: Car mal-aisément peut-on soupçonner en autruy vn défaut duquel on est entierement exempt.

Il faut donc, respondit Hylas, que vous ne
,, soyez point du tout exépt de cette inconstance
,, que vous soupçonnez en moy. Le soupçon, re-
,, pliqua Siluandre, naist ou de peu d'apparence,
ou d'vne apparéce qui n'est point du tout, sinõ
en nostre imagination, & c'est celuy-là qu'on ne
peut auoir d'autruy sans en estre entaché: mais
ce que i'ay dit de vous ce n'est pas vn soupçon,
c'est vne asseurance. Appellez-vous soupçon,
de vous auoir ouy dire que vous auiez aimé
Laonice : & puis quittant celle-là pour cette seconde, dit-il, qui estoit hier auec elle, vous les
auez en fin changées toutes deux pour Phillis,
que vous laisserez sans doute pour la premiere
venuë, de qui les yeux vous daigneront regarder ? Tircis qui les oyoit ainsi discourir, voyant
que Hylas demeuroit vaincu, prit la parole de
cette sorte: Hylas, il ne faut plus se cacher, vous
estes découuert, ce Berger a les yeux trop
clairs pour ne voir les taches de vostre inconstance, il faut auoüer la verité : car si vous com-
batez contre elle, outre qu'enfin vous serez
,, reconnu pour menteur encore ne luy pouuant
,, resister, d'autant que rien n'est si fort que la verité, vous ne ferez que rendre preuue de vostre
foiblesse. Confessez donc librement ce qui en
est, & afin de vous donner courage, ie veux
commencer. Sçachez, gentil Berger, qu'il est
vray que Hylas est le plus inconstant, le plus
desloyal, & le plus traistre enuers les Bergeres

à qui il promet amitié, qui ait iamais esté. De sorte, adiousta Phillis, qu'il oblige fort celles qu'il n'aime point. Et quoy, ma Maistresse, respondit Hylas, vous estes aussi contre moy? vous croyez les impostures de ces malicieux? ne voyez-vous pas que Tircis se sentant obligé à Siluandre de la sentence qu'il a donnée en sa faueur, pense le payer en quelque sorte de vous dôner vne mauuaise opinion de moy? Et qu'importe cela? dit Phillis à Siluandre. Qu'il importe? respondit l'inconstant, ne sçauez-vous pas qu'il est plus difficile de prendre vne place occupée que non point celle qui n'est pas detenue de personne? Il veut dire, adiousta Siluandre, que tant que vous l'aimerez, il me sera plus mal-aisé d'acquerir vos bonnes graces: mais Hylas, mon amy, combien estes-vous déceu? tant s'en faut, quand ie verray qu'elle daignera tourner les yeux sur vous, ie seray tout asseuré de son amitié: car ie la connois de si bon iugement, qu'elle sçaura tousiours bien eslire ce qui sera le meilleur. Hylas alors respondit: Vous croyez peut-estre, glorieux Berger, d'auoir quelque auantage sur moy? Ma Maistresse ne le croyez pas, car il n'en est rien: & de fait quel homme peut-il estre, puis qu'il n'a iamais eu la hardiesse d'aimer, ny de seruir qu'vne seule Bergere, & encore si froidement que vous diriez qu'il se mocque? La où i'en ay aimé autant que i'en ay veuës de belles, & de toutes i'ay

esté bien receu tant qu'il m'a pleu: Quel seruice pouuez-vous esperer de luy, y estant si nouueau qu'il ne sçait par où commencer? mais moy qui en ay serui de toutes sortes, de tout aage, de toute condition, & de toutes humeurs, ie sçay de quelle façon il le faut, & ce qui doit, ou ne doit pas vous plaire: & pour preuue de mon dire, permettez-moy de l'interroger si vous voulez connoistre son ignorance: & lors se tournant vers luy, il continua: Qu'est-ce, Siluandre, qui peut obliger dauantage vne belle Bergere à nous aimer? C'est, dit Siluandre, ”n'aimer qu'elle seule. Et qu'est-ce, continua ”Hylas, qui luy peut plaire dauantage? C'est, respondit Siluandre, l'aimer extrémément. Or voyez, reprit alors l'inconstant, quel ignorant amoureux est cetuy-cy? tant s'en faut que ce qu'il dit soit vray, qu'il engendre le mespris & la haine: car n'aimer qu'elle seule, luy ”donne occasion de croire que c'est faute de ”courage, si l'on ne l'ose entreprendre, & pen- ”sant estre aimée à faute de quelqu'autre, elle ”mesprise vn tel Amant, au lieu que si vous aimez par tout, pour peu que la chose le merite, elle ne croit pas quand vous venez à elle, que ce soit pour ne sçauoir où aller ailleurs, & cela l'oblige à vous aimer, mesme si vous la particularisez & luy faites paroistre de vous fier dauantage en elle, & que pour mieux le luy persuader, vous luy racontiez tout ce que
vous

LIVRE HVICTIESME.

vous sçauez des autres, & vne fois la sepmaine vous luy rapportiez tout ce que vous leur auez dit, & qu'elles vous auront respondu, agençant encor le conte, comme l'occasion le requerra, afin de le rendre plus agreable, & la conuier à cherir vostre compagnie.

C'est ainsi, nouice amoureux, c'est ainsi que vous l'obligerez à quelque Amour: Mais pour luy plaire, il faut au rebours, fuïr comme poison l'extremité de l'Amour, puis qu'il n'y a rien entre deux Amans de plus ennuyeux que cette si grande & extréme affection: car vous qui aimez de cette sorte, pour vous plaire, taschez de luy estre tousiours apres, de parler tousiours à elle, elle ne sçauroit tousser que vous ne luy demandiez ce qu'elle veut, elle ne peut tourner le pied que vous n'en fassiez de mesme. Bref elle est presque contrainte de vous porter, tant vous la pressez & importunez: mais le pis est, que si elle se trouue quelquesfois mal, & qu'elle ne vous rie, qu'elle ne parle à vous, & ne vous reçoiue comme de coustume, vous voila aux plaintes & aux pleurs: mais ie dis plaintes dont vous luy rempliffez tellement les oreilles, que pour se rachepter de ces importunitez, elle est forcée de se contraindre, & quelquesfois que elle voudra estre seule, & se resserrer pour quelque temps en ses pensées, elle sera contrainte de vous voir, vous entretenir, & vous faire mille contes, pour vous contenter. Vous

K k

semble-t'il que cela soit vn bon moyen pour se faire aimer? tant s'en faut, en Amour comme en toute autre chose, la mediocrité est seulement loüable, si bien qu'il faut aimer mediocrement pour éuiter toutes ces fascheuses importunitez: mais encor n'est-ce pas assez, car pour plaire, il ne suffit pas que l'on ne déplaise point, il faut auoir encor quelques attraits qui soient aimables, & cela c'est estre ioyeux, plaisant, auoir tousiours à faire quelque bon conte, & sur tout n'estre iamais müet deuant elle. C'est ainsi, Siluandre, qu'il faut obliger vne Bergere à nous aimer, & que nous pouuons acquerir ses bonnes graces. Or voyez, ma Maistresse, si ie n'y suis maistre passé & quel estat vous deuez faire de mon affection. Elle vouloit respondre: mais Siluandre l'interrompit, la suppliant de luy permettre de parler, & lors il interrogea Hylas de cette sorte: Qu'est-ce, Berger, que vous desirez le plus quand vous aimez? D'estre aimé, respondit Hylas. Mais, repliqua Siluandre, quand vous estes aimé, que souhaittez vous de cette amitié? Que la personne que i'aime, dit Hylas, fasse plus d'estat de moy que de tout autre, qu'elle se fie en moy, & qu'elle tasche de me plaire. Est-il possible, reprit alors Siluandre, que pour conseruer la vie, vous vsiez du poison? Comment voulez-vous qu'elle se fie en vous si vous ne luy estes pas fidelle? Mais, dit le Berger, elle ne le sçaura pas.

Et ne voyez-vous, respondit Siluandre, que vous voulez faire auec trahison, ce que ie dis qu'il faut faire auec sincerité? si elle ne sçait pas que vous en aimez d'autre, elle vous croira fidelle, & ainsi cette feinte vous profitera: mais iugez si la feinte peut ce que fera le vray. Vous parlez de mespris & de dépit: & y a t'il rien qui apporte plus l'vn & l'autre en vn esprit genereux, que de penser: Celuy que ie vois icy à genoux deuant moy, s'est lassé d'y estre deuant vne vingtaine, qui ne me vallent pas: cette bouche dont il baise ma main, est fletrie des baisers qu'elle dône à la premiere main qu'elle rencontre, & ces yeux dont il me semble qu'il idolatre mon visage, estincellent encores de l'Amour de toutes celles qui ont le nom de femme: & qu'ay-ie affaire d'vne chose si commune? Et pourquoy en ferois-ie estat, puis qu'il ne fait rien dauantage pour moy, que pour la premiere qui le daigne regarder? Quãd il parle à moy, il pense que ce soit à telle, ou à telle personne, & ces paroles dont il vse, il les vient d'apprendre à l'escolé d'vne telle, ou bien il vient les estudier icy, pour les aller dire là. Dieu sçait quel mespris, & quel dépit luy peut faire conceuoir cette pensée. Et de mesme pour le second poinct: que pour se faire aimer, il ne faut guere aimer, & estre ioyeux, & galland: car l'estre ioyeux & rieur, est fort" bon pour vn plaisant, & pour vne personne"

"de telle estoffe: mais pour vn Amant, c'est à
"dire, pour vn autre nous mesme, ô Hylas, qu'il
faut bien d'autres conditions! Vous dites que
en toutes choses la mediocrité seule est bonne,
il y en a, Berger, qui n'ont point d'extremité,
de milieu, ny de deffaut, comme la fidelité:
car celuy qui n'est qu'vn peu fidelle ne l'est
point du tout, & qui l'est, l'est en extremité,
c'est à dire qu'il n'y peut point auoir de fidelité
plus grande l'vne que l'autre: de mesme est-il
de la vaillance, & de mesme aussi de l'A-
mour, car celuy qui peut la mesurer, ou qui en
peut imaginer quelque autre plus grande que
la sienne, il n'aime pas: par ainsi vous, voyez
"Hylas, comme en commandant que l'on
"n'aime que mediocrement, vous ordonnez
"vne chose impossible; & quand vous aimez ainsi, vous faites comme ces fols melan-
coliques, qui croyent estre sçauants en toutes
sciences, & toutesfois ne sçauent rien; puis
que vous auez opinion d'aimer, & en effect
vous n'aimez pas. Mais soit ainsi que l'on
puisse aimer vn peu: & ne sçauez-vous que l'a-
mitié n'a point d'autre moisson que l'amitié,
& que tout ce qu'elle seme, c'est seulement
pour en recueillir ce fruict? & comment voulez vous que celle que vous aimerez vn peu,
vous vueille aimer beaucoup? puis que tant
s'en faut qu'elle y gaignast, qu'elle perdroit
vne partie de ce qu'elle semeroit en terre tant

LIVRE HVICTIESME. 517

ingrate. Elle ne sçauroit pas, dit Hylas, que ie l'aimasse ainsi.

Voicy, dit Siluandre, mesme trahison que ie vous ay desia reproché:& croyez-vous puis que vous dites que les effets d'vne extréme Amour sont les importunitez, que vous auez racontées: que si vous ne les luy rendiez pas, elle ne conneust bien la foiblesse de vostre affection? ô Hylas, que vous sçauez peu en Amour! Ces effets qu'vne extremité d'Amour produit, & que vous nommez importunitez, sont bien tels peut-estre enuers ceux, qui comme vous, ne sçauent aimer, & qui n'ont iamais approché de ce Dieu, qu'à perte de veuë : mais ceux qui sont vrayement touchez, ceux qui à bon escient aiment, & qui sçauent quels sont les deuoirs, & quels les sacrifices qui se font aux autels d'Amour : tant s'en faut qu'à semblables effects ils donnent le nom d'importunitez, qu'ils les appellent felicitez & parfaicts contentements ; sçauez-vous bien que c'est qu'aimer ? c'est mourir en soy pour reuiure en autruy, c'est ne se point aimer que d'autant que l'on est agreable à la chose aimée, & bref c'est vne volonté de se transformer, s'il se peut entierement en elle. Et pouuez-vous imaginer qu'vne personne qui aime de cette sorte, puisse estre quelquesfois importunée de la presence de ce qu'elle aime, & que la connoissance qu'elle reçoit d'estre vrayement

K k iij

aymée, ne luy soit pas vne chose si agreable que toutes les autres au prix de celle-là ne peuuent seulement estre goustées ? Et puis si vous auez quelquesfois esprouué que c'est qu'aimer comme ie dis, vous ne penseriez pas que celuy qui a aimé de telle sorte, puisse rien faire qui déplaise, quand ce ne seroit que pour cela seulement, que tout ce qui est marqué de ce beau carectere de l'Amour, ne peut estre desagreable, encor auoüeriez-vous qu'il est tellement desireux de plaire, que s'il y fait quelque faute, telle erreur mesme plaist, voyant à quelle intention elle est faite, où que le desir d'estre aimable donne tant de force à vn vray Amant, que s'il ne se rend à tout le monde, il n'y manque guere enuers celle qu'il aime : De la vient que plusieurs qui ne sont pas iugez plus aimables en general que d'autres, seront plus aimez & estimez d'vne personne particuliere.

Or voyez, Hylas, si vous n'estes pas bien ignorant en Amour, puis que iusques icy vous auiez creu d'aimer, & toutesfois vous n'auez fait qu'abuser du nom d'Amour, & trahir celles que vous auez pensé d'aimer ? Comment, dit Hylas, que ie n'ay point aimé iusques icy ? & qu'ay-ie donc fait auec Carlis, Amaranthe, Laonice, & tant d'autres ? Ne sçauez-vous pas, dit Siluandre, qu'en toutes sortes d'arts il y a des personnes qui les font bien & d'autres mal ?

l'Amour est de mesme: car on peut bien aimer comme moy, & mal aimer comme vous, & ainsi on me pourra nommer maistre, & vous broüillon d'Amour.

A ces derniers mots, il n'y eut celuy qui pût s'empescher de rire, sinon Lycidas, qui oyant ce discours, ne pouuoit que se fortifier dauantage en sa ialousie, de laquelle Phillis ne se prenoit garde, croyant de luy auoir rendu de si grandes preuues de son amitié, que par raison il n'en deuoit plus douter: L'ignorante, qui ne sçauoit pas que la ialousie en Amour, est vn reietton qui attire pour soy la nourriture qui doit aller aux bonnes branches & aux bons fruicts, & qui plus elle est grande, plus aussi montre-t'elle la felicité du lieu, & la force de la plante. Paris qui admiroit le bel esprit de Siluandre, ne sçauoit que iuger de luy, & luy sembloit que s'il eust esté nourry entre les personnes ciuilisées, il eust esté sans pareil, puis que viuant entre ces Bergers il estoit tel, qu'il ne connoissoit rien de plus gentil: cela fut cause qu'il resolut de faire amitié auec luy, afin de ioüir plus librement de sa compagnie, & pour les faire disputer encore, il s'adressa à Hylas, & luy dit: qu'il falloit auoüer qu'il auoit pris vn mauuais party, puis qu'il en estoit demeuré müet. Il ne se faut point estonner de cela, dit Diane, puis qu'il n'y a iuge si violent que la conscience: Hylas sçait bien qu'il dispute contre la verité, & que c'est seulement pour flater sa faute. Et quoy que Diane continuast quelque temps ce discours, si est-ce que Hylas ne respondit mot, estant attentif à regarder Phillis, qui depuis qu'elle auoit pû accoster Lycidas, l'auoit tousiours entretenu assez bas, & parce qu'Astrée ne vouloit qu'il oüist ce qu'elle luy disoit, elle l'interrompit plusieurs fois, iusques à ce qu'elle le contraignit de luy dire: Si Phillis estoit autant importune, ie ne l'aimerois point.

Vrayement, Berger, luy dit-elle expres pour l'empescher de les escouter: Si vous estes aussi mal-gracieux enuers elle, que peu ciuil enuers nous, elle ne fera pas grand conte de vous. Et parce que Phillis, sans prendre garde à cette dispute, continuoit son discours; Diane luy dit: Et quoy, Phillis, est-ce ainsi que vous me rendez le deuoir que vous me deuez? vous me laissez donc, pour aller entretenir vn Berger? A quoy Phillis toute surprise, respondit: Ie ne voudrois pas, ma Maistresse, que cette erreur vous eust despleu: car i'auois opinion que les beaux discours du gentil *Hylas* vous empeschoient de prendre garde à moy, qui cependant taschois de donner ordre à vne affaire, dont ce Berger me parloit. Et certes elle ne mentoit point, car elle estoit bien empeschée, pour la froideur qu'elle reconnoissoit en luy. Il est bon là, Phillis, respondit Diane, auec des paroles de vraye Maiſtreſſe: vous penſez payer touſiours toutes vos fautes par vos excuſes: mais reſſouuenez-vous que toutes ces nonchalances ne ſont pas de petites preuues de voſtre peu d'amitié, & qu'en temps & lieu i'auray memoire de la façon dont vous me ſeruez. Hylas auoit repris Phillis ſous les bras, & ne ſçachant la gajeure de Siluandre & d'elle, fut eſtonné d'ouyr parler Diane de cette ſorte, c'eſt pourquoy la voyant preſte à recommencer ſes excuſes, il l'interrompit, luy diſant: Que veut dire, ma belle Maiſtreſſe, que cette glorieuſe Bergere vous traitte ainſi mal? luy voudriez-vous bien ceder en quelque choſe? ne faictes pas cette faute, ie vous ſupplie: car encore qu'elle ſoit belle, ſi auez-vous bien aſſez de beauté pour faire voſtre party à part, & qui, peut-eſtre, ne cedera guere au ſien.

Ah! Hylas, dit Phillis, ſi vous ſçauiez contre qui vous parlez, vous eſliriez pluſtoſt d'eſtre muet le reſte de voſtre vie, que de vous eſtre ſeruy de la parole pour deplaire à cette belle Bergere, qui vous peut d'vn clin d'œil, ſi vous m'aimez, rendre le plus mal-heureux qui aime. Sur moy, dit le Berger, elle peut hauſſer ou baiſſer, ouurir ou fermer les yeux, mais mon mal-heur, non plus que mon bon-heur ne dépendra iamais, ny de ſes yeux, ny de tout ſon viſage, & ſi toutesfois ie vous aime & veux vous aimer. Si vous m'aimez, adiouſta Phillis, & que ie puisse quelque chose sur vous, ellé y a beaucoup plus de puissance: car ie puis estre émeuë, ou par vostre amitié, ou par vos seruices, à ne vous pas mal traitter. Mais cette Bergere n'estát ny aimée ny seruie de vous, n'en aura aucune pitié. Et qu'ay-ie affaire, dit Hylas de sa pitié? peut-estre que ie suis à sa mercy? Ouy certes, repliqua Phillis, vous estes à sa mercy, car ie ne veux que ce qu'elle veut, & ne puis faire que ce qu'elle me commande, car voila la Maistresse que i'aime, que ie sers, & que i'adore: mais de telle sorte que pour elle seule ie veux aimer, ie veux seruir, & pour elle seule ie veux adorer: Si bien qu'elle est toute mon amitié, tout mon seruice, & toute ma deuotion. Or voyez, Hylas, que vous auez offensé, & quel pardon vous luy deuez demander. Alors le Berger se iettant aux pieds de Diane, tout estonné, apres l'auoir vn peu consideree, luy dit: Belle Maistresse de la mienne, si celuy qui aime, pouuoit auoir des yeux pour voir quelqu'autre chose que le sujet aimé, i'eusse bien veu en quelque sorte que chacun doit honorer & reuerer vos merites. Mais puis que ie les ay clos à toute autre chose qu'à ma Phillis, vous auriez trop de cruauté, si vous ne me pardonniez la faute que ie vous auoie, & dont ie vous crie mercy. Phillis, qui auoit enuie de se dépestrer de cét homme, pour parler à Lycidas, ainsi qu'il l'en auoit priée, se hasta de respondre auant que

Diane, pour luy dire que Diane ne luy pardonneroit point, qu'auec condition qu'il leur raconteroit les recherches & les rencontres qu'il auoit euës depuis qu'il commençoit d'aimer; car il estoit impossible que le discours n'en fust bien fort agreable, puis qu'il en auoit seruy de tant de sorte, que les accidens en deuoient estre de mesme. Vrayement Phillis, dit Diane, vous estes vne grande deuineuse: car i'auois des-ja fait dessein de ne luy pardonner iamais qu'auec ceste condition, & pour ce, Hylas, resoluez-vous-y: Comment, dit le Berger, vous me voulez contraindre à dire ma vie deuant ma Maistresse? & quelle opinion aura-t'elle de moy quand elle oyra dire que i'en ay aimé plus de cent, qu'aux vnes i'ay donné congé auant que de les laisser, & que i'ay laissé les autres auant que de leur en rien dire? quand elle sçaura qu'en mesme temps i'ay esté partagé à plusieurs, que pensera-t'elle de moy? Rien de pire, que ce qu'elle pense, dit Siluandre: car elle ne vous iugera qu'inconstant, aussi bien alors qu'elle fait des-ja. Il est vray, dit Phillis, mais afin que vous n'entriez point en cette doute, i'ay affaire ailleurs où Astrée viendra auec moy, s'il luy plaist, & cependant vous obeïrez aux commandemens de Diane. A ce mot elle prit Astrée sous les bras, & se retira du costé du bois, où des-ja Lycidas estoit allé, & parce que Siluandre auoit entre-oüy ce qu'elle luy auoit respondu, il la suiuit de loing, pour voir quel estoit son dessein à quoy le soir luy seruit de beaucoup pour n'estre veu, car il commençoit de se faire tard, outre qu'il alloit gagnant les buissons, & se cachant de telle sorte, qu'il les suiuit aisément sans estre veu: & arriua si à propos, qu'il ouyt qu'Astrée luy disoit, quelle humeur est celle de Lycidas, de vouloir parler à vous à cette heure, & en ce lieu, puis qu'il a tant d'autres commoditez, que ie ne sçay côme il choisit ce temps incommode. Ie ne sçay, certes, respondit Phillis, ie l'ay trouué tout triste ce soir, & ne sçay ce qui luy peut estre suruenu, mais il m'a tant coniurée de venir icy que ie n'ay peu dilayer: ie vous supplie de vous promener cependant que nous ferons ensemble: car sur tout il m'a requis que ie fusse seule. Ie feray, respondit Astrée, tout ce qu'il vous plaira, mais prenez garde qu'il ne soit trouué mauuais de vous voir parler à luy à ces heures induës, & mesme estant seule en ce lieu escarté: C'est pour cette consideration, respondit Phillis, que ie vous ay donné la peine de venir iusques icy, & c'est pour cela aussi, que ie vous supplie de vous promener si pres de nous, que si quelqu'vn suruient, il pense que nous soyons tous trois ensemble.

Cependant qu'elles parloient ainsi, Diane & Paris pressoient Hylas de leur raconter sa vie, pour satisfaire au commandement de sa

Maistresse, & quoy qu'il en fist beaucoup de difficulté, si est-ce qu'en fin il commença de cette sorte:

HISTOIRE DE HYLAS.

VOus voulez donc, belle Maistresse de la mienne, & vous gentil Paris, que ie vous die les fortunes qui me sont aduenuës depuis que i'ay commécé d'aimer? ne croyez pas que le refus que i'en ay fait vienne de ne sçauoir que dire, car i'ay trop aimé pour auoir faute de suject, mais plustost de ce que ie vois trop peu de iour pour auoir le loisir, non pas de les vous dire toutes (cela seroit trop long,) mais bien d'en commencer vne seulement. Toutesfois, puis que pour obeir, il faut que ie satisfasse à vos volontez, ie vous prie en m'escoutant de vous ressouuenir, que toute chose est suiette à quelque puissance superieure, qui la force presque aux actions qu'il luy plaist, & celle à quoy la mienne m'incline ainsi violemment, c'est l'Amour: car autrement vous vous estonneriez, peut-estre, de m'y voir tellement porté, qu'il n'y a point de chaine assez forte, soit du deuoir, soit de l'obligation qui m'en puisse retirer. Et i'auoüe librement, que s'il faut que chacun ait quelque inclination de la nature, que la mienne est d'inconstance de laquelle ie ne dois point estre blasmé, puis que le Ciel me l'ordonne ainsi. Ayez cette consideration deuant les yeux, cependant que vous escouterez le discours que ie vous vay faire.

Entre les principales contrées que le Rosne en son cours impetueux va visitant, apres auoir receu l'Arar, l'Isere, la Durance, & plusieurs autres riuieres, il vient frapper contre les anciens murs de la ville d'Arles, chef de son pays, & des plus peuplées & riches de la Prouince des Romains. Aupres de cette belle ville, se vint camper, il y a fort long temps, à ce que i'ay ouy dire à nos Druides, vn grand Capitaine nommé Caius Marius, deuant la remarquable victoire qu'il obtint contre les Cimbres, Cimmeriens, & Celtoscites, aux pieds des Alpes, qui estans partis du profond de l'Occean Scytique, auec leurs femmes & enfans en intétion de saccager Rome, furent tellement deffaits par ce grand Capitaine qu'il n'en resta vn seul en vie, & si les armes Romaines en auoient espargné quelqu'vn, la barbare fureur qui estoit dans leur courage leur fit tourner leurs propres mains contre eux-mesmes, & de rage se tuer, pour ne pouuoir viure, ayant esté vaincus. Or l'armée Romaine pour r'asseurer les alliez & amis de leur Republique venát camper comme ie vous disois, pres de cette ville, & selon la coustume de leur nation ceignant leur camp de profondes tranchées, il aduint qu'estans fort pres du

Rosne, ce fleuue qui est tres-impetueux, & qui mine & ronge incessamment ses bords peu à peu vint auec le temps à rencôtrer ces larges & profondes fosses, & entrant auec impetuosité dans ce canal qu'il trouua tout fait, courut d'vne si grande furie, qu'il continua les tranchées iusques dans la mer, où il se va dégorgeant, par ce moyen par deux voyes, car l'ancien cours a tousiours suiuy son chemin ordinaire, & ce nouueau s'est tellement agrandy qu'il égale les plus grādes riuieres, faisant entre deux vne Isle tres-delectable, & tres-fertile, & à cause que ce sont les tranchées de Caius Marius, le peuple par vn mot corrompu l'appelle de son nom Camargue, & depuis parce que le lieu se trouua tout entourné d'eau, à sçauoir de ces deux bras du Rosne & de la mer Mediterranée, ils la nommerent l'Isle de Camargue. Ie ne vous eusse pas dit tant au long l'origine de ce lieu, n'eust esté que c'est la contrée où i'ay pris naissance, & où ceux dont ie suis venu, se sont de long temps logez: car à cause de la fertilité du lieu, & qu'il est comme detaché du reste de la terre, il y a quantité de Bergers qui s'y sont venus retirer, lesquels à cause de l'abondance des pasturages on appella Pastres, & mes peres y ont tousiours esté tenus en quelque consideration parmy les principaux, soit pour auoir esté estimez gens de bien & vertueux, soit pour auoir eu honnestement, & selon leur condition, des biens de fortune: aussi me laisserent-ils assez accommodé lors qu'ils moururent, qui fut sans doute trop tost pour moy: car mon pere mourut le iour mesme que ie nasquis, & ma mere qui m'esleua auec toute sorte de mignardise, en enfant vnique, ou plustost enfant gasté, ne me dura que iusques à ma douziesme année. Iugez quel maistre de maison ie deuois estre: entre les autres imperfections de ce ieune aage, ie ne pûs euiter celle de la presomption, me semblant qu'il n'y auoit Pastre en toute Camargue, qui ne me deust respecter. Mais quand ie fus vn peu plus auancé, & que l'Amour commeça de se mesler auec cette proposition, il me sembloit que toutes les Bergeres estoient amoureuses de moy, & qu'il n'y en auoit vne seule qui ne receust mon amitié auec obligation. Et ce qui me fortifia en cette opinion, fut qu'vne belle & sage Bergere, ma voisine, nommée Carlis, me faisoit toutes les honnestes caresses, à quoy le voisinage la pouuoit conuier. I'estois si ieune encores, que nulles des incommoditez qu'Amour a de coustume de rapporter aux Amans par ses transports violens, ne me pouuoient atteindre; de sorte que ie n'en ressentois que la douceur, & sur ce suject ie me ressouuiens que quelquefois i'allois chantant ces vers:

SONNET.

SONNET,

Sur la douceur d'vne amitié.

QVAND ma Bergere parle, ou bien
   quand elle chante,
Ou que d'vn doux clin d'œil elle éblouyt nos
   yeux,
Amour parle auec elle, & d'vn son gratieux,
Nous rauit par l'oreille, & des yeux nous en-
   chante.
On ne le void point tel, quãd cruel il tourmẽte
Les cœurs passionnez de desirs furieux ;
Mais bien lors qu'enfantin, il s'en court tout
   ioyeux,
Dans le sein de sa mere, & mille amours enfãte.
Ny iamais se iouant aux vergers de Paphos,
Ny prenant au giron des graces son repos,
Nul ne l'a veu si beau qu'aupres de ma Bergere.
Mais quand il blesse aussi, le doit-on dire
   Amour ?
Il l'est quand il se iouë, & qu'il fait son seiour
Dans le sein de Carlis, comme au sein de sa mere.

Encor que l'aage où i'estois ne me permist pas de sçauoir ce que c'estoit que l'Amour, si en laissois-ie de me plaire en la compagnie de cette Bergere, & d'vser des recherches dont

Ll

i'oyois que se seruoient ceux qu'on appelloit amoureux: de sorte que la longue cōtinuation fit croire à plusieurs que i'en sçauois plus que mon aage ne permettoit: & cela fut cause, que quand ie fus paruenu aux dix-huict ou dix-neuf ans, ie me trouuay engagé à la seruir. Mais d'autant que mon humeur n'estoit pas de me soucier beaucoup de cette vaine gloire, que la pluspart de ceux qui se meslent d'aimer se veulent attribuer; qui est d'estre estimez constans, la bonne chere de Carlis m'obligeoit beaucoup plus que ce deuoir imaginé. De là vint qu'vn de mes plus grands amis, prit occasion de me diuertir d'elle: il s'appelloit Hermante, & sans que i'y eusse pris garde, il estoit tellemét deuenu amoureux de Carlis, qu'il n'auoit contentement que d'estre aupres d'elle. Moy qui estois ieune, ie ne m'apperceus iamais de cette nouuelle affection, aussi auois-ie trop peu de finesse pour la reconnoistre, puis que les plus rusez en ce mestier ne l'eussent pû faire que mal-aisément. Il auoit plus d'aage que moy, & par consequent plus de prudence, de sorte qu'il sçauoit si bien dissimuler, que ie ne croy pas que personne pour lors s'en doutast: mais ce qui luy dōnoit beaucoup d'incōmodité, c'estoit que les parens de cette Bergere desiroient que le mariage d'elle & de moy se fist; à cause qu'ils auoient opinion que ce luy fust aduantage. Dequoy Hermante estant aduerty, mesmes

LIVRE HVICTIESME. 531
connoissant aux discours de la Bergere, que veritablement elle m'aimoit, il creut qu'elle se retireroit de moy si ie commençois de me retirer d'elle. Il auoit bien reconnu, comme ie vous ay dit, que ie changerois aussi tost que l'occasion s'en presenteroit. Et apres auoir cõsideré en soy-mesme par où il commenceroit ce dessein, il luy sembla que me donnant opinion de meriter dauantage, il me feroit dédaigner pour l'incertain ce qui m'estoit asseuré. Il y paruint fort aisément, car outre que ie le croyois comme mon amy, ce bien ne me pouuoit estre cher qui m'estoit venu sans peine, & me faisoit croire que i'obtiendrois bien quelque chose de meilleur si ie voulois m'y estudier : Luy d'autre part me le sçauoit si bien persuader, que ie tenois pour certain n'y auoir Bergere en toute Camargue, qui ne me receust plus librement que ie ne voudrois la choisir. Asseuré sur cette creance i'oste entierement Carlis de mon ame, apres ie fay élection d'vne autre que ie iugeay le meriter : & sans doute ie ne me trompay point, car elle auoit assez de beauté pour donner de l'Amour, & de la prudence pour le sçauoir conduire. Elle s'appelloit Stilliane, estimée entre les plus belles & plus sages de toute l'Isle, au reste altiere, & telle qu'il me falloit pour m'oster de l'erreur où i'estois : Et voyez quelle estoit ma presomption, parce qu'elle auoit esté seruie de plusieurs, & que

Ll ij

tous y auoient perdu leur temps, ie me mis à la rechercher plus volontiers, afin que chacun connut mieux mon merite. Carlis, qui veritablement m'aimoit, fut bien eſtonnée de ce changement, ne ſçachant quelle occaſion i'en pouuois auoir: mais ſi fallut-il le ſouffrir, elle eut beau me r'appeller, & pour le commencement vſer de toutes les ſortes d'attraits, dont elle ſe peut reſſouuenir: que ie n'auois garde de retourner, i'eſtois en trop haute mer, il n'y auoit pas ordre de reprendre terre ſi promptement: mais ſi elle eut du déplaiſir de cette ſeparation, elle en fut bien toſt vengée par celle-là meſme qui eſtoit cauſe du mal. Car me figurant qu'auſſi toſt que i'aſſeurerois Stilliane de mon amour, qu'elle ſe donneroit encor plus librement à moy, à la premiere fois que ie la rencontray à propos en vne aſſemblée qui ſe faiſoit, ie luy dis en danſant auec elle: Belle Bergere, ie ne ſçay quel pouuoir eſt le voſtre, ny de quelle ſorte de charmes ſe ſeruent vos yeux, tant y a que Hylas ſe trouue tant voſtre ſeruiteur, que perſonne ne le ſçauroit eſtre dauantage; Elle creut que ie me mocquois, ſçachant bien l'amour que i'auois portée à Carlis, qui luy fit reſpondre en ſouſ-riant: Ces diſcours, Hylas, ſont-ce pas de ceux que vous auez appris en l'eſcole de la belle Carlis? Ie voulois reſpondre quand ſelon l'ordre du bal on nous vint ſeparer, & ne pûs la r'approcher, quelque peine que i'y misse: De sorte que ie fus contraint d'attendre que l'assemblée se separast, & la voyant sortir des premieres pour se retirer, ie m'auançay, & la pris sous les bras. Elle au commencement se sous-rit, & puis me dit: Est-ce par resolution, Hylas, ou par commandement que ce soir vous m'auez entreprise? Pourquoy, luy respondis-ie, me faictes-vous cette demande? Parce, me dit-elle, que ie vois si peu d'apparence de raison en ce que vous faictes, que ie n'en puis soupçonner que ces deux occasions. C'est, luy dis-ie, pour toutes les deux, car ie suis resolu de n'aimer iamais que la belle Stilliane, & vostre beauté me commande de n'en seruir iamais d'autre. Ie croy, me respondit-elle, que vous ne pensez pas parler à moy, ou que vous ne me connoissez point, & afin que vous ne vous y trompiez plus longuemét, sçachez que ie ne suis pas Carlis, & que ie me nomme Stilliane. Il faudroit, luy respondis-ie, estre bien aueuglé pour vous prendre au lieu de Carlis, elle est trop imparfaicte pour estre prise pour vous, ou vous pour elle: Et ie sçay trop pour ma liberté, que vous estes Stilliane, & seroit bon pour mon repos que i'en sçeusse moins. Nous paruinsmes ainsi à son logis, sans que ie peusse reconnoistre, si elle l'auoit eu agreable, ou non. Le lendemain il ne fut pas plustost iour que i'allay trouuer Hermante, pour luy raconter ce qui m'estoit aduenu le soir, ie le trouuay encor au lict, & parce qu'il me vid bien agité: Et bien, me dit, qu'y a-t'il de nouueau? La victoire est-elle obtenuë auant le combat? Ah! mon amy, luy respondis-ie, i'ay bien trouué à qui parler, elle me dédaigne, elle se mocque de moy: elle me renuoye à chaque mot à Carlis: Bref, croyez qu'elle me traitte bien en maistresse, il ne se peut tenir de rire, oyant apres tout au long nos discours: car il n'en auoit pas attendu moins: mais connoissant bien mon humeur assez changeante, il eut peur que ie ne reuinsse à Carlis,& qu'elle ne me receut, qui fut cause qu'il me respondit: Auez-vous esperé moins que cela d'elle? l'estimeriez-vous digne de vostre amitié, si ne sçachant encore au vray que vous l'aimez, elle se donnoit à vous? Comment peut-elle adiouster foy au peu de paroles que vous luy en auez dittes, en ayant tant oüy autrefois, où vous iuriez le contraire à Carlis? Elle seroit sans mentir fort aisée à gagner, si elle se montroit vaincuë pour si peu de combat. Mais, luy dis-ie, auant que ie sois aimé d'elle, s'il faut que ie luy en die autant que i'ay des-ja fait à Carlis, quand est-ce à vostre aduis que cela sera? Vrayement, me respondit Hermante, vous sçauez bien peu que c'est qu'Amour. Il faut que vous appreniez, Hylas, que quand on dit à vne Bergere, ie vous aime, voire mesme quand on luy en fait quelque demonstration, elle ne le croit pas si promptement, d'autant que c'est la coustume des Pastres bien nourris, d'auoir de la courtoisie, & il semble que leur sexe pour sa foiblesse oblige les hommes à les seruir & honorer. Et au contraire à la moindre apparence de haine que l'on leur rend, elles croyent fort aisément d'estre hayes, parce que les amitiez sont naturelles, & les inimitiez au contraire ; & ceux qui vont contre le naturel, il faut que ce soit par vn dessein resolu, au lieu que ceux qui le suiuent, il semble plustost que ce soit par coustume. Par là, *Hylas*, ie veux dire que vous ferez bien plus aisément croire à Carlis que vous la haïssez, à la moindre mauuaise volonté que vous luy montrerez, que vous ne persuaderez pas à Stilliane que vous l'aimez. Et parce que vous voyez bien qu'elle a sur le cœur ceste affection de Carlis, croyez-moy que ce que vous auez à faire de plus pressé, est de luy donner connoissance que vous n'aimez plus cette Carlis, ce que vous deuez faire par quelque action connuë non seulement à Carlis, mais à Stilliane, & à plusieurs autres. Bref, belle Bergere, il me sçeut tourner de tant de costez, qu'en fin i'écriuis à la pauure Carlis, vne telle lettre:

LI iiij

LETTRE DE HYLAS
A CARLIS.

IE ne vous escris pas à ce coup, Carlis, pour vous dire que ie vous ay aimée, car vous ne l'auez que trop creu; mais bien pour vous asseurer que ie ne vous aime plus: Ie sçay asseurément que vous serez estonnée de cette declaration, puis que vous m'auez tousiours plus aimé presque que ie n'ay sçeu desirer: mais ce qui me retire de vous, il faut par force auoüer que c'est vostre malheur qui ne vous veut continuer plus long temps le plaisir de nostre amitié, ou bien ma bonne fortune, qui ne me veut dauantage arrester à si peu de chose. Et afin que vous ne vous plaignez de moy, ie vous dis Adieu, & vous donne congé de prendre party où bon vous semblera, car en moy vous n'y deuez plus auoir d'esperance.

De fortune quand elle receut cette lettre, elle estoit en fort bonne compagnie, & mesme Stilliane y estoit, qui des-approuua de sorte cette action, qu'il n'y en eut point en toute la trouppe qui me blasmast dauantage. Ce que Carlis reconnoissant: Ie vous supplie, leur dit-elle, obligez-moy toutes de luy faire la responce. Quant à moy, dit Stilliane, i'en seray bien le

LIVRE HVICTIESME. 537
secretaire, & lors prenant du papier & de l'encre, toutes les autres ensemble me rescriuirent ainsi, au nom de Carlis.

RESPONSE DE CARLIS
A HYLAS.

HYLAS, l'outrecuidance a esté celle qui vous a persuadé d'estre aimé de moy, & la connoissance que i'ay eu de vostre humeur, & ma volonté qui l'a tousiours trouuée fort desagreable, ont esté celles qui m'ont empesché de vous aimer ; si bien que toute l'amitié que ie vous ay portée, a esté seulement en vostre opinion, & de mesme mon mal-heur, & vostre bonne fortune, & en cela il n'y a rien eu de certain, sinon que veritablement quand vous auez creu d'estre aimé de moy, vous auez esté trompé. Ie le vous iure, Hylas, par tous les merites que vous pensez estre, & qui ne sont pas en vous, qui sont en beaucoup plus grand nombre que ceux qui me deffaillent pour estre digne de vous. L'auantage que ie pretens en tout cecy, c'est d'estre exempte à l'aduenir de vos importunitez, & pour n'estre point entierement ingratte du plaisir que vous me faites en cela, ie ne sçay que vous souhaitter de plus aduantageux, & pour moy aussi, sinon que le

Ciel vous fasse à iamais continuer cette resolution pour mon contentement, comme il vous donna la volonté de me rechercher, pour m'importuner. Cependant viuez content, & si vous l'estes autant que moy, estant deliurée d'vn fardeau si fascheux, croyez, Hylas, que ce ne sera peu.

Il ne faut point mentir, la lecture de cette lettre me toucha vn peu, car ie reconnus bien en ma conscience que i'auois tort de cette Bergere: mais la nouuelle affection que Stilliane auoit fait naistre en moy, ne me permit pas de m'y arrester dauantage, & enfin comment que ce fust, i'en iettois la faute sur elle. Car, disois-ie en moy mesme, si elle n'est pas si belle, ny si agreable que Stilliane, est-ce moy qui en suis coupable? qu'elle s'en plaigne à ceux qui l'ont faite auec moins de perfection. Et pour moy qu'y puis-ie contribuer, que de regretter & plaindre auec elle sa pauureté? mais cela ne me doit pas empescher d'adorer & desirer la richesse d'autruy.

Auec semblables raisons i'essayois de chasser la compassion que Carlis me faisoit: & ne croyant plus auoir rien à faire que de receuoir Stilliane, qui me sembloit estre desia toute à moy, ie priay *Hermante* de luy porter vne lettre de ma part, & ensemble luy faire voir la copie de celle que i'auois escrite à Carlis, afin que

LIVRE HVICTIESME. 539
elle ne fut plus en doute d'elle. Luy qui estoit veritablement mon amy en tout ce qui ne touchoit point à Carlis, n'en fit difficulté, & prenant le temps à propos qu'elle estoit seule en son logis, en luy presentant mes lettres, il luy dit en sousriant : Belle Stilliane, si le feu brusle l'imprudent qui s'en approche trop; si le Soleil esbloüit celuy qui l'ose regarder à plain, & si le fer donne la mort à celuy qui le reçoit dans le cœur, vous ne deuez vous estonner si le miserable Hylas, s'approchant trop de vous s'est bruslé, si vous osant regarder il s'est esbloüy, & si receuant le trait fatal de vos yeux, il en ressent la blessure mortelle dans le cœur. Il vouloit continuer: mais elle toute impatiente l'interrompit: Cessez, Hermante, vous trauaillez en vain, ny Hylas n'a point assez de merite, ny vous assez de persuasion, pour me donner la volonté de changer mon contentement au sien : Ny ie ne me veux point tant de mal, ny à Hylas tant de bien, que ie consente à mon mal-heur, pour croire à vos paroles. Il me suffit, Hermante, que l'humeur de Hylas m'est connuë aux despens d'autruy, sans que aux miens ie l'espreuue : Et ce vous doit estre assez, que Carlis ait esté si laschement trompée, sans que vous seruiez encor d'instrument pour la ruine de quelqu'autre. Si vous aimez, Hylas, i'aime beaucoup plus Stilliane ; & si vous luy voulez

donner vn conseil d'amy, conseillez-le comme ie la conseille, c'est qu'elle n'aime iamais *Hy*las, dites luy aussi qu'il n'aime iamais Stilliane: Et s'il ne vous croit, soyez certain qu'a sa confusion il employera son temps vainement, & quant à la lettre que vous me presentez, ie ne feray point de difficulté de la prendre, ayant de si bonnes deffenses contre ses armes, que ie n'en redoute point les coups. A ce mot, depliant ma lettre, elle la leut tout haut, ce n'estoit enfin qu'vne asseurance de mon affection, par le congé que i'auois donné à Carlis à sa consideration, & vne tres-humble supplication de me vouloir aimer. Elle sousrit apres l'auoir leuë, & s'adressant à *H*ermante, luy demanda s'il vouloit qu'elle me fist responsé, & luy ayant respondu qu'il le desiroit passionnément, elle luy dit qu'il eust vn peu patience, & qu'elle l'alloit escrire, elle estoit telle:

RESPONSE DE STILLIANE
A HYLAS.

*H*YLAS, *voyez combien sont mal fondez vos desseins, vous voulez que pour la consideration de Carlis ie vous aime, & il n'y a rien qui me conuie tant à vous hayr que la memoire que i'ay de Carlis. Vous dites que vous* m'aimez, si quelque autre plus veritable que vous me le disoit, ie le pourrois peut-estre croire: car ie connois bien que ie le merite, mais moy qui ne mens iamais, ie vous asseure que ie ne vous aime point, & pource n'en doutez nullement: aussi seroit-ce auoir bien peu de iugement d'aimer d'vne humeur si mesprisable. Si vous trouuez ces paroles vn peu trop rudes, ressouuenez-vous, Hylas, que i'y suis contrainte, afin que vous ne vous persuadiez pas d'estre aimé de moy. Carlis m'est tesmoin de la condition de Hylas, & Hylas le sera de la mienne, si pour le moins il veut quelquesfois dire vray. Si cette response vous plaist, remerciez-en la priere de Hermante; si elle vous desplaist, ressouuenez-vous de n'en accuser que vous mesme.

Hermante n'auoit point veu cette lettre, quand il me la donna, & encor qu'il eust bien opinion qu'il y auroit de la froideur, si ne pensoit-il pas qu'elle deust estre si estrange. Il n'en fut pas toutesfois tant estonné que moy : car ie demeuray comme vne personne rauie, laissant choir la lettre en terre, & apres estre reuenu à moy, i'enfonce mon chappeau dans la teste, iette les yeux en terre, m'entrelasse les bras sur l'estomac, & à grand pas & sans parler me mets à promener le long de la chambre. Hermante estoit immobile au milieu, sans seulement tourner les yeux sur moy. Nous demeurasmes quelque temps de cette sorte sans parler, enfin tout à coup, frappant d'vne main contre l'autre, & faisant vn saut au milieu de la chambre. A son dam, dis-ie tout haut, qu'elle cherche qui l'aimera, à sçauoir s'il manque en Camargue de Bergeres plus belles qu'elle, & qui seront bien aises que Hylas les serue; & puis m'adressant à luy: O que Stilliane est sotte, luy dis-ie, si elle croit que ie la vueille aimer par force, & que i'aurois peu de courage si ie me souciois iamais d'elle: & que pense-t'elle estre plus qu'vne autre? Voire, elle merite bien qu'on s'en mette en peine: Ie m'asseure, Hermante, qu'elle a bien fait la resoluë, quand vous auez parlé à elle: ce n'a pas esté pour le moins sans faire les petits yeux, sans se mordre la léure, & sans se frotter les mains l'vne à l'autre pour les paslir. Que ie me mocque de ses affeteries & d'elle aussi, si elle croit que ie me soucie non plus d'elle, que de la plus estrangere des Gaules: Elle ne me sçait reprocher que ma Carlis: oüy ie l'ay aimée, & en dépit d'elle ie la veux aimer encores, & m'asseure qu'elle reconnoistra bien tost son imprudence: mais iamais il ne faut qu'elle espere que *Hylas* la puisse aimer. Ie dis quelques autres semblables paroles, ausquelles ie vis bien changer de couleur à *Hermante*: mais pour lors i'en ignorois la cause, depuis i'ay iugé que c'estoit de peur qu'il auoit que ie ne reuinsse en la bonne grace de sa Maistresse; si n'en fit-il autre semblant, sinon qu'il se mit à rire, & me dit qu'il y en auroit bien d'estonnées, quand elles verroient ce changement. Mais si ie pris promptement cette resolution, aussi promptement la voulus-ie executer: Et en ce dessein m'en allay trouuer Carlis, à qui ie demanday mille pardons de la lettre que ie luy auois escrite, l'asseurant que ce n'auoit iamais esté sa faute: mais transport d'affection. Elle qui estoit offensée contre moy comme chacun peut penser, apres auoir escouté paisiblement, enfin me respondit ainsi. Hylas si les asseurances que tu me faits de ta bonne volonté sont veritables, ie suis satisfaite; si elles sont mensongeres, ne croy pas de pouuoir renoüer l'amitié qu'à iamais tu as rompuë: car ton humeur est trop dangereuse. Elle vouloit continuer quand Stilliane, pour luy montrer la lettre que ie luy auois escritte, la venant visiter nous interrompit, lors qu'elle me vid pres de Carlis. Veille-ie, où si ie songe? dit-elle toute estonnée. Est-ce bien là Hylas que ie vois, ou si c'est vn phantosme? Carlis tres-aise de cette rencontre: C'est bien Hylas, dit-elle, ma Compagne, vous ne vous trompez point, & s'il vous plaist de vous approcher, vous oüyrez les douces paroles dont il me crie mercy, & comme il se dedit de tout ce qu'il m'a

escrit, se soufmettant à telle punition qu'il me plaira. Son chastiment, respondit Stilliane, ne doit point estre autre que de luy faire continuer l'affection qu'il me porte. A vous? luy dit Carlis, tant s'en faut, il me iuroit quand vous estes entrée, qu'il n'aimoit que moy. Et depuis quand? adiousta Stilliane : ie sçay bien pour le moins que i'en ay vn bon escrit qu'*Hermante* depuis vne heure m'a donné de sa part, & afin que vous ne doutiez point de ce que ie dis, lisez ce papier, & vous verrez si ie ments. Dieux! que deuins-ie à ces mots? Ie vous iure, belle Bergere, que ie ne pûs iamais ouurir la bouche pour ma deffense. Et ce qui me ruina du tout, fut que par mal-heur plusieurs autres Bergeres y arriuerent en mesme temps, ausquelles elles firent ce conte si desaduantageusement pour moy, qu'il ne me fut pas possible de m'y arrester dauantage : mais sans leur dire vne seule parole, ie vins raconter à *Hermante* ma mesauanture, qui faillit d'en mourir de rire, comme à la verité le sujet le meritoit. Ce bruit s'espancha de sorte par toute Camargue, que ie n'osois parler à vne seule Bergere, qui ne me le reprochast, dont ie pris tant de honte, que ie resolus de sortir de l'Isle pour quelque temps. Voyez si i'estois ieune, de me soucier d'estre appellé inconstant, il faudroit bien à cette heure de semblables reproches pour me faire démarcher d'vn pas. Voila
que

que c'est, dit Paris, il faut estre apprentif auant que Maistre. Il est vray, respondit Hylas, & le pis est, qu'il en faut bien souuent payer l'apprentissage. Mais pour reuenir à nostre discours, ne pouuant alors supporter la guerre ordinaire que chacun m'en faisoit, le plus secrettement qu'il me fut possible ie donnay ordre à mon mesnage, & en remis le soin entier à Hermante, puis me mis sur vn grand batteau qui remontoit, ensemble auec plusieurs autres. Ie n'auois alors autre dessein que de voyager & passer mon temps, ne me souciant non plus de Carlis, n'y de Stilliane, que si ie ne les eusse iamais veuës : car i'en auois tellement perdu la memoire en les perdant de veuë, que ie n'en auois vn seul regret. Mais voyez combien il est difficille de contrarier à son inclination naturelle, ie n'eus pas si tost mis le pied dans le batteau, que ie vis vn nouueau suiet d'Amour. Il y auoit entre quantité d'autres voyageurs vne vieille femme qui alloit à Lyon rendre des vœux au Temple de Venus, qu'elle auoit faits pour son fils, & conduisoit auec elle sa belle fille, pour le mesme suiet, & qui auec raison portoit le nom de belle : car elle ne l'estoit moins que Stilliane, & beaucoup plus que Carlis : elle s'appelloit Aymée, & ne pouuoit encor auoir attaint l'aage de dix-huict ou vingt ans, & quoy qu'elle fust de Camargue, si n'auoit-elle point de connoissance de moy, parce que son mary

M m

ialoux (comme sont ordinairement les vieux qui ont de ieunes & belles femmes) & sa belle-mere soupçonneuse, la tenoient de si court qu'elle ne se trouuoit iamais en assemblée. Or soudain que ie la vis elle me pleut, & quelque dessein que i'eusse fait au contraire, il la fallut aimer. Mais ie preuy bien au mesme temps que i'y aurois de la peine, ayant à tromper la belle-mere & à vaincre la belle-fille. Toutesfois pour ne ceder à la difficulté, ie me resolus d'y mettre toute ma prudence, & iugeant qu'il falloit donner commencement à mon entreprise par la mere: car elle m'empeschoit de m'approcher de mon ennemie, ie pensay qu'il n'y auroit rien de plus à propos, que de me faire connoistre à elle, & qu'il ne pourroit estre, puis que nous estions d'vn mesme lieu, que quelque ancienne amitié de nos familles, ou quelque vieille alliance ne me facilitast le moyen de me familiariser auec elle, & que l'occasion apres m'instruiroit de ce que i'aurois à faire. Ie ne fus point déceu en cette opinion : car aussi tost que ie luy eus dit qui i'estois, & que i'eus feint quelque assez mauuaise raison de ce que i'alloy desguisé, qu'elle receut pour bonne, & que ie luy eus asseuré que ce qui me faisoit découurir à elle, n'estoit que pour la supplier de se seruir plus librement de moy. Mon fils, me respondit-elle, ie ne m'estonne pas que vous ayez cette volonté enuers moy, car vostre pere m'a tant aimée que vous degenereriez trop, si vous n'auiez quelque estincelle de cette affection. Ah! mon enfant, que vous estes fils d'vn homme de bien, & le plus aimable qui fut en toute Camargue; & me disant ces paroles, elle me prenoit par la teste, & me ioignoit contre son estomach, & quelquesfois me baisoit au front, & ses baisers me faisoient ressouuenir de ces foüyers, qui retiennent encor quelque lente chaleur, apres que le feu en est osté : Car mon pere auoit failly de l'espouser, & peut-estre l'auoit trop seruie pour sa reputation, comme ie sçeus depuis · mais moy qui ne me souciois pas beaucoup de ses caresses, sinon en tant qu'elles estoient vtiles à mon dessein, feignant de les receuoir auec beoucoup d'obligation, la remerciay de l'amitié qu'elle auoit portée à mon pere, la suppliay de changer toute cette bonne volonté au fils, & que puis que le Ciel m'auoit fait son heritier du reste de ses biens, elle ne me desheritast de celuy que i'estimois le plus, qui estoit l'honneur de ses bonnes graces, & que de mon costé ie voulois succeder au seruice que mon pere luy auoit voüé, comme à la meilleure fortune de toutes les siennes. Bref, belle Bergere, ie sçeus de sorte flatter ma vieille, qu'elle n'aimoit rien tant que moy, & contre sa coustume pour me gratifier, commanda à sa belle fille de m'aimer. O qu'elle eust esté bien aduisée si

Mm ij

elle eust suiuy son conseil: mais ie ne trouuay iamais rien de si froid en toutes ses actions: de sorte qu'encore que ie fusse tout le iour aupres d'elle, si n'eus-ie iamais la hardiesse de luy faire paroistre mon dessein par mes paroles que nous ne fussions bien pres d'Auignon: car Stilliane m'auoit beaucoup fait perdre de la bonne opinion que i'auois euë de moy mesme. Mais outre cela, elle estoit tousiours aux pieds de la vieille, qui ordinairement m'entretenoit du temps passé. Il aduint que ce grand conuoy, auec lequel nous montions, ainsi que ie vous ay dit, & que plusieurs marchands assemblez faisoient faire, alla branler dans vne isle aupres d'Auignon: & d'autant que nous, qui n'estions pas accoustumez aux voyages, nous trouuions tous engourdis de demeurer si long temps assis, cependant que les battelliers faisoient ce qui leur estoit necessaire; nous mismes pied à terre pour nous promener, & entre autres la belle mere d'Aymée fut de la trouppe. Aussi tost que ma Bergere fut dans l'Isle, elle se mit à courre le long de la riuiere, & à se ioüer auec d'autres filles qui estoient sorties du batteau de compagnie, & moy ie me meslay parmy elles pour auoir le moyen de prendre le temps à propos, cependant que la vieille se promenoit auec quelques autres de son aage. Et de fortune Aymée s'estant vn peu separée de ses compagnes, cueillant des fleurs qui venoient le long de l'eau, ie m'auançay & la pris sous les bras: & apres auoir marché quelque temps sans parler, enfin comme venant d'vn profond sommeil, ie luy dis: l'aurois honte, belle Bergere, d'estre si longuement müet pres de vous, ayant tant de suiet de vous parler; si ie n'en auois encor plus de me taire, & si mon silence ne procedoit d'où les paroles me deuroient naistre. Ie ne sçay, Hylas, me dit-elle, qu'elle occasion vous auez de vous taire, ny quelle vous pouuez auoir de parler, ny moins quelles paroles ou silence vous voulez entendre? Ah! belle Bergere, luy dis-ie, l'affection qui me consomme d'vn feu secret, me donne tant d'occasion de declarer mon mal, qu'à peine le puis-ie taire: & d'autre costé cette affection me fait craindre de sorte d'offenser celle que i'aime, en le luy declarant, que ie n'ose parler: si bien que cette affection, qui me deuroit mettre les paroles en la bouche, est celle qui me les denie quand ie suis aupres de vous. De moy, reprit-elle incontinent: pensez-vous bien, Hylas, à ce que vous dites. Ouy de vous, luy repliquay-ie, & ne croyez point que ie n'aye bien pensé à ce que ie dis, auant que de l'auoir osé proferer. Si ie pensois, me respondit-elle, que ces paroles fussent vrayes, ie vous en parlerois bien d'autre sorte. Si vous doutez, luy dis-ie, de cette verité, iettez les yeux sur vos perfections, & vous en serez entierement

Mm iij

asseurée. Et lors auec mille serments, ie luy dis tout ce que i'en auois sur le cœur. Elle sans s'esmouuoir, me respondit froidement : Hylas, n'accusez point ce qui est en moy, de vos folies, car ie sçauray bien y remedier, de sorte que vous n'en aurez point de suiet ; au reste, puis que l'amitié que ma mere vous porte, ny la condition enquoy ie suis, ne vous a pû destourner de vostre mauuaise intention, ie vous asseure que ce que le deuoir n'a pû faire en vous, il le fera en moy, & que ie vous osteray tellement toute sorte d'occasion de continuer, que vous reconnoistrez que ie suis telle que ie dois estre. Vous voyez comme ie vous parle froidement : ce n'est pas que ie ne ressente bien fort vostre indiscretion : mais c'est pour vous faire entendre que la passion ne me transporte point : mais que la raison seulement me fait parler ainsi : que si ie vois que ce moyen ne vaille rien pour diuertir vostre dessein, ie recourray apres aux extrémes. Ces paroles proferées auec tant de froideur, me toucherent plus viuement que ie ne sçaurois vous dire ; toutesfois ce ne fut pas ce qui m'en fist distraire : car ie sçauois bien que les premieres attaques sont ordinairement soustenuës de cette façon ; mais par hazard, lors qu'Aymée me voyant sans parole, & tant estonné, s'en retourna sans m'en dire dauantage : il y eut vne de ses compagnes, qui me voyant ainsi resuer s'en vint à moy, & me faisant la mouche, me passa deux ou trois fois la main deuant les yeux, & se mit à courre comme presque me conuiant à luy aller apres. Pour le commencement i'estois encore si estourdy du coup, que ie n'en fis point de semblant: mais quand elle y reuint la seconde fois, ie me mis à la suiure, & elle apres auoir tourné quelque temps autour de ses compagnes, s'escarta de la trouppe, & apres estre vn peu esloignée, feignant d'estre hors d'haleine, se coucha aupres d'vn buisson assez touffu : moy qui la courois au commencement sans dessein, la voyant en terre, & en lieu où elle ne pouuoit estre veuë, montrant de me vouloir venger de la peine qu'elle m'auoit donnée, ie me mis à la foüetter, à quoy elle faisoit bien vn peu de resistance : mais de sorte qu'elle montroit que cette priuauté ne luy estoit point desagreable ; mesme qu'en faisant semblant de ne se deffendre, elle se descouuroit, comme ie croy, à dessein, pour faire voir sa charneure blanche, plus qu'on n'eust pas iugé à son visage. Enfin s'estant releuée, elle me dit : Ie n'eusse pas pensé, Hylas, que vous eussiez esté si rude ioüeur, autrement ie ne me fusse pas attaquée à vous. Si cela vous a despleu, luy respondis-ie, ie vous en demande pardon : mais si cela n'est pas, ie ne fus de ma vie mieux payé de mõ indiscretion, que cette fois. Comment l'entendez-vous, me dit-elle? Ie l'entends, luy dis-ie, belle Floriante, que ie ne vis iamais rien de si beau, que ce que ie viens de voir. Voyez, me dit-elle, comme vous estes menteur: & à ce mot me donnant doucement sur la iouë, s'en recourut entre ses compagnes. Cette Floriante estoit fille d'vn tres-honneste Cheualier, qui pour lors estoit malade, & se tenoit pres des riues de l'Arar: & elle ayant sçeu la maladie de son pere, s'en alloit le trouuer, ayant demeuré quelque temps auec vne de ses sœurs, qui estoit mariée en Arles. Pour le visage, il n'estoit point trop beau, car elle estoit vn peu brune; mais elle auoit tant d'affetteries, & estoit d'vne humeur si gaillarde, qu'il faut auoüer que cette rencontre me fit perdre la volonté que i'auois pour Aymée: mais si promptement, qu'à peine ressentis-ie le deplaisir de la quitter, que le contentement d'auoir trouué celle-cy m'en osta toute sorte de regret. Ie laisse donc Aymée ce me semble, & me donne du tout à Floriante, ie dis ce me semble: car il n'estoit pas vray entierement, puis que souuent, quand ie la voyois, ie prenois bien plaisir de parler à elle, encore que l'affection que ie portois à l'autre, me tirast auec vn peu plus de violence: mais en effect, quand i'eus quelque temps consideré ce que ie dis, ie trouuay qu'au lieu que ie n'en soulois aimer qu'vne, i'en auois deux à seruir. Il est vray que ce

LIVRE HVICTIESME. 553

n'eſtoit point auec beaucoup de peine, car quand i'eſtois pres de Floriante, ie ne me reſſouuenois en ſorte du monde d'Aymée, & quand i'eſtois pres d'Aymée, Floriante n'auoit point de lieu en ma memoire. Et n'y auoit rien qui me tourmentaſt, que quand i'eſtois loing de toutes les deux, car ie les regrettois toutes enſemble. Or, gentil Paris, cét entretien me dura iuſques à Vienne, mais eſtant par hazard au logis (car preſque tous les ſoirs nous mettions pied à terre, & meſme quand nous paſſions pres des bonnes villes) ne voila pas qu'vne Bergere vint prier le Patron du batteau où i'eſtois de luy donner place iuſques à Lyon, parce que ſon mary ayant eſté bleſſé par quelques ennemis, luy mandoit de l'aller trouuer. Le Patron qui eſtoit courtois, la receut fort librement, & ainſi le lendemain elle ſe mit dans le batteau auec nous. Elle eſtoit belle, mais ſi modeſte & diſcrette, qu'elle n'eſtoit pas moins recommandable pour ſa vertu, que pour ſa beauté: au reſte ſi triſte, & pleine de melancolie, qu'elle faiſoit pitié à toute la trouppe. Et parce que i'ay touſiours eu beaucoup de compaſſion des affligez, i'en auois infiniment de celle-cy, & taſchois de la deſ-ennuyer le plus qu'il m'eſtoit poſſible, dont Floriante n'eſtoit guere contente, quelque mine qu'elle en fit, ny Aymée auſſi. Car, reſſouuenez-vous, gentil Paris, que quoy que feigne vne femme, elle ne "peut s'empefcher de reffentir la perte d'vn "Amant, d'autant qu'il femble que ce foit vn outrage à fa beauté, & la beauté eftant ce que ce fexe a de plus cher, eft la partie la plus fenfible qui foit en elles. Moy, toutesfois, qui parmy la compaffion commençois à mefler vn peu d'Amour, fans faire femblant de voir ces deux filles, continuois de parler à celle-cy, & entre autres chofes, afin que les difcours ne nous deffailliffent, & auffi pour auoir quelque plus grande connoiffance d'elle, ie la fuppliay de me vouloir dire l'occafion de fon ennuy. Elle alors toute pleine de courtoifie, prit la parole de cette forte :

La compaffion que vous auez de ma peine m'oblige bien, courtois Eftranger, à vous rendre plus de fatisfaction encores que ce que vous me demandez, & penferois de faire vne grande faute, fi ie vous refufois fi peu de chofe; mais ie vous veux fupplier de confiderer auffi l'eftat en quoy ie fuis, & d'excufer mon difcours, fi ie l'abrege le plus qu'il me fera poffible. Sçachez donc, Berger, que ie fuis née fur les riues de Loire, où i'ay efté efleuée auffi cherement iufques en l'aage de quinze ans, qu'autre de ma condition le fçauroit eftre. Mon nom fut Cloris, & mon pere s'apfella Leonce, frere de Gereftan, entre les mains de qui ie fus remife apres la mort de mon pere & de ma mere, qui fut en l'aage que ie vous ay dit, & dés

LIVRE HVICTIESME. 555
lors ie commençay à reſſentir les coups de la fortune: car mon oncle ayant plus de ſoin de ſes enfans que de moy, ſe ſentoit bien fort importuné de ma charge. Toute la conſolation que i'auois, eſtoit de ſa femme qui ſe nommoit Callirée, car celle-là m'aimoit, & m'accommodoit de tout ce qui luy eſtoit poſſible, ſans que ſon mary le ſceuſt. Mais le Ciel vouloit m'affliger du tout: car lors que Filandre frere de Callirée fut tué, elle en eut tant de regret, qu'il n'y eut iamais conſolation de perſonne qui la pûſt faire reſoudre à le ſuruiure, de ſorte que peu de iours apres elle mourut, & ie demeuray auec deux filles, qui eſtoient encor ſi ieunes, que ie n'en pouuois guere auoir de contentement. Il aduint qu'vn Berger de la Prouince Viennoiſe, nommé Roſidor, vint viſiter le Temple d'Hercule, qui eſt pres des riues de Furan, ſur le haut d'vn rocher qui s'eſleue au milieu des autres montagnes par deſſus toutes celles qui luy ſont autour. Le iour qu'il y fut, nous nous y trouuaſmes vne fort bonne trouppe de ieunes Bergers, car c'eſtoit vn iour fort ſolennel pour ce lieu là. Ce ne ſeroit qu'vſer de paroles inutiles, de raconter les propos que nous euſmes enſemble, & la façon dont il me declara ſon amitié: tant y a, que depuis ce iour, il ſe donna de ſorte à moy, que iamais il n'a fait paroiſtre de s'en vouloir dedire. Il eſtoit ieune,

beau, quant à son bien, il en auoit beaucoup plus que ie ne deuois esperer: au reste l'esprit si ressemblant à ce qui se voyoit du corps, que c'estoit vn tres-parfaict assemblage. Sa recherche dura quatre ans, sans que ie puisse dire qu'en ce temps-là il ait iamais fait ny pensé chose dont il ne m'ait rendu conte, & demandé aduis. Cette extreme sousmission, & si longuement continuée, me fit tres-certaine qu'il m'aimoit, & ses merites, qui iusques alors ne m'auoient pû obliger à l'aimer, depuis ce temps m'y conuierent de façon, que ie puis dire auec verité n'y auoir rien au monde de plus aimé que Rosidor l'estoit de Cloris, dont il se sentit de sorte mon redeuable, qu'il augmenta son affection, si toutesfois elle pouuoit estre augmentée. Nous vesquismes ainsi plus d'vn an, auec tout le plaisir qu'vne parfaicte amitié peut apporter à deux Amans. En fin le Ciel fit paroistre de vouloir nous rendre entierement contens, & permit que quelques difficultez qui empeschoient nostre mariage fussent ostées; nous voila heureux, si des mortels le peuuent estre: Car nous sommes conduits dans le Temple, les voix d'Hymen Hymenée, éclattoient de tous costez; bref, estant de retour au logis, on n'oyoit qu'instrumens de resioüyssance, on ne voyoit que bals & chansons, lors que le mal-heur voulut que nous fussions separez par vne des plus fascheuses occasions qui m'eust pû aduenir. Nous estions alors à Vienne, où est la pluspart des possessions de Rosidor : il aduint que quelques ieunes débauchez des hameaux qui sont hors de Lyon, du costé où nos Druides vont reposer le Guy, quand ils l'ont couppé dans la grande forest de Mars, ditte d'Ayrieu, voulurent faire quelques desordres, que mon mary ne pouuant supporter, apres leur auoir doucement remontré, leur empescha d'executer, dont ils furent de telle sorte courroucez, que (pensant que ce seroit la plus grande offense qu'ils pourroient faire à Rosidor, que de s'attaquer à moy) il y en eut vn d'eux qui me voulut casser vne fiole d'ancre sur le visage, mais voyant venir le coup, ie tournay la teste, si bien que ie ne fus atteinte que sur le col, comme, dit-elle, en se baissant, vous en pouuez voir les marques encor assez fraisches. Mon mary qui me vid tout l'estomach plein d'ancre, & de sang, creut que i'estois fort blessée, & outre ce l'outrage luy sembla si grande, que mettant l'espee à la main, il la passa au trauers du corps à celuy qui auoit fait le coup, & puis se meslant parmy les autres, auec l'aide de ses amis, il les chassa hors de sa maison. Iugez, Berger, si ie fus troublée : car ie pensois estre beaucoup plus blessée que ie n'estois, & voyois mon mary tout sanglant tant de celuy qu'il auoit tué, que d'vne blessure qu'il auoit euë sur vne espaule. Mais quand ceste premiere frayeur fut en partie passée, & que la playe qu'il auoit fut sondée, à peine auoit-on finy l'appareil, que la iustice se vint saisir de luy, & l'emmena auec tant de violence qu'on ne me voulut permettre de luy dire Adieu, mais mon affection plus forte que leur defense me fit en fin venir iusques à luy, & me iettant à son col m'y attachay de sorte, que ce fut tout ce qu'on pût faire, que de m'en oster. Luy d'autre costé qui me voyoit en cét estat, aimant mieux mourir que d'estre separé de moy, fit tous les efforts dont vn grand courage & vn extreme Amour estoient capables, qui furent tels, que tout blessé qu'il estoit, il se dépestra de leurs mains, & sortit hors de la ville. Cette defense l'empescha bien d'estre prisonnier : mais elle fut cause aussi de rendre sa raison mauuaise enuers la iustice, qui cependant iette côtre luy toutes ses menaces & proclamations, durant lesquelles son plus grand déplaisir estoit, de ne pouuoir estre aupres de moy, & parce que ce desir le pressoit fort, il se déguisoit & me venoit trouuer sur le soir, & passoit toute la nuict auec moy. Dieu sçait quel contentement estoit le mien, mais combien grande aussi estoit ma crainte : car ie sçauois que ceux qui le poursuiuoient, sçachant l'Amour qui estoit entre nous, feroient tout ce qui leur seroit possible, pour l'y surprendre, & il aduint comme ie l'auois tousiours craint : car en fin il y fut trouué, & emmené dans Lyon, où soudain ie le suiuis, & fort à propos pour luy, d'autant que les Iuges, qu'à toutes heures i'allois solliciter, eurent tant de pitié de moy, qu'ils luy firent grace, & ainsi nonobstāt toute la poursuitte de nos parties, il fut deliuré. Si i'auois eu beaucoup d'ennuy de l'accident & de la peine où ie l'auois veu, croyez, courtois Berger, que ie n'eus pas peu de satisfaction de le voir hors de danger, & absous de tout ce qui s'estoit passé. Mais parce que le déplaisir qu'il auoit receu dans la prison, l'auoit rendu malade, il fut contraint de sejourner quelques iours à Lyon, & moy tousiours auprés de luy, essayant de luy donner tout le soulagement qu'il m'estoit possible. En fin estant hors de danger, il me pria de venir donner ordre à sa maison, afin que nous y puissions receuoir nos amis en la resiouyssance qu'il desiroit de faire auec eux, pour le bon succez de ses affaires: & voila que ces débauchez qui ont esté cause de toute nostre peine, voyant qu'ils n'en pouuoient auoir autre raison, se sont resolus de le tuer dans son lict, & estans entrez dans son logis luy ont donné deux ou trois coups de poignard, & le laissant pour mort, s'en sont fuis. Helas! courtois Berger, iugez quelle ie dois estre, & en quel repos doit estre mon ame, qui, à la verité, est atteinte du plus sensible accident qui m'eust sçeu aduenir!

Ainsi finit Cloris, ayant le visage tout couuert de larmes, qui sembloient autant de perles qui rouloient sur son beau sein. Or, gentil Berger, ce que ie vous vay raconter, est bien vne nouuelle source d'Amour. L'affliction que ie vids en cette Bergere, me toucha de tant de compassion, qu'encore que son visage ne fut, peut-estre, pas capable de me donner de l'amour, toutesfois la pitié m'atteignit si au vif, qu'il faut que ie confesse que Carlis, Stilliane, Aymée, ny Floriante, ne me lierent iamais d'vne plus forte chaine, que cette desolée Cloris. Ce n'est pas que ie n'aimasse les autres, mais i'auois encor outre leur place, celle-cy vuide dans mon ame. Me voila donc resolu à Cloris comme aux autres: mais ie connus bien qu'il n'estoit pas à propos de luy en parler, que Rosidor ne fust ou mort, ou guery; car la peine où il estoit l'occupoit entierement. Nous arriuames de cette sorte à Lyon, où soudain chacun se separa: il est vray que la nouuelle affection que ie portois à Cloris, me la fit accompagner iusques en son logis, où mesme ie visitay Rosidor, afin de faire connoissance auec luy, iugeant bien qu'il falloit commencer par là à paruenir aux bonnes graces de sa femme. Elle qui le croyoit beaucoup plus blessé qu'elle ne ,, le trouua, (car on fait tousiours le mal plus ,, grand qu'il n'est pas, & l'apprehension augmen- ,, te de beaucoup l'accident que l'on redoute)
changea

LIVRE HVICTIESME. 561

changea tout de visage & de façon, quand elle le trouua leué, & qu'il se promenoit par la chambre. Mais oyez ce qui m'arriua, la tristesse que Cloris auoit dans le batteau, fut comme ie vous ay dit la cause de mon affection, & quand aupres de Rosidor, ie la vis ioyeuse & contente, tout ainsi que la compassion auoit fait naistre mon Amour, sa ioye aussi, & son contentement le firent mourir, esprouuant bien alors, qu'vn mal se doit tousiours guerir, par son contraire. I'entray donc serf & captif, dans ce logis, & i'en sors libre, & maistre de moy-mesme : Mais considerant cét accident, ie m'allay ressouuenir d'Aymée, & de Floriante, incontinent me voila en queste de leur logis, & tournay tant d'vn costé & d'autre, qu'en fin ie les rencontray qu'elles s'estoient de fortune mises ensemble. Par bonne rencontre, le lendemain estoit la grande feste de Venus, & parce que suiuant la coustume le iour auant la solemnité, les filles chantent dans le Temple, les Hymnes qui sont faits à l'honneur de la Deesse, & qu'elles y sont la veillée iusques à minuict, i'oüys prendre resolution à la belle-mere d'Aymée d'y passer la nuict, comme les autres, afin de mieux rendre son vœu : Floriante à la secrette requeste d'Aymée, promit d'en faire de mesme, & d'autant que l'on y demeuroit en fort grande liberté, ie

N n

fis dessein sans en parler d'y entrer aussi, feignant d'estre fille, lors qu'il seroit bien obscur, mais sçachant que les Druides estoient eux-mesmes aux portes, depuis qu'il commençoit à se faire tard, ie me resolus de m'y cacher long temps auparauant. Et de faict m'estant mis en vn recoin, le moins frequenté, & le plus obscur, i'y demeuray qu'il estoit plus de neuf ou dix heures du soir. Des-ja le Temple estoit fermé, & n'y auoit d'hommes que moy, si ce n'est qu'il y en eust quelque autre aussi curieux que i'estois, & des-ja les hymnes auoient long temps continué, lors que ie sortis de ma cachette. Et parce que le Temple estoit fort grand, & qu'il n'y auoit clarté que celle que quelques flambeaux allumez sur l'Autel, pouuoient donner à l'entour, ie me mis aisément entre les filles, sans qu'elles me reconnussent, & lors que i'allois cherchant de l'œil, l'endroit où estoit Aymée ie vis porter vne petite bougie à vne ieune fille, qui se leuant s'approcha de l'Autel, & apres auoir fait quelques ceremonies, se mit à chanter quelques couplets, ausquels sur la fin toute la trouppe, respondit: Ie ne sçay si ce fut cette clarté blafarde (car quelquefois elle aide fort à couurir l'imperfection du teint) ou bien si veritablement elle estoit belle, tant y a qu'aussi tost que ie la vis, ie l'aimay. Or qu'à cette heure ceux-là me viennent parler, qui dient que l'Amour vient des yeux de la personne aimée, cela ne pouuoit estre, car elle ne m'eust sçeu voir, outre qu'elle ne tourna pas mesme les yeux sur moy, & qu'à peine l'auois-ie assez bien veuë, pour la pouuoir réconnoistre vne autrefois, & cela fut cause, que poussé de la curiosité, ie me coulay doucement entre ces Bergeres qui luy estoient plus pres. Mais par mal-heur, estant auec beaucoup de danger paruenu iusqu'aupres d'elle, elle finit son hymne, & renuoya la bougie au mesme lieu où elle souloit estre, si bien que le lieu demeura si obscur, qu'à peine en la touchant l'eusse-ie pû voir. Toutesfois l'esperance qu'elle, ou quelqu'autre pres d'elle recommenceroit bien tost à chanter, m'arresta là quelque temps. Mais ie vis que au contraire la clarté fut portée à l'autre chœur, & incontinent apres vne de celles qui y estoient commença de chanter comme auoit fait ma nouuelle & inconnuë Maistresse. La difference que ie remarquay, fust de la voix, fust du visage, estoit grande : car elle n'auoit rien qui approchast de celle que ie commençois d'aimer, qui fut cause que ne pouuant plus long temps commander à ma curiosité, ie m'adressay à vne Dame, qui estoit la plus escartée, & me contre-

Nn ij

faisant le mieux qu'il m'estoit possible, ie luy demanday qui estoit celle qui auoit chanté auant la derniere. Il faut bien, me dit-elle, que vous soyez estrangere, puis que vous ne la connoissez pas. Peut-estre, luy respondis-ie, la reconnoistrois-ie, si i'oyois son nom. Qui ne la connoistra, dit-elle, à son visage, demandera son nom en vain. Toutesfois pour ne vous laisser en peine, sçachez qu'elle s'appelle Cyrcéne, l'vne des plus belles filles qui demeure le long des riues de l'Arar, & tellement connuë en toute cette contrée, qu'il faut, si vous ne la connoissez, que vous soyez d'vn autre monde. Iusques là i'auois si bien contrefait ma voix, que comme la nuict luy trompoit les yeux, aussi deceuois-ie son oreille par mes paroles: mais à ce coup ne m'en ressouuenant plus, apres plusieurs autres remerciemens, ie luy dis, que si en échange de la peine qu'elle auoit prise, ie luy pouuois rendre quelque seruice, ie ne croirois point qu'il y eust homme plus heureux que moy. Comment, me dit-elle alors, & qui estes-vous, qui me parlez de cette sorte? & me touchant soudain, & regardant de plus pres, elle reconnut à mon habit ce que i'estois: dont toute estonnée; Auez-vous bien eu la hardiesse, me dit-elle, d'enfraindre nos loix de cette sorte? Sçauez-vous bien que vous ne

LIVRE HVICTIESME. 565

pouuez payer cette faute qu'auec la perte de voſtre vie ? Il faut dire la verité, quoy que ie ſçeuſſe qu'il y auoit quelque chaſtiment ordonné, ſi ne penſois-ie pas qu'il fuſt tel, dont ie ne fus peu eſtonné : toutesfois luy repreſentant que i'eſtois eſtranger, & que ie ne ſçauois point leurs ſtatuts, elle prit pitié de moy, & me dit, que dés le commencement elle l'auoit bien reconnu, & qu'il falloit que ie ſçeuſſe qu'il eſtoit impoſſible d'obtenir pardon de cette faute, parce que la loy y eſtoit ainſi rigoureuſe, pour oſter de ces veilles tous les abus qui s'y ſouloient commettre. Toutesfois que voyant que ie n'y eſtois point allé de mauuaiſe intention, elle feroit tout ce qui luy ſeroit poſſible pour me ſauuer : Et que pour cét effect il ne falloit pas atrendre que la minuict ſonnaſt, car alors les Druides venoient à la porte auec des flambeaux, & les regardoient toutes au viſage : Qu'à cette heure la porte du Temple eſtoit bien fermée, mais qu'elle eſſayeroit de la faire ouurir : & lors me mettant vn voile ſur la teſte qui me couuroit iuſques auprés des hanches, elle m'accommoda mon manteau par deſſous, en telle ſorte qu'il eſtoit mal-aiſé de reconnoiſtre la nuict ſi c'eſtoit vne robbe : m'ayant ainſi équippé, elle dit à quelques-vnes de ſes voiſines, qui eſtoient venuës auec elle, qu'elle se trouuoit mal, & toutes enfemble, s'en allerent demander la clef à la plus vieille de la trouppe, & nous en allant enfemble à la porte auec vne petite bougie feulement, qu'elle mefme me portoit, & qu'elle couuroit prefque toute auec la main feignant de la conferuer du vent: Nous fortifmes en foule, & i'échappay ainfi heureufement de ce danger par fa courtoifie; & pour mieux me déguifer, & auffi que i'auois enuie de fçauoir à qui i'auois cette obligation, ie m'en allay parmy les autres iufques à fon logis.

Mais, belle Bergere, dit-elle, s'adreffant à Diane, ce difcours n'eft pas encore à moitié, & il me femble que le Soleil eft couché il y a long temps, ne feroit-il pas plus à propos d'en remettre la fin à vne autre fois que nous aurons plus de loifir? Vous auez raifon, dit-elle, gentil Berger, il ne faut pas defpendre tout fon bien à la fois, ce qui refte à fçauoir, nous pourra encore faire couler vne agreable iournée. Outre que Paris, qui doit encores paffer la riuiere, ne fçauroit arrefter icy plus long temps fans fe mettre à la nuict. Il n'y a rien, dit-il, belle Bergere, qui me puiffe incommoder quand ie fuis pres de vous. Ie voudrois bien, refpondit-elle, qu'il y euft quelque chofe en moy qui vous fuft agreable, car voftre merite & voftre courtoifie oblige chacun à vous rendre toute sorte de seruice. Paris vouloit respondre, mais Hylas l'interrompit en luy disant: Pleust à Dieu, gentil Paris, que ie fusse vous, & que Diane fut Phillis; & qu'elle me tint ce langage. Quand cela seroit, dit Paris, vous ne luy en auriez que tant plus d'obligation. Il est vray, dit Hylas, mais ie ne craindray iamais de m'obliger en partie à celle à qui ie suis des-ja entierement. Vos obligations, dit Diane, ne sont pas de celles qui sont pour tousiours, vous les reuoquez quand il vous plaist. Si les vnes, respondit-il y perdent, les autres y ont de l'auantage, & demandez à Phillis si elle n'est pas bien aise que ie sois de cette humeur, car si i'estois autrement, elle pourroit bien se passer de mon seruice. Auec semblables discours, Diane, Paris, & plusieurs autres Bergères, paruindrent iusques au grand pré, où ils auoient accoustumé de s'assembler auant que de se retirer, & Paris donnant le bon-soir à Diane, & au reste de la trouppe, prit son chemin du costé de Laigneu.

Mais cependant Lycidas parloit auec Phillis, car la ialousie de Siluandre le tourmentoit de sorte, qu'il n'auoit peu attendre au lendemain à luy en dire ce qu'il en auoit sur le cœur: Il estoit tellement hors de luy-mesme, qu'il ne prit pas garde que l'on l'écoutoit, mais pensant estre seul auec elle, apres deux ou trois grands foufpirs, il luy dit: Eſt-il poſſible, Phillis, que le Ciel m'ait conſerué la vie ſi longuement pour me faire reſſentir voſtre infidelité? La Bergere qui attendoit toute autre ſorte de diſcours, fut ſi ſurpriſe, qu'elle ne luy peut reſpondre. Et le Berger voyant qu'elle demeuroit muette, & croyant que ce fut pour ne ſçauoir quelle excuſe prendre, continua: Vous auez raiſon, belle Bergere, de ne point reſpondre: car vos yeux parlent aſſez, voire trop clairement pour mon repos: Et ce ſilence ne me dit & aſſeure que trop ce que ie vous demande, & que ie ne voudrois pas ſçauoir. La Bergere qui ſe ſentit offenſée de ces paroles, luy reſpondit toute deſpitée: Puis que mes yeux parlent aſſez pour moy, pourquoy voudriez-vous que ie vous reſpondiſſe d'autre façon? Et ſi mon ſilence vous donne plus de connoiſſance de mon peu d'amitié, que mes actions paſſées n'ont peu faire de ma bonne volonté, penſez-vous que i'eſpere de vous en pouuoir rendre plus de teſmoignage par mes paroles? Mais ie voy bien que c'eſt, Lycidas, vous voulez faire vne honeſte retraitte, vous auez deſſein ailleurs, & pour ne l'oſer, ſans donner à voſtre legereté quelque couuerture raiſonnable, vous vous feignez des chimeres, & baſtiſſez des occaſions de déplaiſir, où vous ſçauez bien qu'il n'y a point de ſujeƈt, afin de me rendre blaſmé de voſtre faute.

Mais, Lycidas, ferrons de pres toutes vos raisons, voyons quelles elles sont, ou si vous ne le voulez faire, retirez-vous, Berger, sans m'accuser de l'erreur que vous auez commise, & dont ie sçay bien que ie feray vne longue penitence : mais contentez-vous de m'en laisser le mortel deplaisir, & non pas le blasme, que vous m'allez procurant par vos plaintes tant ordinaires, que vous en importunez & le Ciel, & la Terre. Le doute où i'ay esté, repliqua le Berger, m'a fait plaindre, mais l'asseurance que vous m'en donnez par vos aigres paroles me fera mourir. Et quelle est vostre crainte? respondit la Bergere. Iugez, repliqua-t'il, qu'elle ne doit pas estre petite, puis que la plainte qui en procede importune & le Ciel, & la Terre, comme vous me reprochez. Que si vous le voulez sçauoir, ie la vous diray en peu de mots : Ie crains que Phillis n'aime point Lycidas. Oüy, Berger, reprit Phillis, vous pouuez croire que ie ne vous aime point, & auoir en vostre memoire ce que i'ay fait pour vous & pour Olympe. Est-il possible que les actions de ma vie passée, vous reuiennent deuant les yeux, lors que vous conceuez ces doutes? Ie sçay bien, respondit le Berger, que vous m'auez aimé, & si i'en eusse esté en doute, ma peine ne seroit pas telle que ie la ressens : mais ie crains que comme vne blessure pour grande qu'elle soit, si elle ne fait mourir, se peut guerir auec le temps : de mesme celle qu'Amour vous auoit faite alors pour moy, ne soit à cette heure de sorte guerie, qu'à peine la cicatrice en apparoisse seulement.

Phillis à ces paroles tournant la teste à costé, & les yeux auec vn certain geste de mescontentement : Puis, Berger, luy dit-elle, que iusques icy par les bons offices, & par tant de tesmoignages d'affection, que ie vous ay rendus, ie connoy de n'auoir rien auancé; asseurez-vous que ce que i'en plains le plus, c'est la peine & le temps que i'y ay employez. Lycidas connut bien d'auoir fort offensé sa Bergere : toutesfois il estoit luy mesme si fort attaint de ialousie, qu'il ne pût s'empescher de luy respondre. Ce courroux, Bergere, ne me donne t'il pas de nouuelles connoissances de ce que ie crains? car de se fascher des propos qu'vne trop grande affection faict quelquesfois proferer, n'est-ce pas signe de n'en estre point attaint? Phillis oyant ce reproche, reuint vn peu à soy, & tournant le visage, luy respondit : Voyez-vous, Lycidas, toutes feintes en toutes personnes me deplaisent : mais ie n'en puis supporter en celles auec qui ie veux viure. Comment

Lycidas a la hardieſſe de me dire qu'il doute de l'amitié de ſa Phillis, & ie ne croiray pas qu'il diſſimule? Et quel teſmoignage s'en peut-il rendre que ie ne vous ay rendu? Berger, Berger, croyez-moy, ces paroles me font mal penſer des aſſeurances que
autresfois vous m'auez données de voſtre
affection: Car il peut bien eſtre que vous
me trompiez en ce qui eſt de vous, comme
il ſemble que vous vous deceuiez en ce qui
eſt de moy. Ou que comme vous penſez
n'eſtre point aimé, l'eſtant plus que tout
le reſte du monde: de meſme vous penſiez
de m'aimer en ne m'aimant pas. Bergere,
reſpondit Lycidas, ſi mon affection eſtoit
de ces communes qui ont plus d'apparence que d'effect, ie me condamnerois moy-
meſme, lors que ſa violence me tranſporte
hors de la raiſon, ou bien quand ie vous demande de grandes preuues d'vne grande amitié: mais puis qu'elle n'eſt pas telle, & que
vous ſçauez bien qu'elle embraſſe tout ce qui
eſt de plus grand, ne ſçauez-vous pas que
l'extréme Amour ne marche iamais ſans la
crainte, encores qu'elle n'en ait point de ſuiet,
& que pour peu qu'elle en ait, cette crainte ſe change en ialouſie, & la ialouſie en
la peine, ou pluſtoſt en la forcenerie où ie me
trouue?

Cependant que Lycidas, & Phillis parloient ainsi, pensant que ces paroles ne fussent oüyes que d'eux mesmes, & qu'ils n'eussent autres tesmoins que ces arbres; Siluandre, comme ie vous ay dit, estoit aux escoutes, & n'en perdoit vne seule parole. Laonice d'autre costé qui s'estoit endormie en ce lieu, s'esueilla au commencement de leur discours, & les reconnoissant tous deux, fut infiniment aise de s'y estre trouuée si à propos, s'asseurant bien qu'ils ne se separeroient point, qu'ils ne luy apprinssent beaucoup de secrets, dont elle esperoit se seruir à leur ruine. Et il aduint ainsi qu'elle l'auoit esperé: car Phillis oyant dire à Lycidas qu'il estoit ialoux, luy repliqua fort, & de lqui? & pourquoy? Ah! Bergere, respondit l'affollé Lycidas, me faites-vous cette demande? Dites-moy, ie vous supplie, d'où procederoit cette grande froideur enuers moy depuis quelque temps, & d'où cette familiarité que vous auez si estroitte auec Siluandre, si l'amitié que vous me souliez porter n'estoit point changée à son auantage? Ah! Bergere, vous deuiez bien croire que mon cœur n'est pas insensible à vos coups, puis qu'il a si viuement ressenty ceux de vos yeux. Combien y a t'il que vous vous estes retirée de moy? que vous ne vous plaisiez plus à parler à moy? & qu'il semble que vous allez mandiant toutes les autres compagnies pour fuir la mienne? Où est le soin que vous auiez autresfois de vous enquerir de mes nouuelles? & l'ennuy que vous rapportoit mon retardement hors de voſtre preſence? Vous pouuez vous reſſouuenir combien le nom de Lycidas vous eſtoit doux, & combien de fois il vous eſchappoit de la bouche pour l'abondance du cœur, en penſant nommer quelque autre? Vous en pouuez-vous reſſouuenir, dis-ie, & n'auoir à cette heure dans ce meſme cœur, & dans cette meſme bouche que le nom & l'affection de Syluandre, auec lequel vous viuez de ſorte qu'il n'eſt pas iuſques aux plus eſtrangers qui ſont en cette contrée, qui ne reconnoiſſent que vous l'aimez, & vous trouuez eſtrange que moy, qui ſuis ce meſme Lycidas, que i'ay touſiours eſté, & qui ne ſuis né que pour vne ſeule Phillis, ſois entré en doute de vous?

L'extréme déplaiſir de Lycidas luy faiſoit naiſtre vne ſi grande abondance de paroles en la bouche, que Phillis pour l'imterrompre ne pouuoit trouuer le temps de luy reſpondre: car ſi elle ouuroit la bouche pour commencer, il continuoit encore auec plus de vehemence, ſans conſiderer que ſa plainte eſtoit celle qui rengregeoit ſon mal, & que s'il y auoit quelque chose qui le peut alleger, c'estoit la seule response qu'il ne vouloit escouter: & au contraire ne connoissant pas que ce torrent de paroles ostoit le loisir à la Bergere de luy respondre, il iugeoit que son silence procedoit de se sentir coupable, si bien qu'il alloit augmentant sa ialousie à tous mouuemens & a toutes les actions qu'il luy voyoit faire: dequoy elle se sentit si surprise & offensée, que toute interdite elle ne sçauoit par quelles paroles elle deuoit commencer, ou pour se plaindre de luy, ou pour le sortir de l'opinion où il estoit: mais la passion du Berger, qui estoit extréme, ne luy laissa pas beaucoup de loisir à y songer: car encore qu'il fust presque nuict, si la vid il rougir, ou pour le moins il luy sembla de le voir, qui fut bien la conclusion de son impatience, tenant alors pour certain, ce dequoy il n'auoit encore que douté. Et ainsi sans attendre dauantage, apres auoir reclamé deux ou trois fois les Dieux, iustes punisseurs des infidelles, il s'en alla courant dans le bois, sans vouloir escouter ny attendre Phillis, qui se mit apres luy, pour luy découurir son erreur: mais ce fut en vain, car il alloit si viste qu'elle le perdit incontinent dans l'espoisseur des arbres. Et cependant Laonice bien aise d'auoir découuert cette affection, & de voir vn si bon commencemét à son dessein, se retira comme de couſtume auec la Bergere ſa compagne, & Siluandre d'autre coſté ſe reſolut, puis que Lycidas prenoit à ſi bon marché tant de ialouſie, de luy vendre à l'aduenir vn peu plus cherement, feignant de vrayement aimer Phillis, lors qu'il le verroit aupres d'elle.

LE

LE NEVFIESME LIVRE DE LA PREMIERE PARTIE D'ASTREE.

LEONIDE cependant arriua en la maison d'Adamas, & luy ayant fait entendre, que Galathée auoit infiniment affaire de luy, & pour vn suiet fort pressé, qu'elle luy diroit par les chemins, il resolut pour ne luy desobeir de partir aussi tost que la Lune esclaireroit, qui pouuoit estre vne demy heure auant iour. En cette resolution, aussi tost que la clarté commença de paroistre, ils se mirent en chemin, & lors qu'ils furent au bas de la coline, n'ayant plus qu'vne plaine qui les conduisoit au Palais d'Isoure, la Nymphe, à la requeste de son oncle, reprit la parole de cette sorte.

Oo

HISTOIRE DE GALATHEE ET LINDAMOR.

MON pere (car elle l'appelloit ainsi) ne vous estonnez point, ie vous supplie, d'oüyr ce que i'ay à vous dire, & lors que vous en aurez occasion, ressouuenez-vous que ce mesme Amour en est cause, qui autresfois vous a poussé à semblables ou plus estranges accidens. Ie n'oserois vous en parler si ie n'en auois permission, voire s'il ne m'auoit esté commandé: mais Galathée à qui cette affaire touche, veut bien, puis qu'elle vous a esleu pour medecin de son mal, que vous en sçachiez, & la naissance, & le progrez: toutesfois elle m'a commandé de tirer parole de vous, que vous n'en direz iamais rien. Le Druide qui sçauoit quel respect il deuoit à sa Dame (car pour telle il la tenoit) luy respondit, qu'il auoit assez de prudence pour celer ce qu'il sçauroit importer à Galathée, & qu'en cela la promesse estoit superfluë. Sur cette asseurance, continua Leonide, ie paracheueray donc de vous dire ce qu'il faut que vous sçachiez: Il y a fort long temps que Polemas deuint amoureux de Galathée, de dire comme cela aduint, il seroit inutile; tant y a qu'il l'aima de sorte, qu'à bon escient on l'en pouuoit dire Amoureux. Cette affection passa si auant, que Galathée mesme ne la pouuoit ignorer, tant s'en faut, en particulier elle luy fit plusieurs fois paroistre de n'auoir point son seruice desagreable. Ce qui le lia si bien, que rien depuis ne l'en a iamais pû distraire, & c'est sans doute que Galathée auoit bien quelque occasion de fauoriser Polemas : car il estoit homme qui meritoit beaucoup. Pour sa race, il est, comme vous sçauez, de cét ancien tige de Suricu, qui en noblesse ne cede pas mesme à Galathée : quant à ce qui est de sa personne il est fort agreable, ayant & le visage & la façon assez capable de donner de l'Amour ; sur tout il a beaucoup de sçauoir, faisant honte en cela aux plus sçauants. Mais à qui vay-ie racontant toutes ces choses? vous le sçauez, mon pere, beaucoup mieux que moy ; tant y a que ces bonnes conditions le rendoient tellement recommandable, que Galathée le daigna bien fauoriser plus que tout autre qui pour lors fut à la Cour d'Amasis. Toutesfois ce fut auec tant de discretion, que personne ne s'en prit iamais garde. Or Polemas ayant ainsi le vent fauorable, viuoit content de soy-mesme autant qu'vne personne fondée sur l'esperance le peut estre.

Mais cét inconstant Amour, ou plustost cette inconstante fortune, qui se plaist au changement, voire qui s'en nourrit, voulut que

Polemas, aussi bien que le reste du monde, ressentist quelles sont les playes qui procedent de sa main. Vous pourrez-vous ressouuenir, qu'il y a quelque temps qu'Amasis permit à Clidaman de nous donner à toutes des seruiteurs. De cette occasion, comme d'vn essaim, sont sortis tant d'Amours, qu'outre que toute nostre Cour en fut peuplée, tout le pays mesme s'en ressentit. Or entr'autres par hazard Lindamor fut donné à Galathée, il auoit beaucoup de merites: toutesfois elle le receut aussi froidement que la ceremonie de cette feste le luy pouuoit permettre : mais luy qui peut estre desia auparauant auoit eu quelque intention, qu'il n'auoit pas osé faire paroistre outre les bornes de sa discretion, fut bien aise que ce sujet se presentast pour esclorre les beaux desseins qu'Amour luy auoit fait conceuoir, & de donner naissance sous le voile de la fiction à de tres-veritables passions. Si Polemas ressentit le commencement de cette nouuelle amitié, le progrez luy en fut encor plus ennuyeux : D'autant que le commencement estoit couuert de l'ombre de la courtoisie, & de l'exemple de toutes les autres Nymphes, si bien qu'encor que Galathée le receust auec quelque apparence de douceur, cela par raison ne le pouuoit offenser, puis qu'elle y estoit obligée par la loy qui estoit commune : mais quand cette recherche continua, & plus encor quand passant les borries de la courtoisie, il vid que c'estoit à bon escient, ce fut lors qu'il ressentit les effets que la ialousie produit en vne ame qui aime bien.

Galathée de son costé n'y pensoit point, ou pour le moins ne croyoit pas en venir si auant: mais les occasions, qui comme enfilées, se vont trainant l'vne l'autre, l'emporterent si auant, que Polemas pouuoit bien estre excusé en quelque sorte, s'il se laissoit blesser à vn glaiue si trenchant, & si la ialousie pouuoit plus que l'asseurance que ses seruices luy donnoient. Lindamor estoit gentil, & n'y auoit rien qui se pût desirer en vne personne bien née; dont il ne se deust contenter, courtois entre les Dames, braue entre les guerriers, plein de valeur & de courage, autant qu'autre qui ait esté en nostre Cour dés plusieurs années. Il auoit esté iusques en l'aage de vingt & cinq ans, sans ressentir les effets qu'Amour a accoustumé de causer dans les cœurs de son aage, non que de son naturel il ne fust seruiteur des Dames, ou qu'il eust faute de courage pour en hazarder quelqu'vne, mais pour s'estre tousiours occupé à ces exercices, qui esloignent l'oysiueté, il n'auoit donné loisir à ses affections de ietter leurs racines en son ame: car dés qu'il pût porter le faix des armes, poussé de cét instinct genereux, qui porte les courages nobles aux plus dangereuses entreprises, il

Oo iij

ne laissa occasion de guerre, où il ne rendist tesmoignage de ce qu'il estoit : depuis estant reuenu voir Clidaman, pour luy rendre le deuoir à quoy il estoit obligé, en mesme temps il se donna à deux, à Clidaman comme à son Seigneur, & à Galathée comme à sa Dame, & à l'vn & à l'autre sans l'auoir designé : mais la courtoisie du ieune Clidaman, & les merites de Galathée auoient des aymants de vertu trop puissantes, pour ne l'attirer à leur seruice. Voila donc comme ie vous disois, Lindamor amoureux : mais de telle sorte, que son affection ne se pouuoit plus couurir du voile de la courtoisie. Polemas, comme celuy qui y auoit interest, le reconnut bien tost, toutesfois encore qu'ils fussent amis, si ne luy en fit-il point de semblant. Au contraire, se cachant entierement à luy, il ne taschoit que de s'asseurer dauantage de cette Amour, afin de la ruiner par tous les artifices qu'il pourroit, comme il l'essaya depuis. Et parce que dés le retour de Lindamor il auoit, comme ie vous disois, fait profession d'amitié auec luy, il luy fut aisé de continuer. En ce temps Clidaman commença de se plaire aux tournois, & aux ioustes, où il reussissoit fort bien, à ce que l'on disoit, pour son commencement : Mais sur tous Lindamor emportoit tousiours la gloire du plus adroit & du plus gentil, dont Polemas portoit vne si grande peine, qu'il ne pouuoit

LIVRE NEVFIESME. 583

dissimuler sa mauuaise volonté, & pensant, s'il faisoit ses parties auec luy, d'en emporter la plus grande gloire, parce qu'il estoit plus aagé, & de plus longue main à la Cour, il estoit tousiours dans tous les desseins de son riual : mais Lindamor qui ne se doutoit point de l'occasion qui le luy faisoit faire, y alloit sans contrainte, & cela rendoit ses actions plus agreables ; ce que ne faisoit pas Polemas, qui auoit vn dessein caché, où il falloit qu'il vsast d'artifice : de sorte qu'il luy seruoit presque de lustre. Et mesmes le dernier des Baccanales, que le ieune Clidaman fist vn tournoy, pour soustenir la beauté de Siluie, Guyemants & Lindamor firent tout ce que des hommes pouuoient faire : mais entre tous, Lindamor y eut tant de grace & tant de bon-heur, que quand Galathée n'en eust point esté le iuge, Amour toutesfois eust donné l'arrest contre Polemas. La Nymphe qui commençoit d'auoir des yeux aussi bien pour le reste des hommes, que iusques alors elle n'en auoit eu que pour Polemas, ne pût s'empescher de dire beaucoup de choses à l'aduantage de Lindamor. Et voyez comme l'Amour se ioüe & se mocque de la prudence des Amants. Ce que Polemas auec tant de soing & d'artifice va recherchant pour s'auantager par dessus Lindamor, luy nuit le plus, & le rend presque son inferieur : car chacun faisant comparaison des actions de l'vn &

Oo iiij

de l'autre, y trouuant tant de difference, qu'il eust mieux valu pour luy, ou de n'y point assister, ou qu'il s'en fust declaré ennemy tout à fait. Ce fut ce soir mesme que Lindamor, poussé de son bon demon (ie croy quant à moy, qu'il y a des iours heureux, & d'autres malheureux) se declara à bon escient seruiteur de la belle Galathée : mais l'occasion aussi luy fut toute telle qu'il eust sceu desirer: car dansant ce bal, que les Francs ont nouuellement apporté de Germanie, auquel on va desrobant celle que l'on veut: conduit d'Amour, mais beaucoup plus poussé à ce que ie croy du destin, il desroba Galathée à Polemas, qui plus attentif à son discours qu'au bal, n'y prenoit pas garde, & alloit à l'heure mesme reprochant à la Nymphe la naissante amitié qu'il preuoyoit de Lindamor : Elle qui n'y auoit point encor pensé à bon escient, s'offensa de ce discours, & receut si mal ses paroles qu'elles luy rendirent celles de Lindamor d'autant plus agreables, qu'il luy sembloit en cela se venger de ce soupçoneux. Ce qui m'en fait parler ainsi, c'est que nul ne le peut mieux sçauoir que moy, qui semble auoir esté destinée pour ouyr toutes ces Amours : car soudain que nous fusmes retirées, & que Galathée fut dans le lict, elle me cõmanda de demeurer au cheuet pour luy tenir la bougie, c'estoit lors qu'elle lisoit les dépesches qui luy venoient, & mesme celles qui estoient

LIVRE NEVFIESME. 585
d'importance. Ce soir elle en fit le semblant
pour donner occasion aux Nymphes de la laif-
ser seule, & quand elles furent toutes sorties,
elle me commāda de fermer la porte, puis me
fit asseoir sur le pied du lict, & apres auoir vn
peu sousry, elle me dit: Encor faut-il, Leonide, que vous riez de la gracieuse rencontre qui
m'est aduenuë au bal: vous sçauez qu'il y a
des-ja quelque temps que Polemas a pris volonté de me seruir, car ie ne le vous ay point
celé, & d'autant qu'il me sembloit qu'il viuoit
enuers moy auec tant d'honneur, & de respect,
il ne faut point en mentir, son seruice ne m'a
point esté des-agreable, & ie l'ay receu auec vn
peu plus de bonne volonté, que des autres de
cette Cour, non toutesfois qu'il ait eu aucun
Amour de mon costé: ie ne veux pas dire, que
peut estre, comme l'Amour flatte tousiours ses
malades d'esperance, il ne se soit figuré ce qu'il
a desiré, mais la verité est, que ie n'ay iamais
encores iugé qu'il eust pour moy quelque
chose capable de m'en donner, ie ne sçay ce
qui pourroit aduenir, & m'en remets à ce qui
en sera, mais pour ce qui est iusques icy, il n'y
a aucune apparence. Or Polemas qui a veu
que i'oyois ce qu'il me vouloit dire, & que ie
l'écoutois auec patience, rendu d'autant plus
hardy, qu'il ne remarquoit point que ie vesquisse auec aucun autre de cette sorte, a passé
si outre, qu'il ne sçait plus ce qu'il fait, tant il

est hors de soy. Et de faict, ce soir il a dansé auec moy quelque temps, au commencement si resueur, que i'ay esté contrainte, sans y penser, de luy demander ce qu'il auoit. Ne vous déplaira-t'il point, m'a-t'il dit, si ie le vous découure? Nullement, luy ay-ie respondu, car ie ne demande iamais chose que ie ne vueille sçauoir. Sur cette asseurance il a poursuiuy: Ie vous diray, Madame, qu'il n'est pas en ma puissance de ne reuer à des actions que ie voy d'ordinaire deuant mes yeux, & qui me touchent si viuement que si i'en auois aussi bien l'asseurance, que ie n'en ay que le soupçon, ie ne sçay s'il y auroit quelque chose assez forte, pour me retenir en vie. Sans mentir, i'estois encor si peu aduisée, que ie ne sçauois ce qu'il vouloit dire, toutesfois me semblant que son amitié m'obligeoit à quelque sorte de curiosité, ie luy ay demandé quelles actions c'estoient qui le touchoient si viuement. Alors s'arrestant vn peu, & m'ayant regardée ferme quelque temps, il m'a dit: Est-il possible, Madame, que sans fiction vous me demandiez que c'est? Et pourquoy, luy ay-ie respondu, ne voulez-vous pas que ie le puisse faire? Parce, a-t'il adiousté, que c'est à vous à qui toutes ces choses s'adressent, & que c'est de vous aussi d'où elles procedent; & lors voyant que ie ne disois mot, car ie ne sçauois ce qu'il vouloit dire, il a recommencé à marcher, & m'a dit: Ie ne veux plus que vous puissiez feindre en cette affaire sans rougir : car resolumét ie me veux forcer de le vous dire, quoy que le discours m'en deust couster la vie. Vous sçauez, Madame, auec quelle affection, depuis que le Ciel me rendit vostre, i'ay tasché de vous rendre preuue que i'estois veritablement seruiteur de la belle Galathée; vous pouuez dire, si iusques icy vous auez reconnu quelque action des miennes tendre à autre fin qu'à celle de vostre seruice : si tous mes desseins n'ont pris ce poinct pour leur but, & si tous mes desirs paruenans là, ne se sont montrez satisfaits & contens : Ie m'asseure que si ma fortune me nie de meriter quelque chose dauantage en vous seruant, que pour le moins elle ne me refusera pas cette satisfaction de vous, que vous auoüerez que veritablement ie suis vostre, & à nulle autre qu'à vous. Or si cela est, iugez quel regret doit estre le mien apres tant de temps dependu pour dire perdu, lors que (s'il y auoit quelque raison en Amour) ie deurois plus raisonnablement attendre quelque loyer de mon affection, ie vois en ma place vn autre fauorisé, & heritier pour dire ainsi de mon bien auant ma mort : excusez-moy, si i'en parle de cette sorte, l'extréme passion arrache ces iustes plaintes de mon ame, qui encore qu'elle le vueille, ne peut les taire dauantage, voyāt celuy qui triomphe de moy, en auoir acquis la victoire plus par destin, que par merite. C'est de Lindamor, de qui ie vous parle, Lindamor, de qui le seruice est d'autant plus heureusement receu de vous, qu'il ne cede, & en affection, & en fidelité: Mon grief n'est pas pour le voir plus heureux qu'il n'eust osé souhaitter, mais ouy bien de le voir heureux à mes despens. Excusez-moy, Madame, ie vous supplie, ou plustost excusez la grandeur de mon affection, si ie me plains, puis que ce n'est qu'vne plus apparente preuue du pouuoir que vous auez sur vostre tres-humble seruiteur: Et ce qui me fait parler ainsi, c'est pour remarquer que vous vsez enuers luy des mesmes paroles, & des mesmes façons de traitter que vous souliez enuers moy, à la naissance de vostre bonne volonté, & lors que vous me permistes de vous parler, & de pouuoir dire en moy-mesme, que vous sçauiez mon affection. Cela me met hors de moy-mesme, auec tant de violence, qu'à peine puis-ie commander à ces furieux mouuemens que vous me faictes, & que l'offense produit en mon ame, qu'ils n'en fassent naistre des effects au delà de la discretion. Il vouloit parler dauantage, mais la passion en quoy il estoit, luy a si promptement osté la voix, qu'il ne luy a pas esté possible de continuer plus outre. Si ie me suis offensée de ses paroles, vous le pouuez iuger, car elles estoient & temeraires & pleines d'vne vanité qui n'estoit pas supportable: toutesfois afin de ne donner connoissance de ce trouble à ceux qui n'ont des yeux que pour épier les actions d'autruy, ie me suis contrainte de luy faire vne responſe vn peu moins aigre que ie n'eusse fait, si i'eusse esté ailleurs. Et luy ay dit: Polemas, ce que vous estes, & ce que ie suis, ne me laissera iamais douter que vous ne soyez mon seruiteur, tant que vous demeurerez en la maison de ma mere, & que vous ferez seruice à mon frere: Mais ie ne puis assez m'estonner des folies que vous allez meslant en vostre discours, en parlant d'heritage, & de vostre bien: en ce qui est de mon amitié, ie ne sçay par quel droit vous me pretendriez vostre? Mon intention, Polemas, a esté de vous aimer, & estimer comme vostre vertu le merite, & ne vous deuez rien figurer outre cela: & quant à ce que vous dittes de Lindamor, sortez d'erreur, car si i'en vse de mesme auec luy, que i'ay fait auec vous, vous deuez croire que i'en feray de mesme auec tous ceux qui par cy-apres le meriteront, sans autre dessein plus grand que d'aimer, & d'estimer ce qui le merite, en quelque suject qu'il se trouue. Et quoy, Madame, luy dis-ie lors en l'interrompant, vous semble-t'il que cette responſe soit douce? Ie ne sçay pas ce que vous eussiez peu honnestement luy dire dauantage: car à la verité, il faut auoüer qu'il est outrecuidé, mais si ne peut-on nier que cette outrecuidance ne soit née en luy auec quelque apparence de raison. De raison ? me respondit incontinent la Nymphe, & quelle raison en cela pourroit-il alleguer ? Plusieurs, Madame, luy repliquay-ie, mais pour les taire toutes, sinon vne: ie vous diray, que veritablement vous auez permis qu'il vous ait seruie auec plus de particularité que toute autre. C'est parce, dit Galathée, qu'il me plaisoit dauantage, que le reste des seruiteurs de mon frere. Ie le vous auoüe, respondis-ie, & se voyant plus auant en vos bonnes graces, que pouuoit-il moins esperer que d'estre aimé de vous ? Il a tant ouy raconter des exemples d'Amour entre des personnes inégales, qu'il ne pouuoit se flatter moins que d'esperer cela mesme pour luy, qu'il oyoit raconter des autres, & me souuient que sur ce mesme suject il fit des vers qu'il chanta deuant vous, il y a quelque temps, lors que vous luy commandiez de celer son affection. Ils estoient tels:

SONNET.

POVRQVOY *si vous m'aimez, craignez-vous qu'on le sçache ?*
Est-il rien de plus beau qu'vne honneste amitié ?
Les esprits vertueux l'vn à l'autre elle attache
Et loing des cœurs humains bannit l'inimitié.

Si vostre élection est celle qui vous fasche,
Et que vous me iugiez trop indigne moitié,
Orgueilleuse beauté qu'à chacun on le cache,
Sans que iamais en vous se montre la pitié.

 Mais toutesfois Didon d'vn Corsaire n'a honte,
Paris, ieune Berger, son Oenone surmonte,
Et Diane s'émeut pour son End. mion.

 Amour n'a point d'égard à la grandeur Royale,
Au Sceptre le plus grand la houlette il égale,
Et sans plus luy suffit la pure affection.

Alors Adamas luy demanda? Et comment, Leonide, il semble par les paroles de Galathée, qu'elle méprise Polemas, & par ces vers il n'y a personne qui ne iugeast qu'elle l'aime, & qu'il ne puisse seulement patienter qu'elle le dissimule? Mon pere, luy repliqua Leonide, il est tout vray qu'elle l'aimoit, & qu'elle luy en auoit tant rendu de preuue, qu'en le croyant il n'estoit pas si outrecuidé, qu'on l'eust pû tenir pour homme de peu d'entendement en ne le croyant pas; & quoy qu'elle vouluft feindre auec moy, si est-ce que ie sçay bien qu'elle l'auoit attiré par des artifices, & par des esperances de bonne volonté, dont les arres n'estoient pour le commencemét si petites, que plusieurs autres n'y eussent esté deceus, & ie ne sçay, voyant donner de si grandes asseurances, qui eust creu qu'elle les eust voulu perdre, & se dédire du marché : mais il merite ce chastiment, pour la perfidie dont il a vsé enuers vne Nymphe, de qui l'affection deceuë a crié vengeance, de sorte qu'Amour l'a en fin exaucée : sans mentir, c'est le plus trompeur, le plus ingrat, & le plus indigne d'estre aimé, pour cette méconnoissance, qui soit sous le Ciel, & ne merite pas qu'on le plaigne, s'il ressent la douleur que les autres ont soufferte pour luy.

Adamas la voyant ainsi émeuë contre Polemas, luy demanda qui estoit la Nymphe qu'il auoit deceuë, & luy dit, qu'elle deuoit estre de ses amies, puis qu'elle en ressentoit l'offense si viuement. Elle reconnut alors qu'elle auoit trop cedé à sa passion, & que sans y penser elle faisoit connoistre ce qu'elle auoit tenu secret si long temps : toutesfois comme elle auoit vn esprit vif, & qui ne tomboit iamais en defaut, elle couurit par ses dissimulations si bien cette erreur, qu'Adamas pour lors n'y prit pas garde. Et quoy, ma fille, luy dit Adamas, ne sçauez-vous pas que les hommes viuent auec dessein de vaincre, & paracheuer tout ce qu'ils entreprennent, & que l'amitié qu'ils font paroistre à vous autres femmes, n'est que pour s'en faciliter le chemin ? Voyez-vous, Leonide, tout Amour est pour le desir de chose qui defaut ; le desir estant assouuy, n'est plus desir ; n'y ayant plus de desir, il n'y a plus d'Amour. Voila

LIVRE NEVFIESME. 593

Voila pourquoy celles qui veulent estre long-temps aimées, sont celles qui donnent moins de satisfactions aux desirs des Amans. Mais, adiousta Leonide, celle dont ie parle est vne de mes particulieres amies, & ie sçay que iamais elle n'a traitté enuers Polemas, qu'auec toute la froideur qui se peut dire. Cela aussi, repliqua Adamas, fait perdre le desir, car le desir se nourrit de l'esperance, & des faueurs. Or tout, ainsi que la méche de la lampe s'esteint quand l'huile defaut, de mesme le desir meurt, lors que sa nourriture luy est ostée : voila pourquoy nous voyons tant d'Amours qui se changent, les vnes par trop, les autres par trop peu de faueurs : mais retournons à ce que vous disiez à Galathée : Qu'est-ce qu'elle vous respondit? Si Polemas, respondit Leonide, eust eu, me dit-elle, autant de iugement pour se mesurer, que de temerité pour m'oser aimer, il eust receu ces faueurs de ma courtoisie, & non pas de mon Amour. Mais, continua Galathée, cela n'a rien esté au prix de l'accident qui est arriué en mesme temps, car à peine auois-ie respódu à Polemas, ce que vous auez ouy, que Lindamor suiuant le cours de la danse, m'est venu desrober, & si dextrement, que Polemas ne l'a sçeu éuiter, ny par mesme moyen me respondre qu'auec les yeux : mais, certes, il l'a fait auec vn visage si refroigné que ie ne sçay comme i'ay peu m'empescher de rire. Quant

Pp

à Lindamor, ou il ne s'en est pris garde, ou le reconnoissant, il ne la voulu faire paroistre; tant y a qu'incontinent apres il m'a parlé de sorte, que cela suffisoit bien à faire deuenir entierement fol le pauure Polemas, s'il l'eust ouy: Madame, m'a-t'il dit, est-il possible que toutes choses aillent tant au rebours, & que la feinte reüsisse si vraye, & les presages aussi, que vos yeux me dirent à l'abord que ie les vis? Lindamor, luy ay-ie dit, ce seroit estre puny comme vous meritez, si feignant vous rencontriez la verité. Cette punition, m'a-t'il respondu, m'est si agreable, que ie me voudrois mal, si ie ne l'aimois & cherissois, comme le plus grand heur qui me puisse arriuer. Qu'entendez vous par là ? luy ay-ie dit: car, peut-estre, parlons-nous de chose bien differente. I'entends, dit-il, qu'en ce jeu du bal, ie vous ay desrobée, & qu'en la verité de l'Amour, vous m'auez desrobé & l'ame & le cœur. Alors rougissant vn peu, ie luy ay respondu comme en colere: Et quoy, Lindamor, quels discours sont les vostres? vous ressouuenez-vous pas qui ie suis, & qui vous estes? Si fay, dit-il, Madame, & c'est ce qui me conuie à vous parler de cette sorte, car n'estes-vous pas Madame, & ne suis-ie pas vostre seruiteur? Oüy, luy ay-ie respondu, mais ce n'est pas en la sorte que vous l'entendez, car vous me deuez seruir auec respect, & non point auec amour, ou s'il y a de l'affection, il faut qu'elle naisse de de voſtre deuoir. Il a incontinent repliqué, Madame, ſi ie ne vous ſers auec reſpect, iamais diuinité n'a eſté honorée d'vn mortel, mais que ce reſpect ſoit le pere ou l'enfant de mon affection, cela vous importe peu, car ie ſuis reſolu quelle que vous me puiſſiez eſtre, de vous ſeruir, de vous aimer, & de vous adorer, & en cela ne croyez point que le deuoir, à quoy Clidaman par ſon jeu nous a ſouſmis, en ſoit la cauſe, il en peut bien eſtre la couuerture: mais en fin vos merites, vos perfections, ou pour mieux dire, mon deſtin me dône à vous, & i'y conſens, car ie reconnois que tout homme qui vit ſans vous aimer, ne merite le nom d'homme. Ces paroles ont eſté proferées auec vne certaine vehemence, qui m'a bien fait connoiſtre qu'il diſoit veritablement ce qu'il auoit en l'ame, & voyez, ie vous ſupplie, la plaiſante rencontre. Ie n'auois iamais pris garde à cette affection, penſant que tout ce qu'il faiſoit fuſt par jeu, & ne m'en fuſſe iamais apperceuë, ſans la ialouſie de Polemas, mais depuis i'ay eu touſiours l'œil ſur Lindamor, & ne faut point que i'en mente, ie l'ay trouué capable de donner auſſi bien de l'Amour, que de la ialouſie, de ſorte qu'il ſemble que l'autre ait éguiſé le fer dont il a voulu trancher le filet du peu d'amitié que ie luy portois : car ie ne ſçay comment Polemas, depuis ce temps-la me déplaist si fort en toutes ses actions, qu'à peine l'ay-ie pû souffrir pres de moy le reste du soir: au contraire tout ce que Lindamor fait, me reuient de sorte, que ie m'estonne de ne l'auoir plustost remarqué. Ie ne sçay si Polemas pour estre interdit a changé de façon, ou si la mauuaise opinion que i'ay conceuë de luy, m'a changé les yeux pour son regard; tant y a que, ou mes yeux ne voyent plus comme ils souloient, ou Polemas n'est plus celuy qu'il souloit estre. Il ne faut point que i'en mente, quand Galathée me parla de cette sorte contre luy, ie n'en fus pas marrie, à cause de son ingratitude; au contraire, pour luy nuire encor dauantage, ie luy dis: Ie ne m'estonne pas, Madame, que Lindamor vous reuienne plus que Polemas, car les qualitez & les perfections de l'vn & de l'autre ne sont pas égales; chacun qui le verra, fera bien le mesme iugemét que vous. Il est vray qu'en cecy ie preuoy vne grande brouillerie, premierement entre eux, & puis entre vous, & Polemas. Et pourquoy? me dit Galathée; auez-vous opinion qu'il ait quelque puissance sur mes actions, ou sur celles de Lindamor? Ce n'est pas cela, luy dis-ie, Madame: mais ie connoy assez l'humeur de Polemas, il ne laissera rien d'intenté, & remuera le Ciel & la terre, pour reuenir au bon-heur qu'il croira d'auoir perdu, & comme cela, il fera ces folies, qui ne se peuuent cacher qu'à ceux qui ne les veulent point voir, & vous en aurez du déplaisir, & Lindamor s'en offensera: & Dieu vueille qu'il n'en aduienne encor pis. Rien, rien, Leonide, me respondit-elle: Si Lindamor m'aime, il fera ce que ie luy commanderay; s'il ne m'aime pas, il ne se souciera guere de ce que Polemas fera: & pour luy s'il fort des limites de raison, ie sçay fort bien comme il l'y faudra remettre, & m'en laissez la peine: car i'y pouruoiray bien. A ce mot elle me commanda de tirer le rideau, & la laisser reposer, pour le moins si ses nouueaux desseins le luy permettoient. Mais au sortir du bal, Lindamor qui auoit pris garde à la mine que Polemas auoit faicte, quand il luy auoit osté Galathée, eut quelque opinion qu'il l'aimast; toutesfois n'en ayant iamais rien conneu par ses actions passées, il voulut le luy demander, resolu s'il l'en trouuoit amoureux, de tascher de s'en diuertir, parce qu'il se sentoit en quelque sorte obligé à cela, pour l'amitié qu'il luy auoit fait paroistre, qu'il pensoit estre veritable, & ainsi l'abordant, le pria de luy pouuoir dire vn mot en particulier. Polemas qui vsoit de toute la finesse dont vn homme de Cour peut estre capable, peignit son visage d'vne feinte bien-vueillance, & respondit: Qu'est-ce qu'il plaist à Lindamor de me commander? Ie n'vseray iamais, dit Lindamor, de commandement, où ma priere seule doit auoir quelque lieu; & pour cette heure ie ne me veux seruir de l'vn ny de l'autre: mais seulement en amy, que ie vous suis, vous demander vne chose, que nostre amitié vous oblige de me dire. Quoy que ce puisse estre, repliqua Polemas, puis que nostre amitié m'y oblige, vous deuez croire que ie vous respondray auec la mesme franchise que vous sçauriez desirer. C'est, adjousta Lindamor, qu'apres auoir seruy quelque temps Galathée, selon que i'y estois obligé par l'ordonnance de Clidaman, en fin i'ay esté contraint de le faire par celle de l'Amour: car il est tout vray qu'apres l'auoir long temps seruie par la disposition de la fortune, qui me donna à elle, ses merites m'ont depuis tellement acquis, que ma volonté a ratifié ce don, auec tant d'affection, que de m'en retirer ce seroit autant defaut de courage, que c'est maintenant outrecuidance de dire que i'ose l'aimer. Toutesfois, l'amitié qui est entre vous & moy, estant contractée de plus longue main que cét Amour, me donne assez de resolution pour vous dire, que si vous l'aimez, & auez quelque pretention en elle, i'espere encor auoir tant de puissance sur moy, que ie m'en retireray, & donneray connoissance que l'Amour en moy, est moins que l'amitié, ou pour le moins que les folies de l'vn cedent aux sagesses de l'autre. Dittes-moy donc franchement ce que vous auez en l'ame, afin que voſtre amitié, ny la mienne, ne ſe puiſſent plaindre de nos actions. Ce que ie vous en dy, n'eſt pas pour découurir ce qui eſt de vos ſecrettes intentions, puis que vous ouurant les miennes, vous ne deuez craindre que ie ſçache les voſtres, outre que les loix de l'amitié vous commandent de ne me les celer pas, veu que non point la curioſité, mais le deſir de la conſeruation de noſtre bien-vueillance, me fait le vous demander. Lindamor parloit à Polemas auec la meſme franchiſe que doit vn amy: pauure & ignorant Amant, qui croyoit qu'en Amour il s'en peuſt trouuer! au contraire le diſſimulé Polemas luy reſpondit: Lindamor, cette belle Nymphe de qui vous parlez, eſt digne d'eſtre ſeruie de tout l'Vniuers, mais quant à moy ie n'y ay aucune pretention: Bien, vous diray-ie, qu'en ce qui eſt de l'Amour, ie ſuis d'aduis que chacun y faſſe de ſon coſté ce qu'il pourra. Lindamor ſe repentit lors, de luy auoir tenu vn langage ſi plein de courtoiſie & de reſpect, puis qu'il en vſoit ſi mal: & ſe reſolut de faire tout ce qui ſeroit en luy, pour s'auancer aux bonnes graces de la Nymphe, & toutesfois il luy reſpondit: Puis que vous n'y auez point de deſſein, ie m'en reſioüys, comme de la choſe qui me pouuoit arriuer la plus agreable, d'autant que de m'en retirer, ce m'euſt eſté

Pp iiij

vne peine, qui n'eust esté guere moindre que la mort.

Tant s'en faut, adiousta Polemas, que i'y aye quelque pretention d'Amour, que ie ne l'ay iamais regardée que d'vn œil de respect, tel que nous sommes tous obligez de luy rendre. Quant à moy, repliqua Lindamor, i'honore bien Galathée comme Dame, mais aussi ie l'aime comme belle Dame, & me semble que ma fortune peut pretendre aussi haut qu'il eust permis à mes yeux de regarder, & que nul n'offense vne diuinité en l'aimant. Auec semblables discours ils se separerent tous deux assez mal satisfaits l'vn de l'autre, toutesfois bien differemment, car Polemas l'estoit de ialousie, & Lindamor pour reconnoistre la perfidie de son amy.

Dés ce iour ils vesquirent d'vne plaisante sorte, car ils estoient ordinairement ensemble, & toutesfois ils se cachoient leurs desseins, non pas Lindamor en apparence, mais en effect il se cachoit en tout ce qu'il proposoit, & qu'il desseignoit de faire, sçachant bien que les occasions passées ne se peuuent r'appeller, il ne laissoit perdre vn seul moment de loisir, qu'il n'employast à faire paroistre son affection à la Nymphe; en quoy certes il ne perdit ny son temps, ny sa peine, car elle eut tellement agreable la bonne volonté qu'il luy faisoit paroistre, que si elle n'auoit pas tant d'Amour

LIVRE NEYFIESME. 601

que luy dedans les yeux, elle en auoit bien autant pour le moins dans le cœur: & parce qu'il est fort mal-aisé de cacher si bien vn grand feu, que quelque chose ne s'en découure, leurs affections, qui commençoient à brusler à bon escient, se pouuoient difficilement couurir, de quelque prudence qu'ils y vsassent: cela fut cause que Galathée se resolut de parler le moins souuent qu'il luy seroit possible à Lindamor, & de trouuer quelque inuention pour luy enuoyer de ses lettres, & en receuoir secrettement, & pour cét effect elle fit dessein sur Fleurial nepueu de la nourrice d'Amasis, & frere de la sienne, duquel elle auoit souuent reconnu la bonne volonté, parce qu'estant Iardinier en ses beaux iardins de Montbrison, ainsi que son pere toute sa vie l'auoit esté, lors qu'on y menoit promener Galathée, il la prenoit bien souuent entre ses bras, & luy alloit amassant les fleurs qu'elle vouloit, & vous sçauez que ces amitiez d'enfance, estant comme succées auec le laict, se tournent presque en nature: outre qu'elle sçauoit bien que tous vieillards estans auares, faisant du bien à cestuy-cy, elle se l'acquerroit entierement. Et il aduint comme elle l'auoit desseigné: car vn iour se trouuant vn peu esloignée de nous, elle l'appella, feignant de luy demander le nom de quelques fleurs qu'elle tenoit en la main, & apres les luy auoir demandées assez haut, baissant vn peu la voix, elle luy dit : Vien ça, Fleurial, m'aime-tu bien ? Madame, luy respondit-il, ie serois le plus meschant homme qui viue si ie ne vous aimois plus que tout ce qui est au monde. Me puis-ie asseurer, dit la Nymphe, de ce que tu dis ? Que iamais, repliqua-t'il, ne puisse-ie viure vn moment, si ie n'eslisois plustost de faillir contre le Ciel, que contre vous. Quoy, adiousta Galathée, sans nulle sorte d'exception, fust-ce en chose qui offensast Amasis ou Clidaman? Ie ne m'enquiers point, dit alors Fleurial, qui i'offenserois en vous seruant : car c'est à vous seule à qui ie suis, & quoy que Madame me paye, c'est toutesfois de vous de qui ce bien faict me vient: & puis quand cela ne seroit point, ie vous ay tousiours eu tant d'affection, que dés vostre enfance, ie me donnay du tout à vous. Mais, Madame, à quoy seruent ces paroles ? ie ne seray iamais si heureux, que d'en pouuoir rendre preuue. Alors Galathée luy dit: Escoute Fleurial, si tu vis en cette resolution, & que tu sois secret, tu seras le plus heureux homme de ta condition, & ce que i'ay fait pour toy par le passé, n'est rien au prix de ce que ie feray : mais voy-tu, sois secret, & te ressouuiens que si tu ne l'es, outre que d'amie que ie te suis, ie te seray mortelle ennemie : encor te dois-tu asseurer qu'il n'y va rien moins que de ta vie. Va trouuer Lindamor, & fais tout ce qu'il te dira, & croy que ie reconnoistray mieux que tu ne sçaurois esperer, les seruices que tu me feras en cela, & prends garde à n'auoir point de langue. A ce mot Galathée nous vint retrouuer, & riant disoit que Fleurial & elle auoient long-temps parlé d'Amour. Mais, disoit-elle, c'est d'amour de iardin, car ce sont des amours des simples. De son costé, Fleurial, apres auoir quelque temps tourné par le iardin, feignant de faire quelque chose, sortit dehors, bien en peine de cette affaire: car il n'estoit pas tant ignorant qu'il ne connut bien le danger où il se mettroit, fust enuers Amasis, s'il estoit découuert, fust enuers Galathée, s'il ne faisoit ce qu'elle luy auoit commandé, iugeant bien que c'estoit Amour: & il auoit ouy dire, que toutes les offenses d'Amour touchent au cœur : Enfin l'amitié qu'il portoit à Galathée, & le desir du gain le fit resoudre, puis qu'il l'auoit promis d'obseruer sa parole, & de ce pas s'en va trouuer Lindamor qui l'attendoit : car la Nymphe l'asseura qu'elle le luy enuoyeroit, & que seulement il luy fist bien entendre ce qu'il auroit à faire. Soudain que Lindamor le vid, il feignit deuant chacun de ne le connoistre pas beaucoup, & luy demanda s'il auoit quelque affaire à luy. A quoy il luy respondit tout haut, qu'il le venoit supplier de representer à Amasis ses long seruices, & le peu de moyen qu'il auoit d'estre payé de ce qui luy estoit deu, &

enfin luy parlant plus bas, luy dit l'occasion de sa venuë, & s'offrit à luy rendre tout le seruice qu'il luy plairoit. Lindamor le remercia, & luy ayant briefuement fait entendre ce qu'il auoit affaire, il iugea la chose si aisée qu'il n'en fit point de difficulté. Dés lors, comme ie vous ay dit, quand Lindamor vouloit escrire, Fleurial faisoit semblant de presenter vne requeste à la Nymphe, & quand elle faisoit responce, elle la luy rendoit auec le decret tel qu'elle l'auoit pû obtenir d'Amasis. Et parce que d'ordinaire ces vieux seruiteurs ont tousiours quelque chose à demander, cestuy-cy n'auoit pas faute de suiet, pour luy presenter à toute heure de nouuelles requestes, qui obtenoient le plus souuent des responses aduentageuses outre son esperance mesme. Or durant ce temps, l'amitié que la Nymphe auoit portée à Polemas, diminua de telle sorte, qu'à peine pouuoit-elle parler à luy sans mespris, ce que ne pouuant supporter, & connoissant bien que toute cette froideur procedoit de l'amitié naissante de Lindamor, il se laissa tellement transporter, que n'osant parler contre Galathée, il ne pût s'empescher de dire plusieurs choses au desaduantage de Lindamor: & entre autres, que quoy qu'il fust bien honneste homme, & accomply de beaucoup de parties remarquables, toutesfois la bonne opinion qu'il auoit de soy-mesme, n'estoit pas de celles qui se sçauent mesurer, & que pour preuue de cela, il auoit esté si outrecuidé, que de hausser les yeux à l'Amour de Galathée, & non seulement de la conceuoir en son ame, mais encore de s'en estre vanté en parlant à luy. Discours qui paruint en fin iusques aux oreilles de Galathée: voire passa si auant, que presque toute la Cour en fut aduertie. La Nymphe en fut tellement offensée, qu'elle resolut de traitter de sorte Lindamor, qu'il n'auroit point à l'aduenir occasion de publier ses vanitez, & cela fut cause que tost apres ce bruit fut esteint, parce qu'elle qui estoit en colere ne parloit plus à luy, & que ceux qui remarquoient ses actions, n'y reconnoissant aucune apparence d'Amour, furent contraints de croire le contraire, & en mesme temps l'esloignement du Cheualier, qui suruint si promptement, y ayda beaucoup, parce qu'Amasis l'enuoya pour vne affaire d'importance sur les riues du Rhim : mais son depart ne pût estre si precipité, qu'il ne trouuast occasion de parler à Galathée, pour sçauoir la cause de son changement, & apres l'auoir espiée quelque temps, le matin qu'elle alloit au Temple auec sa mere, il se trouua si pres d'elle, & tellement au millieu de nous, que mal-aisément pouuoit-il estre apperceu d'Amasis. Aussitost qu'elle le vid, elle voulut changer de place, mais la retenant par la robbe, il luy dit: Quelle offense est la mienne, ou quel changement est le vostre? Elle respondit en s'en allant: Ny offense, ny changement, car ie suis tousiours Galathée, & vous estes tousiours Lindamor, qui estes trop bas suiet pour me pouuoir offenser. Si ces paroles le toucherent, ses actions en rendirent tesmoignage: car quoy qu'il fust prés de son départ, si ne pût-il donner ordre à autre affaire, qu'à rechercher en soymesme en quoy il auoit pû faillir. Enfin ne se pouuant trouuer coupable, il luy escriuit vne telle lettre.

LETTRE DE LINDAMOR A GALATHEE.

Ce n'est pas pour me plaindre de Madame, que i'ose prendre la plume, mais pour deplorer ce mal-heur seulement, qui me rend si mesprisé de celle qui autresfois ne me souloit pas traitter de cette sorte. Si suis-ie bien ce mesme seruiteur, qui vous a tousiours seruie auec toute sorte de respect & de soumißion: Et vous estes cette mesme Dame, qui la premiere auez esté la mienne. Depuis que vous me receustes pour vostre, ie ne suis point deuenu moindre, ny vous plus grande: si cela est, pourquoy ne me iugez vous digne du mesme traittement? I'ay demandé conte à mon ame de ses actions,

quand il vous plaira ie les vous déplieray toutes
deuant les yeux. Quant à moy, ie n'en ay peu
accuser vne seule, si vous le iugez autrement,
m'ayant ouy, ce ne sera peu de consolation à ce
pauure condamné, de sçauoir pour le moins le
suiet de son supplice.

Cette lettre luy fut portée, comme de coustume par Fleurial, & si à propos qu'encore qu'elle eust voulu, elle n'eust osé la refuser, à cause que nous estions toutes à l'entour : & sans mentir, il est impossible que quelqu'autre pût mieux iouër son personnage que luy : car sa requeste estoit accompagnée de certaines paroles de pitié & de reuerence, tellement accommodées à ce qu'il feignoit de demander, qu'il n'y eust eu celuy qui n'y eust esté trompé; & quant à moy, si Galathée ne me l'eust dit, iamais ie n'y eusse pris garde : mais d'autant qu'il estoit mal-aisé, ou plustost impossible, que le ieune cœur de la Nymphe, pour se descharger n'eust quelque confidente, à qui librement elle fist entendre ce qui la pressoit si fort, entre toutes elle m'esleut, & comme plus asseurée, ce luy sembloit, & comme plus affectionnée. Or soudain qu'elle eust receu ce papier, feignant d'auoir oublié quelque chose en son cabinet, elle m'appella, & dit aux autres Nymphes que elle reuiendroit incontinent, & qu'elles l'attendissent là. Elle monta en sa chambre, & de la en

son cabinet, sans me rien dire, ie iugeois bien qu'elle auoit quelque chose qui l'ennuyoit: mais ie n'osois le luy demander de crainte de l'importuner; elle s'assit, & iettant la requeste de Fleurial sur la table, elle me dit: Cette beste de Fleurial me va tousiours importunant des lettres de Lindamor. Ie vous prie, Leonide, dites luy qu'il ne m'en donne plus. Ie fus vn peu estonnée de ce changement: toutesfois ie sçauois bien que l'Amour ne peut demeurer
,, longuement sans querelle, & que ces petites dis-
,, putes sont des soufflets qui vont dauātage allu-
,, mant son brasier: neantmoins ie ne laissay de
,, luy dire: Et depuis quand, Madame, vous en donne-t'il? Il y a long-temps, repliqua-t'elle, & n'en sçauez-vous rien? Non certes, luy dis-ie, Madame. Et alors, en fronçant vn peu le sourcil, il est vray, me dit-elle, qu'autresfois ie l'ay eu agreable: mais à cette heure il a abusé de cette faueur, & m'a offensée par sa temerité. Et quelle est sa faute? repliquay-ie. La faute adiousta la Nymphe, est vn peu grossiere: mais toutesfois elle me déplaist plus qu'elle n'est d'importance. Ie vous laisse à penser quelle vanité est la sienne, de faire entendre qu'il est amoureux de moy, & qu'il me l'a dit. O Madame, luy dis-ie, cela n'est peut-estre pas vray, ses enuieux l'ont inuenté pour le ruiner, & pres de vous, & pres d'Amasis. Cela est bon, repliqua-t'elle, mais cependant Polemas le dit

par

par tout, & feroit-il poſſible que chacun le
ſçeut, & que luy ſeul fuſt ſourd à ce bruit? Que
s'il oyt, que n'y remedie-t'il? Et quel remede,
reſpondis-ie,voulez vous qu'il y apporte? Quel?
dit la Nymphe, le fer & le ſang? Peut-eſtre le
fait-il auec beaucoup de raiſon, luy dis-ie, car
ie me reſſouuiens d'auoir oüy dire, que ce qui
nous touche en l'Amour, eſt ſi ſuiet à la médi-
ſance, que le moins que l'on l'eſclarcit, eſt touſiours le meilleur. Voila, me dit-elle, de bonnes
excuſes: pour le moins me deuroit-il demander ce que ie veux qu'il en faſſe: en cela il feroit
ce qu'il doit, & moy ie ſerois ſatisfaite. Auez-
vous veu, luy reſpondis-ie, la lettre qu'il vous
eſcrit? Non, me dit-elle, & ſi vous diray de
plus que ie n'en verray iamais, s'il m'eſt poſſible, & fuïray tant que ie pourray de parler
à luy. Alors ie pris le papier de Fleurial, & ouurant la lettre ie leus tout haut ce que ie vous ay
deſia dit, & adiouſtay à la fin: Et bien, Madame, ne deuez-vous pas aimer vne choſe qui eſt
toute à vous, & ne vous offenſer à l'aduenir ſi
aiſément contre celuy qui n'a point offenſé? Il
eſt bon là, me dit-elle, il y a bien apparence qu'il
ſoit le ſeul qui n'ait oüy ces bruits: mais qu'il
feigne tant qu'il voudra, au moins ie me con-
ſole, que s'il m'aime, il payera bien l'intereſt
du plaiſir qu'il a eu à ſe vanter de noſtre
Amour, & s'il ne m'aime point, qu'il s'aſſeure que ſi ie luy ay donné quelque ſuiet de

Qq

conceuoir vne telle opinion, ie la luy osteray bien à l'aduenir, & luy donneray occasion de l'estouffer pour grande qu'elle ait esté : & pour commencer, ie vous prie commandez à Fleurial qu'il ne soit plus si hardy de m'apporter chose quelconque de cét outrecuidé. Madame, luy dis-ie, ie feray tousiours tout ce qu'il vous plaira me commander : mais encore seroit-il bien necessaire de considerer meurement cette affaire : car vous pourriez vous faire beaucoup de tort en pensant offenser autruy. Vous sçauez bien quel homme est Fleurial, il n'a guere plus d'esprit que ce qu'en peut tenir son iardin : si vous luy faictes connoistre ce mauuais mesnage, entre Lindamor & vous ; i'ay peur que de crainte il ne descouure cette affaire à Amasis, où ne s'enfuye, & ce qui le luy feroit descouurir, seroit pour s'en excuser de bonne heure. Pour Dieu, Madame, considerez quel desplaisir ce vous seroit : ne vaut-il pas mieux sans rien rompre, que vous trouuiez commodité de vous plaindre à Lindamor ? & si vous ne le voulez faire, ie le feray bien, & m'asseure qu'il vous satisfera; ou bien si cela n'est, vous aurez au partir de là occasion de rompre du tout cette amitié, le luy disant à luy-mesme, sans en donner connoissance à Fleurial. De parler à luy, me dit-elle, ie ne sçaurois : De luy en faire parler, mon courage ne le peut souffrir : car ie luy veux trop de mal. Voyant qu'elle auoit le cœur enflé de cette offense: pour le moins, luy dis-ie, vous deuez luy escrire. Ne parlons point de cela, me dit-elle, c'est vn outrecuidé, il n'a que trop de mes lettres. Enfin ne pouuant obtenir autre chose d'elle, elle me permit de plier vn papier en façon de lettre, & le remettre dans la requeste de Fleurial, & la luy porter: Et cela afin qu'il ne s'apperçeust de cette dissension. Quel fust l'estonnement du pauure Lindamor, quand il receut ce papier! Il est mal-aisé de le pouuoir dire à qui ne l'auroit esprouué: & ce qui l'affligea dauantage, fut qu'il deuoit par necessité partir le matin pour aller en ce voyage, où les affaires d'Amasis & de Clidaman l'obligeoient de demeurer assez long-temps. De retarder son départ, il ne le pouuoit, de s'en aller ainsi, c'estoit mourir. Enfin il resolut à l'heure mesme, de luy rescrire encores vn coup, plus pour hazarder, que pour esperer quelque bonne fortune. Fleurial fit bien ce qu'il pût pour la representer promptement à Galathée: mais il ne le sçeut faire, parce qu'elle ressentant viuement ce desplaisir, ne pouuoit supporter cette desvnion, qu'auec tant d'ennuy, qu'elle fust contrainte de se mettre au lict, d'où elle ne sortit de plusieurs iours. Fleurial enfin voyant Lindamor party, print la hardiesse de la venir trouuer en sa chambre, & faut que i'auoüe la verité, parce que ie voulois mal à Polemas, ie fis ce que ie pûs pour rapiecer cette affection de Lindamor, & pour ce suiet ie donnay commodité d'entrer à Fleurial. Si Galathée fut surprise, iugez-le, car elle attendoit toute autre chose plustost que celle là, toutesfois elle fut contrainte de feindre, & prendre ce qu'il luy presenta, qui n'estoit que des fleurs en apparence. Ie voulus me trouuer dans la chambre, afin d'estre du conseil, & pouuoir rapporter quelque chose pour le contentement du pauure Lindamor. Et certes ie ne luy fus point du tout inutile : car apres que Fleurial fut party, & que Galathée se vid seule, elle m'appella, & me dit qu'elle pensoit estre exempte de l'importunité des lettres de Lindamor, quand il seroit party : mais à ce qu'elle voyoit, il n'y auoit rien qui l'en pût garantir. Moy qui voulois seruir Lindamor, quoy qu'il n'en sçeust rien, voyant la Nymphe en humeur de me parler de luy, i'en voulus faire la froide, sçachant bien que de la contrarier d'abord c'estoit la perdre du tout, & que de luy auoüer ce qu'elle me diroit, seroit la mieux punir : car encore qu'elle fust mal satisfaite de luy, si est-ce qu'encor l'Amour estoit le plus fort, & qu'en elle mesme elle eust voulu que i'eusse tenu le party de Lindamor, non pas pour me ceder, mais pour auoir plus d'occasion de parler de luy, &

LIVRE NEVFIESME. 613

mettre hors de son ame sa colere: bien que ayant toutes ces considerations deuant les yeux, ie me teus lors qu'elle m'en parla la premiere fois: elle qui ne vouloit pas ce silence, adiousta: Mais que vous semble, Leonide, de l'outrecuidence de cét homme? Madame, luy dis-ie, ie ne sçay que vous en dire, sinon que s'il a failly, il en fera bien la penitence. Mais dit-elle, que puis-ie mais de sa temerité? Pourquoy m'est-il allé broüillant en ses contes? n'auoit-il point d'autres meilleurs discours que moy? & puis (apres auoir regardé quelque temps le dessus de la lettre qu'il luy escriuit) i'ay bien affaire qu'il continuë de m'escrire. A cela ie ne respondis rien. Elle apres s'estre teuë quelque temps me dit: Et quoy, Leonide, vous ne me respondez point? n'ayie pas raison en ce que ie me plains? Madame, luy dis-ie, vous plaist-il que ie vous en parle librement? Vous me ferez plaisir, me dit-elle. Ie vous diray donc, continuay-ie, que vous auez raison en tout, sinon en ce que vous cherchez raison en Amour: car il faut que vous sçachiez que qui le veut remettre aux loix de la iustice, c'est luy oster sa principale authorité, qui est de n'estre suiet qu'à soy-mesme: de sorte que ie concluds, que si Lindamor a failly en ce qui est de vous aimer, il est coupable: mais si c'est aux loix de la raison, ou de prudence, c'est vous qui meritez chasti-

Qq iij

ment, voulant mettre Amour qui est libre, & qui commande à tout autre, sous la seruitude d'vn superieur. Et quoy, me dit elle, n'ay-ie pas oüy dire que l'Amour pour estre loüable est vertueux? Si cela est, il doit estre obligé aux loix de la vertu.

Amour, respondis-ie, est quelque chose de plus grand que cette vertu dont vous parlez, & par ainsi il se donne à soy-mesme ses loix, sans les mandier de personne : mais puis que vous me commandez de parler librement, dites moy, Madame, n'estes-vous pas plus coupable que luy, & en ce que vous l'accusez, & en ce qui est de l'Amour? car s'il a eu la hardiesse de dire qu'il vous aimoit, vous en estes cause, puis que vous le luy auez permis. Quand cela seroit, respondit-elle, encor par discretion, il estoit obligé de le celer. Plaignez-vous donc, luy dis-ie, de sa discretiō, & non pas de son Amour: mais luy auec beaucoup d'occasion se plaindra de vostre Amour, puis qu'au premier rapport, à la premiere opinion que l'on vous a donnée, vous auez chassé de vous l'amitié que vous luy portiez, sans que vous le puissiez taxer d'auoir manqué à son affection. Excusez-moy, Madame, si ie vous parle ainsi franchement; vous auez tout le tort du monde de le traitter de cette façon, pour le moins si vous lé voulicz cōdamner à tant de supplices, ce ne deuoit estre sans le conuaincre, ou pour le moins le faire rougir de son erreur. Elle demeura quelque temps à me respondre. Enfin elle me dit: Et bien, Leonide, le remede sera encor assez à téps quand il reuiendra, non pas que ie sois resoluë de l'aimer, ny luy permettre de m'aimer, mais oüy bien de luy dire en quoy il a failly, & en cela ie vous contenteray, & ie l'obligeray de ne me plus importuner, s'il n'est autant esfronté que temeraire? Peut-estre, Madame, luy dis-ie, vous trompez-vous bien de croire qu'à son retour il sera assez temps: si vous sçauiez quelles sont les violences d'Amour, vous ne croiriez pas que les delais fussent semblables à ceux des autres affaires, pour le moins voyez cette lettre. Cela, me repliqua-t'elle, ne seruira de rien: car aussi bien doit-il estre party, & à ce mot elle me la prit, & vit qu'elle estoit telle.

LETTRE DE LINDAMOR

A GALATHEE.

A Vtresfois l'Amour, à cette heure le desespoir de l'Amour, me met cette plume en la main, auec dessein, si elle ne me rapporte point de soulagemẽt, de la changer en fer, qui me promet vne entiere, quoy que cruelle, guerison: Ce papier blanc, que pour response vous m'auez enuoyé, est bien vn tefmoignage de mõ innocence, puis que c'eſt à dire que vous n'auez riẽ trouué pour m'accuſer, mais ce m'eſt bien auſsi vne aſſeurance de voſtre meſpris; car d'où pourroit proceder ce ſilence, ſi ce n'eſtoit de là? L'vn me contente en moy-meſme, l'autre me deſeſpere en vous. S'il vous reſte quelque ſouuenir de mon fidelle ſeruice, par pitié ie vous demande ou la vie, ou la mort: ie parts le plus deſeſperé, qui iamais ait eu quelque ſuiet d'eſperer.

Ce fut vn effet d'Amour, que le changement du courage de Galathée: car ie la vis toute attendrir, mais ce ne fut pas auſſi petite preuue de ſon humeur altiere; puis que pour ne m'en donner connoiſſance, & ne pouuant commander à ſon viſage, qui eſtoit deuenu paſle: elle ſe lia de ſorte la langue, qu'elle ne dit iamais parole qui la pût accuſer d'auoir fléchy, & partit de ſa chambre pour aller au iardin ſans dire vn ſeul mot ſur cette lettre: car le Soleil commençoit à ſe baiſſer, & ſon mal, qui n'eſtoit qu'vn trauail d'eſprit, ſe pouuoit mieux ſoulager hors la maiſon que dans le lict. Ainſi donc, apres s'eſtre veſtuë vn peu legerement, elle deſcendit dans le iardin, & ne voulut que moy auec elle. Par les chemins ie luy demãday s'il ne luy plaiſoit pas de faire reſponſe, & m'ayant dit que non: Vous permettrez bien, luy dis-ie, pour le moins Madame, que ie la faſſe? Voy, me dit-elle, & que voudriez-vous escrire ? Ce que vous me commanderez, luy dis-ie. Mais ce que vous voudrez, me dit-elle, pourueu que vous ne parliez point de moy. Vous verrez, luy respondis-ie, ce que i'écriray. Ie n'en ay que faire, me dit-elle, ie m'en rapporte bien à vous. Auec ce congé, cependant qu'elle se promenoit, i'écriuis dans l'allée mesme, sur des tablettes vne response telle qui me sembloit plus à propos, mais elle qui ne la vouloit voir, ne peut auoir assez de patience de me le laisser finir, sans la lire, pendant que ie l'écriuois.

RESPONSE
DE LEONIDE A LINDAMOR, pour Galathée.

TIREZ *de vostre mal la connoissance de vostre bien: si vous n'eussiez point esté aimé, on n'eust pas ressenty peu de chose, vous ne pouuez sçauoir quelle est vostre offense que vous ne soyez present, mais esperez en vostre affection, & en vostre retour.*

Elle ne vouloit pas que cette lettre fust telle, mais en fin ie l'emportay sur son courage, & donnay à Fleurial mes tablettes, auec la clef, luy commandant de les remettre entre les mains de Lindamor seulement. Et le tirant à part, ie r'ouuris mes tablettes, & y adiouſtay ces paroles, ſans que Galathée le ſçeuſt.

BILLET
DE LEONIDE A LINDAMOR.

IE viens de sçauoir que vous estes party: la pitié de vostre mal me contraint de vous dire l'occasion de vostre desastre: Polemas a publié que vous aimez Galathée, & vous en alliez vantant; vn grand courage comme le sien n'a pû souffrir vne grande offense sans ressentiment; que vostre prudence vous conduise en cét affaire auec la discretion qui vous a tousiours accompagné: afin que pour vous aimer, & auoir pitié de vostre mal, ie n'aye en échange dequoy me douloir de vous, à qui ie promets toute ayde & faueur.

I'enuoyay ce billet comme ie vous ay dit, au deſçeu de Galathée, & certes, ie m'en repentis bien peu apres, comme ie vous diray. Il y auoit plus d'vn mois que Fleurial eſtoit party, quand voicy venir vn Cheualier armé de toutes pieces, vn Heraut d'armes inconnu auec luy, & pour oſter encor mieux à chacun la connoiſſance de ſoy, il venoit la viſiere baiſ-

fée : A son port chacun le iugeoit ce qu'il estoit
en effect : & parce qu'à la porte de la ville le
Heraut auoit demandé d'estre conduit deuant
Amasis, chacun comme curieux d'oüyr chose
nouuelle les alloit accompagnant. Estans mon-
tez au Chasteau, la garde de la ville les remit à
celle de la porte : & apres en auoir donné aduis
à Amasis, ils furent conduits vers elle, qui
des-ja auoit fait venir Clidaman pour donner
audience à ces estrangers. Le Heraut, apres
que le Cheualier eut baisé la robbe à Amasis,
& les mains à son fils, dit ainsi, auec des paroles
à moitié estrangeres : Madame, ce Cheualier
que voicy, né des plus grands de sa contrée,
ayant sçeu qu'en vostre Cour tout homme
d'honneur peut librement demander raison
de ceux qui l'ont offensé, vient sur cette asseurance, se ietter à vos pieds, & vous supplier
que la iustice, que iamais vous ne déniastes à
personne, luy permette en vostre presence, & de toutes ces belles Nymphes, de tirer
raison de celuy qui luy a fait iniure, auec les
moyens accoustumez aux personnes nées
comme luy. Amasis apres auoir quelque
temps pensé en elle-mesme, en fin respondit :
Qu'il estoit bien vray que cette sorte de defendre son honneur, de tout temps auoit esté
accoustumée en sa Cour, mais qu'elle estant
femme ne permettroit iamais qu'on en vinst
aux armes : que toutesfois son fils estoit en aage

de manier de plus grandes affaires que celleslà, & qu'elle s'en remettoit à ce qu'il en feroit. Clidaman sans attendre que le Heraut repliquast, s'adressant à Amasis, luy dit : Madame, ce n'est pas seulement pour estre seruie & honorée de tous ceux qui habitent cette Prouince, que les Dieux vous en ont establie Dame, & vos deuanciers aussi, mais beaucoup plus pour faire punir ceux qui ont failly, & pour honorer ceux qui le meritent : le meilleur moyen de tous est celuy des armes, pour le moins en ces choses qui ne peuuent estre autrement auerées : de sorte que si vous ostiez de vos Estats cette iuste façon d'éclaircir les actions secrettes des meschans, vous donneriez cours à vne licencieuse meschanceté, qui ne se soucieroit de mal-faire, pourueu que ce fust secrettement. Outre que ces estrangers estans les premiers, qui de vostre temps eut recouru à vous, auroient quelque raison de se douloir d'estre les premiers refusez : par ainsi, puis que vous les auez remis à moy, ie vous diray, dit-il, se tournant vers le Heraut, que ce Cheualier peut librement accuser & défier celuy qu'il voudra : car ie luy promets de luy asseurer le camp. Le Cheualier alors mit le genoüil en terre, luy baisa la main pour remerciement, & fit signe au Heraut de continuer. Seigneur, dit-il, puis que vous luy faictes cette grace, ie vous diray qu'il est icy en queste d'vn Cheualier nommé Polemas, que ie supplie m'estre montré, afin que ie paracheue ce que i'ay entrepris. Polemas qui s'oüyt nommer, se met en auant, luy disant d'vne façon assez altiere, qu'il estoit celuy qu'il cherchoit. Alors le Cheualier inconnu s'auança, & luy presenta le pand de son hocqueton, & le Heraut luy dit: Ce Cheualier veut dire qu'il vous presente ce gage, vous promettant qu'il sera demain dés le leuer du Soleil, au lieu qu'il sera aduisé pour se battre auec vous à toute outrance, & vous prouuer que vous auez meschamment inuenté ce que vous auez dit contre luy. Heraut, ie reçois, dit-il, ce gage, car encore que ie ne connoisse point ton Cheualier, toutesfois ie ne laisse d'estre tres-asseuré d'auoir la iustice de mon costé, comme sçachant bien n'auoir iamais rien dit contre la verité, & à demain soit le iour que la preuue s'en fera. A ce mot le Cheualier apres auoir salüé Amasis, & toutes les Dames s'en retourna dans vne tente qu'il auoit fait tendre aupres de la porte de la ville. Vous pouuez croire que cecy mit toute la Cour en diuers discours, & mesmes qu'Amasis & Clidaman, qui aimoient fort Polemas, auoient beaucoup de regret de le voir en ce danger, toutesfois la promesse les lioit à donner le camp. Quant à Polemas il se preparoit comme plein de courage, au combat, sans auoir connoissance de son ennemy, pour Galathée, qui auoit des-ja presque oublié l'offensé que Lindamor auoit receuë de Polemas: outre qu'elle ne croyoit pas qu'il sçeust que son mal vinst de là, elle ne pensa iamais à Lindamor, ny moy aussi qui le tenois à plus de cent lieuës de nous, & toutesfois c'estoit luy, qui ayant receu ma lettre, se resolut de s'en venger de cette sorte, & ainsi inconnu se vint presenter comme ie vous ay dit: mais pour abreger, car ie ne suis pas trop bonne guerriere, & ie pourrois bien, si ie voulois particulariser ce combat, dire quelque chose de trauers: apres vn long combat, où l'vn & l'autre estoit également aduantagé, & que tous deux estoient si chargez de playes, que le plus sain deuoit estre autant asseuré de la mort, que de la vie, les cheuaux vindrent à leur manquer dessous, & eux au contraire aussi gaillards, que s'ils n'eussent combattu de tout le iour, recommencerent à verser leur sang, & à r'ouurir leurs blessures, auec tant de cruauté, que chacun auoit pitié de voir perdre deux personnes de telle valeur. Amasis, entre autres, dit à Clidaman, qu'il seroit à propos de les separer, & ils trouuerent qu'il n'y auoit personne qui le peut mieux que Galathée. Elle qui de son costé estoit des-ja bien fort touchée de pitié, & n'attendoit que ce commandement, pour l'effectuer de bon cœur, auec trois ou quatre de nous vint au camp: lors qu'elle y entra, la victoire panchoit

LIVRE NEVFIESME. 623

du costé de Lindamor, & Polemas estoit reduit à mauuais terme, quoy que l'autre ne fust guere mieux, auquel par hazard elle s'adressa, & le prenant par l'écharpe qui lioit son heaume, & qui pendoit assez bas par derriere, elle le tira vn peu fort. Luy qui se sentit toucher, tourna brusquement de son costé, croyant d'estre trahy, & cela auec tant de furie, que la Nymphe se voulant reculer pour n'estre heurtée s'empestra dans sa robbe, & tomba au milieu du camp. Lindamor qui la reconnut, courut incontinent la releuer, mais Polemas sans auoir égard à la Nymphe, voyant cét aduantage, lors qu'il estoit plus desesperé du combat, prit l'espée à deux mains, & luy en donna par derriere sur la teste deux ou trois coups de telle force, qu'il le contraignit auec vne grande blessure, de mettre vn genoüil à terre, d'où il se releua tant animé contre la discourtoisie de son ennemy, que depuis, quoy que Galathée le priast, il ne voulust laisser qu'il ne l'eust mis à ses pieds, où luy sautant dessus, il le desarma de la teste; & estant prest à luy donner le dernier coup, il ouyt la voix de sa Dame, qui luy dit. Cheualier, ie vous adiure par celle que vous aimez le plus, de me donner ce Cheualier. Ie le veux, luy dit Lindamor, s'il vous auoüe d'auoir faussement parlé de moy, & de celle par qui vous m'adjurez. Polemas estant, à ce qu'il pensoit, au dernier poinct de sa vie, d'vne voix basse, auoüa ce que l'on voulut.

Ainsi s'en alla Lindamor, apres auoir baisé les mains à sa Maistresse, qui ne le reconnut iamais, quoy qu'il parlast à elle, car le heaume, & la frayeur en quoy elle estoit, luy empescherent de prendre garde à la parole. Il est vray que passant pres de moy, il me dit fort bas: Belle Leonide, ie vous ay trop d'obligation, pour me celer à vous, tant y a que voicy l'effect de vostre lettre; & sans s'arrester dauantage monta à cheual, & quoy qu'il fust fort blessé, s'en alla au galop iusques à perte de veuë, ne voulant estre reconnu. Cét effort luy fit beaucoup de mal, & le reduisit à telle extremité, qu'estant arriué en la maison d'vne des tantes de Fleurial, où il auoit auparauant resolu de se retirer en cas qu'il fust blessé; il se trouua si foible, qu'il demeura plus de trois semaines auant que de se r'auoir. Cependant voila Galathée de retour, fort en colere contre le Cheualier inconnu, de ce qu'il n'auoit pas voulu la seconde fois laisser le combat, luy semblant d'estre plus offensée en ce refus, qu'obligée en ce qu'il le luy auoit donné, & parce que Polemas tenoit vn des premiers rangs, comme vous sçauez, Amasis & Clidaman, auec beaucoup de déplaisir le firent emporter du camp, & penser auec tant de soin, qu'en fin on commença de luy esperer vie.

Chacun

LIVRE NEVFIESME. 625

Chacun estoit fort desireux de sçauoir qui estoit le Cheualier inconnu, le courage, & la valeur duquel s'estoit acquis la faueur de plusieurs; Galathée seule estoit celle qui en auoit conceu mauuaise opinion, car ceste orgueilleuse beauté se ressouuenoit de l'offense, & oublioit la courtoisie. Et parce que c'estoit à moy à qui elle remettoit ses plus secrettes pensées, aussi tost qu'elle me vid en particulier: Connoissez-vous point, me dit-elle, ce discourtois Cheualier, à qui la fortune, & non la valeur a donné l'auantage en ce combat? Ie connois, certes, luy dis-ie, Madame, ce vaillant Cheualier qui a vaincu, & le connois pour aussi courtois que vaillant. Il ne l'a pas montré, me dit-elle, en cette action, autrement il n'eust pas refusé de laisser le combat quand ie l'en ay requis. Madame, respondis-ie, vous le blasmez de ce que vous le deuriez estimer, puis que pour vous rendre l'honneur que chacun vous doit, il a esté en danger de sa vie, & en ay veu couler son sang iusques en terre: En cela si Polemas a tort, dit-elle, il en a bien eu dauantage par apres, puis que quelque priere que ie luy aye pû faire, il n'a voulu se retirer. Et n'auoit-il pas raison, luy dis-ie, de vouloir chastier cét outrecuidé, du peu de respect qu'il vous auoit porté? & quant à moy, ie trouue qu'en cela Lindamor a bien fait. Comment, m'interrompit-elle, est-ce Lindamor qui a

R r

combattu? Ie fus, à la verité, surprinse, car ie l'auois nommé sans y penser: mais voyant que cela estoit fait, ie me resolus de luy dire: Ouy, Madame, c'est Lindamor, qui s'est senty offensé de ce que Polemas auoit dit de luy, & en a voulu éclarcir la verité par les armes. Elle demeura toute hors de soy, & apres auoir pour vn temps consideré cét accident, elle dit: Doncques, c'est Lindamor qui m'a procuré ce déplaisir? Doncques c'est luy qui m'a porté si peu de respect? Doncques il a eu si peu de consideration, qu'il a bien osé mettre mon hōneur au hazard de la fortune, & des armes? A ce mot elle se teut d'extreme colere, & moy qui en toute façon voulois qu'elle reconnust qu'il n'auoit point de tort, luy respondis: Est-il possible, Madame, que vous puissiez vous plaindre de Lindamor, sans reconnoistre le tort que vous faictes à vous-mesmes? Quel déplaisir vous a-t'il procuré, puis que s'il a vaincu Polemas, il a vaincu vostre ennemy? Comment, mon ennemy? dit-elle. Ah! que Lindamor me l'est bien dauantage, puis que si Polemas a parlé, Lindamor luy en a donné le sujet. O Dieu! dis-ie alors, & qu'est-ce que i'entens? Vostre ennemy Lindamor, qui n'a point d'ame que pour vous adorer, & qui n'a vne goutte de sang qu'il ne respande pour vostre seruice, & vostre amy, celuy qui par ses discours controuuez, a tasché finement d'offenser vostre honneur.

Mais qui sçait, adiousta-t'elle, s'il n'est point vray que Lindamor poussé de son outrecuidance accoustumée n'ait tenu ce langage? Et bien, repliquay-ie, combien estes-vous obligée à Lindamor, qui a fait aüoüer à vostre ennemy qu'il l'auoit inuenté? ô Madame, vous me pardonnerez, s'il vous plaist, mais ie ne puis en cecy que vous accuser d'vne tres-grande méconnoissance, pour ne dire ingratitude : S'il met sa vie pour éclaircir que Polemas ment, vous l'accusez d'inconsideration, & s'il veut faire auoüer au menteur sa mesme menterie, vous le taxez de discourtoisie. Et s'il n'eust fié son bon droict à ses armes, comment eust-il tiré la verité de cét affaire, & si lors que vous luy commandastes la seconde fois il eust laissé le combat, Polemas n'eust iamais auoüé ce que vous & chacun auez peu oüyr. O pauure Lindamor! que ie plains ta fortune, & qu'est-ce que tu dois faire, puis que tes plus signalez seruices sont des offenses, & des iniures ? Et bien, bien, Madame, vous n'aurez pas, peut-estre, beaucoup de téps à luy vser de ces cruautez, car la mort plus pitoyable mettra fin à vos méconnoissances, & à ses supplices : & peut-estre, qu'à l'heure que ie parle, il n'est des-ja plus, & si cela est, la Nymphe Galathée en est la seule cause. Et pourquoy m'en accusez-vous? dit elle. Parce, luy repliquay-ie, que quand vous les voulustes separer, & qu'en reculant

Rr ij

vous mistes le genoüil en terre, il voulut vous releuer: cependant ce courtois Polemas, que vous loüez si fort, le blessa en deux ou trois endroits à son aduantage, d'où ie vis le sang rougir la terre: mais s'il a la mort pour ce suject, c'est le moindre mal qu'il ait receu de vous, car se voir mépriser, ayant bien fait son deuoir, est, ce me semble, vn déplaisir, auquel nul autre n'est égal. Mais, Madame, vout plaist-il pas de vous ressouuenir qu'autrefois vous m'auez dit, en vous plaignant de luy, que pour esteindre ces discours de Polemas, s'il n'y sçauoit point d'autre remede, il se deuoit seruir du fer & du sang? Et bien, il a fait ce que vous auez iugé, qu'il deuoit faire, & encor vous trouuez qu'il n'a pas bien fait: Si Siluie, & quelques autres Nymphes ne nous eussent alors interrompuës, i'eusse auant que laisser ce discours, adoucy beaucoup l'animosité de la Nymphe; mais voyant tant de personnes, nous changeasmes de propos. Et toutesfois mes paroles ne furent sans effect, quoy qu'elle ne voulust me le faire paroistre: mais par mille rencontres i'en reconnus la verité. Car depuis ce iour, ie me resolus de ne luy en parler iamais, qu'elle ne m'en demandast des nouuelles: Elle d'autre costé attendoit que ie luy en disse la premiere, & ainsi plus de huict iours s'écoulerent sans en parler. Mais cependant Lindamor ne demeura pas sans soucy, de sçauoir ce qui se disoit de luy à la Cour, & ce qu'en pensoit Galathée: il m'enuoya Fleurial pour ce suject, & pour me donner vn mot de lettre. Il fit son message si à propos, que Galathée ne s'en prit garde: son billet estoit tel:

BILLET
DE LINDAMOR A LEONIDE.

MADAME, *qui pourra douter de mon innocence, ne sera peu coulpable enuers la verité: toutesfois si les yeux serrez ne voyent point la lumiere, encor que sans ombre, elle leur éclaire, il m'est permis de douter que Madame, pour mon malheur, n'ait les yeux fermez à la clarté de ma iustice: obligez-moy de l'asseurer, que si le sang de mon ennemy ne peut lauer la noirceur dont il a tasché de me salir, i'y adiousteray plus librement le mien, que ie ne conserueray ma vie, qui est sienne, quelle que sa rigueur me la puisse rendre.*

Ie m'enquis particulierement de Fleurial, comment il se portoit, & s'il n'y auoit personne qui l'eust reconnu: & sçeus qu'il auoit beaucoup perdu de sang, & que cela luy retardoit vn peu dauantage sa guerison, mais qu'il n'y auoit rien de dangereux: que pour

Rr iij

estre reconnu, cela ne pouuoit estre, parce que le Heraut estoit vn Franc de l'armée de Meroüée, qui estoit sur les bords du Rhin, en ce temps-là, & que tous ceux qui le seruoient, n'auoient pas mesme permission de sortir hors de la maison, & que sa tante & sa sœur ne le connoissoient que pour le Cheualier qui auoit combattu contre Polemas, la valeur, & la liberalité duquel les conuioit à le seruir auec tant de soin, qu'il ne falloit douter qu'il le peust estre mieux. Qu'il luy auoit commandé de venir sçauoir de moy quel estoit le bruit de la Cour, & ce qu'il auoit affaire. Ie luy respondis, qu'il rapportast à Lindamor, que toute la Cour estoit pleine de sa valeur, encor qu'il y fust inconnu, que du reste il attendist seulement à guerir, & que ie rapporterois de mon costé tout ce que ie pourrois à son contentement : sur cela ie luy donnay ma responfe, & luy dis, demain auant que partir, quand Galathée viendra au iardin, inuente quelque occasion d'aller voir ta tante, & pren congé d'elle, car il est necessaire pour des occasions que ie te diray vne autrefois : il n'y faillit point, & de fortune le lendemain la Nymphe estant sur le soir entrée dans le iardin, Fleurial s'en vint luy faire la reuerence, & voulut parler à elle : mais Galathée qui croyoit que ce fust pour luy donner des lettres de Lindamor, demeura tellement confuse, que ie la vis changer de couleur, & deuenir pasle comme la mort. Et parce que ie craignois que Fleurial s'en prist garde, ie m'auançay, & luy dis: C'est Fleurial, Madame, qui s'en va voir sa tante, parce qu'elle est malade, & voudroit vous supplier de luy donner congé pour quelques iours. Galathee tournant les yeux, & la parole vers moy, me demanda quel estoit son mal: Ie croy, luy respondis-ie, que c'est celuy des années passées, qui luy oste presque tout espoir de guerison. Alors elle s'adressa à Fleurial, & luy dit: Va, & reuien tost, mais non toutesfois qu'elle ne soit guerie, s'il est possible: car ie l'aime bien fort, pour la particuliere bonne volonté, qu'elle m'a tousiours portée. A ce mot elle continua son promenoir, & ie me mis à parler à luy, & montrois plus par mes gestes, qu'en effect, du déplaisir, & de l'admiration, afin que la Nymphe y prit garde, en fin ie luy dis: Voy-tu, Fleurial, sois secret & prudent: de cecy depend tout ton bien, ou tout ton mal, & sur tout, fay tout ce que te commandera Lindamor. Apres me l'auoir promis, il s'en alla, & moy ie disposay le mieux qu'il me fut possible mon visage à la douleur & déplaisir, & quelquefois quand i'estois en lieu où la Nymphe seule me pouuoit ouyr, ie feignois de souspirer, leuois les yeux au Ciel, frappois des mains ensemble: & bref, ie faisois

R r iiij

tout ce que ie pouuois imaginer, qui luy donneroit quelque soupçon de ce que ie voulois. Elle, comme ie vous ay dit, qui attendoit tousiours que ie luy parlasse de Lindamor, voyant que ie n'en disois rien, qu'au contraire, i'en fuyois toutes les occasions : & qu'au lieu de cette ioyeuse humeur, dont i'estois estimée entre toutes mes compagnes, ie n'auois plus qu'vne fascheuse melancolie, conçeut peu à peu l'opinion que ie luy voulois donner, non toutesfois entierement. Car mon dessein estoit de luy faire croire que Lindamor au sortir du combat s'estoit trouué tellement blessé, qu'il en estoit mort, afin que la pitié obtint sur cette ame glorieuse, ce que ny l'affection ny les seruices n'auoient peu. Or comme ie vous dy, mon dessein fut si bien conduit qu'il reüssit presque tel que ie l'auois proposé, car quoy qu'elle voulust feindre, si ne laissoit-elle d'estre aussi viuement touchée de Lindamor, qu'vne autre eust peu estre. Et ainsi me voyant triste, & muette, elle se figura, ou qu'il estoit en tresmauuais estat, ou quelque chose de pire, & se sentit tellement presser de cette inquietude, qu'il ne luy fut pas possible de tenir longuement sa resolution.

Deux iours apres que Fleurial fut party, elle me fit venir en son cabinet, & là feignant de parler d'autre chose, me dit : Sçauez-vous point comme se porte la tante de Fleurial ? Ie luy respondis, que depuis qu'il estoit party, ie n'en auois rien sçeu. Vrayement, me dit-elle, ie regretterois bien fort cette bonne vieille, s'il en mesauenoit. Vous auriez raison, luy dis-ie, Madame, car elle vous aime, & auez receu beaucoup de seruices d'elle qui n'ont point esté encor assez reconnus. Si elle vit, dit-elle, ie le feray, & apres elle les reconnoistray enuers Fleurial à sa consideration. Alors ie respondis: Et les seruices de la tante & ceux du nepueu meritent bien chacun d'eux mesme recompense, & principallement de Fleurial: car sa fidedelité & son affection ne se peuuent achepter. Il est vray, me dit-elle, mais à propos de Fleurial, qu'auiez-vous tant à luy dire, ou luy à vous quand il partit? Ie respondis froidement: Ie me recommandois à sa tante. Des recommandations, me dit-elle, ne sont pas si longues. Alors elle s'approcha de moy, & me mit vne main sur l'espaule: Dittes la verité, continuat'elle, vous parliez d'autre chose? Et que pourroit-ce estre, luy repliquai-ie, si ce n'estoit cela? ie n'ay point d'autres affaires auec luy. Or ie connoy, me dit-elle, à cette heure que vous feigniez: Pourquoy dites-vous que vous n'auez point d'autres affaires auec luy? & combien en auez-vous eu pour Lindamor? O, Madame, luy dis-ie, ie ne croyois pas que vous eussiez à cette heure memoire d'vne personne qui a tant esté infortunée: & en me taisant ie fis vn grand foufpir. Qu'y a t'il, me dit-elle, que vous foufpirez? Dites moy la verité, où eft Lindamor? Lindamor, luy refpondis-ie, n'eft plus que terre. Comment? s'efcria-t'elle, Lindamor n'eft plus? Non certes, luy refpondis-ie, & la cruauté dont vous auez vfé enuers luy, la plus tué que les coups de fon ennemy: car fortant du combat, & fçachant par le rapport de plufieurs la mauuaife fatisfaction que vous auiez de luy, il n'a iamais voulu fe laiffer penfer, & puis que vous l'auez voulu fçauoir, c'eft ce que Fleurial me difoit, à qui i'ay commandé d'effayer s'il pourroit difcrettement retirer les lettres que nous luy auons efcrittes, afin qu'ainfi que vous auiez perdu le fouuenir de fes feruices par voftre cruauté, ie fiffe auffi deuorer au feu les memoires qui en peuuent demeurer. O mon Dieu! dit-elle alors, qu'eft-ce que vous me dites? Eft-il poffible qu'il fe foit ainfi perdu? C'eft vous, luy dis-ie, qui deuez dire de l'auoir perdu: car quant à luy, il a gaigné en mourant, puifque par la mort il a trouué le repos, que voftre cruauté ne luy euft iamais permis tant qu'il euft vefcu. Ah! Leonide, me dit-elle, vous me dites ces chofes pour me mettre en peine, auoüez-le vray, il n'eft point mort. Dieu le vouluft, luy refpondis-ie: mais à quelle occafion le vous dirois-ie? Ie m'affeure que fa mort ou fa vie vous font indifferentes: & mefme, puis que vous l'aimiez si peu, vous deuez estre bien aise d'estre exempte de l'importunité qu'il vous eust donnée: car vous deuez croire, que s'il eust vescu, il n'eust iamais cessé de vous donner de semblables preuues de son affection que celles de Polemas. En verité, dit alors la Nymphe, ie plains le pauure Lindamor, & vous iure que sa mort me touche plus viuement que ie n'eusse pas creu: mais dites moy, n'a t'il iamais eu souuenance de nous en sa fin? & n'a t'il point montré d'auoir du regret de nous laisser? Voila, luy dis-ie, Madame, vne demande qui n'est pas commune. Il meurt à vostre occasion, & vous demandez s'il a eu memoire de vous! Ah! que sa memoire & son regret n'ont esté que trop grands pour son salut: mais ie vous supplie ne parlons plus de luy; ie m'asseure qu'il est en lieu où il reçoit le salaire de sa fidelité, & d'où peut-estre il se verra venger à vos despens. Vous estes en colere, me dit-elle. Vous me pardonnerez, luy dis-ie, Madame, mais c'est la raison qui me contraint de parler ainsi: car il n'y a personne qui puisse rendre plus de tesmoignage de son affection, & de sa fidelité que moy, & du tort que vous auez de rendre vne si indigne recompense à tant de seruices. Mais, adiousta la Nymphe, laissons cela à part: car ie cōnoy bien qu'en quelque chose vous auez raison: mais aussi n'ay-ie pas tant de tort que vous m'en donnez: & me dittes, ie vous prie, par toute l'amitié que vous me portez, si en ses dernieres paroles il s'est point ressouuenu de moy ; & quelles ont esté ? Faut-il encor, luy dis-ie, que vous triomphiez en vostre ame de la fin de sa vie, comme vous auez fait de toutes ses actions, depuis qu'il a commencé de vous aimer ? S'il ne faut que cela à vostre contentement, ie vous satisferay. Aussi tost qu'il sçeust que par vos paroles vous taschiez de noircir l'honneur de sa victoire, & qu'au lieu de vous plaire, il auoit par ce combat acquis vostre haine : Il ne sera pas vray, dit-il, ô iniustice! qu'à mon occasion tu loges plus longuement en vne si belle ame, il faut que par ma mort ie laue ton offense : dés lors il osta les appareils qu'il auoit sur ses playes, & depuis n'a voulu souffrir la main du Chirurgien : Ses blessures n'estoient pas mortelles : mais la pourriture l'ayant reduit à tels termes qu'il ne sentoit plus de force pour viure, il appella Fleurial, & se voyant seul auec luy, il dit : Fleurial, mon amy, tu perds auiourd'huy celuy qui auoit plus d'enuie de te faire du bien : mais il faut que tu t'armes de patience, puis que telle est la volonté du Ciel ; si veux-ie toutesfois receuoir encores de toy vn seruice, qui me sera le plus agreable que tu me fis iamais, & ayant tiré promesse qu'il le feroit, il continua. Ne faus donc point à ce que ie te vay dire : Aussi tost que ie seray mort, fend moy l'estomach & en arrache le cœur, & le porte à la belle Galathée, & luy dis que ie le luy enuoye, afin qu'à ma mort ie ne retienne rien d'autruy. A ces derniers mots, il perdit la parole & la vie. Or ce fol de Fleurial, pour ne manquer à ce que luy auoit esté commandé par vne personne qu'il auoit si chere, auoit apporté icy ce cœur, & sans moy vouloir le vous presenter. Ah! Leonide, me dit-elle, il est doncques bien certain qu'il est mort? Mon Dieu que n'ay-ie sçeu sa maladie, & que ne m'en auez vous aduertie? I'y eusse remedié, ô quelle perte ay-ie faite! Et quelle faute est la vostre? Madame, luy respondis-ie, ie n'en ay rien sçeu: car Fleurial estoit demeuré pres de luy pour le seruir, à cause qu'il n'a mené personne des siens: mais encor que ie l'eusse sçeu ie croy que ie ne vous en eusse point parlé, tant i'ay reconnu vostre volonté esloignée de luy sans suiet. A ce mot, s'appuyant la teste sur la main, elle me commanda de la laisser seule afin comme ie croy, que ie ne visse les larmes, qui desia empouloient ses paupieres: mais à peine estois-ie sortie qu'elle me rappella, & sans leuer la teste, me dit que ie commandasse à Fleurial de luy faire porter ce que Lindamor luy enuoyoit, qu'en toute façon elle le vouloit, & incontinent ie ressortis auec vn espoir asseuré que les affaires du Cheualier, pour qui ie plaidois, reüssiroient comme ie les auois proposées. Cependant quand Fleurial retourna vers

Lindamor, il le trouua assez en peine pour le retardement qu'il auoit faict à Montbrison, mais ma lettre le resioüit de sorte, que depuis à veuë d'œil on le voyoit amander. Elle fut telle:

RESPONSE DE LEONIDE A LINDAMOR.

Vostre iustice esclaire de sorte, que mesme les yeux les plus fermez ne peuuent en nier la clarté. Contentez-vous que ceux que vous desirez qui la voyent par moy, ayant sçeu vostre resolution, l'ont reconnuë tres-iuste: Il est vray que tout ainsi que les blessures du corps ne sōt pas du tout gueries encor que le dāger en soit osté, & qu'il faut en cela du temps, celles de l'ame en sont de mesme: mais en ayāt osté le danger par vostre valeur & prudence, vous deuez laisser au temps de faire ses actions ordinaires, vous ressouuenant que les playes qui se ferment trop promptement sont subiectes à faire sac, qui par apres est plus dangereux que n'estoit la blessure. Esperez tout ce que vous desirez, car vous le pouuez faire auec raison.

Ie luy escriuis de cette sorte, afin que la tristesse ne nuisist pas à ses blessures, & qu'il guerist pluftost: il me rescriuit ainsi.

REPLIQVE DE LINDAMOR A LEONIDE.

Ainſi, belle Nymphe, puiſsiez-vous auoir toute ſorte de contentement, comme tout le m'en vient & dépend de vous ſeule, i'eſpere puis que vous me le commandez ; toutesfois Amour qui n'eſt iamais ſans eſtre accompagné de doute, me commande que ie tremble: mais faſſe de moy le Ciel ce qu'il luy plaira, ie ſçay qu'il ne peut me refuſer le tombeau.

Or ce que ie luy reſpondis, afin de ne vous ennuyer par tant de lettres, fut en ſomme, qu'auſſi toſt qu'il pourroit ſouffrir le trauail, il trouuaſt moyen de parler à moy, & qu'il connoiſtroit combien i'eſtois veritable, & le plus briefuement qu'il me fut poſſible luy fis entendre tous les diſcours que Galathée & moy auions eu, & le deſplaiſir qu'elle auoit reſſenty de ſa mort, & la volōté d'auoir ſon cœur. Voyez quelle eſt la force d'vne extréme affection. Lindamor auoit eſté fort bleſſé en pluſieurs lieux, & auoit tant perdu de ſang, qu'il fut preſque en danger de ſa vie: toutesfois outre toute l'eſperance des Chirurgiens, auſſi toſt qu'il receut cette derniere lettre, le voila débout, le voila

qui s'habille, & dans deux ou trois iours apres il essaye de monter à cheual, & enfin se hazarde de me venir trouuer: & parce qu'il n'osoit venir de iour pour n'estre veu, il s'habilla en iardinier, se disant cousin de Fleurial, & se resolut de venir dans le iardin, & se conduire, selon que l'occasion s'offriroit. S'il le proposa, il le mit en effet, & ayant fait faire secrettement des habits, fit entendre à la tante de Fleurial, qu'auant son combat il auoit fait vn vœu, & qu'il vouloit l'aller rendre auant que de partir du pays: mais que craignant les amis de Polemas, il y vouloit aller en cét équipage, & qu'il la prioit de n'en rien dire. La bonne vieille l'en voulut dissuader, pour le danger qu'il y auoit, le conseillant de remettre ce voyage à vne autre fois: mais luy qui estoit porté d'vne trop ardente deuotion pour l'interrompre, luy dit, que s'il ne le faisoit auant que de s'en aller hors du pays, il croiroit qu'il luy deust aduenir tous les mal-heurs du monde. Ainsi donc sur le soir il part, afin de ne rencontrer personne, & vient si heureusement, que sans estre veu il entra dans le iardin, & fut conduit par Fleurial en la maison, où pour lors il n'y auoit qu'vn valet qui luy aidoit à trauailler, auquel il fit accroire que Lindamor estoit son cousin, à qui il vouloit apprédre le mestier de iardinier. Si le Cheualier attendoit le matin auec beaucoup de desir, & si la nuict ne luy sembla estre plus longue que de
coustu-

coustume, celuy qui aura esté en quelque attente de ce qu'il desire, en pourra iuger. Tant y a que le matin ne fut pluſtoſt venu, que Lindamor auec vne besche en la main se met au iardin: Ie voudrois que vous l'eussiez veu auec cét outil, vous eussiez bien connu qu'il n'y estoit gueres accoustumé, & qu'il se sçauoit mieux aider d'vne lance. Depuis il m'a iuré cent fois, que de ſa vie il n'eut tant de honte, que de se presenter vestu de cette sorte deuant les yeux de sa Maiſtreſſe, & qu'il fut deux ou trois fois en resolution de s'en retourner: mais enfin l'Amour surmonta la honte & le fit resoudre d'attendre que nous vinssions.

De fortune ce iour, la Nymphe pour se desennuyer, estoit descenduë au iardin auec plusieurs de mes compagnes. Aussi tost qu'elle apperceut Fleurial, elle tressaillit toute, & incontinent me fit signe de l'œil: mais quoy que i'essayasse de parler à luy, ie ne le puis faire, parce que le nouueau iardinier estoit tousiours au pres, qui estoit si changé en cét habit, que nulle de nous le pût reconnoistre: quant à moy, ie m'excuse si ie ne le connus pas, car ie n'eusse iamais pensé qu'il eust fait ce dessein sans m'en aduertir: mais il me dit depuis qu'il me l'auoit celé, sçachant bien que ie ne luy eusse iamais permis de venir en ce lieu de cette sorte. Pensant donc à tout autre qu'à luy, ie fus bien assez curieuse pour demander à Fleurial qui eſtoit cét eſtranger, il me reſpondit froidement que c'eſtoit le fils de ſa tante, auquel il vouloit apprendre ce qu'il ſçauoit du iardinage. A ce mot, Galathée auſſi curieuſe, mais moins courageuſe que moy, me voyant en diſcours auec luy, s'en approcha, & oyant que cetuy-cy eſtoit couſin de Fleurial, luy demanda comme ſa mere ſe portoit. Ce fut lors que Lindamor fut empeſché: car il craignoit que ce qui auoit eſté couuert par les habits ne fut découuert par la parole: toutesfois la contrefaiſant au mieux qu'il pût, il reſpondit d'vn langage villageois, qu'elle eſtoit hors de danger, & apres ſuiuit vne reuerence de meſme au langage, auec vne telle grace que toutes les Nymphes s'en mirent à rire: mais luy ſans en faire ſemblant remet ſon chappeau auec les deux mains ſur la teſte, & reprend ſon ouurage. Galathée en ſouſriant, dit à Fleurial: ſi voſtre couſin eſt auſſi bon iardinier que bon harangueur, vous auez trouué vne bonne aide. Madame, luy dit Fleurial, il ne peut mieux parler que ceux qui l'ont appris, en ſon village ils parlent tous ainſi. Ouy, dit la Nymphe, & peut-eſtre encor eſt-il tenu pour vn grand perſonnage entre-eux. Et à ce mot elle reprit ſon promenoir. Cela me donna vn peu plus de commodité de parler à Fleurial: car mes compagnes pour paſſer leurs temps ſe mirent toutes à l'entour de Lindamor, & chacune pour le faire

LIVRE NEVFIESME. 643

parler luy difoit vn mot, & à toutes il refpondoit : mais des chofes tant hors de propos qu'il falloit rire par force : car il les difoit d'vne forte qu'il fembloit que ce fuft à bon efcient : & quoy qu'il leur refpondift, il ne leuoit iamais la tefte, feignant d'eftre attentif à fon labeur. Cependant m'approchant de Fleurial, ie luy demanday comme fe portoit Lindamor, il me refpondit qu'il eftoit encor affez mal. Lindamor luy auoit commandé de me le dire ainfi. Et d'où vient fon mal, luy dis-ie, puis que tu me dis que fes bleffures eftoient defia prefque gueries? Vous le fçaurez, me refpondit-il, par la lettre qu'il efcrit à Madame. Madame, luy dis-ie, a opinion qu'il foit mort: mais donne la moy & ie la luy feray voir, feignant qu'il y a long-temps qu'il l'a efcrite. Ie n'oferois, me refpondit-il, parce qu'il me l'a expreffément deffendu, & qu'il m'y a aftraint par ferment. Comment, luy dis-ie, Lindamor entre t'il en meffiance de moy? Nullement, me dit-il, au contraire, il vous prie de faire toufiours croire à la Nymphe qu'il eft mort : mais pour fon bien & pour mon aduantage, il faut que la Nymphe reçoiue cette lettre de mes mains. Ie me mis certes en colere, & luy en euffe bien dit dauantage, fi ie n'euffe eu peur que l'on s'en fut apperceu : mais il fit fi bien ce qui luy auoit efté commandé, que ie n'en pûs tirer autre chofe, finon pour conclufion, que fi la Nymphe vou-

Sf ij

loit ce qu'il auoit à luy donner de Lindamor, il falloit qu'elle le prist de sa main, & quand ie luy disois qu'il demeureroit long-temps à luy pouuoir parler, & que cela la pourroit offenser, il ne me respondoit sinon d'vn branslement de teste, par lequel il me faisoit entendre qu'il n'en feroit rien. Galathée, qui s'estoit apperceüe de nostre discours, desireuse d'en sçauoir le suiet, se retira du promenoir plustost que de coustume, & m'ayant appellée en particulier voulut entendre ce que c'estoit: ie le luy dis franchement, ie veux dire pour ce qui estoit de la resolution de Fleurial: mais au lieu de la lettre, ie luy dis que c'estoit le cœur de Lindamor, & qu'en toute sorte lui ayant esté commandé par lui à sa mort, il croiroit vser de trahison s'il n'obseruoit sa promesse. Alors Galathée me respondit, comment il entendoit de lui pouuoir parler en particulier ; qu'il lui sembloit n'y auoir point d'autre moyé que de feindre de luy apporter des fruicts dans vn panier, & qu'au fonds il lui mit le cœur. Ie lui respondis alors, que cela se pourroit bien faire ainsi: mais que ie le connoissois pour si brutal qu'il n'en feroit rien, parce que l'auarice lui faisoit esperer d'auoir beaucoup d'elle, s'il lui representoit lui mesme (en lui remettant ce cœur entre les mains) les seruices qu'en ces occasions il lui auoit rendus. O! me dit-elle, s'il ne tient qu'à cela, qu'il vous die seulement ce qu'il veut, car ie le luy donneray. Ce sera, luy dis-je, vne espece de rançon que vous payerez pour ce cœur. Ce n'est pas, me respondit-elle, de cette monnoye que ie la dois payer, c'est de mes larmes, & celles-là estant taries de mon sang: peut-estre fut-elle marrie de m'en auoir tant dit: Tant y a qu'elle me commenda le matin de parler à Fleurial, ce que ie fis, & luy representay tout ce que ie creus qui le pouuoit esmouuoir à me donner cette lettre, iusques à le menacer: mais tout fut en vain: car pour resolution il me dit: Voyez-vous, Leonide, quand le Ciel & la terre s'en mesleroient, ie n'en feray autre chose. Si Madame veut sçauoir ce que i'ay à luy dire, il fait si beau le soir, qu'elle vienne auec vous iusques au bas de l'escalier qui descend de sa chambre, la Lune est claire, ie l'ay veuë bien souuent y venir, le chemin n'est pas long, personne n'en peut rien sçauoir, ie m'asseure que m'ayant ouy, elle ne plaindra point la peine qu'elle aura prise. Quand il me dit cela, ie me mis en extréme colere contre luy, luy representant qu'il deuoit obeïr à Galathée, & non point à Lindamor: qu'elle estoit sa Maistresse, qu'elle luy pouuoit faire du bien & du mal: Bref qu'il n'y auoit point d'apparence qu'elle deust prendre cette peine: mais luy sans s'esmouuoir me dit: Nymphe, ce n'est pas à Lindamor que i'obeïs, mais au serment que i'en ay fait aux Dieux, s'il ne se peut de cette sorte, ie m'en retourneray plustost d'où ie viens. Ie le laissay auec son opiniastreté, tant ennuyée que i'estois à moitié hors de moy: car si i'eusse sçeu le dessein de Lindamor, puis que la chose estoit tant auancée, sans doute ie luy eusse aidé: mais ne le sçachant pas, ie trouuois Fleurial auec si peu de raison, que ie ne sçauois que dire: Enfin ie m'en retournay faire sa responce à Galathée, qui fut tant en colere qu'elle l'eust fait battre & chasser du seruice de sa mere, si ie ne luy eusse representé le danger où elle se mettoit, qu'il ne descouurist ce qui s'estoit passé. Trois ou quatre iours s'escoulerent que la Nymphe demeuroit obstinée à ne vouloir faire ce que Fleurial demandoit: enfin Amour trop fort pour ne vaincre toute chose, la força de sorte que le matin elle me dit, que de toute la nuict elle n'auoit esté en repos, que les Manes de Lindamor luy estoient toute nuict autour, qu'il luy sembloit que c'estoit la moindre chose qu'elle deuoit à sa memoire que de descendre cét escalier pour tirer son cœur des mains d'autruy, & que i'aduertisse Fleurial, qu'il ne faillist de s'y trouuer. O Dieux! quel fut le contentement du nouueau iardinier: Il m'a dit depuis qu'en sa vie il n'auoit eu plus grand sursaut de ioye, parce qu'il commençoit à desesperer que son artifice reüssit: & voyant la Nymphe ne venir plus au iardin, il craignoit qu'elle l'eust reconnu. Mais quand Fleurial l'aduertit de la resolution qu'elle auoit prise, ce fut vn ressuscité d'Amour, pour le moins si l'on meurt par le dueil, & si l'on reuit par le contentement. Il se prepara à l'abord à ce qu'il auoit à faire, auec plus de curiosité qu'il n'auoit iamais fait contre Polemas. La nuict estant venuë, & chacun retiré, la Nymphe ne faillit à se r'habiller : mais seulement auec vne robbe de nuict, & me faisant ouurir la premiere porte, elle me fist passer deuant, & vous iure qu'elle trembloit de sorte, qu'à peine pouuoit elle marcher : elle disoit que elle ressentoit vn certain eslancement en l'estomach qu'elle n'auoit point accoustumé, qui luy ostoit toute force : qu'elle ne sçauoit si c'estoit pour se voir ainsi de nuict sans lumiere, ou pour sortir à heure induë, ou pour apprehender le present de Lindamor : mais quoy que ce fut, elle n'estoit pas bien à elle. En fin s'estât vn peu r'asseurée, nous descendismes du tout en bas, où nous n'eusmes pas si tost ouuert la porte, que nous trouuasmes Fleurial, qui nous attendoit il y auoit long-temps. Là Nymphe passa alors deuant, & allant sous vne tonne de iasmis, qui par son espaisseur la pouuoit garantir, & des rais de la Lune, & d'estre veuë des fenestres du corps de logis qui respondoit sur le iardin ; elle commença toute en colere à dire à Fleurial : Et bien, Fleurial,

Sf iiij

depuis quand estes vous deuenu si ferme en vos opinions, que quoy que ie vous commande vous n'en vueillez rien faire? Madame, respondit-il, sans s'estonner, ç'a esté pour vous obeïr, que i'ay failly en cecy, s'il y a de la faute : car ne m'auez vous pas commandé tres-expressément que ie fisse tout ce que Lindamor m'ordonneroit? Or Madame, c'est lui qui m'a ainsi commandé, & qui me remettant son cœur, me fist outre son commandement encore obliger par serment, que ie ne le remettrois entre autres mains qu'aux vostres. Et bien, bien, interrompit-elle en souspirant, où est ce cœur? le voicy, Madame, dit-il, reculant trois ou quatre pas vers vn petit cabinet, s'il vous plaist d'y venir, vous le verrez mieux que la où vous estes : elle se leua & s'y en vint : mais à mesme temps qu'elle vouluft entrer dedans, voila vn homme qui se iette à ses pieds, & sans luy dire autre chose, lui baise la robbe. O Dieux! dit la Nymphe, qu'est-ce cy, Fleurial, voicy vn homme? Madame, dit Fleurial en sousriant, c'est vn cœur qui est à vous. Comment, dit-elle, vn cœur? & lors de peur elle voulut fuïr: mais celuy qui lui baisoit la robbe, la retint. Oyant ces paroles ie m'approchay, & connus incontinent que c'estoit celuy que Fleurial disoit estre son cousin. Ie ne sçeus soudainement que penser: ie voyois Galathée & moy entre les mains de ces deux hommes, l'vn desquels nous estoit inconneu; à quoy nous pouuions nous resoudre? de crier nous n'osions; de fuïr, Galathée ne pouuoit; d'esperer en nos forces, il n'y auoit point d'apparence: enfin tout ce que ie pûs, ce fut de me ietter aux mains de celuy qui tenoit la robbe de la Nymphe, & ne pouuant mieux, ie me mis à l'esgratigner & à le mordre: ce que ie fis auec tant de promptitude que la premiere chose qu'il en apperçeut, fut la morsure. Ah! courtoise Leonide, me dit-il lors, comment traitterez-vous vos ennemis, puis que vous rudoyez de cette sorte vos seruiteurs? Encores que ie fusse bien hors de moy, si est-ce, que ie reconnus presque cette voix, & luy demandant qui il estoit: Ie suis dit-il, celuy qui viens porter le cœur de Lindamor à cette belle Nymphe, & lors sans se leuer de terre, s'addressant à elle, il continua: I'auoüe, Madame, que cette temerité est grande, si n'est-t'elle pas toutesfois esgale à l'affection qui la produite: Voicy le cœur de Lindamor que ie vous apporte, i'ay esperé que ce present seroit aussi bien receu de la main du donneur, que d'vne estrangere, si toutesfois mon desastre me nie ce que l'Amour m'a promis, ayant offensé la diuinité que seul ie veux adorer, condamnez ce cœur que ie vous apporte à tous les plus cruels supplices qu'il vous plaira: car pourueu que sa peine vous satisfasse, il la patientera auec autant de contentement que vous la luy ordonnerez. Ie connus aisément alors Lindamor, & Galathée aussi, mais non sans estonnement toutes deux; elle voyant à ses pieds celuy qu'elle auoit pleuré mort, & moy au lieu d'vn iardinier, ce Cheualier, qui ne cede à nul autre de cette contrée: Et connoissant que Galathée estoit si surprise qu'elle ne pouuoit parler, ie luy dis: Est-ce ainsi, ô Lindamor, que vous surprenez les Dames? ce n'est pas acte d'vn Cheualier tel que vous estes. Ie vous auoüe, me dit-il, gracieuse Nymphe, que ce n'est pas acte d'vn Cheualier, mais aussi ne me nierez-vous pas que ce ne soit celuy d'vn Amant, & que suis-ie plus qu'Amāt? Amour qui apprit à filer aux autres, m'apprēd à estre iardinier. Est-il possible, Madame, dit-il, s'adressant à la Nymphe que cette extréme affection que vous faictes naistre, vous soit si des-agreable que vous la vueilliez faire finir par ma mort? l'ay pris la hardiesse de vous apporter ce que vous vouliez de moy, ce cœur ne vous doit-il pas estre plus agreable en vie que mort? que s'il vous plaist qu'il meure, voila vn poignard qui abregera ce que vostre rigueur fera auec le temps. La Nymphe à toutes ces paroles ne respōdit autre chose sinon: Ah! Leonide, vous m'auez trahiez! & à ce mot elle se retira dans l'allée, où elle trouua vn siege fort à propos, car elle estoit tant hors de soy qu'elle ne sçauoit où elle estoit. Là le Cheualier se reiette à genoux, & moy ie m'en vins à l'autre costé, & luy dis: Comment, Madame, vous dittes que ie vous ay trahie? pourquoy m'accusez-vous de cecy? Ie vous iure par le seruice que ie vous ay voüé, n'auoir rien sçeu de cét affaire, & que Fleurial m'a deceuë aussi bien que vous. Mais ie loüe Dieu, que la tromperie soit si auantageuse pour chacun. Dieu mercy, voicy le cœur de Lindamor, que Fleurial vous auoit promis, mais le voicy en estat de vous faire seruice, ne deuez-vous pas estre bien aise de cette trahison?

Il seroit trop long à raconter tous les discours que nous eusmes, tant y a qu'en fin nous fismes la paix, & de telle sorte, que cette Amour fut plus estroittement liée qu'elle n'auoit iamais esté: toutesfois auec condition qu'à l'heure mesme il partiroit pour aller où Amasis & Clidaman l'auoient enuoyé. Ce départ fut mal-aisé, toutesfois il fallut obeyr, & ainsi apres auoir baisé la main à Galathée, sans nulle faueur plus grande, il partit: bien s'en alla-t'il auec asseurance qu'à son retour, il pourroit la voir quelquefois à cette mesme heure, & en ce mesme lieu: mais que sert-il de particulariser toute chose? Lindamor retourna où ceux qui estoient à luy l'attendoient, & de là en diligence alla où Clidaman pensoit qu'il fust, & par les chemins bastit mille prudentes excuses de son seiour, tantost accusant les incommoditez des montagnes, & tantost d'vne maladie qui encor paroissoit à son visage, à cause de ses blessures: & luy semblant que tout ce qui l'esloignoit de sa Dame, n'estoit pas affaire qui meritast plus long sejour; il reuint auec permission d'Amasis & de Clidaman, en Forests, où estant arriué, & ayant rendu bon conte de sa charge il fut honoré & caressé comme sa vertu le meritoit: mais tout cela ne luy touchoit point au cœur, au prix d'vn bon accueil qu'il receuoit de la Nymphe, qui depuis son dernier départ auoit accreu de sorte sa bonne volonté, que ie ne sçay si Lindamor auoit occasion de se dire plus Amant qu'aimé. Cette recherche passa si outre, qu'vn soir estant dans le iardin, il la pressa plusieurs fois de luy permettre qu'il la demandast à Amasis, qu'il s'asseuroit auoir rendu tant de bons seruices, & à elle & à son fils, qu'ils ne luy refuseroient point cette grace. Elle luy respondit: Vous deuez douter de leur volonté plus que de vos merites, & deuez estre moins asseuré de vos merites, que de ma bonne volonté; toutesfois ie ne veux point que vous leur en parliez que Clidaman ne se marie: ie suis plus ieune que luy, ie puis bien attendre autant. Ouy bien vous, respõdit-il incontinent, mais non pas la violence de ma passion: pour le moins si vous ne me voulez accorder ce remede, dõnez-m'en vn qui ne peut vous nuire, si vostre volonté est telle que vous me dittes. Si ie le puis, dit-elle, sans m'offenser, ie le vous promets. Apres luy auoir baisé la main: Madame, luy dit-il, vous m'auez promis de iurer deuant Leonide, & deuát les Dieux, qui oyent nos discours, que vous serez ma femme, comme ie fais serment deuant eux-mesmes, de n'en auoir iamais d'autre. Galathée fut surprise, toutesfois feignant que ce fust partie pour le serment qu'elle en auoit fait, & en partie en ma persuasion, quoy que veritablement ce fust à celle de son affection, elle le contenta, & le luy iura entre mes mains, à condition que iamais Lindamor ne reuiendroit en ce iardin, que le mariage ne fust declaré: & cela pour empescher que l'occasion ne les fist passer plus outre. Voila Lindamor le plus content qui fut iamais, plein de toute sorte d'esperance, pour le moins de toutes celles qu'vn Amant peut auoir estant aimé, & n'attendant que la conclusion promise de ses desirs. Quand Amour, ou plustost la fortune voulut se mocquer de luy, & luy donner le plus cruel ennuy qu'autre peut auoir: O Lindamor, quelles vaines propositions sont les vostres? En ce temps Clidaman estoit party pour aller chercher auec Guiemants, les hazards des armes, & pour lors il se trouuoit en l'armée de Meroüée, & encor qu'il y fust allé secrettement, si est-ce que ses actions le découurirent assez, & parce qu'Amasis ne vouloit pas qu'il y demeurast de cette sorte, elle fit leuée de toutes les forces qu'elle peust pour luy enuoyer, & comme vous sçauez, en donna la charge à Lindamor, & retint Polemas pour gouuerner sous elle à toutes ses Prouinces, iusques à la venuë de son fils: ce qu'elle fit, tant pour satisfaire à ces deux grands personnages, que pour les separer vn peu: car depuis le retour de Lindamor, ils auoient tousiours eu quelque pique ensemble, fust que rien n'est de si secret, qui en quelque sorte ne se découure, & qu'à ceste occasion Polemas eust quelque vent que ce fust luy contre qui il auoit combattu, ou bien que l'Amour seul en fust la cause. Tant y a que chacun connoissoit bien le peu de bonne volonté qu'ils se portoient. Or Polemas demeuroit fort content, & Lindamor ne s'en alloit pas mal volontiers, l'vn pour demeurer pres de sa Maistresse, & l'autre pour auoir occasion, faisant seruice à Amasis de se l'obliger, esperant par cette voye de se faciliter le chemin au bien auquel il aspiroit. Mais Polemas qui connoissoit à l'œil combien il estoit défauorisé, & combien au rebours son riual receuoit de faueurs, n'ayant guere d'esperance ny en ses seruices, ny en ses merites, recourut aux artifices. Et voicy comment il aposte vn homme: mais vn homme le plus fin & le plus rusé qui fust iamais en son mestier, à qui sans le faire reconnoistre à personne de la

Cour, il fit fecrettement voir Amafis, Galathée, Siluie, Silere, moy, & toutes ces autres Nymphes, & non feulement luy montra le vifage, mais luy raconta tout ce qu'il fçauoit de toutes, voire des chofes plus fecrettes dont comme vieil Courtifan, il eftoit bien informé, & puis le pria de fe feindre Druide, & grand deuin. Il vint dans ce grand bois de Sauigneu, pres des beaux iardins de Mont-brifon, où fur la petite riuiere qui y paffe prefque au trauers, il fit vne logette, & demeura là quelques iours, faifant le grand deuineur, fi bien que le bruit en vint iufques à nous, & mefmes Galathée le fçachant, l'alla trouuer pour apprendre quelle feroit fa fortune. Ce rufé fçeut fi bien contrefaire fon perfonnage, auec tant de circonftances, & ceremonies, qu'il faut que i'auoüe le vray, i'y fus deceuë auffi bien que les autres. Tant y a que la conclufion de fa fineffe fut de luy dire, que le Ciel luy auoit donné par influence le choix d'vn grand bien ou d'vn grand mal, & que c'eftoit à fa prudence de les élire. Que l'vn & l'autre procedoient de ce qu'elle deuoit aimer, & que fi elle méprifoit fon aduis, elle feroit la plus mal-heureufe perfonne du monde : & au contraire tres-heureufe, fi elle faifoit bonne deliberation, que fi elle le vouloit croire, il luy donneroit des connoiffances fi certaines de l'vn & de l'autre, qu'il ne tiendroit qu'à elle de les discerner. Et luy regardant la main, puis le visage, il luy dit, vn tel iour estant dans Marcilly, vous verrez vn homme vestu d'vne telle couleur; si vous l'épousez, vous estes la plus miserable du monde: puis il luy fit voir dans vn miroir, vn lieu qui est le long de la riuiere de Lignon, & luy dit: Voyez-vous ce lieu? allez-y à telle heure, vous y trouuerez vn homme qui vous rendra heureuse, si vous l'épousez. Or Climante (tel est le nom de ce trompeur) auoit finement sçeu, & le iour que Lindamor deuoit partir, & la couleur dont il seroit vestu: & son dessein estoit que Polemas feignant d'aller à la chasse, se trouueroit au lieu qu'il auoit fait voir dans le miroir. Or oyez, ie vous supplie, comme le tout est reüssi. Lindamor ne faillit point de venir vestu comme auoit dit Climante, & au mesme iour Galathée, qui auoit bonne memoire de Lindamor demeura si estonnée, qu'elle ne sçeut respondre à ce qu'il luy disoit. Le pauure Cheualier creut que c'estoit le déplaisir de son éloignement, de sorte qu'apres luy auoir baisé la main, il partit, & s'en alla à l'armée plus content que ne vouloit sa fortune. Si i'eusse sçeu qu'elle se fust mise en cette opinion, i'eusse tasché de l'en diuertir, mais elle me le tint si secret, que pour lors ie n'en eus aucune connoissance. Depuis s'approchant le iour que Climante luy auoit dit qu'elle trouue-

LIVRE NEVFIESME. 657

trouueroit sur les riues de Lignon celuy qui la rendroit heureuse, elle ne me voulut pas dire entierement son desseein, mais seulement me fit entendre qu'elle vouloit sçauoir si le Druide estoit veritable, en ce qu'il luy auoit dit, qu'aussi bien la Cour estoit si seule, qu'il n'y auoit plus de plaisir, & que la solitude seroit pour vn temps plus agreable: qu'elle estoit resoluë d'aller en son Palais d'Isoure, la plus seule qui luy seroit possible, & que des Nymphes, elle ne vouloit auoir que Siluie & moy, sa nourrice, & le petit Meril: quant à moy qui estois ennuyée de la Cour, ie luy dis, qu'il seroit bien à propos de s'y aller vn peu diuertir, & ainsi faisant entendre à Amasis, qu'elle s'y vouloit purger, elle s'y en alla le lendemain: mais ç'auoit esté sa nourrice qui l'auoit fortifiée en ceste opinion; car ceste bonne vieille, qui aimoit tendrement sa nourriture, estant de facile creance en ses predictions, comme sont la pluspart de celles de son aage, luy conseilla de le faire, & l'en pressa de sorte, que la trouuant des-ja toute disposée, il luy fut aisé de la mettre en ce labirinte. Ainsi donc nous voila toutes trois seules en ce Palais. Pour moy ie ne fus de ma vie plus estonnée, car figurez-vous trois personnes dans ce grand bastiment: Mais la Nymphe, qui auoit bien remarqué le iour que Climante luy auoit dit

Tt

se prepara le soir auparauant pour y aller, & le matin s'habilla le plus à son aduantage qu'elle peust, & nous commanda d'en faire de mesme. De cette sorte nous allons dans vn chariot iusques au lieu assigné, où estant arriuées, par hazard à l'heure mesme qu'auoit dit Climante, nous trouuasmes vn Berger presque noyé, & encores à moitié couuert de boüe & de grauier, que la fureur de l'eau auoit ietté contre nostre bord. Ce Berger estoit Celadon, ie ne sçay si vous le connoissez, qui par hazard estant tombé dans Lignon, auoit failly de se noyer, mais nous arriuasmes si à propos, que nous le sauuasmes, car Galathée croyant que ce fust cestui-cy qui la deuoit rendre heureuse, dés lors commença de l'aimer de telle sorte, qu'elle ne plaignoit point sa peine à nous aider à le porter dans le chariot, & de là iusques au Palais, sans qu'il reuinst: pour lors le sable, l'effroy de la mort, les taches qu'il auoit au visage gardoient que la beauté ne se pouuoit remarquer: & quant à moy, ie maudissois l'enchanteur; & le deuin qui estoit cause que nous auions cette peine, car ie vous iure que ie n'en eus de ma vie tant. Mais depuis qu'il fut reuenu, & que son visage ne fut plus souillé, il parut le plus bel homme qui se puisse dire, outre qu'il a l'esprit ressentant toute autre chose plustost que le Berger: ie n'ay rien veu en nostre Cour de plus ciuilizé, ny de plus digne d'eſtre aimé, ſi bien que ie ne m'eſtonne pas ſi Galathée en eſt tant éperdument amoureuſe, qu'à peine le peut-elle abandonner la nuict : mais, certes, elle ſe trompe bien, d'autant que ce Berger eſt perdu d'Amour, pour vne Bergere nommée Aſtrée ; ſi eſt-ce que toutes ces choſes n'ont pas fait vn petit coup contre Lindamor, parce que la Nymphe ayant trouué vray ce que ce menteur luy a dit, eſt reſoluë de mourir pluſtoſt que d'épouſer Lindamor, & s'eſtudie par toute ſorte d'artifice de ſe faire aimer à ce Berger, qui ne fait meſme en ſa preſence que ſouſpirer l'eſloignement d'Aſtrée. Ie ne ſçay ſi la contrainte où il ſe trouue (car elle ne le veut point laiſſer ſortir du Palais,) ou ſi l'eau qu'il beut quand il tomba dans la riuiere, en eſt la cauſe, tant y a que depuis il eſt allé trainant, tantoſt dans le lict, tantoſt dehors, mais en-fin il a pris vne fiéure ſi ardante, que ne ſçachant plus de remede à ſa ſanté, la Nymphe me commanda de venir en diligence vous querir, afin que vous viſſiez ce qui ſeroit neceſſaire pour le ſauuer.

Le Druide eſtoit demeuré fort attentif durant ce diſcours, & fit diuers iugemens ſelon les ſujects des paroles de ſa niéce, & peut-eſtre, aſſez approchant du vray : car il connut bien qu'elle n'eſtoit pas du tout exempte ny d'A-

Tt ij

mour, ny de faute. Toutesfois comme fort aduisé qu'il estoit, il le dissimula auec beaucoup de discretion, & dit à sa niece qu'il estoit tres-aise de pouuoir seruir Galathée, & mesme en la personne de Celadon, de qui il auoit tousiours aimé les parens, & qu'encor qu'il fust Berger, il ne laissoit d'estre de l'ancien tige des Cheualiers, & que ses ancestres auoient esleu cette sorte de vie pour plus reposée, & plus heureuse que celle des Cours, qu'à ceste occasion il le falloit honorer, & faire bien seruir: mais que cette façon de viure dont vsoit Galathée, n'estoit ny belle pour la Nymphe, ny honorable pour elle: qu'estant arriué au Palais, & ayant veu ses deportemens, il luy diroit comme il vouloit qu'elle se gouuernast. La Nymphe vn peu honteuse luy respondit, qu'il y auoit long temps qu'elle auoit dessein de le luy dire, mais qu'elle n'auoit eu ny la hardiesse, ny la commodité, qu'à la verité Climante estoit cause de tout le mal. O, respondit Adamas, s'il y auoit moyen de l'attraper, ie luy ferois bien payer auec vsure le faux tiltre qu'il s'est vsurpé de Druide. Cela sera fort aisé dit la Nymphe, par le moyen que ie vous diray. Il dit à Galathée qu'elle retournast deux ou trois fois au lieu où elle deuoit trouuer cet homme, en cas qu'elle ne l'y rencontrast la premiere fois. Ie sçay que Polemas & luy, ayans esté trop tardifs le premier iour, ne manquerent d'y venir les autres fuiuans; qui voudra furprendre ce trompeur, il ne faut que fe cacher au lieu que ie vous montreray, où fans doute il viendra: & quant au iour, vous le pourrez fçauoir de Galathée, car quant à moy ie l'ay oublié.

LE DIXIESME LIVRE DE LA PREMIERE PARTIE D'ASTREE.

AVEC ces discours, le Druide, & la Nymphe, tromperent vne partie de la longueur du chemin, ayans esté & l'vn & l'autre si attentifs, que presque sans y penser, ils se trouuerent auprés du Palais d'Isoure. Mais Adamas qui vouloit en toute façon remedier à cette vie, l'instruisit de tout ce qu'elle auoit à dire de luy à Galathée, & sur tout de ne point luy faire entēdre qu'il ait des-appreuué ses actions: car, disoit-il, ie connois bien que le courage de la Nymphe se doit vaincre par douceur, & non par force. Mais cependant, ma niece, souuenez-vous de vostre deuoir, & que ces amourachemens sont honteux, & pour ceux qui en sont atteints, & pour ceux qui les fauorisent. Il eust continué ses remonstrances, si à l'en-

Tt iiij

trée du Palais ils n'eussent rencontré Siluie, qui les conduisit où estoit Galathée : pour lors elle se promenoit dans le plus proche iardin, cependant que Celadon reposoit : soudain qu'elle les apperceut, elle s'en vint à eux, & le Druide d'vn genoüil en terre, la saliia en luy baisant la robbe, & de mesme Leonide; mais les releuant, elle les embrassa tous deux, remerciant Adamas de la peine qu'il auoit prise de venir, auec asseurance de s'en reuencher en toutes les occasions qu'il luy plairoit. Madame, dit-il, tous mes seruices ne sçauroient meriter la moindre de ces belles paroles, ie regrette seulement que ce qui se presente ne soit vne preuue plus grande de mon affection, afin qu'en quelque sorte vous puissiez connoistre, que si ie suis vieilly sans vous auoir fait seruice, ce n'a pas esté faute de volonté, mais de n'auoir eu l'heur d'estre employé. Adamas, respondit la Nymphe, les seruices que vous auez rendus à Amasis, ie les tiens pour miens, & ceux que i'ay receus de vostre niece, ie les reçois comme de vous, par ainsi vous ne pouuez pas dire qu'en la personne de ma mere vous ne m'ayez beaucoup seruie, & qu'en celle de vostre niece, vous n'ayez bien souuent esté employé. Quelquefois, si ie puis, ie reconnoistray ces seruices tous ensemble, mais en ce qui se presente à cette heure, ressouuenez-vous, puis qu'il n'y a rien de plus douloureux que les blessures qui sont aux parties plus sensibles, que ayant l'esprit blessé vous ne sçauriez iamais trouuer occasion de me seruir qui me fut plus agreable que celle-cy? Nous en parlerons à loisir, cependant allez vous reposer, & Siluie vous conduira en vostre chambre, & Leonide me rendra conte de ce qu'elle a fait. Ainsi s'en alla le Druide: Et Galathée caressant Leonide plus que de coustume, luy demanda des nouuelles de son voyage, à quoy elle satisfit: Mais, continua-t'elle, Madame, ie loüe Dieu, que ie vous retrouue plus ioyeuse que ie ne vous auois laissée. M'amie, luy dit la Nymphe, la guerison toute euidente de Celadon m'a rapporté ce bien: car il faut que vous sçachiez que vous ne fustes pas à vne lieüe d'icy qu'il se resueilla sans fiéure, & depuis est allé amendant de sorte, que luy mesme espere de se pouuoir leuer dans deux ou trois iours. Voila, respondit Leonide, les meilleures nouuelles qu'à mon retour i'eusse pû desirer, que si ie les eusse sceües pluftost, ie n'eusse pas conduit ceans Adamas. Mais à propos, dit Galathée, que dit-il de cét accident? car ie m'asseure que vous lui auez tout declaré. Vous me pardonnerez, Madame, dit Leonide, ie ne luy ay dit, que ce que i'ay pensé ne lui pouuoir estre caché, lors qu'il seroit icy. Il sçait l'amitié que vous portez à Celadon, que ie lui ay dit estre procedée de pitié, il connoist fort bien ce Berger, & tous ceux de sa famille, & s'asseure de luy pouuoir persuader tout ce qu'il luy plaira, & ie croy quant à moy, si vous vous y employez qu'il vous y seruira: mais il faudroit luy parler ouuertement. Mon Dieu, dit la Nymphe, est il possible? ie suis certaine que s'il l'entreprend, le tout ne peut reüssir qu'à mon contentement: car sa prudence est si grande, & son iugement aussi, qu'il ne peut que venir à bout de tout ce qu'il commencera. Madame, dit Leonide, ie ne vous parle point sans fondement, vous verrez si vous vous seruez de luy, ce qui en sera. Voila la Nymphe la plus contente du monde, se figurant desia au comble de ses desirs. Mais cependant qu'elles discouroient ainsi, Siluie & Adamas s'entretenoient de ce mesme affaire, car la Nymphe, qui auoit beaucoup de familiarité auec le Druide, luy en parla dés l'abord tout ouuertement: luy qui estoit fort aduisé, pour sçauoir si sa niece luy auoit dit la verité, la pria de lui raconter tout ce qu'elle en sçauoit. Siluie qui vouloit en toute sorte rompre cette pratique, le fit sans dissimulation, & le plus briefuement qu'il luy fut possible, de cette sorte :

HISTOIRE DE LEONIDE.

SCachez que pour mieux vous faire entendre tout ce que vous me demandez, ie suis contrainte de toucher des particularitez d'autre que de Galathée, & ie le feray d'autant plus volontiers, qu'il est mesme à propos que pour y pouruoir à l'aduenir elles ne vous soient point cachées: C'est de Leonide dont ie parle, que le destin semble vouloir embroüiller d'ordinaire aux desseins de Galathée. Ce que ie vous en dis n'est pas pour la blasmer, ou pour le publier: car le vous disant, ie ne le croy moins secret, que si vous ne l'auiez pas sçeu: Il faut donc que vous entendiez, qu'il y a fort long-temps que la beauté & les merites de Leonide luy acquirent, apres vne longue recherche, l'affection de Polemas, & parce que les merites de ce Cheualier ne sont point si petits, qu'il ne puissent se faire aimer, vostre niece ne se contenta d'estre aimée, mais voulut aussi aimer: toutesfois elle s'y conduisit auec tant de discretion, que Polemas mesme fut longuement sans en rien sçauoir: Ie sçay que vous auez aimé, & que vous sçauez mieux que moy combien mal-aisément se peut cacher Amour: tant y a qu'enfin le voile estant osté, & l'vn & l'autre se connut, & Amant, & aimé: toutesfois cette amitié estoit si honneste, qu'elle ne leur auoit permis de se l'oser declarer. Apres le sacrifice qu'Amasis fait tous les ans le iour qu'elle espousa Pimandre, il auint que l'aspres-disnée nous trouuant toutes dans les iardins de Montbrison, pour passer plus ioyeusement cette heureuse iournée, elle & moy, pour nous garentir du Soleil, nous estions assises sous quelques arbres, qui faisoient vn agreable ombrage. A peine y estions-nous, que Polemas se vint mettre parmy nous, feignant que ç'auoit esté par hazard qu'il nous eust rencontrées, quoy que i'eusse bien pris garde qu'il y auoit long temps qu'il nous accompagnoit de l'œil. Et parce que nous demeurions sans dire mot, & qu'il auoit la voix fort bonne, ie luy dis, qu'il nous obligeroit fort s'il vouloit chanter. Ie le feray, dit-il, si cette belle, montrant Leonide, me le commande. Vn tel commandement, dit-elle, seroit vne indiscretion: mais i'y employeray bien ma priere, & mesmes si vous auez quelque chose de nouueau. Ie le veux, respondit Polemas, & de plus ie vous asseureray, que ce que vous orrez, n'a esté fait que durant le sacrifice, cependant que vous estiez en oraison. Et quoy, luy dis-ie, m'a compagne est donc le suiet de cette chanson? Oüy certes, me respondit il, & j'en suis tesmoing: & lors il commença de cette sorte.

STANCES D'VNE DAME EN DEVOTION.

Dans le Temple sacré, les grands Dieux adoroit
Celle que tous les cœurs adorent d'ordinaire :
Elle sans qui la grace au monde ne pleut plaire,
Des yeux & de la voix, des graces requeroit.

Et bien qu'elle vouluſt ſes beaux yeux deſ-
armer,
Et laiſſer de ſa voix les apas & les charmes,
Ses beaux yeux & ſa voix auoient de telles
armes,
Qu'on ne pouuoit la voir ny l'oüir ſans l'aimer.

Si quelquesfois ſes yeux d'vn ſainct zele en-
flambez,
Vont mignardant le Ciel, toute ame elle mi-
gnarde,
Et ſi demy fermez en bas elle regarde,
O que leurs mouuemens ont de traits deſro-
bez !

Que si quelque souspir va du cœur s'esgarant,
Quand les douceurs du Ciel en esprit elle
 espreuue;
O! que cét air fuitif incontinent retreuue
D'autres souspirs esmeus d'vn esprit differant!

O grand Dieu! disoit-elle, ayez pitié de moy:
Et mon desir alors s'efforçoit de luy dire;
Ayez pitié de moy, qui la pitié desire,
Les effets de pitié doit ressentir en soy.

Sois pere, disoit-elle, & non iuge en courroux,
Puis que tu veux, ô Dieu! que pere lon t'appelle,
Sois ma Dame, disois-ie, & non pas si cruelle,
Puis que tant de beauté te rend Dame de tous.

Regarde ta bonté plustost que ta rigueur
Quand tu veux chastier, disoit elle, vne offense.
Et moy, ie luy disois: Et toy de mesme, pense
Qu'à tes yeux tant humains doit ressembler ton
 cœur.

Souuiens-toy, disoit-elle, ô grand Dieu! que
 ie suis
A toy dés ma naissance, & que toy seul i'adore:
Et moy ie suis à toy, luy disois-ie, & encore
Que toy seule en mes vœux adorer ie ne puis.

Mesure, disoit-elle, à l'Amour ta pitié:
Et lors elle tranchoit pour vn tēps son murmure,

LIVRE DIXIESME. 671

Et moy ie luy disois : Et toy, belle, mesure
Ta pitié, non à moy, mais à mon amitié.

Ses vœux furent receus, & les miens re-
　poussez,
Et toutesfois les miens auoiẽt bien plus de zele :
Car de la seule foy les siens naissoient en elle,
Moy ie voyois la Saincte où les miens sont
　dressez.

Elle obtient le pardon (mais qui peut refuser
Chose qu'elle demande?) & i'en portay la peine :
Car depuis s'esloignant de toute chose humaine,
Elle ne me vid plus que pour me mespriser.

Est-ce ainsi, dis-ie alors, que t'ayant fait mercy,
Au lieu de pardonner, tu me fais vn outrage?
O grand Dieu! puny la d'vn si mauuais courage,
Car si ie faux, ses yeux me l'ordonnent ainsi.

Nous estions demeurées fort attentiues, & peut-estre i'eusse sçeu quelque chose dauantage, n'eust esté que Leonide, craignant que Polemas ne declarast ce qu'elle me vouloit cacher, soudain qu'il eut paracheué prit la parole. Ie gage, dit-elle, que ie deuineray pour qui cette chanson a esté faite, & lors s'approchant de son oreille, fit semblant de la luy nommer : mais en effet elle luy dit qu'il prit garde à ce qu'il diroit deuant moy. Luy comme discret, se retirant, luy respondit: Vous n'auez pas deuiné, ie vous iure que ce n'est pas pour celle que vous m'auez nommée. Ie m'apperceus alors qu'elle se cachoit de moy, qui fut cause que feignant de cueillir quelques fleurs, ie m'ostay d'aupres d'eux, & m'en allay d'vn autre costé, non toutesfois sans auoir l'œil à leurs actions. Or depuis Polemas mesme m'a raconté le tout: mais ç'a esté apres que son affection a esté passée, car tant qu'elle a continué, il n'a pas esté en mon pouuoir de luy faire rien aduoüer. Estans donc demeurez seuls, ils reprindrent les brisées qu'ils auoient laissées, & elle fut la premiere qui commença: Et quoy Polemas, dit-elle, vous vous ioüez ainsi de vos amies? Aduoüez la verité, pour qui sont ces vers? Belle Nymphe, dit-il, en vostre ame vous sçauez aussi bien pour qui ils sont que moy. Et comment, dit-elle, me croyez-vous quelque deuineresse? Oüy certes, respondit Polemas, & de celles qui n'obeissent pas au Dieu qui parle par leur bouche, mais qui se font obeir à luy. Comment entendez-vous cét Egnime? dit la Nymphe. I'entends, repliqua-t'il, qu'Amour parle par vostre bouche, autrement vos paroles ne seroient pas si pleines de feux & d'Amour qu'elles peussent allumer en tous ceux qui les oyent des brasiers si ardants, & toutesfois vous ne luy obeissez point, encore qu'il commande que qui aime soit aimé: car

toute

LIVRE DIXIESME.

toute deſſobeiſſante, vous faites que ceux qui meurent d'Amour pour vous, vous peuuent bien reſſentir belle, mais non iamais Amante, ny ſeulement pitoyable : I'en parle pour mon particulier, qui puis auec verité, iurer n'y auoir au monde beauté plus aimée que la voſtre l'eſt de moy. En diſant ces paroles dernieres il rougit, & elle ſouſrit, en luy reſpondant : Polemas, Polemas, les vieux ſoldats par leurs playes montrent le teſmoignage de leur valeur, & ne s'en plaignent point, vous qui vous plaignez des voſtres, ſeriez bien empeſché de les montrer, ſi Amour comme voſtre general, pour vous donner digne ſalaire, demandoit de les voir. Cruelle Nymphe, dit le Cheualier, vous vous trompez : car ie lui dirois ſeulement ; ô Amour ! oſte ce bandeau, & regarde les yeux de mon ennemie : Car il n'auroit pas ſi toſt ouuert les yeux qu'il reſſentiroit les meſmes playes que ie porte au cœur, non point comme vous dites en me plaignant : mais tants'en faut en faiſant ma gloire d'auoir vn ſi digne autheur de ma bleſſure. Par ainſi iugez que ſi Amour vouloit entrer en raiſon auec moy, ie luy aurois pluſtoſt ſatisfait qu'à vous : car il reſſentiroit les meſmes coups, ce que vous ne pouuez, d'autant qu'vn feu ne ſe peut bruſler ſoy-meſme : Si ne deuez-vous pas encor qu'inſenſible à vos beautez, l'eſtre à nos

V v

larmes, ny eſtre martyre, où les larmes du merite ne peuuent reſiſter, ſi celles de la pieté, pour le moins rebouchent le tranchant de vos rigueurs, afin que de meſme qu'on vous adore comme belle, on vous puiſſe loüer comme humaine. Leonide aimoit ce Cheualier, & toutesfois ne vouloit pas qu'il le ſceut encores: mais auſſi elle craignoit qu'en luy oſtant l'eſpoir entierement, elle ne luy fit perdre le courage: cela fut cauſe qu'elle luy reſpondit. Si voſtre amitié eſt telle, le temps m'en donnera plus de connoiſſance que ces paroles trop bien dites pour proceder d'affection: car à ce que i'ay ouy dire, l'affection ne peut eſtre ſans paſſion, & la paſſion ne peut permettre à l'eſprit vn ſi libre diſcours, mais quand le temps m'en aura autant dit que vous; vous deuez croire, que ie ne ſuis ny de pierre, ny ſi meſconnoiſſante que vos merites ne me ſoient connus, & que voſtre amitié ne m'eſmeuue: Iuſques alors n'eſperez de moy, que cela meſme que vous pouuez de mes compagnes en general. Le Cheualier luy voulut baiſer la main pour cette aſſeurance: mais parce que Galathée la regardoit: Cheualier, luy dit-elle, ſoyez diſcret, chacun a l'œil ſur nous, ſi vous traittez de cette ſorte vous me perdrez. Et à ce mot elle ſe leua, & vint entre nous qui allions cueillant des fleurs. Voila la premiere ouuerture qu'ils ſe firent de leurs volontez, qui donna occasion à Galathée de s'en mesler: Car s'estant apperceüe de ce qui s'estoit passé au iardin, & ayant dés long temps fait dessein d'acquerir Polemas, voulut le soir sçauoir ce qui s'estoit passé entre Leonide & lui, & parce qu'elle s'est tousiours renduë fort familiere à vostre niece, & qu'elle a montré de la particulariser en ses secrets, la Nymphe n'osa luy nier entierement la verité de cette recherche, il est vray qu'elle luy teut ce qui estoit de sa volonté propre, & sur ce discours Galathée voulut sçauoir les paroles particulieres qu'ils s'estoient dites, en quoy vostre niece en partie satisfit, & en partie dissimula. Si est-ce que qu'elle en dit assez pour accroistre de telle sorte le dessein de Galathée; que depuis ce iour elle resolut d'en estre aimée, & entreprit cette œuure auec de tels artifices, qu'il estoit impossible qu'il aduint autrement. D'abord, elle deffendit à Leonide de continuer plus outre cette affection, & puis, luy dit-il, qu'elle en coupast toutes les racines, parce qu'elle sçauoit bien que Polemas auoit autre dessein; & que cela ne luy seruiroit qu'à se faire mocquer. Outre que si Amasis venoit à le sçauoir, elle en seroit offensée. Leonide, qui alors n'auoit pas plus de malice qu'vn enfant, receut les paroles de la Nymphe, comme de sa Maistresse, sans penetrer au dessein qui les luy faisoit dire, & ainsi demeura quelques iours

si retirée de Polemas, qu'il ne sçauoit à quoy il en estoit: au commencement cela le rendoit plus ardent en sa recherche: Car c'est l'ordinaire de ces ieunes esprits, de desirer auec plus de violence ce qui leur est le plus difficile: & d'effet il continua de sorte, que Leonide auoit assez de peine à dissimuler le bien qu'elle luy vouloit: & enfin le sçeust si mal-faire que Polemas connust bien qu'il estoit aimé: mais voyez ce que l'Amour ordonne: ce ieune Amant apres auoir trois ou
,, quatre mois continué cette recherche d'au-
,, tant plus violemment, qu'il auoit moins d'as-
,, seurance de la bonne volonté qu'il desiroit,
,, aussi tost presque qu'il en est certain perd sa violence, peu à peu aime si froidement, que d'autant que la fortune & l'Amour quand ils commencent à descendre tombent tout à fait: la Nymphe ne se prit garde qu'elle demeura là seule en cette affection: Il est vray que Galathée qui suruint là dessus en fut en partie cause: car ayant dessein sur Polemas, elle vsa de tel artifice, & se seruit si bien, & de son authorité, & du temps, que l'on peut dire qu'elle le luy desroba insensiblement, parce que quand Leonide le rudoyoit, Galathée le fauorisoit, & quand l'autre fuyoit sa compagnie, celle-cy l'attiroit à la sienne, & cela continua si longuement & si ouuertement, que Polemas commença de tourner les yeux vers Gala-

LIVRE DIXIESME. 677

thée, & peu apres le cœur les suiuit : car se
voyant fauoriser d'vne plus grande que celle
qui le mesprisoit, il se blasmoit de le souffrir sans ressentiment, & de n'embrasser la
fortune qui toute riante le venoit rencontrer.
Mais, ô sage Adamas! voyez quelle gratieu-
se rencontre a esté celle-cy, & comme il a pleu
à l'Amour de se iouër de ces cœurs : Il y auoit
quelque temps que par l'ordonnance de Clidaman, Agis le rencontra seruiteur de vostre
niepce, & comme vous sçauez, par l'eslection
de la fortune. Or quoy que ce ieune Cheualier ne se fust point donné à Leonide de
sa deliberation, si consentit-il au don, &
l'appreuua par les seruices que depuis il luy
rendit, & qu'elle n'eust point desagreables
à ce qu'elle montroit par ses actions. Mais
quand Polemas entreprit de la seruir, Agis
qui comme auaricieux auoit tousiours les
yeux sur son thresor prit garde à l'Amour
naissante de ce nouuel Amant, & quelquesfois
s'en plaignit à elle : mais la froideur de ses responses au lieu d'esteindre ses ialousies seulement, amortissoit peu à peu ses amours : car
considerant combien il y auoit peu d'asseurance en son ame, il tascha de prendre vne meilleure resolution, qu'il n'auoit pas fait par le
passé, & ainsi pour ne voir vn autre triompher de luy, il esleut pluftost de s'esloigner.
Recepte, à ce que i'ay oüy dire, la meilleure

Vv iij

qu'vne ame attainte de ce mal puiſſe auoir pour s'en deliurer: Car tout ainſi que le commencement de l'Amour eſt produit par les yeux, il me ſemble que celuy de ſon contraire le doiue eſtre par le deffaut de la veüe, qui ne peut eſtre en rien tant qu'en l'abſence, où l'oubly meſme couure de ſes cendres les trop viues repreſentations de la choſe aimée: & d'effet Agis paruint heureuſement à ſon deſſein: car à peine eſtoit-il entierement party, que l'Amour partit auſſi de ſon ame, y logeant en ſa place le meſpris de cette volage. Si bien que Leonide en ce nouueau deſſein d'acquerir Polemas, perdit celuy qui deſia eſtoit entierement à elle. Mais les broüilleries d'Amour ne s'arreſtant pas là (car il voulut que Polemas reſſentiſt auſſi de ſon coſté, ce qu'il faiſoit endurer à la Nymphe) preſque en ce meſme temps l'affection de Lindamor priſt naiſſance, & il aduint que tout ainſi que Leonide auoit deſdaigné Agis pour Polemas, & Polemas Leonide pour Galathée: de meſme Galathée deſdaigna Polemas pour Lindamor. De dire les folies que l'vn & l'autre ont faites, il ſeroit trop mal-aiſé: Tant y a que Polemas ſe voyant enfin payé de la meſme monnoye dont il paya voſtre niece, n'a pû pour cela perdre ny l'eſperance, ny l'Amour: au contraire a cherché toute ſorte d'artifice pour rentrer en grace: mais iuſques à cette heure fort inutilement; il eſt vray que s'il n'a pû rien obtenir de plus auantageux, il a pour le moins fait en sorte, que celuy qui a esté cause de son mal, n'a pas esté le possesseur de son bien : car soit par ses artifices, ou par la volonté des Dieux, qu'vn certain deuot Druide luy a declarée depuis quelque temps en ça que Lindamor n'est plus aimé, & semble qu'Amour ait pris à dessein de ne laisser iamais en repos l'estomach de Galathée : la memoire de l'vn n'estant si tost effacée en son ame, qu'vne autre n'y prenne place, & nous voicy à cette heure reduites à l'Amour d'vn Berger, qui comme Berger peut en sa qualité meriter beaucoup, mais non point en celle de seruiteur de Galathée, & toutesfois elle en est si passionnée, que si son mal eust continué, ie ne sçay ce qu'elle fut deuenuë : pouuant dire n'auoir iamais veu vne telle curiosité, ny vn si grand soing que celuy qu'elle a eu durant son mal. Mais ce n'est pas tout, il faut qu'en ce que ie vay vous dire, ô sage Adamas, vostre prudence fasse paroistre vn des effects ordinaires. Vostre niece est tant esprise de Celadon, que ie ne sçay si Galathée l'est dauantage ; là dessus la ialousie s'est meslée entre-elles, & quoy que i'aye tasché d'excuser, & de rabatre ces coups le plus qu'il m'a esté possible; si est-ce que i'en desespere à l'aduenir: C'est pourquoy ie que Dieu de vostre venuë, car sans mentir ie n. sçaurois plus comme m'y conduire sans vous: vous m'excuserez bien si ie vous parle ainſi franchement de ce qui vous touche, l'amitié que ie vous porte à tous deux m'y contraint.

Ainſi paracheua Siluie ſon diſcours auec tant de demonſtration de trouuer cette vie mauuaiſe, qu'Adamas l'en eſtima beaucoup & pour donner commencement, non point à la gueriſon du Berger: mais à celle des Nymphes, car ce mal eſtoit le plus grand, Adamas luy demanda quel eſtoit ſon aduis. Quant à moy, dit-elle, ie voudrois commencer à leur oſter la cauſe de leur mal, qui eſt ce Berger: mais il le faut faire auec artifice, puis que Galathée ne veut point qu'il s'en aille. Vous auez raiſon, reſpondit le Druide: mais en attendant que nous le puiſſions faire, il faut bien garder qu'il ne deuienne Amoureux d'elles, d'autant que la ieuneſſe & la beauté ont vne ſympathie qui n'eſt pas petite, & ce ſeroit trauailler en vain s'il venoit à les aimer. O Adamas! dit Siluie, ſi vous connoiſſiez Celadon cõme moy, vous n'auriez point cette crainte, il eſt tãt amoureux d'Aſtrée que toute la beauté du monde, hors la ſienne, ne luy peut plaire, & puis il eſt encor aſſez mal pour ſonger à autre choſe qu'à ſa guariſon. Belle Siluie, reſpondit le Druide, vous parlez bien en perſonne qui ne ſçait guere d'Amour, & comme celle qui n'a encor ſenty ſes forces. Ce petit Dieu, d'autant qu'il commande à toute choſe, ſe mocque auſſi de toute choſe, ſi bien que quand il y a moins d'apparence qu'il doiue faire vn effect, c'est lors qu'il se plaist de faire connoistre sa puissance : ne viuez point vous-mesme si asseurée, puis qu'il n'y a encor en nulle sorte de vertu qui se soit peu exempter de l'Amour : la chasteté mesme ne l'a sçeu faire, tesmoin Endimion. Voy, dit incontinent Siluie, pourquoy, ô sage Adamas, m'allez-vous presageant vn si grand desastre ? c'est afin, dit-il, que vous vous armiez contre les forces de ce Dieu, de peur que vous asseurant trop en l'opinion de ce que vous iugez impossible, vous ne soyez surprise auant que de vous y estre preparée. I'ay ouy dire que Celadon est si beau, si discret & si accomply, qu'il ne luy defaut nulle des perfections qui font aimer : si cela est, il y a du danger ; d'autant que les trahisons d'Amour sont si difficiles à découurir, qu'il n'y en a eu encor vn seul qui l'ait peu faire. Laissez-m'en la peine, dit-elle : & voyez seulement ce que vous voulez que ie fasse en cét affaire dont nous auons discouru. Il me semble, dit le Druyde, qu'il faut que cette guerre se fasse à l'œil ; & quand i'auray veu comme va le monde, nous disposerons des affaires au moins mal qu'il nous sera possible, & cependant tenons nostre dessein secret. Là dessus Siluie le laissa reposer, & vint retrouuer Galathée, qui auec Leonide estoit pres du lict de Celadon : car ayant sçeu qu'il estoit éueillé, elles n'auoient peu ny l'vne ny l'autre retarder dauantage de le voir. Les caresses qu'il fit à Leonide ne furent pas petites: car pour la courtoisie dont elle l'obligeoit, il l'aimoit & estimoit beaucoup, quoy que l'humeur de Siluie luy pleust dauantage. Peu apres ils entrerent en discours d'Adamas, loüans sa sagesse, sa prudence, & sa bonté: sur quoy Celadon s'enquit si ce n'estoit pas cestui-cy qui estoit fils du grand Pelion, duquel il auoit ouy dire tant de merueilles. C'est luy-mesme, respondit Galathée, qui est venu expres pour vostre mal. O Madame, respondit le Berger, qu'il seroit bon Medecin s'il le pouuoit guerir, mais i'ay opinion que quand il le connoistra, il desesperera plustost de mon salut, qu'il n'osera pas en entreprendre la cure. Galathée croyoit qu'il parlast du mal du corps. Mais, dit-elle, est-il possible que vous croyez d'estre encor malade? Ie m'asseure que si vous voulez vous y aider, en deux iours vous sortirez du lict. Peut-estre, Madame, respondit Leonide, ne sera-t'il pas guery pour cela? car quelquefois nous portons le mal si caché, que nous-mesmes n'en sçauons rien, qu'il ne soit en son extremité. Leur discours eust duré dauantage, n'eust esté que le Druide les vinst trouuer, afin de voir ce qui seroit necessaire pour son dessein: il le trouua assez bien disposé pour le corps, car le mal auoit passé sa furie, & venoit sur le declin:

LIVRE DIXIESME. 683

mais quand il euſt parlé à luy, il iugea bien que ſon eſprit auoit du mal, encor qu'il ne creuſt pas que ce fuſt pour ces Nymphes, & ſçachant bien que le prudent Medecin doit touſiours apporter le premier remede au mal qui eſt le plus preſt à faire ſon effort, il reſolut de commencer ſa cure, par Galathée. Et en ce deſſein deſirant de s'éclaircir tout à fait de la volonté de Celadon: le ſoir que toutes les Nymphes eſtoient retirées, il prit garde quand Meril n'y eſtoit point, & ayant fermé les portes, il luy parla de ceſte ſorte : Ie voy, Celadon, que voſtre eſtonnement n'a pas eſté petit, de vous voir tout à coup eſleué à vne ſi bonne fortune que celle que vous poſſedez, car ie m'aſſeure qu'elle eſt du tout outre voſtre eſperance, puis qu'eſtant nay ce que vous eſtes, c'eſt à dire, Berger, & nourry parmy les villages, vous vous voyez maintenant chery des Nymphes, careſſé & ſeruy, ie ne diray pas des Dames, qui ont accouſtumé d'eſtre commandées : mais de celle qui commande abſolument ſur toute cette contrée. Fortune, à la verité, que les plus grands ont deſiré, mais où perſonne encore n'a peu atteindre que vous : Dont vous deuez loüer les Dieux, & leur en rendre graces, afin qu'ils la vous continuent. Adamas luy parloit ainſi pour le conuier à luy dire la verité de ſon affection, luy ſemblant que par ce moyen, montrant de l'approuuer, il le feroit beaucoup mieux découurir. A quoy le Berger respondit auec vn grand souspir: Mon pere, si celle-cy est vne bonne fortune, il faut donc que i'aye le goust depraué, car ie ne ressentis de ma vie de plus fascheux absynthes que ceux que ceste Fortune, que vous nommez bonne, m'a fait gouster depuis que ie suis en l'estat où vous me voyez. Et comment, adiousta le Druide, pour mieux couurir sa finesse, est-il possible que vous ayez si peu de connoissance de vostre bien, que vous ne voyez à quelle grandeur cette rencontre vous esleue? Helas! respondit Celadon, c'est ce qui me menace d'vne plus haute cheute. Quoy, vous craignez, luy dit Adamas, que ce bon-heur ne vous dure pas? Ie crains, dit le Berger, qu'il dure plus que ie ne le desire: mais pourquoy est-ce que nos brebis s'estonnent, & meurent quand elles sont longuement dans vne grande eau, & que les poissons s'y plaisent & nourrissent? Parce, respondit le Druide, que c'est contre leur naturel. Et croyez-vous, mon pere, luy repliqua-t'il, qu'il le soit moins contre celuy d'vn Berger, de viure parmy tant de Dames? ie suis nay Berger, & dans les villages, & rien qui ne soit de ma condition ne me peut plaire. Mais est-il possible, adiousta le Druide, que l'ambition qui semble estre née auec l'homme, ne vous puisse point faire sortir de vos bois, ou que la beauté dont les attraits sont si forts pour vn jeune cœur, ne puisse vous diuertir de vostre premier dessein ? L'ambition que chacun doit auoir, respondit le Berger, est de bien faire ce qu'il doit faire, & en cela estre le premier entre ceux de sa condition, & la beauté que nous deuons regarder, & qui nous doit attirer, c'est celle-là que nous pouuons aimer, mais non pas celle que nous deuons reuerer, & ne voir qu'auec les yeux du respect? Pourquoy, dit le Druide, vous figurez-vous qu'il y ait quelque grandeur entre les hommes, où le merite, & la vertu ne puissent arriuer? Parce, respondit-il, que ie sçay que toutes choses doiuent se contenir dans les termes où la nature les a mises, & comme il n'y a pas apparence qu'vn Rubis, pour beau & parfaict qu'il soit, puisse deuenir vn Diamant, celuy aussi qui espere de s'éleuer plus haut, ou pour mieux dire de changer de nature, & se rendre autre chose que ce qu'il estoit, perd en vain & le temps & la peine. Alors le Druide estonné des considerations de ce Berger, & bien aise de le voir tant esloigné des desseins de Galathée, reprit la parole de cette sorte : Or mon enfant, ie loüe les Dieux de ce que ie trouue en vous tant de sagesse, & vous asseure que tant que vous vous conduirez ainsi, vous donnerez occasion au Ciel de vous continuer toute sorte de felicité : Plusieurs emportez de leurs vanitez sont sortis d'eux-mesmes, sur des esperances encores plus vaines que celles que ie vous ay proposées : Mais que leur en est-il aduenu ? Rien, sinon apres vne longue & incroyable peine, vn tres grand repentir de s'y estre si long temps abusez. Vous deuez remercier le Ciel, qui vous a dôné cette connoissance auant que vous ayez occasion d'auoir leur repentir, & faut que vous le requeriez qu'il la vous conserue, afin que vous puissiez continuer en la tranquillité, & en la douce vie où vous auez vescu iusques icy. Mais puis que vous n'aspirez point à ces grandeurs ny à ces beautez : qu'est-ce donc, ô Celadon, qui vous peut arrester parmy elles ? Helas ! respondit le Berger, c'est la seule volonté de Galathée qui me retient presque comme prisonnier. Il est bien vray que si mon mal me l'eust permis, i'eusse essayé en toute façon d'eschaper, quoy que i'en reconnoisse l'entreprise bien difficile, si ie ne suis aidé de quelqu'vn, si ce n'est que laissant tout respect à part, ie m'en vueille aller de force : Car Galathée me tient de si court, & les Nymphes quand elle n'y est pas, & le petit Meril quand les Nymphes n'y peuuent demeurer, que ie ne sçaurois tourner le pied, que ie ne les aye à mes costez. Et lors que i'en ay voulu parler à Galathée, elle s'est mise aux reproches contre moy, auec tant de colere, qu'il faut auoüer que ie n'ay osé luy en parler depuis, mais ce seiour m'a de sorte esté ennuyeux que ie l'accuse principalement de ma maladie.

Que si vous auez iamais eu compassion d'vne personne affligée, mon pere, ie vous adiure par les grands Dieux que vous seruez si dignemẽt, par vostre bonté naturelle, & par la memoire honorable de ce grand Pelion vostre pere, de prendre pitié de ma vie, & ioindre vostre prudence à mon desir, afin de me sortir de cette fascheuse prison; car telle puis-ie dire la demeure que ie fais en ce lieu. Adamas tres-aise d'ouyr l'affection dont il le supplioit, l'embrassa, & le baisa au front, & puis luy dit: Ouy, mon enfant, soyez asseuré que ie feray ce que vous me demandez, & qu'aussi tost que vostre mal le vous permettra, ie vous faciliteray les moyens pour sortir sans effort de ce lieu: continuez seulement en ce dessein, & vous guerissez. Et apres plusieurs autres discours, il le laissa: mais auec tant de contentement, que si Adamas le luy eust permis, il se fust leué à l'heure mesme.

Cependant Leonide, qui ne vouloit laisser Galathée plus long temps en l'erreur où Climante l'auoit mise, le soir qu'elle vid Siluie & le petit Meril retirez, se mit à genoux deuant son lict, & apres quelques discours communs, elle continua: ô Madame, que i'ay appris de nouuelles en ce voyage! & des nouuelles qui vous touchent, & ne voudrois pas, pour quoy que ce fust, ne les auoir sçeuës, pour vous détromper. Et qu'est-ce, respondit la Nymphe?

C'est, adiousta Leonide, qu'il vous a esté fait la plus fine meschanceté que iamais Amour inuentast, & me semble que vous ne deuez point regretter mon voyage, encor que ie n'y eusse fait autre chose. Ce Druide, qui est cause que vous estes icy, est le plus meschant homme, & le plus ruzé qui se meslast iamais de tromper quelqu'vn; & lors elle raconta d'vn bout à l'autre ce qu'elle auoit ouy de la bouche mesme de Climante, & de Polemas, & que tout cét artifice n'auoit esté inuenté que pour deposseder Lindamor, & remettre Polemas en sa place. Au commencement la Nymphe demeura vn peu estonnée: en-fin l'amour du Berger qui la flattoit, luy persuada que Leonide parloit auec dessein, & pour la diuertir de l'amitié du Berger, afin de le posseder seule. De sorte qu'elle ne creut rien de ce qu'elle luy disoit, au contraire le tournant en risée, elle luy dit: Leonide, allez-vous coucher, peut-estre vous leuerez-vous demain plus fine, & lors vous sçaurez mieux déguiser vos artifices, & à ce mot se tourna de l'autre costé, en sous-riant: ce qui offensa de sorte Leonide, qu'elle resolut à quelque prix que ce fust, de mettre Celadon en liberté. En ce dessein le soir mesme elle vint trouuer son oncle, auquel elle tint tel langage: Puis que vous voyez, mon pere, que Celadon se porte si bien, que voulez-vous qu'il fasse icy plus longuement?

ie ne

ie ne vous ay point caché ce qui est de la volonté de Galathée : Iugez quel mal il en peut aduenir. I'ay voulu des-abuser la Nymphe de ce que cet imposteur de Climante luy a persuadé, mais elle est tant acquise à Celadon que tout ce qui l'en veut retirer, luy est ennemy declaré, de sorte que pour le plus seur, il me semble qu'il seroit à propos de faire sortir ce Berger de ceans, ce qui ne se peut sans vous, car la Nymphe a l'œil sur moy de telle façon, que ie ne puis tourner vn pied qu'elle n'y prenne garde, & qu'elle ne me soupçonne. Adamas demeura vn peu estonné d'ouyr sa niece parler ainsi, & eust opinion qu'elle eust peur qu'il se fust apperceu de la bonne volonté qu'elle portoit au Berger, & qu'elle voulust le preuenir. Toutesfois iugeant que pour coupper les racines de ces Amours, le meilleur moyen estoit d'en éloigner Celadon, il dit à sa niece, pour mieux couurir son artifice, qu'il desiroit ce qu'elle disoit sur toute chose, mais qu'il n'en sçauoit trouuer le moyen. Le moyen, dit-elle, est le plus aisé du monde, ayez seulement vn habit de Nymphe, & l'en faictes vestir, il est ieune, & n'a encor point de barbe, par cette ruze, il pourra sortir sans estre connu, & sans qu'on sçache qui luy a aidé, & ainsi Galathée ne sçaura à qui s'en prendre. Adamas trouua cette inuention bonne, & pour l'executer plustost, resolut à

X x

l'heure mefme, que la nuict estant passée il iroit querir vn habit, sous pretexte de chercher des remedes pour guerir du tout le Berger, faisant entendre à Galathée, qu'encor que le Berger fust hors de fiéure, il n'estoit pas hors des dangers de la recheute, & qu'il y falloit pouruoir auec prudence : & communiqua ce dessein à Siluie, qui l'approuua fort, pourueu qu'il ne tardast pas beaucoup à reuenir. A peine Celadon estoit bien éueillé, que Galathée & Leonide entrerent dans la chambre sous pretexte d'apprendre comme il se portoit, & en mesme temps Adamas qui connut bien, voyant vne si grande vigilance en ces Nymphes, que tout retardement estoit dangereux: apres auoir demandé à Celadon quelques choses ordinaires de son mal, il s'approcha de luy, & se tournant vers la Nymphe, luy dit qu'elle luy permist de s'enquerir de quelques particularitez qu'il n'oseroit luy demander deuant elle. Galathée qui croyoit que ce fust de sa maladie, se recula, & donna lieu à Adamas de faire entendre son dessein au Berger, luy promettant de reuenir dans deux ou trois iours au plus tard. Celadon l'en conjura par toutes les plus fortes prieres qu'il peust, connoissant bien que sans luy cette prison dureroit encores longuement. Apres l'en auoir asseuré il tire à part Galathée; & luy dit que le Berger pour cette heure se portoit bien, mais comme il luy auoit des-ja dit, il estoit à craindre qu'il ne retombast, & qu'il estoit necessaire de preuenir le mal, qu'à cette cause il vouloit aller querir ce qui luy estoit necessaire, & qu'il reuiendroit aussi tost qu'il l'auroit recouuert. La Nymphe fut tres-aise de cecy; car d'vn costé elle desiroit la guerison entiere du Berger; & de l'autre la presence du Druide commençoit de l'importuner, preuoyant qu'elle ne pourroit viure si librement auec son aimé Celadon qu'auparauant: il connut bien quel estoit son dessein, toutesfois il n'en fit point de semblant, & incontinent apres le disner, se mit en chemin, laissant les trois Nymphes bien en peine, car chacun auoit vn dessein different, & toutes trois voulans en venir à bout, il estoit necessaire qu'elles se trompassent bien finement. Cela estoit cause que le plus souuent elles estoient toutes trois autour de son lict, mais Siluie plus que toutes les autres, afin d'empescher qu'elles ne luy puissent parler en particulier. Si ne pût-elle faire si bon guet, que Leonide ne prit le temps de luy dire la resolution qu'elle auoit prise auec son oncle, & puis elle continua. Mais dittes la verité, Celadon, vous estes encor si meconnoissant que quand vous aurez receu ce bon office de moy, vous ne vous en resouuiendrez non plus que vous voyez à cette heure l'amitié que ie vous porte. Pour le moins ayez memoire des outrages que Galathée me fait à voſtre occaſion, & ſi l'Amour, qui en toute autre merite vn autre Amour, ne peut naiſſant en moy produire le voſtre, que i'aye ce contentement d'ouyr vne fois de voſtre bouche, que l'affection d'vne Nymphe telle que ie ſuis, ne vous eſt point deſ-agreable. Celadon qui auoit des-ja bien reconnu cette naiſſante amitié, euſt deſiré de la faire mourir au berceau, mais craignant que le deſpit qu'elle en conceuroit, ne luy fiſt produire des effects contraires à la reſolution qu'elle auoit priſe auec ſon oncle, il fit deſſein de luy donner quelques paroles pour ne la perdre entierement, & ainſi il luy reſpondit: Belle Leonide, quelle opinion auriez-vous de moy, ſi oubliant Aſtrée que i'ay ſi longuement ſeruie, ie commençois vne nouuelle amitié? Ie vous parle librement, car ie ſçay bien que vous n'ignorez pas quel ie ſuis. O Celadon, reſpondit Leonide, ne vous cachez point de moy, ie ſçay autant de vos affaires, que vous-meſmes. Donc, belle Nymphe, repliqua le Berger, ſi vous le ſçauez, comment voulez-vous que ie puiſſe forcer cét Amour qui a tant de force en mon ame, que ma vie & ma volonté en dependent? Mais puis que vous ſçauez qui ie ſuis, liſez mes actions paſſées, & voyez que c'eſt qui me reſte pour vous ſatisfaire, & dittes-moy ce que vous voulez que ie fasse. Leonide à ce discours ne pût cacher ses larmes, toutesfois comme sage qu'elle estoit, apres auoir consideré combien elle contreuenoit à son deuoir de viure de cette sorte, & combien elle trauailloit vainement, elle resolut d'estre maistresse de ses volontez. Mais d'autant que c'estoit vne œuure si difficile, qu'elle n'y pouuoit paruenir tout à coup, il fallut que le temps luy seruist à preparer ses humeurs, pour estre plus capable à receuoir les conseils de la prudence. En cette resolution elle luy parla de cette sorte: Berger, ie ne puis à cét heure prendre le conseil qui m'est necessaire, il faut que pour auoir assez de force, i'aye du loisir à ramasser les puissances de mon ame, mais qu'il vous souuienne de l'offre que vous m'auez faicte, car ie pretends de m'en preualoir. Leur discours eust continué dauantage si Siluie ne l'eust interrompu, qui suruenant, & s'adressant à Leonide: Vous ne sçauez pas, dit-elle, ma sœur, que Fleurial est arriué, & a tellement surpris la garde de la porte, qu'il a plustost esté pres de Galathée, que nous ne l'auons sçeu. Il luy a donné des lettres, & ne sçay d'où elles viennent, mais il faut que ce soit de bon lieu, car elle a changé de couleur deux ou trois fois. Leonide incontinent se douta que c'estoit de Lindamor: qui fut cause qu'elle laissa le Berger auec Siluie, & alla vers Galathée le sçauoir asseurément.

X x iij

Siluie alors se voyant seule auec luy, commença de l'entretenir, auec tant de courtoisie, que s'il y eust eu en ce lieu-là quelque chose propre à luy donner de l'Amour, c'eust esté elle, sans doute. Et voyez comme Amour se plaist à contrarier nos desseins? Les autres deux Nymphes par tous artifices recherchent de luy en donner, & ne peuuent, & celle-cy qui ne s'en soucie point, atteint plus pres du but que les autres : par là on ne peut connoistre combien l'Amour est libre, puis que mesme il ne veut estre obligé de sa naissance à autre qu'à ce qu'il luy plaist. Cependant que Celadon estoit sur cette mesme pensée, Siluie qui n'alloit recherchant que les actions de le mettre en discours, parce qu'elle se plaisoit bien fort en sa conuersation, & à l'ouyr parler, luy dit : Vous ne sçauriez croire, Berger, combien cette rencontre de vous auoir connu, me rapporte de plaisir, & vous iure, que d'ores en là, si Galathée m'en croit, tant que son frere sera hors de cette contrée, nous aurons plus souuent vostre compagnie que nous n'auions pas eu par le passé : car à ce que ie voy par vous, ie pense qu'il y a du plaisir en vos hameaux, & parmy vos honnestes libertez, puis que vous estes exempts de l'ambition, & par consequent des enuies, & que vous viuez sans artifice, & sans médisance, qui sont les quatre pestes de la vie que nous faisons. Sage Nymphe, respondit le Berger, tout ce que vous dittes est plus que veritable, si nous estions hors du pouuoir de l'Amour: mais il faut que vous sçachiez, que les mesmes effects que l'ambition produit aux Cours, l'Amour les fait naistre en nos villages: car les ennuis d'vn riual ne sont guere moindres que ceux d'vn Courtisan, & les artifices des Amans & des Bergers ne cedent en rien aux autres, & cela est cause que les médisans se retiennent entre nous la mesme authorité d'expliquer comme bon leur semble nos actions, aussi bien qu'entre vous. Il est vray que nous auons vn aduantage, qu'au lieu de deux ennemis que vous auez, qui est Amour & l'ambition, nous n'en auons qu'vn, & de là vient qu'il y a quelques particuliers entre nous qui se peuuent dire heureux, & nul, comme ie croy, entre les Courtisans: car ceux qui n'aiment point, n'éuitent pas les allechemens de l'ambition, & qui n'est point ambitieux n'aura pas pour cela l'ame gelée, pour resister aux flames de tant de beaux yeux, là où n'ayant qu'vn ennemy, nous pouuons plus aisément luy resister, comme Siluandre a fait iusques icy: Berger, à la verité, remply de beaucoup de perfections; mais plus heureux encores le peut-on dire sans l'offenser, que sage: car quoy que cela puisse en quelque sorte proceder de sa prudence, si est ce que ie tiens que c'est vn grand heur de n'auoir

iufques icy rencontré beauté qui luy ait pléu, n'ayant point trouué cette beauté qui attire, il n'a iamais eu familiarité auec aucun Berger, qui est cause qu'il se conserue en sa liberté, par-
,,ce que ie croy quant à moy, si l'on n'aime
,,point ailleurs, qu'il est impossible de pratiquer
,,longuement vne beauté bien aimable sans l'aimer. Siluie luy respondit: Ie suis si peu sçauante en cette science, qu'il faut que ie m'en remette à ce que vous en dittes, si crois-ie, toutesfois, qu'il faut que ce soit autre chose que la beauté qui fasse aimer, autrement vne Dame qui seroit aimée d'vn homme, le deuroit estre de tous. Il y a respondit le Berger, plusieurs responses à cette opposition: Car toutes beautez ne sont pas veuës d'vn mesme œil; d'autant que tout ainsi qu'entre les couleurs il y en a qui plaisent à quelques-vns, & qui déplaisent à d'autres, de
,,mesme faut-il dire des beautez: Car tous les
,,yeux ne les iugent pas semblables, outre qu'aussi ces belles ne voyent pas chacun d'vn mesme œil, & tel leur plaira, à qui elles tascheront de plaire, & tel au rebours, à qui elles essayeront de se rendre des-agreables. Mais outre toutes ces raisons il me semble que celle de Siluandre encores est tres-bonne: quand on luy demande, pourquoy il n'est point amoureux, il respond qu'il n'a pas encor trouué son aimant: & que quand il le trouuera, il sçait

bien qu'infalliblement il faudra qu'il aime comme les autres. Et, respondit Siluie, qu'entend-il par cét aimant? Ie ne sçay, repliqua le Berger, si ie le vous sçauray bien deduire, car il a fort estudié, & entre-nous, nous le tenons pour homme tres-entendu. Il dit que quand le grand Dieu forma toutes nos ames, il les toucha chacune auec vne piece d'aimant, & qu'apres il mit toutes ces pieces dans vn lieu à part, & que de mesme celles des femmes apres les auoir touchées, il les serra en vn autre magazin separé: Que depuis quand il enuoye les ames dans les corps, il meine celles des femmes où sont les pierres d'aimant qui ont touché celles des hommes ; & celles des hommes à celles des femmes, & leur en fait prendre vne à chacune. S'il y a des ames larronnesses, elles en prennent plusieurs pieces qu'elles cachent. Il aduient de là qu'aussi tost que l'ame est dans le corps & qu'elle rencontre celle qui a son aimant, il luy est impossible qu'elle ne l'aime, & d'icy procedent tous les effects de l'Amour : car quant à celles qui sont aimées de plusieurs, c'est qu'elles ont esté larronnesses & ont pris plusieurs pieces. Quant à celle qui aime quelqu'vn qui ne l'aime point: c'est que celuy-là a son aimant, & non pas elle le sien. On luy fit plusieurs oppositions, quand il disoit ces choses: mais il respondit fort bien à toutes, entre autres ie luy dis, mais que veut dire que quelquesfois vn

Berger aimera plusieurs Bergeres? C'est, dit-il, que la piece d'aimant qui le toucha estant entre les autres, lors que Dieu les mesla, se cassa, & estant en diuerses pieces, toutes celles qui en ont, attirent cette ame : mais aussi prenez garde que ces personnes qui sont esprises de diuerses Amours, n'aiment pas beaucoup. C'est d'autant que ces petites pieces separées n'ont pas tant de force qu'estant vnies. De plus, il disoit, que d'icy venoit que nous voyons bien souuent des personnes en aimer d'autres, qui à nos yeux n'ont rien d'aimable, que d'icy procedoient aussi ces estranges Amours, qui quelquesfois faisoient, qu'vn Gaulois nourry entre toutes les plus belles Dames, viendra à aimer vne barbare estrangere. Il y eut Diane qui luy demanda ce qu'il diroit de ce Timon Athenien, qui n'aima iamais personne, & que iamais personne n'aima. L'aimant, dit-il, de celuy-là, ou estoit encore dans le magazin du grand Dieu, quand il vint au monde, ou bien celuy qui l'auoit pris mourut au berceau, ou auant que ce Timon fut nay, ou en aage de connoissance. De sorte que depuis, quand nous voyons quelqu'vn qui n'est point aimé, nous disons que son aimant a esté oublié. Et que disoit-il, dit Siluie, sur ce que personne n'auoit aimé Timon? Que quelquesfois, respondit Celadon, le grand Dieu contoit les pierres qui luy restoient, & trouuant le nombre failly, à cause de celles que quelques ames larronnesses auoient prises de plus, comme ie vous ay dit, afin de remettre les pieces en leur nombre esgal, les ames qui alors se rencontroient pour entrer au corps, n'en emporteroient point: que de là venoit que nous voyons quelquesfois des Bergeres assez accomplies, qui sont si défauorisées, que personne ne les aime. Mais le gratieux Corilas luy fit vne demande selon ce qui le touchoit pour lors. Que veut dire qu'ayant aimé longuement vne personne, on vient à la quitter, & à en aimer vn autre? Siluandre, respondit à cela, que la piece d'aimant de celuy qui venoit à se changer, auoit esté rôpuë: & que celle qu'il auoit aimée la premiere en deuoit auoir vne piece plus grande que l'autre, pour laquelle il la laissoit: & que tout ainsi que nous voyons vn fer entre deux calamites, se laisser tirer à celle qui a plus de force: de mesme l'ame se laisse emporter à la plus forte partie de son aimant. Vrayement, dit Siluie, ce Berger doit estre gentil, d'auoir de si belles conceptions: mais dites moy ie vous supplie, qui est-il? Il seroit bien mal-aisé que ie le vous disse, respondit Celadon: Car luy mesme ne le sçait pas: toutesfois nous le tenons pour estre de bon lieu, selon le iugement que l'on peut faire de ses bonnes qualitez: car il faut que vous sçachiez qu'il y a quelques années qu'il vint habiter en noſtre village, auec fort peu de moyens, & ſans connoiſſance, ſinon qu'il diſoit venir du Lac de Leman, où il auoit eſté nourry petit enfant. Si eſt-ce que depuis qu'il a eſté connu, chacun luy à aidé, outre qu'ayant la connoiſſance des herbes, & du naturel des animaux, le beſtail augmente de ſorte entre ſes mains, qu'il n'y a celuy qui ne deſire de luy en remettre, dont il rend à chacun ſi bon conte, qu'outre le profit qu'il y fait il n'y a celuy qui ne l'ait touſiours gratifié de quelque choſe: de façon qu'à cette heure il eſt à ſon aiſe, & ſe peut dire riche: car, ô belle Nymphe! il ne nous faut pas beaucoup pour nous rendre tels, d'autant que la nature eſtant contente de peu de choſe, nous qui ne recherchons que de viure ſelon elle, ſommes auſſi toſt riches que contents, & noſtre contentement eſtant facile à obtenir, noſtre richeſſe incontinent eſt acquiſe. Vous eſtes, dit Siluie, plus heureux que nous: mais vous m'auez parlé de Diane, ie ne la connois que de veüe, dites-moy, ie vous ſupplie, qui eſt ſa mere? C'eſt Bellinde, reſpondit-il, femme du ſage Celion, qui mourut aſſez ieune. Et Diane, dit Siluie, qui eſt elle, & quelle eſt ſon humeur? C'eſt, luy reſpondit Celadon, vne des plus belles Bergeres de Lignon, & ſi ie n'eſtois partial pour Aſtrée, ie dirois que c'eſt la plus belle: car en verité outre ce qui ſe void à l'œil, elle a tant de beautez en l'eſprit, qu'il n'y a

LIVRE DIXIESME.

rien à redire ny a desirer. Plusieurs fois nous auons esté trois ou quatre Bergers ensemble à la considerer, sans sçauoir quelle perfection luy souhaitter qu'elle n'eust. Car encor qu'elle n'aime rien d'Amour, si aime t'elle toute vertu d'vne si sincere volonté, qu'elle oblige plus de cette sorte, que les autres par leurs violentes affections. Et comment, dit Siluie, n'est-elle point seruie de plusieurs? La tromperie, respondit Celadon, que le pere de Filidas luy a faite, a empesché que cela n'a point esté encore: & à la verité ce fut bien la plus insigne dont i'aye iamais ouy parler. Si ce ne vous estoit de la peine, adiousta Siluie, ie serois bien aise de l'entendre de vous, & aussi de sçauoir qui estoit ce Celion & cette Bellinde. Ie crains, respondit le Berger, que le discours n'en soit si long qu'il vous ennuye. Au contraire, dit la Nymphe, nous ne sçaurions mieux employer le temps, cependant que Galathée lira les lettres qu'elle vient de receuoir. Pour satisfaire donc à vostre commandement, adiousta-t'il, ie le feray le plus briefuement qu'il me sera possible, & lors il continua de cette sorte.

HISTOIRE DE CELION ET BELLINDE.

IL est tout certain, belle Nymphe, que la vertu despoüillée de tout autre agencement, ne laisse pas d'estre d'elle-mesme agreable, ayant des aimants tant attirans, qu'aussi tost qu'vne ame en est touchée, il faut qu'elle l'aime & la suiue : mais quand cette vertu se rencontre en vn corps qui est beau, elle n'est pas seulement agreable, mais admirable, d'autant que les yeux & l'esprit demeurent rauis en la contemplation, & en la vision du beau. Ce qui se connoistra clairement par le discours que ie pretends vous faire de Bellinde. Sçachez donc, qu'assez pres d'icy le long de la riuiere de Lignon, il y eut vn tres-honneste Pasteur nommé Philemon, qui apres auoir demeuré long-temps marié, eut vne fille, qu'il nomma Bellinde, & qui venant à croistre fit autant paroistre de beauté en l'esprit, que l'on luy en voyoit au corps. Assez pres de sa maison logeoit vn autre Berger nommé Leon, auec qui le voisinage l'auoit lié d'vn tres-estroit lien d'amitié, & la fortune ne voulant pas en cela aduantager l'vn sur l'autre, luy donna aussi en mesme temps vne fille, de qui la

LIVRE DIXIESME.

ieunesse promettoit beaucoup de sa future beauté, e le fut nommée Amaranthe: L'amitié des peres fit naistre par la frequentation celle des filles: car elles furent dés le berceau nourries ensemble, & depuis, quand l'aage le leur permit, elles conduisoient de mesme leurs trouppeaux, & le soir les ramenoient de compagnie en leur loges. Mais parce que comme le corps alloit augmentant, leur beauté aussi croissoit presque a veuë d'œil, il y eust plusieurs Bergers qui rechercherent leur amitié, dont les seruices & l'affection ne peurent obtenir d'elles rien de plus aduantageux que d'estre receus auec courtoisie. Il aduint que Celion ieune Berger de ces quartiers, ayant esgaré vne brebis, la vint retrouuer dans le trouppeau de Bellinde, où elle s'estoit retiree. Elle la luy rendit auec tant de courtoisie, que le recouurement de sa brebis fust le commencement de sa propre perte: & dés lors il commença de sentir de quelle force deux beaux yeux sçauent offenser: car auparauant il en estoit si ignorant, que la pensée seulement ne luy en estoit point encor entrée en l'ame. Mais quelque ignorance qui fust en luy, si se conduisit-il de sorte, qu'il fist par ses recherches reconnoistre quel estoit son mal, au seul Medecin dont il pouuoit attendre sa guerison. De sorte que Bellinde par ses actions le sçeust presque aussi tost que luy-mesme : car luy pour le commencement n'eut sçeu dire quel estoit son dessein: mais son affection qui croissoit auec l'aage, vint à vne telle grandeur, qu'il en ressentit l'incommodité à bon escient, & dés lors se reconnoissant, il fut contraint de changer ses passe-temps d'enfance en vne fort curieuse recherche: Et Bellinde d'autre costé, encore qu'elle fut seruie de plusieurs, receuoit son affection mieux que de tout autre: mais toutesfois, non point autrement que s'il eust esté son frere, ce qu'elle luy fit bien paroistre vn iour qu'il croyoit auoir trouué la commodité de luy declarer sa volonté. Elle gardoit son trouppeau le long de la riuiere de Lignon : & contemploit sa beauté dans l'onde : Sur quoy le Berger prenant occasion, luy dit en luy mettant d'vne façon toute amoureuse, la main deuant les yeux : Prenez garde à vous, belle Bergere, retirez les yeux de cette onde ; ne craignez vous point le danger que d'autres ont couru en vne semblable action? Et pourquoy me dites-vous cela? respondit Bellinde, qui ne l'entendoit point encore. Ah ! dit alors le Berger: Belle & dissimulée Bergere, vous representez dans cette riuiere bien-heureuse plus de beauté, que Narcisse dans la fontaine. A ces mots Bellinde rougit, & ce ne fut qu'augmenter sa beauté dauantage: toutesfois elle respondit ; Et depuis quand est-ce Celion, que vous m'en voulez? Sans mentir il est bon de vous.

Pour

Pour vous vouloir du bien, dit le Berger, il y a long-temps que ie vous en veux, & vous deuez croire que cette volonté ne sera limitée d'autre terme que de celuy de ma vie. Alors la Bergere, baissant la teste de son costé, luy dit: Ie ne fay point de doute de vostre amitié, la receuant de la mesme volonté que ie vous offre la mienne. A quoy Celion incontinent respondit: Que ie baise cette belle main, pour remerciement d'vn si grand bien, & pour arres de la fidelle seruitude que Celion vous veut rendre le reste de sa vie. Bellinde reconnut, tant à l'ardeur dont il proferoit ces paroles, qu'aux baisers qu'il imprimoit sur sa main, qu'il se figuroit son amitié d'autre qualité qu'elle ne l'entendoit pas; & parce qu'elle ne vouloit qu'il vesquit en cette erreur: Celion, luy dit-elle, vous estes fort esloigné de ce que vous pensez, vous ne pouuez mieux me bannir de vostre compagnie, que par ce moyen: si vous desirez que ie continuë l'amitié que ie vous ay promise, continuez aussi la vostre auec la mesme honnesteté que vostre vertu me promet: autrement dés icy ie romps toute familiarité auec vous, & vous proteste de ne vous aimer iamais: Ie pourrois, comme c'est la coustume de celles qui sont aimées, vous rabroüer: mais ie n'en vse point ainsi, parce que franchement ie veux que vous sçachiez, que si vous viuez autrement que vous deuez, vous ne

Yy

deuez iamais auoir esperance en mon amitié. Elle adiousta encor quelques autres paroles, qui estonnerent de sorte Celion, qu'il ne sçeust que luy respondre : seulement il se ietta à genoux, & sans autre discours auec cette sousmission, luy demanda pardon, & puis luy protesta que son amitié procedoit d'elle, & qu'elle la pouuoit reigler comme ce qu'elle faisoit naistre. Si vous en vsez ainsi, reprit alors Bellinde, vous m'obligerez à vous aimer, autrement, vous me contraindrez au contraire. Belle Bergere, luy repliqua-t'il, mon affection est née, & telle qu'elle est, il faut qu'elle viue, car elle ne peut mourir qu'auec moy, si bien que ie ne puis remedier à cela qu'auec le temps : mais de vous promettre que ie m'estudieray à la rendre telle que vous me commanderez, ie le vous iure, & cependant ie veux bien n'estre iamais honoré de vos bonnes graces si en toute ma vie vous connoissez action qui pour la qualité de mon affection vous puisse déplaire. Enfin la Bergere consentit à estre aimée, à condition qu'elle ne reconnust rien en luy qui pûst offenser son honnesteté. Ainsi ces Amants commencerent vne amitié, qui continua fort longuement, auec tant de satisfaction pour l'vn & pour l'autre, qu'ils auoient dequoy se loüer en cela de leur fortune. Quelquesfois si le ieune Berger estoit empesché, il enuoyoit son frere

Diamis vers elle, qui sous couuerture de quelques fruicts luy donnoit des lettres de son frere. Elle bien souuent luy faisoit response, auec tant de bonne volonté qu'il auoit dequoy se contenter, & cette affection fut conduite auec tant de prudence, que peu de personnes s'en apperçeurent. Amaranthe mesme, quoy qu'elle fust d'ordinaire auec eux, l'eust tousiours ignoré, n'eust esté que par hazard elle trouua vne lettre que sa compagne auoit perduë : & voyez, ie vous supplie, quel fut son effect, & combien c'est chose dangereuse d'approcher des feux d'vne ieune ame. Iusques à ce temps cette Bergere n'auoit iamais eu non seulement le moindre ressentiment d'Amour : mais non pas mesme aucune pensée de vouloir estre aimée : & aussi tost qu'elle vid cette lettre, ou fust qu'elle portast quelque enuie à sa compagne, qu'elle n'estimoit pas plus belle, & que toutesfois elle voyoit recherchée de cét honneste Berger, ou bien qu'elle fust en l'aage, qui est si propre à brusler, qu'on ne sçauroit si tost en approcher le feu qu'il ne s'esprenne, ou bien que cette lettre auoit des ardeurs si viues, qu'il n'y auoit glace qui luy pust resister : Tant y a qu'elle prit vn certain desir, non pas d'aimer, car Amour ne la vouloit peut-estre attaquer à l'abord à toute outrance, mais bien d'estre aimée & seruie de quelque Berger qui eust du merite, & en ce point elle releut la lettre plusieurs fois, qui estoit telle :

LETTRE DE CELION A BELLINDE.

BElle Bergere, si vos yeux estoient aussi pleins de verité, qu'ils le sont de cause d'Amour : la douceur que d'abord ils promettent, me les feroit adorer auec autant de contentemens, qu'elle a produit en moy de vaine esperance. Mais tant s'en faut qu'ils soient prests de satisfaire à leurs trompeuses promesses, que mesmes ils ne les veulent aduoüer, & sont si esloignez de guerir ma blessure, qu'ils ne s'en veulent pas seulement dire les autheurs. Si est-ce que mal-aisément la pourront-ils nier, s'ils considerent quelle elle est, n'y ayant pas apparence qu'autre beauté que la leur, en puisse faire de si grandes. Et toutesfois, comme si vous auiez dessein d'égaler vostre cruauté à vostre beauté, vous ordonnez que l'affection que vous auez fait naistre, meure cruellement en moy. Dieux ! fut-il iamais vne plus impitoyable mere ? Mais moy qui ay plus cher ce qui vient de vous, que ma propre vie, ne pouuant souffrir vne si grande iniustice, ie suis resolu de porter cette affection auec moy dans le cercueil, esperant que le Ciel esmeu en fin par ma patience, vous obligera à m'estre quelquesfois aussi pitoyable, que vous m'estes chere maintenant, & cruelle.

Amaranthe releut plusieurs fois cette lettre, & sans y prendre garde, alloit beuuant la douce poison d'Amour, non autrement qu'vne personne lasse se laisse peu à peu emporter au sommeil. Si son penser luy remet deuant les yeux le visage du Berger, ô qu'elle le trouue plein de beauté! si sa façon, qu'elle luy semble agreable; si son esprit, qu'elle le iuge admirable; & bref elle le voit si parfaict, qu'elle croit sa compagne trop heureuse d'estre aimée de luy. Apres reprenant la lettre elle la relisoit: mais non pas sans s'arrester beaucoup sur les suiets qui luy touchoient le plus au cœur, & quand elle venoit sur la fin, & qu'elle voyoit ce reproche de cruelle, elle en flattoit ses desirs, qui naissants appelloient quelques foibles esperances comme leurs nourrices, auec opinion que Bellinde ne l'aimoit pas encore, & qu'ainsi elle le pourroit plus aisément gaigner: mais la pauurette ne prenoit pas garde que celle-cy estoit la premiere lettre qu'il luy auoit escrite, & que depuis beaucoup de choses se pouuoient estre changées. L'amitié qu'elle portoit à Bellinde quelquesfois l'en retiroit: mais incontinent l'Amour surmontoit l'amitié enfin la conclusion fut qu'elle escriuit vne telle lettre à Celion.

LETTRE D'AMARANTHE A CELION.

Vos perfections doiuent excuser mon erreur, & vostre courtoisie receuoir l'amitié que ie vous offre : ie me voudrois mal si t'amois quelque chose moindre que vous : mais pour vostre merite, ie fais ma gloire, d'où ma honte procederoit pour vn autre. Si vous refusez ce que ie vous presente, ce sera faute d'esprit ou de courage, lequel que ce soit des deux, vous est aussi peu honorable, qu'à moy d'estre refusé.

Elle donna sa lettre elle mesme à Celion, qui ne pouuant imaginer ce qu'elle vouloit, aussi tost qu'il fut en lieu retiré la leut, mais non point auec plus d'estonnement que de mespris, & n'eust esté qu'il la sçauoit infiniment amie de sa Maistresse, il n'eust pas mesme daigné luy faire responte, toutesfois craignant qu'elle ne luy pût nuire, il luy enuoya cette responte par son frere.

RESPONSE DE CELION
a Amaranthe.

IE ne sçay qu'il y a en moy qui vous puisse esmouuoir à m'aimer, toutesfois ie m'estime autant heureux qu'vne telle Begere me daigne regarder, que ie suis infortuné de ne pouuoir receuoir vne telle fortune : Que pleust à ma destinée, que ie me peusse aussi bien donner à vous comme ie n'en ay la puissance : Belle Amaranthe, ie me croirois le plus heureux qui viue, de viure en vostre seruice : mais n'estant plus en ma disposition, vous n'accuserez, s'il vous plaist, mon esprit ny mon courage de ce à quoy la necessité me contraint. Ce me sera tousiours beaucoup de contentement d'estre en vos bonnes graces : mais à vous encore plus de regret de remarquer à tous moments l'impuissance de mon affection. Si bien que ie suis forcé de vous supplier par vostre vertu mesme, de diminuer cette trop ardente passion en vne amitié moderée, que ie receuray de tout mon cœur : car telle chose ne m'est impossible, & ce qui ne l'est pas, ne me peut estre trop difficile pour vostre seruice.

Cette responsse l'eust bien pû diuertir, si l'Amour n'estoit du naturel de la poudre, qui fait plus d'effort lors qu'elle est la plus serrée : car contre ces difficultez premieres elle opposoit quelque sorte de raison, que Celion ne deuoit si tost laisser Bellinde, que ce seroit estre trop volage, si à la premiere semonce il s'en départoit: mais le temps luy apprit à ses despens qu'elle se trompoit : car depuis ce iour le Berger la desdaigna de sorte, qu'il la fuyoit, & bien souuent aimoit mieux s'esloigner de Bellinde, que d'estre contraint de la voir. Ce fut lors qu'elle se reprit de s'estre si facilement embarquée sur vne mer si dangereuse, & tant remarquee par les ordinaires naufrages de ceux qui s'y hazardent; & ne pouuant supporter ce desplaisir, deuint si triste qu'elle fuyoit ses compagnes & les lieux où elle se souloit plaire, & enfin tomba malade à bon escient. Sa chere Bellinde l'alla voir incontinent, & sans y penser pria le Berger de l'y accompagner: mais d'autant que la veuë d'vn bien qu'on ne peut auoir, ne fait qu'en augmenter le desir, cette visite ne fit que rengreger le mal d'Amaranthe. Le soir estant venu, toutes les Bergeres se retirerent, & ne resta que Bellinde auec elle, si ennuyée du mal de sa compagne (car elle ne sçauoit quel il estoit) qu'elle n'auoit point de repos, & lors qu'elle le luy demandoit, pour toute responfe, elle n'auoit que des foufpirs: dont Bellinde au commencement eſtonnée, en-fin offenſée contre elle, luy dit: Ie n'euſſe iamais penſé qu'Amaranthe euſt ſi peu aimé Bellinde, qu'elle luy euſt peu celer quelque choſe, mais à ce que ie voy, i'ay bien eſté deceuë, & au lieu qu'autrefois ie diſois que i'auois vn ame, ie puis dire à cette heure, que i'ay aimé vne diſſimulée. Amaranthe à qui la honte ſans plus auoit clos la bouche iuſques là, ſe voyant ſeule auec elle, & preſſée auec tant d'affection, ſe reſolut d'éprouuer les derniers remedes qu'elle penſoit eſtre propres à ſon mal. Chaſſant donc la honte le plus loing qu'elle peut, elle ouurit deux ou trois fois la bouche pour luy declarer toutes choſes: mais la parole luy mouroit de ſorte entre les léures, que ce fut tout ce qu'elle pût faire que de proferer ces mots interrompus, ſe mettant encore la main ſur les yeux, pour n'oſer voir celle à qui elle parloit. Ma chere compagne, luy dit-elle, car elles ſe nommoient ainſi, noſtre amitié ne permet que ie vous cele quelque choſe, ſçachant bien que quoy qui vous ſoit declaré, qui m'importe, ſera touſiours auſſi ſoigneuſement tenu ſecret par vous que par moy-meſme. Excuſez donc, ie vous ſupplie, l'extreme erreur, dont pour ſatisfaire à noſtre amitié, ie ſuis contrainte de vous faire ouuerture. Vous me demandez quelle est ma douleur, & d'où elle procede, sçachez que c'est Amour qui naist des perfections d'vn Berger. Mais, helas! à ce mot vaincuë de honte & de déplaisir, tournant la teste de l'autre costé, elle se teut auec vn torrent de larmes. L'estonnement de Bellinde ne se peut presenter, toutesfois pour luy dōner courage de paracheuer, elle luy dit: Ie n'eusse iamais creu, qu'vne passion si commune à chacun, vous eust tant donné d'ennuy: que l'on aime, c'est chose ordinaire: mais que ce soit les perfections d'vn Berger, cela n'aduient qu'aux personnes de iugement: Dis-moy donc, qui est ce bien-heureux? Alors Amaranthe reprenant la parole, auec vn souspir luy partant du profond du cœur, luy dit: Mais, helas! ce Berger aime ailleurs. Et qui est-il? dit Bellinde. C'est, respondit-elle, puisque vous le voulez sçauoir, vostre Celion, ie dis vostre, ma compagne, parce que ie sçay qu'il vous aime, & que cette seule amitié luy fait dédaigner la mienne. Excusez ma folie, & sans faire semblant de la connoistre, laissez-moy seule plaindre & souffrir mon mal. La sage Bellinde eut tant de honte oyant ce discours, de l'erreur de sa compagne, que combien qu'elle aimast Celion autant que quelque chose peut estre aimée, elle resolut toutesfois de rendre en cette occasion vne preuue non commune de ce qu'elle estoit: & pour ce se tournant vers elle, luy dit: A la verité, Amaranthe, ie souffre vne peine qui ne se peut dire, de vous voir si transportée en ceste affection : car il semble que nostre sexe ne permette pas vne si entiere authorité à l'Amour, toutesfois puis que vous en estes en ces termes, ie loüe Dieu, que vous vous soyez adressée en lieu où ie puisse vous rendre tesmoignage de ce que ie vous suis. I'aime Celion, ie ne le veux nier, autant que s'il estoit mon frere: mais ie vous aime aussi comme ma sœur, & veux (car ie sçay qu'il m'obeïra) qu'il vous aime plus que moy, reposez-vous-en sur moy, & resioüissez-vous seulement, veu que vous connoistrez, lors que vous serez guerie, quelle est Bellinde enuers vous.

Apres quelques autres semblables discours, la nuict contraignit Bellinde de se retirer, laissant Amaranthe auec tant de coutentement, qu'oubliant sa tristesse en peu de iours, elle recouura sa premiere beauté : Cependant Bellinde n'estoit pas sans peine, qui recherchant le moyen de faire sçauoir son dessein à Celion, trouua en fin la commodité telle qu'elle desiroit. De fortune elle le rencontra qui se iouoit auec son belier dans ce grand pré, où la plus-part des Bergers d'ordinaire paissent leurs troupeaux. Cét animal estoit le conducteur du troupeau, & si bien dressé, qu'il sembloit qu'il entendist son maistre quand il parloit à luy : A quoy la Bergere prit tant de plaisir, qu'elle s'y arresta longuement. En fin elle voulut essayer s'il la reconnoistroit comme luy, mais il estoit encore plus prompt à tout ce qu'elle vouloit, sur quoy s'éloignant vn peu de la trouppe, elle dit à Celion. Que vous semble, mon frere, de l'accointance de vostre belier, & de moy? il est dés plus plaisans que ie vy iamais. Tel qu'il est, belle Bergere, dit-il, si vous voulez me faire cét honneur de le receuoir, il est à vous, mais il ne faut pas s'estonner qu'il vous rende toute obeïssance, car il sçait bien qu'autrement ie le des-auoüerois pour mien, ayant appris par tant de chansons qu'il a ouyes de moy en passant, que i'estois plus à vous qu'à moy. C'est tres-bien expliquer, dit la Bergere, l'obeïssance de vostre belier, que ie ne veux receuoir, pour vous estre mieux employé qu'à moy, mais puis que vous me donnez vne si entiere puissance sur vous ie la veux essayer, ioignant encor au commandement vne tres-affectionnée priere. Il n'y a rien, respondit le Berger, que vous ne me puissiez commander. Alors Bellinde croyant auoir trouué la commodité qu'elle recherchoit, poursuiuit ainsi son discours: Dés le iour que vous m'asseurastes de vostre amitié, ie iugeay ceste mesme volonté en vous, aussi m'obligeat'elle à vous aimer & honorer plus que personne qui viue. Or, quoy que ie vous die, ie ne veux pas que vous croyez que i'aye diminué

LIVRE DIXIESME. 717

cette bonne volonté, car elle m'accompagnera au tombeau ; & toutesfois, peut-estre, le feriez-vous, si ie ne vous en auois aduerty : mais obligez-moy de croire que ma vie, & non mon amitié peut diminuer. Ces paroles mirent Celion en grande peine, ne sçachant à quoy elles tendoient : en fin, il respondit qu'il attendoit sa volonté, auec beaucoup de ioye & de crainte : de ioye, pour ne pouuoir penser rien de plus auantageux pour luy, que l'honneur de ses commandemens ; & de crainte, pour ne sçauoir dequoy elle le menaçoit : que toutesfois la mort mesme ne luy sçauroit estre des-agreable, si elle luy venoit par son commandement. Bellinde alors continua : Puis qu'outre ce que vous me dittes à cette heure, vous m'auez tousiours rendu tant de tesmoignages de cette asseurance que vous me donnez, que ie n'en puis auec raison douter aucunement, ie ne feray point d'autre difficulté, non pas de prier, mais de conjurer Celion par toute l'amitié dont il fauorise sa Bellinde, de luy obeïr cette fois : ie ne veux pas luy commander chose impossible, ny moins le distraire de l'affection qu'il me porte : au contraire, ie veux, s'il se peut, qu'il l'augmente tousiours dauantage. Mais auant que passer plus outre, que ie sçache, ie vous supplie, si iamais vostre amitié a point esté d'autre qualité qu'elle est à cette heure. Alors Celion montrant vn visage moins fasché, que celuy qu'auparauant la doute le contraignoit d'auoir, respondit, qu'il commençoit de bien esperer, ayant receu de telles asseurances, que pour satisfaire à sa demande il auoüoit qu'autrefois il l'auoit aimée auec les mesmes affectiõs & passions, & auec les mesmes desseins, que la ieunesse a de coustume de produire dans les cœurs les plus transportez d'Amour, & qu'en cela il n'en exceptoit vne seule: que depuis son commandemẽt auoit tant eu de puissance sur luy, qu'il auoit obtenu cela sur sa passion, que la sincere amitié surmontoit de tant son Amour, qu'il ne croiroit point offenser vne sœur, de l'aimer auec ce dessein. Sur ma foy, mon frere, repliqua la Bergere, car pour tel vous veux-ie tenir le reste de ma vie, vous m'obligez tant de viure ainsi auec moy, que iamais nulle de vos actions n'a acquis d'auantage sur mon ame, que celle-cy: mais ie ne puis vous voir en peine plus longuement, sçachez donc que ce que ie veux de vous, est seulemẽt que cõseruant inuiolable cette belle amitié que vous me portez à cette heure, vous mettiez voftre Amour en vne des belles Bergeres de nostre Lignon: vous direz que cét office est estrange pour Bellinde, toutesfois si vous considerez que celle dont ie vous parle, vous veut pour mary, & que c'est, apres vous, la personne que i'aime le plus; car c'est Amaranthe, ie m'asseure, que vous ne vous en eſtonnerez pas : Elle m'en a prié, & moy ie le vous commande par tout le pouuoir que i'ay ſur vous : Elle ſe haſta de luy faire ce commandement, craignant que ſi elle retardoit dauantage, elle n'euſt pas aſſez de pouuoir pour reſiſter aux ſupplications qu'elle preuoyoit. Quel croyez-vous, belle Nymphe, que deuint le pauure Celion ? Il demeura paſle comme vn mort ; & tellemét hors de ſoy, qu'il ne pûſt de quelque temps proferer vne ſeule parole. En fin quand il pûſt parler, auec vne voix telle que pouuoit auoir vne perſonne au milieu du ſupplice, il s'écria : Ah ! cruelle Bellinde, auiez-vous cóſerué ma vie iuſques icy pour me la rauir auec tant d'inhumanité ? Ce commandemét eſt trop cruel pour me laiſſer viure, & mon affection trop grande pour me laiſſer mourir ſans deſeſpoir. Helas ! permettez que ie meure, mais que ie meure fidelle. Que s'il n'y a moyen de guerir Amaranthe que par ma mort, ie me ſacrifieray fort librement à ſa ſanté, l'échange de ce commandement ne me ſera moindre teſmoignage d'eſtre aimé de vous, que quoy que vous puiſſiez iamais faire pour moy. Bellinde fut émeuë, mais non pas changée. Celion, luy dit-elle, laiſſons toutes ces vaines paroles, vous me donnerez peu d'occaſion de croire de vous ce que vous m'en dittes, ſi vous ne ſatisfaictes à la premiere priere que ie vous ay faicte. Cruelle, luy

dit incontinent l'affligé Celion, si vous voulez que ie change cette amitié, quel pouuoir auez-vous de me commander? Que si vous ne voulez pas que ie la change, comme est-il possible d'aimer la vertu & le vice? & s'il n'est pas possible, pourquoy voulez-vous pour preuue de mon affection vne chose qui ne peut estre? La pitié la cuida vaincre, & combien qu'elle receust beaucoup de peine de l'ennuy du Berger, si luy estoit-ce vn contentement qui ne se pouuoit égaler de se connoistre si parfaictement aimée de celuy qu'elle aimoit le plus. Et peut-estre, que cela eust pû obtenir quelque chose sur sa resolution, n'eust esté qu'elle vouloit oster toute opinion à Amaranthe qu'elle fust atteinte de son mal, encore qu'elle aimast ce Berger, & en fust beaucoup aimée: elle contraignit donc sa pitié, qui des-ja auoit auec elle amené quelques larmes iusques à la paupiere, de s'en retourner en son cœur, sans donner connoissance d'y estre venuës, & afin de ne retomber en cette peine, elle s'en alla, & en partant luy dit: Vous me tiendrez pour telle qu'il vous plaira; si suis-ie resoluë de ne vous voir iamais, que vous n'ayez effectué ma priere, & vostre promesse; & croyez que cette resolution suruiura vostre opiniastreté. Si Celion se trouua hors de soy, & se voyant seul esloigné de toute consolation & resolution, celuy le pourra iuger qui aura aimé. Tant y a
qu'il

LIVRE DIXIESME. 721

qu'il demeura deux ou trois iours, comme vn homme perdu, qui couroit les bois, & fuyoit tous ceux qu'il auoit autrefois frequentez. En fin vn vieil Pasteur infiniment amy de son pere, homme, à la verité, fort sage, & qui auoit tousiours fort aimé Celion, le voyant en cét estat, & se doutant qu'il n'y auoit point de passion assez forte pour causer de semblables effects que l'Amour, le tourna de tant de costez, qu'il luy fit découurir sa peine, à laquelle il donna quelque soulagement par son bon conseil : car en son ieune aage il auoit passé bien souuent par semblables destroits : & en fin le voyant vn peu remis, se moqua de ce qu'il auoit eu tant de peine pour si peu de chose. Luy remontrant qu'en cela le remede estoit si aisé, qu'il auroit honte qu'on sçeust que Celion, estimé de chacun pour sage, & pour personne de courage, eut eu si peu d'entendement que de ne sçauoir prendre resolution en vn accident si peu difficile, qu'au pis aller il ne falloit que feindre, & puis il continuoit : Toutesfois il a esté tres à propos qu'au commencement vous ayez fait ces difficultez, car elle croira que vostre affection est extreme, & cela l'obligera à vous aimer dauantage, mais puis que vous en auez fait tant de demonstration, il suffit que pour la contenter, vous feigniez ce qu'elle vous a commandé. Ce conseil fut en fin receu de Celion, & executé comme il

Zz

auoit esté proposé, il est vray qu'il escriuit auparauant cette letre à Bellinde.

LETTRE DE CELION A BELLINDE.

SI i'auois merité vn traittement si rude que celuy que ie reçois de vous, i'élirois plustost la mort que de le souffrir: mais puis que c'est pour vostre contentement, ie le reçois auec vn peu plus de plaisir, que si en échange vous m'ordonniez la mort : toutesfois puis que ie me suis tout donné à vous, il est raisonnable que vous en puissiez absolument disposer. I'essayeray donc de vous obeyr, mais ressouuenez-vous que aussi long temps que durera cette contrainte, autant faudra-t'il rayer des iours de ma vie, car ie ne nommeray iamais vie ce qui rapporte plus de douleur que la mort: abregez-le donc, rigoureuse Bergere, s'il y a encore en vous vne seule estincelle, non pas d'amitié, mais de pitié seulement.

Il fut impossible à Bellinde de ne ressentir ces paroles, qu'elle connoissoit proceder d'vne entiere affection, mais si ne fust-il pas possible à ces paroles de la diuertir de son dessein: Elle aduertit Amaranthe que le Berger l'aimeroit, & que sa santé seule luy en retardoit la connoissance. Cét aduertissement precipita sa guerison de sorte qu'elle rendit bien preuue que pour les maladies du corps, la guerison de l'ame n'est pas inutile. Quelle fut l'extreme contrainte de Celion, & quelle la peine qu'il en supportoit: elle estoit telle qu'il en deuint maigre, & tellemét chágé qu'il n'estoit pas recónoissable. Mais voyez quelle estoit la seuerité de cette Bergere! Il ne luy suffit pas d'auoir traitté de cette sorte Celion: car iugeant qu'Amaranthe auoit encor quelque soupçon de leur amitié, elle resolut de pousser ces affaires si auant, que l'vn ny l'autre ne s'en pût dédire. Chacun voyoit l'apparente recherche que le Berger faisoit d'Amaranthe: car il s'estoit ouuertement declaré, & mesme le pere du Berger, qui connoissant les loüables vertus de Leon, & combien sa famille auoit tousiours esté honorable, ne desapprouuoit point cette recherche. Vn iour Belinde le voulant sonder, la luy proposa comme sa compagne; luy qui le iugea à propos, y entédit fort librement, & ce mariage estoit des-ja bien fort auancé sans que Celion le sçeust; mais quand il s'en apperceut, il ne peut s'empescher, trouuant le moyen de parler à Bellinde, de luy faire tant de reproches, qu'elle en eut presque honte, & le Berger voyant bien qu'il y falloit remedier d'autre sorte que de parole, courut soudain au meilleur remede, qui fut à son pere, auquel il fit telle response: Ie serois tres-marry de vous desobeïr iamais, & moins pour cét effect, que pour tout autre. Ie voy que vous trouuez bonne l'alliance d'Amarathe, vous sçauez bien qu'il n'y a Bergere qui l'affectionne dauantage, toutesfois ie l'aime fort pour Maistresse : mais non pas pour femme, & vous supplie de ne me commander d'en dire la cause. Le pere à ces propos soupçonna qu'il eust reconnu quelque mauuaise condition en la Bergere, & loüa en son ame la prudence de son fils, qui auoit ce commandement sur les affections : ainsi ce coup fut rompu, & d'autant que la chose estoit passée si auant que plusieurs l'auoient sçeuë, plusieurs aussi demandoient d'où ce refroidissement procedoit; le pere ne peut s'empescher d'en dire quelque chose à ses plus familiers, & eux à d'autres, si bien qu'Amaranthe en eut le vent, qui au commencement s'affligea fort : mais depuis repensant en elle-mesme, quelle folie estoit la sienne, de se vouloir faire aimer par force, peu à peu s'en retira, & la premiere occasion qu'elle vid de se marier, elle la receut. Ainsi ces honnestes Amans furent allegez d'vn faiz si mal-aisé à supporter : mais ce ne fut que pour estre surchargez d'vn autre beaucoup plus pesant.

Bellinde estoit des-ja en aage d'estre mariée, & Philemon infiniment desireux de la loger : pour auoir sur ses vieux iours le contentement de se voir renaistre en ce qui viendroit d'elle : il eust bien receu Celion, mais Bellinde qui fuyoit autant le mariage que la mort, auoit defendu à ce Berger d'en parler, bien luy auoit-elle promis, que si elle se voyoit contrainte de se marier, elle l'en aduertiroit, afin qu'il la fit demander, qui fut cause que Philemon voyant la froideur de Celion, ne la luy voulut pas offrir: & cependant Ergaste, Berger des principaux de cette contrée, & qui estoit estimé de chacun pour ses loüables vertus, la fit demander; & parce qu'il ne vouloit que cela fust éuenté qu'il n'en fust asseuré, celuy qui traitta cét affaire le tinst si secret, que la promesse du mariage fut aussi tost sçeuë que la demande. Car Philemon s'asseurant de l'obeissance de sa fille, s'y obligea de parole, & puis l'en aduertit. Au commencement elle trouua fort difficile la resolution qu'il luy falloit prendre, parce que c'estoit vn homme qu'elle n'auoit iamais veu : Toutesfois ce bel esprit qui iamais ne flechissoit sous les faiz du mal-heur, se releua incontinent; surmontant ce déplaisir, & ne permit seulement à son œil de donner signe de son ennuy, pour sa consideration : mais elle ne pûst iamais obtenir cela sur elle pour celle de Celion, & fallut que ses larmes payassent l'erreur de sa trop opiniastre haine, contre le mariage. Si est-ce que pour satisfaire en quelque sorte à sa promesse, elle aduertit le pauure Berger, que Philemon la vouloit marier. Soudain qu'il eut cette permission tant desirée, il sollicita de sorte son pere, que le mesme iour il en parla à Philemon: mais il n'estoit plus temps, dequoy le pere de Bellinde eust beaucoup de regret, car il l'eust bien mieux aimé qu'Ergaste. O Dieux, que de regrets! quand il sçeust l'arrest de son mal-heur, il sortit de sa maison, & ne cessa qu'il n'eust trouué la Bergere: A l'abord il ne peut parler, mais son visage luy raconta assez quelle responfe auoit esté celle de Philemon, & combien qu'elle fut aussi necessiteuse du bon conseil que luy, & de force pour supporter ce coup, si voulut elle se montrer aussi bien inuaincuë à ce déplaisir, qu'elle auoit tousiours fait gloire de l'estre à tous les autres: mais aussi ne voulut-elle pas paroistre si insensible, que le Berger n'eust quelque connoissance qu'elle ressentoit son mal, & qu'il luy déplaisoit: sur quoy elle luy demanda à quoy reüssiroit la demande qu'il auoit faicte à son pere. Le Berger luy respondit auec les mesmes paroles que Philemon luy auoit dittes, y adioustant tant de plaintes, & tant de desesperez regrets, qu'elle eust esté vn rocher, si elle ne se fust émeuë: toutesfois elle l'interrompit, combattant contre soy-mesme, auec plus de vertu qu'il n'est pas croyable, & luy remontra que les plaintes sont propres aux esprits foibles, & non pas aux personnes de courage: qu'il se faisoit beaucoup de tort, & à elle aussi de tenir tel langage. Et, disoit-elle, en fin Celion, qu'est deuenuë la belle resolution que vous disiez auoir contre tous accidens, sinon au changement de mon amitié ? & pouuez-vous auoir opinion que quelque chose la puisse ébranler ? ne voyez-vous pas que ces paroles ne peuuent auancer rien dauantage, que de faire conceuoir à ceux qui les oyront, quelque mauuaise opinion de nous ? Pour Dieu! ne me mettez sur le front vne tache que i'ay auec tant de peine éuitée iusques icy : & puis qu'il n'y a autre remede, patientez comme ie fais ; & peut-estre que le Ciel fera reüssir toute chose plus à nostre contentement, qu'il ne nous est permis à cette heure de le desirer; de mon costé ie rompray le mal-heur tant qu'il me sera possible. Mais s'il n'y a point de remede, encor ne faut-il pas estre sans resolution, plustost éloignons-nous. Ces derniers mots cuiderent le desesperer du tout, luy semblant que ce grand courage procedoit de peu d'amitié. S'il m'estoit aussi aisé, respondit le Berger, de me resoudre à cet accident, qu'à vous, ie me iugerois indigne de vous aimer, ou d'estre aimé de vous : car vne foible amitié ne merite pas tant d'heur. Et bien, pour fin, & pour loyer de mes seruices, vous me donnez vne resolution en la perte asseurée que ie vois de vous, & secrettement me dittes : que ie ne dois me desesperer de vous voir à vn autre.

Zz iiij

Ah! Bellinde, auec quel œil verrez-vous ce nouuel amy? auec quel cœur aimerez-vous, & auec quelles faueurs le caresserez-vous, puis que vostre œil m'a mille fois promis de n'en voir d'Amour iamais d'autre que moy? puis que ce cœur m'a iuré de ne pouuoir aimer que moy? & puis qu'Amour n'auoit destiné vos caresses à vne moindre affection que la mienne? Et bien, vous me commandez que ie vous laisse; pour vous obeïr, ie le feray, car ie ne veux sur la fin de ma vie commencer à vous des-obeïr: mais ce qui me le fait entreprendre, c'est pour sçauoir asseurément, que la fin de ma vie n'éloignera guere la fin de vostre amitié, & quoy que ie me die le plus mal-heureux qui viue, si cheris-ie beaucoup ma fortune, en ce qu'elle m'a presenté tant d'occasions de vous faire paroistre mon Amour, que vous n'en pouuez douter, & encor ne serois-ie satisfait de moy-mesme, si ce dernier moment qui m'en reste, n'estoit employé à vous en asseurer. Ie prie le Ciel (& voyez quelle est mon amitié) qu'en cette nouuelle élection, il vous comble d'autant de bon-heur, que vous me causez de desespoirs: Viuez heureuse auec Ergaste, & en receuez autant de contentement que i'auois de volonté de vous rendre du seruice, si mes iours me l'eussent dauantage permis. Que cette nouuelle affection pleine des plaisirs que vous me promettez, vous accompagne iufques au cercueil, comme ie vous asseure que ma fidelle amitié me clorra les yeux à voftre occafion, auec vne extréme douleur. Si Bellinde laiffa fi longuement parler Celion, ce fut de crainte que parlant, fes larmes fiffent l'office des paroles, & que cela rengregeaft le defplaifir du Berger, ou qu'il rendift preuue du peu de puiffance qu'elle auoit fur elle mefme. Orgueilleufe beauté, qui aimoit mieux eftre iugée auec peu d'Amour, qu'auec peu de refolution ! Mais enfin fe connoiffant affez rafermie pour pouuoir refpondre, elle luy dit: Celion, vous croyez me rendre preuue de voftre amitié, & vous faites le contraire: car comment m'auez-vous aimée, ayant fi mauuaife opinion de moy ? Si depuis ce dernier accident vous l'auez conceuë, croyez que l'affection n'eftoit pas grande, qui a pû permettre que fi promptement vous l'ayez changée Que fi vous n'auez point mauuaife opinion de moy, comment eft-il poffible que vous puiffiez croire que ie vous aye aimé, & qu'à cette-heure ie ne vous aime plus? Pour Dieu ayez pitié de ma fortune, & ne coniurez plus auec elle pour augmenter mes ennuis: confiderez qu'il y a fort peu d'apparence, que Celion, que i'aime plus que le refte du monde, & de qui l'humeur m'agree autant que la mienne mefme, eut efté changé pour vn Ergafte, qui m'est inconnu, & au lieu duquel i'eslirois plustost d'espouser le tombeau. Que si i'y suis forcé, ce sont les commandemens de mon pere, ausquels mon honneur ne permet que ie contrarie. Mais est-il possible que vous ne vous ressouueniez des protestations que si souuent ie vous ay faites, de ne vouloir me marier, & toutesfois vous ne laissiez de m'aimer? Depuis qui a t'il de chagé? car si sans m'espouser vous m'auez bien-aimé, pourquoy ne m'aimerez-vous pas sans m'espouser: ayant vn mary qui me deffendra d'auoir vn frere que i'aimeray tousiours auec l'amitié que ie dois? La volonté m'arreste pres de vous plus qu'il ne m'est permis. Adieu mon Celion, viuez & aimez moy, qui vous aimeray iusques à ma fin, quoy qu'il puisse aduenir de Bellinde. A ce mot elle le baisa, qui fut la plus grande faueur qu'elle luy eust fait encore, le laissant tellement hors de luy-mesme qu'il ne sçeut former vne parole pour luy respondre. Quand il fut reuenu, & qu'il considera qu'Amour fleschisoit sous le deuoir, & qu'il n'y auoit plus vne seule estincelle d'esperance, qui pût esclairer entre ses desplaisirs, comme vne personne sans resolution, il se mit dans les bois, & dans les lieux plus cachez, où il ne faisoit que plaindre son cruel desastre, quelque remonstrance que ses amis luy peussent faire. Il vesquit de cette sorte plusieurs iours, durant lesquels il faisoit mesme pitié aux rochers: & afin que celle qui estoit cause de son mal, en ressentist quelque chose, il luy enuoya ces vers:

STANCES

DE CELION, SVR LE MARIAGE DE BELLINDE, ET d'Ergaste.

DOncques *le Ciel consent qu'apres tant d'amitié,*
 Qu'apres tant de seruices,
D'vn autre vous soyez les douceurs, les delices,
 Et la chere moitié?
Et que n'ay-ie enfin, de mon Amour fidelle,
Que le ressouuenir qu'vn regret renouuelle?

Vous m'auez bien aimé, mais qu'est-ce que me
 vaut
 Cette amitié passée,
Si dans les bras d'autry ie vous voy carressée?
 Et si pourtant il faut,
Que vous sçachant à luy, ie couure du silence,
Le cruel desplaisir qui rompt ma patience?

S'il auoit plus que moy de merite ou d'Amour,
 Ie ne sçaurois que dire:

Mais, helas! n'est-ce point vn trop cruel mar-
    tyre,
    Qu'il obtienne en vn iour,
Et sans le meriter, ce que le Ciel desnie
    Aux desirs infinis d'vne Amour infinie?

Mais, ô foible raison! le deuoir dites-vous,
    Par ces loix m'a contrainte :
Et quel deuoir plus fort, & quelle loy plus
    saincte,
    S'çauroit estre pour nous,
Que la foy si souuent dedans nos mains iurée,
Quand nous nous promettions vne Amour
    asseurée?

Puis, me disiez-vous, incontinent seicher
    Ma main comme pariure,
Si ie manque iamais à ce que ie t'asseure,
    Et si i'ay rien plus cher,
Ny que dedans mon cœur dauantage ie prise
Que cette affection que ta foy ma promise.

O cruel souuenir de mon bon-heur passé
    Sortez de ma memoire.
Helas! puis que le bien d'vne si grande gloire,
    Est ores effacé:
Effacez-vous de mesme, il n'est pas raison-
    nable,
Que vous soyez en moy, qui suis si miserable.

LIVRE DIXIESME.

Encores qu'il ne fist paroistre en vne seule de ses actions, qu'il luy fut resté de l'esperance, si est-ce qu'il en deuoit auoir tousiours quelque peu: parce que le contract de mariage n'estoit point passé, & qu'il sçauoit bien que le plus souuent les conuentions font rompre ceux que l'on croit les plus certains: mais quand il sçeut que les articles estoient signez d'vn costé & d'autre, belle Nymphe, comment vous pourrois-ie dire le moindre de ses desespoirs? il se detordoit les mains, il s'arrachoit le poil, il se plomboit l'estomach de coups, bref c'estoit vne personne transportée, & tellement hors de raison, qu'il partit plusieurs fois en dessein de tuer Ergaste. Mais quand il estoit prest, quelque estincelle de consideration, qui parmy tant de fureur luy estoit encore restée, luy faisoit craindre d'offenser Bellinde: à qui toutesfois, transporté de passion, il escriuoit bien souuent des lettres si pleines d'Amour, & de reproches, que mal-aisément les pouuoit-elle lire sans larmes: entre autres il luy en enuoya vne telle.

LETTRE DE CELION A BELLINDE
EN SON TRANSPORT.

FAVT-il donc, inconstante Bergere, que ma peine suruiue mon affection ? Faut-il que sans vous aimer, i'aye tant de peine pour vous sçauoir entre les mains d'vn autre ? N'est-ce point que les Dieux me vueillent punir pour vous auoir plus aimée que ie ne deuois ? où plustost n'est-ce point que ie me figure de ne vous aimer plus, & que toutesfois i'aye plus d'Amour pour vous que ie n'eus iamais ? Toutesfois, pourquoy vous aimerois-ie, puis que vous estes, & ne pouuez estre à autre qu'à vne personne que ie n'aime point ? mais au contraire, pourquoy ne vous aimerois-ie point, puis que ie vous ay tant aimée ? Il est vray, mais ie ne vous dois point aimer : car vous estes ingratte, vne ame toute d'oubly, & qui n'a nul ressentiment d'Amour. Toutesfois quelle que vous soyez, si estes vous Bellinde, & Bellinde peut-elle estre sans que Celion l'aime ? Vous aimez-ie donc, ou si ie ne vous aime point ? Iugez-en vous mesme, Bergere, car quant à moy, i'ay l'esprit si troublé, que ie n'en puis discerner autre chose, sinon que ie suis la personne du monde la plus affligée.

Et au bas de la lettre, il y auoit ces vers:

STANCE.

JE ne puis excuser cette extreme inconstance,
Qui vous a fait si mal changer d'affection:
Changer de bien en mieux, ie l'appelle prudence,
Mais de changer en pis, peu de discretion.

Lors que Bellinde receut cette lettre, & ces vers, elle estoit en peine de luy faire tenir vne des siennes, parce qu'oyant dire l'estrange vie qu'il faisoit, & les paroles qu'il proferoit contre elle, elle ne pouuoit le souffrir qu'auec beaucoup de desplaisir, considerant combien cela donnoit d'occasion de parler à ceux qui n'ont des oreilles que pour apprendre les nouuelles d'autruy, & de langue que pour les redire : Sa lettre estoit telle :

LETTRE DE BELLINDE
A CELION.

IL m'est impossible de supporter dauantage le tort que vostre estrange façon de viure nous fait à tous deux. Ie ne nie pas que vous n'ayez occasion de plaindre nostre fortune: Mais ie dis

bien qu'vne personne sage n'en sçauroit auoir qui
luy permette sans blasme de deuenir fol. Quel
transport est celuy qui vous empesche de voir, que
donnant connoissance à tout le reste du monde,
que vous mourez d'Amour pour moy, vous me
contraignez toutesfois de croire que veritablement vous ne m'aimez point? Car si vous m'aimiez, voudriez-vous me desplaire? Et ne sçauez
vous pas que la mort ne me sçauroit estre plus
ennuyeuse que l'opinion que vous donnez à chacun de nostre amitié? Cessez donc, mon frere, ie
vous supplie, & par ce nom qui vous oblige d'auoir soin de ce qui me touche. Ie vous coniure
que si present vous ne pouuez supporter ce desastre sans donner connoissance de vostre ennuy,
vous preniez pour le moins resolution de vous
esloigner en sorte, que ceux qui vous oyront
plaindre, ne connoissant point mon nom ne fassent que regretter auec vous vos ennuis, sans
pouuoir rien soupçonner à mon desauantage:
Si vous me contentez en cette resolution, vous
me ferez croire que c'est surabondance, & non
point deffaut d'affection, qui vous a fait errer contre moy : Et cette consideration obligera Bellinde, pour l'amitié qu'elle vous
porte, de conseruer tousiours chere la memoire de ce frere qui l'aime, & qu'elle aime, parmy tous ces cruels & insupportables
desplaisirs.

Quoy

Quoy que Celion fust tellement transporté, que son esprit estoit presque incapable des raisons que ses amis luy pouuoient representer: si est-ce que son affection luy ouurit les yeux à ce coup, & luy fit voir que Bellinde le consoloit à propos: si bien que resolu à son départ, il donne secrettement ordre à son voyage; & le iour auant qu'il voulust partir, il escriuit à sa Bergere, que faisant dessein de luy obeïr, il la supplioit de luy donner commodité de pouuoir prendre congé d'elle, afin qu'il pût partir auec quelque sorte de consolation. La Bergere qui veritablement l'aimoit, quoy qu'elle preuist que cét adieu ne feroit que rengreger son desplaisir, ne voulut luy refuser cette requeste, & luy donna assignation le lendemain au matin à la fontaine des Sicomores.

Le iour ne commençoit que de poindre quand le desolé Berger sortant de sa cabane auec son trouppeau, le chassa droit à la fontaine, où s'estendant de son long, & les yeux sur le cours de l'onde, il commença, en attendant sa Bergere, de s'entretenir sur son prochain malheur, & apres auoir esté quelque temps müet, il souspira ces vers.

COMPARAISON D'VNE FONTAINE A SON desplaisir.

Cette source eternelle,
Qui ne finit iamais,
Mais qui se renouuelle
Par des flots plus espais,
Ressemble à ces ennuis dont le regret m'oppresse:
Car comme elle sans cesse
D'vne source feconde au mal-heur que ie sens,
Ils s'en vont renaissans.

Puis d'vne longue course,
Tout ainsi que ces flots
Vont esloignant leur source,
Sans prendre nul repos:
Moy par diuers trauaux, par mainte & mainte peine,
Comme parmy l'areine;
Se froissant à grãds sauts, l'onde s'en va courãt,
Mon mal ie vay pleurant.

Et comme vagabonde
Murmurant elle fuyt,
Quand d'onde dessus onde
A longs flots elle bruit :

De mesme en me plaignāt de ma triste aduāture
Contre Amour ie murmure:
Mais que me vaut cela, puis qu'il faut qu'à la fin
Ie suiue mon destin?

Cependant que ce Berger parloit de cette sorte en soy-mesme, & qu'il en proferoit assez haut plusieurs paroles sans y penser, tant il estoit troublé de ce desastre; Bellinde, qui n'auoit pas perdu le souuenir de l'assignation qu'elle luy auoit donnée, aussi tost qu'elle se pût desfaire de ceux qui estoient autour d'elle, s'en alla le trouuer, tellement trauaillée du regret de le perdre, qu'elle ne le pouuoit si bien cacher, qu'il n'en apparut beaucoup en son visage. Ergaste, qui ce matin s'estoit leué de bonne heure pour la venir voir, de fortune l'apperçeut de loing: & voyant comme elle s'en alloit seule, & qu'il sembloit qu'elle cherchoit les sentiers plus couuerts, eut volonté de sçauoir où elle alloit: Cela fut cause que la suiuant de loing, il vid qu'elle prenoit le chemin de la fontaine des Sicomores, & iettant la veuë vn peu plus auant, encore qu'il fut fort matin, il prit garde qu'il y auoit desia vn trouppeau qui paissoit. Luy qui estoit tres-aduisé, & qui n'estoit point tant ignorant des affaires de cette Bergere, qu'il n'eust oüy dire l'amitié que Celion luy portoit, entra soudain en quelque opinion que c'estoit là son trouppeau, & que

Aaa ij

Bellinde l'y alloit trouuer: encor qu'il n'eust point de doute de la pudicité de sa Maistresse, si est-ce qu'il creust facilement qu'elle ne le hays-soit point, luy semblant qu'vne si longue recherche n'eust pas esté si fort continuée, si elle luy eust esté desagreable. Et pour satisfaire à sa curiosité, aussi tost qu'il la vid sous les arbres, & qu'elle ne le pouuoit plus apperceuoir, prenant le tour vn peu plus loing, il se cacha entre quelques buissons; d'où il apperçeut la Bergere assise sur les gazons qui estoient rele-uez autour de la fontaine en façon de sieges, & Celion à genoux auprés d'elle. Dieu quel tres-sault fut celuy qu'il receut de cette veuë! toutes-fois parce qu'il ne pouuoit ouïr ce qu'ils di-soient, il se traina si doucement, qu'il vint si pres d'eux qu'il n'y auoit qu'vne haye (qui fai-soit tout le tour de la fontaine, comme vne pail-liassade) qui le couuroit. De ce lieu donc pas-sant curieusement la veuë entre les ouuertures des fueilles, & tout attentif à leurs discours, il ouït que la Bergere luy respondoit. Et quoy Celion, est-ce le pouuoir ou la volonté de me plaire qui vous defaut en cette occasion? Cét accident aura-t'il plus de force sur vous, que le pouuoir que vous m'y auez donné? Où est vo-stre courage, Celion, ou bien où est vostre amitié? N'auez-vous point autresfois surmon-té pour l'Amour que vous me portiez de plus grands mal-heurs que ceux-cy? Et si cela est, où est l'affection ? où est la resolution qui le vous a fait faire ? Voulez-vous que ie croye que vous en auez moins à cette heure, que vous n'en auiez en ce temps-là ? Ah! Berger, consentez pluftost à la diminution de ma vie, qu'à celle de la bonne volonté que vous m'auez promise : Et comme iusques icy i'ay pû sur vous tout ce que i'ay voulu, que de mesme à l'aduenir qu'il n'y ait rien qui m'en puisse amoindrir le pouuoir. Ergaste oüit que Celion luy respondit : Est-il possible, Bellinde, que vous puissiez entrer en doute de mon affection, & du pouuoir que vous auez sur moy ? Pouuez-vous auoir vne si grande mesconnoissance ? & le Ciel peut-il estre tant iniuste, que vous ayez pû oublier les tesmoignages que ie vous en ay donnez, & qu'il ait permis que ie suruiue à la bonne opinion que vous deuez auoir de moy ? Vous, Bellinde, vous pouuez mettre en doute ce que iamais vne seule de mes actions, ny de vos commandemens n'a laissé douteux ? Au moins auant que prendre vne si desauantageuse opinion contre moy, demandez à Amaranthe ce qu'elle en croit, demandez au respect qui m'a fait taire; demandez à Bellinde mesme, si elle a iamais imaginé rien de si difficile, que mon affection n'ait surmonté : Mais à cette heure que ie vous voy toute à vn autre, & que pour la fin de mon Amour desastrée, il faut que vous laissant

Aaa iij

entre les bras d'vn plus heureux que moy, ie m'esloigne & me bannisse à iamais de vous. Helas! pouuez-vous dire, que ce soit defaut d'affection, ou de volonté de vous obeïr, si ie ressens vne peine plus cruelle que celle de la mort? Quoy, Bergere, vous croyez que ie vous aime, si sans mourir ie vous sçay toute à vn autre? Vous dittes que ce sera l'Amour, & le courage, qui me rendront insensible à ce desastre, & toutesfois en verité ne sera-ce pas pluftost n'auoir ny Amour, ny courage, que de le souffrir sans desespoir? O Bergere, que nous sommes bien loing de conte vous & moy! car si cette impuissance qui m'empesche de pouuoir viure & supporter ce mal-heur, vous fait douter de mon affection: au contraire cette grande constance, & cette extréme resolution que ie vois en vous, m'est vne trop certaine asseurance de vostre peu d'amitié. Mais aussi à quoy faut-il que i'en espere plus de vous, puis qu'vn autre, ô cruauté de mon destin! vous doit posseder? A ce mot ce pauure Berger s'aboucha sur les genoux de Bellinde, sans force, & sans sentiment. Si la Bergere fut viuement touchée, tant des paroles que de l'euanoüissement de Celion, vous le pouuez iuger, belle Nymphe, puis qu'elle l'aimoit autant qu'il estoit possible d'aimer, & qu'il falloit qu'elle feignit de ne ressentir point cette douloureuse separation. Lors qu'elle le vid esuanoüy, & qu'elle creut n'estre escoutée que des Sicomores & de l'onde de la fontaine, ne leur voulant cacher le desplaisir qu'elle auoit tenu si secret à ses compagnes, & à tous ceux qui la voyoient ordinairement : Helas! dit-elle en ioignant les mains, helas! ô souueraine bonté, ou fors moy de cette misere, ou de cette vie : romps par pitié ou mon cruel desastre, ou permets que mon cruel desastre me rompe. Et puis baissant les yeux sur Celion : Et toy, dit-elle, trop fidelle Berger, qui n'es miserable que d'autant que tu aimes cette miserable, le Ciel te vueille donner ou les contentemens que ton affection merite, ou m'enleuer de ce monde, puis que ie suis seule cause que tu souffres les desplaisirs que tu merites pas. Et lors s'estant teuë quelque temps elle reprit : O qu'il est difficile de bien aimer, & d'estre sage tout ensemble! Car ie voy bien que mon pere a raison de me donner au sage Berger Ergaste, soit pour ses seruices, soit pour ses commoditez : Mais, helas! que me vaut cette connoissance, si Amour deffend à mon affection de l'auoir agreable? Ie sçay que Ergaste merite mieux, & que ie ne puis esperer rien de plus auantageux que d'estre sienne : Mais comment me pourray-ie donner à luy, si Amour m'a desia donnée à vn autre? La raison est du costé de mon pere : mais Amour est

A a a iiij

pour moy, & non point vn Amour nouuellement nay, où qui n'a point de puissance, mais vn Amour que i'ay conçeu, où pluftoft que le Ciel à fait naiftre auec moy, qui s'eft efleué dans mon berceau, & qui par vn fi long trait de temps s'eft tellement infinué dans mon ame, qu'il eft plus en mon ame, que mon ame mefme. O Dieux! & faut-il efperer que ie m'en puiffe defpoüiller fans la vie! & fi ie ne m'en desfaits, dy moy Bellinde, que fera-ce que de toy? En proferant ces paroles les groffes larmes luy tomboient des yeux, & coulant le long de fon vifage, moüilloient & les mains & la ioüe du Berger, qui peu à peu reuenant, fut caufe que la Bergere interrompit fes plaintes, & s'effuyant les yeux de peur qu'il ne s'en prift garde, changeant & de vifage & de voix, luy parla de cette forte. Berger ie vous veux aduoüer que i'ay du reffentiment de voftre peine, autant peut-eftre que vous mefme, & que ie ne fçaurois douter de voftre bonne volonté fi ie n'eftois la plus mefcognoiffante perfonne du monde. Mais à quoy cette recognoiffance? & à quoy ce reffentiment? Puis que le Ciel m'a foufmife à celuyqui m'a donné l'eftre, voulez-vous tant que cét eftre me demeurera, que ie luy puiffe defobeïr? Mais foit ainfi, que l'affection plus forte l'emporte fur le deuoir; pour cela, Celion, ferons-nous en repos? Eft-il possible, si vous m'aimez, que vous puissiez auoir du contentement, me voyant le reste de ma vie pleine de déplaisirs & de regrets? & pouuez-vous croire que le blasme que i'en courray, soit par la desobeïssance de mon pere, soit par l'opinion que chacun aura de nostre vie passée à mon desaduantage, me puisse laisser vn moment de repos? Cela seroit, peut-estre incroyable d'vne autre que de moy, qui ay tousiours tant desapprouué celles qui se sont conduittes de cette sorte, que la honte de me voir tomber en leur mesme faute me seroit tousiours plus insupportable, que la plus cruelle fin que le Ciel me pourroit ordonner. Armez-vous donc de cette resolution, ô Berger, que tout ainsi que par le passé nostre affection ne nous a iamais fait commettre chose qui fut contre nostre deuoir, quoy que nostre Amour ait esté extreme, de mesme pour l'aduenir il ne faut point souffrir qu'elle nous puisse forcer. Outre que des choses où il n'y a point de remede, la plainte semble estre bien inutile. Or il est tout certain que mon pere m'a donnée à Ergaste, & que cette donation ne peut desormais estre reuoquée que par Ergaste mesme. Iugez quelle esperance nous deuons auoir qu'elle le soit iamais? Il est vray qu'ayant disposé de mon affection auant que mon pere de moy, ie vous promets & vous iure deuant tous les Dieux, & particulierement deuant les Deïtez qui habitent en ce lieu, que d'affection ie seray vostre iusques dans le tombeau, & qu'il n'y a ny pere, ny mary, ny tyrannie du deuoir, qui me fasse iamais contreuenir au serment que ie vous en fais. Le Ciel m'a donnée à vn pere, ce pere a donné mon corps à vn mary: comme ie n'ay pû contredire au Ciel, de mesme mon deuoir me defend de refuser l'ordonnance de mon pere: mais ny le Ciel, ny mon pere, ny mon mary, ne m'empescheront iamais d'auoir vn frere que j'aimeray comme ie luy ay promis, quelle que ie puisse deuenir. A ces dernieres paroles preuoyant bien que Celion se remettroit aux plaintes & aux larmes, afin de les éuiter, elle se leua, & le prenant par la teste le baisa au front, & luy disant Adieu, & s'en allant: Dieu vous vueille, dit-elle, Berger, donner autant de contentement en vostre voyage, que vous m'en laissez peu en l'estat où ie demeure. Celion n'eut ny la force de luy respondre ny le courage de la suiure, mais s'estant leué, & tenant les bras croisez, l'alla accompagnant des yeux tant qu'il la pûst voir, & lors que les arbres luy eurent osté la veuë, leuant les yeux au Ciel tous chargez de larmes, apres plusieurs grands souspirs, ils s'en alla courant d'vn autre costé, sans soucy ny de son troupeau, ny de chose qu'il laissast en sa cabane. Ergaste, qui caché derriere le buisson, auoit ouy leurs discours, de

LIVRE DIXIESME. 747

meura plus satisfait de la vertu de la belle & sage Bellinde, admirant & la force de son courage, & la grandeur de son honnesteté. Et apres auoir demeuré long temps rauy en cette pensée, considerant l'extreme affection qui estoit entre ces deux Amans, il creut que ce seroit vn acte indigne de luy, que d'estre cause de leur separation: Et que le Ciel ne l'auoit point fait rencontrer si à propos à cét Adieu, que pour luy faire voir la grande erreur qu'il alloit commettre sans y penser: Estant donc resolu de rapporter à leur contentement tout ce qui luy seroit possible, il se met à suiure Celion: mais il estoit des-ja tant esloigné, qu'il ne le sçeut atteindre, & pensant le trouuer en sa cabane, il prit vn petit sentier qui y alloit le plus droit. Mais Celion auoit passé d'vn autre costé, car sans parler à personne de ses parens ny de ses amis, il s'en alla vagabond sans autre dessein plusieurs iours, sinon qu'il fuyoit les hommes, & ne se nourrissoit que des fruicts sauuages, que l'extreme faim luy faisoit prendre par les bois. Ergaste qui vid que son dessein estoit rompu de ce costé, apres l'auoir cherché vn iour ou deux, vint trouuer Bellinde, esperant de sçauoir d'elle le chemin qu'il auroit pris, & de fortune il la trouua au mesme lieu où elle auoit dit Adieu à Celion, estant toute seule sur le bord de la fontaine, pensant à l'heure mesme au dernier accident qui luy estoit aduenu en cette place, le souuenir duquel luy arrachoit des larmes du profond du cœur. Ergaste qui l'auoit veuë de loing, estoit venu expres pour la surprendre le plus couuertement qu'il luy auoit esté possible, & voyant ses pleurs comme deux sources couler dans la fontaine, il en eut tant de pitié, qu'il iura de ne reposer de bon sommeil qu'il n'eust remedié à son déplaisir. Et pour ne perdre point dauantage de temps, s'auançant tout à coup vers elle, il la saluä. Elle qui se vid surprise auec les larmes aux yeux, afin de les dissimuler, feignit de se lauer, & mettant promptement les mains dans l'eau se les porta toutes moüillées au visage, de sorte que si Ergaste n'eust auparauant veu ses larmes, mal-aisément eust-il alors reconnu qu'elle pleurast. Car ce qui encores luy fit dauantage admirer sa vertu, c'est qu'en mesme temps elle peignit en son visage vne façon toute riante : Et se tournant vers le Berger, luy dit, auec vne façon pleine de courtoisie : Ie pensois estre seule, gentil Berger, mais à ce que ie voy, vous y estes venu pour la mesme occasion, comme ie pense, qui m'y a amenée; ie veux dire pour vous y rafraischir, & sans mentir, voicy bien la meilleure source, & la plus fraische qui soit en la plaine. Sage & belle Bergere, respondit Ergaste en sous-riant, vous auez raison de dire que le sujet qui vous a fait venir icy, m'y a de mesme conduit, car il est

LIVRE DIXIESME. 749

tout vray : mais quand vous dittes que vous & moy y sommes pour nous rafraischir, il faut que ie vous contredie, puis que ny l'vn ny l'autre de nous n'y est pour ce dessein. Quant à moy, dit la Bergere, i'auoüeray bien que ie puis estre trompée pour ce qui est de vous, mais pour mon particulier, vous me permettrez de dire qu'il n'y a personne qui en puisse sçauoir dauantage que moy. Ie vous accorde, dit Ergaste, que vous en sçauez plus que tout autre: mais pour cela vous ne me ferez pas confesser, que le sujet qui vous a conduitte icy, soit celuy que vous dittes. Et quel penseriez-vous donc, dit-elle, qu'il fust? Et à ce mot elle mit la main au visage, faisant semblant de se frotter les sourcils, mais en effect c'estoit pour couurir en quelque sorte la rougeur qui luy estoit montée. A quoy Ergaste prenant garde, & la voulant oster de la peine où il la voyoit, respondit de cette sorte: Belle & discrette Bergere, il ne faut plus que vous vsiez de dissimulation enuers moy, qui sçay aussi bien que vous ce que vous croyez auoir de plus secret en l'ame: & pour vous montrer que ie ne ments point, ie vous dis qu'à cette heure vous estiez sur le bord de cette eau, songeant auec beaucoup de déplaisir au dernier Adieu que vous auez dit à Celion, au mesme lieu où vous estes. Moy? dit-elle incontinent toute surprise. Ouy, vous-mesme, respondit

Ergaste, mais ne soyez pas marrie que ie le sçache, car i'estime tant vostre vertu & vostre merite, que tant s'en faut que cela vous puisse iamais-nuire, que ie veux que ce soit la cause de vostre contentement. Ie sçay le long seruice que ce Berger vous a rendu, ie sçay auec combien d'honneur il vous a recherchée, ie sçay auec combien d'affection il a continué depuis tant d'années: & de plus, auec quelle sincere & vertueuse amitié vous l'affectionnez. La connoissance de toutes ces choses me fait desirer la mort, plustost que d'estre cause de vostre separation. Ne pensez pas que ce soit ialousie qui me fait parler de ceste sorte, iamais ie n'entreray en doute de vostre vertu, & puis i'ay ouy de mes aureilles les sages discours que vous luy auez tenu. Ne pensez non plus que ie ne croye que vous perdant, ie ne perde aussi la meilleure fortune que ie sçaurois iamais auoir: mais le suiect qui me pousse à vous redonner à celuy à qui vous deuez estre, c'est, ô sage Bellinde, que ie ne veux pas attacher mon contentement auec vostre eternel déplaisir, & que veritablement ie croirois estre coupable, & enuers Dieu, & enuers les hommes, si à mon occasion vne si belle & vertueuse amitié se rompoit entre vous. Ie viens donc icy pour vous dire, que ie veux bien me priuer de la meilleure alliance que ie sçaurois iamais auoir, pour vous remettre en vostre liberté, & vous redonner le contentement que le mien vous osteroit. Et outre que ie penseray auoir fait ce que ie croy que le deuoir me commande, encores ne me sera-ce peu de satisfaction, de penser que si Bellinde est contente, Ergaste est vn des instrumens de son contentement. Seulement ie vous requiers, & si en cecy ie vous oblige, qu'estant cause de la reünion de vostre amitié, vous me receuiez pour tiers entre vous deux, & que vous me fassiez la mesme part de vostre bonne volonté, que vous l'auez promise à Celion quand vous auez creu d'épouser Ergaste : ie veux dire que de tous deux ie sois aimé & receu comme frere. Pourrois-ie, belle Nymphe, vous redire le contentement inesperé de cette Bergere? Ie croy qu'il seroit impossible, car elle-mesme fut tellement surprise, qu'elle ne sçeust de quelles paroles le remercier: mais le prenant par la main, s'alla r'asseoir sur les gazons de la fontaine, où apres s'estre vn peu remise, & voyant la bonne volonté dont Ergaste l'obligeoit, elle luy declara tout au long, ce qui s'estoit passé entre Celion & elle, & apres mille sortes de remerciemens, que i'obmets pour ne vous ennuyer, elle le supplia de l'aller chercher luy-mesme, d'autant que le transport de Celion estoit tel, qu'il ne reuiendroit pour personne du monde qui l'allast querir, parce qu'il ne croiroit iamais cette bonne volonté de luy à qui il n'en auoit point donné occasion, si elle luy estoit asseuree par quelqu'autre: au contraire se figuroit que ce seroit vn artifice pour le faire reuenir. Ergaste qui vouloit en toute sorte paracheuer la bonne œuure qu'il auoit commencée, resolut de partir dés le lendemain auec Diamis frere de Celion, luy promettant de ne point reuenir sans le luy ramener.

Estans donc partis en ce dessein, apres auoir sacrifié à Theutates pour le prier qu'il adressast leurs pas du costé où ils deuoient trouuer Celion, ils prindrent le chemin qui le premier se presenta à eux: mais ils eussent cherché longuement en vain auant que d'en auoir des nouuelles, si luy-mesme transporté de fureur, ne se fust resolu de reuenir en Forests, afin de tuer Ergaste, & puis du mesme glaiue se percer le cœur deuant Bellinde, ne pouuant viure & sçauoir que quelqu'autre ioüyt de son bien. En cette rage il se remit en chemin, & parce qu'il ne se nourrissoit que des herbes & des fruicts qu'il trouuoit le long des chemins, il estoit tant affoibly, qu'à peine pouuoit-il marcher, & n'eust esté la rage qui le portoit, il ne l'eust pû faire: encor falloit-il que plusieurs fois du iour il se reposast, mesme lors que le sommeil le pressoit. Il aduint que de ceste sorte lassé, il se mit sous quelques arbres qui faisoient vn agreable ombrage à vne fontaine, & là apres
auoir

LIVRE DIXIESME.

auoir quelque temps repensé à ses déplaisirs, il s'endormit. La fortune qui se contentoit des ennuis qu'elle luy auoit donnez, adressa, pour le rendre entierement heureux, les pas d'Ergaste & de Diamis en ce mesme lieu, & par hazard Diamis marchoit le premier: soudain qu'il le vid, il le reconnut, & tournant doucement en arriere, en vint aduertir Ergaste, qui tout ioyeux, voulut l'aller embrasser: mais Diamis le retint, en luy disant: Ie vous supplie, Ergaste, ne faisons rien en cecy de mal à propos: Mon frere, si tout à coup nous luy disons ces bonnes nouuelles, il mourra de plaisir, & si vous connoissiez l'extreme affliction que cét accident luy a causé, vous seriez de mesme opinion. C'est pourquoy il me semble qu'il vaut mieux que ie le luy die peu à peu, & parce qu'il ne me croira pas, vous viendrez apres le luy reconfirmer. Ergaste trouuant cét aduis bon, s'esloigna entre quelques arbres, d'où il pouuoit les voir, & Diamis s'auança. Et faut bien dire qu'il fut inspiré de quelque bon demon: car si d'abord Celion eust veu Ergaste, peut-estre, suiuant sa resolution luy eust-il fait du déplaisir. Or à l'heure mesme que Diamis s'en approcha, son frere s'éueilla, & recommençant son ordinaire entretien, se mit à plaindre de cette sorte:

Bbb

PLAINTE.

OVTRE' *par la douleur de mortelles at-*
teintes,
Sans autre reconfort,
Que celuy de mes plaintes,
Ie souspire à la mort.
Ma defense est sans plus, l'impossible espe-
rance,
Mais le glaiue aceré,
Dont le mal-heur m'offense,
Est vn mal asseuré.
I'espere quelquefois en ma longue misere,
De voir finir mon dueil:
Mais quoy? ie ne l'espere
Sinon dans vn cercueil.
Celuy ne doit-il point s'estimer miserable,
Et les Dieux ennemis
Dont l'espoir fauorable
En la mort est remis?
Mais où sont les desseins de ce courage extreme,
En mon mal resolus?
Mais où suis-ie moy-mesme?
Ie ne me connois plus.
Mon ame en sa douleur est tellement confuse,
Que ce qu'ore elle veut
Soudain elle refuse
Alors qu'elle le peut.

Reduitte en cét estat, elle ne peut connoistre,
Qu'elle a, ny quelle elle est:
O pourquoy faut-il estre,
Lors que tout nous déplaist!

Diamis qui ne vouloit le surprendre, apres auoir quelque temps écouté fit du bruit expres, afin qu'il tournast la teste vers luy, & voyant que tout estôné il le regardoit, il s'auança doucement, & apres l'auoir salüé, luy dit: Ie loüe Dieu, mon frere, de ce que ie vous ay trouué si à propos, pour vous faire le message que Bellinde vous mande. Bellinde, dit-il incōtinent, est-il possible qu'elle ait quelque memoire de moy, entre les bras d'Ergaste! Ergaste, dit Diamis, n'a point eu Bellinde entre les bras, & i'espere, si vous auez quelque resolution qu'elle ne sera iamais à luy. Et doutez-vous, respondit Celion, que la resolution me puisse māquer en vn semblable affaire? Ie voulois dire, repliqua Diamis, de la prudence. Ie pense, respōdit Celion, qu'il n'y a point de prudence qui puisse contreuenir à l'ordre que le destin a resolu. Le destin, dit Diamis, ne nous est si contraire que vous pésez, & vos affaires ne sont pas en si mauuais termes que vous croyez; Ergaste refuse Bellinde. Ergaste, dit Celion, la refuse! Il est tout certain, continua Diamis, & afin que vous en soyez plus asseuré: Ergaste mesme vous cherche pour le vous dire. Celion oyant ces nouuelles, de-

Bbb ij

meura sans respondre presque hors de soy, & puis reprenant la parole: Vous mocquez-vous point, dit-il, mon frere, ou si vous le dittes pour m'abuser? Ie vous iure, respond Diamis, par le grand Theutates, Hesus & Thamaris, & par tout ce que nous auons de plus sacré, que ie vous dy verité, & que bien tost vous le sçaurez par le Berger Ergaste. Alors Celion leuant & les mains & les yeux au Ciel: O Dieu! dit-il, à quelle fin plus heureuse me reseruez-vous? Son frere pour l'interrompre: Il ne faut plus, dit-il, parler ny de mal-heur, ny de mort, mais seulement de ioye & de contentement: & sur tout vous preparer à remercier Ergaste du bien qu'il vous fait: car ie le voy qui vient à nous. A ce mot Celion se leua, & le voyant si pres, le courut embrasser auec autant de bonne volonté, que peu auparauant il luy en portoit beaucoup de mauuaise: mais quand il sçeut la verité de toute cette affaire, il se mit à genoux deuant Ergaste, & luy vouloit à force baiser les pieds. I'abregeray, belle Nymphe, tous leurs discours, & vous diray seulement qu'estant de retour, Ergaste luy donna Bellinde, & qu'auec le consentement de son pere, il la luy fit épouser, & voulut seulement, comme il en auoit des-ja prié Bellinde, que Celion le receut pour tiers en leur honneste & sincere affection: & luy-mesme se donnant entierement à eux, ne voulut iamais se marier.

Voila, belle & sage Nymphe, ce qu'il vous a pleu de sçauoir de leur fortune, qui fut douce à tous trois, tant que les Dieux leur permirent de viure ensemble : car peu de temps apres leur nasquit vn fils, qu'ils firent nommer Ergaste, à cause de l'amitié qu'ils portoient au gentil Ergaste : & pour en conseruer plus longuement la memoire. Mais il aduint qu'en ce cruel pillage que quelques estragers firent aux Prouinces des Sequanois, Viennois, & Segusiens, ce petit enfant fut perdu, & mourut sans doute de necessité : car depuis on n'en a point eu de nouuelles. Et quelques années apres ils eurent vne fille, qui fut nommée Diane, mais Celion ny Ergaste n'eurent pas longuement le plaisir de cét enfant, parce qu'ils moururent incontinent apres, & tous deux en mesme iour : & cette Diane dont vous m'auez demandé des nouuelles, est celle qui est tenuë en mon hameau pour l'vne des plus belles & plus sages Bergeres de Forests.

LE ONZIESME LIVRE
DE LA PREMIERE PARTIE D'ASTREE.

CELADON alloit de cette sorte racontant à la Nymphe l'histoire de Celion, & de Bellinde, cependant que Leonide & Galathée parloient des nouuelles que Fleurial leur auoit rapportées : car aussi tost que la Nymphe apperçeut Leonide, elle la tira à part; & luy dit qu'elle empeschast que Fleurial ne vid Celadon : car, disoit-elle, il est tant acquis à Lindamor, qu'il seroit assez beste pour luy dire tout ce qu'il auroit veu : entretenez-le donc, & quand i'auray veu mes lettres, ie vous diray ce qu'il y aura de nouueau. A ce mot la Nymphe sortit de la chambre, & emmena Fleurial auec elle, & apres quelques autres paroles, elle luy dit : Et bien, Fleurial, quelle nouuelle apporte-tu à Madame? Fort bonnes, respondit-

Bbb iiij

il, & toutes telles que vous & elle sçauriez desirer. Car Clidaman se porte bien, & Lindamor a fait tant de merueilles en la bataille où il s'est trouué, que Meroüée & Childeric l'estiment comme merite sa vertu: mais il y auoit auec moy vn ieune homme, qui voulut parler à Siluie, à qui ceux de la porte n'ont permis d'entrer, qui vous en racontera bien mieux toutes les particularitez, d'autant qu'il en vient, & moy i'ay pris ces lettres chez ma tante, où vn de ceux de Lindamor les a portées, qui attend la responſe. Et ne sçais-tu point, repliqua la Nymphe, ce qu'il veut à Siluie? Non, respondit-il, car il ne l'a iamais voulu dire. Il faut, dit la Nymphe, qu'il entre. A ce mot s'en allant à la porte, elle reconnut incontinent ce ieune homme, pour l'auoir veu souuent auec Ligdamon, qui luy fit iuger qu'il apportoit à Siluie de ses nouuelles: & parce qu'elle sçauoit combien sa compagne desiroit que ces affaires fussent secrettes, elle ne luy en voulut rien demander, feignant de ne le connoistre, & seulement luy dit qu'elle en aduertiroit Siluie: Puis retirant encor Fleurial à part: Tu sçais bien, Fleurial, luy dit-elle, mon amy, le mal-heur qui est arriué à Lindamor. Comment, respondit Fleurial, tant s'en faut, nous le deuons croire heureux: car il acquiert tant de gloire où il est, qu'à son retour Amaſis n'oseroit luy refuser Galathée. O Fleurial, que dis-tu! si tu sçauois comme toutes choses se passent, tu aduoüerois que le voyage de nostre amy est pour luy celuy de la mort: car ie ne fay point de doute qu'à son retour il ne meure de regret. Mon Dieu! dit-il, que me dittes-vous, Fleurial? repliqua-t'elle, il est ainsi que ie te le dis, & ne croy point qu'il y ait du remede s'il ne vient de toy. De moy? dit-il, s'il peut venir de moy, tenez-le pour asseuré: car il n'y a rien au monde que ie ne fasse. Or, dit la Nymphe, sois donc secret, & à ce soir ie t'en diray dauantage, mais pour cette heure il faut que ie sçache ce qu'escrit le pauure absent. Il a enuoyé, dit-il, ces lettres par vn ieune homme, qui auoit charge de les porter chez ma tante, elle me les a incontinent enuoyées, & en voicy vne qu'il vous escrit ; elle l'ouurit, & vit qu'elle estoit telle :

LETTRE DE LINDAMOR A LEONIDE.

AVTANT que l'esloignement a eu peu de puissance sur mon ame, autant ay-ie peur qu'il n'en ait eu beaucoup sur celle que i'adore. Ma foy me dit bien que non : mais ma fortune me menace du contraire ; toutesfois l'asseurance que i'ay en la prudence de ma confidente, me fait viure auec moins de crainte, que si ma memoire y estoit seule. Ressouuenez vous donc de ne tromper l'esperance que i'ay en vous, ny démentir les asseurances de nostre amitié.

Or bien, dit la Nymphe, va-t'en au lieu plus proche d'icy, où tu dormiras ce soir, & reuiens icy de bon matin, puis ie te feray sçauoir vne histoire dont tu seras bien estonné. Là dessus elle appella ce ieune homme qui voulut parler à Siluie, & le conduisit auec elle iusques à l'antichambre de Galathée, où l'ayant fait attendre, elle entra dedans, & fit sçauoir à la Nymphe ce qu'elle auoit fait de Fleurial. Il faut, dit la Nymphe, que vous lisiez la lettre que Lindamor m'escrit, & lors elle vid qu'elle estoit telle:

LETTRE DE LINDAMOR A GALATHEE.

Ny le retardement de mon voyage, ny les horreurs de la guerre, ny les beautez de ces nouuelles hostesses de la Gaule, ne peuuent tellement occuper le souuenir que vostre fidelle seruiteur a de vous, qu'il ne reuole continuellement au bien-heureux séiour, où en vous esloi-

LIVRE ONZIESME. 763

gnant ie laissay toute ma gloire: si bien que ne pouuant refuser à mon affection la curiosité de sçauoir comme Madame se porte, apres vous auoir mille fois baisé la robbe, ie vous presente toutes les bonnes fortunes dont les armes m'ont voulu fauoriser, & les offre à vos pieds, comme à la diuinité dont ie les recognois. Si vous les receuez pour vostres, la renommée les vous donnera de ma part, qui me l'a promis ainsi, aussi bien que vous l'honneur de vos bonnes graces, à vostre tres-humble seruiteur.

Ie me soucie fort, dit alors Galathée, ny de luy, ny de ses victoires, il m'obligeroit dauantage s'il m'oublioit. Pour Dieu, Madame, dit Leonide, ne dittes point cela: si vous sçauiez combien il est estimé, & par Merouée, & par Childeric, ie ne sçaurois croire (estant née ce que vous estes) que vous n'en fissiez plus de cas que d'vn Berger: mais ie dis Berger qui ne vous aime point, & que vous voyez souspirer deuant vous, pour l'affection d'vne Bergere, vous croyez que tout ce que ie vous en dy soit par artifice. Il est vray, dit incontinent Galathée. Et bien, Madame, respondit-elle, vous en croirez ce qu'il vous plaira, si vous iureray-ie sur tout ce qui est plus à craindre aux pariures, que i'ay veu à ce voyage, par vn grand hazard, ce trompeur de Climanthe, & cét artificieux de Pole-

Moy ? Madame, respondit-elle, ie le tiens estre trop peu de chose, & vous supplie tres-humblement de ne me croire point de si peu de courage, que ie daignasse tourner les yeux sur luy. Que s'il y a iamais eu quelque homme qui ait eu le pouuoir de me donner quelque ressentiment d'Amour, ie vous aduoüeray librement que le respect que ie vous ay porté, m'en a retirée. Et quand ? adiousta Galathée. Lors, dit-elle Madame, que vous me commandastes de ne faire plus d'estat de Polemas. O que vous auez bonne grace ! s'escria Galathée, par vostre foy ? vous n'auez point aimé Celadon ? Ie vous iureray sur la verité que ie vous doy, Madame, respondit-elle, que ie n'aime point d'autre sorte Celadon, que s'il estoit mon frere, & en cela elle ne mentoit point : car depuis que le Berger luy auoit la derniere fois parlé si clairement, elle auoit reconnu le tort qu'elle se faisoit, & ainsi auoit resolu de changer l'Amour en amitié. Or bien, Leonide, dit la Nymphe, laissons ce discours, & celuy aussi de Lindamor, car la pierre en est iettée. Et quelle response, dit-elle, ferez-vous à Lindamor ? Ie ne luy en veux point faire d'autre, que le silence. Et que pensez-vous, dit-elle, qu'il deuienne lors que celuy qu'il a enuoyé icy, retournera sans lettres ? Il deuiendra, dit Galathée, ce qu'il pourra : car pour moy ie suis toute resoluë que mas, parlant de ce qui vous est arriué, & descouurant entre-eux toutes les malices dont ils ont vsé. Leonide, adiousta Galathée, vous perdez temps, ie suis toute resoluë à ce que ie veux faire, ne m'en parlez plus. Ie le feray, Madame, comme vous me le commandez, dit-elle, si me permettrez-vous encore de vous dire ce mot. Qu'est-ce, Madame, que vous pretendez faire auec ce Berger? Ie veux, dit-elle, qu'il m'aime. Et en quoy, repliqua Leonide, desseignez vous que cette amitié se concluë? Que vous estes fascheuse, dit Galathée, de vouloir que ie sçache l'aduenir! laissez seulement qu'il m'aime, & puis nous verrons que nous ferons. Encor, continua Leonide, que l'on ne sçache l'aduenir, si faut-il en tous nos desseins auoir quelque but, auquel nous les adressions. Ie le croy dit Galathée, sinon en ceux de l'Amour, & pour moy ie n'en veux point auoir d'autre, sinon qu'il m'aime. Il faut bien, repliqua Leonide, qu'il soit ainsi: car il n'y a pas apparence que vous le vueillez espouser, & ne l'espousant pas, que deuiendra cét honneur, que vous vous estes si longuement conserué? car il ne peut-estre que cette nouuelle amitié vous aueugle de sorte, que vous ne connoissiez bien le tort que vous vous faites, de vouloir pour Amant, vn hôme que vous ne voulez pour mary. Et vous, dit-elle, Leonide, qui faites tant la scrupuleuse, dittes en verité, auez vous enuie de l'espouser?

ny sa consideration, ny celle de tout autre, ne seront iamais cause que ie vueille me rendre miserable. Il n'est donc point necessaire, respondit Leonide, que Fleurial reuienne? Nullement, dit-elle. Leonide alors luy dit froidement qu'il y auoit là vn ieune homme qui vouloit parler à Siluie, & qu'elle croyoit que c'estoit de la part de Ligdamon, qu'il n'auoit point voulu dire son message qu'à Siluie mesme. Il faut, respondit la Nymphe, que nous la metions où elle est, nous en serons quittes pour faire tirer les rideaux du lict où est Celadon, car ie m'asseure qu'il sera bien aise d'oüir ce que Ligdamon escrit, puis qu'il me semble que vous luy auez desia raconté toutes leurs Amours. Il est vray, respondit Leonide, mais Siluie est si desdaigneuse & si altiere, que sans doute elle s'offensera si ce messager luy parle, & mesme deuant Celadon. Il faut, dit-elle, la surprendre, allez seulement deuant dire au Berger qu'il ne parle point, & tirez les rideaux, & ie l'y conduiray. Ainsi sortirent ces Nymphes, & Galathée reconnoissant ce ieune homme pour l'auoir veu bien souuent auec Ligdamon, luy demanda d'où il venoit, & quelles nouuelles il apportoit de son maistre. Ie viens, Madame, dit-il, de l'armée de Meroüée, & quant aux nouuelles de mon Maistre, ie ne les puis dire qu'à Siluie. Vrayement, dit la Nymphe, vous estes bien secret, & croyez-vous que

LIVRE ONZIESME.

ie vueille permettre que vous difiez quelque chose à mes Nymphes, que ie ne sçache point? Madame, dit-il, ce sera deuant vous, s'il vous plaist: car i'en ay ce commandement, & principalement deuant Leonide. Venez donc, dit la Nymphe, & ainsi elle le fist entrer en la chambre de Celadon, où desia Leonide auoit donné l'ordre qu'elle auoit resolu, sans en rien dire à Siluie, qui au commencement s'en estonna : mais puis voyant entrer Galathée auec ce ieune homme, elle iugea bien que c'estoit pour empescher que le Berger ne fust veu: le sursaut qu'elle receut fut tres-grand, quand elle vid Egide, tel estoit le nom de ce ieune homme qu'elle reconnut incontinent: car encor qu'elle n'eust point d'Amour pour Ligdamon, si ne se pouuoit-elle exempter entierement de quelque bonne volonté: elle iugea bien qu'il luy en diroit des nouuelles, toutesfois elle ne voulut luy en demander. Mais Galathée s'adressant au ieune homme : Voila, dit-elle, Siluie, il ne tiendra qu'à vous que vous ne paracheuiez vostre message, puisque vous voulez que Leonide & moy y soyons. Madame, dit Egide, s'adressant à Siluie, Ligdamon, mon maistre, le plus fidelle seruiteur que vos merites vous ayent iamais acquis, m'a commandé de vous faire sçauoir quelle a esté sa fortune; ne voulant autre chose du Ciel pour recompense de sa fidelité, sinon qu'vne estincelle de pitié vous touche, puis que nulle de celles de l'Amour n'a pû approcher le glaçon de vostre cœur. Et quoy, dit Galathée, en l'interrompant, il semble qu'il fasse son testament, comme se porte-t'il? Madame, dit-il, s'addressant à Galathée, ie le vous diray, s'il vous plaist de m'en donner le loisir : & puis retournant à Siluie, il continua de cette sorte :

HISTOIRE DE LIGDAMON.

APres que Ligdamon eut pris congé de vous, il partit auec Lindamor, accompagné de tant de beaux desseins, qu'il ne se promettoit rien moins que d'acquerir par ce voyage ce que ses seruices n'auoient pû par sa presence, resoluant de faire tant d'actes signalez qu'ou le nom de vaillant, que ces victoires luy donneroient, vous seroit agreable, ou bien mourant, il vous en laisseroit du regret. En ce dessein, ils paruiennent à l'armée de Meroüée Prince remply de toutes les perfections qui sont requises à vn conquerant, & arriuerent si à propos, que la bataille auoit esté assignée le septiesme iour d'apres : de sorte que tous ces ieunes Chaualiers n'auoient autre plus grand soucy que de visiter leurs armes, & remettre leurs cheuaux en bon estat : mais ce n'est n'est d'eux de qui i'ay à vous parler, c'est pourquoy passant sous silence tout ce qui ne touche à Ligdamon, ie vous diray que le iour assigné à ce grand combat, estant venu, les deux armées sortent de leur camp, & à veuë l'vne de l'autre, se mettent en battaille. Icy vn esquadron de caualerie, là vn bataillon de gens de pied: Icy les tambours, là les trompettes: d'vn costé le hannissement des cheuaux, de l'autre les voix des soldats retentissoient de tant de bruit, que l'on pouuoit bien alors dire, que Bellonne l'effroyable rouloit dans cette campagne, & estalloit tout ce qu'elle auoit de plus horrible en sa Gorgonne. Quant à moy, qui n'auois iamais esté en semblable occasion, i'estois si estourdy de ce que i'oyois, & si ébloüy de l'esclair des armes, qu'en verité ie ne sçauois où i'estois; toutesfois ma resolution, fut de n'abandonner mon maistre: car la nourriture que d'enfance il m'auoit donnée, m'obligeoit, ce me sembloit, à ne l'esloigner en cette occasion, où rien ne se representoit à nos yeux qu'auec les enseignes de la mort. Mais ce ne fut rien au prix de l'estrange confusion, lors que tous ces escadrons & tous ces bataillons se meslerent, quand le signal de la bataille se donna: car la caualerie attaqua celle de l'ennemy, & l'infanterie de mesme, auec vn si grand bruit, que les hommes, les armes, & les cheuaux faisoient, qu'on n'euſt pas ouy tonner. Apres auoir paſſé pluſieurs nuës de traits, ie ne ſçaurois vous raconter au vray comment ie me trouuay auec mon maiſtre au milieu des ennemis, où ie ne faiſois qu'admirer les grands coups de l'eſpée de Ligdamon. Et ſans mentir, belle Nymphe, ie luy vis faire tant de merueilles, que l'vne me fait oublier l'autre: Tant y a que ſa valeur fut telle, que Meroüée voulut ſçauoir ſon nom, comme l'ayant remarqué ce iour là entre tous les Cheualiers. Deſia ce premier eſcadron eſtoit victorieux, & les noſtres commençoient a ſe r'allier pour aller attaquer le ſecond, quand l'ennemy pour faire vn entier effort, fit marcher tout ce qui luy reſtoit, afin d'inueſtir ſi promptement ceuxcy, que Meroüée ne les puſt ſecourir à temps; & certes s'il euſt eu affaire à vn Capitaine moins experimenté que ceſtuy-cy, ie croy bien que ſon deſſein euſt eu effect: mais ce grand ſoldat, iugeant le deſeſpoir de l'aduerſaire, fit partir en meſme temps trois eſcadrons nouueaux, deux aux deux ayles, & le troiſieſme en queuë du premier ſi à propos qu'ils ſouſtindrent vne partie du premier choc, toutesfois nous qui eſtions auancez, nous trouuaſmes fort outragez du grand nombre: mais ie ne veux icy vous ennuyer par vne particuliere deſcription de cette iournée, auſſi bien n'en ſçaurois-ie venir à bout:

LIVRE ONZIESME. 771

Tant y a qu'au mesme temps les deux infanteries s'estant rencontrées, celle de Meroüée eust du meilleur, & autant que nous gaignions du terrain sur ceux de Cheual, autant en perdoit l'infanterie de l'ennemy. Si est-ce qu'au choc que nous receusmes, il y eut plusieurs des nostres portez par terre, outre ceux que les traits de l'infanterie dés le commencement de la bataille auoient desia mis à pied: car d'abord l'ennemy faisant desbander quelques Archers, nous fit tirer sur les ayles tant de traits, que nostre caualerie n'osant quitter son rang, eut beaucoup à souffrir auant que Meroüée y eust enuoyé des siens, pour escarmoucher auec eux. Et entre ceux qui au second effort en furent incommodez, Clidaman en fut vn, car son cheual tomba mort de trois coups de flesches. Ligdamon qui auoit tousiours l'œil sur luy, soudain qu'il le vid en terre, poussa son cheual d'extreme furie, & fit tant d'armes qu'il fit vn rond de corps morts à l'entour de Clidaman, qui cependant eust loisir de se dépestrer de son cheual. La furie de l'ennemy, qui à la cheute de Clidaman s'estoit renforcée en ce lieu, l'eust enfin estouffé sous les pieds des cheuaux, sans le secours, & sans la valeur de mon maistre, qui se iettant à terre, le remit sur son cheual, demeurant à pied si blessé, & si pressé des ennemis, qu'il ne pût monter sur le cheual que ie

Gcc ij

luy menois. En ce poinct les nostres furent forcez de reculer, comme se sentant affoiblis, à ce que ie croy, du bras inuincible de mon maistre, & le mal-heur fut si grand pour nous que nous nous trouuasmes au milieu de tant d'ennemis, qu'il n'y eust plus d'esperance de salut : toutesfois Ligdamon ne voulut iamais se rendre, & quoy qu'il fust blessé, & si las que l'on peut imaginer, si n'y auoit-il si hardy, voyant les grands coups qui sortoient de son bras, qui osast l'attaquer. Enfin à toute furie de cheuaux, cinq ou six le vindrent heurter, & si à l'impourueu, qu'ayant donné de son espée dans le poitral du premier cheual, elle se rompit pres de la garde, & le cheual frappé dans le cœur, luy tomba dessus; ie courus alors pour le releuer, mais dix ou douze qui se ietterent sur luy m'en empescherent, & ainsi tous deux demy morts, nous fusmes enleuez: & cét accident fut encor plus mal-heureux, en ce que presque en mesme temps les nostres recouurerent ce qu'ils auoient perdu du champ, par les secours que Childeric donna de toute l'arriere-garde, & depuis allerent tousiours gaignant le champ, iusques à ce que sur le soir l'entiere route se donna, & que les logis des ennemis furent bruslez, & eux la pluspart pris ou tuez. Quant à nous, nous fusmes conduits en leur principale ville nommée Rhotomage,

LIVRE ONZIESME.

où mon maistre ne fust si tost arriué, que plusieurs le vindrent visiter, les vns se disans ses parents, & les autres ses amis, encor qu'il n'en connust point. Quant à moy ie ne sçauois que dire, ny luy que penser, de voir que ces estrangers luy faisoient tant de caresses: mais nous fusmes encore plus estonnez quand vne Dame honnorable, fort bien suiuie, le vint visiter, disant que c'estoit son fils, auec tant de demonstration d'amitié, que Ligdamon en estoit comme hors de soy: dauantage encore, quand elle luy dit: O Lydias, mon enfant auec combien de contentement, & de crainte, vous voy-ie icy! car ie loüe Dieu, qu'à la fin de mes iours ie vous puisse voir si estimé au rapport de ceux qui vous ont pris: mais helas! quelle crainte est la mienne, de vous voir en ceste ville si cruelle, puis que vostre ennemy Aronte est mort des blessures qu'il a eües de vous, & que vous auez esté condamné à mort par ceux de la Iustice? Quant à moy ie n'y sçay autre remede que de vous rachepter promptement, & attendant que vous soyez guery vous tenir caché, afin que pouuant monter à cheual vous vous retiriez auec les Francs. Si Ligdamon fut estonné de ce discours, vous le pouuez iuger, & connut bien enfin qu'elle le prenoit pour vn autre: mais il ne pût luy respondre, parce qu'en mesme instant celuy qui l'a-

Ccc iij

uoit pris entra dans la chambre, auec deux Deputez de la ville: pour prendre le nom & la qualité des prisonniers, d'autant qu'il y en auoit plusieurs des leurs pris, & ils voulurent les changer. La pauure Dame fut fort surprise, croyant qu'ils le vinssent saisir pour le conduire en prison, & oyant qu'ils luy demandoient son nom, elle saillit à le dire elle mesme: mais mon maistre la deuança, & se nomma Ligdamon Segusien: elle eust alors opinion qu'il se voulust dissimuler, & pour oster tout soupçon elle se retira chez elle, en resolution de le racheter si promptement qu'il ne pût estre reconnu. Et il estoit vray que mon maistre ressembloit de telle sorte à Lydias, que tous ceux qui le voyoient le prenoient pour luy. Et ce Lydias estoit vn ieune homme de ce pays-là, qui estant amoureux d'vne tres-belle Dame, s'estoit battu auec Aronte son riual, de qui la ialousie auoit esté telle, qu'il s'estoit laissé aller au delà de son deuoir, mesdisant d'elle & de luy: dequoy Lydias offensé, apres luy en auoir fait parler deux ou trois fois, afin qu'il changeast de discours, & croyant qu'il prenoit pour crainte ce qui procedoit de la prudence de ce ieune homme, il fut enfin forcé, & de son deuoir, & de son Amour, d'en venir aux armes, & auec tant d'heur, qu'ayant laissé son ennemy comme mort en terre, il eut loisir de se sauuer des mains de la Iusti-

LIVRE ONZIESME. 775

ce, qui depuis qu'Aronte fut mort le pourſuiuit de ſorte, qu'il fut encores qu'abſent, condamné à la mort. Ligdamon eſtoit tellement bleſſé, qu'il ne ſongeoit point à toutes ces choſes, moy qui preuoyois le mal qui luy en pourroit aduenir, ie preſſois touſiours la mere de le racheter; ce qu'elle fit, mais non point ſi ſecrettement que les ennemis de Lydias n'en fuſſent aduertis: ſi bien qu'à leur requeſte, le meſme iour que cette bonne Dame ayant payé ſa rançon, le faiſoit porter chez elle, ceux de la Iuſtice y arriuerent, qui luy firent faire le chemin de la priſon, quoy que Ligdamon ſçeut dire, deceus, comme les autres de la reſſemblance de Lydias: Ainſi le voila au plus grand danger où iamais autre peut eſtre pour n'auoir point failly: mais ce ne fut rien au prix du lendemain, qu'il fut interrogé ſur les poincts, dont il eſtoit tant ignorant, qu'il ne ſçauoit que leur dire: toutesfois ils ne laiſſerent de ratifier le premier iugement, & ne luy donnerent autre terme que celuy de la gueriſon de ſes playes. Le bruit incontinent courut par toute la ville, que Lydias eſt priſonnier, & qu'il a eſté condamné, non point à mourir comme meurtrier ſeulement, mais comme rebelle, ayant eſté pris auec les armes en la main pour les Francs: qu'à cette occaſion on le mettoit dans la cage des Lyons, & cela eſtoit vray que leur couſtume de tout temps eſtoit telle: Mais on ne

Ccc iiij

luy auoit voulu prononcer cét arrest, afin qu'il ne se fit mourir ; toutesfois on ne parloit d'autre chose dans la ville, & la voix en fut tellement espandué, qu'elle en vint iusques à mes aureilles, dont espouuenté, ie me desguisay de sorte auec l'aide de cette bonne Dame qui l'auoit racheté, que ie vins à Paris trouuer Meroüée, & Clidaman, ausquels ie fis entendre cét accident, dont ils furent fort estonnez, leur semblant presque impossible que deux personnes se ressemblassent si fort, qu'il n'y eust point de difference : & pour y remedier ils y enuoyerent promptement deux herauts d'armes, pour faire sçauoir aux ennemis l'erreur en quoy ils estoient : mais cela ne fut que le leur persuader dauantage, & leur faire haster l'execution de leur iugement. Les playes de Ligdamon estoient desia presque gueries, de sorte que pour ne luy donner plus de loisir ils luy prononcerent la sentence, qu'attaint de meurtre & de rebellion, la iustice ordonnoit qu'il eust à mourir par les Lyons, destinez à telle execution : Que toutesfois pour estre nay noble & de leur patrie, luy faisant grace, ils luy permettoient de porter l'espée & le poignard, comme estant armes de Cheualier, desquelles, s'il en auoit le courage, il pourroit se deffendre, ou essayer pour le moins de venger genereusement sa mort : & en ce mesme temps ils firent dans leur conseil response à Meroüée, qu'ils chastieroient ainsi tous leurs compatriottes, qui seroient traistres à leur patrie. Voila le pauure Ligdamon en extreme danger: toutesfois ce courage qui ne flechissoit iamais que sous l'Amour, voyant qu'il n'y auoit point d'autre remede, se resolut à sa conseruation le mieux qu'il peust: Et d'autant que Lydias estoit des meilleures familles des Neustriens, presque tout le peuple s'assemble pour voir ce spectacle. Et lors qu'il se vid prest à estre mis dans cét horrible camp clos, tout ce qu'il requist, fut de combattre les Lions vn à vn. Le peuple qui ouyt vne si iuste demande, la fit accorder par ses exclamations, & battemens de mains, quelque difficulté que les parties y missent: si bien que le voila mis seul dans la cage, & les Lions qui à trauers les barreaux voyoient cette nouuelle proye, rugissoient si épouuentablement, qu'il n'y auoit celuy des assistās qu'il n'en pallist: sans plus Ligdamon sembloit asseuré entre tant de dangers, & prenant garde à la premiere porte qui s'ouurit, afin de n'y estre point surpris, il vid sortir vn Lion furieux à la hure herissée, qui dés l'abord ayans trois ou quatre fois battu la terre de sa queuë commença d'estendre ses grands bras, & entr'ouurir les ongles, comme luy voulant montrer de quelle mort il mourroit, mais Ligdamon voyant bien qu'il n'y auoit nul salut qu'en sa valeur, aussi tost qu'il le void démarcher, luy darde si à propos son poignard qu'il le luy planta dans l'estomach iusques à la poignée, dont l'animal estant touché au cœur tomba mort en mesme instant. Le cry de tout le peuple fut grand, car chacun émeu de son adresse, de sa valeur, & de son courage, le fauorisoit en son ame; luy toutesfois qui sçauoit bien que la rigueur de ses Iuges ne s'arresteroit pas là, courut promptement reprendre son poignard, & presque en mesme temps, voila vn autre Lion non moins effroyable que le premier, qui aussi tost que sa porte fut ouuerte, vint la gorge beante de telle furie, que Ligdamon en fut presque surpris : Toutesfois au passer il se destourna vn peu, & luy donna vn si grand coup d'espée sur vne pate, qu'il la luy couppa, dequoy l'animal en furie se tourna si promptement vers luy, que du heurt il le ietta par terre, mais sa fortune fut telle, qu'en tombant, & le Lion se lançant dessus, il ne fit que tendre son espée, qui luy donna si à propos sous le ventre, qu'il tomba mort presque aussi promptement que le premier. Cependant que Ligdamon alloit ainsi disputant sa vie, voila vne Dame, belle entre les plus belles Neustriennes, qui se mit à genoux deuant les Iuges, les suppliant de faire surseoir l'execution, iusques à ce qu'elle eust parlé : Eux qui la connurent pour estre des principales du

LIVRE ONZIESME. 779

pays, voulurent bien la gratifier de cette faueur, & mesme que c'estoit celle-cy pour qui Lydias auoit tué Aronte: elle s'appelloit Amerine, & lors elle leur parla de cette sorte d'vne voix assez honteuse: Messieurs, l'ingratitude doit estre punie comme la trahison, puis que c'en est vne espece, c'est pourquoy voyant Lydias condamné pour auoir esté contraire à ceux de sa patrie, ie craindrois l'estre, sinon de vous, sans doute de nos Dieux, si ie ne me sentois obligée à sauuer la vie à celuy qui l'a voulu mettre pour me sauuer l'honneur. C'est pourquoy ie me presente deuant vous, asseurée sur nos priuileges qui ordonnent que tout homme condamné à mort en est deliuré quand vne fille le demande pour son mary; soudain que i'ay sçeu vostre iugement, ie suis venuë en toute diligence le vous requerir, & n'ay peu y estre si tost qu'il n'ait couru la fortune que chacun à veuë: toutesfois puis que Dieu me la conserué si heureusement, vous ne deuez me le refuser si iniustement. Tout le peuple qui ouyt cette demande cria d'vne ioyeuse voix: Grace, grace: Et quoy que les ennemis de Lydias poursuiuissent le contraire, si fut-il conclud, que les priuileges du païs auroient lieu. Mais, helas! Ligdamon ne sortit de ce danger que pour rentrer, comme ie croy, en vn plus grand: car estant conduit deuant les Iuges, ils luy firent entendre les coustumes du pays, qui estoient telles, que tout homme attaint & conuaincu de quelque crime que ce pust estre, seroit deliuré des rigueurs de la iustice si vne fille le demandoit pour son mary, de sorte, que s'il vouloit épouser Amerine il seroit remis en liberté, & pourroit viure auec elle. Luy qui ne la connoissoit point, se trouua fort empesché à leur respondre: toutesfois ne voyant autre remede d'échapper du danger où il estoit, il le promit, esperant que le temps luy apporteroit quelque expedient pour sortir de ce labyrinte. Amerine qui auoit tousiours reconnu Lydias tant amoureux d'elle, ne fut pas peu estonnée d'vne si grande froideur: toutesfois iugeant que l'effroy du danger où il auoit esté, le rendoit ainsi hors de luy, elle en eut plus de pitié, & le mena chez la mere de Lydias, qui estoit celle qui auoit procuré ce mariage, sçachant bien qu'il n'y auoit point d'autre remede pour sauuer son fils, outre qu'elle n'ignoroit pas l'amour qui estoit entre eux, ce qui luy faisoit presser la conclusion du mariage le plus qu'il luy estoit possible, pensant plaire à son fils. Mais au contraire c'estoit auancer la mort de celuy qui n'en pouuoit mais. Hé! mon cher Maistre, quand ie me ressouuiens des dernieres paroles paroles que vous me distes, ie ne sçay comme il est possible que ie viue.

Toutes choses estoient prestes pour le mariage, & falloit que le lendemain il se paracheuast, quand le soir il me tira à part, & me dit: Egide mon amy, vis-tu iamais vne semblable fortune à celle-cy, que l'on me vueille faire croire que ie ne suis pas moy-mesme? Seigneur, luy dis-ie, il me semble qu'elle n'est pas mauuaise. Amerine est belle & riche, tous ceux qui se disent vos parens sont les principaux de cette contrée, que pourriez-vous desirer mieux? Ah! Egide, me dit-il, que tu parles bien à ton aise; si tu sçauois l'estat en quoy ie me trouue, tu en aurois pitié. Mais prends bien garde à ce que ie te vay dire, & sur toute l'obligation que tu m'as, & l'amitié que i'ay tousiours connuë en toy, ne fais faute aussi tost que demain i'auray fait ce à quoy ie me resous, de porter cette lettre à la belle Siluie, & luy raconte tout ce que tu auras veu: & de plus, asseure-là que iamais ie n'ay aimé qu'elle, qu'aussi n'en aimeray-ie iamais d'autre. A ce mot il me donna cette lettre, que ie garday fort soigneusement iusques au lendemain, qu'à l'heure mesme qu'il partit pour aller au Temple, il m'appella, & me commanda de me tenir pres de luy, & me fit encor reiurer de vous venir trouuer en diligence. En mesme temps on le vint prendre pour le mettre sur le chariot nuptial, où des-ja la belle Amerine estoit assise, auec vn de ses oncles qu'elle aimoit & honoroit comme pere: Elle estoit au milieu de

Ligdamon & de Cariftes, ainfi s'appelloit fon oncle, toute voilée d'vn grand voile iaune, & ayant fur la tefte auffi bien que Ligdamon le Thyrfe, il eft vray que celuy de mon maiftre eftoit fait de Symbre, & celuy d'Amerine de la piquante & douce Afpharagone. Deuant le chariot marchoit toute leur famille, & apres fuiuoient leurs parens, & proches alliez, & amis. En ce triomphe ils arriuent au Temple, & furent menez à l'hoftel d'Hymen, au deuant duquel cinq torches eftoient allumées. Au cofté droit d'Hymen, on auoit mis Iupiter & Iunon, au gauche Venus & Diane. Quant à Hymen il eftoit couronné de fleurs & d'odorante marjolaine, tenant de la main droite vn flambeau, & de la gauche vn voile de mefme couleur à celuy qu'Amerine portoit, comme auffi les brodequins qu'il auoit aux pieds. Dés lors qu'ils entrerent dans le Temple, la mere de Lydias & d'Amerine allumerent leurs torches : & lors le grand Druide s'approchant d'eux, adreffa fa parole à mon Maiftre, & luy demanda : Lydias voulez-vous bien Amerine pour mere de famille ? Il demeura quelque temps fans refpondre, en fin il fut contraint de dire qu'ouy. Lors le Druide fe tournant vers elle : Et vous Amerine, voulez-vous bien Lydias pour pere de famille ? & luy refpondant ouy, leur prenant les mains, & les mettant ensemble, il dit: Et moy ie vous donne de la part des grands Dieux l'vn à l'autre, & pour arres, mangez ensemble le Condron, & lors prenant le gasteau d'orge, mon Maistre le couppa, & l'ayant épars, elle en ramassa les pieces, dont selon la coustume ils mangerent ensemble. Il ne restoit plus pour paracheuer toutes les ceremonies, que prendre le vin, il se tourna vers moy, & me dit: Or sus, amy, pour le plus agreable seruice que tu me fis iamais, apporte-moy la tasse. Ie le fis, helas! par malheur trop diligent. Aussi tost qu'il l'eust en la main d'vne voix fort haute: O puissans Dieux! qui sçauez, dit-il, qui ie suis, ne vengez point ma mort sur cette belle Dame, qui en l'erreur de me prendre pour vn plus heureux que ie ne suis me conduit à cette sorte de mort. Et à ce mot il but tout ce qui estoit dans la couppe, qui estoit contre la coustume, parce que le mary n'en beuuoit que la moitié, & la femme le reste, elle dit en soufriant: Et quoy, amy Lydias, il semble, que vous ayez oublié la coustume, vous m'en deuez laisser ma part? Dieu ne le permette, dit-il, sage Amerine, car c'est du poison que i'ay éleu plustost pour finir ma vie, que manquer à ce que ie vous ay promis, & à l'affection aussi que ie doy à la belle Siluie. O Dieux! dit-elle, est-il possible? & lors croyant que ce fust vrayement son Lydias, mais qu'il eust changé de volonté durant son absence, ne voulant viure sans luy, courut la tasse en la main, où estoit celuy qui auoit le vin mixtionné, car le iour auparauant Ligdamon l'auoit fait faire à vn Apotiquaire, & auant que l'on sçeust ce que mon maistre auoit dit, & quelque defense qu'il en sçeust faire, parce que c'estoit la coustume, on luy en donna la pleine tasse qu'elle beut promptement. Et puis reuenant le trouuer elle luy dit: Et bien, cruel & ingrat, tu as plustost aimé la mort que moy, & moy, ie l'aime mieux aussi que ton refus. Mais si ce Dieu, qui iusques icy a conduit nos affections, ne me venge d'vne ame si parjure, en l'autre vie, ie croiray qu'il n'a point d'aureille pour ouyr les faux sermens, ny point de force pour les punir. Alors chacun s'approcha pour ouyr ces reproches, & ce fut en mesme temps que Ligdamon luy respondit: Discrette Amerine, i'auoüe que i'aurois offensé si i'estois celuy que vous pensez que ie sois: mais croyez-moy, qui suis sur la fin de mon dernier iour, ie ne suis point Lydias, ie suis Ligdamon, & en quelque erreur que l'on puisse estre de moy à cette heure, ie m'asseure que le temps découurira ma iustice. Et cependant i'élis plustost la mort que de manquer à l'affection que i'ay promise à la belle Siluie, à qui ie consacre ma vie, ne pouuant autrement satisfaire à toutes deux: & lors il continua: O belle Siluie, reçoy cette voloté que ie t'offre, & permets que cette

derniere

derniere action soit de toutes les miennes la mieux receuë, puis qu'elle s'en va empreinte de ce beau caractere de ma fidelité. Peu à peu le poison alloit gagnant les esprits de ces deux nouueaux épousez, de sorte qu'à peine pouuoient-ils respirer lors que tournant les yeux sur moy, il me dit: Va, mon amy, paracheue ce que tu as à faire, & sur tout raconte bien ce que tu as veu, & que la mort m'est agreable, qui m'empesche de noircir la fidelité que i'ay voüé à la belle Siluie. Siluie, fut la derniere parole qu'il dit: car auec ce mot cette belle ame sortit hors de ce corps, & ie croy, quant à moy, que si iamais Amant fut heureux aux champs Elysiens, mon maistre le sera en attēdant qu'il vous puisse reuoir. Et quoy, dit Siluie, il est donc bien vray que Ligdamon est mort? C'est sans doute, respondit-il. O Dieux! s'écria Siluie. A ce mot tout ce qu'elle pûst faire fut de se ietter sur vn lict, car le cœur luy failloit, & apres auoir demeuré quelque temps le visage contre le cheuet, elle pria Leonide qui estoit pres d'elle, de prendre la lettre de Ligdamon, & dire à Egide qu'il s'en allast chez elle, parce qu'elle s'en vouloit seruir. Ainsi Egide se retira, mais si affligé qu'il estoit tout couuert de larmes. Alors Amour voulut montrer vne de ses puissances, car cette Nymphe qui n'auoit iamais aimé Ligdamon en vie, à cette heure qu'elle oyt raconter sa mort, en montre vn si

Ddd

grand ressentiment, que la personne la plus passionnée d'amour n'en auroit point dauantage. Ce fut sur ce propos, que Galathée parlant à Celadon disoit qu'a l'aduenir elle croiroit impossible, qu'vne femme vne fois en sa vie n'aimast quelque chose. Car disoit-elle, cette ieune Nymphe a vsé de tant de cruauté enuers tous ceux qui l'ont aimée, que les vns en sont morts de déplaisir, les autres de desespoir se sont bannis de sa veuë: & mesme cestuicy qu'elle pleure mort, elle l'a reduit autrefois à telle extremité, que sans Leonide c'estoit fait de luy; de sorte que i'eusse iuré qu'Amour eust plustost eu place dans les glaçons les plus froids des Alpes, que dans son cœur, & toutesfois vous voyez à cette heure à quoy elle est reduitte. Madame, respondit le Berger, ne croyez point que ce soit Amour, c'est plustost pitié. A la verité il faudroit bien qu'elle fust de la plus dure pierre qui fust iamais, si le rapport que ce ieune homme a fait, ne l'auoit bien viuement touchée; car ie ne sçay qui ne le seroit en l'oyant raconter, encor que l'on n'eust autre connoissance de luy que cette seule action : & quant à moy il faut que ie die la verité, ie tiens Ligdamon plus heureux que s'il estoit en vie, puis qu'il aimoit cette Nymphe auec tant d'affection, & qu'elle le rudoyoit auec tant de rigueur comme i'ay sçeu: car quel plus grand heur luy pouuoit-il aduenir, que de finir ses miseres, & entrer aux felicitez qui l'accompagnent? quel croyez-vous que soit son contentement, de voir que Siluie le plaint, le regrette, & estime son affection? mais ie dis cette Siluie, qui autrefois l'a tant rudoyé, & puis qu'est-ce que desire l'Amant, que de pouuoir rendre asseurée la personne aimée de sa fidelité, & de son affection? & pour paruenir à ce poinct, quels supplices, & quelles morts sçauroit-il refuser, à cette heure qu'il void d'où il est, les larmes de sa Siluie, qu'il oyt ses souspirs, quel est son heur, & quelle sa gloire, non seulement de l'auoir asseurée de son Amour, mais d'estre luy-mesme tout certain qu'elle l'aime? O, non, Madame, croyez-moy, Ligdamon n'est point à plaindre: mais si est bien Siluie, car (& vous le verrez auec le temps) tout ce qu'elle se representera, sera d'ordinaire les actions de Ligdamon. Les discours de Ligdamon, sa façon, son amitié, sa valeur: bref, cét idole luy ira volant d'ordinaire à l'entour, presque comme vengeur des cruautez dont elle a tourmenté ce pauure Amant, & les repentis qui l'iront tallonnant en ses pensées, seront les executeurs de la iustice d'Amour. Ces propos se tenoient si haut, & si pres de Siluie, qu'elle les oyoit tous, & cela la faisoit creuer, car elle les iugeoit veritables. En fin apres les auoir soustenus quelque temps, & se reconnoissant trop foible pour resister à de si forts ennemis, elle

Ddd ij

sortit de ceste chambre, & s'alla retirer en la sienne, où alors il n'y eut plus de retenuë à ses larmes: car ayant fermé la porte apres elle, & prié Leonide, qu'elle la laissast seule, elle se reiette sur le lict, où les bras croisez sur l'estomac, & les yeux contre le Ciel, elle alloit repassant par sa memoire toute leur vie passée, quelle affection il luy auoit tousiours fait paroistre, comme il auoit patienté ses rigueurs, auec quelle discretion il l'auoit seruie, combien de temps cette affection auoit duré: & en fin, disoit-elle, tout cela s'enclost à cette heure dans vn peu de terre, & en ce regret se ressouuenant de ses propres discours, de ses Adieux, de ses impatiences, & de mille petites particularitez, elle fut contrainte de dire: Tais-toy, memoire, laisse reposer les cendres de mon Ligdamon; que si tu me tourmentes, ie sçay qu'il te des-auoüera pour sienne, & si tu ne l'es pas, ie ne te veux point. En fin apres auoir demeuré quelque temps muette, elle dit: Or bien, la pierre en est iettée, s'abrege, ou s'estende ma vie comme il plaira aux Dieux, & à ma destinée; mais ie ne cesseray d'aimer le souuenir de Ligdamon, de cherir son amitié, & d'honorer ses vertus. Galathée cependant ouurit la lettre, qui estoit demeurée entre les mains de Leonide, elle trouua qu'elle estoit telle:

LETTRE DE LIGDAMON
A SILVIE.

SI vous auez esté offensée de l'outrecuidance qui m'a poussé à vous aymer, ma mort qui s'en est ensuiuie vous vengera. Que si elle vous est indifferente, ie m'asseure que ce dernier acte de mon affection, me gagnera quelque chose de plus aduantageux en vostre ame: s'il aduient ainsi, ie cheris la ressemblance de Lydias plus que ma naissance, puis que par elle ie vins au monde pour vous estre ennuyeux, & que par celle-cy i'en sors vous estant agreable.

Ce sont, sans mentir, dit Celadon, de grandes vengeances que celles d'Amour, & ie me ressouuiens qu'vn Pasteur des nostres, fit dernierement sur le tombeau d'vn mary ialoux, tels vers:

SONNET,
SVR LE TOMBEAU D'VN MARY IALOVX.

DEssovs son pasle effroy cette tombe relante
Tient enclos l'ennemy du grand Dieu Cupidon,
De sa temerité la mort fut le guerdon,
Mort qui selon nos vœux fut encore trop lente.

C'est ce Tyran cruel, dont la force insolente,
Rendoit larcin d'Amour ce qui doit estre vn don,
Et dédaignant les feux, & l'Amoureux brandon,
Retenoit la pitié, desesperoit l'attente.

C'est ce ialoux Argus, donc les cent yeux tousiours,
Curieux importuns veillent sur nos Amours,
Et faisoient nos espoirs mourir auāt que naistre :

Mais l'Amour par la mort, à la fin s'est vengé.
Apprenez, ô mortels, comme Amour outragé
Fait, quoy qu'il tarde, en fin sa vengeance paroistre.

Il est tout vray, respondit Galathée, qu'Amour ne laisse iamais vne offense contre luy impunie, & de là vient que nous voyons en cecy de plus estranges accidents qu'en tout le reste des actions humaines. Mais si cela est, Celadon, commēt ne fremissez-vous de peur? comment n'attendez-vous de moment à autre les traits vengeurs de ce Dieu? Et pourquoy, dit le Berger, dois-ie craindre, puis que c'est moy qui suis l'offensé? Ah! Celadon, dit la Nymphe, si toutes choses estoient iustement balancées, combien vous trouuerez-vous plus pesant aux offenses que vous faictes, qu'en celles que vous receuez? C'est là, luy dit Celadon, c'est là le comble du mal-heur, quand vn affligé est creu bien-heureux, & qu'on le void languir sans en auoir pitié. Mais, respondit la Nymphe, dittes-moy, Berger, Entre toutes les plus grandes offenses, celle de l'ingratitude ne tient-elle pas le premier lieu? Si fait, sans doute, respondit-il. Or puis qu'il est ainsi, continua Galathée, comment vous en pouuez-vous lauer, puis qu'à tant d'amitié que ie vous fais paroistre, ie ne reçois de vous que froideur, & que desdain? Il a fallu en fin que i'aye dit ce mot: Voyez-vous, Berger, estant ce que ie suis, & voyant ce que vous estes, ie ne puis penser que ie n'aye offensé en quelque chose Amour, puis qu'il me punit auec tant de rigueur. Celadon fut extremement marry d'auoir commencé ce

discours, car il l'alloit fuyant le plus qu'il luy estoit possible: toutesfois puis que c'en estoit fait, il resolut de l'en éclaircir entierement, & ainsi il luy dit: Madame, ie ne sçay comment respondre à vos paroles, sinon en rougissant, & toutesfois Amour qui vous a fait parler, me contraint de vous respódre: Ce que vous nommez en moy ingratitude, mon affection le nomme deuoir, & quand il vous plaira d'en sçauoir la raison, ie la vous diray. Et quelle raison, interrompit Galathée, pouuez-vous dire, sinon que vous aimez ailleurs, & que vostre foy
,, vous oblige a cela? Mais la loy de la nature pre-
,, cede toute autre, ceste loy nous commande de
,, rechercher nostre bien: & pouuez-vous en desirer vn plus grand que celuy de mon amitié? Quelle autre y a-t'il en cette contrée qui soit ce que ie suis, qui puisse faire pour vous ce que ie puis? Ce sont moqueries, Celadon, que de s'arrester à ces sottises de fidelité & de constance, paroles que les vieilles, & celles qui deuiennent
,, laides ont inuentées pour retenir par ces liens
,, les ames que leurs visages mettoient en liber-
,, té: on dit que toutes les vertus sont enchainées,
,, la constance ne peut donc estre sans la pruden-
,, ce, mais seroit-ce prudence, dédaigner le bien
,, certain, pour fuïr le tiltre d'inconstant? Madame, respondit Celadon, la prudence ne nous
,, apprendra iamais de faire nostre profit par
,, vn moyen honteux, ny la nature par ses loix

ne nous commandera iamais de baſtir auant " que d'auoir aſſeuré le fondement : mais y a t'il " quelque choſe plus honteuſe que n'obſeruer " pas ce qui eſt promis ? y a t'il rien de plus leger, " qu'vn eſprit qui va comme l'abeille, voulant " d'vne fleur à l'autre, attirée d'vne nouuelle " douceur ? Madame, ſi la fidellité ſe perd, quel " fondement puis-ie faire en voſtre amitié ? puis que ſi vous ſuiuez la loy que vous dittes, combien demeureray-ie en ce bon-heur ? autant que vous demeurerez en lieu où il n'y aura point d'autre homme que moy.

La Nymphe & le Berger diſcouroient ainſi cependant que Leonide ſe retira en ſa chambre pour faire la dépeſche de Lindamor, qui fut enfin de s'en reuenir en toute diligence, ſans ce que nul ſuiet le puſt arreſter, autrement qu'il deſeſperaſt de toute choſe : & le lendemain que Fleurial reuint, apres luy auoir donné ſa lettre, elle luy dit : Voy-tu, Fleurial, c'eſt à ce coup qu'il faut que tu faſſes paroiſtre par ta diligence l'amitié que tu portes à Lindamor : car le retardement ne peut luy rapporter rien de moins que la mort. Va donc, où pluſtoſt vole, & luy dis qu'il reuienne encore plus promptement, & qu'à ſon retour il aille droit chez Adamas, parce que ie le luy ay entierement acquis, & qu'eſtant icy, il ſçaura la plus remarquable trahiſon d'Amour, qui ait iamais eſté inuentée, mais qu'il vienne ſans qu'on le ſçache, s'il eſt possible. Ainsi partit Fleurial, si desireux de seruir Lindamor qu'il ne voulut pas mesme retourner en la maison de sa tante, pour ne perdre ce peu de temps, & pour n'auoir occasion d'y enuoyer celuy que Lindamor auoit depesché, voulant luy mesme luy faire ce bon seruice. Ainsi s'escoulerent trois ou quatre iours, durant lesquels Celadon se remit de sorte qu'il ne ressentoit presque plus de mal, & desia commençoit de trouuer long le retour du Druide, pour l'esperance qu'il auoit de sortir de ce lieu. Et pour abreger les iours trop longs, il s'alloit quelquesfois promener dans le iardin, & d'autres dans le grand bois de haute futaye, mais non iamais sans y estre accompagné de l'vne des Nymphes, & bien souuent de toutes trois. L'humeur de Siluie estoit celle qui luy plaisoit le plus, comme sympathisant dauantage auec la sienne, c'est pourquoy il la recherchoit le plus qu'il pouuoit.

Il aduint qu'vn iour estans tous quatre au promenoir, ils passerent deuant la grotte de Damon, & de Fortune, & parce que l'entrée sembloit belle & faite auec vn grand art, le Berger demanda ce que c'estoit: à quoy Galathée respondit: Voulez-vous, Berger, voir vne des plus grandes preuues qu'Amour ait fait de sa puissance il y a long-temps? Et quelle est-elle? respondit le Berger. C'est, dit la Nymphe, les Amours de Mandrague & de Damon, car pour la Bergere Fortune c'est chose ordinaire. Et qui est, repliqua le Berger, cette Mandrague? Si l'on connoist à l'œuure quel est l'ouurier, dit Galathée, à voir ce que ie dis, vous iugerez bien qu'elle est vne des plus grandes magiciennes de la Gaule: car c'est elle qui a fait par ses enchantemens cette grotte, & plusieurs autres raretez qui sont autour d'icy: & lors entrant dedans, le Berger demeura rauy en la consideration de l'ouurage: l'entrée estoit fort haute, & spacieuse: aux deux costez, au lieu de pilliers, estoient deux Termes, qui sur leur teste soustenoient les bouts de la voute du portail. L'vn figuroit Pan, & l'autre Syringue, qui estoient fort industrieusement reuestus de petites pierres de diuerses couleurs, les cheueux, les sourcils, les moustaches, la barbe, & les deux cornes de Pan, estoient de coquilles de mer, si proprement mises, que le ciment n'y paroissoit point. Syringue, qui estoit de l'autre costé, auoit les cheueux de roseaux, & en quelques lieux depuis le nombril, on les voyoit comme croistre peu à peu, le tour de la porte estoit par le dehors a la rustique, & pendoient des festons de coquille r'attachez en quatre endroits, finissans aupres de la teste des deux Termes. Le dedans de la voute estoit en pointe de rocher, qui sembloit en plusieurs lieux desgoutter le salpestre, & sur le millieu s'entr'ouuroit en ouale, par où toute la clarté entroit dedans.

Ce lieu tant par dehors que par dedans estoit enrichy d'vn grand nombre de statuës, qui enfoncées dans leurs niches faisoient diuerses fontaines, & toutes representoient quelque effect de la puissance d'Amour. Au milieu de la grotte on voyoit le tombeau esleué de la hauteur de dix ou douze pieds, qui par le haut se fermoit en couronne : & tout à l'entour estoit garny de tableaux, dont les peintures estoient si bien faittes, que la veuë en deceuoit le iugement : la separation de chaque tableau se faisoit par des demy-pilliers de marbre noir rayez, les encoigneures du tombeau, les bazes, & les chapiteaux des demy-colomnes, & la cornice qui tout à l'entour en façon de ceinture, r'atachoit ces tableaux, & de diuerses pieces n'en faisoit qu'vne bien composée, estoit du mesme marbre. La curiosité de Celadon fut bien assez grande, apres auoir consideré le tout ensemble, pour desirer d'en sçauoir les particularitez, & afin de donner occasion à la Nymphe de luy en dire quelque chose, il loüoit l'inuention & l'artifice de l'ouurier. Ce sont, adiousta la Nymphe les esprits de Mandrague, qui depuis quelque temps ont laissé cecy pour tesmoignage que l'Amour ne pardonne non plus au poil chenu, qu'aux blonds ; & pour raconter à iamais à ceux qui viendront icy, les infortunées & fidelles Amours de Damon, d'elle, &

de la Bergere Fortune. Et quoy, repliqua Celadon, est-ce icy la fontaine de la verité d'Amour? Non, respondit la Nymphe: mais elle n'est pas loing d'icy, & ie voudrois auoir assez d'esprit pour vous faire entendre ces tableaux: car l'histoire est bien digne d'estre sceuë. Ainsi qu'elle s'en approchoit, pour les luy expliquer, elle vid entrer Adamas, qui estant de retour, & ne trouuant point les Nymphes dans le logis, iugea qu'elles estoient au promenoir, où apres auoir caché les habits qu'il portoit, il les vint trouuer si à propos, qu'il sembloit que la fortune le conduisit-là, pour luy faire desduire les Amours de cette Fortune. Aussi Galathée ne l'apperçeut plustost, qu'elle s'escria: O mon pere, vous voicy venu tout à temps pour me sortir de la peine où i'estois, & lors s'addressant à Celadon: Voicy, Berger, qui satisfera au desir que vous auez de sçauoir cette histoire: & apres luy auoir demandé comme il se portoit, & que les salutations furent faites d'vn costé & d'autre, Adamas pour obeïr au commandement de la Nymphe, & contenter la curiosité du Berger, s'approchant auec eux du tombeau, commença de cette sorte:

HISTOIRE DE DAMON ET DE FORTVNE.

TOVT ainsi que l'ouurier se iouë de son œuure, & en fait comme il luy plaist: de mesme les grands Dieux, de la main desquels nous sommes formez, prennent plaisir à nous faire iouer sur le theatre du monde, le personnage qu'ils nous ont esleu. Mais entre tous, il n'y en a point qui ait des imaginations si bigearres qu'Amour: car il raieunit les vieux, & enuieillit les ieunes, en aussi peu de temps que dure l'esclair d'vn bel œil, & cette histoire qui est plus veritable que ie ne voudrois, en rend vne preuue, que mal-aisément peut-on contredire: comme par la suitte de mon discours vous aduoücrez.

TABLEAV PREMIER.

VOYEZ-VOVS en premier lieu, ce Berger assis en terre, le dos appuyé contre ce chesne, les iambes croisées, qui iouë de la cornemuse? C'est le beau Berger Gamon, qui eut ce nom de Beau pour la perfection de son visage. Ce ieune Berger paissoit ces brebis le long de

LIVRE ONZIESME. 799

voſtre doux Lignon, eſtant nay d'vne des meilleures familles de Mont-verdun, & non point trop eſloigné parent de la vieille Cleontine, & de la mere de Leonide, & par conſequent en quelque ſorte mon allié; prenez garde comme ce viſage, outre qu'il eſt beau, repreſente bien naifuement vne perſonne qui n'a ſoucy que de ſe contenter: car vous y voyez ie ne ſçay quoy d'ouuert, & de ſerain, ſans trouble ny nuage de faſcheuſes imaginations : & au contraire tournez les yeux ſur ces Bergeres qui ſont autour de luy, vous iugerez bien à la façon de leur viſage, qu'elles ne ſont pas ſans peine: car autant que Damon a l'eſprit libre & repoſé, autant ont ces Bergeres les cœurs paſſionnez pour luy, encor comme vous voyez qu'il ne daigne tourner les yeux ſur elles, & c'eſt pourquoy on a peint tout aupres, à coſté droit en l'air, ce petit enfant nud, auec l'arc & le flambeau en la main, les yeux bandez; le dos aylé, l'eſpaule chargée d'vn carquois, qui le menace de l'autre main. C'eſt Amour, qui offenſé du meſpris que ce Berger fait des ces Bergeres, iure qu'il ſe vengera de luy. Mais pour l'embelliſſement du Tableau, prenez garde comme l'art de la peinture y eſt bien obſerué, ſoit aux racourciſſemens, ſoit aux ombrages, ou aux proportions. Voyez comme il ſemble que le bras du Berger s'enfonce vn peu dans l'enfleure de cét inſtrumēt, & comme la cane par où il ſouffle, ſemble en haut auoir vn peu perdu de sa teinture : c'est parce que la bouche moitte la luy a ostée. Regardez à main gauche comme ses brebis paissent, voyez-en les vnes couchées à l'ombre, les autres qui se leschent la iambe, les autres comme estonnées qui regardent ces deux Beliers, qui se viennent heurter de toute leur force. Prenez garde au tour que cestuy-cy fait du col: car il baisse la teste en sorte, que l'autre l'attaquant, rencontre seulement ses cornes : mais le racourcissement du dos de l'autre est bien aussi artificiel : car la nature qui luy apprend que la vertu vnie a plus de force, le fait tellement resserrer en vn monceau, qu'il semble presque rond. Le deuoir mesme des chiens n'y est pas oublié, qui pour s'opposer aux courses des loups, se tiennent sur les aisles du costé du bois. Et semble qu'ils se soient mis comme trois sentinelles, sur des lieux releuez, afin de voir plus loing, où comme ie pense, afin de se voir l'vn l'autre, & se secourir en la necessité. Mais considerez la soigneuse industrie du peintre : Au lieu que les chiens qui dorment sans soucy, ont accoustumé de se mettre en rond, & bien souuent se cachent la teste sous les pattes, presque pour se derober la clarté, ceux qui sont peints icy sont couchez d'vne autre sorte, pour montrer qu'ils ne dorment pas, mais reposent seulement, car ils sont couchez sur les quatre pieds, & ont le nez tout le long

long des iambes de deuant, tenans toufiours les yeux ouuerts aussi curieusement qu'vn homme sçauroit faire. Mais voyons l'autre tableau.

TABLEAV DEVXIESME.

VOicy le second Tableau, qui est bien contraire au precedent, car celuy-là est plein de mespris, cestuy-cy l'est d'Amour, s'il ne montre qu'orgueil, cestuy-cy ne fait paroistre que douceur & soubmission, & en voyez-vous icy la cause. Regardez cette Bergere assise contre ce buisson, comme elle est belle, & proprement vestuë: ses cheueux releuez par deuant, s'en vont folastrant en liberté sur ses espaules, & semble que le vent à l'enuy de la nature par son souffle les aille recrespant en onde: mais c'est que ialoux des petits Amours qui s'y trouuent cachez, & qui vont y tendant leurs lacs, il les en veut chasser: & de fait voyez en quelques vns emportez par force, d'autres qui se tiennent aux nœuds qu'ils y ont faits, & d'autres qui essayent d'y retourner: mais ils ne peuuent, tant leur aisle encore foiblette est contrariée de l'importunité de Zephir. C'est la belle Bergere Fortune, de qui l'Amour se veut seruir pour faire la vengeance promise contre Damon, qui est ce Berger que vous voyez debout

Eee

près d'elle appuyé sur sa houlette. Considerez ces petits Amours qui sont tous embesoignez autour d'eux, & comme chacun est attentif à ce qu'il fait. En voicy vn qui prend la mesure des sourcils de la Bergere, & la donne à l'autre, qui auec vn cousteau escarte son arc, afin de le compasser semblable à leur tour. Et voicy vn autre, qui ayant dérobé quelques cheueux de cette Belle, de si beau larcin veut faire la corde de l'arc de son compagnon. Voyez comme il s'est assis en terre, comme il a lié le commencement de sa corde au gros orteil, qui se renuerse vn peu pour estre trop tiré: prenez garde que pour mieux cordonner, vn autre luy porte sa pleine main de larmes de quelque Amant, pour luy moüiller les doigts: considerez comme il tient les reins ie ne sçay comment pliez, que dessous le bras droit vous luy voyez paroistre la moitié du deuant, encor qu'il montre tout à plain le derriere de l'espaule droitte. En voicy vn autre qui ayant mis la corde à vn des bouts de l'arc, afin de la mettre en l'autre, baisse ce costé en terre, & du genoüil gauche plie l'arc en dedans, de l'estomach il s'appuie dessus, & de la main gauche, & de la droitte il tasche de faire glisser la corde iusqu'en bas. Cupidon est vn peu plus haut, de qui la main gauche tient son arc, ayant la droitte encor derriere l'aureille, comme s'il venoit de lascher son trait: car voyez luy le coude leué, le bras retiré, les trois premiers doigts entreouuerts, & presque estendus, & les autres deux retirez dans la main, & certes son coup ne fut point en vain: car le pauure Berger en fut tellement blessé que la mort seule le peut guerir. Mais regardez vn peu de l'autre costé, & voyez cét Anteros, qui auec des chaines de roses, & de fleurs, lie les bras & le col de la belle Bergere Fortune, & puis les remet aux mains du Berger: c'est pour nous faire entendre, que les merites, l'Amour, & les seruices de ce beau Berger, qui sont figurez par ces fleurs, obligerent Fortune à vne Amour reciproque enuers luy. Que si vous trouuez estrange qu'Anteros soit icy representé plus grand que Cupidon, sçachez que c'est pour vous faire entendre que l'Amour qui naist de l'Amour est tousiours plus grande que celle dont elle procede. Mais passons au troisiesme.

TROISIESME TABLEAU.

LORS Adamas continua. Voicy vostre belle riuiere de Lignon, voyez comme elle prend vne double source, l'vne venant des montagnes de Ceruieres, & l'autre de celles de Chalmasel, qui viennent se ioindre vn peu par dessus la marchande ville de Boing. Que tout ce passage est bien fait, & les bords tortueux de cette riuiere, auec ces petits aulnes qui la bornent ordinairement! Ne connoissez-vous point icy le bois qui confine ce grand pré, où le plus souuent les Bergers paresseux paissent leurs trouppeaux? Il me semble que cette grosse touffé d'arbres à main gauche, ce petit biez qui serpente sur le costé droit, & cette demie lune que fait la riuiere en cét endroit, vous le doit bien remettre deuant les yeux; que s'il n'est à cette heure du tout semblable, ce n'est que le Tableau soit faux: mais c'est que quelques arbres depuis ce temps-là sont morts, & d'autres creus, que la riuiere des lieux s'est aduancée, & reculée en d'autres, & toutesfois il n'y a guiere de changement. Or regardez vn peu plus bas le long de Lignon, voicy vne trouppe de brebis qui est à l'ombre, voyez comme les vnes ruminent laschement, & les autres tiennent le nez en terre pour en tirer la fraischeur: c'est le trouppeau de Damon, que vous verrez si vous tournez la veuë en ça dás l'eau iusques à la ceinture. Considerez comme ces ieunes arbres courbez le couurent des rayons du Soleil, & semble presque estre ioyeux qu'autre qu'eux le voye: Et toutesfois la curiosité du Soleil est si grande, qu'encore entre les diuerses fueilles, il trouue passage à quelques vns de ses rayons.

Prenez garde comme cette ombre & cette clarté y sont bien representées. Mais certes il faut aussi aduoüer que ce Berger ne peut estre surpassé en beauté. Considerez les traits delicats & proportionnez du visage, sa taille droitte & longue: ce flanc arrondy, cét estomach releué, & voyez s'il y a rien qui ne soit en perfection; encore qu'il soit vn peu courbé pour mieux se seruir de l'eau, & que de la main droitte il frotte le bras gauche: si est-ce qu'il ne fait action qui empesche de reconnoistre sa parfaicte beauté. Or iettez l'œil de l'autre costé du riuage, si vous ne craignez d'y voir le laid en sa perfection, comme en la sienne vous auez veu le beau: car entre ces ronces effroyables, vous verrez la magicienne Mandrague contemplant le Berger en son bain. La voicy vestuë presque en despit de ceux qui la regardent, escheuelée, vn bras nud, & la robbe d'vn costé retroussée plus haut que le genoüil; Ie croy qu'elle vient de faire quelques sortileges: mais iugez icy l'effect d'vne beauté. Cette vieille que vous voyez si ridée, qu'il semble que chaque moment de sa vie ait mis vn sillon en son visage maigre, petite, toute chenuë, les cheueux à moitié tondus, toute accrouppie, & selon son aage plus propre pour le cercueil que pour la vie, n'a honte de s'esprendre de ce ieune Berger: Si l'Amour vient de la sympathie, comme on dit, ié ne sçay pas bien où l'on la pourra trouuer entre Damon & elle. Voyez quelle mine elle fait en son extase. Elle estend la teste, alonge le col, serre les espaules, tient les bras ioints le long des costez, & les mains assemblées en son giron: le meilleur est, que pensant sousrire, elle fait la mouë. Si est-ce que telle quelle est, elle ne laisse de rechercher l'amour du beau Berger. Or haussez vn peu les yeux, & voyez dans ceste nuë Venus & Cupidon, qui regardans cette nouuelle Amante, semblent esclater de rire: C'est que sans doute ce petit Dieu pour quelque gageure peut-estre qu'il auoit faite auec sa mere, n'a pas plaint vn traict, qui toutesfois deuoit estre tout vsé de vieillesse, pour faire vn si beau coup. Que si ce n'est par gageure, c'est pour faire voir en cette vieille, que le bois sec brusle mieux & plus aisément que le verd; ou bien que pour montrer sa puissance sur cette vieille hostesse des tombeaux, il luy plaist de faire preuue de l'ardeur de son flambeau, auec lequel il me semble qu'il luy redonne vne nouuelle ame: & pour dire en vn mot, qu'il la fasse ressusciter & sortir du cercueil.

TABLEAU QUATRIESME.

MAis passons à cet autre, voicy vne nuict fort bien representée, voyez comme sous l'obscur de ses ombres, ces montaignes paroissent en sorte qu'elles se montrent vn peu, & si en effect on ne sçauroit bien iuger que c'est. Prenez garde comme ces estoilles semblent tremousser, voyez comme ces autres sont bien disposées, que l'on peut reconnoistre. Voila la grande Ourse, voyez comme le iudicieux ouurier, encor qu'elle ait vingt sept estoilles, toutesfois n'en represente clairement que douze, & de ces douze encore n'y en fait-il que sept bien esclatantes. Voyez la petite Ourse, & consideréz que d'autant que iamais ces sept estoilles ne se cachent, encores qu'il y en ait vne de la troisiesme grandeur, & quatre de la quatriesme : toutesfois il nous les fait voir toutes, obseruans leur proportion. Voila le Dragon, auquel il a bien mis les trente vne estoilles : mais si n'en montre-t'il bien que treize, dont les cinq comme vous voyez, sont de la quatriesme grandeur, & les huict de la troisiesme. Voicy la couronne d'Adriane, qui a bien ses huict estoilles, mais il n'y en a que six qui soient bien voyantes, encore en voicy vne qui est la plus reluisante de toutes.

Voyez-vous de ce cofté la voye de laict, par où les Romains tiennent que les Dieux defcendent en terre, & remontent au Ciel? Mais que ces nuages font bien reprefentez, qui en quelques lieux couurent le Ciel auec efpaiffeur, en d'autres feulement comme vne legere fumée, & ailleurs point du tout, felon qu'ils font plus ou moins efleuez, ils font plus ou moins clairs. Or confiderons l'hiftoire de ce Tableau, voicy Mandrague au milieu d'vn cerne, vne baguette en la main droitte, vn liure tout craffeux en l'autre, auec vne chandelle de cire vierge, des lunettes fort troubles au nez, voyez comme il femble qu'elle marmotte, & comme elle tient les yeux tournez d'vne eftrange façon, la bouche demy ouuerte, & faifant vne mine fi eftrange des fourcils, & du refte du vifage, qu'elle montre bien de trauailler d'affection. Mais prenez garde comme elle a le pied, le cofté, le bras, l'efpaule gauche nuds, c'eft pour eftre le cofté du cœur. Ces fantofmes que vous luy voyez autour, font demons qu'elle a contraint venir à elle par la force de fes charmes, pour fçauoir comme elle pourra eftre aimée de Damon: ils luy declarent l'affection qu'il porte à Fortune, qu'il n'y a point de meilleur moyen que de luy perfuader que cette Bergere aime ailleurs, & que pour le faire plus aifément, il faut qu'elle change pour ce coup la vertu de la fontaine de la verité d'Amour.

Auant que passer plus outre, considerez vn peu l'artifice de cette peinture, voyons les effects de la chandelle de Mandrague, entre les obscuritez de la nuict. Elle a tout le costé gauche du visage fort clair, & le reste tellement obscur qu'il semble d'vn visage different, la bouche entre-ouuerte paroist par le dedans claire, autant que l'ouuerture peut permettre à la clarté d'y entrer, & le bras qui tient la chandelle, vous le voyez aupres de la main fort obscur, à cause que le liure qu'elle tient y fait ombre, & le reste est si clair par le dessus, qu'il fait plus paroistre la noirceur du dessous. Et de mesme auec combien de consideration ont esté obseruez les effects que cette chandelle fait en ces demons, car les vns & les autres selon qu'ils sont tournez, sont éclairez ou obscurcis. Or voicy vn grād artifice de la peinture, qui est cét éloignement, car la perspectiue y est si bien obseruée, que vous diriez que cét autre accident, qu'il veut representer de deça, est hors de ce Tableau & bien éloigné d'icy, & cette Mandrague encores qui est à la fontaine de la verité d'Amour. Mais pour vous faire mieux entendre le tout, sçachez que quelque temps auparauant vne belle Bergere, fille d'vn Magicien tres-sçauant, s'éprit si secrettement d'vn Berger, que son pere ne s'en apperceut point. Soit que les charmes de la magie ne puissent rien sur les charmes d'Amour, ou soit qu'attentif à ses

„estudes, il ne iettast point l'œil sur elle. Tant y
„a qu'apres vne tres-ardante amitié, d'autant
„qu'en Amour il n'y a rien de plus insupporta-
„ble que le dédain, & que ce Berger la mépri-
„soit pour s'estre dés long temps voüé ailleurs,
elle fut reduitte à tel terme, que peu à peu son
feu croissant, & ses forces diminuans, elle vint
à mourir, sans que le sçauoir de son pere la
peust secourir. Dequoy le Magicien estant fort
marry, quand il en sçeust l'occasion, afin d'en
marquer la memoire à iamais, changea son
tombeau en fontaine, qu'il nomma verité d'A-
mour, patce que qui aime, s'il y regarde, y
void sa Dame, & s'il en est aimé, il s'y void aupres, ou bien celuy qu'elle aime; que si elle
n'aime rien, elle paroit toute seule: & c'est
cette vertu que Mandrague veut changer, afin
que Damon y venant voir, & trouuant que sa
Maistresse en aime vn autre, il perde aussi l'affection qu'il luy porte, & qu'elle ait ainsi la
place libre, & voyez comme elle l'enchante,
quels caracteres elle fait tout autour, quels
triangles, quels carrez enlacez auec ses ronds,
croyez qu'elle n'y oublie rien qui y soit necessaire: car cét affaire luy touche de trop pres.
Auparauãt elle auoit par ses sortileges assemblé
tous ses demons pour trouuer remede à son
mal, mais d'autant qu'Amour est plus fort que
tous ceux-cy, ils n'oserent entreprendre contre luy, mais seulement luy conseillerent de

faire cette trahison à ces deux fidelles Amants. Et d'autant que la vertu de la fontaine luy venoit par les enchantemens d'vn Magicien, Mandrague qui a surmonté en cette science tous ses deuanciers, la luy peut bien oster pour quelque temps. Mais passons au Tableau qui suit.

TABLEAV CINQVIESME.

CE cinquiesme Tableau, continua Adamas, a deux actions. La premiere, quand Damon vint à cette fontaine, pour sortir de la peine où l'auoit mis vn songe fascheux. L'autre, quand trompé par l'artifice de Mandrague, ayant veu dans la fontaine que la Bergere Fortune aimoit vn autre, de desespoir il se tua. Or voyons comme elles sont bien representées. Voicy Damon auec son épieu, car il est au mesme equipage qu'il souloit estre allant à la chasse. Voicy son chien qui le suit, prenez garde auec quel soing ce fidelle animal considere son maistre, car cependant qu'il regarde dans la fontaine, il semble, tant il a les yeux tendus sur luy, d'estre desireux de sçauoir qui le rend si ébahy: que si vous considerez l'estonnement qui est peint en son visage, vous iugerez bien qu'il en doit auoir vne grande occasion. Mandrague luy auoit fait voir en songe

Maradon, ieune Berger, qui prenant vne fleche à Cupidon, en ouuroit le sein à Fortune, & luy rauissoit le cœur: luy qui suiuant l'ordinaire des Amans estoit tousiours en doute, s'en vint aussi tost qu'il fust iour courant à cette fontaine, pour sçauoir si sa Maistresse l'aimoit. Ie vous supplie considerez son ébahissement, car si vous comparez les visages des autres Tableaux à cestui-cy, vous y verrez bien les mesmes traits, quoy que le trouble en quoy il est peint, le change de beaucoup. De ces deux figures que vous voyez dans la fontaine, l'vne comme vous pouuez connoistre, est celle de la Bergere Fortune, & l'autre du Berger Maradon, que la Magicienne auoit fait representer plustost qu'vn autre, pour sçauoir que cestui-cy auoit esté dés long temps seruiteur de cette Bergere, & quoy qu'elle n'eust iamais daigné le regarder, toutesfois Amour qui croit facilement ce qu'il craint, persuada incontinent le contraire à Damon: creance qui le fit resoudre à la mort. Remarquez, ie vous supplie que cette eau semble trembler, c'est que la pauure a voulu representer l'effect des larmes du Berger qui tomboient dedans. Mais passons à la seconde action, voyez comme la continuation de cette cauerne est bien faicte, & comme il semble que vrayement cela soit plus enfoncé. Ce mort que vous y voyez au fond, c'est le pauure Damon, qui desesperé, se met l'épieu au trauers du corps. L'action qu'il fait est bien naturelle, vous luy voyez vne iambe toute estenduë, l'autre retirée comme de douleur; vn bras engagé sous le corps, ayant esté surpris par promptitude de la cheute, & n'ayant eu la force de le r'auoir: l'autre languissant le long du corps, quoy qu'il serre encore mollement l'épieu de la main, la teste panchée sur l'espaule droitte, les yeux à demy fermez, & demy tournez, & en tel estat, qu'à les voir on iuge bien que c'est vn homme aux trances de la mort; la bouche entre-ouuerte, les dents en quelques endroits vn peu découuertes, & l'entre-deux du nez fort retiré, tous signes d'vne prompte mort. Aussi ne le figure-t'il pas icy pour mort entierement, mais pour estre en la mort & la vie, si entre elles il y a quelque separation; voicy l'épieu bien representé, voyez comme cette épaisseur de son fer est à moitié caché dans la playe, & la houppe d'vn costé toute sanglante, & de l'autre blanche encores comme estoit sa premiere couleur. Mais quelle a esté la diligence du peintre! il n'a pas mesme oublié les cloux qui vont comme serpentant à l'entour de la hante, car les plus pres de l'ame, aussi bien que les bois, sont tachez de sang, il est vray que par dessous le sang on ne laisse pas de reconnoistre la doreure. Or consideróns le rejaillissement du sang, en sortant de la playe: Il semble à la fontaine, qui conduite par longs canaux de quelque lieu fort releué, lors qu'elle a esté quelque temps contrainte & retenuë en bas, aussi tost qu'on luy donne ouuerture, saute de furie çà & là: car voyez ces rayons de sang, comme ils sont bien representez; considerez ces boüillons, qui mesme semblent se sousle-uer à eslans, ie croy que la Nature ne sçauroit rien representer de plus naïf. Mais voyons cet autre Tableau.

TABLEAV SIXIESME.

OR voicy le sixiesme & dernier Tableau, qui contient quatre actions de la Ber-gere Fortune. La premiere, c'est vn songe, que Mandrague luy fait faire: l'autre, com-me elle va à la fontaine pour s'en éclarcir: la troisiesme, comme elle se plaint de l'in-constance de son Berger: & la derniere, com-me elle meurt, qui est la conclusion de cette tragedie. Or voyons toutes choses particulie-rement. Voicy le leuer du Soleil, prenez garde à la longueur de ses ombres, comme d'vn costé le Ciel est encor vn peu moins clair. Voyez ces nués qui sont à moitié air, comme il sem-ble que peu à peu elles s'aillent esleuant; ces petits oyseaux qui semblent en montant chan-ter, & tremousser de l'ayle, sont des alloüettes qui se vont seichant de la rosée au nouueau

Soleil: ces oyseaux mal formez, qui d'vn vol incertain se vont cachans, sont des chat-huans, qui fuyent le Soleil, dont la montagne couure encores vne partie, & l'autre reluit si claire qu'on ne sçauroit iuger que ce fust autre chose qu'vne grande & confuse clarté. Passons plus outre: Voicy la Bergere Fortune qui dort, elle est dans le lict, où le Soleil qui entre par la fenestre, ouuerte par mégarde, luy donne sur le sein à demy découuert. Elle a vn bras negligemment estendu sur le bois du lict, la teste vn peu panchée le long du cheuet, l'autre main estenduë le long de la cuisse par le dehors du lict, & parce que la chemise s'est par hazard retroussée, vous la voyez par dessus le coude, sans qu'elle cache nulle des beautez du bras; voicy autour d'elle les demons de Morphée, dont Mandrague s'est seruie, pour luy donner volonté d'aller à la fontaine des veritez d'Amour. De faict la voicy à ce costé qui y regorge, car ayant songé que son Berger estoit mort, & prenant sa mort pour la perte de son amitié, elle en venoit sçauoir la verité: voyez comme ce visage triste par sa douceur émeut à pitié, & fait participer à son déplaisir, parce qu'elle n'eust si tost ietté la veuë dans l'eau qu'elle apperçeut Damon: mais, helas! pres de luy la Bergere Melinde, Bergere belle à la verité, & qui n'auoit point esté sans soupçon d'aimer Damon, toutesfois sans

estre aimée de luy, trompée de ceste menterie, voyez comme elle s'est retirée au profond de cette cauerne: & vient sans y penser pour plaindre son déplaisir au mesme lieu où Damon pour mesme sujet estoit presque mort. La voicy assise côtre ce rocher, les bras croisez sur l'estomac, que la colere & l'ennuy luy ont fait décounrir, en rompant ce qui estoit dessus. Il me semble qu'elle souspire, & que l'estomac panthele, le visage & les yeux tournez en haut, demandent vengeance au Ciel, de la perfidie qu'elle croit estre en Damon: Et par ce que le transport de son mal luy fit releuer la voix en se plaignant, Damon que vous voyez pres de là, encor qu'il fust sur la fin de sa vie, entre-oyant les regrets de sa Bergere, & en recon-noissant la voix, s'efforça de l'appeller: elle qui ouyt cette parole mourante, tournant en sursaut la teste, s'en va vers luy. Mais, ô Dieux, quelle luy fut cette veuë! elle oublie le voyant en cét estat, l'occasion qu'elle auoit, de se plaindre de luy, & luy demande qui l'auoit si mal traitté. C'est, luy dit-il, le changement de ma fortune: c'est l'inconstance de vostre ame qui m'a déceu auec tant de demonstration de bonne volôté: Bref, c'est le bon-heur de Maradon, que la fontaine d'où vous venez m'a montré aupres de vous. Et vous semble-t'il raisonnable que celuy viue ayant perdu vostre amitié, qui ne viuoit que pour estre aimé de vous? Fortune

tune oyant ces paroles. Ah! Damon, dit-elle, combien à nostre dommage est menteuse cette source! puisqu'elle m'a fait voir Melinde aupres de vous, que ie vois toutesfois mourir pour me bien aimer? Ainsi ces fidelles Amans reconnurent l'infidelité de cette fontaine, & plus asseurez qu'ils n'auoient iamais esté de leur affection, ils moururent embrassez; Damon de sa playe, & la Bergere du déplaisir de sa mort. Voyez-les de ce costé, voila la Bergere assise contre ce rocher couuert de mousse, & voicy Damon qui tient la teste en son giron, & qui pour luy dire le dernier Adieu luy tend les bras, & luy en lie le col, & semble de s'efforcer, & s'éleuer vn peu pour la baiser : cependant qu'elle toute couuerte de son sang, baisse la teste, & se courbe pour s'approcher de son visage, & luy passe les mains sous le corps pour le sousleuer vn peu. Cette vieille écheuelée qui leur est aupres, c'est Mandrague la magicienne, qui les trouuant morts maudit son art, deteste ses demons, s'arrache les cheueux, & se meurtrit la poitrine de coups. Ce geste d'esleuer les bras en haut par dessus la teste, y tenant les mains iointes, & au contraire de baisser le col, & se cacher presque le menton dans le sein, pliant & s'amoncelant le corps dans son giron, sont signes de son violent déplaisir, & du regret qu'elle a de la perte de deux si fidelles & parfaicts Amants, outre celle de tout son conten-

F f f

tement. Le visage de cette vieille est caché, mais considerez l'effect que font ses cheueux, ils retombent en bas, & au droit de la nucque, d'autant qu'ils y sont plus courts, ils y semblent se releuer en haut. Voila vn peu plus esloigné Cupidon qui pleure, voicy son arc & ses fleches rompuës, son flambeau esteint, & son bandeau tout moüillé de larmes, pour la perte de deux si fidelles Amants.

Celadon auoit esté tousiours fort attentif au discours du sage Adamas, & bien souuent se reprenoit de peu de courage, de n'auoir sçeu retrouuer vn semblable remede à celuy de Damon, & parce que cette consideration le retint quelque temps muet, Galathée en sortant de la grotte, & prenant Celadon par la main: Que vous semble, luy dit-elle, de cét Amour & de ses effects? Que ce sont, respondit le ,,Berger, des effects d'imprudence, & non pas ,,d'Amour: & que c'est vn erreur populaire ,,pour couurir nostre ignorance, ou pour excu-,,ser nostre faute, d'attribuer tousiours à quel-,,que diuinité les effects, dont les causes nous ,,sont cachées. Et quoy, dit la Nymphe, croyez-vous qu'il n'y ait point d'Amour? S'il y en a, repliqua le Berger, il ne doit estre que douceur: mais quel qu'il soit, vous en parlez, Madame, à vne personne autant ignorante qu'autre qui viue: Car, outre que ma condition ne me permet pas d'en sçauoir beaucoup, mon esprit grossier m'en rend encor plus incapable. Alors la triste Siluie luy repliqua: Toutesfois, Celadon, il y a quelque temps que ie vous vy en lieu où mal-aisément eust-on peu croire cela de vous, car il y auoit trop de beautez pour ne vous pouuoir prendre, & vous estes trop honneste homme pour ne vous laisser prendre à elles. Belle Nymphe, respondit le Berger, en quelque lieu que ce fust, puis que vous y estiez, c'est, sans doute qu'il y auoit beaucoup de beauté: mais comme trop de feu brusle plustost qu'il n'eschauffe, vos beautez aussi sont trop grandes pour nos cœurs rustiques, & se font plustost admirer qu'aimer, & adorer que seruir. Auec tels propos cette belle trouppe s'alloit retirant au logis, où l'heure du repas les appelloit.

LE DOVZIESME LIVRE
DE LA PREMIERE PARTIE D'ASTREE.

Es que le iour commença de poindre, Leonide, suiuant la resolution que le soir Adamas sa compagne, & Celadon, auoient prise ensemble, vint trouuer le Berger dans sa chambre, afin de luy mettre l'habit que son oncle luy auoit apporté. Mais le petit Meril, qui par le commandement de Galathée, demeuroit presque d'ordinaire auec Celadon, pour espier les actions de Leonide, autant que pour seruir le Berger, les empescha long temps de le pouuoir faire; en fin quelque bruit qu'ils ouyrent dans la court, fit sortir Meril, pour leur en rapporter des nouuelles. Tout incontinent Celadon se leua, & la Nymphe (voyez à quoy l'Amour la faisoit abaisser) luy ayda à s'habiller, car il

Fff iij

n'eust sçeu sans elle, s'approprier ses habits. Voila peu apres le petit Meril, qui reuint si courant qu'il faillit de les surprendre, toutesfois Celadon qui s'y prenoit garde, entra dans vne garderobbe, attendant qu'il s'en retournast. Il ne fust plustost entré qu'il ne demandast où estoit Celadon: Il est dans cette garderobbe, dit la Nymphe, il ressortira incontinent, mais que luy veux tu? Ie voulois, respondit le garçon, luy dire qu'Amasis vient d'arriuer ceans. Leonide fut vn peu surprise de ne pouuoir acheuer ce qu'elle auoit commencé, toutesfois pour s'en conseiller à Celadon, elle dit à Meril: Petit Meril, ie te prie, va courant en aduertir Madame: car, peut-estre, elle sera surprise. L'enfant s'y en courut, & Celadon sortit riant de ces nouuelles: Et quoy, dit la Nymphe, vous riez, Celadon, de cette venuë? vous pourriez bien estre empesché. Tant s'en faut, dit-il, continuez seulement de m'habiller, car dans la confusion de tant de Nymphes, ie pourray plus aisément me desrober. Mais cependant qu'ils estoient bien attentifs à leur besongne, voila Galathée qui entra si à l'impourueuë que Celadon ne pût se retirer au cabinet. Si la Nymphe demeura estonnée de cet accident, & Celadon aussi, vous le pouuez iuger: toutesfois la finesse de Leonide fut plus grande, & plus prompte qu'il n'est pas croyable; car voyant entrer Galathée, elle retint Celadon qui se vouloit cacher, & se tournant vers la Nymphe, faisant bien l'empeschée: Madame, luy dit-elle, s'il ne vous plaist de faire en sorte que Madame ne vienne icy nous sommes perduës; quant à moy, ie feray bien tout ce que ie pourray pour déguiser Celadon, mais ie crains de n'en pouuoir pas venir à bout. Galathée, qui au commencement ne sçauoit que iuger de cette Metamorphose, loüa l'esprit de Leonide, d'auoir inuenté cette ruze, & s'approchant d'eux se mit à considerer Celadon, si bien deguisé sous cet habit qu'elle ne pûst s'empescher de rire: & respondit à la Nymphe: M'amie, nous estions perduës sans vous: car il n'y auoit pas moyen de cacher ce Berger à tant de personnes qui viennent auec Amasis, où estant vestu de cét habit, non seulement nous sommes asseurées, mais encor ie veux le faire voir à toutes vos compagnes, qui le prendront pour fille: puis elle passoit d'vn autre costé, & le consideroit comme rauie, car sa beauté par ces agencemens paroissoit beaucoup plus. Cependant Leonide, pour mieux ioüer son personnage, luy dit qu'elle s'en pouuoit aller, de peur qu'Amasis ne les surprist; ainsi la Nymphe apres auoir resolu que Celadon se diroit parente d'Adamas, nommée Lucinde, sortit pour entretenir sa mere, apres auoir commandé

Fff iiij

à Leonide de la conduite où elles seroient, aussi tost qu'elle l'auroit vestuë. Il faut auoüer la verité, dit Celadon apres qu'elle s'en fust allée, de ma vie ie ne fus si estonné, que i'ay esté de ces trois accidents: de la venuë d'Amasis, de la surprise de Galathée, & de vostre prompte inuention. Berger, ce qui est de moy, dit-elle, procede de la volonté que i'ay de vous sortir de peine; & pleust à Dieu que tout le reste de vostre contentement en dépendist aussi bien que cecy, vous connoistriez quel est le bien que ie vous veux. Pour remerciement de tant d'obligation, respondit le Berger, ie ne puis que vous offrir la vie que vous me conseruez. Auec semblables discours ils s'alloient entretenant, lors que Meril entra dans la chambre, & voyant Celadon presque vestu, il en fut rauy, & dit: Il n'y a personne qui puisse le reconnoistre, & moy-mesme qui suis tous les iours pres de luy, ne croirois point que ce fust luy, si ie ne le voyois habiller. Celadon luy respondit, & qui t'a dit que ie me déguisois ainsi? C'est, respondit-il, Madame, qui m'a commandé de vous nommer Lucinde, & que ie disse que vous estiez parente d'Adamas, & mesme m'a enuoyé tout incontinent vers le Druide pour l'en aduertir, qui ne s'est peu empescher d'en rire, quand il l'a sçeu, & m'a promis de le faire comme Madame l'ordonnoit. Voila qui va bien, dit le Berger, & garde de t'en oublier. Cependant Amasis estant descenduë du chariot, rencontre Galathée au pied de l'escalier, auec Siluie & Adamas. Ma fille, luy dit-elle, vous estes trop long-temps en vostre solitude, il faut que ie vous debauche vn peu, veu mesmes que les nouuelles que i'ay euës de Clidaman & de Lindamor, me resioüissent de sorte, que ie n'ay pû en ioüir seule plus longuement; c'est pourquoy ie viens vous en faire part, & veux que vous reueniez auec moy à Marcilly, où ie fais faire les feux de ioye de si bonnes nouuelles. Ie loüe Dieu, respondit Galathée, de tant de bon-heur, & le supplie de le vous conseruer vn siecle: mais à la verité, Madame, ce lieu est si agreable, qu'il me fait soucy de le laisser. Ce ne sera pas, repliqua Amasis, pour long temps: mais parce que ie ne veux m'en retourner que sur le soir, allons nous promener, & ie vous diray tout ce que i'ay appris. Alors Adamas luy baisa la robbe, & luy dit: Il faut bien, Madame, que vos nouuelles soient bonnes, puis que pour les dire à Madame vostre fille, vous estes partie si matin. Il y a des-ia, dit-elle, deux ou trois iours que ie les receus, & fis incontinent resolution de venir: car il ne me semble pas que ie puisse ioüir d'vn contentement toute seule, & puis certes la chose merite bien d'estre sçeuë. Auec semblables discours elle descendit dans le iardin, où commençant son promenoir, ayant mis Galathée d'vn costé & Adamas de l'autre, elle reprit de cette sorte:

HISTOIRE DE LYDIAS ET DE MELANDRE.

CONSIDERANT les estranges accidents qui arriuent par l'Amour, il me semble que l'on est presque contraint d'aduoüer, que si la fortune a plusieurs rouës pour hausser, &
„ baisser, pour tourner & changer les choses hu-
„ maines: la rouë d'Amour est celle dont elle se
„ sert le plus souuent: car il n'y a rien d'où l'on
„ voye sortir tant de changemens, que de cette
„ passion. Les exemples en sont tous les iours deuant nos yeux si communs, que ce seroit superfluité de les redire; toutesfois il faut que vous aduoüyez, quand vous aurez entendu ce que ie veux dire, que cet accident est vn des plus remarquables que vous en ayez encores oüy raconter. Vous sçauez comme Clidaman par hazard deuint seruiteur de Siluie, & comme Guyemants, par la lettre qu'il luy porta de son frere, en deuint aussi amoureux. Ie m'asseure que depuis vous n'auez point ignoré le dessein qui les fist partir tous

deux si secrettement pour aller trouuer Meroüée, ny que pour ne laisser point Clidaman seul en lieu si esloigné, i'enuoyay apres luy sous la charge de Lindamor, vne partie des ieunes Cheualiers de cette contrée : mais difficilement pourrez vous auoir entendu ce qui leur est aduenu depuis qu'ils sont partis: & c'est ce que ie veux vous raconter à cette heure: car il n'y a rien qui ne merite d'estre sçeu. Soudain que Clidaman fut arriué en l'armée, Guiements, qui y estoit fort connu, luy fist baiser les mains à Meroüée, & à Childeric, & sans leur dire qui il estoit, leur fit seulement entendre que c'estoit vn ieune Cheualier de bonne maison qui desiroit de les seruir : ils furent receus à bras ouuerts, & principalement pour estre venus en vn temps, que leurs ennemis s'estant renforcez reprenoient courage, & les menaçoient d'vne bataille. Mais quand Lindamor fut arriué, & qu'on sçeust qui estoit Clidaman, on ne sçauroit dire l'honneur, ny les caresses qui luy furent faites: car desia en trois ou quatre rencontres il s'estoit tellement signalé, que les amis & les ennemis le connoissoient, & l'estimoient. Entre autres prisonniers qu'ils firent luy & Guiemants, car ils alloient tousiours entre toutes leurs entreprises ensemble, il s'y en trouua vn ieune de la grande Bretagne, tant beau, mais tant triste qu'il fist pitié à Clidaman, & parce que plus il demeuroit en cette captiuité, & plus il faisoit paroistre d'ennuy, vn iour il le fit appeller, & apres l'auoir enquis de son estre, & de sa qualité, il luy demanda l'occasion de sa tristesse, disant que si elle procedoit de la prison, il deuoit comme homme de courage, supporter semblables accidents, & que tant s'en faut il deuoit remercier le Ciel, qu'il l'eust fait tomber entre leurs mains, puis qu'il estoit en lieu où il ne receuroit que toute courtoisie, & que l'esloignemēt de sa liberté ne procedoit que du commandement de Meroüée, qui auoit deffendu que l'on ne mist point encores de prisonniers à rançon, & que quand il le leur permettroit, il verroit quelle estoit leur courtoisie. Ce ieune homme le remercia: mais toutesfois ne peut s'empescher de souspirer, dont Clidaman plus esmeu encores luy en demanda la cause: à quoy il respondit: Seigneur Cheualier, cette tristesse que vous voyez peinte en mon visage, & ces souspirs qui se dérobent si souuent de mon estomach, ne procedent pas de cette prison, dont vous me parlez, mais d'vne autre qui me lie si estroittement: car le temps ou la rançon me peuuent desobliger de celle-cy: mais de l'autre, il n'y a rien que la mort qui m'en puisse retirer. Et toutesfois d'autant que i'y suis resolu, encores la supporterois-ie auec patience, si ie n'en preuoyois la fin trop prompte, non pas

LIVRE DOVZIESME. 829

par ma mort seule : mais par la perte de la personne qui me tient pris si estroittement. Clidaman iugea bien à ses paroles que c'estoit Amour qui le trauailloit, & par la preuue qu'il en faisoit en luy mesme, considerant le mal de son prisonnier, il en eut tant de pitié, qu'il l'asseura de procurer sa liberté le plus promptement qu'il luy seroit possible, sçachant assez par experience quelles sont les passions & les inquietudes qui accompagnent vne personne qui aime bien. Puis, luy dit-il, que vous sçauez que c'est qu'Amour, & que vostre courtoisie m'oblige à croire, que quelque connoissance que vous puissiez auoir de moy, ne vous fera changer cette bonne volonté, afin que vous iugiez le suiet que i'ay de me plaindre, voire de me desesperer, voyant le mal si prochain, & le remede tant esloigné, pourueu que vous me promettiez de ne me découurir, ie vous diray des choses, qui sans doute vous feront estonner, & lors les luy ayant promis, il commença de cette sorte :

Seigneur Cheualier, cét accoustrement que vous me voyez, n'est pas le mien propre : mais Amour qui autresfois vestu des hommes en femmes, se iouë de moy de cette sorte, & m'ayant fait oublier en partie ce que i'estois, m'a reuestu d'vn habit contraire au mien : car ie ne suis pas homme, mais fille d'vne des bonnes maisons de Bretagne, & me nomme Mellandre, venuë entre vos mains par la plus grande fortune qui ait iamais esté conduite par l'Amour. Il y a quelque temps qu'vn ieune homme nommé Lydias vint à Londres fuitif de son pays, à ce que i'ay sçeu depuis, pour auoir tué son ennemy en camp clos. Tous deux estoient de cette partie de la Gaule qu'on appelle Neustrie: mais parce que le mort estoit apparenté des plus grands d'entre eux, il fut contraint de sortir du pays, pour éuiter les rigueurs de la iustice. Ainsi donc paruenu à Londres comme c'est la coustume de nostre nation, il y trouua tant de courtoisie, qu'il n'y auoit bonne maison où il ne fut incontinent familier; entre autres il viuoit aussi priuément chez mon pere, que s'il eust esté chez luy. Et parce qu'il faisoit dessein de demeurer là aussi longuement que le retour en sa patrie luy seroit interdit, il delibera de faire semblant d'aimer quelque chose, afin de se conformer mieux à l'humeur de ceux de la grande Bretagne, qui ont tous quelque particuliere Dame. En cette resolution il tourna, ie ne sçay si ie dois dire par bonne ou mauuaise fortune, les yeux sur moy, & fust qu'il me trouua ou plus à son gré, ou plus à sa commodité, il commença de se montrer mon seruiteur. Quelles dissimulations, quelles recherches, quels serments furent ceux dont il vsa en mon endroit ? Ie ne veux vous ennuyer par vn trop long discours : tant y a qu'apres vne assez longue recherche, car il y demeura deux ans, ie l'aimay sans dissimulation, d'autant que sa beauté, sa courtoisie, sa discretion, & sa valeur estoient de trop grands attraits pour ne vaincre auec vne longue recherche toute ame pour barbare qu'elle fust. Ie ne rougiray donc de l'aduoüer à vne personne qui a esprouué l'Amour, ny de dire que ce commencement là fust la fin de mon repos. Or les choses estant en cet estat, & viuant auec tout le contentement que peut vne personne qui aime, & qui est asseurée de la personne aimée : il aduint que les Francs apres auoir gaigné tant de batailles contre les Empereurs Romains, contre les Gots, & contre les Gaulois, tournerent leurs armes contre les Neustriens; & les reduisirent à tels termes, qu'à cause qu'ils sont nos anciens alliez, ils furent contraints d'enuoyer à Londres pour demander secours, qui suiuant l'alliance faite entre-eux & ceux de la grande Bretagne, leur fut accordé, & par le Roy & par les Estats. Soudain cette nouuelle fut diuulguée par tout le Royaume, & nous qui estions en la principale ville, en fusmes aduertis des premiers : & dés l'heure mesme Lydias commença de penser à son retour, s'asseurant que ceux de sa patrie, ayans affaire de

Pagination incorrecte — date incorrecte

NF Z 43-120-12

ses semblables, l'absoudroient facilement de la mort d'Aronte : Toutesfois, parce qu'il m'auoit tousiours promis de ne s'en point aller qu'il ne m'emmenast auec luy, ce que le malicieux auoit fait pour me tromper, & de peur que ie misse empeschement à son départ, il me cacha son dessein : mais comme il n'y a feu si secrettement couuert dont il ne sorte quelque fumée, aussi n'y a il rien de si secret dont quelque chose ne se découure, & par ainsi quelques-vns sans y penser me le dirent. Aussi tost que ie le sçeus, la premiere fois que ie le vis, ie le tiray à part : Et bien, luy dis-ie, Lydias, auez-vous resolu que ie ne sçache point que vous me laissez? Croyez-vous mon amitié si foible qu'elle ne puisse soustenir les coups de vostre fortune? Si vos affaires veulent que vous retourniez en vostre patrie, pourquoy ne permet vostre amitié que ie m'en aille auec vous? demandez moy à mon pere, ie m'asseure qu'il sera bien aise de nostre alliance, car ie sçay qu'il vous aime : mais de me laisser seule icy, auec vostre foy pariure, non Lydias, croyez-moy, ne commettez point vne si grande faute : car les Dieux vous en puniront. Il me respondit froidement, qu'il n'auoit point pensé à son retour, & que toutes ses affaires ne luy estoient rien au prix du bien de ma presence, que ie l'offensois d'en douter : mais que ses actions me contraindroiët

de

de l'aduoüer. Et toutesfois ce pariure deux iours apres s'en alla auec les premieres trouppes qui partirēt de la grand'Bretagne, & prit son temps si à propos, qu'il arriua sur le bord de la mer le mesme iour qu'ils deuoient partir, & ainsi s'embarqua auec eux: nous fusmes incontinent aduertis de son départ; toutesfois ie m'estois tellement figurée qu'il m'aimoit, que ie fus la derniere qui le creust, de sorte qu'il y auoit plus de huict iours qu'il estoit party, que ie ne me pouuois persuader qu'vn homme si bien nay, fut si trompeur & ingrat. Enfin vn iour s'escoulant apres l'autre, sans que i'en eusse aucune nouuelle, ie reconnus que i'estois trompée, & que veritablement Lydias estoit party Si alors mon ennuy fut grand, iugez-le Seigneur Cheualier, puis que tombant malade ie fus reduite à tel terme, que les Medecins ne connoissans mon mal, en desepererent, & m'abandonnans me tenoient comme morte: mais Amour qui voulut montrer sa puissance, & qu'il est mesme meilleur Medecin qu'Esculape, me guerit par vn estrange antidote; & voyez comme il se plaist aux effects qui sont contraires à nos resolutions! lors que ie sçeus la fuitte de Lydias, car en verité elle pouuoit se nommer ainsi, ie m'en sentis de telle sorte offensée, qu'apres auoir inuoqué mille fois le Ciel, comme tesmoing de ses perfidies, ie iuray que ie ne l'aimerois iamais, autant de fois qu'il m'auoit iuré de m'aimer à iamais, & ie puis dire que nous fufmes auſſi pariures l'vn que l'autre; car lors que ma haine eſtoit en ſa plus grande fureur, ne voila pas vn vaiſſeau qui venoit de Calais, pour rapporter que le ſecours y eſtoit arriué heureuſement, qui nous dit que Lidias y auoit paſſé, en intention de faire la guerre auec ceux de la grande Bretagne, mais qu'auſſi toſt que le gouuerneur du lieu (qui s'eſtoit trouué parent d'Aronte) en auoit eſté aduerty, il l'auoit fait mettre en priſon, comme ayant eſté des-ia auparauant condamné; qu'on le tenoit pour perdu, parce que ce gouuerneur auoit vn tres-grand credit parmy les Neuſtriens: qu'à la verité il y auoit vn moyen de le ſauuer, mais ſi difficille qu'il n'y auoit perſonne qui le voulut hazarder, & qui eſtoit tel : Auſſi toſt que Lidias ſe vit ſaiſi, il luy demanda comment vn Cheualier plein de tant de reputation comme luy, vouloit venger ſes querelles par la voye de la iuſtice, & non point par les armes : car c'eſt vne couſtume entre les Gaulois de ne recourre iamais à la iuſtice en ce qui offenſe l'honneur, mais au combat, & ceux qui font autrement, ſont tenus pour deshonorez. Lipandas, qui eſt le nom de ce gouuerneur, luy reſpondit qu'il n'auoit point tué Aronte en homme de bien, & que s'il n'eſtoit condamné par la iuſtice, il le luy maintiendroit

auec les armes, mais qu'eſtant honteux de ſe
battre auec vn criminel, s'il y auoit quelqu'vn
de ſes amis qui ſe preſentaſt pour lui, il s'offroit
de le combattre ſur cette querelle; que s'il y
eſtoit vaincu, il le mettroit en liberté, qu'autrement la iuſtice en ſeroit faite,& que pour donner loiſir à ſes parents & amis, il le garde-
roit vn mois en ſa puiſſance; que ſi perſonne
ne ſe preſentoit dans ce temps, il le remettroit entre les rigoureuſes mains des anciens de Rothomague, pour eſtre traitté ſelon ſes merites; & qu'afin qu'il n'y eut point
dauantage pour perſonne, il vouloit que
ce combat ſe fiſt auec l'eſpée & le poignard,
& en chemiſe: Mais que Lipandas eſtant
eſtimé l'vn des plus vaillans hommes de toute la Neuſtrie, il n'y auoit perſonne qui euſt
la hardieſſe d'entreprendre ce combat, outre
que les amis de Lidias n'en eſtant pas aduertis, ne pouuoient luy rendre ce bon office.
O Seigneur Cheualier, quand ie me reſſouuiens des contrarietez qui me combatirent
oyant ces nouuelles, il faut que i'auoüe que
ie ne fus de ma vie ſi confuſe, non pas meſme quand ce perfide me laiſſa. Alors Amour
voulut que ie reconnuſſe les propoſitions
faites contre luy, eſtre plus impuiſſantes
quand il vouloit, que les flots n'aboyent
en vain contre vn rocher pour l'ébranler: car
il fallut pour payer le tribut d'Amour recour-

Ggg ij

re à l'ordinaire monnoye dont l'on paye ses impofts, qui font les larmes. Mais apres auoir longuement & vainement pleuré l'infidelle Lydias, il fallut en fin que ie me refoluſſe à ſa conſeruation, quoy qu'elle me deuſt couſter & le repos & l'honneur. Et tranſportée de cette nouuelle fureur, ou pluſtoſt de ce renouuellement d'Amour, ie reſolus d'aller à Calais en intention de trouuer là les moyens d'aduertir les parents & les amis de Lydias : & donnant ordre le plus ſecrettement qu'il me fut poſſible à mon voyage, vne nuict ie me dérobay en l'habit que vous me voyez : mais la forttune fut ſi mauuaiſe pour moy, que ie demeuray plus de quinze iours ſans trouuer vaiſſeau qui allaſt de ce coſté-là : ie ne ſçay que deuindrent mes parents me trouuant partie : car ie n'en ay point eu de nouuelle depuis ; bien m'aſſeure-ie que la vieilleſſe de mon pauure pere n'aura pû reſiſter à ce déplaiſir : car il m'aimoit plus tendrement que luy-meſme, & m'auoit touſiours nourrie ſi ſoigneuſement, que ie me ſuis pluſieurs fois eſtonnée, comme i'ay pû ſouffrir les incommoditez que depuis mon deſpart i'ay ſupportées en ce voyage, & faut dire que c'eſt Amour, & non pas moy. Mais pour reprendre noſtre diſcours, apres auoir attendu quinze ou ſeize iours ſur le bord de la mer, enfin il ſe preſenta vn vaiſſeau auec lequel i'arriuay à Calais, lors qu'il n'y auoit plus que cinq ou six iours du terme que Lypandas luy auoit donné. Le branfle du vaiſſeau m'auoit de ſorte eſtourdie, que ie fus contrainte de tenir le lict deux iours: Si bien qu'il n'y auoit plus de temps de pouuoir aduertir les parens de Lydias, ne ſçachant meſme qu'ils eſtoient, ny où ils ſe tenoient. Si cela me troubla, vous le pouuez iuger: parce meſme qu'il ſembloit que ie fuſſe venüe tout à propos pour le voir mourir, & pour aſſiſter à ſes funerailles. Dieux, comment vous diſpoſez de nous! i'eſtois tellement outrée de ce deſaſtre, que iour & nuict les larmes éſtoient en mes yeux. En fin le iour auant le terme, tranſportée du deſir de mourir auant que Lydias, ie me reſolus d'entrer au combat contre Lypandas. Quelle reſolution, ou pluſtoſt quel deſeſpoir! car ie n'auois de ma vie tenu eſpée en la main, & ne ſçauois bonnement de laquelle il falloit prendre le poignard ou l'eſpée, & toutesfois me voila reſolüe d'entrer au combat contre vn Cheualier qui toute ſa vie auoit fait ce meſtier, & qui auoit touſiours acquis le tiltre de braue & vaillant. Mais toutes ces conſiderations eſtoient nulles enuers moy, qui auois eſleu de mourir auant que celuy que i'aimois perdiſt la vie. Et quoy que ie ſçeuſſe bien que ie ne le pourrois pas ſauuer, toutesfois ce ne m'eſtoit peu de ſatisfaction qu'il deuſt auoir cette preuue de mon amitié. Vne chose me tourmentoit infiniment, à quoy ie voulus tascher de donner remede, qui estoit la crainte d'estre conneuë de Lidias, & que cela ne m'empeschast d'acheuer mon dessein, parce que nous deuions combattre desarmez: Pour à quoy remedier, i'enuoyay vn cartel à Lipandas, par lequel apres l'auoir desfié, ie le priois qu'estant tous deux Cheualiers, nous nous seruissions des armes que les Cheualiers ont accoustumé, & non point de celles des desesperez. Il respondit que le lendemain il se trouueroit sur le camp, & que i'y vinsse armé, qu'il en feroit de mesme, toutesfois qu'il vouloit que ce fust à son choix : Apres auoir commencé le combat de cette sorte, pour ma satisfaction, de l'acheuer pour la sienne comme il l'auoit proposé au commencement ; moy qui ne doutois point qu'en toute sorte ie n'y deusse mourir, l'acceptay comme il le voulut. Et en ce dessein le lendemain armée de toute piece, ie me presentay sur le camp, mais il faut auoüer le vray, i'estois si empeschée en mes armes, que ie ne sçauois comme me remuer. Ceux qui me voyoient aller chancelant, pensoient que ce fust de peur du combat, & c'estoit de foiblesse : Bien tost apres voila venir Lipandas armé & monté à l'aduantage, qui à son abord effroyoit ceux mesmes a qui le danger ne touchoit point, & croyriez-vous que ie ne fus point estonnée, que quand le pauure Lidias fut conduit sur vn eschafaut pour assister au combat? car la pitié que i'eus de le voir en tel estat, me toucha de sorte, que ie demeuray fort long temps sans me pouuoir remuer. Enfin les iuges me menerent vers luy, pour sçauoir s'il m'acceptoit pour son champion: il me demanda qui i'estois, lors contrefaisant ma parole: Contentez-vous Lidias, luy dis-ie, que ie suis le seul qui veut entreprendre ce combat pour vous. Puis que cela est, repliqua-t'il, vous deuez estre personne de valeur, & c'est pourquoy, dit-il, se tournant vers les iuges, ie l'accepte. Et ainsi que ie m'en allois, il me dit: Cheualier vaillant, n'ayez peur que vostre querelle ne soit iuste. Lidias, luy respondis-ie, fusse-ie aussi asseuré que tu n'eusse point d'autre iniustice: & apres ie me retiray si resoluë à la mort, que des-ia il me tardoit que les trompettes donnassent le signal du combat. De fait au premier son ie partis, mais le cheual m'esbranla de sorte, qu'au lieu de porter ma lance comme il falloit, ie la laissay aller comme la fortune voulut: Si bien qu'au lieu de le frapper, ie donnay dans le col du cheual, luy laissant la lance dans le corps, dont le cheual courut au commencement par le camp en despit de son maistre, & enfin tomba mort. Lipandas estoit venu contre moy

Ggg iiij

auec tant de desir de bien faire, que la trop grande volonté luy fit faillir son coup : Quant à moy, mon cheual alla iusques où il voulut, car ce que ie pûs faire, fut de me tenir sans tomber, & s'estant arresté de soy-mesme, & oyant Lypandas qui me crioit de tourner à luy, auec outrages de ce que ie luy auois tué son cheual, ie reuins apres auoir mis la main à l'espée au mieux qu'il me fut possible, & non pas sans peine : mais mon cheual que i'auois peut-estre piqué plus que son courage ne vouloit, aussi tost que ie l'eus tourné, prit de luy mesme sa course, & si à propos qu'il vint heurter Lypandas de telle furie, qu'il le porta les pids contremont : mais en passant il luy donna de l'espée dans le corps si auant que peu apres ie le sentis faillir dessous moy, & ce ne fut peu que ie me ressouuinsse d'oster les pieds des estrieux : car presque incontinent il tomba mort, par ma bonne fortune, si loing de Lypandas, que i'eus loisir de sortir de la selle, & me dépestrer de mon cheual. Alors ie m'en vins à luy qui des-ja s'approchoit l'espée haute pour me frapper : & faut que ie die que si Amour n'eust soustenu le prix des armes, ie n'auois point de force qui le pût faire : En fin voicy Lypandas qui de toute sa force me deschargea vn coup sur la teste, la nature m'apprit à mettre le bras gauche deuant : car autrement ie ne me ressouuenois pas de l'escu que i'auois en ce bras là, le coup donna dessus si à plain, que n'ayant la force de le soustenir, mon escu me redonna vn si grand coup contre la sallade, que les estincelles m'en vindrent aux yeux. Luy qui voyoit que ie chancellois, me voulut recharger d'vn autre encor plus pesant, mais ma fortune fut telle, que haussant l'espée, ie rencontray la sienne si à propos du trenchant, qu'elle se mit en deux pieces, & la mienne à moitié rompuë, fit comme la sienne au premier coup, que ie luy voulus donner, car il esquiua, & moy n'ayant la force de la retenir, ie la laissay tomber iusques en terre, où de la pointe ie rencontray vne pierre qui la rompit. Lypandas alors voyant que nous estions tous deux auec mesme auantage, me dit: Cheualier, ces armes nous ont esté également fauorables, ie veux essayer si les autres en seront de mesme, & pour ce desarmez vous: car c'est ainsi que ie veux finir ce combat. Cheualier, luy respondis-ie, à ce qui s'est passé vous pouuez bien connoistre que vous auez le tort, & deliurant Lydias vous deuriez laisser ce combat. Non, non, dit Lypandas en colere, Lydias & vous mourrez. I'essayeray, repliquay-ie, de tourner cette sentence sur vostre teste, & lors m'éloignant dans le camp le plus que ie pûs de Lydias, de peur d'estre reconnuë, auec l'aide de ceux qui le gardoient; ie me desarmay, & d'autant que nous auions fait prouision tous deux d'vne espée & d'vn poignard, apres auoir laissé le pourpoint, nous venons l'vn contre l'autre : Il faut que ie vous die que ce ne fut point sans peine que ie cachois le sein, parce que la chemise en dépit que i'en eusse, montroit l'enflure des tetins, mais chacun eust pensé toute autre chose plus-tost que celle-là, & quant a Lidias, il ne me peut reconnoistre, tant pour me voir en cet habit déguisé, que pource que i'estois enflammée de la chaleur des armes, & cette couleur haute me changeoit beaucoup le visage : En fin nous voila Lipandas & moy, à dix ou douze pas l'vn de l'autre, l'on nous auoit miparty, le Soleil & les Iuges s'estoient retirez. Ce fut lors que veritablement ie croyois mourir, m'asseurant qu'au premier coup il me mettroit l'espée dans le corps : Mais la fortune fut si bonne pour Lidias, car ce n'estoit que de sa vie que ie craignois, que cet arrogant Lipandas venant de toute furie à moy, broncha si à propos qu'il vint donner de la teste presque à mes pieds, si lourdement que de luy-mesme il se fit deux blessures l'vne du poignard, dont il se persa l'espaule droite, & l'autre de l'espée donnant du front sur le trenchant. Quant à moy ie fus si effroyée de sa cheute, que ie croyois des-ja estre morte, & sans luy faire autre mal, ie me reculay deux ou trois pas, il est vray que m'imaginant de le pouuoir vaincre plus par ma courtoisie, que par ma valeur, ie luy dis : Leuez-vous Lipandas, ce n'est point en terre que ie vous veux offenser. Luy qui estoit demeuré quelque temps estourdy du coup, tout en furie se releua pour se ietter sur moy : mais des deux blessures qu'il s'estoit faictes, l'vne l'aueugloit, & l'autre luy ostoit la force du bras, de sorte qu'il ne voyoit rien, & si ne pouuoit presque soustenir l'espée, dequoy m'apperceuant ie pris courage, & m'en vins à luy, l'espée haute, luy disant : Rends-toy, Lipandas, autrement tu es mort. Pourquoy, me dit-il, me rendray-ie, puis que les conditions de nostre combat ne sont pas telles ? contente-toy que ie mettray Lidias en liberté. Alors les Iuges estans venus, & Lipandas ayant ratifié sa promesse, ils m'accompagnerent hors du camp comme victorieux. Mais craignant que l'on ne me fist quelque outrage en ce lieu-là pour y auoir Lipandas toute puissance, apres m'estre armée ie m'approchay la visiere baissée de Lidias, & luy dis : Seigneur Lidias, remerciez Dieu de ma victoire, & si vous desirez que nous puissions plus longuement conferer ensemble, ie m'en vay en la ville de Regiaque, où i'attendray de vos nouuelles quinze iours, car apres ce terme ie suis contraint de paracheuer quelque affaire, qui m'emmenera loing d'icy, & pourrez demander le Cheualier Triste, parce que c'est le nom que ie porte, pour les occasions que vous sçaurez de moy. Ne connoistray-ie point, dit-il, autrement celuy à qui ie suis tant obligé? Ny pour vostre bien, luy dis-ie, ny pour le mien, il ne se peut: & à ce mot ie le laissay: & apres m'estre pourueuë d'vn autre cheual, ie vins à Rigiaque, où ie demeuray depuis. Or ce traistre de Lypandas, aussi tost que ie fusse partie, fit remettre Lydias en prison plus estroitte qu'auparauant, & quand il s'en plaignoit, & qu'il luy reprochoit la promesse qu'il m'auoit faicte, il respondoit qu'il auoit promis de le mettre en liberté, mais qu'il n'auoit pas dit quand, & que ce seroit dans vingt ans, sinon auec vne condition qu'il luy proposa, qui estoit de faire en sorte que ie me remisse prisonnier en sa place, & qu'ainsi ie payasse la rançon de sa liberté, par la perte de la mienne. Lydias luy respondit qu'il seroit aussi ingrat enuers moy que Lipandas perfide enuers luy. Dequoy il s'offença de sorte, qu'il iura que si dans quinze iours ie n'estois entre ses mains, il le remettroit entre celles de la iustice: Et lors que Lydias luy remettoit deuant les yeux sa foy parjurée: I'en ay fait, disoit-il, la penitence par les blessures que i'ay apportées du combat, mais ayant dés long temps promis aux Seigneurs Neustriens de maintenir la iustice, ne suis-ie pas plus obligé à la premiere qu'à la derniere promesse? Les premiers iours s'écoulerent sans que i'y prisse garde, mais voyant que ie n'en auois point de nouuelle i'y enuoyay vn homme pour s'en enquerir. Par luy ie sçeus la malice de Lipandas, & mesme le terme qu'il auoit donné, & quoy que ie préuisse toutes les cruautez, & toutes les indignitez qui se peuuent receuoir, si est-ce que ie resolus de mettre Lidias hors de telles mains, n'ayant rien de si cher que sa conseruation; & par fortune le iour que vous me pristes, ie m'y en allois, & à cette heure la tristesse que vous voyez en moy, & les souspirs qui ne me donnent point de cesse, procedent, non point de la prison où ie suis (car celle-cy est bien douce au prix de celle que ie m'estois proposé:) mais de sçauoir que ce perfide & cruel Lipandas, mettra sans doute Lidias entre les mains de ses ennemis, qui n'attendent autre chose, pour en voir vne déplorable & honteuse fin: car des quinze iours qu'il auoit donnez, les dix sont des-ja passez, si bien que ie ne puis presque plus esperer de pouuoir rendre ce dernier office à Lidias. A ce mot les larmes luy empeschant la voix, elle fut contrainte de se taire, mais auec tant de demonstration de déplaisir, que Clidian en fut émeu, & pour la consoler luy dit: Vous ne deuez point, courageuse Melandre, vous perdre tellement de courage, que vous ne mainteniez la generosité en cet accident, que vous auez fait paroistre en tous les autres. Le Dieu qui vous a conseruée en de si grands perils, ne veut pas vous abandonner en ceux-cy qui sont moindres. Vous deuez croire que tout ce qui dependra de moy, sera tousiours disposé à vostre contentement. Mais parce que ie suis sous vn Prince, à qui ie ne peux point déplaire, il faut que vostre liberté vienne de luy : bien vous promets-ie d'y rapporter de mon costé, tout ce que vous pourriez esperer d'vn bon amy. Et la laissant auec ces bonnes paroles, il alla trouuer Childeric, & le supplia d'obtenir du Roy Meroüée la liberté de ce ieune prisonnier. Le ieune Prince qui aimoit mon fils, & qui sçauoit bien que le Roy son pere seroit bien aise d'obliger Clidaman, sans retarder dauantage : l'alla demander à Meroüée, qui accorda tout ce que mon fils demandoit. Et parce que le temps estoit si court, que la moindre partie qu'il en eust perduë, eust fait faute à Melandre, il l'alla trouuer en son logis, où l'ayant tirée à part : Cheualier Triste, luy dit-il, il faut que vous changiez de nom, car si vos infortunes vous ont cy-deuant donné suiect de le porter, il semble que vous le perdrez bien tost. Le Ciel commence de vous regarder d'vn œil plus doux que de coustume. Et tout ainsi qu'vn mal-heur ne vient

iamais seul, de mesme le bon-heur marche
tousiours accompagné: Et pour tesmoignage
de ce que ie dis: Sçachez, Cheualier (car tel
vous veux-ie nommer, puis que vostre generosité à bon droit vous en acquiert l'honorable tiltre) que desormais vous estes en liberté, & pouuez disposer de vos actions, tout
ainsi qu'il vous plaira: Le Prince des Francs
m'a permis de disposer de vous, & le deuoir de Cheualier m'oblige non seulement à
vous mettre en liberté, mais à vous offrir
encore toute l'assistance, que vous iugerez
que ie vous puisse rendre. Melandre oyant
vne parole tant inesperée, tressaillit toute
de ioye, & se iettant à ses pieds comme transportée, luy baisa la main pour remerciement d'vne grace si grande : car le bien
qu'elle s'estoit figurée de receuoir de luy,
estoit d'estre mise à rançon, & l'incommodité du payement la desesperoit de le pouuoir faire si tost que le terme des quinze iours
ne fut escoulé. Mais quand elle ouyt vne si
grande courtoisie : Vrayement, luy dit-elle,
Seigneur Cheualier, vous faictes paroistre
que vous sçauez que c'est que d'aimer, puis
que vous auez pitié de ceux qui en sont atteints : Ie prie Dieu, attendant que ie puisse
m'en reuencher, qu'il vous rende aussi heureux qu'il vous a fait courtois, & digne de
toute bonne fortune ; & à l'heure mesme elle

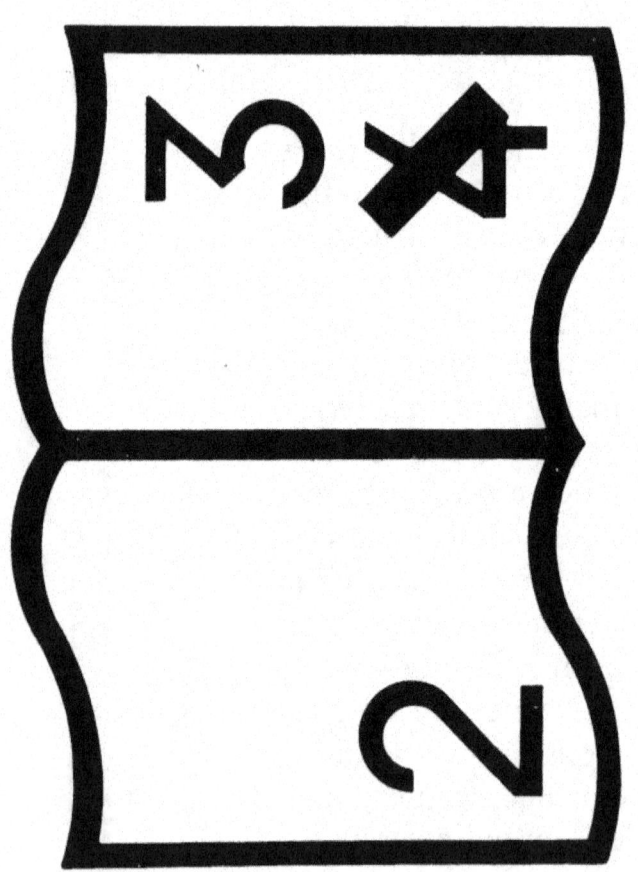

Pagination incorrecte — date incorrecte

NF Z 43-120-12

s'en voulut aller, ce que Clidaman ne voulut permettre, parce que c'estoit de nuict. Le lendemain donc à bonne heure elle se mit en chemin, & ne tarda qu'elle ne vint à Calais, où de fortune elle arriua le iour auant le terme. Dés le soir elle eust fait sçauoir sa venuë à Lipandas, n'eust esté qu'elle fut d'aduis, veu la perfidie de celuy auec qui elle auoit affaire, d'attendre le iour, afin que plus de personnes vissent le tort qu'il luy feroit, si de fortune il manquoit encores vne fois de parole. Le iour donc estant venu, & l'heure du midy estant sonnée, que les principaux du lieu pour honorer le Gouuerneur estoient pour lors en sa maison, voila le Cheualier Triste qui se presente à luy, à l'abord il ne fut point reconnu, car on ne l'auoit veu qu'au combat, où la peur luy auoit peut-estre changé le visage, & lors chacun s'approcha pour ouyr ce qu'il diroit. Lipandas, luy dit-il, ie viens icy de la part des parens & des amis de Lidias, afin de sçauoir de ses nouuelles, & pour te sommer de ta parole, ou bien de le mettre à quelque nouuelle condition, autrement ils te mandent par moy, qu'ils te publieront pour homme de peu de foy : Estranger, respondit Lipandas, tu leur diras, que Lidias se porte mieux qu'il ne fera dans peu de iours, parce qu'auiourd'huy passé ie le remettray entre les mains de ceux qui m'en vengeront; que pour ma
parole

parole ie croy en eſtre quitte, en le remettant entre les mains de la iuſtice, car la iuſtice qu'eſt-ce autre choſe qu'vne vraye liberté? Que pour de nouuelles conditions, ie n'en veux point d'autre que celle que i'ay des-ja propoſée, qui eſt que l'on me remette entre les mains de celuy qui combattit contre moy, afin que i'en puiſſe faire à ma volonté, & ie deliureray Lydias. Et qu'eſt-ce, luy dit-il, que tu en veux faire? Quand i'auray, reſpondit-il, à te rendre conte de mes deſſeins, tu le pourras ſçauoir. Et quoy, dit-il, es-tu encores en cette meſme opinion? Tout de meſme, repliqua Lipandas. Si cela eſt, adjouſta le Cheualier Triſte, enuoye querir Lidias, & ie te remettray celuy que tu demandes. Lipandas, qui ſur tout deſiroit ſe venger de ſon ennemy, car il auoit tourné toute ſa mauuaiſe volonté ſur Melandre, l'enuoya incontinent querir. Lydias, qui ſçauoit bien ce iour eſtre le dernier du terme qu'on luy auoit donné, croyoit que ce fuſt pour le conduire aux Seigneurs de la iuſtice: toutesfois encor qu'il en preuiſt ſa mort aſſeurée, ſi eſleut-il pluſtoſt cela, que de voir celuy qui auoit combattu pour luy en ce danger à ſon occaſion. Quand il fut deuant Lipandas, il luy dit: Lydias voicy le dernier iour que ie t'ay donné pour repreſenter ton champion entre mes mains, ce ieune Cheualier eſt venu icy pour cet effect, s'il le fait, tu es en liberté. Melandre durant ce peu de mots auoit tousiours trouué le moyen de tenir le visage de costé pour n'estre reconnuë, & quand elle voulut respondre, elle se tourna tout à fait contre Lipandas, & luy dit: Ouy, Lipandas, ie l'ay promis, & ie le fais; toy obserue aussi bien ta parole, car ie suis celuy que tu demandes, me voicy, qui ne redoute ny rigueur, ny cruauté quelconque, pourueu que mon amy sorte de peine. Alors chacun mit les yeux sur elle, & repassant par la memoire les façons de celuy qui auoit combattu, ont connu qu'elle disoit vray. Sa beauté, sa ieunesse & son affection émeurent tous ceux qui estoient presens, sinon Lipandas, qui se croyant infiniment offensé de luy, commanda incontinent qu'elle fust mise en prison, & permit que Lydias s'en allast. Luy qui desiroit plustost de se perdre que de se voir obliger en tant de sortes, faisoit quelque difficulté: Mais Melandre s'approcha de luy, & luy dit à l'aureille: Lydias allez-vous-en, car de moy n'en soyez en peine, i'ay vn moyen de sortir de ces prisons si facile, que ce sera quand ie voudray; que si vous desirez de faire quelque chose à ma consideration, ie vous supplie d'aller seruir Meroüée, & particulierement Clidaman, qui est cause que vous estes en liberté, & luy dittes que c'est de ma part que vous y allez. Et sera-t'il possible, dit Lydias, que ie m'en aille sans sçauoir qui vous estes? Ie suis, respondit-elle, le Cheualier Triste, & cela vous suffise, iusqu'à ce que vous ayez plus de commodité d'en sçauoir dauantage. Ainsi s'en alla Lydias en resolution de seruir le Roy des Francs, puis que celuy à qui il deuoit deux fois la vie, le vouloit ainsi. Mais cependant Lipandas commanda tres-expressément que Melandre fust bien gardée, & la fit mettre en vn croton auec les fers aux pieds, & aux mains, resolu qu'il estoit de la laisser mourir de misere leans. Iugez en quel estat cette ieune fille se trouua, & quels regrets elle deuoit faire contre Amour; Ses viures estoient mauuais, & sa demeure effroyable, & toutes les autres incommoditez tres-grandes ; que si son affection n'eust supporté ces choses, il est impossible qu'elle n'y fust morte. Mais cependant la voix s'espandit par toute la Neustrie, que Lydias par le moyen d'vn sien amy auoit esté sauué dés prisons de Calais, & qu'il estoit allé seruir le Roy Meroüée ; cela fut cause qu'en mesme temps son bannissement fut renouuellé & declaré traistre à sa patrie : Luy toutesfois ne faillit point de venir au camp des Francs, où cherchant la tente de Clidaman, elle luy fust monstrée. Aussi tost qu'il l'apperceut, & que Lindamor & Guyemants le virent,

Hhh ij

ils coururent l'embrasser, mais auec tant d'affection & de courtoisie, qu'il en demeura estonné, car ils les prenoient tous pour Ligdamon, qui peu de iours auparauant s'estoit perdu en la bataille qu'ils auoient euë contre les Neustriens, auquel il ressembloit de sorte, que tous ceux qui connoissoient Ligdamon, y furent deceus: en fin ayant esté reconnu pour Lydias l'amy de Melandre, il fut conduit à Meroüée, où en presence de tous, Lidias raconta au Roy le discours de sa prison tel que vous auez ouy, & la courtoisie que par deux fois il auoit receuë de ce Cheualier inconnu, & pour la fin le commandement qu'il luy auoit fait de le venir seruir, & particulierement Clidaman. Alors Clidaman apres que le Roy l'eust receu & remercié de son amitié luy dit: Est-il possible Lidias, que vous n'ayez point connu celuy qui a combattu, & qui est en prison pour vous ? Non, certes, dit-il. O vrayement, adiousta-t'il, voila la plus grande méconnoissance dont i'aye iamais ouy parler, auez-vous iamais veu personne qui luy ressemblast ? Ie n'en ay point de memoire, dit Lidias tout estonné : Or ie veux donc dire au Roy vne histoire la plus digne de compassion qu'autre que l'Amour ait iamais causée : & sur cela il reprit la fin du discours où Lydias auoit raconté qu'il estoit allé en la grande Bretagne, de la courtoisie qu'il trouua, auquel il adiousta discrettement l'Amour de Melandre, les promesses qu'il luy auoit faictes de la conduire en Neustrie auec luy s'il estoit contraint de partir, de sa fuitte, & en fin de sa prison à Calais. Le pauure Lydias estoit si estonné d'ouyr tant de particularitez de sa vie, qu'il ne sçauoit que penser: Mais quand Clidaman raconta la resolution de Melandre à se mettre en voyage, & s'habiller en homme pour aduertir ses parens, & puis de s'armer & entrer au camp clos contre Lipandas, & les fortunes de ces deux combats, il n'y auoit celuy des escoutans qui ne demeurast rauy, & plus encores quand il paracheua tout ce que ie vous ay raconté. O Dieux! s'écria Lydias, est-il possible que mes yeux ayent esté si aueuglez? que me reste-il pour sortir de cette obligation? Il ne vous reste plus, luy dit Clidaman, que de mettre pour elle ce qu'elle vous a conserué. Cela, adiousta auec vn grand souspir, est, ce me semble, peu de chose, si l'entiere affection qu'elle me porte n'est accompagnée de la mienne. Cependant qu'ils se tenoient tels discours, tous ceux qui ouyrent Clidaman, disoient que cette seule fille meritoit que cette grande armée allast attaquer Calais. En verité, dit Meroüee, ie lairray plustost toutes choses en arriere que ie ne fasse rendre la liberté à vne Dame, si vertueuse, aussi bien nos armes ne sçauroient estre mieux employées qu'au seruice de ses semblables.

Le soir estant venu, Lydias s'adressa à Clidaman, & luy découurit qu'il auoit vne entreprise infaillible sur Calais, qu'il auoit faicte durant le temps qu'il y estoit prisonnier, que si on luy vouloit donner des gens, sans doute il les mettroit dedans: cet aduis ayant esté rapporté à Meroüée, fut trouué si bon, qu'il resolut d'y enuoyer. Ainsi il fut donné cinq cens Archers, conduits par deux cens hommes d'armes, pour executer cette entreprise: la conclusion fut (car ie ne sçaurois raconter au long cet affaire) que Calais fut pris, Lipandas prisonnier, & Meandre mise hors de sa captiuité: mais ie ne sçay comment ny pourquoy, à peine estoit le tumulte de la prise de la ville cessé, que l'on prit garde que Lydias, & Melandre s'en estoient allez, si bien que depuis on n'a sçeu qu'ils estoient deuenus. Or durant toutes ces choses, le pauure Ligdamon a esté le plus tourmenté pour Lydias qu'il se puisse dire, car estant prisonnier entre les mains des Neustriens, il fut pris pour Lydias, & aussi tost condamné à la mort. Clidaman fit que Meroüée leur enuoya deux Herauts d'armes pour leur faire entendre qu'ils se trompoient, mais l'asseurance que Lipandas fraischement leur en auoit donnée, les fit passer outre, sans donner croyance à

Meroüée. Ainsi voila Ligdamon mis dans la cage des Lions, où l'on dit qu'il fit plus qu'vn homme ne peut faire, mais sans doute, il y fust mort, n'eust esté qu'vne tres belle Dame le demanda pour mary : leur coustume qui le permet ainsi, le sauua pour lors, mais tost apres il mourut, car aimant Siluie auec tant d'affection, qu'elle ne luy pouuoit permettre d'épouser autre qu'elle, il esleut plustost le tombeau que cette belle Dame : ainsi quand on les voulut épouser il s'empoisonna, & elle qui croyoit que veritablement c'estoit Lidias, qui autrefois l'auoit tant aimée, s'empoisonna aussi du mesme breuuage. Ainsi est mort le pauure Ligdamon, tant regretté de chacun, qu'il n'y a personne entre les ennemis qui ne le plaigne, mais ç'a esté vne gracieuse vengeance que celle dont Amour a puny le cruel Lipandas, car repassant par le ressouuenir, la vertu, la beauté, & l'affection de Melandre, il en est deuenu si amoureux, que le pauure qu'il est, n'a autre consolation que de parler d'elle : mon fils me mande qu'il fait ce qu'il peut pour le sortir de prison, & qu'il espere de l'obtenir.

Voila, continua Amasis, comme ils viuent si pleins d'honneurs & de loüanges, que chacun les estime plus qu'autres qui soient en l'armée. Ie prie Dieu, adjousta Adamas, qu'il les continuë en cette bonne fortune, &

cependant qu'ils discouroient ainsi, ils virent venir de loing Leonide & Lucinde, auec le petit Meril: Ie dis Lucinde, parce que Celadon comme ie vous ay dit portoit ce nom, suiuant la resolution que Galathée auoit faicte. Amasis qui ne la connoissoit point, demanda qui elle estoit: C'est, respondit Galathée, vne parente d'Adamas, si belle, & si remplie de vertu, que ie l'ay prié de me la laisser pour quelque temps, elle se nomme Lucinde. Il semble, dit Amasis, qu'elle soit bien autant aduisée comme belle: Ie m'asseure, adjousta Galathée, que son humeur vous plaira, & si vous le trouuez bon, elle viendra, Madame, auec nous à Marcilly. A ce mot Leonide arriua si pres, que Lucinde pour baiser les mains à Amasis, s'auança, & mettant vn genoüil en terre luy baisa la main auec des façons si bien contrefaictes, qu'il n'y auoit celuy qui ne la prist pour fille. Amasis la releua, & apres l'auoir embrassée la baisa, en luy disant qu'elle aimoit tant Adamas, que tout ce qui luy touchoit, luy estoit aussi cher, que ses plus chers enfans. Alors Adamas prit la parole, de peur que si la feinte Lucinde respondoit, on ne reconnust quelque chose à sa voix; mais il ne falloit pas qu'il en eust peur, car elle sçauoit si bien feindre, que la voix, comme le reste, eust aidé à paracheuer encor mieux la tromperie

Toutesfois pour ce coup elle se contenta d'auoüer la responce d'Adamas seulement, auec vne reuerence basse, & puis se retira entre les autres Nymphes, n'attendant que la commodité de se pouuoir dérober. En fin l'heure estant venüe du disner, Amasis s'en retourna au logis, où trouuant les tables prestes, chacun plein de contentement des bonnes nouuelles receües, disna ioyeusement, sinon la belle Silure, qui auoit tousiours deuant les yeux l'Idole de son cher Ligdamon, & en l'ame le ressouuenir qu'il estoit mort pour elle : ce fut ce suiet qui les entretint vne partie du disner, car la Nymphe vouloit bien que l'on sçeust qu'elle aimoit la memoire d'vne personne vertueuse, & si dediée à elle : mais cela d'autant qu'estant morte, elle ne pouuoit plus l'importuner, ny se preualoir de ceste bonne volonté. Apres le repas que toutes ces Nymphes estoient attentiues les vnes à iouer, les autres à visiter la maison, les vnes au iardin, & les autres à s'entretenir de diuers discours dans la chambre d'Amasis : Leonide sans que l'on s'en apperceust, feignant de se vouloir preparer pour partir, sortit hors de la chambre, & peu apres Lucinde, & s'estant trouuée au rendez-vous qu'elles s'estoient donné, feignant d'aller se promener, sortirent hors du Chasteau, ayant caché sous leurs manches chacune vne partie des habits du Berger, & quand ils furent au fond du bois, le Berger se deshabilla, & prenant l'habit accoustumé, remercia la Nymphe du bon secours qu'elle luy auoit donné, & luy offrit en eschange sa vie, & tout ce qui en dependoit. Alors la Nymphe auec vn grand souspir; Et bien, dit-elle, Celadon ne vous ay-je pas bien tenu la promesse que ie vous ay faite? Ne croyez-vous pas estre obligé d'obseruer de mesme ce que vous m'auez promis? Ie m'estimerois, respondit le Berger, le plus indigne qui ait iamais vescu, si i'y faillois. Or, Celadon, dit-elle alors, ressouuenez-vous donc de ce que vous m'auez iuré, car ie suis resoluë à cette heure d'en retirer preuue. Belle Nymphe, respondit Celadon, disposez de tout ce que ie puis comme de ce que vous pouuez, car vous ne serez point mieux obeye de vous mesme que de moy. Ne m'auez-vous pas promis, repliqua la Nymphe, que ie recherchasse vostre vie passée, & que ce que ie trouuerois que vous pourriez faire pour moy, vous le feriez? & luy ayant respondu qu'il estoit vray. Or bien Celadon, continua-t'elle, i'ay fait ce que vous m'auez dit, & quoy que l'on peigne Amour aueugle, si m'a t'il laissé assez de lumiere pour connoistre que veritablement vous deuez con-

LIVRE DOVZIESME. 859

tinuer l'Amour que vous auez si souuent promise eternelle à vostre Astrée: car les dégoustemens d'Amour ne permettent que l'on soit ny pariure ny infidelle, & ainsi quoy que l'on vous ait mal-traicté, vous ne deuez pas faillir à ce que vous deuez: car iamais l'erreur d'autruy ne laue nostre faute. Aimez donc la belle & heureuse Astrée, auec autant d'affection & de sincerité que vous l'aimastes iamais ; seruez la, adorez la, & plus encore s'il se peut, car Amour veut l'extremité en son sacrifice: mais aussi i'ay bien connu que les bons offices que ie vous ay rendu, meritent quelque reconnoissance de vous, & sans doute, parce qu'Amour ne se peut payer que par Amour, vous seriez obligé de me satisfaire en mesme monnoye, si l'impossibilité n'y contredisoit: mais puis qu'il est vray qu'vn cœur n'est capable que d'vn vray Amour, il faut que ie me paye de ce qui vous reste: doncques n'ayant plus d'Amour à me donner, comme à Maistresse, ie vous demande vostre amitié, comme vostre sœur, & que d'ores en là vous m'aimiez, me cherissiez, & me traittiez comme telle. On ne sçauroit representer le contentement de Celadon oyant ces paroles, car il auoüa que celle-cy estoit vne des choses qu'en sa misere il reconnoissoit particulierement pour quelque espece de contentement: c'est pourquoy apres auoir remercié la Nymphe de l'amitié qu'elle luy portoit, il luy iura de la tenir pour sa sœur, & n'vser iamais en son endroit que comme ce nom luy commandoit. Là dessus pour n'estre retrouuez, ils se separerent tres-contens, & satisfaits l'vn de l'autre. Leonide retourna au Palais, & le Berger continua son voyage, fuyant les lieux où il croyoit pouuoir rencontrer des Bergers de sa connoissance, & laissant Montverdun à main gauche, il passa au milieu d'vne grande plaine, qui enfin le conduit iusques sur vne coste vn peu releuée, & de laquelle il pouuoit reconnoistre, & remarquer de l'œil la plus part des lieux où il auoit accoustumé de mener paistre ses trouppeaux de l'autre costé de Lignon, où Astrée le venoit treuuer, & où ils passoient quelquesfois la chaleur trop aspre du Soleil: bref cette veüe luy remit deuant les yeux la plus part des contentemens qu'il payoit à cette heure si cherement, & en cette consideration s'estant assis au pied d'vn arbre, il souspira tels vers:

RESSOUVENIR.

ICY mon beau Soleil repose,
Quand l'autre paresseux s'endort:
Et puis le matin quand il sort,
Couronné d'œillet & de rose,
Pour chasser l'effroy de la nuit:
Deça premierement reluit,
Le Soleil que mon cœur adore,
Apportant auec luy le iour,
A ces campagnes qu'il honore,
Et qu'il va remplissant d'Amour.

Sur les bords de cette riuiere,
Il se fait voir diuersement,
Quelques fois tout d'embrasement:
D'autres fois couurant sa lumiere,
Il semble deuenu ialoux,
Qu'il se veuille rauir de nous,
Ainsi que sous la nüe sombre,
Le Soleil cache sa beauté,
Sans que toutesfois si peu d'ombre,
Puisse en bien couurir la clarté.

Mais que veut dire qu'il ne brule,
Comme on voit que l'autre Soleil,
Seiche les herbes de son œil,
Durant l'ardente canicule?

Pourquoy, dis-ie ne seiche aussi
Mon Soleil les herbes d'icy?
I'entens Amour, c'est que ma Dame
N'eslance ses rayons vaincueurs,
Dessus ces corps qui n'ont point d'ame,
Et ne veut bruler que des cœurs.

Fontaine qui des Sicomores,
Le beau nom t'en vas empruntant,
Tu m'as veu iadis si contant,
Et pourquoy ne le suis-ie encores?
Quel erreur puis-ie auoir commis,
Qui rend les Dieux des ennemis?
Sont-ils suiets comme nous sommes,
D'estre quelquesfois enuieux,
Ou le change propre des hommes,
Peut-il atteindre iusqu'aux Dieux?

Iadis sur tes bords, ma Bergere,
Disoit, sa main dedans ma main,
Dispose le sort inhumain
De nostre vie passagere :
Iamais Celadon en effet,
Le serment ne sera deffait,
Que dans cette main ie te iure,
Et vif & mort ie t'aimeray,
Ou mourant dans ma sepulture,
Nostre amitié t'enfermeray.

Feuillage espais de ce bel arbre,

Qui couure d'ombre tout l'entour,
Ne te ressouuiens-tu point du iour
Qu'à ses lis meslant le Cinabre,
De honte elle alloit rougissant,
Qu'vn Berger pres d'elle passant,
Parlant à moy l'appella belle,
Et l'heur & l'honneur de ces lieux ?
Car ie ne veux, me disoit-elle,
Ressembler belle qu'à tes yeux.

 Rocher où souuent à cachette
Nous nous sommes entretenus,
Que peuuent estre deuenus
Tous ces amours que ie regrette ?
Les Dieux tant de fois inuoquez,
Souffriront-ils d'estre moquez,
Et d'auoir la priere ardante
D'elle, & de moy, receuë en vain,
Puis qu'ores son ame changeante,
Paye ses amours d'vn desdain ?

 Veuille le Ciel, disoit Astrée,
Que ie meure auant que de voir,
Que mon pere ait plus de pouuoir,
D'vne hayne opiniastrée,
En sa trop longue inimitié,
A nous separer d'amitié,
Que nostre amitié ferme & saincte,
A nous reioindre, & nous vnir,

Aussi bien de regret atteinte
Ie mourrais la voyant finir.

En toy vieux Saule, dont l'escorce
Sans plus se deffend des saisons,
Dy moy, n'ay-ie point de raisons,
De me plaindre de ce diuorce,
Et de t'en adresser mes cris ?
Combien auons-nous nos escris,
Fiez dessous ta seure garde,
Dans le creux du tronc my-mangé ?
Mais ores que ie te regarde,
Combien saule tout est changé !

Ces pensers eussent plus longuement retenu Celadon en ce lieu, n'eust esté la suruenuë du Berger desolé, qui plaignant continuellement sa perte, s'en venoit souspirant ces vers :

SVR VNE TROP PROMPTE MORT.

Vovs qui voyez mes tristes pleurs,
Si vous sçauiez de quels mal-heurs
J'ay l'ame atteinte ;
Au lieu de condamner mon œil,
Vous adiousteriez vostre dueil
Auec ma plainte.

Dessous

Dessous l'horreur d'vn noir tombeau,
Ce que la terre eut de plus beau,
    Est mis en cendre ;
O destins trop pleins de rigueur,
Pourquoy mon corps comme mon cœur
    N'y peut descendre ?
Elle ne fust plustost ça bas,
Que les Dieux par vn prompt trespas
    Me l'ont rauie;
Si bien qu'il sembloit seulement,
Que pour entrer au monument
    Elle eust eu vie.
Pourquoy falloit-il tant d'Amour,
Si ressemblant la fleur d'vn iour
    A peine née,
Le Ciel la montroit pour l'oster,
Et pour nous faire regretter
    Sa destinée ?
Comme à son arbre estant serré
Du tronc mort n'est point separé
    L'heureux lierre ;
Pour le moins me fut-il permis,
Vif aupres d'elle d'estre mis
    Dessous sa pierre.
Content pres d'elle ie viurois,
Et si là dedans de la voix
    I'auois l'vsage :
Ie benirois d'vn tel seiour
La mort, qui m'auroit de l'Amour
    Laissé tel gage.

Celadon, qui ne vouloit point estre veu de personne qui le pûst connoistre, d'aussi loing qu'il vid ce Berger, commença peu à peu de se retirer dans l'espaisseur de quelques arbres: mais voyant que sans s'arrester à luy, il passoit outre, pour s'asseoir au mesme lieu d'où il venoit de partir, il le suiuit pas à pas, & si à propos, qu'il pût oüyr vne partie de ses plaintes. L'humeur de ce Berger inconnu simpatisant auec la sienne, le rendit curieux de sçauoir par luy des nouuelles de sa maistresse, & mesme croyant ne pouuoir en sçauoir plus aisément par autre sans estre reconnu. Doncques s'approchant de luy, ainsi luy dit-il : Triste Berger, Dieu te donne le contentement que tu regrettes, comme de bon cœur ie l'en prie, & ne pouuant dauantage, tu dois receuoir cette priere de bonne part ; que si elle t'oblige à quelque ressentiment de courtoisie, dy moy ie te supplie, si tu connois Astrée, Phillis, & Lycidas, & si cela est, dy m'en ce que tu sçais. Gentil Berger, respondit-il, tes paroles courtoises m'obligent à prier le Ciel en eschange de ce que tu me souhaittes, qu'il ne te donne iamais occasion de regretter ce que ie pleure, & de plus de te dire tout ce que ie sçay des personnes dont tu me parles, quoy que la tristesse auec laquelle ie vy, me deffend de me mesler d'autres affaires que des miennes. Il peut y auoir vn mois &

demy que ie vins en ce pays de Forests, non point comme plusieurs pour essayer la fontaine de la verité d'Amour (car ie ne suis que trop asseuré de mon mal) sans en auoir de nouuelles certitudes) mais suiuant le commandement d'vn Dieu, qui des riues herbeuses de la glorieuse Seine, m'a enuoyé icy auec asseurance que i'y trouuerois remede à mon deplaisir. Et depuis la demeure de ces villages m'a semblé si agreable, & selon mon humeur: que i'ay resolu dy demeurer aussi longuement, que le Ciel me le voudra permettre. Ce dessein a esté cause que i'ay voulu sçauoir l'estre, & la qualité de la pluspart des Bergers & des Bergeres de la contrée, & parce que ceux dont vous me demandez des nouuelles, sont les principaux de cet hameau, qui est de la l'eau vis à vis d'icy, où i'ay choisi ma demeure, ie vous en sçauray dire presque autant que vous en pourriez desirer. Ie ne veux, adiousta Celadon, sçauoir autre chose sinon comme ils se portent. Tous, dit-il, sont en bonne santé. Il est vray que comme la vertu est tousiours celle qui est la plus agitée, ils ont eu vn coup de l'aueugle & muable fortune, qu'ils ressentent iusques en l'ame, qui est la perte de Celadon, vn Berger que ie ne connoy point, & qui estoit frere de Lycidas, tant aimé, & estimé de tous ceux du riuage, que sa perte a esté ressentie generalement de

Iii ij

tous, mais beaucoup plus de ces trois personnes que vous auez nommées: car on tient, c'est à dire que ceux qui sçauent vn peu des secrets de ce monde, que ce Berger estoit seruiteur d'Astrée, & que ce qui les a empeschez de se marier, a esté l'inimitié de leurs parents. Et comment dit-on, repliqua Celadon, que ce Berger se perdit? On le raconte, dit-il, de plusieurs sortes, les vns en parlent selon leur opinion, les autres selon les apparences, & d'autres selon le rapport de quelques vns, & ainsi la chose est contée fort diuersement. Quant à moy, i'arriuay sur ces riues le mesme iour qu'il se perdit, & me souuiens que ie vis chacun si espouuanté de cét accident, qu'il n'y auoit personne qui sçeust m'en donner bon conte. En fin, & c'est l'opinion plus commune, parce que Phillis, & Astrée, & Lycidas mesme le racontent ainsi, s'estant endormy sur le bord de la riuiere en songeant, il faut qu'il soit tombé dedans, & de fait la belle Astrée en fist de mesme, mais ses robbes la sauuerent. Celadon alors iugea, que prudemment ils auoient tous trois trouué cette inuention, pour ne donner occasion à plusieurs de parler mal à propos sur ce suiet, & en fut tres-aise: car il auoit tousiours beaucoup craint que l'on soupçonnast quelque chose au desaduantage d'Astrée, & pour ce continuant ses demandes: Mais, dit-il, que pensent-ils qu'il soit deuenu?

Qu'il soit mort, respondit le Berger desolé, & vous asseure bien qu'Astrée en a porté, quoy qu'elle feigne, vn si grand desplaisir, qu'il n'est pas croyable combien chacun dit qu'elle est changée. Si est-ce que si Diane ne l'en empesche, elle est la plus belle de toutes celles que ie vis iamais hormis ma chere Cleon, mais ces trois là peuuent aller du pair. Quelqu'autre, adiousta Celadon, en dira bien de mesme de sa Maistresse : car l'Amour à cela de propre, non de boucher les yeux comme quelques vns croyent, mais de changer les yeux de ceux qui aiment en l'Amour mesme, & d'autant qu'il n'y eust iamais laydes Amours, iamais vn Amant ne trouua sa Maistresse layde. Cela, respondit le Berger, seroit bon si i'aimois Astrée & Diane, mais n'en estant plus capable, i'en suis iuge sans reproche : Et vous qui doutez de la beauté de ces deux Bergeres, estes vous estranger, ou bien si la haine vous fait commettre l'erreur contraire à celuy que vous dittes proceder de l'Amour ? Ie ne suis nul des deux, dit Celadon, mais oüy bien le plus miserable & plus affligé Berger de l'vniuers. Cela, dit Tyrcis, ne vous auoüeray-ie iamais, si vous ne m'ostez de ce nombre. Car si vostre mal procede d'autre chose que d'Amour, vos playes ne sont pas si douloureuses que les miennes ; d'autant que le cœur estant la partie la plus sensible que nous ayons, nous en ressentons aussi plus viuement les offenses. Que si vostre mal procede d'Amour, encor faut-il qu'il cede au mien, puis que de tous les maux d'Amour il n'en y a point de tel que celuy qui nie l'esperance, ayant oüy dire de long temps, que là où l'espoir peut seulement laicher nostre playe, elle n'est aussi tost plus endoluë. Or cét espoir peut se mesler en tous les accidents d'Amour, soit desdain, soit courroux, soit haine, soit ialousie, soit absence, sinon où la mort a pris place : car cette pasle Deesse auec sa fatale main, coupe d'vn mesme trenchant l'espoir, dont le filet de la vie est coupé. Or moy plus miserable que tous les plus miserables, ie vay pleignant vn mal sans remede & sans espoir. Celadon alors luy respondit auec vn grand souspir : O Berger, combien estes-vous abusé en vostre opinion ! ie vous auöue bien que les plus grands maux sont ceux d'Amour, de ,, cela i'en suis trop fidelle tesmoin : mais de di-,, re que ceux qui sont sans espoir, soient les ,, plus douloureux, tant s'en faut que mes-,, me ne meritent-ils point d'estre ressentis, car ,, c'est acte de folie de pleurer vne chose à quoy l'on ne peut remedier. Et Amour, qu'est-ce, respondit-il, sinon vne pure folie ? Ie ne veux pas, repliqua Celadon, entrer maintenant en ce discours, d'autant que ie veux paracheuer le premier, & cestuy-cy seul meriteroit trop de temps. Mais dittes-moy, plaignez-vous cette mort pour Amour ou non? C'est, respondit-il, pour Amour. Or qu'est-ce qu'Amour, dit Celadon, sinon comme i'ay ouy dire à Siluandre, & aux plus sçauans de nos Bergers, qu'vn desir de la beauté que nous trouuons telle? Il est vray, dit l'estranger. Mais, repliqua Celadon, est-ce chose d'homme raisonnable de desirer vne chose qui ne se peut auoir? Non certes, dit-il. Or voyez donc, dit Celadon, comme la mort de Cleon doit estre le remede de vos maux : car puisque vous m'auoüez que le desir ne doit estre où l'esperance ne peut atteindre, & que l'Amour n'est autre chose que desir; la mort, qui à ce que vous dittes, vous oste toute esperance, vous doit par consequent oster tout le desir, & le desir mourant, il traine l'Amour dans vn mesme cercueil, & n'ayant plus d'Amour, puis que le mal que vous plaignez en vient, ie ne sçay comment vous le puissiez ressentir. Le Berger desolé luy respondit : Soit Amour, ou haine, tant y a qu'il est plus veritable, que ie ne le sçaurois dire, que mon mal est sur tous extréme:&parce que Celadon luy vouloit repliquer, luy qui ne pouuoit souffrir d'estre contredit en cette opinion, luy-semblant que d'endurer les raisons contraires c'estoit offenser les cendres de Cleon, luy dit : Berger, ce qui est fous les sens est plus certain que ce qui est en l'opinion, c'est pourquoy toutes ces raisons que vous alleguez, doiuent ceder à ce que i'en ressens; & sur cela il le recommanda à Pan, & prit vn autre chemin, Celadon de mesme contremont la riuiere: & d'autant que la solitude à cela de propre de representer plus viuement la ioye ou la tristesse, se trouuant seul, il commença à estre traitté de sorte par le temps, sa fortune, & l'Amour, qu'il n'y auoit cause de tourment en luy, qui ne luy fust mise deuant les yeux. Il estoit exempt de la seule ialousie. aussi auec tant d'ennuys, si ce monstre le fust venu attaquer, ie ne sçay quelles armes eussent esté assez bonnes pour le sauuer. En ces tristes pensers, continuant ses pas il trouua le pont de la Bouteresse, sur lequel estant passé il rebroussa contre bas la riuiere, ne sçachant à quel dessein il prenoit par là son chemin, car en toute sorte il vouloit obeyr au commandement d'Astrée qui luy auoit deffendu de ne se faire voir à elle, qu'elle ne luy commandast. Enfin estant paruenu assez pres de Bon-lieu, demeure des chastes Vestales, il fut comme surpris de honte d'auoir tant approché sans y penser, celle que sa resolution luy commandoit d'esloigner; & voulant s'en retourner, il s'enfonça dans vn bois si espais & marescageux en quelques endroits, qu'à peine en pût il sortir: cela le contraignit de s'approcher dauantage de la riuiere, car le grauier menu luy estoit moins ennuyeux que la boüe. De fortune estant desia assez las du long chemin, il alloit cherchant vn lieu où il se peust reposer, attendant que la nuict luy permist de se retirer sans estre rencontré de personne, faisant dessein d'aller si loing que iamais on n'entendist de ses nouuelles ; il ietta l'œil sur vne cauerne, qui du costé de l'entrée estoit lauée de la riuiere, & de l'autre estoit à demy couuerte d'vne quantité d'arbres & de buissons, qui par leur espaisseur en ostoient la veuë à ceux qui passoient le long du chemin, & luy-mesme n'y eust pris garde, n'eust esté qu'estant contraint de passer le long de la riue, il se trouua tout contre l'entrée, où de fortune s'estant auancé, & luy semblant qu'il seroit bien caché iusques à la nuict, le lieu luy pleust de sorte, qu'il resolut d'y passer le reste de ses iours tristes & desastrez, faisant dessein de ne point sortir de tout le iour du fond de cette grotte : en cette deliberation il commença de l'ageancer aux mieux qu'il luy fut possible, ostant quelques cailloux, que la riuiere estant grande y auoit porté : Aussi n'est-ce autre chose qu'vn rocher, que l'eau estant grosse auoit caué peu à peu, & assez facilement, parce que l'ayant au commencement trouué graueleux & tendre, il fut aisément miné, en sorte que les diuers tours que l'onde contrainte auoit faits, l'auoit arondy comme s'il euſt eſté fait expres : Depuis venant à ſe baiſſer, elle eſtoit rentrée en ſon lict, qui n'eſtoit qu'à trois ou quatre pas de là. Le lieu pouuoit auoir ſix ou ſept pas de longueur, & parce qu'elle eſtoit ronde, elle en auoit autant de largeur, elle eſtoit vn peu plus haute qu'vn homme, toutesfois en quelques lieux il y auoit des pointes du rocher, que le Berger à coups de cailloux peu à peu alla rompant ; & parce que de fortune au plus profond il s'eſtoit trouué plus dur, l'eau ne l'auoit caué qu'en quelques endroits qui donna moyen a Celadon auec peu de peine rompant quelques coings plus auancez, de ſe faire la place d'vn lict, enfonſé dans le plus dur du rocher, que puis il couurit de mouſſe, qui luy fut vne grande commodité, parce que ſoudain qu'il pleuuoit à bon eſcient, le deſſus de ſa cauerne, qui eſtoit d'vn rocher fort tendre, eſtoit incontinent percé de l'eau : ſi bien qu'il n'y auoit point d'autre lieu ſec que ce lict delicieux.

Eſtant en peu d'heure accommodé de cette ſorte, il laiſſa ſa iuppe & ſa panetiere, & les autres habits qui l'empeſchoient le plus, & les liant enſemble, les mit ſur le lict auec ſa cornemuſe, que touſiours il portoit en façon d'écharpe, mais par hazard en ſe deſpoüillant il tomba vn papier en terre, qu'il reconnuſt bien toſt pour eſtre de la belle Aſtrée. Ce reſſouue-

nir n'eſtant empeſché de rien qui le peut
diſtraire ailleurs (car rien ne ſe preſentoit à
ſes yeux que le cours de la riuiere) eut tant de
pouuoir ſur luy, qu'il n'y eut ennuy ſouffert
depuis ſon banniſſemēt, qui ne luy reuint en la
memoire. En fin ſe reſueillant de ce penſer,
comme d'vn profond ſommeil, il vient à la
porte de la cauerne, où deſpliant le cher papier qu'il tenoit en ſes mains apres cent ardens & amoureux baiſers, il dit: Ah! cher papier, autresfois cauſe de mon contentement,
& maintenant occaſion de rengreger mes douleurs, comme eſt-il poſſible que vous conſeruiez en vous les propos de celle qui vous a
eſcrit, ſans les auoir changez, puis que la volonté où elle eſtoit alors, eſt tellement changée, qu'elle ny moy ne ſommes plus ceux que
nous ſoulions eſtre? O quelle faute! vne choſe
ſans eſprit eſt conſtante, & le plus beau des
eſprits ne l'eſt pas. A ce mot l'ayant ouuerte,
la premiere choſe qui ſe preſenta fut le chiffre
d'Aſtrée ioint auec le ſien. Cela luy remit la
memoire de ſes bon-heurs paſſez ſi viue en
l'eſprit que le regret de s'en voir décheu, le reduit preſque au terme du deſeſpoir. Ah! chiffres, dit-il, teſmoins trop certains du mal-heur,
où pour auoir eſté trop heureux ie me trouue
maintenant, comment ne vous eſtes vous ſeparez pour ſuiure la volonté de ma belle Bergere?
car ſi autrefois elle vous a vnis, ç'a eſté en vne

saison, où nos esprits l'estoient encor dauantage: Mais à cette heure que le desastre nous a si cruellement separez, comment, ô chiffres bien-heureux, demeurez-vous encor ensemble? C'est, comme ie croy, pour faire paroistre que le Ciel peut pleuuoir sur moy toutes ses plus desastreuses influences, mais non pas faire iamais que ma volonté soit differente de celle d'Astrée. Maintenez donc, ô fidelles chiffres, ce symbole de mes intentions, afin qu'apres ma derniere heure, que ie souhaitte aussi prompte que le premier moment que ie respireray, vous fassiez paroistre à tous ceux qui vous verront, de quelle qualité estoit l'amitié du plus infortuné Berger qui ait iamais aimé. Et peut-estre aduiendra-t'il, si pour le moins les Dieux n'ont perdu tout souuenir de moy, qu'apres ma mort pour ma satisfaction, cette belle vous pourroit retrouuer, & que vous cōsiderant, elle connoistra qu'elle eut autant de tort de m'esloigner d'elle, qu'elle auoit eu de raison de vous lier ensemble. A ce mot il s'assit sur vne grosse pierre qu'il auoit trainée de la riuiere à l'entrée de sa grotte, & là apres auoir essuyé ses larmes, il leut la lettre, qui estoit telle:

LETTRE D'ASTREE
A CELADON.

DIEV permette, Celadon, que l'asseurance que vous me faictes de vostre amitié, me puisse estre aussi longuement continuée, comme d'affection ie vous en supplie, & de croire que ie vous tiens plus cher, que si vous m'estiez frere, & qu'au tombeau mesme ie seray vostre.

Ce peu de mots d'Astrée, furent cause de beaucoup de maux à Celadon, car apres les auoir maintesfois releus, tant s'en faut qu'il y retrouuast quelque allegemét, qu'au contraire ce n'estoit que dauantage enuenimer sa playe, d'autant qu'ils luy remettoient en memoire vne à vne, toutes les faueurs que cette Bergere luy auoit faictes, qui se faisoient regretter auec tant de déplaisir, que sans la nuict qui suruint, à peine eust-il donné tréue à ses yeux qui pleuroient ce que la langue plaignoit, & le cœur souffroit. Mais l'obscurité le faisant r'entrer dans sa cauerne, interrompit pour quelque temps ses tristes pensers, & permit à ce corps trauaillé de ses ennuis, & de la longueur du chemin, de prendre par le dormir pour le moins quelque repos. Des-ja per deux fois le iour auoit fait place à la nuict auant que ce

Berger se ressouuint de manger, car les tristes pensers l'occupoient de sorte, & la melancolie luy remplissoit si bien l'estomac, qu'il n'auoit point d'appetit d'autre viande, que de celle que le ressouuenir de ses ennuis luy pouuoit preparer, destrempée auec tant de larmes que ses yeux sembloient deux sources de fontaine, & n'eust esté la crainte d'offenser les Dieux en se laissant mourir, & plus encores celle de perdre par sa mort la belle Idée qu'il auoit d'Astrée en son cœur, sans doute il eust esté tres-aise de finir ainsi le triste cours de sa vie: Mais s'y voyant contraint, il visita sa panetiere que Leonide luy auoit fort bien garnie, la prouision de laquelle luy dura plusieurs iours, car il mangeoit le moins qu'il pouuoit. En fin il fut contraint de recourre aux herbes & aux racines plus tendres, & par bonne rencontre il se trouua qu'assez pres de là il y auoit vne fontaine fort abondante en cresson, qui fut son viure plus asseuré & plus delicieux: car sçachant où trouuer asseurément dequoy viure, il n'employoit le temps qu'à ses tristes pensers, aussi luy faisoient-ils si fidelle compagnie, que comme ils ne pouuoient estre sans luy, aussi n'estoit-il iamais sans eux. Tant que duroit le iour, s'il ne voyoit personne autour de sa petite demeure, il se promenoit le long du grauier, & là bien souuent sur les tendres escorces des ieunes arbres, il grauoit le triste sujet de ses ennuis, quelquefois son chiffre & celuy d'Astrée; que s'il luy aduenoit de les entrelasser ensemble, soudain il les effaçoit, & disoit: Tu te trompes Celadon, ce n'est plus la saison où ces chiffres te furent permis: Autant que tu es constant, autant à ton desauantage toute chose est changée. Efface, efface, miserable, ce trop heureux tesmoin de ton bon-heur passé, & si tu veux mettre auec ton chiffre ce qui luy est plus conuenable, mets-y des larmes, des peines, & des morts. Auec semblables propos Celadon se reprenoit, si quelquefois il s'oublioit en ces pensers: mais quand la nuict venoit, c'est lors que tous ses déplaisirs plus viuement luy touchoient en la memoire, car l'obscurité a cela de propre qu'elle rend l'imagination plus forte, aussi ne se retiroit-il iamais qu'il ne fust bien nuict: que si la Lune esclairoit, il passoit les nuicts sous quelques arbres, où bien souuent assoupy du sommeil, sans y penser il s'y trouuoit le matin : ainsi alloit trainant sa vie ce triste Berger, qui en peu de temps se rendoit si pasle & desfait, qu'à peine l'eust on peu reconnoistre, & luy-mesme quelquefois allant boire à la proche fontaine, s'estonnoit quand il voyoit sa figure dans l'eau, côme estant reduit en tel estat il pouuoit viure: la barbe ne le rendoit point affreux, car il n'en auoit point encores, mais les cheueux qui luy estoient fort creux, la maigreur qui luy auoit changé le tour du visage, & allongy le nez, & la tristesse qui auoit chassé de ses yeux ces vifs esclairs, qui autrefois les rendoient si gracieux, l'auoient fait deuenir tout autre qu'il ne souloit estre. Ah! si Astrée l'eust veu en tel estat, que de ioye & de contentement luy eust donné la peine de son fidelle Berger, connoissant par vn si asseuré tesmoignage, combien elle estoit vrayement aimée du plus fidelle, & du plus parfait Berger de Lignon!

Fin de la premiere Partie d'Astrée.

www.ingramcontent.com/pod-product-compliance
Lightning Source LLC
Chambersburg PA
CBHW070853300426
44113CB00008B/816